上海研究院现代慈善研究中心
现代慈善前沿丛书

编委会主任　李培林

郑秉文　施德容　主编

Ten Hot Spots of Philanthropy in the New Era

新时代慈善十大热点

社会科学文献出版社
SOCIAL SCIENCES ACADEMIC PRESS (CHINA)

上海研究院现代慈善研究中心
现代慈善前沿丛书
编委会

顾　问	王伟光	冯国勤			
主　任	李培林				
副主任	李友梅	赵克斌			
主　编	郑秉文	施德容			
副主编	谢玲丽	文学国			
编委会	杨　团	钟宏武	房连泉	杨　雄	徐家良
	郑乐平	吴惠涓	毕　伟	熊　厚	陈　晨
	徐　静				

"新时代慈善十大热点"写作组

写作组 杨　雄　徐家良　于　环　倪受彬　王振耀
　　　　　汪　忠　唐有财　李　健　丁辉侠　蔡概还

目 录
CONTENTS

丛书序一　慈善博爱促和谐、创新联合显优势……………………冯国勤 1
丛书序二　新时代呼唤深化和推进慈善研究……………………李培林 4

导　　论　从十大热点研究看慈善公益与社会保障………………郑秉文 7
热点一　　引导动员志愿者参与慈善活动的体制机制研究…………杨　雄 30
热点二　　三方协作背景下公益创业生态系统演进研究……………汪　忠 81
热点三　　慈善信托治理结构、运作机制及其实现条件研究………徐家良 151
热点四　　慈善组织税收优惠政策研究………………………………王振耀 219
热点五　　慈善信托财产投资规范法律问题研究……………………倪受彬 290
热点六　　慈善信托在家族财富传承中的运用研究…………………蔡概还 353
热点七　　慈善组织在农村精准扶贫中的推进路径研究……………丁辉侠 414
热点八　　社会企业参与精准扶贫研究………………………………李　健 477
热点九　　慈善事业对社会保障制度的重要作用研究
　　　　　………………………………………………于　环　郑秉文 553
热点十　　上海市社区基金会的发展状况与治理结构研究
　　　　　………………………………………唐有财　王小彦　权淑娟 611

后　　记…………………………………………………………………谢玲丽 676

丛书序一

慈善博爱促和谐、创新联合显优势

从全球范围来看，慈善的作用日益凸显。慈善组织是提供公益物品的力量，它们支持非营利组织的运作，让弱势群体获得有效的支持和帮助，解决歧视问题，确保公平机会，提供政府和市场不能或不会提供的物品。慈善界成为全球可持续发展的重要力量，在消除贫困、生物多样性保护等方面发挥着日益重要的作用。

慈善发展的全球趋势，中国社会发展的新常态，对中国慈善界提出了新的要求、新的挑战，我们不能固守原有的思维惯性和传统的慈善模式，而需要在观念层面、创新层面、实践层面和结果层面有一个新的突破。

首先，在观念层面，要寻求新思维、新理念。慈善领域的新思维、新理念包括创新、协同和精准战略等。中华民族历史上一直有乐善好施的优良传统，而现代慈善更能凝聚社会道德、弘扬核心价值、提升精神文明。所以，我们要积极研究倡导现代慈善文化，寻求公益与商业、经济与社会、义与利、社会效益与经济效益之间的有机结合或融合。我们既要坚持原则，又要善于学习，善于分析和把握中国社会的基础条件和发展方向。以"他山之石，可以攻玉"的精神，学习和借鉴别国、别人的经验，扎实推进我国现代慈善事业的发展。

其次，在创新层面，慈善创新作为社会创新的一个方面，或社会创新在慈善领域的延伸，其目的是通过各种形式的创新，如理念创新、模式创新、组织创新、运作方式创新，创造性地应对和解决那些没有得到解决的问题，或满足那些未被满足的需求，譬如，如何加强"授人以鱼"向"授人以渔"、"解困济难"向"助引人生之路"以及"济困与净化心灵相结合"等研究，以慈善创新的精神使慈善组织本身的运作变得更有成效，更具有社会影响力。

再次,在实践层面,我们要勇于尝试、不断创新,积极开展跨界合作,整合各界、各部门的比较优势。合作与协同是我们基金会取得成功的关键,也是我们基金会走向未来,迈向新高度的必由之路。单个慈善组织,无论机构有多大,能力有多强,如果单打独斗,其资源、能力、影响力总是有限的,而且总会有其不足和短板。只有合作与协同才能取各家之长,补各家之短,发挥各自的比较优势,形成 1 + 1 大于 2 的联合协同优势效应。当然,合作与协同并非简单组合,它需要有良好的协调机制,有卓越的顶层设计,有科学的评价指标。

最后,在结果层面,寻求结果的可测量、发展的可持续、社会影响力的广度和深度;寻求精准而有效地化解棘手的社会问题,促使社会的和谐稳定。我国的慈善事业已呈现出健康发展的趋势。我们要动员更多的人群,以奉献、宽容和修养来参与到慈善事业发展中来,以慈善立言、慈善立德、慈善立行的创新创业精神,聚集、聚焦于当代中国的慈善事业之中。从而为那些资源最缺乏的贫困者、弱势者提供帮助,既扶智又扶志,增加贫困者和弱势者社会融入的机会;更关注解决方案,以其目标是治本性来推动我国慈善事业走向更健康、更完善。

近年来,随着我国慈善事业的蓬勃快速发展,尤其是 2016 年《中华人民共和国慈善法》颁布及实施以来,亟须加强对现代慈善发展规律和支持政策的理论及实践研究,成立新型的现代慈善事业研究智库。上海研究院现代慈善研究中心,作为由政府、科研机构和社会组织共同创建的研究机构,将遵循慈善事业发展规律,围绕社会主义核心价值体系,致力于中国特色社会主义慈善理论研究和学科体系建设,运用国际视野和发展经验,开展对现代慈善发展实践和前瞻性的研究,积极开展各类学术交流,为上海地区乃至全国的慈善事业发展提供多种形式的咨询、教育和培训服务。

我们要充分发挥现代慈善研究中心的平台和桥梁作用,通过慈善论坛、专题研究、人才和实务培训,联合、凝聚和整合慈善界、学术界、企业界、政界、志愿者、媒体及社会各界人士,以合作共赢为目标,促进中国慈善事业的发展。

我相信,现代慈善研究中心组织出版的"现代慈善前沿丛书"系列在上述诸多方面将会发挥应有的作用,并会带给大家以启发和思考。现代社会是一个知识社会,以知识、理论为基础的慈善实践,以现实问题为源头活水的研究,会给慈善界增添新的动能,必将推动中国的慈善事业向着更高的境界迈进。

上海市慈善基金会理事长

冯国勤

2018 年 6 月 30 日

丛书序二

新时代呼唤深化和推进慈善研究

乐善好施是中华优秀传统文化的重要内容，慈善事业是我国社会保障和社会福利体系的重要组成部分。随着我国经济社会发展和人民生活水平的普遍提高，消除贫困和帮扶脆弱群体的问题更加凸显，慈善事业涉及的领域也更加广阔。根据国际比较，我国目前慈善事业的发展，还有很大差距和发展空间，亟须深化和推进慈善研究，促进慈善事业的大发展。

2015年6月5日，中国社会科学院和上海市人民政府共同创办的"中国社会科学院－上海市人民政府上海研究院"（下简称上海研究院）正式挂牌成立，地点设在上海大学。上海研究院以习近平新时代中国特色社会主义思想为指导，依托中国社会科学院在科学研究和政策咨询等方面的优势，服务于上海的创新进步和国家的改革发展，并将其打造成高水平、国际化的现代思想智库。作为一个综合性研究智库，上海研究院同时也为研究中国和国际问题提供智力支持。在具体工作中，上海研究院依托下属各个研究中心开展科学研究、人才培养和国际合作等工作，目前已成立9个研究中心。

2017年5月3日，在中国社会科学院院长王伟光同志和第十一届上海市政协主席、上海市慈善基金会理事长冯国勤同志的共同倡导下，在上海市慈善基金会的努力和鼎力相助下，上海研究院现代慈善研究中心正式挂牌成立，这是上海研究院的第9个研究中心。在成立仪式上，上海市政协主席、中共上海市委常委、宣传部部长董云虎同志到会祝贺并发表致辞，中国社会科学院院长王伟光同志、上海市慈善基金会理事长冯国勤同志到会并讲话。现代慈善中心成立一年来，紧紧围绕社会主义核心价值体系，致力于中国特色社会主义慈善理论和实践研究，以慈善事业发展中的实际问题为导向，借鉴国际发展经验，不断创新慈善理念，持续提升慈善组织的服务协调能力，为上海乃至全国的慈善事业发展提供咨询、教育和培训服务。慈善中心还以传播现代慈善文化为内在要求，深入研究慈善爱心的培养和传播机制，重视慈善在塑造社会主义核心价值观中的积极意义和作用。同时，慈善中心还推动慈善事业与社会保障事业、公共服务体系和市场化服务的协同发展，从而有助于构建具有中国特色的"大保障"体系。

2004年党的十六届四中全会将慈善事业纳入社会保障体系范畴之内，这就意味着我国正式将慈善事业作为增进社会福祉和促进社会公平的有力手段。不仅如此，在我国供给侧结构性改革大背景下，以慈善为代表的社会服务亦成为政府公共服务和市场化服务的有力配合者。近年来，随着社会的向前发展，我国慈善事业关注的领域已经从传统的扶危济困扩展到环境保护、卫生研究、科技发展等全新领域，但开展慈善的技术和手段仍有待改进和创新，慈善传播的理念和文化仍有待强化，慈善事业和慈善组织面临的政策环境亦需要持续优化。从国际对比来看，我国与其他传统慈善大国还存在一定差距，2016年，美国慈善捐赠总额为25706.6亿人民币，占GDP的比重为2.1%，我国慈善捐赠总额为1392.94亿人民币，占GDP的比重不到0.2%，这意味着我国慈善事业要走的路还很长，需要研究的问题还很多。从这一角度来看，上海研究院建立专门的慈善研究中心是非常必要的。

2016年我国颁布了《中华人民共和国慈善法》（简称《慈善法》），这既是我国法制史上的一件大事，也是慈善领域一个划时代的标志，意味着我国扶危济困慈善活动从此将走上法治轨道，即从传统意义上私德主导下的"扶危济困、扶老助残"的"小慈善"时代，步入政府主导下，将诸多公共和社会领域融会贯通，同向发力的"大慈善"时代，中华民族乐善好施、守望相助的优良传统将在法律的规范与保障下发扬光大。《慈善法》对慈善组织、慈善募捐、慈善捐赠、慈善信托等方面做出了全面规定，为我国慈善研究事业指出了方向。

正是在这个大背景下，上海研究院成立了现代慈善研究中心。现代慈善研究中心成立之后很快行动起来，在《慈善法》的框架下对慈善研究项目做了长期部署，决定创设三个系列学术活动，以实际行动推动我国现代慈善事业的研究。第一个系列学术活动是组织出版"现代慈善前沿丛书"，旨在介绍中国慈善研究的最新成果和前沿动态，每年以发布研究项目的形式吸引社会各界人士广泛参与慈善研究，课题成果最终结集出版；第二个系列学术活动是组织翻译出版"世界慈善名著译丛"，目的是将国外最新的慈善研究成果译介到国内来，让国内的慈善研究学者可以看到最新的国外慈善研究成果，开阔研究视野，追踪国际动态。首期三本重要名著书目已经确定，目前正在翻译过程中；第三个系列学术活动是每年9月召开年度"上海慈善论坛"，首届论坛"2017年上海慈善论坛：现代慈善与社会转型"于2017年9月成功召开，200多位学者参加了会议，相关媒体做了密集报道。现代慈善中心的这些学术活动安排是长期性的、前瞻性的、系列性的，是值得肯定的，应该坚持下去。

"现代慈善前沿丛书"立足研究我国慈善事业发展面临的亟须解决的问题，从国际视野出发，结合最新研究方法，对我国和国际上最新慈善研究进行概括和总结，综合反映现代慈善事业的发展趋势，这对我国未来慈善事业的发展具有重要借鉴意义。展现给读者的《新时代慈善十大热点》是"现代慈善前沿丛书"的第一本，其关注重点包括慈善精准扶贫、慈善信托、慈善动员等内容，反映当前学界在慈善研究领域的最新内容和方法，也为该丛书之后的出版提供参考。

新时代呼唤新的慈善事业，慈善研究任重而道远，让我们携起手来，为中国现代慈善事业和慈善研究贡献力量。

是为序。

中国社会科学院副院长、学部委员

上海研究院院长

李培林

2018年5月30日

导论

从十大热点研究看慈善公益与社会保障

郑秉文[*]

2018年是改革开放40周年。40年来，我国社会保障事业取得了举世瞩目的伟大成就，为市场经济体制的建立和社会事业的发展做出了贡献。20世纪80年代初，国企改革催生了包括医疗、养老、待业、生育等各项社会保障制度的改革试点，大约90年代末各项社会保障制度开始走向全国制度统一，其标志是各项社会保障制度的《决定》和《条例》纷纷出台，意味着社会保障制度从试点到定型的基本完成。例如，1997年国务院颁布《关于建立统一的企业职工基本养老保险制度的决定》（国发〔1997〕26号）标志着全国统一的中国特色的统账结合城镇企业职工基本养老保险制度正式建立；同年，国务院颁布的《关于在全国建立城市居民最低生活保障制度的通知》（国发〔1997〕29号）在全国范围内建立起低保制度；1998年国务院颁布《关于建立城镇职工基本医疗保险制度的决定》（国发〔1998〕44号）使统账结合的城镇企业职工基本医疗保险制度在中国正式确立；1999年国务院颁布《失业保险条例》正式在全国范围内实施失业保险制度；1996年原劳动部发布《企业职工工伤保险试行办法》（劳部发〔1996〕266号），进而2003年国务院发布《工伤保险条例》确立了工伤保险制度。

新中国成立后的福利救济和慈善事业完全由政府包办代替，民间慈善机构被解散，慈善事业陷入停顿，慈善被认为是欺骗与麻醉人民的装饰品。1978

---

[*] 郑秉文，全国政协委员，中国社会科学院世界社保研究中心主任，中国社会科学院美国研究所前所长，博士生导师。

年的改革开放为我国民间慈善事业送来了春风,1984年香港著名企业家和慈善家霍英东为中山大学捐资3700港元建立"英东体育馆",中华民族乐善好施的慈善精神开始复苏;1994年2月《人民日报》发表评论员文章《为慈善正名》,疾呼"社会主义需要自己的慈善事业,需要自己的慈善家",慈善事业得以正式被官方认可,同年正式注册成立中华慈善总会,正式开启了不要一分财政拨款、不要一个行政事业编制的纯民间慈善组织的独立发展道路,为后来成立民间慈善资助开了历史先河。1998年在抗洪赈灾的紧急救援关头,中华慈善总会挺身而出,表现出色,社会影响力大增,从此,各地中华慈善分会纷纷成立,建立起覆盖全国的慈善网络;与此同时,中华慈善总会积极开展全国性慈善项目,拓展国际交流领域,与众多合作伙伴建立起长期合作关系,加入国际联合劝募协会,与联合国开发计划署签订合作备忘录,积极引进慈善资源,提高地方慈善组织的业务和惯例水平,最终确立起中华慈善总会在全国性救灾捐赠活动的主体地位和作为一个全国性慈善组织的重要地位。

也正是从20世纪末或21世纪初开始,慈善公益与社会保障双双取得了长足发展。重要的是,慈善公益对社会保障的补充作用日益明显,成为社会保障不可或缺的重要组成部分。慈善事业的兴起与发展源自建立在自愿的基础上人际的互助,对社会弱者进行无偿的抑或可以说是无求回报的救助,在一定程度上在调节收入分配、弥合贫富差距、缓解社会矛盾、维护社会稳定、推进社会建设、促进社会整合、构建社会和谐等方面起到不可替代的作用。同时,社会保障作为国家的一项基本制度,是社会进步的体现,是人权保障的重要内容,是公民的一项基本权利。20多年来,社会保障日益成为保障公民基本生活的安全网,维持社会稳定的调节器,促进经济发展的压舱石。社会保障是以立法的名义向公民提供的最基本生活保障,其基本特征之一是免除劳动者的后顾之忧。因此,从本质上讲,慈善事业的缘起和目标与社会保障如出一辙,他们殊途同归,各有所长,相得益彰,成为人民生活保障的不可分割的、两个性质不同的福利供给来源。慈善事业是我国社会保障制度的必要补充,是我国社会保障体系的重要组成部分。进入21世纪以来,社会保障立法频繁,建立起以《社会保险法》为核心的立法体系,社会保障已经渗透到社会的各个角落,"一老一小"保险也好,农村五保户也罢,社会保障兹事体大,深入人心,其至很多地区的购房、购车、入户、升学、录用、就业等都与缴纳社会保险费记录联系起来。近年来,社会保障的供给侧结构性改革为缓解经济下行压力、减轻企业负担和保障人民群众生活做出了重要贡献;与此同时,慈善事业得到了长足发展,并且在近年来精准扶贫中日益发挥了重要作用;特别是2016年《中华人民共和国慈善法》(简称《慈善法》)和2017年《慈善信托管理办法》颁布以来,慈善公益的发展走上了快车道,在我国社会保障中的不可替代性和补充性愈发显现出来。

改革开放以来,我们党对慈善事业与社会保障关系的认识有这样一个变化的过程:1993年召开的党的十四届三中全会通过的《中共中央关于建立社会主义市场经济体制若干问题的决定》明确了我国社会保障体系包括社会保险、社会救济、社会福利、优抚安置和社会互助、个人储蓄积累保障,商业性保险是社会保险的补充;1999年正式颁布《公益事业捐赠法》,填补了我国在规范捐赠薪给专门立法方面的空白;2001年发布的第十个五年规划首次官方正式提出"发展慈善事业";2004年召开的党的十六届四中全会通过的《中共中央关于加强党的执政能力建设的决定》首次将慈善事业纳入社会保障制度框架中,提出"健全社会保险、社会救助、社会福利和慈善事业相衔接的社会保障体系";2006年召开的党的十六届六中全会通过的《中共中央关于构建社会主义和谐社会若干重大问题的决定》进一步指出,"逐步建立社会保险、社会救助、社会福利、慈善事业相衔接的覆盖城乡居民的社会保障体系";2017年10月召开的党的十九大为新时代我国现代慈善事业的发展指明了发展方向,再次强调"完善社会救助、社会福利、慈善事业、优抚安置等制度"。

任何一位研究社会保障或社会福利的中国学者和西方学者无疑都将英国1601年通过的《济贫法》(The Poor Law)作为现代国家出面干预和提供社会福利与社会保障的起点。济贫法的诞生是政府鼓励慈善发挥公益作用、救助穷人的结果,以应对出现的经济和政治危机。而慈善的推动者和实施者是宗教。中世纪以来,宗教的教义就是济贫,而捐赠主要用于宗教的目的,大量的财富输送到教会,慈善对个人而言主要是指随意的施舍品。1348~1350年发生的黑死病导致劳动力短缺,由此撼动了农民对领主的人身依附的庄园制,工人流动和实行工资制逐渐成为一个趋势。中世纪后期,"宗教改革"的风起云涌和封建制度的逐渐瓦解改变了宗教和世俗对慈善、贫困、乞讨的看法,随意施舍的做法逐渐被公共管理替代,出现了捐赠者与受益者分离的趋势,宗教教义对济贫的态度发生了变化,即把贫困视为两类:一类是慈善应给予帮助的"真穷"(worthy poor);一类是应该予以惩罚的"不该穷"(undeserving poor),即懒惰造成的贫穷。于是,英国地方的教会开始各自寻找自己的处理办法,"地方试点"持续了大约一个世纪,一直到1601年通过《济贫法》,才在全国范围建立起一个全面的、统一的济贫政策,例如,《济贫法》规定每个教区设立若干"济贫检察官",负责征收济贫税和发放济贫款,等等。

《济贫法》实际上是一个"立法包"(legislative package),为此,英文的表述里经常是带复数的 The Poor Laws,或是 The Poor Law Schemes、The Poor Law System、The Poor Law Mechanism、The Poor Law Package 等。《济贫法》这个"立法包"由六个法令构成,它们是"慈善用途法令"、"耕地保持法令"(改善农业耕地)、"消除镇区腐败规则法令"、"惩罚浪荡者和行乞者法令"、"为穷人建立医院和安居房法令"、"全面救助贫困者法令"。其中,制定"慈善用途法令"的目的是建立一个受托人问责的机制,妥善管理慈善资产,以便鼓励富人增加他们对救助穷人的捐赠。"慈善用途法令"被认为是一个世纪不断试错的结果,是私人慈善公益从随意施舍到慈善信托管理的规范化结果。"慈善用途法令"的"序言"非常经典,它奠定了现代慈善信托的基础。这个制度经受住了1640年代英国内战的考验,被认为是确保慈善资产安全的有效工具,其成功的秘诀在于慈善资产的管理以地方的堂区为基础。此后,《济贫法》经过多次修订,其中,1834年的《济贫法修正案》被称为《新济贫法》,它规定建立了"贫民习艺所",将堂区管理为基础的慈善资产改为国家集中管理。1948年英国通过了《国民救助法》,济贫法体系非正式地予以废除,但有些内容还是一直沿用到1967年。《济贫法》被认为是对1590年代危机的回应,也是贫困救助从社区教会分散管理走向全国由政府集中管理的起点,还被视为管理控制贫民的一个有效制度,甚至被认为是英国都铎王朝治理体系、集中管理、父爱主义的具体体现。

上述对英国济贫法的回顾显示,现代社会保障制度的源头可追溯到1601年的《济贫法》;《济贫法》是对慈善公益管理的国家化;慈善公益是宗教教义的主要内容。于是,我们可以得出结论:发端于欧洲的现代社会保障制度萌芽于宗教教义下的慈善公益。在现代社会保障制度中,慈善公益对社会保障最为明显和不可替代的补充作用表现在对突发的特重大灾害的救助和补偿。这是因为，社会保障是以国家立法的名义固定下来的福利供给制度，如果没有新的临时紧急立法，社会保障"常规"的补偿作用是非常有限的。例如，美国"9·11"事件后，根据美国基本养老保险制度"老年、遗属与残疾保险"的规定，在社保总署领取遗属津贴的有3228人，每月支付的津贴300万美元，平均每位遗属每月不到930美元；一次性津贴受益人1800人，支出6700万美元，平均每位死者抚恤金37222美元。而实际上，每个家庭平均补偿210万美元，最少的25万，最多的719万①。这是政府紧急拨款、保险公司赔偿和慈善捐款等多方合作筹资的结果。其中，慈善捐赠的款项高达27亿美元，大约2/3的美国家庭都给慈善组织捐了款②。卡特里娜飓风袭击新奥尔良和高尔夫海岸之后，45个美国最大的慈善组织募捐了现金33亿美元和1.72亿美元的实物与服务③。当然，美国这两次危机后募捐数额之所以成为史上之最，还与美国政府立即颁布的两部临时立法有关，一部是2002年通过的《恐怖主义受害者税收减免法案》（P. L. 107－134，115 Stat. 2427），旨在为"9·11"恐怖主义袭击中死亡或受伤的人员提供救助；另一部是2005年通过的《2005卡特里娜紧急税收减免法案》（P. L. 109－73，119 Stat. 2016），这部立法临时削减了个人和公司的慈善捐赠税，对飓风中房屋摧毁的重建给予税收协助。此外，联邦政府也为"9·11"和卡特里娜飓风灾难提供了大量援助④；据有关报道，美国联邦政府为"9·11"事件后期提供的灾难救助总计196.3亿美元，为卡特里娜和2005年发生的其他暴风雨提供的联邦拨款高达1090亿美元⑤。

当然，不同的社会保障模式对慈善公益的影响也是不同的。如果将社会保障模式分成以美国为代表的补救型、以英国为代表的普救型、以德国为代表的

---

① 郑秉文：《社会保障体系的巨灾风险补偿功能分析——美国9·11五周年的启示》，《公共管理学报》2007年第1期，第1～11页。
② GAO, September 11: More Effective Collaboration Could Enhance Charitable Organizations'Contributions in Disasters, 1（GAO—0030259）（Dec, 19, 2002）.
③ Harvy Lipmen, A Recour Fund - raising Feat, Chron, Philanthropy, Aug. 17th, 2006, http: // philanthropy. com/premium/articles/v18/i21/21002201. htm
④ September 11: Overview of Federal Disaster Assistance to the New York City Area, GAO 04 - 72（October 31, 2003）.
⑤ Mat Fellowes & Amy Liu, Federal Allocations in Response to Katrina, Rita and Wilma: An Update lBrookings Institution Cities and Suburbs（August 21, 2006），see http://www.brookings.edu/metro/pubs/200603_ katrinafactsheet. htm

保险型、以瑞典等北欧国家为代表的福利型四种模式的话，这四种社会保障模式下的慈善公益具有完全不同的表现。据有关权威机构每年通过三个指标对世界各国的慈善水平的排名①，这三个指标分别是帮助陌生人、向慈善事业捐款、从事志愿服务的时间，美国的补救型社会保障模式下慈善事业的世界排名是第5位，英国普救型制度下其排名为第11位，德国保险型模式下的排名是第19位，福利型的北欧四国慈善公益排名为第20～40位。其中，美国个人捐赠水平最高，这与补救型福利模式下政府保障缺位和宽松的慈善发展环境密切相关，英国慈善事业的发展一方面反映了美国慈善发展逻辑，另一方面也反映了该国源远流长的慈善发展传统。德国个人捐赠受宗教税的影响，水平相对较低，并且受该国福利模式的影响，政府经济保障的水平较高，导致个人对慈善救助的需求不足。而在北欧各国，慈善发展的土壤不及英美国家，慈善发展的历史不及德国，重要的是，北欧社会保障模式对慈善公益的需求以及个人从事慈善捐赠的动力具有一定的抑制作用，其综合水平在4种类型中最低。

慈善事业和社会保障同为缩小收入差距和提高国民福利水平的手段，一般情况下，二者呈此消彼长的关系：在政府的社会保障制度不足时，慈善事业相对发达，而在政府的社会保障制度相对充足时，慈善事业的发展将会受到抑制。通过对发达国家慈善事业和社会保障的关系研究可发现，社会保障与慈善事业的关系在很大程度上体现为经济保障和社会服务的关系。在补救型模式下，社会保障制度更多体现为社会最低安全网，政府更倾向于通过市场的手段提供保障，即使是社会救助类项目，其受益条件较为复杂，这就为慈善事业的发展提供了较大的空间。美国慈善公益涉及的范围较为广泛，慈善公益发挥的作用最大。在普救型模式里，英国的慈善事业被列入政府保障体系内，成为提供社会服务的主要力量，并且英国深厚的慈善传统也决定了慈善事业对社会保障制度的促进作用。在保险模式下，德国慈善事业与社会保障制度的关系更多呈现为互补和分工关系，以社会保险为主体的社会保障制度负责经济保障，而以慈善组织为主体的非营利性组织负责提供服务保障，这种互补模式长期存在于德国社会经济发展过程中。在福利模式下，北欧国家的政府是提供经济保障和服务保障的主体，慈善发展空间有限，但近年来受经济低迷和福利财政危机

---

① 以下的资料和数据均引自本书，作者不再另行单独给出注释。

的影响，包括慈善组织在内的非营利性组织开始提供社会服务，对于德国，其规模和水平都相对较低，慈善事业对社会保障制度来说更多的是有限的补充作用。

在这本书里，我们对十个关注热点进行了分析。

第一个热点关注是如何建立引导动员志愿者参与慈善活动的体制机制

众所周知，志愿者资源是慈善事业取得发展不可或缺的资源，也是衡量一个慈善机构社会动员力和社会影响力的一个重要标志。这是因为，推动现代慈善事业发展，不仅需要政府对慈善组织的政策支持和各种资源的投入，还需要企业和企业家社会责任的投入，更需要来自社会民众自愿参与服务的资源投入。2016年颁布实施的《慈善法》为动员志愿者参与慈善活动提供了重要的法律保证。但是，如何动员、开发、培训和维系志愿者这一弥足珍贵的社会资源，如何探索和建立起一套有助于动员志愿者参与的相关体制机制，就成为推动我国现代慈善事业发展的一个关键。但是，目前我国公众参与公益慈善的比例很低，与世界上发达国家相比还有不小差距，其主要原因之一就是社会公众参与公益慈善的动力不足，相关体制机制没有建立起来。党的十九大报告明确指出，"推进诚信建设和志愿服务制度化，强化社会责任意识、规则意识、奉献意识"。慈善事业的发展需要大量的志愿者的主动性、持续性的参与，但从我国志愿服务发展现状以及志愿者群体的激励和保障措施来看，目前很难达到这一要求。那么，如何将志愿服务制度化，如何淡化志愿者参与慈善的行政化色彩，如何将志愿服务融汇于慈善事业的整体格局中，引导动员志愿者参与慈善服务活动，推动慈善与志愿服务可持续的协同发展，这是一个崭新的课题，也是一个新的研究热点。近些年来，上海、北京和深圳的志愿服务在动员志愿者参与慈善活动的体制机制方面进行了有益探索，积累了一些经验。

现代信息技术的广泛应用，互联网和手机等崭新的通信方式正在改变着社会生活形态。大众传播媒介的扩展，对社会动员过程的影响日益增强，新媒体已经成为慈善动员可依靠的重要力量。互联网和手机等现代信息技术迅速普及，大众媒介对社会动员的影响日益加深。新信息技术降低了参与成本，有助于集体认同的建构。互联网的广泛应用具有成本低、传播快、受众多、互动强等特点，互联网慈善不仅能降低民众参与门槛，节约项目推广成本，还能构建网络公共领域，提升民众的公益精神。"互联网+慈善"造就了一个全新的慈善生态，互联网募捐与动员因其开放性、便捷性和低成本等特征，动员了网民的广泛参与。

美欧发达国家志愿者参与慈善已经成为一种社会风尚，志愿服务组织和慈善组织的发育较为充分，运作有效，志愿服务和慈善的相关法律制度较为完善。2016年美国个人、遗产、基金会和企业的慈善捐款达到3901亿美元，其中个人慈善捐赠总额达到2820亿美元。美国的具体做法：一是激励民众慈善捐赠的热情，为志愿者发放《志愿者手册》和《领导技巧》等教材；二是慈善组织由志愿者组成理事会，志愿者可以参加慈善组织的决策制定和人事任命，是慈善组织的真正主人，享有知情权和参与权；三是拥有庞大的劝募机构，目前有190多万家非营利机构；四是具有合理的行动原则和劝募措施；五是特别注意市场调查并据此制定劝募方案。

慈善事业和志愿服务事业相互协作、相互融合的重要条件是进一步激发志愿者参与慈善事业的动力，具体而言，需要解决六个问题：一是结合志愿服务制度化建设，形成志愿者参与慈善的长效机制；二是结合志愿服务组织发展需求，推动形成志愿者参与慈善的组织机制；三是借助信息技术打造平台，促进志愿者参与慈善服务的信息化建设；四是打造项目服务品牌，推进慈善与志愿服务的项目化运作；五是完善志愿者激励保障机制，形成激发志愿者参与慈善的内在动力；六是借力全媒体平台，营造志愿者参与慈善活动的文化传播机制。

第二个热点关注是政府、社会企业与非营利组织协作中公益创业生态系统的问题

所谓"公益创业"（Social Entrepreneurship），是指一种在社会、经济和政治环境下持续创造社会价值的活动，其具体特征是以社会责任为导向，采用商业化运作模式，兼顾社会效益和经济效益，首要目的是解决社会问题，是应对市场和政府失灵的手段之一。公益创业的理念和实践填补了传统商业和传统慈善公益间的鸿沟，使创业精神应用和服务于各种社会领域。作为追求社会效益和经济效益并重的全新创业理念，公益创业近年来在全球兴起。社会企业不同于非营利组织，因为非营利组织以社会效益为目标，而社会企业以解决社会问题为宗旨并兼顾"社会目标"和"经济目标"双重底线；非营利组织发展依赖于"捐赠依赖"，而社会企业以企业架构和市场方式获取

的利润为主要资金来源，利润和盈余是组织及公益事业可持续发展的保证；社会企业从创新角度出发更高效地解决各种社会问题。社会企业也不同于传统的商业企业，因为商业企业承担社会责任往往是一种"附加责任"，而社会企业以社会责任为出发点，以"助人自助"为目的，不仅要自负盈亏，还要进一步运用利润和盈余。

以社会企业为主体的公益创业组织协同配套、共同演化的创新体系，具有类似自然系统一般生态关系特征，可视为一种"创新生态系统"。该系统以解决社会问题为目标，以增进社会整体福利为价值导向，以履行社会责任为连接纽带，以创新为发展动力。公益创业生态系统是以政府、社会企业、非营利组织等为主体，是在一定社会区域范围内形成的基于共同价值取向、共同使命、协同配合和共同发展的社会创新体系。目前，我国的公益创业研究，特别是公益创业生态系统研究还处在起步阶段。公益创业在社会治理、提供社会产品和服务、促进社会进步、维护社会稳定和安全方面，尤其是弥补政府和市场的不足，承担着不可替代的角色。

我国公益创业在就业、社会服务、扶贫、教育、医疗、环保等众多社会领域不断成长发展，并具有一定的特色，但从公益创业生态系统角度看，它的形成与演进在我国还存在较大差距，需要在如下几个方面做出努力。首先，社会公众对公益创业的认识有限或存在误解。由于公益创业在国内处于初步阶段，大多数的社会公众对此比较陌生，对公益创业相对冷漠，社会舆论氛围呈现相对消极的态度，参与性严重不足，亟待相关部门的引导。其次，国家政策和法律法规的支持有待加强。公益创业在国内属于新兴的公益模式，政府部门还尚未充分认识到公益创业的重要性，尚未对其有相关的法律规定，公益创业处于一种游离状态。最后，积极促进社会企业的发展壮大。社会企业位于公益创业生态系统的主导位置，应形成以"核心社会企业＋其他组织机构"为格局的区域内公益创业集聚平台，因此，应大力推动社会企业的发展，制定专门的社会企业管理规范，为社会企业的发展提供良好的法律环境，并且，要明确社会企业的身份，界定社会企业发展的空间，享受相应的税收待遇，使社会企业及其运行合法化、规范化。

第三个热点关注是慈善信托治理结构、运作机制及其实现条件

慈善信托成为一个研究热点，是因为慈善信托在我国是一个刚刚起步的

"新兴公益金融",目前全国慈善信托的总资产只有9亿元,规模不大[①],但前途无量。慈善信托的治理结构与运作机制是慈善信托成功的关键因素之一,但对我们而言,慈善信托的治理结构、运作机制以及实现条件等都是新事物;从这个角度讲,研究慈善信托既有非常重要的理论意义,也有很强的实践意义。改革开放以来,我国经历了信托产品、公益信托、类公益信托、慈善信托的发展历程,其中,2001年颁布的《中华人民共和国信托法》(简称《信托法》)和2016年实施的《慈善法》具有重要意义,他们分别开启了公益信托和慈善信托的元年。慈善信托诞生于英美,英国《1925年受托人法》和《2000年受托人法》使慈善信托天生具有规避法律和避税的基因,由此逐渐成为福利国家的有效保障之一。美国的《国内税法典》第501(c)(3)条款以完善的税收优惠体系对激励慈善信托发展发挥了重要作用,包括慈善资产保值增值的投资法和审慎管理办法等,它们赋予混合私益目的慈善信托以合法地位。

《慈善法》将慈善界定为一种"慈善行为"。慈善信托是一种将信托等金融制度与慈善公益活动相结合的新兴公益金融运作机制,慈善组织和信托公司均可作为受托人,实行专款专户的资产隔离管理方式。慈善信托的治理结构是指委托人、受托人、受益人、监察人、保管人、项目执行人等多方参与主体之间依据合同确立的权利义务的契约关系,每个参与主体均有自身的角色定位与权利义务,具体体现为决策、执行、监察、评估等多方权力制衡关系、激励与约束、信息披露和问责机制等。治理结构还有静态与动态之分,所谓静态的治理结构是指慈善组织和信托公司等实体组织自身的治理结构;所谓动态的治理结构是指项目制运作过程中新构建的不同的慈善信托治理结构。慈善信托的运作机制是指系统内各子系统、各要素之间相互作用、相互联系、相互制约的形式及其运动原理和内在的、本质的工作方式。慈善信托的运作模式对其治理结构和运作机制具有较大影响,国内慈善信托主要有三种运作模式:慈善组织单受托人、信托公司单受托人、"慈善组织+信托公司"双受托人模式。就目前

[①] 在这9亿元中,包括美的集团创始人何享健先生捐赠5亿元设立的顺德社区慈善信托。作为一个永续的慈善信托,顺德社区慈善信托建立于2017年7月,其委托人为美的控股有限公司,受托人为中信信托,信托财产及其收益将通过慈善项目执行人"广东省德胜社区慈善基金会"用于支持建设更具人文和吸引力的顺德社区。

来看，我国各省份注册的所有慈善信托中，绝大部分采取的是信托公司单受托人模式，就是说，信托公司单受托人模式是当前我国的主流受托模式。

为推动慈善信托的发展，对其治理结构与运作机制应在稳健、规范和创新的原则下，汲取国内外经验教训，创立具有中国特色的慈善信托管理体系，以跨部门联动的方式促进信托公司和慈善组织不断完善自身治理结构，鼓励双方合作拓展慈善信托创新业务，发挥监察人独立第三方的监督作用。由于我国慈善信托刚刚起步，存在的问题不是"慈善"有余、"信托"不足，就是"信托"有余、"慈善"不足，而实现慈善可持续发展和优化运作机制的关键就是创造诸多条件，推动慈善信托砥砺前行。这些条件包括七个方面：一是合法性条件，这是指慈善信托存在的前提条件，主要表现在慈善信托资产来源的合法性问题，慈善组织和信托公司等受托人资格的合法性以及合同文本的合法性；二是规范性条件，指确保慈善信托的合法运作，体现在慈善信托的运作流程和相关文本的规范性、合同协议的规范知识掌握、慈善资产保值增值的投资规范；三是激励性条件，主要体现在需求导向的税收优惠政策和多元激励举措，以及慈善信托成本问题的制约；四是有效性条件，主要体现在治理结构和运作机制中多元主体之间的关系建构，权利义务的分配，利益平衡制约机制，在管理和运作中促进参与主体竞争和合作的良性互动；五是创新性条件，主要体现在慈善信托治理结构、运作模式的创新，促使慈善信托运作机制的优化，综合效益（经济、文化、社会效应）的提升；六是开放性条件，主要体现在慈善信托自身结构设置的开放性和永续性，包括慈善组织、信托公司和社会公众之间存在信息不对称问题；七是伦理道德条件，主要是应对委托代理关系中的道德风险和逆向选择等问题。

第四个热点关注是慈善组织尤其是基金会的税收优惠政策问题

截至2017年底，全国6082家基金会中登记或认定为慈善组织的有2386家，占基金会总数的39.23%。而在全国登记认定的3034家慈善组织中，虽然在全国76万家社会组织中只占3.981‰，但2386家慈善基金会占3034家慈善组织的78.64%，其他21.36%是社会团体和社会服务机构。以基金会为代表的慈善组织通过保值增值活动取得的收入已成为仅次于捐赠收入的第二大收入来源。然而，根据现行税法，除符合条件的股息、红利收入，银行存款利息收入等属于免税收入外，慈善组织通过开展其他保值增值活动获得的大量收入并未纳入免税范围。如果因为缺乏保值增值规范的指引及税收政策的鼓励，慈善组织不能有效地开展保值增值活动，不仅可能会影响到慈善资源的持续注入，进而影响到慈善资源的合理配置和慈善组织社会功能的承担，而且可能会因慈善组织开展了不合理的保值增值活动损害慈善组织的社会公信力以及危害慈善事业的发展，因而确有必要及时改进相关政策规定。

当前基金会开展保值增值活动面临的挑战和存在的问题较多，既涉及制度规定和执行层面等方面，也包括基金会运营管理等方面。其中，制度因素涉及基金会财务会计制度执行混乱、税收制度设计不合理等，基金会运营方面的因素涉及基金会保值增值活动范围较窄、投资收益率较低、基金会投资意识欠缺、专业人才缺乏等内容。就基金会税优政策而言，目前存在两个主要问题：一是对慈善组织收入的税收优惠范围较窄，很多慈善组织进行保值增值活动取得的经常性收入未纳入免税范围；二是很多税收规定在实践中缺乏可操作性，如通过购买信托产品、银行理财等获得的收入中，可能有一部分源自股息红利、一部分源自资产转让等收入，属于免税的股息红利收入，难以从总收入中剥离。

上述两个问题导致两个后果：一是保值增值规范不明确直接影响基金会保值增值活动的开展，因此，不少基金会仍处于观望状态，他们基本没有投资行为，存在大量闲置的货币资金，在一定程度上造成了资源的浪费；二是税收制度存在一些不合理的地方，比如，按资金来源区分银行存款利息等收入的免税和应税部分，操作性不强；股权等大额资产转让收入面临较重税负；非营利组织纳税申报表未能实现分别核算。上述两个问题严重影响了基金会投资的积极性，调查发现，高达30%的基金会没有投资收益，即使在有投资活动的基金会里，仅有短期投资的基金会高达45%，且投资形式比较单一。

调整基金会税收优惠政策应遵循五项原则：有利于慈善组织的持续稳定发展；投资活动应当符合法律政策规定以及慈善组织内部规范；有利于规范慈善组织的保值增值活动，更好地服务于慈善目的；税收政策的调整应当简便易行，具有可操作性；对基金会等慈善组织先行先试，待条件成熟后再统一推广。具体而言，基金会税收优惠政策的调整思路应考虑四个问题：对所有利息收入均予以免税、从合规渠道获得的理财收入予以免税、对符合条件的财产转让收入予以免税、不动产租赁收入应当免税。

第五个热点关注是慈善信托财产投资规范法律问题

2016年颁布的《慈善法》只明确了慈善组织对外投资活动的原则是"合法、安全、有效",但有关慈善信托财产的投资细则、监管等问题仍有待解决。具体而言,"慈善"如何与"金融"相结合,善款能否用于投资以保值增值,这个问题在理论上应提到议事日程,在实践中更加紧迫。长期以来,基金会的管理层或慈善信托的受托人担心慈善财产投资存在亏损的风险,管理人不敢对捐赠形成的财产进行投资。据统计,2015年全国4886家基金会拥有1189亿元净资产,平均投资收益率从上年的2.71%提高至3.07%,但依然赶不上货币基金收益的3.32%。虽然前50名的平均投资收益率从3.69%提高至4.59%,但与保险资金和全国社保基金的投资回报率相比仍有很大差距,例如,2017年保险资金的投资回报率是5.77%,全国社保基金的投资收益率是9.68%;全国社保基金自2001年成立以来年均投资收益率为8.44%,累计投资收益额高达1万亿元。目前,与公益慈善组织的投资有关的法律法规包括:《公益事业捐赠法》《基金会管理条例》《关于规范基金会行为的若干规定(试行)》《慈善法》《关于做好慈善信托备案有关工作的通知》等。2017年12月7日民政部就《慈善组织保值增值投资活动管理暂行办法(征求意见稿)》向社会公开征求意见。

虽然慈善信托不是慈善组织,不是独立机构,但慈善组织的财产与慈善信托的财产在本质上属于同类,即为完成慈善目的所聚合在一起的财产。因此,《慈善法》中对于慈善组织财产投资的规范在慈善信托财产的投资中应予以充分的重视。慈善信托财产是委托人基于公益目的转让给信托的财产。慈善信托不同于私益信托的根本之处在于目的的公益性,即为了不特定多数人的慈善目的而由受托人占有、管理和处分。慈善组织财产投资保值增值行为的目的也是服从于这一慈善目的。因此,慈善信托财产的投资管理及其法律规范必须基于信托财产的特殊属性,否则就会混同于私益信托的财产管理行为。根据《慈善法》和《信托法》的基本原理,包括慈善信托在内的慈善财产的属性应明确为"社会公益财产",这样,既可避免混同于社会主义公有制意义上的公共财产,又能明确其"公益性"而弱化其公共性。这样定性是因为从本质上说慈善财产是社会捐助的财产,属于社会救助性质的社会治理体系,不属于政府的治理体系。慈善信托财产的公益属性与其市场化投资之间并不存在矛盾。公益性强调的是其目的，市场化运营则是实现目的的手段。

与慈善基金会不同，慈善信托并不是法人，具体对外进行投资的，是作为受托人的慈善组织或信托公司。就信托公司而言，受托投资是其营业范围内的行为。在实践中，慈善组织往往与信托公司担任共同受托人，发挥各自的优势。特别是信托公司作为专业的持牌机构，其主动管理的能力将有助于信托财产的保值增值。但从目前备案的慈善信托的管理实践看，基本上是信托公司作为资产的管理方，而慈善组织主要发挥项目执行人的作用。这样就产生一个法律问题，即二者的关系问题需要在法律上予以明确。如果慈善组织单独作为受托人管理或利用信托财产进行投资，其投资管理能力会常常受到怀疑，并且，包括慈善基金会在内的慈善组织属于民法上的非营利法人，其从事投资的获利行为需要在法律上予以界定。

此外，慈善信托财产投资还涉及内部治理问题，比如，受托人的内部规制、监察人的制度、受益人的代理等治理结构问题；涉及慈善信托的财产投资的外部监管规范问题，比如，民政部门的外部监管规范、银保监会的外部监管规范、税务部门的外部监管规范等外部监管体系的制度设计问题；涉及机构投资者作为股东的慈善目的的约束机制、慈善信托投资的社会评价机制、社会责任报告制度、信息披露制度等一系列与投资有关的制度的建立等。

第六个热点关注是慈善信托在家族财富传承中的运用问题

近些年来，我国高净值人群的规模逐年扩大，并且逐渐步入财富的传承时期，但财富传承不同于财富继承，传承的不仅仅是家族物质财富，还有家族精神财富，而最能体现家族精神财富的便是公益慈善。诺亚财富发布的《2017年高端财富白皮书》显示，50.9%的高净值人群有财富传承与保障方面的需求，16.3%的高净值人群有家族企业的管理需求，面临传承问题的高净值人群高达81%。中信银行与胡润研究院联合发布的《2017中国高净值人群财富管理需求白皮书》显示，我国家庭平均资产过亿的高净值人群中有86%已经在规划家族传承事宜。据统计，我国个人资产达到1000万以上的高净值人群达121万，占全国总人口的0.09%。121万高净值客户总计持有资产约31万亿元。预计到2020年，我国居民可投资产总量将高达200万亿元。

目前，我国家庭财富的传承方式主要有四种。一是遗嘱，即遗嘱人生前在法律框架内对其所拥有的财产、事物做出个人处分决定。遗嘱的局限性在于极易出现纠纷，且只能解决一时的财富分配问题，还将面对高额的税负，无法保护继承人与传承人的个人隐私。二是大额保单，虽然它具有较强的私密性，可规避遗产税，但流动性较弱，不具备定制化功能，对子女的行为无法约束，且仅仅是一次性传承，只能传给已出生的人，而无法惠尚未出生的下一代。三是法定继承，这是较为普遍的传承方式，但难以满足债务隔离、隐私保护、资产配置的需求，无法激励约束子女，还需缴纳大量的继承税负，甚至在国外时常出现因无力支付继承税而导致无法继承资产的情况。四是资产代持，这种方式的缺陷是无法限定受益人范围，也无法完成隔代传承，并存在道德风险等重大隐患。

《慈善法》与《慈善信托管理办法》未对慈善信托的设立做出过多限制性规定，但在我国近年来的实践中约有四种模式：一是慈善组织作为委托人，信托公司作为受托人；二是热心公益的人士作为委托人，信托公司作为受托人；三是热心公益的人士作为委托人，慈善组织与信托公司担任共同受托人；四是热心公益的人士作为委托人，慈善组织担任受托人。截至2017年12月底，据不完全统计，我国经备案成立的慈善信托共有66单，其特征为：一是受托人以信托公司为主，其中，信托公司担任受托人的有56单，慈善组织担任受托人的有4单，以信托公司和慈善组织共同担任受托人的有6单；二是慈善目的多为扶贫和科教文卫等，共有16单，综合类公益活动有15单，扶老助残有12单，生态环保的有7单；三是慈善信托规模以100万~1000万元居多，其中，100万元以下的有22单，100万~1000万元的有25单，1000万元以上的有13单，其余6单慈善信托资金规模暂未披露；四是5年期以上及永续型的高达66.7%，其中，无固定期限的有9单，3年期以下的有11单，5年期的有12单，10年期的有15单，20年和30年期各1单，永续型有11单，其余6单未披露。五是备案地以东部和西部居多，其中，东、中、西部区域的备案数量分别为37单、10单、19单。

慈善信托不仅成为家族实现慈善目的的有效手段，也可结合"家族信托"成为家族财富管理的重要手段。继2016年全国人大通过《慈善法》之后，2017年银监会和民政部联合印发了《慈善信托管理办法》，标志着我国慈善信托规制体系基本建立。于是，在我国出现了第五种财富传承方式"家族信托"。家族信托是一种以家族财富的管理、传承和保护为目的的信托，其受益人一般为本家族的成员。与上述四种家庭财富传承方式相比,家族信托的优势在于:一是有利于子女教育与生活保障,它专款专用,可防止监护人侵占或其他资金挪用行为;二是避免财产继承纠纷,完全按照个人意愿决定分配对象及比例,提前做好家庭成员的利益平衡安排;三是资产债务隔离安全,可防止企业经营风险波及家庭,防止家庭资产被无限卷入,阻断后续债务风险;四是婚前财产隔离保护,可预防家族成员婚变带来的财产分割,提前进行子女未来婚姻风险隔离;五是预防挥霍与不良行为,有利于约束子女消费行为,激励子女向自己希望的成长路径发展;六是有利于移民计划与税务筹划,个人名下资产所有权可实现转移,降低移民后应税资产规模;七是可量身定制专属的高端慈善信托产品,传承精神财富,提升家族凝聚力。目前,国内参与家族信托业务的相关主体包括商业银行、信托公司、保险公司、第三方财富管理机构、律师事务所及会计师事务所。

我国家族慈善信托将成为一种主流的财富管理发展方向,进而实现家族信托与慈善信托的双重目的。家族慈善信托模式的发展前景大约有三种。一是家族信托与慈善信托并联模式,这两个信托并联挂在家族慈善信托的下面,这个模式既可满足高净值群体的家族传承端的需求,还可满足客户在慈善精神传承方面的需求。二是家族信托残值成立慈善信托模式,比如,先设立一个家族信托,它存续时间长,短期内不可能处置全部资产,在一定的时间节点上用家族信托遗留下的残值成立一慈善信托,这可同时实现家族财富的传承和慈善两个目标。三是家族信托收益成立慈善信托模式,比如,先设立一家族信托,受托人可按委托人的意愿将家族信托的收益部分用于成立慈善信托,当然,也可以用家族信托的本金部分成立慈善信托。

第七个热点关注是慈善组织在农村精准扶贫中的问题

我国慈善组织参与农村扶贫的政策演变大约经历了四个发展阶段:一是1980年以前,政府包揽社会福利事业,政策限制慈善组织发展;二是1981~1993年,慈善组织逐渐增多,政策放宽慈善组织参与扶贫;三是1994~2012年,慈善组织加快发展,政策支持慈善组织参与扶贫救济;四是2013年至今,慈善组织走向成熟,政策鼓励慈善组织参与贫困治理。从慈善组织具体参与农村扶贫的实践方式来看也大约经历了四个阶段:一是1986~1993年,以官办慈善组织为主的救济式扶贫时期;二是1994~2000年,慈善组织参与的开发式扶贫时期；三是2001~2012年，慈善组织积极参与的多元扶贫时期；四是2013年至今，政府与慈善组织合作治理贫困的新时期。慈善组织参与精准扶贫具有4个内在优势：一是精准定位扶贫，可有效弥补政府的粗放式扶贫模式的缺陷；二是灵活配置扶贫资源，可更加灵活高效地配置扶贫资源，成为政府精准扶贫的补充力量；三是广泛动员社会力量，可弥补政府扶贫资金的不足，确保扶贫工作的稳定性和可持续性；四是持续创新扶贫理念与模式，催生出多种"慈善＋"模式。具体而言，慈善组织参与精准扶贫有三个方式：自主选择和实施精准扶贫项目、与政府合作实施精准扶贫和承接政府购买扶贫服务。

当前，慈善组织参与农村精准扶贫的现状有五个特征：一是慈善组织数量众多与发展不平衡并存，虽然慈善组织有2142家，其中给予公开募捐资格的有520家，但由于社会组织起步晚，在精准扶贫领域还缺少一批规模较大、具有影响力的领军式慈善组织；二是慈善项目形式多样与模式单一并存，虽然全国各地举办的慈善活动不少，但内容均主要聚焦于传统慈善领域，如赈灾救灾、兴学助学、助医助残、提供直接物质帮助等；三是慈善组织整体活跃与运作规则不尽完善并存，虽然各种支持性的法规政策陆续颁布，慈善组织参与扶贫的积极性较高，但慈善组织在参与扶贫过程存在运作规则不完善等问题；四是慈善组织积极与消极参与并存，虽然《慈善法》颁布后，扶贫攻坚领域汇集了大量慈善组织，但其参与度"冷热不均"，官方背景的慈善组织积极参与，民间慈善组织参与积极性较低；五是法律法规日益完善与仍有改进空间并存，虽然国家、各省、自治区、直辖市颁布的法律法规政策文件不少，但在很多方面仍有改进空间，如登记注册门槛和程序、公开募捐资格管理、慈善信托备案管理、开展扶贫济困的慈善活动实行更加优惠的税收政策、购买服务和金融支持等。

我国的慈善总会主要分为中华慈善总会、省级慈善总会、市级慈善总会、县级慈善会、乡镇慈善分会、村级慈善工作联络组六个级别。其中每一级慈善总会均为上一级行政单位慈善总会的会员单位。以河南省为例，其慈善总会于2001年9月成立以来不断加大投入力度，例如，2016年共计投入1815万元，在赈灾救助、安老助孤、扶贫济困等方面开展了大量活动，取得了成就，赢得了信任。慈善组织参与精准扶贫存在的问题包括：一是慈善组织与政府相关部门之间缺少信息共享机制，需对帮扶对象识别投入较大成本，在一定程度上导致了整个社会帮扶济困过程中重复帮扶和帮扶缺位现象并存,增加了社会帮扶的成本;二是慈善组织管理和帮扶专业性不足,扶贫济困和组织管理方面经验不足,实际运作中暴露出一系列问题;三是慈善组织资金来源不稳定,主要来自政府委托购买、政府福彩、体彩等财政资金,而企业捐款和个人捐款具有很大的不稳定性,社会募捐存在较大困难;四是慈善组织的社会认知度偏低,由于数量少、规模小等原因,社会对其的认知度不高;五是慈善组织与利益相关主体协同不足,在扶贫中与这些主体之间缺乏双向、持续和动态的互动和沟通,在很大程度上影响了慈善组织参与农村扶贫的效果;六是慈善组织参与扶贫模式单一,扶贫形式多为传统型扶贫,对贫困地区扶贫方式缺乏多样性和针对性。

慈善组织参与精准扶贫存在上述六个问题的主要原因在于:慈善组织数量少、规模小、社会影响力小、公信力低;慈善组织自身运作不规范,信息公开透明度低;慈善事业宣传不到位;具有官方背景的慈善组织依赖思想严重,创新动力不足;政府对慈善组织参与扶贫缺乏过程管理和信息统计,等等。慈善组织在精准扶贫中遇到的问题既有慈善组织自身的原因,也有政府服务和监管方面的原因。从政府方面来看,应积极做好政策支持与公共服务供给,具体包括:贯彻落实《慈善法》,完善相关配套法律政策体系;加快精准扶贫平台建设,实现与慈善组织信息共享;健全慈善组织参与精准扶贫的统计与监督评估机制;加大政府向慈善组织购买扶贫服务的力度等。从慈善组织方面来看,一是应大力提升自身参与扶贫的能力,包括决策能力、资源动员与管理能力、项目执行能力、互动与合作能力;二是提高自身公信力水平,因为公信力是慈善组织的生命线,是慈善组织能否取得社会认可和信任的根本,也是其能否向社会筹集到资金,维持其生存和发展的重要保障;三是加快组织内部治理结构改革,包括权力机构、执行机构、监督机构,建立健全财政公开制度,加强监督和评估机制建设;四是探索与政府相关部门之间的常规化合作治理机制,政府在扶贫领域的主导地位在短时期内很难改变,慈善组织作为扶贫的重要补充,需要与政府部门进行协同合作,不仅能够节约扶贫对象信息的获取成本,也可在扶贫过程中汲取政府扶贫经验,进行扶贫模式创新。

第八个热点关注是社会企业参与精准扶贫的问题

社会企业是以商业的观念和企业的运营方式向弱势群体提供就业机会的

新兴组织。在很多国家，社会企业都被认为是一个新生事物。社会企业汲取了商业企业与非营利组织的双重优势，通过促进经济增长与就业援助等举措，在减贫与脱贫方面发挥重要作用。基于市场失灵和政府失灵理论，人们会希望由非营利部门填补公共资源和社会需求之间的鸿沟。尽管非营利组织有悠久的参与社会福利工作的历史，但关于其对于减贫贡献的知识研究始终不充分并且相互冲突，因此，社会企业便有了独自的扶贫优势，就是说，作为政府、私人和公民社会部门交叉点，或者在企业和公民社会中创造新的商业模式，社会企业是国家服务穷人和对抗贫困的重要参与者，是对抗贫困和不平等的社会创新。换言之，纯粹的慈善模式尽管社会使命明确，但不能满足社会需求，例如工作整合、雇佣和收入；纯粹的商业模式也存在问题，因为关键的社会维度不能解决；政府直接的公共投资或其他捐赠方式尽管能够满足一些基本需求，但有可能使这一庞大群体的依赖性日益增强，使投入其中的经济资源也无从发挥效率，救助性资金的投入也给国家财政带来巨大压力。与上述扶贫策略不同，社会企业混合了经济与社会双重目标，采用了商业或私人企业的手段，区别于传统的非营利组织依赖于资助或捐赠的做法，通过产品生产和服务提供新的解决方案，为社区和社会做出重大而多样的贡献，从而可以更好地解决贫困问题。

社会企业参与精准扶贫有四种模式。第一种是"基本模式"，它主要包括以下一些做法：社会企业向贫困群体出售商业支持和财务服务，然后贫困群体再向市场销售他们的产品或服务（销售的做法）；帮助贫困群体进入市场（中介的做法）；提供雇佣机会和就业训练给贫困人群（雇佣的做法）；提供接入型的价格、渠道、产品特征等给贫困群体提供商品或服务（为低收入群体服务的做法）；提供直接的利润给目标群体或服务对象（合作社的做法）；为贫困人群和外部市场之间的合作提供便利（市场链接的做法）；向外部市场销售产品和服务，并利用所产生的收入资助社会（服务资助的做法）；面向外部市场或社会公众销售产品和服务（组织支持的做法）。第二种是"结合模式"，指社会企业可以结合两个或更多的弹性化运营模式，比如雇佣和组织支持的做法。第三种是"增长模式"，指社会企业可将某些特许作为自己的商业部分，例如，雇佣残疾人的咖啡馆；还可将私人与非营利伙伴关系作为一种企业和非营利组织之间建立的互益型商业伙伴或者联合创业形式。第四种是"公私合作模式"，指PPP模式，就是政府与民间资本合作。

我国社会企业缺乏认定标准和法律身份，这是阻碍社会企业参与精准扶贫的重要障碍。从政府角色看，政府拥有排他性的立法和执法职能，可扮演执法者和激励者的双重角色，政府对社会企业应给与大力支持。一方面，很多个人或单位在开办社会企业的时候，并不清楚什么是社会企业，不知道社会企业在组织目标、收入来源、利润分配、资产处置和治理结构等方面的特点。另一方面，很多机构对外声称自己是社会企业，但又缺乏权威的依据，造成了社会企业认知的失调与紊乱。从公众角色看，社会企业需要有来自社会公众的意见领袖。社会企业植根于一国的政治经济文化制度之中，不同国家因造成贫困的根源和问题表现不同，社会企业在参与扶贫过程中也有着不同的侧重和面向。从市场角色看，当下我国社会企业普遍地面临资金困境，无论是传统的银行贷款还是新兴的风险投资都难以进入，不仅影响了社会企业规模的壮大和商业模式的复制，还严重限制了其扶贫作用的发挥。为此，一方面政府要打开政策窗口，为社会企业提供融资便利，支持社会企业通过发行股票、债券、上市、银行贷款等方式吸引民间投资；另一方面，社会风险投资家可尝试通过公益创投、影响力债券等形式投资给社会企业，甚至政府也可以考虑创新扶贫资金的使用方式，以发挥有限扶贫资金的涟漪效应。

第九个热点关注是慈善事业对社会保障制度的重要作用

慈善公益在我国社会保障制度中发挥了重要补充和不可替代的作用。首先，在某些领域，社会保障的性质决定了其功能定位对某些领域难以企及，比如，生态环境、养老服务、减灾救灾、科学发展等领域，而慈善公益在这些领域大有作为。其次，慈善公益具有较好的灵活性，可以较好弥补"政府失灵"或"公共失灵"带来的部分缺憾，例如，在精准扶贫、文化事业等领域，慈善公益具有明显的社会保障所不具备的优势。再次，某些社会服务领域，慈善公益可以对特定群体提供有针对性的服务，包括养老院、特重大急病患者、残疾人等。

从社会保障的角度看，当前慈善公益存在的不足之处主要有三点。一是过于关注社会救助领域，还未形成综合性的慈善公益供给格局，例如，教育、医疗和扶贫赈灾的支出比例大约占了慈善总支出的一半以上；二是税优政策还需进一步完善，例如，申批免税资格的程序应该再简化一些；企业和个人捐赠时，捐赠对象必须具有捐赠免税资格，否则企业和个人将不能享受免税优惠；我国享有捐赠税前扣除资格的慈善组织数量只有 200 多个，相对于当前的 6383 家慈善基金会来说显得太少。三是政府支持的力度应该再大一些，例如，政府补助占基金会的收入比重还不到 10%，而发达德国、美国和英国都大大高于我国。

发达国家慈善组织的发展非常迅速，作为介于政府和市场之间的第三部门，慈善公益正逐步成长为社会保障框架内不可替代的强大力量。对于刚刚起步的我国来说，首先，应明确无论在哪种福利模式下，慈善公益在福利供给中的作用具有不可替代性，应高度重视慈善事业的发展，尤其对我国来说，社会保障制度还比较年轻，发展慈善公益是大势所趋，是完善社会保障制度的题中应有之义。此外，还要明确，在社会保障制度建设中，一方面不要忘记引入市场机制的重要性，比如，养老基金的投资运营等；另一方面不要忘记慈善公益的重要性，它是福利供给中的一个重要方式，具有社会保险、社会救助所不可替代的功能，就是说，市场机制的补充和慈善公益的补充对社会保障制度具有同等的重要性。

在具体实践中，未来慈善公益的发展需要处理好三个关系。一是处理好政府、市场和慈善三者的关系，应将慈善组织定位为政府的合作伙伴关系。为此，政府应为慈善发展提供良好的法律和客观环境，行使好法律监督的责任，厘清慈善和社会保障边界，并且要采取公共采购的方式向慈善机构购买服务。二是处理好慈善公益与社会救助的关系，即要继续发挥慈善事业在"传统救助领域"应有的作用，包括扶贫济困、医疗卫生和教育等领域，要继续承担起社会保障的必要补充作用。三是要处理好慈善公益与大力发展综合性慈善公益供给格局的关系，即在维持慈善事业救助职能的基础上，努力发展壮大慈善事业规模，进而提升慈善事业的综合性慈善公益供给能力，如生态保护、科技发展等。处理好这三个关系的目的是更好地让慈善供给成为社会保障的重要补充。

第十个热点关注是社区基金会的发展状况与治理结构

最早将"社区基金会"（community foundation）这个概念译介到我国的是中国社会科学院美国研究所的资中筠先生[①]，它是指利用自然人、法人或者其

---

① 资中筠：《散财之道——美国现代公益基金会述评》，上海人民出版社，2003 年。该书于 2015 年出版第四版时改为《财富的责任与资本主义的演变》（三联书店，第 33~35 页）。资中筠先生为中国社会科学院美国研究所第二任所长。

他组织爱心捐赠的财产,以从事社区公益事业、参与社区治理、推动社区和谐为目的,按规定成立的非营利性法人。在美国等发达国家,社区基金会已有一百多年历史,它通过筹集本地资金,以资助项目的形式,为本社区提供公共服务,推动公益慈善事业发展,逐渐成为推动社会治理和公益慈善创新的重要形式。"社区"是指"区域"或"地区"的概念,美国的社区基金会可能辐射一个郡、一个州,甚至几个州、一个片区等。截至 2016 年 9 月底,全世界共有 1849 家社区基金会,其中北美有 1031 家,欧洲 658 家,余下的分布在亚洲、大洋洲和南美洲。

我国的社区基金会诞生于 2008 年,目前全国已有 103 个,其中上海 54 个,深圳 26 个,北京和浙江各 4 个等。社区基金会的快速发展不是偶然的,而是有其内在必然性:首先,政府单一的公共服务供给主体无法满足居民日益增长和多样化的诉求;其次,居委会等整合和动员能力、资源和专业性等均显不足,且行政化倾向导致其在推动社区治理中无法承担更大的责任;再次,居民缺乏参与平台和有效的参与机制,在面对社会问题时经常处于被动抱怨的境地,缺乏积极主动的应对行为。

上海社区基金会的发展走在了全国的前列,并专门发布了《上海社区基金会建设指引(试行)》(沪民社基〔2015〕1 号),甚至有的区也发布了政策文件,例如,2016 年 5 月发布的《普陀区社区基金会管理办法(试行)》。上海社区基金会原始基金总量已经达到 1.2 亿余元。除宝山区外,其他 15 个区均已成立社区基金会。上海市的社区基金会大多属于政府主导模式(社区基金会由政府作为主要发起方的占比为 67%),这主要表现在"社区基金会原始资金"的筹集上,在原始资金中政府出资 101 万~200 万的占比为 76%。基金会可分为"运作型"、"资助型"和"混合型"三种运作模式。其中,"运作型"是指组织靠自身的力量来开展活动;"资助型"是指通过提供资金支持,供其他社会组织开展活动,基金会只负责对资金使用的监督,不直接开展具体的公益活动;"混合型"是指既为其他机构提供资金支持,同时基金会自己也开展活动或参与项目实施。在上海的社区基金会中,运作型的占 28%、资助型的占 22%、混合型的为 30%,还有 20% 不清楚自己的运作类型。上海市社区基金会的原始注册资金最少的为 100 万元,大部分为 101 万~200 万,最多的为 601 万元。在保值增值方面,只有 24% 的社区基金会实施了委托专业理财。有63%的社区基金会主动向捐赠方公开资金用途。社区基金会的治理结构一般采取"理事会/监事会"二元结构模式，其中，绝大部分基金会理事会成员由"街道推荐"产生，少部分由"选举产生"。资助和运作项目是社区基金会的重要功能，从调查结果来看，每年大约资助4~5个项目，每个项目资助额在1万~2万元。对项目引入第三方评估的基金会大约有1/3。

几年来，上海社区基金会发挥了良好的作用，受到社区居民的广泛认可，并以此带动了社区居民对社区事业的参与，有效提升了社区居民的归属感、获得感。首先，社区基金会通过参与社区治理，对促进政府职能的转变，推动公共政策制定的科学化与民主化，提升民众（尤其是弱势群体）的自我管理意识和政治参与意识等方面发挥了重要作用。其次，在社区治理主体层面，社区基金会链接了政府、社区企业、社区社会组织、社区居委、社区居民等多元主体，解决了一些社区原来无法协商共治的问题。再次，社区基金会作为政府保障的补充，通过培育社区社会组织，弥补了社区该类需求，为政府以外的社区事务提供了支持。最后，上海社区基金会的发展提升了社区意识，营造了社区关怀和谐的氛围，推动了社区发展意识的形成。

从上海实地调研结果看，当前社区基金会运作中的主要困难是"缺少项目经验"、"缺少专业知识"和"资金筹集困难"。其中，"没有专人运作"的为50%，"资金筹集困难"的为63.04%，"街道领导支持不够"的17.39%，"缺少项目经验"的为71.47%，"治理结构不合理"的为21.74%，"工作经费太少"的为21.74%，"缺少专业知识"的为65.22%，"其他困难"的为17.39%。社区基金会是一个新生事物，有关部门应对此形成一个正确的认知和定位，在社区那里应形成"我们感"，因为社区基金会是提供社区公共产品的重要载体。为此，从政策导向来看，应首先完善其治理结构，厘清基金会与政府的角色关系，减少政府的过度干预，提高社区基金会理事会的作用和秘书处的能力。其次是促进社区基金会的专业能力建设，包括规划层面的能力建设、项目的设计和运作能力、执行团队的能力建设等。再次是加强社区基金会的系统建设和支持，包括资金支持、技术支持、平台支持、政策支持等。

热点一

引导动员志愿者参与慈善活动的体制机制研究

杨 雄[*]

摘 要：随着我国经济社会发展进入新时代，慈善事业与志愿服务的发展都面临着新形势与新挑战，如何进一步激发志愿者参与慈善和志愿服务的内在动力，成为当前慈善与志愿服务发展的关键性问题。本研究报告在系统考察新时代社会动员机制转变的理论和实践脉络的基础上，结合我们对上海志愿者和志愿服务组织的相关调研，较为全面地展现了上海志愿者参与和动员的内在动机与外部激励保障机制。同时，在此基础上，我们对慈善基金会"蓝天下的至爱"、网络"微公益"以及"一个鸡蛋的暴走"等公益活动与形式进行了个案分析，并由此展现出当前慈善动员志愿者参与的现实状况。最后，结合全球慈善事业发展的新趋势以及西方国家和国内先进地区在激发志愿者参与慈善方面的经验借鉴，对如何形成志愿者参与慈善服务的相关体制机制创新提出了对策建议。

关键词：志愿者 慈善活动 志愿服务组织

近年来，随着我国社会经济的快速发展，社会结构加速转型和分化，社会空间不断拓展并日益浮现，与此同时，随着社会利益格局多样化、资源分散化

---

[*] 课题负责人：杨雄，上海社会科学院社会学研究所所长，研究员。课题组成员：张虎祥，上海社会科学院社会学研究所助理研究员；裴晓兰，上海社会科学院社会学所助理研究员；魏莉莉，上海社会科学院社会学所副研究员。

以及民生需求多样化，使得社会民生领域内的挑战也日益加剧。从现实来看，慈善事业的健康发展在参与民生保障、调节收入分配、弥合贫富差距、促进社会稳定等方面起到不可替代的作用。如前所述，我国经济社会发展进入新时代以来所面临的新形势、新情况，都迫切要求创新和精细化社会治理。构建有利于引导志愿者参与慈善活动的体制机制，将为深入推进慈善事业、提升社会治理水平提供有效的助力。因此，本研究将聚焦于构建引导和动员志愿者参与慈善活动的体制机制，结合近年来对上海志愿者参与慈善活动的定量数据分析与定性案例分析，进一步认识新时代慈善动员的特点，从而掌握相应的机制，有助于推进社会建设、促进社会整合、维护社会稳定和构建社会和谐。

一 新时代慈善转型与志愿者参与

随着我国经济社会发展进入新时代，公益慈善领域也面临着新的发展态势，其发展理念、管理体制与运作机制、实现方式等方面都呈现出新的发展态势。正是在这一背景下，我国慈善事业发展正经历着一个快速的转型过程，其中，作为公益慈善的重要依托力量，志愿服务的发展及其志愿者参与慈善活动的作用日益凸显，如何有效地引导和动员志愿者来参与公益慈善活动，成为理论界和实务实践者关注的焦点。

（一）志愿者参与为新时代慈善事业发展提供新动能

从其发展脉络来看，慈善事业的兴起与发展源于人与人之间的互助。"慈"者本为长辈对晚辈之爱，故有"慈爱"，而"慈善"之意从（长辈、强势群体）同情、怜悯或宗教信仰的角度出发对贫弱者给予财、物抑或是精神上及更多层次上的援助，当然其中又以财、物援助最为显著。其作用主题即行为主体通常是建立在自愿的基础上，对社会弱者进行无偿的抑或可以说是无求回报的救助，在一定程度上可以调剂社会贫富差距，缓解社会矛盾，成为国家社会保障的必要补充。生产方式从传统向现代的转型，引起了工业化、民主化、城市化、世俗化和理性化等社会经济现象，而这些现象又催生了诸多新的社会问题，反过来也助推了以"平等、互助、博爱、共享"为核心特征的现代慈善之形成①。从推动现代慈善事业发展的力量来看，不仅需要政府给予慈善组织的政策支持和各种资源的投入，还需要企业和企业家履行其社会责任，更需要来自社会民众的各种资源投入。其中，值得关注的是，志愿者是慈善事业取得发展不可或缺的资源，也是衡量一个慈善机构社会动员能力和社会影响力的重要标志。

志愿服务是不以获得报酬为目的，自愿奉献时间和智力、体力、技能等，帮助他人、服务社会的公益行为。作为与捐赠财产相并列的捐献时间、服务的活动，志愿服务与慈善精神高度契合，最能体现慈善活动本质特征，是慈善活动的重要方式。而且在志愿服务发展实践中，作为主体的志愿者参与慈善活动，已经成为题中之义。在2016年颁布实施的《慈善法》中，慈善法作为慈善制度建设的基础性、综合性法律，涉及志愿者或志愿服务的条款共有13条，分布于第一章总则、第七章慈善服务和第十一章法律责任。其中，第一章总则的第一条，表明保护志愿者合法权益是立法目的之一；第十一章法律责任有4个条款，规定了泄露志愿者隐私、不依法出具志愿服务记录证明、慈善服务中的侵权行为、强行指定志愿者提供服务等法律责任；第七章慈善服务的8个条款，集中规定了慈善法有关志愿服务的制度框架，是慈善法中关于志愿服务的核心条款。在该章中，慈善法从慈善组织招募志愿者参与慈善服务的角度切入，重点突出了招募注册、管理培训、服务记录和证明出具、安全保障和人身保险等四个方面志愿服务的重要制度。这些制度充分体现了志愿服务的人身性、无形性、过程性和风险性等独特属性，回应了志愿服务实践中存在的各种问题②。可以说，《慈善法》的颁布实施，为动员志愿者参与慈善活动提供了重要的法律保证。

需要指出的是，志愿者并非现成的资源，是需要开发、动员、培训和维系的，关键是如何来动员、开发、培训和维系志愿者这一弥足珍贵的社会资源，推进慈善公益服务③。正是从这个意义上看，如何进一步动员志愿者参与慈善

---

① Gross, Robert A., Giving in America: From Charity to Philanthropy. In L. J. Friedman and M. D. McGarvie (eds.), *Charity, Philanthropy, and Civility in American History*, Cambridge: Cambridge University Press, 2003.
② 吕晓莉：《慈善法与志愿服务新发展》，《中国社会工作》2016年第13期。
③ 冯国勤：《推动慈善体系和慈善能力现代化建设》，《文汇报》2014年5月6日。

活动是推动我国现代慈善事业发展的关键所在,因此,我们有必要探索如何构建有助于动员志愿者参与的相关体制机制,并由此为志愿者参与慈善活动提供有力的保证。

(二)我国慈善事业发展及其存在的挑战

随着我国经济社会发展进入新时代,社会建设也呈现出与以往不同的特征。首先是社会结构的高度分化与定型化带来民众诉求的差异性及多样性,经济发展所带来的社会地位与阶层结构日趋固化,不同利益群体在形成的同时其需求也日益多样化。其次是社会的快速流动、利益格局及资源配置方式的深刻调整导致社会多主体间关系的高度复杂化,并带来更加多样化、常态化的社会矛盾与冲突;而与此同时,经济发展的中高速意味着解决这些问题的经济手段面临着极大的制约。再次是现代信息技术及互联网科技、大数据、现代金融等技术的快速升级换代发展,不断冲击和改变社会的认知、认同及传统的管理组织方式,社会生活的不确定性日益增强,群体、组织、空间等有形的边界日益模糊,组织和整合社会生活、秩序的主导权力来源和机制将持续发生改变。从现实来看,这些挑战都对经济与社会的发展模式、治理模式提出了新的要求。正是在这一背景下,慈善作为推进民生建设与社会治理创新的重要载体,得到了快速的发展。

改革开放以来,我国慈善事业得到了快速的发展,尤其是体现在2016年《慈善法》颁布施行之后,我国慈善事业的发展也进入了新时代。在实践中,以兴办慈善组织为主要载体,以信息化网络为重要平台,以资金、物资捐赠和志愿服务为主要方式,将日常慈善行为和灾害救助、关键节点行动相结合,形成了积德行善、奉献爱心的氛围①。首先,从体制上看,已经形成了有民政部门主导的慈善管理体系,按照慈善法的要求,民政部通过公开遴选指定了首批互联网公开募捐信息平台,上线运行了"慈善中国"信息平台和全国志愿服务信息系统,基本完成了社会力量参与救灾信息平台建设工作,探索建立困难群众基本信息数据库或社会救助管理综合信息平台,推进救助部门与慈善组织之间信息互联互通,强化救助资源统筹使用。其次,慈善组织数量快速增长,

---

① 纯光:《以良法促善治——访民政部副部长顾朝曦》,《中国民政》2017年第17期。

截至2017年第二季度，全国社会组织总数达到72.5万个，其中相当一部分在慈善领域开展活动，形成了一大批慈善品牌项目，每年受益人群达到1000万人次以上；同时，以从事慈善事业为目的的社区社会组织增长尤为迅速，它们在整合社区资源、满足社区需求、推动社区自治、促进社区融合等方面发挥着独特作用。再次，整体社会公益慈善氛围不断提升，各地通过政府搭台、社会唱戏等方式，开展慈善项目体验，讲述慈善故事，举办知识问答，深入社区、学校、单位、家庭，弘扬了中华传统慈善文化，传播了现代慈善理念。2008年以后，社会公益氛围日趋浓厚，由此形成全社会的公益风尚，推动了慈善募捐、慈善服务以及价值理念在全社会的普及。由此可见，进入21世纪第二个十年以来，我国慈善事业得到了长足的发展和进步。

在慈善事业快速发展的同时，我国的慈善发展模式也正经历着深刻的转型过程。随着我国经济社会发展进入新时代，我国公益慈善事业正在进入快速发展的历史时期。慈善事业的发展与公益慈善领域正处于剧烈的转型之中。公益慈善成为社会创新的原动力之一，带来越来越大的增加值。公益创投、公益银行、社会企业、社会影响力投资等新公益业态不断涌现，使得公益慈善超越了营利或非营利的局限，成为社会财富新的增长点。各种形式的公益创新层出不穷，打破了传统的公益慈善边界并形成巨大的社会影响力。在市场与公益之间涌现出大量的社会企业，在移动互联网与公益慈善之间出现了如"免费午餐""微公益"等异军突起的公益平台，在媒体、新媒体和公益之间催生出信息公开的种种创新平台；在金融与公益之间诞生了一个个带着更强社会使命的金融工具：公益创投、公益信托、小额信贷、社会影响力投资等。一种被称为"公益产业"的新业态正在酝酿形成①。

需要指出的是，在慈善事业取得快速发展的同时，我们还存在一些不足或短板。如慈善组织数量少、规模小，培育扶持政策配套不足，假借慈善名义的活动频出，事中事后监管力量薄弱等问题，慈善工作面临着许多新问题、新挑战。其中，慈善的组织发展以及公众参与仍然相对不足，尤其是公众的慈善观念和对于慈善事业的参与仍有待进一步提升。我国公众参与公益慈善的比例仅为40%，与世界上发达国家相比还有不小的差距。主要原因就是社会公众参

---

① 王名：《中国公益慈善：发展、改革与趋势》，《中国人大》2016年第7期。

与公益慈善的动力不足，相关扶持机制不够健全①。正是从这个意义上看，如何进一步推进我国慈善事业发展，就必须打造适合公众，尤其是志愿者参与慈善的体制机制，并由此实现政府与社会协力推动公益慈善的总体格局。

（三）慈善转型的态势与志愿者参与的迫切性

随着我国经济社会发展进入新时代，公益慈善的重要性日益显现。如何使经济转型与公益慈善的发展紧密结合起来，是当前中国社会建设所面临的突出挑战之一。党的十九大报告提出，"完善慈善事业等制度"，对于新时代中国慈善事业的发展提出了明确的指引。近年来，以"政府推动、民间运作、社会参与、各方协作"为特征的中国特色慈善事业的大格局正在逐步形成。在这个整体格局中，志愿者的参与成为其中的亮点所在，如何进一步推动志愿者参与慈善服务与活动，已经成为影响今后我国慈善事业可持续发展的重要问题。

当代中国的志愿服务从 20 世纪 80 年代开始，是在继承"学雷锋、做好事"和中华民族邻里互助的传统，以及借鉴国外现代志愿服务精神的基础上发展起来的。而今，志愿服务正在迎来其发展的新时代。伴随社会转型和治理创新，作为促进社会和谐、引领社会文明风尚、扩大社会参与、推进社会治理的重要途径，"志愿服务"逐渐成为国家战略的常态化元素，成为国家及地方发展不可或缺的组成部分②。

近年来，党和国家高度重视志愿服务事业发展，对推进志愿服务发展做出了一系列决策部署。2006 年，《中共中央关于构建社会主义和谐社会若干重大问题决定》提出"以相互关爱、服务社会为主题，深入开展城乡社会志愿服务活动，建立与政府服务、市场服务相衔接的社会志愿服务体系"。2007 年，党的十七大报告提出"深入开展群众性精神文明创建活动，完善社会志愿服务体系"。2012 年，党的十八大报告提出要"大力发展志愿服务"。2013 年，党的十八届三中全会提出要"支持和发展志愿服务组织"。2015 年 10 月，党

---

① 施蓄生：《探索推进慈善时间银行 激活志愿者的慈善动力》，《解放日报》2017 年 12 月 18 日。
② 谭建光：《志愿服务逐渐成为国家战略》，《中国社会工作》2016 年第 6 期。

的十八届五中全会提出要"广泛动员社会力量开展社会救济和社会互助、志愿服务活动"。2015年11月,《中共中央关于制定国民经济和社会发展第十三个五年规划的建议》提出要"支持慈善事业发展,广泛动员社会力量开展社会救济和社会互助、志愿服务活动"。2016年7月,中宣部等八部门联合印发《关于支持和发展志愿服务组织的意见》,提出"到2020年,基本建成与经济社会发展相适应的志愿服务组织体系"的目标。党的十九大报告进一步提出,"推进诚信建设和志愿服务制度化",这些既是对志愿服务发展提出的新要求和新期望,也是对志愿服务发展提出的新指引和新目标。

改革开放四十年尤其是进入21世纪以来,我国志愿服务得到了迅猛的发展。至2017年6月,我国志愿服务组织总量达到342065个,志愿服务站点超过15万个。2017年6月,全国志愿服务信息系统正式上线运行,目前全国志愿服务信息系统中实名注册志愿者已达4242万人,注册志愿团体已超过43万个,发布志愿服务项目超过96万个,记录志愿服务时间超过4.2亿小时,人均服务为11.93小时①。同时,各地各部门、各志愿服务组织在不同领域开展了丰富多彩的志愿服务活动,项目涵盖扶贫济困、帮老助幼、帮残助弱、抢险救灾、环境保护、支教助学、公共场馆服务、赛会服务、法律服务、医疗卫生、文化宣传与网络文明等众多领域。在实践中,以社会化为导向的慈善服务实践不断深化,发挥着社区作为慈善服务主阵地的作用,依托志愿服务站点搭建志愿者、服务对象和服务项目对接平台,引导群众就近就便参与志愿服务,促进公共服务、便民利民服务、慈善服务有机衔接。

但与此同时,志愿服务同时也面临着一些现实的问题,如区域发展不平衡,志愿服务组织的自身建设和服务能力整体不强,志愿者激励保障有待细化和完善,行业规范有待进一步加强,等等(中国志愿服务联合会,2017)。可以说,与慈善事业的发展类似的志愿服务的发展也面临着深刻的转型挑战。据此而论,将志愿服务融汇于慈善事业的整体格局中,尤其是引导动员志愿者参与慈善服务活动,将推动慈善与志愿服务可持续的协同发展。正是从这个意义上讲,如何进一步拓展志愿者参与,发挥其在慈善服务中的主导性作用,是值得深入研究的问题。而激发志愿者参与,除了志愿者自身的因素以

---

① 中国志愿服务联合会:《中国志愿服务发展报告(2017)》,社会科学文献出版社,2017。

外，相关体制机制的建立显得更为重要，这也是我们选择这一问题领域开展研究的初衷。

（四）研究思路与方法

如前所述，当前我国慈善事业面临的现实挑战在于：慈善动员的行政化色彩依然浓厚，志愿者参与慈善活动在很大程度上还是体制化的动员，其有效性在社会慈善快速发展的同时有所减弱；虽然各种社会慈善公益项目层出不穷，但社会慈善文化尚不浓厚，市民及志愿者参与的积极性有待提升；社会慈善组织的资源还是更多地与体制相联系，其社会资源获取的能力仍有待提升。正基于此，要进一步提升慈善动员的有效性，有必要探索引导动员志愿者参与慈善活动的体制机制。

由此，本研究的思路在于，慈善动员的实践过程不仅要考虑到志愿者自身的心理或动机取向，更为重要的是牵涉其中的社会性机制。换言之，要把志愿者的参与置于与政府、慈善组织、服务对象的关系结构中，并由此引发了相关社会体制的建构与生产。因此，在本研究中，我们将关注志愿者参与慈善活动的组织机制及其作用方式，尤其是当前我国引导和动员志愿者参与的现实问题、关键机制以及改进的决策建议等方面。

从方法上，本研究主要采用了文献法、问卷调查法与个案分析法。文献法主要通过对相关文献的梳理，进一步把握国内外志愿者参与慈善的理论和相关研究成果，把握当前我国慈善事业的发展趋势；同时，本研究以上海为研究实地，对国内及上海志愿者参与慈善的现实状况、发展态势等进行梳理和分析归纳，并对目前志愿者发展和管理的相关体制机制进行梳理分析，并以此进一步全景展现当前志愿者参与慈善活动。而问卷调查法主要针对上海志愿者以及志愿服务组织分别展开，了解志愿者参与慈善服务的动机、现实参与状况以及影响志愿者行为的因素；同时，我们也对志愿服务组织的动员进行了分析，凸显其动员组织方面的特征与不足。个案分析法主要通过对上海志愿服务与慈善组织以及大型慈善活动的调研，了解志愿者参与慈善活动的引导、激励和管理方面的现状及问题，并通过对这些对象和主体的参与或管理实践，展现当前志愿者参与慈善活动的现实问题并以此为基础，探索进一步改进的对策建议。

二　新时期社会动员机制与志愿者参与

随着全球经济一体化的进程不断加快，自由市场经济的拓展以及社会文化的传播、冲突与交融，尤其是随着现代信息技术的快速发展，人们的社会行动逐步摆脱物理空间的限制，像弹道导弹重返大气层一样，走出物理空间然后在另一个时空节点，重新融入现实生活。这种不受地域限制的"流动空间"产生，标志着人类生存已进入全新状态，个体在建构自我主体、采取自由行动这一方面，获得了空前开放和便利的条件，社会成员的合作具有了不同以往的特征，社会动员的方式和机制也发生了巨大变迁，并由此对动员志愿者参与慈善的体制机制也产生了极为深远的影响。

（一）社会动员机制：理性结构与情感建构

从理论上看，社会动员就是通过非强制的、非商业的手段，将分散的、异质的个体组成组织化程度不等的集群，形成共同诉求和集体行动的过程。从微观上看，社会动员为孤立的社会成员搭建了彼此联合、相互合作的桥梁，完成了从个体到集体的转变，使集体行动得以可能；从宏观上看，社会动员则建构了现代政府与社会成员密切相连的新型关系，在国家介入公民个人生活的同时，社会成员也以集体的方式参与国家和政府主导的公共事务。

从现代社会的实践过程来看，社会动员因其追求目标的利益特性而具有理性的一面，社会动员的主体——行动者往往综合运用资源、组织网络乃至于文化和意识形态等各种要素来促成社会动员。从某种意义上看，利益既作为社会动员的指向，同时也是实现动员的有力方式，影响集体行动的重要因素就在于能否提供"选择性激励"（利益）[1]。对于社会运动组织来说，能否有效实现社会动员，取决于其在一个社会中所能利用的资源总量的多少[2]。与此相应的，

---

[1] 曼纽尔·奥尔森：《集体行动的逻辑》，陈郁等译，上海人民出版社，1995。
[2] McCarthy, John D. & Mayer N. Zald, *The Trend of Social Movements in America: Professionalization and Resource Mobilization*, Morristown, N. J. General Learning Corporation, 1973.

组织和网络（正式网络和非正式网络）在动员过程中互相交织，共同发挥作用，往往决定了社会动员能否形成集群化的力量，对于动员成功发挥着重要影响①。同样，特定的话语和意识形态，往往被社会动员主体通过创造、沟通、延伸乃至于借用等方式来形成参与者的共享文化和认同，从而提升动员的效果②。此外，时空、情境以及地域等空间结构不仅影响社会动员的网络，还直接作用于社会运动本身，由此形成了网络机制、空间—网络机制、空间机制等三种机制③。不难看出，影响现代社会动员的因素和机制正在呈现多元化的趋势，利益激励、资源动员、组织网络建构以及有意识运用的话语和意识形态等因素的交互作用，都在影响着社会动员的进程和效果。

与社会动员的"理性"特征相对应的，还有许多学者认为群体行为具有非理性的情感来源，所以社会动员必定涉及非理性、受情感影响的一面。可以说，不论什么样的社会运动和集体行动，都带有感情色彩，而且行动方式愈激烈，情感色彩愈重④。20 世纪 90 年代以来的社会动员研究，突出了情感与认同在其中的重要作用，欧洲学者认为，认同与表达构成了社会动员的核心：运动参与者追求自我价值的表达，他们在参与过程中，以不拘一格的方式实践自己的信念，并由此形成了某种社会建构。这种社会建构与"文化构造理论"（即运动组织者要赋予运动以意义，以便人们心甘情愿地参与运动）不同的是，情感和认同是内生于社会动员过程之中的，是行动者参与建构的同步过程。

总的来说，影响社会动员的因素不仅有"内生变量"如情感与认同，还有"外生变量"如资源、组织网络等因素，并且这两种因素常常交织在一起。因此，有必要在研究社会动员机制时，既要重视研究社会动员"理性结构"，也要重视行动者以及参与者"情感建构"的能动性特征，并逐步走向综合性的解释。

---

① Snow, David et al., "Social Networks and Social Movements: A Micro-Structural Approach to Differential Recruitment," *American Sociological Review* 45 (1980); Gould, Roger, "Multiple Networks and Mobilization in the Paris Commune," *American Sociological Review* 56 (1991).
② Snow, David A. E., Burke Rochford Jr., Steven K., Worden Robert D. Benford, "Frame AlignmentProcesses, Micro-mobilization, and Movement Participation," *American Sociological Review* 51 (1986).
③ 赵鼎新：《社会与政治运动讲义》，社会科学文献出版社，2006。
④ Hart, S., *Cultural dilemmas of progressive politics: Styles of engagement among grassroots activists*, Chicago, IL: Chicago University Press, 2001.

（二）社会动员的路径转向：从组织化到多重组织化并存

社会动员的形式和规模，取决于社会本身的状态。远古时期的中国，因为灌溉农业需要兴建和维护大型水利工程，因此较早形成了强大的动员能力和动员传统，在全社会被组织为"单位"的计划经济时代，这种传统达到了顶峰，以致当时的中国被称为"动员型社会"。随着改革开放尤其是进入21世纪以来，我国的社会动员方式发生了很大的转变，逐步从以党政为主的政治动员转向以普通社会成员包括企业为主的社会动员；逐步从"组织化动员"（或行政性动员）转向"组织化动员"与"非组织化动员"（基于个体的较为松散的社会动员）并存的多重格局；从目标明确的有计划动员转向由偶然因素引爆的自发动员。这些转变使社会动员和运行具有了很大的不确定性和复杂性。

在改革开放前的"总体性社会"里，国家几乎垄断全部的社会经济资源而获得了对社会动员的主导权，党和政府作为动员的主导者，往往利用原有行政管理框架，借助组织推动，依托与政府完全同构的单位进行社会动员，并由此形成了所谓的"动员式治理"模式①。改革开放以来，随着国家与社会关系的深刻调整，体制外空间不断扩大，私人资源不断增多，行政化的组织动员方式效力下降，而基于市场机制的、利用各类传播媒介进行的资源动员的模式②开始成形并不断发展。进入21世纪以来，我国社会变迁速度加快，现代信息技术得到广泛应用，也使当前社会动员呈现出极为复杂的场景。

从慈善动员的相关研究来看，我国当前的慈善动员虽然仍以政府行政动员为主，但影响公众参与慈善的因素已经发生了很大的转变。如玉苗、慈勤英通过对体制外公益组织（A组织）的深入分析，提出了"后总体性社会"下公益资源"准社会化动员"的策略方式，"倚靠体制，面向社会"③。这种方式实质是借助体制资源的桥梁作用，提升组织自身的动员能力，以在更大范围内运用社会化手段调动体制外社会资源，最终促成两者（体制与社会）良性互动、

---

① 张虎祥：《动员式治理中的社会逻辑》，载《公共管理评论》第五卷，清华大学出版社，2006。
② 夏少琼：《建国以来社会动员制度的变迁》，《唯实》2006年第2期。
③ 玉苗、慈勤英：《"倚靠体制，面向社会"：体制外公益组织"准社会化动员"的个案研究》，《甘肃社会科学》2013年第4期。

合作发展，进而实现组织成长的动员目标。王新松、赵小平探讨公民的教育水平、健康及经济情况三项指标对公民志愿行为的影响；其中，教育水平越高者参加志愿活动的可能性越高，而健康情况与志愿行为无显著关系，经济情况与志愿行为的可能性成反比①。刘凤芹、卢玮静分析城市居民的社会经济地位对慈善捐款行为的影响②，其中，教育水平与捐款行为具有显著的正相关，工作收入的提升也会导致捐款的增加，职业类别与捐款额度之间也有明显的关联。南方、罗微指出社会关系网络和社会信任对于人们的捐款行为有正向作用③。另外，邓玮则针对城市居民慈善意识进行研究，指出影响慈善意识的四个主要因子为文化因子、制度因子、经济因子以及信任因子，所以建议采取四种动员策略：加强感恩教育、完善慈善制度、提高经济生活水平、加大慈善宣传力度、增强慈善组织及制度的可信度④。柯江林、孙锐、丁越的调查则发现单位慈善氛围、家庭慈善氛围、个人相依自我程度（interdependent self）、宗教信仰和政治面貌对个人慈善参与水平有显著的正向影响⑤。

从某种程度上看，当前我国志愿者参与慈善活动的体制机制，不仅有政府主导的组织化动员，还存在大量的基于这种组织化程度不高甚至极为松散的、许多时候表现为自发的集群行为的"组织形态"。从现实意义上看，既关注组织化动员的改进和创新，同时关注这些非组织化的志愿者参与形式，考察其不确定性和复杂性以及背后的社会动员逻辑，将能为推动志愿者参与慈善形式的多样化提供可能。

（三）慈善动员中的新媒体：行动者与技术的战略性结合

随着现代信息技术的广泛应用，互联网、手机等崭新的通信方式正在改变

---

① 王新松、赵小平：《中国城市居民的志愿行为研究：人力资本的视角》，《北京师范大学学报》（社会科学版）2013年第3期。
② 刘凤芹、卢玮静：《社会经济地位对慈善捐款行为的影响》，《北京师范大学学报》（社会科学版）2013年第3期。
③ 南方、罗微：《社会资本视角下城市居民捐款行为的影响因素分析》，《北京师范大学学报》（社会科学版）2013年第3期。
④ 邓玮：《城市居民慈善意识影响因子分析及动员策略》，《重庆大学学报》2013年第3期。
⑤ 柯江林、孙锐、丁越：《影响中国员工慈善参与水平的精神性因素研究——单位、家庭与个体的三维视角》，《北京社会科学》2013年第4期。

着社会生活形态。正如卡斯特所指出的，信息技术革命已催生出一种新的社会模式——"网络社会"：经济行为全球化、组织形式网络化、工作方式灵活化最终会使人们的生活方式发生急剧的转变[1]。"互动式社会"与"流动空间"的出现，在促使人们交往方式转变的同时，也深刻影响了社会动员机制的建构。可以说，正是在互联网、手机通信等新媒体作用下，社会动员过程充满了不确定性和复杂性。

在现代社会中，大众传播媒介的扩展，对社会动员过程的影响日益增强。莫劳切讨论了媒体在社会动员过程中建构公共舆论的重要作用[2]，吉特林则进一步指出，传媒通过塑造意识形态——"媒体霸权"影响了社会运动的兴衰过程[3]；近年来，随着互联网、手机等现代信息技术迅速普及，大众媒介对社会动员的影响日益加深，通过信息共享、超时空互动以及重构集体认同的"电子动员"方式逐步受到学者的关注[4]。典型的如"快闪暴走族"（Flash Mobs）行动所具有的聚集、突发、迅速等特点，其实质是一种新型的社会动员方式，可以在短时间内，无领导、无组织地激发出强大的动员力，莱因戈德更指出，"越来越普及的网络、手机、随身装置，将建构出一种全新的社会关系网——瞬间聚集的陌生人，像蚂蚁群一样在无组织、无领袖的状态下，由集体意识做了一连串有意义的抉择[5]。除了好玩之外，更已经带动大规模的社会、政治革命"。

加内特曾就新媒介在社会动员中的作用进行了总结[6]。他指出，从动员结构上看，新信息技术降低了参与成本，有助于集体认同的建构，因而能够促进动员，同时加速运动的扩散，并提供新的行动方式。从政治机会方面看，新技术有助于跨国行动，因此对国家内部的集体行动有影响，对国家机器的镇压行

---

[1] 曼纽尔·卡斯特：《网络社会的崛起》，夏铸九等译，社会科学文献出版社，2001。
[2] Molotch, Harvey, Media and Movements, In *the Dynamics of Social Movements*, Winthrop, 1980.
[3] 托德·吉特林：《新左派运动的媒介镜像》，张锐译，华夏出版社，2007。
[4] 曼纽尔·卡斯特：《认同的力量》，曹荣湘译，社会科学文献出版社，2003；Chadwick etc., *Internet Politics：States，Citizens，and New Communication Technologies*，Oxford University Press，2006。
[5] Rheingold, Howard, Mobs：The Next Social Revolution, Perseus Publishing, 2002.
[6] Garrett, R. K., "Protest in an information society：A review of literature on social movements and new ICTs," *Information, Communication & Society* 2, 2006.

为起到一定制约作用。从框架建构方面看，社会运动的组织者可以通过新媒体来建构框架，而不必依赖主流媒体。另外新技术还可以使社会运动的理念在全球传播。在这个过程中，社会行动者通过网络的战略性运用，来控制和引导网络互动的进程，并由此直接影响到现实中社会动员实践的发展与进程。

从某种程度上讲，互联网的广泛应用可谓信息技术对公益慈善领域的馈赠。由于其具有成本低、传播快、受众多、互动强等特点，互联网慈善不仅能降低民众参与门槛，节约项目推广成本，还能构建网络公共领域，提升民众的公益精神。而近年来，"互联网＋慈善"造就了一个全新的慈善生态，互联网募捐与动员因其开放性、便捷性和低成本，动员了网民的广泛参与。典型的案例如邓飞发起的"免费午餐"，运用专业化的信息传播策略、多元化的募集战略以及"情理化"的成员招募战略，使这一公益慈善活动取得了显著的效果[1]。据此，有学者进一步提出了"网络共意动员"的概念，并认为以其成本低、速度快、影响大、参与广等优势，日益受到我国公益组织和个人的青睐，在公益事业中发挥着越来越重要的作用。在这种动员过程中，精心设计"网络共意动员"的议题，发挥意见领袖作用，传播公益正能量以及提升公益组织网络信息技术应用能力、加强网络公益组织内部治理成为有效加强慈善动员的重要路径[2]。实际上，人们对社会动员过程中的新媒体的影响和作用的看法，已经不再局限于"传媒动员"[3]和"舆论动员"[4]的范畴，而是涉及建构集体认同、推动社会动员过程中的作用机制[5]，以及网络动员主客体之间的交互性、互换性尤其是动员对象之间的互动、劝说和信任对网络资源动员的决定性[6]。如果我们承认以网络为代表的新媒体，反映的是人类一种新的生存方式，那么，新媒体就不仅仅是单纯外生于社会动员或者说只具有工具的意义，而是直接融入了社会动员过程本身，成为激发或推动这一过程的重要力量。

---

[1] 田振华：《网络社会下公益慈善组织资源动员策略探析》，《学会》2016年第1期。
[2] 肖灵：《网络公益的共意动员》，《光明日报》2016年3月20日。
[3] 郑永廷：《论现代社会的社会动员》，《中山大学学报》（社会科学版）2000年第2期。
[4] 廖卫民：《论突发事件中的舆论动员——以南方雪灾为例》，《新闻记者》2009年第1期。
[5] 孙玮：《"我们是谁"：大众媒介对于新社会运动的集体认同感建构——厦门PX项目事件大众媒介报道的个案研究》，《新闻大学》2007年第3期。
[6] 章友德、周松青：《资源动员与网络中的民间救助》，《社会》2007年第3期。

从某种程度上看，新媒体已经成为慈善动员可依靠的重要力量。从本质上看，新媒体与社会动员的结合同时也是个体行动者与信息技术的结合。行动者因此能够以网络为载体，在信息流通、关系建构以及由此而产生的认同塑造基础上，进一步把握行动激发的时机，并主导了社会动员发展变迁的整体过程。

（四）动员志愿者参与慈善活动：理论聚焦与探索

从国内外的相关研究看，志愿者的有效参与一直以来就是慈善活动、慈善事业发展的内在推动力。而志愿者能否积极参与，往往源于其内在动机和外在的保障。从社会层面看，学者们更加强调志愿者自身的价值观以及发展自身的需要，如克拉里等在前人研究基础上，提出了志愿者的六类参与动机，即价值观（Values）、理解（Understanding）、社会（Social）、职业（Career）、保护（Protect）以及增强（Enhancement）[1]。费瑞纳等认为，影响志愿者行为的动机分为四个类型：利他主义、社会归属感、自我和对社会的认同、发展和学习的需要[2]。而经济学家则更加强调个人利益和交换价值，基本上运用三种微观经济学模型来解释志愿者动机，分别是公共利益模型（Public goods model）、个人消费模型（Private consumption model）和投资模型（Investment model）等。近三年我们对上海志愿服务发展的连续研究表明，志愿者参与志愿服务以帮助他人为首要目的，但"单位要求"、"增加个人阅历"以及"个人兴趣爱好"等目的也有相当比例，反映出志愿者参与动机的多样化[3]。这些研究从志愿者动机的角度阐明了志愿者参与的心理机制，对于本研究的展开具有较为重要的启发。

类似的，在影响志愿者参与的社会因素方面，许多研究也取得了相当的进展，如在美国女性比男性更可能投入志愿服务[4]，在欧洲及澳洲则无此区别[5]；

---

[1] Clary, E. G., Snyder, M., Ridge, R. D., Copeland, J., Stukas, A. A., Haugen, J., & Miene, P, "Understanding and assessing the motivations of volunteers: a functional approach", *Journal of Personality and Social Psychology* 6 (1998).

[2] Ferreira, M. R., Proenga, J. F., & Proenca, T. "As Motivações no Trabalho Voluntá rio." *Revista Portuguesa e Brasileira de Gestão* 7 (2008).

[3] 杨雄等：《上海志愿服务发展现状、问题与对策思考》，载卢汉龙、杨雄、周海旺主编《上海社会发展报告（2016）》，社会科学文献出版社，2016。

[4] Reed, P. & Selbee, L., *Distinguishing Characteristics of Volunteers in Canada*. Ottawa: Statistics Canada, 2000.

[5] Wilson J., "Volunteering," *Annual Review of Sociology* 26 (2000).

列姆发现宗教与志愿服务的参与呈正相关关系[1];美国独立部门的调查则表明:教育与收入水平的提升会增加志愿服务的参与[2];此外,欧洲裔美国人比非洲裔美国人更多地参与志愿服务,虽然后者参与志愿服务的比例正在快速增加。皮列温的研究指出,如果父母参与志愿服务,则子女参与的可能性会增加[3]。若托罗与威尔胜发现,婚姻关系可以促进志愿服务行为,因为如果其中一方参与志愿服务,则另一方参与的可能性会增加[4]。哈斯其－列文所的分析指出,参与志愿服务有助于老年人的心理和身体健康,等等[5]。可以说,性别、宗教、婚姻家庭关系等社会经济特征的状况对志愿者参与也有着相当影响。

从国内的相关研究看,主要聚焦志愿者培养与激励研究,如邱建国、杨晓东在对我国志愿服务现状进行分析的基础上提出了志愿服务保障体系法律化、志愿服务激励人性化的志愿者激励机制的建设构想[6]。同时,也有研究者指出目前志愿服务发展的现实问题:如志愿行动多为事件性,长期服务的比较少。即所服务的领域集中于大型活动,很少有长期的志愿者组织存在;志愿者组织多为官方,民间发起的比较少;一般的志愿者组织都有政府或者学校、事业单位的背景;志愿者组织多为临时性组织,比较松散,从而导致对志愿者的管理没有持续性[7]。近三年,我们受市文明办委托,连续对上海志愿服务发展状况进行跟踪研究显示,虽然当前上海志愿服务发展态势良好,志愿者的规模、参

---

[1] Lam P., "As the flocks gather: how religion affects voluntary association participation," *Journal for the Scientific Study of Religion* 3 (2002).

[2] Independent Sector, *Giving and Volunteering in the United States*. Washington, DC: Independent Sector, 2002.

[3] Piliavin, J., "Feeling good by doing good," In A. Omoto (ed.) *Processes of Community Change and Social Action*. Mahwah, NJ: Lawrence Erlbaum Associates, 2005.

[4] Rotolo, T. & Wilson, J., "Substitute or Complement? Spousal Influence on Volunteering," *Journal Of Marriage and Family* 2 (2006).

[5] Haski-Leventhal, D., "Elderly Volunteering and Well-Being: A Cross-European Comparison Based on SHARE Data," *Voluntas: International Journal of Voluntary and Nonprofit Organizations* 4 (2009).

[6] 邱建国、杨晓东:《中国青年志愿者激励机制的现状与发展研究》,《中北大学学报》(社会科学版) 2008 年第 6 期。

[7] 曹锡康:《国内外志愿者研究成果综述》,《华东理工大学学报》(社会科学版) 2009 年第 4 期。

与状况都保持在高位,但仍然存在一些现实问题:如部分志愿者倦怠,志愿服务激励机制有待加强;部分志愿者保障不足,志愿服务保障机制应不断完善;双向渠道不畅,志愿服务信息化建设应更加社会化;公众了解不足,志愿文化建设任重道远;书面协议缺失,志愿服务规范化建设有待加强;资金、知晓率以及专业化不足,志愿服务组织建设需要加强①。这些问题的存在,在一定程度上既影响了志愿服务的发展,同时也意味着慈善动员与志愿者参与需要在体制机制方面亟待创新。

从慈善事业发展来看,需要大量的志愿者的主动性、持续性的参与,而从我国志愿服务发展现状以及志愿者群体的激励和保障措施来看,目前很难达到这一要求,这也就导致了当前慈善活动在开展过程中,缺乏保持其长效发展的社会机制。从国内外学者的相关研究来看,志愿者参与动机是极为复杂的,既有价值性、社会性,还可能有经济性等动因,转型过程中的我国志愿者的动机更加复杂多元。同时,从志愿活动的持续性来看,当前志愿者在从大型活动转向常态化的过程中,还存在许多不足,主要体现在组织体制、社会动员机制以及激励和保障机制等方面,这也在很大程度上限制了志愿者常态化参与慈善活动的空间和有效性。

可以说,在慈善事业发展与慈善活动开展过程中,如何积极引导动员志愿者参与,使之能够持续、有效地发挥其推动力量,是我国慈善事业发展的重要现实问题。正因如此,要进一步推动志愿者参与慈善活动,就必须直面现实存在的体制机制问题,引入新的理念和方式方法,创新引导和动员志愿者的社会路径,从引导志愿者的内在动机和形成有利于志愿者参与的外部激励体制机制入手,形成有利于志愿者参与的相关体制机制,对于提升我国慈善事业的发展水平具有极为重要的现实意义。

三 当前志愿者参与慈善的现状:以上海为例

近年来,上海志愿服务得到了长足的发展,志愿者规模、志愿服务组织数

---

① 杨雄等:《上海志愿服务发展现状、问题与对策思考》,载卢汉龙、杨雄、周海旺主编《上海社会发展报告(2016)》,社会科学文献出版社,2016。

量、基层志愿服务中心建设以及志愿服务基地建设同步推进，已经形成了组织运行、制度保障、能力建设、民生服务以及文化涵育等五大体系，大力弘扬雷锋精神和志愿文化，促进学雷锋志愿服务制度化、常态化，整体正在从"赛会型"大规模组织动员转向社会化、日常化的多样化动员体系转变，进一步扎根基层社区、融入日常民生、参与社会治理，并由此为提升上海的社会建设和社会治理水平做出了贡献。在志愿服务发展过程中，慈善是志愿者开展志愿服务的重要领域。

（一）志愿者动员的上海实践与基本经验

近年来，上海志愿服务制度化的实践取得了长足的进步，注册志愿者人数持续增长、志愿服务组织体系初步形成、志愿服务保障体系逐渐完善、市民和志愿者对志愿服务的满意度均保持在较高水平。这些良好的发展态势，离不开上海着力推动体制机制的不断完善、基层志愿服务体系日趋建成以及志愿服务的项目拓展及资源整合。上海逐步形成了以志愿者动员、培训与激励等为核心的制度支撑。

首先是健全了由市文明委领导、市文明办指导、市志愿者协会统筹、市志愿服务公益基金会支持的"一体两翼"协调机制，发挥统筹规划、协调指导、督促检查及重大典型宣传推广的整体效能。完善全市志愿服务工作协同机制，形成市文明办与民政、教卫等部门及工、青、妇等人民团体通力协作，企事业单位、志愿服务组织、各类媒体等多元主体积极参与的总体格局，形成了"一体两翼"的体制。

其次是以市政府实事项目为抓手，完善基层志愿服务体系。上海市以市政府实事项目为抓手，连续两年共完善全市 11 家区级志愿服务指导中心和 220 家社区志愿服务中心民生服务功能。社区志愿服务中心构建供需对接、注册认证、项目孵化、资源整合、能力建设、团队培育、指导监督、激励保障、文化建设等九大功能与区级指导中心统筹协调、指导服务、管理监督、宣传引导等四大功能上下衔接、相互支撑的标准体系。如今，上海已经形成了进一步完善市、区、街镇、村居四级志愿服务网络，推动了社区志愿服务体系形态完善、内涵提升、惠及民生，更有效地引导志愿服务扎根社区，为市民群众就近就便参与和乐享志愿服务搭建了广阔平台。

再次是优化了志愿服务项目拓展与资源整合的社会机制。在实践中，上海从志愿服务的需求发现、项目设计以及服务反馈等全流程入手，形成了具体的志愿服务工作的运作体系。通过联系走访、线上线下结合、治理征询、智能反馈以及需求调研等相关制度，专业调研团队运用规范专业的工具和方法对目标人群进行有针对性的需求调研，综合运用日常交流、大数据挖掘、意见征询以及专业调研等多维度路径，全面准确地发现社区居民需求，以及居民的及时反馈以利于优化志愿服务的项目和推进方式。同时，上海也着力在实践中强化了资源整合，通过集中对接、团队与个人对接、单位与社区服务群体对接、社团与个人对接等相关机制，有效地动员了社会各方面的志愿服务资源。

最后是形成了围绕志愿者招募、培训、激励与嘉许等为核心的志愿者发展机制。从面向社会公众的网络招募，到为完成特定志愿活动而进行的集中招募，再到针对特殊对象、特殊工作内容的专业人士定向招募，上海形成了多层次的招募体系；而在培训方面，上海形成了以基础培训课程、专业和管理培训课程为主要内容的课程体系，规范了志愿者培训的时间要求、课件要求、讲师团的要求和考核要求，并采用多样化与实战型相结合的培训方法，提高了志愿者培训的有效性，此外，志愿者培训也通过财政预算、社会支持等多种方式确保培训经费的落实；在激励方面，上海制定了相关的激励保障办法、条例、规定、通知、要求等，志愿服务的记录制度、公益积分制度、志愿嘉许制度、志愿者及志愿者团队表彰制度、激励与保障制度的实践，使志愿服务的开展无后顾之忧。

正是在这一系列制度化保障下，上海的志愿者参与均保持在较高的水平，也为上海慈善事业的快速发展提供了坚实的保障。正如我们的调查所显示的，在上海，志愿者在招募、动员与参与等方面均不断向好，其不断完善中的激励保障等相关体制机制正在发挥积极效应。

（二）志愿者参与的动机分析

如前所述，志愿者在参与慈善活动的动机还是比较复杂的，既取决于自身的各种社会经济特征，还与整体社会文化氛围紧密相关。2017年，我们分别对志愿者、志愿服务组织等进行了问卷调查，着重关注了志愿者参与志愿服务的动机,以下就是问卷调查的结果分析①。

调查数据显示,志愿者之所以参加志愿服务活动(慈善),排在首位的原因是"帮助有需要的人",占比为31.5%,其次是"促进城市文明发展",占比为26.4%,排在第三位的原因是"弘扬雷锋精神,践行社会主义核心价值观",占比为14.7%,此外还有"实现个人人生价值"、"提升社会阅历"和"回报、回馈他人",占比分别为11.5%、7.3%和6.6%(见图1)。还有的志愿者表示,参加志愿服务活动是因为帮助他人,自己觉得快乐。

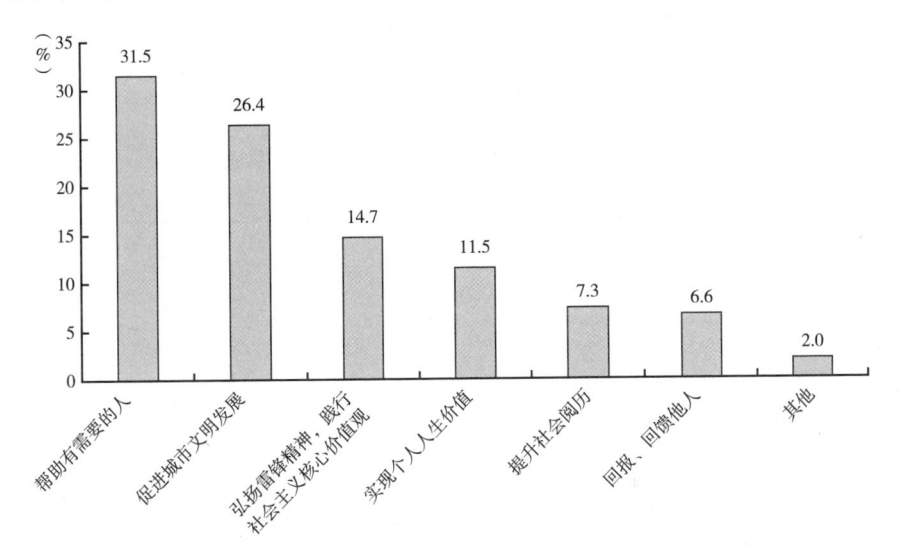

图1 志愿者参加志愿服务活动(慈善)的原因

资料来源:上海市精神文明建设委员会办公室、上海社会科学院社会学研究所、上海市统计局:《上海注册志愿者年度调查》2017。

深入分析以后,可以发现,志愿者参与的意愿受到年龄、政治面貌、收入以及职业等因素的影响。

---

① 本次调查由上海市精神文明建设委员会办公室、上海社会科学院社会学研究所与上海市统计局联合进行,于2017年11月完成,注册志愿者调查通过电话访问进行,共访问有效样本1007份;志愿服务组织通过网络平台进行,共完成有效样本265份。志愿者样本的基本情况:从性别看,男性为54.1%,女性为45.9%;从年龄看,青年为53.5%,中年为34.9%,老年为11.6%;从学历看,较低学历为17.8%,较高学历为82.2%;从收入看,较低收入为5.6%,中等收入72.6%,较高收入为21.8%;从城区分布看,浦东新区为18.6%,中心城区为38.0%,非中心城区43.4%。

从表1中可以看出，各年龄层次的志愿者持"帮助有需要的人"的动机比例均为多数，以20岁及以下为最高，为55.6%；其次是21~40岁的志愿者，为36.4%；41~60岁的比例为25.9%，60岁及以上年龄段比例为23.9%，呈现出随着年龄的增长而不断下降的趋势。由此可见，对于年轻志愿者来说，助人是其最普通的动机。而随着年龄的增长，由于志愿者行为而产生的外溢效应得以显现，如41~60岁、60岁及以上的志愿者更看重"促进城市文明发展"，其比例分别为35.3%和29.9%。可见，在促使志愿者参与的各种因素中，上海志愿者总体上还是保持着"初心"，即对于求助者的帮助，并由此来实现城市文明的发展。

表1 年龄与志愿者参与志愿服务活动的动机关系

单位：%

类别	20岁及以下	21~40岁	41~60岁	60岁及以上
弘扬雷锋精神，践行社会主义核心价值观	0.0	9.6	21.9	17.1
促进城市文明发展	0.0	20.2	35.3	29.9
实现个人人生价值	11.1	12.8	7.4	17.9
提升社会阅历	11.1	11.3	2.8	2.6
帮助有需要的人	55.6	36.4	25.9	23.9
回报、回馈他人	11.1	7.9	4.8	5.1
其他	11.1	1.3	1.7	3.4
不知道/说不清	0.0	0.4	0.0	0.0

资料来源：上海市精神文明建设委员会办公室、上海社会科学院社会学研究所、上海市统计局：《上海注册志愿者年度调查》2017。

从政治面貌来看，党员更认同"促进城市文明发展"（30.8%）和"帮助有需要的人"（27.8%），共青团员更倾向于"帮助有需要的人"（35.1%）和"提升社会阅历"（23.4%），民主党派人士更关注"帮助有需要的人"（36.4%）和"促进城市文明发展"（22.7%），群众则更关注"帮助有需要的人"（35.6%）和"促进城市文明发展"（23.7%）。由此可见，在坚持"帮助有需要的人"的基础上，不同政治身份的志愿者在参与志愿服务活动时的动机还是有差别的，党员、民主党派与群众更倾向于城市文明发展，共青团员更倾向于提升社会阅历（见表2）。

表2　政治面貌与志愿者参与志愿服务的动机关系

单位：%

类别	中共党员	共青团员	民主党派	群众
弘扬雷锋精神,践行社会主义核心价值观	19.7	5.2	13.6	9.8
促进城市文明发展	30.8	10.4	22.7	23.7
实现个人人生价值	10.0	15.6	13.6	12.7
提升社会阅历	4.2	23.4	4.5	8.7
帮助有需要的人	27.8	35.1	36.4	35.6
回报、回馈他人	5.5	7.8	9.1	7.7
其他	2.1	2.6	0.0	1.3
不知道/说不清	0.0	0.0	0.0	0.5

资料来源：上海市精神文明建设委员会办公室、上海社会科学院社会学研究所、上海市统计局：《上海注册志愿者年度调查》2017。

从不同收入层次来看，基本上也是关注两方面，即"帮助有需要的人"和"促进城市文明发展"。其中，随着月收入的上升，认同"帮助有需要的人"动机的志愿者比例也逐次上升，10001~25000元、25001元及以上志愿者的认同比例分别为37.4%、53.1%；而对于"促进城市文明发展"的认同，中等收入志愿者较高，比例为29.4%，而中高收入和高收入志愿者则明显降低，分别为22.8%和10.2%，而中低收入志愿者则分别为26.8%和26.1%。由此可见，从志愿者参与志愿服务、慈善活动的动机来看，还是秉承助人为乐的初心，这也在很大程度上践行了志愿精神的本源（见表3）。

表3　收入与志愿者参与志愿服务的动机关系

单位：%

类别	2500元及以下	2501~5000元	5001~10000元	10001~25000元	25001元及以上
弘扬雷锋精神,践行社会主义核心价值观	14.3	18.4	15.8	8.8	6.1
促进城市文明发展	26.8	26.1	29.4	22.8	10.2
实现个人人生价值	19.6	11.8	9.1	13.5	18.4
提升社会阅历	8.9	8.2	7.0	6.4	8.2
帮助有需要的人	26.8	25.7	30.7	37.4	53.1
回报、回馈他人	1.8	6.1	6.2	10.5	4.1
其他	1.8	3.3	1.6	0.6	0.0
不知道/说不清	0.0	0.4	0.2	0.0	0.0

资料来源：上海市精神文明建设委员会办公室、上海社会科学院社会学研究所、上海市统计局：《上海注册志愿者年度调查》2017。

从总体上可以看出，上海志愿者参与的动机还是符合志愿精神的内涵，即帮助他人、奉献自己，这也成为推动他们持续参与志愿服务活动的动力所在，而在此基础上，志愿服务所衍生出的对城市文明发展的促进、对社会主义核心价值观的弘扬则因此而得到了进一步扩展，并由此实现了志愿动机、行为与文化的有效协同。

（三）志愿者招募与参与途径

在志愿者参与慈善的实践中，招募与参与的路径直接影响着参与的效果。在上海志愿服务的发展实践中，上海逐步完善了志愿者的招募体系，形成了行政动员、组织动员与社会招募、网上招募等多层次、多渠道的招募路径，并且在参与形式上也不断创新，在打造志愿服务品牌的同时，也更灵活地根据民生需求来创新服务形式，并以此来成为动员志愿者参与的重要推动力。

志愿组织的调查数据显示，从志愿者来源看，目前志愿者招募主要还是以社会招募、志愿者相互介绍和政府动员等为主。84.9%的组织通过社会招募志愿者，其次是志愿者相互介绍（58.0%）和政府动员（57.3%）。此外，网上招募志愿者正在快速发展，其比例为45.8%，而传统的学校招募仍占36.9%。由此可见，社会招募、网络招募的比例正在提升，传统的政府、组织动员的比例也仍然有效，而基于志愿者之间的相互介绍也就是人际动员正体现出其影响力（见图2）。

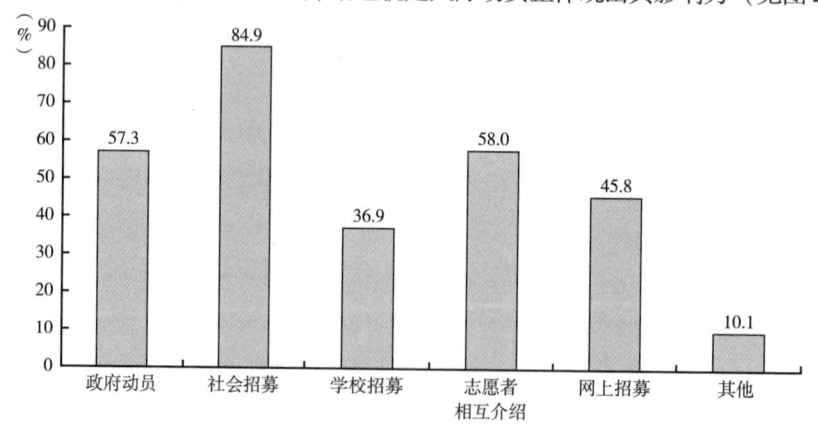

图2 组织的志愿者来源

资料来源：上海市精神文明建设委员会办公室、上海社会科学院社会学研究所：《上海志愿服务组织年度调查》2017。

从志愿者参与志愿服务活动的途径来看，2017年志愿者参与志愿服务的主要途径仍然是所在单位或学校，占比达到51.8%；其次是所在社区，占比为25.2%，11.6%的志愿者通过所注册的志愿服务组织参与，6.9的志愿者通过个人自发组织的活动参与，还有1.9%的志愿者通过上海志愿者网参与（见图3）。可见，志愿者参与志愿服务主要还是组织行为，个人自发行为的比例仍然较低。

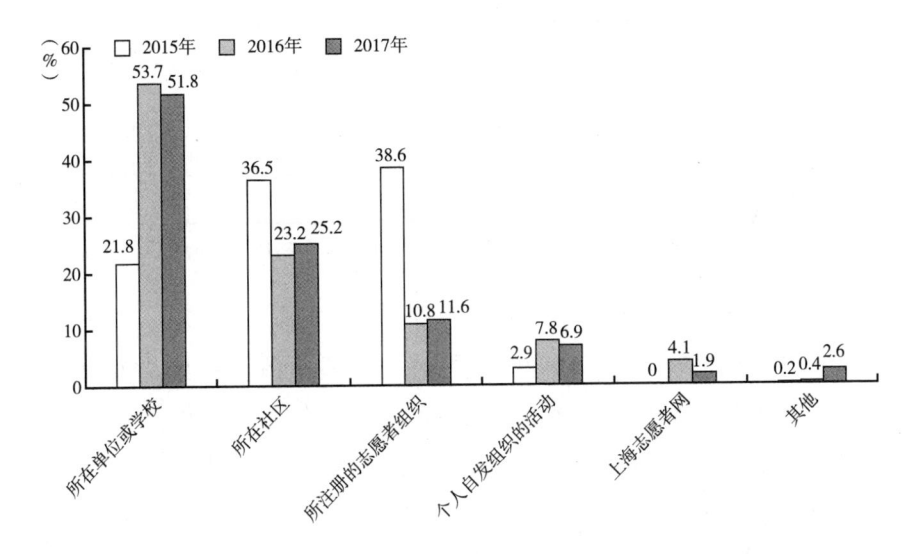

图3　志愿者参与志愿服务的主要途径

资料来源：上海市精神文明建设委员会办公室、上海社会科学院社会学研究所：《上海志愿服务组织年度调查》，2017。

从志愿者参与志愿服务的类型来看，志愿者主要参加志愿服务组织最基本的服务活动类别，排在前三位的是社区服务、城市运行和文化教育，选择比例分别为35.4%、18.6%和14.6%；在志愿者参加过的志愿服务项目的类别中，排在前三位的是社区服务、城市运行和绿色环保，选择比例分别为54.3%、34.8%和30.3%；在志愿者参与过社区志愿服务中心提供的服务活动类别中，排在前三位的是社区服务、邻里守望和绿色环保，选择比例分别为44.3%、14.0%和13.5%。相比之下，社区服务在各类活动中的占比均为最高（见表4）。

表4 志愿者参与的志愿服务活动类型

单位：%

类别	主要参加的志愿服务组织最基本的服务活动类别	参加过的志愿服务项目的类别	参与过社区志愿服务中心的服务活动类别
邻里守望	4.1	19.5	14.0
社区服务	35.4	54.3	44.3
城市运行	18.6	34.8	11.7
文化教育	14.6	26.8	7.8
绿色环保	10.9	30.3	13.5
医疗卫生	7.0	13.1	3.9
赛会服务	4.5	10.3	1.6
应急救援	1.8	8.1	2.3
其他	3.1	3.7	0.9

资料来源：上海市精神文明建设委员会办公室、上海社会科学院社会学研究所：《上海志愿服务组织年度调查》2017。

从近年来上海志愿者参与志愿服务的路径来看，基本上还是以组织化的参与为主，通过社会参与和自我组织的参与相对较少，这也反映出，当前志愿者动员主要还是依托单位或学校的组织化方式，而各种草根性有组织的志愿者动员相对分散，如何将这些分散的自发性的社会动员和参与纳入有组织的实践过程之中，这也是在今后发展过程中所需要加以应对的。

（四）志愿者参与的激励保障

在志愿者参与的过程中，激励保障机制必不可少。近年来，上海在志愿者的激励保障制度化方面不断推进，在逐步完善登记管理、资金支持、人才培育、项目运作、监督评估、供需对接、服务记录等配套制度的同时，2017年，上海市文明办、市志愿者协会还与市信用办、市信用中心协作，将符合条件的实名注册志愿者、历届上海市志愿服务先进集体和个人及志愿服务捐款单位等志愿服务信息纳入上海市信用平台，在此基础上做好优秀志愿者的联合激励工作，以正向信用记录为导向，激发市民参与志愿服务的动力。目前，首批128万实名认证注册志愿者已导入信用平台。

调查数据显示，从志愿者选择的对提高志愿者服务积极性最有效的激励机制来看，2017年排在首位的仍然是将"志愿服务时间计入社会信用体系（信用鼓励）"，选择比例为40.7%，选择其他激励机制的比例则相对少一些，其中，选择"建立健全'时间银行'制度，将来换取相应服务（互惠互助）"的比例为21.8%；选择"倡导并突出无偿奉献（道德鼓励）"的比例为12.4%，选择"提供求职或求学使用的服务证明（信用鼓励）"的比例为10.0%，选择"及时宣传表彰志愿服务中优秀事迹（精神鼓励）"的比例为9.8%，选择"适当提供基本服务报酬（物质鼓励）"的比例为4.6%。相比之下，志愿者最注重的仍然是信用鼓励（见图4）。

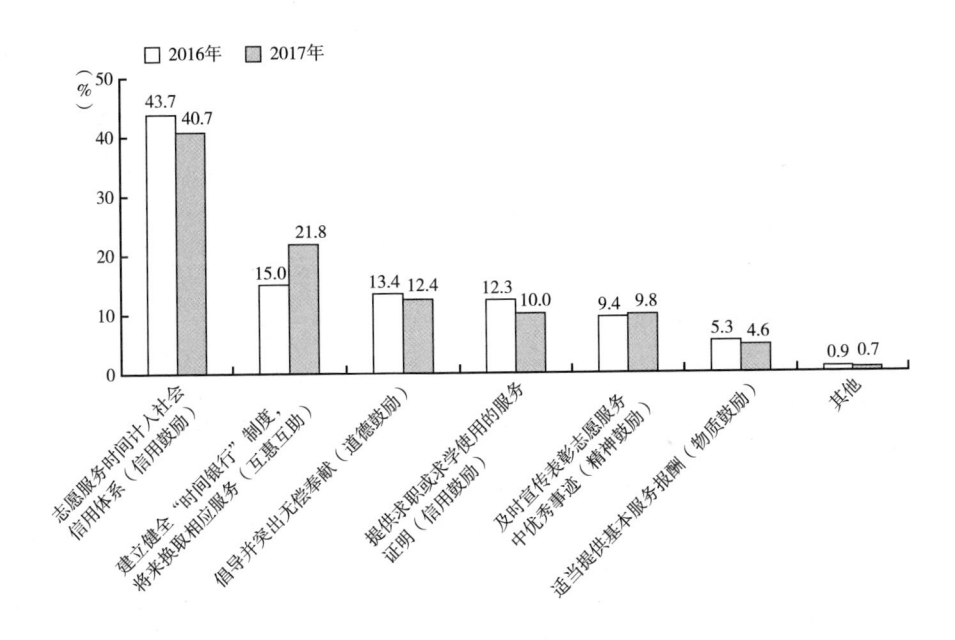

图4 志愿者认为最有效的激励机制

资料来源：上海市精神文明建设委员会办公室、上海社会科学院社会学研究所、上海市统计局，《上海注册志愿者年度调查》，2017。

同时，志愿服务组织的调查数据显示，在组织和志愿者之间的协作关系中，当前基本的保障和激励制度已经建立。94.8%的志愿服务组织有稳定的服务领域，94.6%的组织有规律地开展志愿服务活动，90.6%的组织帮助志愿者进行注册。在对志愿者方面，89.1%的组织为每位志愿者登记志愿服务时间，89.3%的组织对志愿者进行上岗培训，88.3%的组织定期根据志愿者的表现给予表彰；此外，72.2%的组织为志愿者提供基本的补贴，72.4%的组织和企业等单位建立了公益伙伴关系。相比之下，为志愿者协助办理保险（58.8%）、与志愿者签订书面协议（43.1%）以及与服务对象签订书面协议（38.5%）等仍处于较低水平，亟待进一步提升服务的规范性（见表5）。

表5 志愿者服务组织的基本状况

单位：%

事项	有	没有	不清楚
与志愿者签订书面协议	43.1	51.3	5.6
帮助志愿者进行注册	90.6	7.7	1.7
定期根据志愿者的表现给予表彰	88.3	9.6	2.1
为每位志愿者登记志愿服务时间	89.1	8.1	2.9
对志愿者进行上岗前培训	89.3	8.1	2.7
为志愿者协助办理保险	58.8	35.1	6.1
基本的补贴（如交通、食宿、通信等）	72.2	25.3	2.5
有稳定的服务领域	94.8	3.6	1.5
与服务对象签订书面服务协议	38.5	55.6	5.9
规律地开展志愿服务活动	94.6	4.0	1.3
和企业等单位建立了公益伙伴关系	72.4	21.7	5.9

资料来源：上海市精神文明建设委员会办公室、上海社会科学院社会学研究所，《上海志愿服务组织年度调查》，2017。

从志愿者的角度而言，志愿者表示与所参加的志愿服务组织签订书面协议以明确责任权利的情况来看，2017年签订过协议的比例为23.1%，与2016年23.3%的比例基本持平。2017年，65.5%的志愿者表示自己所参加的志愿服务组织能及时、准确地记录自己的志愿服务时间，比例略低于2016年时70.2%的选择比例。此外，从对市志愿者协会为全市注册志愿者提供志愿服务过程中的人身保险的了解情况来看，志愿者的知晓率有明显上升，比例从2016年的21.6%上升为2017年的38.3%，上升了16.7个百分点。

从激励保障的制度及其实践来看，上海志愿者所面对的激励保障体制正在不断优化，而其落实情况也持续向好，但同时还应注意到，如何进一步加强志愿服务建设，规范化其组织行为，从而为志愿者的动员和参与创造较好的社会环境和组织支撑，这也是今后需要加强的方面。

四 慈善动员的转变：从政府动员到社会动员

从某种程度上看，中国公益慈善的发展历史虽然不足 30 年，但纵观这 30 年中国公益慈善的发展，其俨然已取得丰硕的成果，中国社会公益慈善事业用简短的历史表明，相比西方百年公益慈善的积淀，中国凸显出一种充满爱心活力的社会公益慈善，并用其独特的方式呈现出中国社会公益慈善的厚积薄发。在慈善动员转型的实践中，除了以往组织化动员依然有效，并着力探索社会化实现路径的同时，社会领域内自发的"微公益"以及由此形成的社会性公益慈善动员等都普遍存在。可以说，当前的慈善动员正在呈现出多样化的现实状况。

（一）"蓝天下的至爱"——以组织化动员带动社会参与

新中国成立后，政府包揽了全体社会成员最大限度地就业、基本福利、全国的灾害救助等，使国家力量全面取代慈善组织。这种现象一直到改革开放之后才得以打破。虽然在改革开放之后公益慈善机构开始在我国出现，但当代中国人接受"公益慈善"经历了一个漫长的过程。1978 年开始，在经济体制从"计划"走向"市场"的过程中，社会开始出现自由支配的资源和自由活动空间，公益慈善事业的空间也逐渐开朗，慈善组织在政府有意识地培育下实现了历史性回归。从 1980 年开始，陆续出现了一系列慈善组织。1981 年 7 月，中国首个现代意义的公益慈善团体——中国儿童少年基金会成立，这也意味着中国公益慈善事业走上了现代化之路，表明公益慈善步入一个崭新时代。1985 年爱德基金会成立，1988 年中国妇女发展基金会成立，1989 年中国青少年发展基金会成立，等等。1989 年，"希望工程"的推进，成为中国公益的重要品牌。以此起始，中国公益慈善组织发展培育进入了一个"疯长"时代[1]。

虽然相比西方公益慈善事业发展的百年历程，中国只是小字辈，然而小却

---

[1] 米公益：《中国公益慈善的发展历程》，http://www.ricedonate.com/news_78.html，最后访问日期 2018 年 5 月 25 日。

未弱，蹒跚起步的中国公益慈善事业见风疾长，踏上了突飞猛进的成长历程。具有标志性的事件是1994年，刚从民政部部长职位上退休的崔乃夫和时任民政部副部长的阎明复商定在中国成立了第一个综合性的慈善机构——中华慈善总会，之后具备公益性质的慈善机构遍地开花。上海市慈善基金会成立于1994年，自创办以来，坚持"依靠社会办慈善，办好慈善为社会"的宗旨，实施"安老、扶幼、助学、济困"的慈善项目，筹集基金，举办各类慈善活动，发展社会慈善事业[①]。

上海是全国最早探索实践慈善事业专业化、法治化、社会化道路的地区之一。上海市慈善基金会自1994年5月成立后，于当年年底推出"蓝天下的至爱"——新年慈善系列社会公益活动，至今已举办了18届。从内涵上看，"蓝天下的至爱"是指人世间至高无上的爱，这种爱是人间最纯洁的爱、最高尚的爱。这种爱不分地域，不分肤色，不分种族，是全人类共同追求的爱。以传播弘扬这种爱为主题，上海市慈善基金会在每年春节期间开展慈善系列社会公益活动，在全社会传播公益慈善理念，弘扬人间真情，构建和谐社会，推动社会公益慈善事业的发展，促进社会文明进步。

从具体实践来看，"蓝天下的至爱"活动由上海市慈善基金会、上海市精神文明建设委员会办公室等共同举办。活动内容丰富、形式多样、常办常新，是一项集宣传、募捐、救助为一体的综合性大型慈善活动。"蓝天下的至爱"活动借助电视、广播、报业等多种媒体力量进行全方位宣传，组织各种形式的募捐公益活动，如慈善一日捐、万人上街募捐、千店义卖募捐、慈善晚会、慈善义拍等，为市民搭建丰富多元的募捐平台，实现项目筹资。在筹得资金后，开展万户助困、孤残儿童联欢会、温暖送三岛等多项助困项目，把社会各界人士的爱心及时传递给社会上最困难、最需要帮助的人群。经过18年的实践，"蓝天下的至爱"——新年慈善系列公益活动，已经成为上海著名的公益慈善品牌，在全国都产生了深刻的影响，2007年被中华慈善总会评为"中华慈善事业突出贡献奖"。

从"蓝天下的至爱"活动的开展来看，体现了以组织化动员为主导下的

[①] 卢汉龙：《从上海市慈善基金会看中国慈善事业走向成熟问题》，《毛泽东邓小平理论研究》2009年第10期。

社会各方力量参与,其活动的组织和志愿者动员,既有依托政府的组织化动员,同时又积极通过与企业、社会单位合作促进参与式动员,并且在这个过程中,公益慈善精神也对志愿者积极参与形成了某种激发力量。

从政府的组织化动员实践来看,每年的"蓝天下的至爱"活动,都明确责任分工,推进活动落实。为了有力推进各项筹款活动的落实,上海慈善基金会、上海市精神文明建设委员会办公室等部门多次组织召开协调会议、分会工作会议等,布置活动要求,明确各单位工作职责分工。通过与合作单位的联手、联合、联动,结合各方资源,经过多方协调,使该公益活动的覆盖面在很短的时间内迅速铺开。同时,通过行政体系推动各区县形成合力,扩大活动影响。充分发挥区县分会优势,领导带头积极响应,发动商圈积极参与认捐,配合宣传营造慈善氛围。如"蓝天下的至爱——千店义卖"公益活动中,在各个区县的积极发动下,全市近 8000 家商家参与活动,掀起沪上全民献爱心的热潮。

与组织化动员实践相应的是,各级企事业单位广泛招募活动志愿者,并由志愿者深入劝募,进一步拓展了这一慈善活动的社会影响。活动广泛招募志愿者,强化平民慈善,营造慈善文化氛围。例如在"万人上街"活动中,劝募工作者全由志愿者组成。这些志愿者由市文明办和市志愿者协会统筹协调、统一组织。团市委和市青年志愿者协会、上海青年家园民间组织服务中心、市慈善基金会和各区县分会等,配合做好相关志愿者的组织工作。志愿者具有参与面和代表性,并在以本市户籍志愿者为主参与的基础上,适当发动在沪的外来人、外国人和本市的知名人士、明星等参与公益慈善募捐。而这些志愿者之所以参与,既来自组织化的安排,更为重要的是来自公益慈善理念的感召,如一位志愿者的感悟,"有时候,我也会想,每个人心中,都有一湖关于爱的清水。我们每个人的一点点付出,总会汇成一条河流,湿润着每一寸干涸的土地。经过这次募捐活动,我深深地感觉到募捐活动对于我们而言不仅仅是一次普通的志愿者活动,更多的是一种磨砺,一种锻炼。我们在这个过程中学会了如何奉献自己的爱心,体验说服他人募捐的酸甜苦辣,使我受益匪浅。志愿者,一份光荣的工作,下次有机会的话,我还会参加这种活动"[①]。由此可见,

---

① 人人网:《参与"蓝天下的至爱"活动的志愿者们的感想》,http://blog.renren.com/share/230430301/14919862671,最后访问日期 2018 年 3 月 30 日。

在这种公益慈善的浓厚氛围中，对于志愿者参与并由此而产生内在的动力有着积极的影响。

与此同时，"蓝天下的至爱"通过全方位宣传，营造浓郁爱心氛围。活动提前在新闻媒体上发布公告，并在公益活动当天集中组织新闻媒体进行宣传报道。同时充分利用各种宣传载体，如彩旗、宣传横幅等，营造浓厚的宣传氛围；组织开展丰富多彩的宣传活动，如文艺演出等，吸引周边单位、社区等的市民踊跃捐款[1]。以2018年的"蓝天下的至爱"慈善活动为例，共分为上善若水、善心相印、为爱行动、情暖人间4个阶段，除了不同对象、层次的慈善关爱活动之外，主办者还通过启动仪式、志愿网络文化节、慈善晚会音乐会等形式，来宣传慈善理念和慈善文化；此外，利用互联网作为新媒体通道，以明星网络直播真人秀等形式，进一步扩展活动的影响力；最终以"蓝天下的至爱——电视慈善晚会"为本届慈善活动的高潮，在慈善活动开展的同时也进行了公益慈善理念的有效社会传播[2]。

从分配方式看，"蓝天下的至爱"社会公益活动是具有非常广泛的群众基础和影响力的慈善品牌活动。每年在劝募活动结束后，上海市慈善基金会开展诸如万户助困、孤残儿童联欢会、温暖送三岛等多项助困社会公益项目，把社会各界人士的爱心及时传递给社会上最困难、最需要帮助的人群。2012年，"蓝天下的至爱"新年慈善系列活动共筹集到2亿余元的捐款。所有善款用于帮助特困家庭过好年，以及帮助新疆喀什妇女进行健康筛查等救助项目。同时，基金会也会对活动中表现优秀的个人和集体进行表彰，将活动所筹集的善款明细和资助项目支出明细公布在网站，接受群众的监督。

可以看出，"蓝天下的至爱"社会公益项目俨然成为市民心中一个品牌的社会公益活动，吸引众多市民参与，并且不断创新其活动形式，该公益活动充分体现出市民参与对于公益慈善的影响，同时因其公开信息、透明反馈获得市民的认可与公信。

---

[1] 辛甜：《社会网络与慈善筹资——上海市慈善基金会个案研究》，《华东理工大学学报》（社会科学版）2002年第4期。

[2] 李一能：《2017"蓝天下的至爱"23日启动历时37天分四个阶段集三大亮点》，《新民晚报》2017年12月15日第24版。

（二）"微公益"的兴起——社会性慈善活动的开展

改革开放四十年来，社会公益慈善氛围日益浓厚，民间和社会慈善活动日益增多，不同社会阶层对于公益慈善活动的参与也日渐频繁。近年来，上海市民参与慈善的热情也日益高涨。2008年汶川地震后，上海市民捐款总额逾25亿元，是前10年的总和。在"中国城市慈善指数"排行榜上，上海已连续多次位列前茅，并荣获全国"慈善七星城市"称号[①]。近年来，随着公民参与的迅速发展，公益慈善活动的社会化不断加强，其社会效应也日益增强，主要体现在"微公益"和"随手公益"等方面。

近年来，随着移动互联网的发展，"微公益"的概念兴起，将公益、慈善从富人、权力机构手中，利用互联网聚少成多的功能，转变为平民慈善、人人公益。所谓微公益，顾名思义就是从微不足道的公益事情着手，强调积少成多。虽然你没有亿万的身价，也没有强大的社会影响力，但是这并不妨碍你从事公益事业，微公益给你提供了很好的平台，将人们微不足道的爱心汇集起来就形成了一股强大的社会力量。联想在微公益大赛上对微公益的理念有三个阐述：联想鼓励大家发掘身边微小的社会需求，并把爱心付诸行动；联想鼓励大家借助微博这种创新平台，吸引更多人关注身边的公益；微公益贵在行动，贵在人人参与，联想鼎力支持微公益实干者，让他们的公益行动更有力量[②]。

"微公益"的发起，既可以是企业，也可以是个体，并且个体越来越在其中发挥重要的影响力。如企业作为发起主体的"捐一元·献爱心·送营养"项目，即从2008年起，百胜旗下肯德基、必胜客等餐厅与中国扶贫基金会、联合国世界粮食计划署（WFP）共同发起。项目每年利用两周左右的时间，邀请消费者捐出一元钱，为中国贫困地区儿童提供营养加餐。一元钱——低门槛的公益行为，让每个人参与慈善和公益成为可能，力所能及地为贫困地区儿童的健康成长伸出援助之手。"勿以善小而不为"，项目培养和

[①] 新民网：《〈慈善法〉实施倒计时50天沪将加强慈善信息公开》，http：//shanghai.xinmin.cn/msrx/2016/07/12/30225425.html，最后访问日期2016年7月12日。

[②] 蒲清平、张伟莉：《互联网＋微公益发展研究》，中国民主法制出版社，2016。

激发了更多人的爱心和社会责任感，推动"人人可公益"的慈善理念，对推动全社会公益意识的提升起到了积极的促进作用。同样的，以个人为发起者的公益项目也层出不清，典型的如"免费午餐"公益行动。2011年《凤凰周刊》记者部主任邓飞等人借助微博平台发起了"免费午餐"的公益行动，项目仅发起8个多月，就募得善款2500多万元，其中80%来自普通大众。这种公众借助微博参与公益的实践，看似微不足道，但正是由于它的积少成多，将微力量汇聚起来，撼动着各方力量，推动了一些社会性问题的解决。最终，"免费午餐"顺利由政府接棒。2011年10月26日，国务院实施农村义务教育学生营养改善计划，中央每年拨款160多亿元，为农村义务教育阶段学生提供营养膳食补助，惠及680个县市、约2600万在校学生。在网络意见领袖的精心引导下，借助互联网平台的宣传优势，激发民众对饥饿儿童的情感共鸣，建构社会对营养餐项目的价值认同，巩固网民对财务收支的运营信任，实现线上认同—线下行动的完美对接，成功撬动民间爱心资源的释放与政府公共政策的实施，这些借助现代信息技术与平台，将社会公众个体的微力量汇集起来，聚焦于现实问题的解决，生动地实践了慈善"众包"的新公益理念[1]。

"微公益"的动员模式与以往极为不同的特征，从动员方式看，正如沈阳、刘朝阳等所指出的，"微公益"是依托于新兴社交媒介的民间救助现象[2]。在微公益的传播过程中，行为、观念、政策的动员正在成为其持续发展的主要内容。也就是说，微公益的动员模式按照内容层次可以划分为群内动员、跨群动员以及超群动员三种类型。以"免费午餐"为例，在传播信息过程中，不仅因熟悉民众的媒体消费习惯，能够综合运用文字修辞、图片处理、视频编辑等专业手法叙述"动人"故事，还能担当意见领袖，通过个人博客、微博、微信（公众号）等自媒体技术实现信息辐射式扩散；在资金筹集上，则采取了多元组合式的资金募集策略，其收入结构里既有来自政府部门的财政配比、企业单位的劝捐合约，也有来自公益基金会的项目资助、爱

---

[1] 宋辰婷、刘秀秀：《网络公益中认同的力量——以"免费午餐"为例》，《人文杂志》2014年第2期。
[2] 沈阳、刘朝阳等：《微公益传播的动员模式研究》，《新闻与传播研究》2013年第3期。

心人士的无私捐赠以及品牌产品的商业销售（如限量纪念版的 T 恤、明信片、储蓄罐等）。既有多元化的线上捐赠方式，如官网及各种公益网络平台，还有丰富的线下筹款技术；此外，在人员招募上，从社会交换的角度对成员招募进行策略设计，从志愿者受益的角度来设计相关活动，并由此激励更多的志愿者参与公益慈善事业[1]。可以说，注重网络信息扩散、多元化的筹资动员以及交换式的人力招募，是"免费午餐"等"微公益"得以成功的关键所在。

伴随着慈善事业社会化的迅速发展，人们参与慈善的意愿和行为正与日俱增。据不完全统计，《慈善法》施行一年来通过网络实施的捐赠超过了 10 亿人次，捐赠金额超过 20 亿元，捐赠主体由"80 后""90 后"构成，捐赠额度多在几元至几十元，呈现大众化、年轻化、小额化趋势，"人人公益、随手公益、扶贫济困"正在成为一种社会生活方式和文明风尚[2]。尤其是 2008 年之后，上海城市白领阶层参与公益活动的积极性得到了极大的提升。从现实来看，作为上海最著名的白领聚集地之一，徐家汇地区公益服务成为白领所关注的热点，"随手做公益"正成为白领们生活中的常态。2012 年徐家汇成立了公益圈，"七彩一小时"白领 Club 项目也正式启动，区内的白领以爱心传递的方式，就关爱未成年人、健康养生、家教辅导、医疗咨询、助学帮困等公益服务项目开展了结对。现代公益逐步实现了去政治化（自上而下的行政指令）、去道德化（用传统道德绑架），超越传统说教模式，回到公益本质，强调社会责任感、自愿自发，真正实现"我公益，我快乐"，这已成为一种新的趋势和潮流，而青年白领做公益也越来越普遍。这种转变对于培养"积极公民"、在陌生人之间重新塑造"有温度的社会"很有帮助[3]。类似的，社区层面的"指尖上的微公益"也蔚然成风。以嘉定区新成街道为例，街道将"志愿者通讯录"纳入微信公众号"e 嘉人"（"一家人"的谐音），"找服务"板块由街道居民组成的志愿团提供便民服务、学习、咨询、调解等 14 个类别的服务；"寻帮

---

[1] 田振华：《网络社会下公益慈善组织资源动员策略探析》，《学会》2016 年第 1 期；陈亚玲：《网络公益慈善动员模式探究》，《东南传播研究》2014 年第 9 期。
[2] 新华网：《慈善募捐新生态逐步形成 80 后 90 后成网络募捐主体》，http://www.xinhuanet.com/politics/2017-10/14/c_129720288.htm，最后访问日期 2017 年 10 月 14 日。
[3] 陆烨、裴龙翔、应启跃：《沪上白领悄然兴起公益热》，《劳动报》2013 年 4 月 13 日第 7 版。

助"板块则由有需求的居民填写需求单直接获取相关服务回应;"献爱心"板块则针对希望做公益的居民登记爱好特长,经过审核后加入志愿服务团。在这个社区里,由居民的微爱好、微特长、微时间、微互动、微激励形成了一个微公益的"微循环"①。由此推进了社区层面的"微公益",更加贴近日常生活,有力地推动了基层社会的发育和共同体的形成。

从某种程度上看,"微公益"(包括"随手公益")除引起公众广泛参与、传递美好价值、对传统公益组织构成压力外,还不同程度地推动了公共政策的改变,这是一场自下而上的公益变革,直接改变了传统公益慈善的运作方式,使普通人也能够直接参与公益慈善项目,于日常生活之中奉献爱心、践行善举。同样的,微公益不仅能影响和改变政府的行为方式以及政府与社会之间的关系,同时能影响和改变人们参与公益以及参与政治的理念、态度和行为,对于推动中国社会的文明进程具有极为重要的意义②。

(三)"一个鸡蛋的暴走"——公益伙伴日带动社会参与

进入 21 世纪以来,经济社会领域事实上已经形成了社会治理的格局,无论是在基层社区还是在民间社会组织,乃至普通公民,都在一定程度上转化为社会治理的主体并积极地参与到社会治理实践中来。尤其是在社会公共问题的治理过程中,社会组织的参与必不可少。从实践来看,2008 年以来公益慈善领域内的社会组织发展极为迅速,并在公益活动的形式和内容上进行了大胆的探索,在创新公益项目活动的同时,也推动了公众对公益活动的参与。正是这种社会治理的转向,既能够提升解决现实社会问题的效率和水平,同时也能够在协作过程中形成较为密切的社会联系,进而促成社会团结并以此为基础重塑社会秩序。

从公益活动的社会化实践来看,2011 年,为了增进上海公益组织之间的交流和沟通,充分发挥资源效用的最大化,"上海公益伙伴日"得以设立,旨在建立政府、社会组织、企业、媒体和公众间友好的公益伙伴关系,形成凝聚

---

① 新华网:《上海:"指尖上的微公益"让社区成为一家人》,http://news.xinhuanet.com/gongyi/2015-03/03/c_127537470.htm,最后访问日期2015年3月3日。
② 康晓光、冯利:《中国第三部门观察报告(2013)》,社会科学文献出版社,2013。

正能量的社会公益生态圈①。自2011年起,"上海公益伙伴日"活动已成功举办了五届。五年来,该活动通过搭建跨界合作平台,构建了政府、社会组织和企业三方跨界合作的新机制;通过集中展示优秀公益项目、汇聚社会公益创业人才,整合了社会各方优势资源,实现公益需求和资源的有效对接;通过结成新型合作伙伴关系,推动企业参与慈善公益、履行社会责任,形成凝聚正能量的社会公益生态圈,从而建立起政府、社会组织、企业、媒体和公众友好的公益伙伴关系②。

在公益伙伴日的各项活动中,"一个鸡蛋的暴走"可谓其中的亮点。作为上海联劝公益基金会于2011年发起的公益徒步筹款活动,"一个鸡蛋的暴走"旨在为多个儿童领域的民间公益项目筹款。参与者需要在12小时内走完50公里,并通过创意的方式向熟人网络募集善款,完成甚至突破既定筹款目标;"一个鸡蛋的暴走"希望带给公众身体力行的公益实践和丰富快乐的公益体验,让公益不再遥远,通过创意的方式,完成甚至突破既定筹款目标;"一个鸡蛋的暴走"希望带给公众身体力行的公益实践和丰富快乐的公益体验③。

从动员方式来看,"一个鸡蛋的暴走"契合了当前人们追求健康、公益与时尚的心理需要:一方面,走路作为一种健身方式,对追求健康的市民来说极具吸引力,而挑战50公里暴走则无疑具有了极限挑战的意味;另一方面,对于上班族白领来说,参与这种健身活动同时也代表了某种时尚,而这些元素与公益结合在一起,又能够使人们在运动之后体会到奉献爱心之后的愉悦。正是这种将多种元素糅合在一起,辅之以多样化、多渠道的社会化动员,就使这项活动能够持续发挥其动员力。

"一个鸡蛋的暴走"已经成为上海最知名最火爆的大型公众筹款活动。五年来,"一个鸡蛋的暴走"累计超过11859名暴走参与者身体力行,足迹踏遍崇明区、朱家角、大浦东、金山卫和枫泾镇,实现了2252万元的爱心汇集。

---

① 王劲颖:《上海公益创业的社会生态路径——对首届"上海公益伙伴日"的思考》,《社会福利》2012年第2期。
② 徐家良:《上海公益伙伴日与公益3.0——圈时代与公益3.0》,《中国社会组织》2014年第23期。
③ 陈雪娇:《一个鸡蛋的暴走》,《社会与公益》2012年第9期;郭侠:《暴走的鸡蛋是快乐的》,《中国青年》2016年第9期。

不少人正是从暴走开启了第一次公益旅程，从图新鲜好玩儿，到与联劝公益基金会建立深厚感情，最后成长为理性的捐赠人与筹款人，将公益能量传递给更多人，让公益的影响力继续扩大。

近五年来，"一个鸡蛋的暴走"直接资助了20个省101家民间公益机构，157个儿童领域公益项目，帮助超过27万个孩子：广西、云南、贵州、四川2万余名农村孩子在校期间每天吃到一个鸡蛋；云南、四川等省份近6万名山区孩子接受了医疗服务项目和寄宿制学生健康卫生项目等，卫生习惯和健康状况有所改善；甘肃、陕西、贵州等地逾13万农村住校儿童教学、阅读和学习环境得到改善；偏远地区近6万名驻校儿童、少数民族女童、城市流动儿童接受安全保护教育、性教育，避免陷入安全困境；新疆、上海、陕西等地超过3000名留守儿童、流动儿童、残障儿童接受社会融合项目帮助，拥有更丰富的成长体验。

作为上海近年来涌现出的慈善公益品牌，"一个鸡蛋的暴走"及"公益伙伴日"的一系列活动，都直接推动了社会公益组织的快速发展，目前上海经民政部门核准登记的社会组织逾1.4万家，其中一大批基金会、社会团体、社会服务机构等活跃在慈善公益领域，为慈善公益事业贡献力量。同时，政府部门积极建设经常性社会捐助站点，全市已建180多家慈善超市和慈善爱心屋，以及分布在街镇、居村委的3200多个捐助站点，大大方便了群众日常捐助、随时捐助。此外，一些社区还探索建立了社区发展基金会，从而更好地推动社区服务，参与社区治理。从某种程度上看，"公益伙伴日"，创造了一个政府、社会组织以及需求和资源的有效对接，在提升服务效率的同时进一步推动了公益服务资源的有效整合。

五 当前慈善事业发展的现实背景及国内外的实践

进入21世纪以来，随着深度全球化的进一步发展，人类社会正在改变以往的分隔状态，有赖于信息技术的迅猛发展，环球同此凉热正日益成为现实。全球经济与技术同步，已然迈进了"第四次工业革命""人工智能时代"，人类文明已经达到了前所未有的高度。但与此同时，气候变暖、环境破坏、收入分配以及文化冲突等全球公共性问题也日益凸显。正是在这一背景下，大力发展社会慈善，不仅能够有效应对或缓解这些公共性问题，更能在塑造人类共同的价值方面有所贡献。就慈善事业本身而言，无论是全球发展的新态势，还是东西方慈善事业发展的经验，都能够为我们引导动员志愿者参与慈善提供有益的借鉴和支撑。在本节中，我们将在考察全球慈善事业发展新态势，以及东西方志愿者参与慈善事业的经验基础上，进一步为引导动员志愿者参与慈善的体制机制创新提供对策思路。

（一）全球慈善事业发展新态势

进入 21 世纪以来，深度全球化的进一步发展，使得全球经济社会发生了剧烈的变动，在层出不穷的新技术的推动下，公益慈善事业也发生了极为深远的变化。从影响全球慈善事业发展的趋势来看，新技术的快速发展对慈善事业、慈善组织的运作以及慈善动员等产生重要影响，并由此引发了一系列问题。

首先，经济发展与衰退对于慈善事业的影响。2008 年金融危机以来，许多西方经济体增长缓慢，国内矛盾加剧，也导致政府大幅削减公共福利供给以及海外援助。与西方世界经济的停滞甚至是衰退相对应的是，一些新兴市场国家的经济持续增长，政府和企业均财力大增，在这些财富聚集的新区域，慈善部门得到发展并日渐成熟。全球经济衰退既给西方公益慈善组织带来挑战，也带来了机遇。公益组织必须比以往更为努力，去筹集资金，引入创新手法吸引更多慈善资源并用更为有效的方式去管理，与资助方建立更为紧密的联系。而新兴市场国家的发展，不仅使西方的公益组织有了新的合作伙伴，同时还需要就是否继续向这些日渐富庶的地区投放资金做出新的资助决策[①]。这种不同国家经济发展趋势的变动，在很大程度上影响了世界慈善发展的格局。

其次，另一个影响巨大的因素是新技术的快速发展和传播，个人和机构在全球互联互通已属易事。相比以往，遥远地方的社会议题和发生的灾情已能环球同此凉热。资助者因而有了多种新的捐赠方式。当然，与此同时也产生了相当大的挑战，如何有效地将新的技术手段、既有实践及公益组织自身的支持方

---

① 白东飞：《西方公益慈善发展新趋势》，《中国发展简报》2015 年第 65 期。

结合起来。因可及性的加强，网络上的互联互通带来的高参与性（如评论、转发和"点赞"）被成倍放大。通过移动互联网的使用，个人能够在家、在单位，甚至在移动过程中参与公益组织的活动。社交媒体平台的运用效率日渐提升，使组织、公益活动和已经参与其中的个人之间的对话交流得以加强。信息流动的改善提升了公益的意识和行动能力，使公益组织能够优化调整所提供的服务。社交媒体提供的横向联系也促进了组织与慈善事业之间的（信息）"流动"。同样，"大数据"时代的来临，也使人们能够更为深入地洞悉问题并寻求解决方案。分析技术为公益组织提供了新的有力工具，去应对全球的快速发展和经济的起伏变化带来的挑战。新技术的发展也为成熟组织带来新的挑战，如果能成功地驾驭"大数据"，可能在未来对公益组织赢得社会支持产生巨大的推动作用。

正如2016年东西方慈善论坛可持续发展峰会《全球慈善界可持续发展报告》显示，人类财富量的迅猛增长与信息化所促成的世界一体化的进程在日益加速。当前，人类文明面临着两大基本挑战：第一，如何传承人类各大文明的价值，建立与发达的世界经济水平和日益紧密联系的全球一体化进程相适应的经济、社会结构，形成具有共同价值的善文明，促成以地球为单元的社会内部的基本和谐；第二，如何实现经济增长方式转型，促进绿色能源、绿色金融和绿色供应链的发展，保护生物多样性，建立可持续发展的模式，真正与自然形成基本和谐[①]。而要使人类能够面对挑战解决公共性问题，就必须着力推动慈善事业创新。慈善组织发展以及慈善动员的有效持续，将进一步夯实慈善事业发展的基础，从而为解决全球问题提供可依靠的能力。

其实，对于慈善事业而言，过去数十年的经济增长使全球数百万人脱贫，与此同时，也使极富群体与普通人之间产生了巨大的鸿沟。与过去相比，富人的数量虽然有所增加，但现在世界上近一半的财富被仅占1%的人所占有，因此，全球慈善界在推进以消除极端贫困为核心的千年发展目标议程中发挥了重要作用，但可持续发展仍然成为一个显著的现实问题。正是在这以背景下，如何顺应经济变动和技术进步的新形势，不断创新改革慈善事业、慈善组织以及

---

① 新浪公益《"可持续"成为世界新慈善运动的核心》，http://gongyi.sina.com.cn/gyzx/2016-09-19/doc-ifxvyqwa3474668.shtml，最后访问日期2016年9月19日。

相关体制机制，激发公众尤其是志愿者等各类人群参与慈善的积极性，将是能否推动慈善可持续发展的根本所在。

（二）西方引导动员志愿者参与慈善的经验借鉴

从西方发达国家志愿服务与慈善发展的脉络与实践来看，志愿者参与是推动慈善事业发展的重要社会基础。尤其是如美国、欧美等国家，志愿者参与慈善已经成为社会风尚，志愿服务组织和慈善组织的发育较为充分、运作有效，志愿服务和慈善的相关法律制度较为完善等，都是值得我们借鉴的经验。

作为世界上最大的发达国家，美国在捐赠数额方面常年处于首位，人均志愿服务时间也远远高于世界平均水平，其动员民众参与慈善活动具有丰富的经验。2016年美国个人、遗产、基金会和企业的慈善捐款达到3900.5亿美元，个人慈善捐赠尤为强劲，总额达到2820亿美元，较2015年增加3.9%。激励民众参与慈善，首先要激励民众慈善捐赠的热情。美国社会庞大的慈善捐赠数额，与美国数目众多的劝募机构有不可分割的关系。目前美国有190多万家非营利机构，其中有100多万家为可以向社会公开募款的公共慈善组织。良好的资金筹集必须以合理的行动原则和劝募措施为指导。美国慈善组织"联合之路"为资金筹集总结出三个指导性标准，即立足社区、发动社区资源，培育、维护捐赠客户，以及遵守自愿、守信、公开的原则。除了科学的指导原则之外，美国的慈善组织还形成了一系列组织募款的合理措施，即调查研究——了解掌握捐赠市场的发展趋势；制订计划——根据实际情况，制定灵活可行的募款目标和计划；针对不同类型的捐款群体，采用不同的募捐方式；回馈与激励——感谢、表扬捐赠者和捐赠单位。通过分析可以看出，美国的慈善组织特别注意市场调查，并根据市场调查结果制订劝募方案，进而达到增加募款数额的目的。美国慈善募款最突出的特点就是基层组织联合起来，深入工作场所进行联合募捐。不论是各种企业、政府部门、学校、医院，还是NGO本身，都成为募集善款的重要场所。美国慈善组织在工作场所开展联合劝募时，会制订完善的劝募计划，并邀请企业员工组成志愿者工作队伍，共同参与劝募活动。除此以外，不同的慈善组织还会把本组织的慈善项目集成到一张认捐卡上，供员工自主选择捐款对象。

激励民众参与慈善，还要激发民众参与志愿服务活动的热情。招募志愿者时，美国慈善组织会准确描述志愿工作的性质、工作要达到的目的和意义，志愿者工作的责任和具体要求等。美国的慈善组织还会为志愿者发放《志愿者手册》《领导技巧》等教材，让志愿者了解自己的责任和义务，规范志愿者组织活动。这种看似烦琐的志愿者招募程序，保证了志愿活动的专业性。在美国的志愿服务中，志愿者的作用也绝不限于提供志愿服务。在为数众多的慈善组织中，由志愿者组成的理事会都是组织的领导决策机构。通过参与理事会，志愿者可以参加慈善组织的决策制定、人事任命，并可对组织的工作进行监督。这一制度使志愿者真正成为慈善组织的主人，保障了志愿者的知情权和参与权，也使志愿者对所处的慈善组织产生了更强的归属感[1]。

在其他发达国家，志愿者动员往往具有广泛的群众基础和良好的社会声誉，如美国自由队（The USA Freedom Corps）主任德西瑞·塞尔曾表示，志愿精神已成为美国文化的一部分。再如新加坡，"做义工奉献社会"已成为公众生活的重要组成部分，并作为一种荣耀，成为个人价值的体现。同时，志愿服务组织是动员志愿者的主体力量，是推动志愿服务事业发展的依托和支撑。以韩国的志愿服务为例，迄今为止，韩国有1596个社团组织，如韩国红十字会、韩国21世纪志愿者、World Vision等。再如，新加坡每万人拥有非营利组织近20个，大量的志愿者都在这些非营利组织之中，这些非营利组织与政府充分合作，成为新加坡政府履行社会服务职能的得力抓手。这些志愿服务组织融合了不同的志愿者和志愿团队，他们构筑了帮助和服务各种人群的网络，促进了志愿服务事业的兴旺发达。此外，许多国家不仅在政策方面支持志愿服务事业的发展，而且还出台了相关的法律法规，以保证志愿服务事业能够顺利地开展运行。如加拿大政府2011年颁布了《志愿工作法》，韩国2006年颁布了《提倡志愿服务的基本法律》，德国2008年颁布了《德国青年志愿服务促进法》等。这些法律在规定个人和组织参与志愿服务权利和义务的同时，也强调了对参与志愿服务的个人和组织的激励与保障。

从东西方发达国家在推动志愿者参与慈善和志愿服务过程中所采取的相关举措来看，除了积极培养源自社会普通民众的志愿精神和慈善意识以外，国家

---

[1] 潘少杰、王田晖：《如何激励民众参与慈善事业》，《学习时报》2015年10月1日第5版。

在其中也发挥着极为重要的作用，尤其是在东方国家如韩国、新加坡等，政府在慈善和志愿服务中具有主导地位，在慈善、志愿服务组织发展，慈善与志愿服务立法等方面都发挥了积极的作用，这些经验对于我国发展慈善和志愿服务，推动志愿者参与慈善服务具有较强的借鉴意义。

（三）国内引导动员志愿者参与慈善的经验借鉴

进入21世纪以来，随着我国社会经济的快速发展，慈善事业和志愿服务也得到了长足的进步，并且两者的相互融合在各地的实践中也形成了一些行之有效的经验做法。前文已经述及上海在志愿服务方面的经验，以下我们将介绍北京、深圳等城市志愿者动员、参与慈善活动的经验做法，以为今后引导和动员志愿者参与慈善提供借鉴。

作为我国志愿服务发展的前沿城市，北京在近年来着力推动志愿服务制度化建设，不断完善志愿服务工作体系，着力加强志愿服务信息化、规范化、常态化发展，深入推进志愿服务走进百姓生活，尤其是在推动慈善事业发展方面发挥了积极的作用。志愿者队伍规模不断壮大，截至2017年6月底，全市实名注册志愿者超过700万，占常住人口的17.11%，平均每6位居民中就有1位志愿者，位居全国前列。北京市现有义工与志愿者组织800余家，经常参与社会祝愿慈善公益活动的共有3万余人，曾经参与过此类活动有百万人，涵盖了律师、法官、公安干警、教师、科研人员、公务员、企业员工及在校大学生等各阶层人士。他们积极参与国内外慈善救援，开展安老、抚孤、助残、助医、助学等活动，推动文化、教育、卫生、环保等社会慈善事业领域的发展。在动员志愿者参与慈善活动方面，北京在组织化动员方面经验丰富、基础扎实，在此基础上，北京开始着力探索社会化动员的路径，如从2014年开始，北京市在部分区县试点开展"志愿家庭"行动计划，倡导市民以家庭为单位参加志愿服务，取得了积极的效果。再如"寻找北京最美慈善义工"等活动，通过寻找北京市内利用个人的时间、资源和财力等参与和从事社会公益活动，自愿无偿帮助社会弱势群体、支持社会公益事业的人士及团体，通过他们树立慈善义工榜样，呼吁爱心人士加入慈善义工队伍。此外，北京还进一步推进了志愿服务制度化建设，确保志愿者的激励保障机制有效运作，如提出了"四个计划、一个工程"，即志愿服务骨干人才培养计划、专业志愿服务提升培训计划、基层志愿服务项目建设培训计划、志愿服务组织管理培训计划和志愿服务培训标准化工程；加大了志愿者保险制度普及推广力度，维护了志愿者合法权益，提高了财政资金使用效率，激发了市民参与志愿服务的热情。此外，北京市有关部门还进一步加大政府购买服务对志愿服务组织支持力度，获资助的志愿服务项目和立项金额持续增加。可以说，通过将组织化与社会化动员相互配合，北京在动员志愿者参与慈善活动方面已经取得了积极的成效。

　　同样的，作为我国志愿服务发展的发源地之一，改革开放以来尤其是进入21世纪以来，深圳的志愿者与各类公益性社会组织得到蓬勃发展。2011年底，深圳在全国首先系统性地提出建设"志愿者之城"，推动志愿服务事业进入新的发展阶段。目前，以志愿组织为代表的公益性社会组织已发展壮大为一支重要的第三方力量，深圳义工"参与、互助、奉献、进步"的志愿服务精神也已经成为深圳城市精神的重要组成部分。在实践中，深圳逐步推进了全民参与，在依托政府组织化动员的同时，参与群体社会化，社会主要人群均有效覆盖；资金保障社会化，注册成立深圳市志愿服务基金会，除由财政支持500万元启动资金外，面向社会募集原始资金超过900万元，用于资助和实施志愿服务项目；组织运作社会化，市义工联以社团方式运作，由社会人士担任理事会会长，以"直营"的方式推动直属的各志愿服务组发展，以"加盟"的方式吸纳团体会员单位，广泛联系社会各类公益性社会组织。同时，深圳积极探索长效的激励保障机制。在全国首先推出"义工服务市长奖"，并且推出"星级志愿者""优秀志愿者"评价机制，并率先出台志愿服务积分入户政策，将志愿服务纳入社会诚信体系、市民文明行为档案，探索以志愿服务折抵不文明行为的罚款处罚。此外，在社区推广"爱心银行"，探索建立志愿服务积分通存通兑、延时使用机制。社会关爱方面，为志愿者提供在市内参加慈善服务期间的10万元保险等。从我国志愿服务的发展来看，深圳推进了依托社会力量、不断完善相关动员招募、参与和激励的社会化机制的有效实践，为今后志愿者动员和参与提供了有益的借鉴。

　　从前文对上海，以及北京和深圳这些志愿服务较为发达地区的实践来看，这些地区都在动员志愿者参与慈善活动的体制机制方面进行了有益的探索，这也成为今后不断完善相关体制机制、提升志愿者参与慈善活动有效性的坚实基础。

六　引导和动员志愿者参与慈善的对策建议

党的十九大报告提出"中国特色社会主义进入了新时代"，要"把人民对美好生活的向往作为奋斗目标"，"推进诚信建设和志愿服务制度化，强化社会责任意识、规则意识、奉献意识"，以及"完善慈善事业等制度"，这些都是对志愿服务和慈善事业发展的新要求、新期望。而今，我们正处于践行习近平新时代中国特色主义思想，全面推进"两个一百年"宏伟蓝图的关键期，慈善事业和志愿服务事业需要相互协作、相互融合；而同时，要进一步激发志愿者参与慈善事业的动力，就必须着力完善有利于志愿者参与慈善服务的相关体制机制，进一步形成行之有效的引导志愿者参与慈善的领导体制，完善有效的组织运行机制，全面扎实的激励保障机制，灵活机动的志愿者参与慈善的方式与路径以及全社会志愿服务与慈善发展的文化氛围等。正基于此，在今后一段时期内，要进一步建立有利于志愿者参与慈善的体制机制，并在实践中加以落实，主要在以下几方面加以改进。

（一）推进志愿者参与慈善活动的制度化机制

要结合志愿服务制度化建设，形成志愿者参与慈善的长效机制。要有效引导动员志愿者参与慈善服务，必须从源头上确立长效机制。从国内外志愿服务与慈善事业发展的趋势来看，慈善与志愿服务的支持保障体系都受到了各国的高度重视，其发展也日趋完善，为两者融合发展提供了制度保证。从我国的情况看，2016年颁布实施的《慈善法》规定由民政部和各级民政部门主管本区域内的慈善工作；2017年的国务院《志愿服务条例》规定，"国家和地方精神文明建设指导机构建立志愿服务工作协调机制，加强志愿服务工作的统筹规划、协调指导、督促检查及重大典型的宣传推广。国务院民政部门主管全国志愿服务工作、县级以上地方人民政府民政部门主管本行政区域内的志愿服务工作"。伴随上述文件和法规的出台和落实，现行志愿服务的工作部门协作和分工可能会发生相应改变，新的统筹协调体系将在调整中形成。对志愿服务而言，也将在新的统筹协调体系的引领和支持下，迎来新一轮的发展。可以说，这种新的统筹协调体系有利于打通民政慈善与文明办、共青团等志愿服务体系，推进慈善与志愿服务工作的融合。

接下来，在实践中，要结合法治社会建设，不断强化志愿服务与慈善事业在制度上的融合，各地应根据自己的实际情况确定志愿服务与慈善事业的结合方式。要在进一步完善领导体系、组织架构与项目推进的规范化与制度化的同时，健全志愿者招募制度，以网络招募为主、以集中招募和定向招募为辅，进一步规范志愿者注册登记制度；健全志愿服务供需对接制度，借助网络平台与社区志愿者服务中心，实现需求与服务对接互动。健全志愿者培训制度，按照志愿服务项目的专业化要求以及志愿者的不同层次进行有针对性的专业培训；进一步强化志愿者保障和激励机制，并打通志愿者评价与现有社会评价机制之间的通道，确保志愿者服务工作的长效机制。

（二）提升志愿者参与慈善活动的组织化机制

要结合志愿服务组织发展，推动形成志愿者参与慈善的组织机制。从国内外慈善事业与志愿服务的发展趋势来看，慈善及志愿服务组织的发展及其规范运作一直以来就是保证志愿者参与慈善服务活动的重要依托。由此，在实践中，要不断培育慈善与志愿服务的组织化实践，发挥志愿者协会作为行业枢纽组织的平台作用和辐射效应，同时注意培育志愿服务不同领域内枢纽组织的形成和发展，以便使今后志愿服务资源能够通过这种组织化机制得以整合并有效利用。

要进一步加强志愿服务和慈善组织建设，加强慈善与志愿服务组织的内部治理与财务审计，提升其规范化水平，通过政策调整与平台创设，引入市场、社会投资机制，确保慈善志愿服务组织开展活动的经费充足，同时激发它们积极参与社会治理创新的积极性；通过部门联合评估和认定方式，采用政府购买、资金支持和政策扶持等手段，鼓励和支持社会公益慈善类、城乡社区服务类社会组织推出有创意、有实效、可操作的慈善与志愿服务项目，发挥慈善与志愿服务在改进社会治理方式、激发社会组织活力中的积极作用。

同时，各级慈善协会、志愿者协会与慈善、志愿服务组织要建立社会化、开放式的工作机制，逐步探索建立"社工引领志愿者开展服务，志愿者协助社工改善服务"的运作机制，打造具有凝聚力的志愿者慈善之家。依托社区志愿服务中心这一基层平台，发挥市志愿者服务基地联谊会、外企志愿服务联盟、民间志愿服务组织联盟等机构作用，整合基层志愿服务组织尤其是社区草根组织的力量，推动基层社会需求与志愿服务组织的对接，积极参与公共服务与社会治理，构建"横到边、纵到底、扁平化"的社会化资源配置与协商合作网络。

（三）促进志愿者参与慈善服务的信息化机制

要借助信息技术打造平台，促进志愿者参与慈善服务的信息化建设。从国内外志愿服务的发展实践来看，志愿服务的发展离不开信息化支撑，尤其是在现代信息技术的推动下，建立和运作信息平台，将直接提升志愿者参与慈善的绩效。由此，在实践中，建议要促进志愿服务的信息化建设，为志愿者、志愿服务组织、服务对象提供信息交流和沟通的平台，提升志愿服务项目的运作与管理水准。依托新媒体，拓展志愿服务宣传、动员、参与、激励等社会渠道，创新志愿服务信息管理方式，完善志愿者招募、培训、记录、激励等管理制度，增加电子志愿者证在线查询、打印证书等功能，为志愿者参与慈善活动提供科学化信息化支持。要不断推进慈善和志愿服务信息公开，向社会报告慈善事业与志愿服务的发展现状，同时定期向志愿者反馈相关项目服务绩效，增强志愿者的认同感与集体意识。完善慈善与志愿服务一体化、智慧型信息化体系，形成依托信息化平台与大数据手段，逐步构建志愿服务终端信息共享平台和大数据库，进一步提升志愿者参与慈善的智能化、信息化水平。

（四）完善志愿者参与慈善活动的项目化机制

要打造项目服务品牌，推进慈善与志愿服务的项目化运作。从国内外慈善与志愿服务发展的趋势来看，项目化运作成为推动志愿服务的主要方式，社会化必然要求突破原有的体制藩篱，实现项目化运作。在实践中，建议在现有品牌项目的基础上，进一步将重点慈善活动、志愿服务活动与社会热点结合，以多项内涵深刻、生动形象的工作品牌为平台，凝聚志愿服务力量，服务社会需求，并加大宣传力度，形成积极的品牌效应。同时，从志愿服务发展规划上，可以民生、救助、关怀等项目为载体，系统规划一段时期、一定领域的慈善服务与志愿服务内容，充分发挥慈善组织与志愿服务组织的中介作用，实现志愿者与慈善项目供需双方的直接联系。此外，项目化、品牌化运作还可以借助慈善及志愿者服务信息平台，加强志愿者参与慈善服务过程的管理和协调，并以此为依托，进一步传播慈善及志愿服务精神，营造慈善与志愿服务的文化氛围。

（五）完善志愿者参与慈善活动的激励保障机制

要完善志愿者激励保障机制，形成激发志愿者参与慈善的内在动力。完善慈善与志愿服务激励和保障机制，促进志愿服务的可持续发展。立足志愿者的需求，有效结合物质、精神、道德、时间银行和信用鼓励等方式，完善志愿服务激励机制。进一步发挥慈善及志愿服务公益基金的资金扶持和困难资助作用，探索社会化资金募集渠道，为慈善和志愿服务持续发展提供动力。落实注册志愿者和专业类志愿者多重意外保险保障，为志愿者提供健康体检、心理疏导、就医便利等医疗服务。引导各级志愿者协会和各类志愿服务组织将安全保障纳入日常管理，为志愿者有序参与志愿服务活动提供必要的信息、安全、卫生等有力保障。

同时，要加强法制保障与志愿者培训，提高志愿服务专业化水平。加强志愿者培训的阵地建设、教材建设以及资源开发，并探索进学校、进企业、进社区、进网络"四进"培训模式，建立市级公益志愿创客空间和基层实习实训基地网络，促进国际交流合作，进一步完善分层分类的培训体系。在坚持志愿服务基本知识技能培训的同时，着力发展专业化的志愿人才和团队建设，可加强志愿服务的专业培训、专业机构的招募和发展志愿团队，为服务对象提供专业化、高质量的志愿服务。

（六）营造志愿者参与慈善活动的文化传播机制

要借力全媒体平台，营造志愿者参与慈善活动的文化传播机制。从国内外志愿服务的发展实践来看，志愿服务文化氛围的营造一直以来是激发和激励人们参与志愿服务的重要外部环境。在实践中，建议不断创造志愿服务的文化氛围，激发全社会各类人群积极参与志愿服务的热情。结合诚信体系建设，将志愿服务经历纳入个人诚信档案，开展杰出志愿者、优秀志愿者、先进集体、优秀组织者、优秀服务品牌和优秀服务基地评选及表彰活动，宣传志愿者优秀事迹，不断提高志愿服务组织诚信度、公信力和社会美誉度；在围绕"国际志愿者日"组织大型活动的同时，积极推动志愿者个人、志愿服务组织的文化形成，鼓励个性化，并借助全媒体平台打造志愿文化展示平台，提升志愿服务的社会影响力和国际化水平；同时，与各高校、科研机构合作，不断推进志愿服务的学术研究与实践探索，为志愿服务的进一步深化提供智力支持。

参考文献

白淑英、何明升：《BBS 互动的结构和过程》，《社会学研究》2003 年第 5 期。
蔡前：《以互联网为媒介的集体行动研究：基于网络的视角》，《求实》2009 年第 2 期。
曹锡康：《国内外志愿者研究成果综述》，《华东理工大学学报》（社会科学版）2009 年第 4 期。
陈雪娇：《一个鸡蛋的暴走》，《社会与公益》2012 年第 9 期。
陈亚玲：《网络公益慈善动员模式探究》，《东南传播研究》2014 年第 9 期。
陈映芳：《行动力与制度限制：都市运动中的中产阶层》，《社会学研究》2006 年第 4 期。
邓玮：《城市居民慈善意识影响因子分析及动员策略》，《重庆大学学报》2013 年第 3 期。
郭侠：《暴走的鸡蛋是快乐的》，《中国青年》2016 年第 9 期。
安东尼·吉登斯：《现代性与自我认同：晚期现代的自我与社会》，夏璐译，中国人民大学出版社，1998。
托德·吉特林：《新左派运动的媒介镜像》，张锐译，华夏出版社，2007。
曼纽尔·卡斯特：《网络社会的崛起》，夏铸九等译，社会科学文献出版社，2001。
曼纽尔·卡斯特：《认同的力量》，曹荣湘译，社会科学文献出版社，2003。
康晓光、冯利：《中国第三部门观察报告（2013）》，社会科学文献出版社，2013。
柯江林、孙锐、丁越：《影响中国员工慈善参与水平的精神性因素研究——单位、家庭与个体的三维视角》，《北京社会科学》2013 年第 4 期。
李普曼：《公众舆论》，上海人民出版社，2002。
廖卫民：《论突发事件中的舆论动员——以南方雪灾为例》，《新闻记者》2009 年第 1 期。
刘凤芹、卢玮静：《社会经济地位对慈善捐款行为的影响》，《北京师范大学学报》

（社会科学版）2013年第3期。

卢汉龙：《慈善：关爱与和谐》，上海社会科学院出版社，2004。

卢汉龙：《从上海市慈善基金会看中国慈善事业走向成熟问题》，《毛泽东邓小平理论研究》2009年第10期。

吕晓莉：《慈善法与志愿服务新发展》，《中国社会工作》2016年第13期。

曼纽尔·奥尔森：《集体行动的逻辑》，陈郁等译，上海人民出版社，1995。

南方、罗微：《社会资本视角下城市居民捐款行为的影响因素分析》，《北京师范大学学报》（社会科学版）2013年第3期。

蒲清平、张伟莉：《互联网+微公益发展研究》，中国民主法制出版社，2016。

邱建国、杨晓东：《中国青年志愿者激励机制的现状与发展研究》，《中北大学学报》（社会科学版）2008年第6期。

沈阳、刘朝阳等：《微公益传播的动员模式研究》，《新闻与传播研究》2013年第3期。

宋辰婷、刘秀秀：《网络公益中认同的力量——以"免费午餐"为例》，《人文杂志》2014年第2期。

孙玮：《"我们是谁"：大众媒介对于新社会运动的集体认同感建构——厦门PX项目事件大众媒介报道的个案研究》，《新闻大学》2007年第3期。

谭建光：《志愿服务逐渐成为国家战略》，《中国社会工作》2016年第6期。

田振华：《网络社会下公益慈善组织资源动员策略探析》，《学会》2016年第1期。

王劲颖：《上海公益创业的社会生态路径——对首届"上海公益伙伴日"的思考》，《社会福利》2012年第2期。

王名：《中国公益慈善：发展、改革与趋势》，《中国人大杂志》2016年第7期。

汪向东主编《中国网情报告》，新星出版社，2009。

王新松、赵小平：《中国城市居民的志愿行为研究：人力资本的视角》，《北京师范大学学报》（社会科学版）2013年第3期。

夏少琼：《建国以来社会动员制度的变迁》，《唯实》2006年第2期。

辛甜：《社会网络与慈善筹资——上海市慈善基金会个案研究》，《华东理工大学学报》（社会科学版）2002年第4期。

徐家良：《上海公益伙伴日与公益3.0——圈时代与公益3.0》，《中国社会组织》2014年第23期。

徐麟：《中国慈善事业发展研究》，中国社会出版社，2005。

杨团：《中国慈善发展报告（2017）》，社会科学文献出版社，2017。

杨团、葛道顺：《和谐社会与慈善中华》，中国劳动社会保障出版社，2009。

杨雄等：《上海志愿服务发展现状、问题与对策思考》，载卢汉龙、杨雄、周海旺主编《上海社会发展报告（2016）》，社会科学文献出版社，2016。

玉苗、慈勤英：《"倚靠体制，面向社会"：体制外公益组织"准社会化动员"的个案研究》,《甘肃社会科学》2013年第4期。

张虎祥:《动员式治理中的社会逻辑》,载《公共管理评论》第五卷,清华大学出版社,2006。

章友德、周松青:《资源动员与网络中的民间救助》,《社会》2007年第3期。

赵鼎新:《社会与政治运动讲义》,社会科学文献出版社,2006。

郑永廷:《论现代社会的社会动员》,《中山大学学报》(社会科学版)2000年第2期。

中国志愿服务联合会:《中国志愿服务发展报告(2017)》,社会科学文献出版社,2017。

Blumer, Herbert, Elementary Collective Behavior, in *New Outline of the Principles of Sociology*, (ed.) by Alfred McClung, Lee, New York: Barnes & Noble, Inc. 1946.

Chadwick etc., *Internet Politics: States, Citizens, and New Communication Technologies*, Oxford University Press, 2006.

Clary, E. G., Snyder, M., Ridge, R. D., Copeland, J., Stukas, A. A., Haugen, J., & Miene, P., "Understanding and assessing the motivations of volunteers: a functional approach", *Journal of Personality and Social Psychology* 6 (1998).

Gross, Robert A., Giving in America: From Charity to Philanthropy. In L. J. Friedman and M. D. McGarvie (eds.), *Charity, Philanthropy, and Civility in American History*, Cambridge: Cambridge University Press, 2003.

Garrett, R. K., "Protest in an information society: A review of literature on social movements and new ICTs", *Information, Communication & Society* 2, 2006.

Gould, Roger, "Multiple Networks and Mobilization in the Paris Commune", *American Sociological Review* 56 (1991).

Hart, S., *Cultural dilemmas of progressive politics: Styles of engagement among grassroots activists*, Chicago, IL: Chicago University Press, 2001.

Haski-Leventhal, D., "Elderly Volunteering and Well-Being: A Cross-European Comparison Based on SHARE Data", *Voluntas: International Journal of Voluntary and Nonprofit Organizations* 4 (2009).

Independent Sector, *Giving and Volunteering in the United States*. Washington, DC: Independent Sector, 2002.

Jenkins, Richard, *Social identity*, Routledge, London; New York, 1996.

Kannan, P. K. and Proença, João F., "Design of Service Systems under Variability: Research Issues", paper published in the Proceedings of the 41th Hawaii International Conference on System Sciences (HICSS-41) – Track of Service Science, Management and Engineering (SSME), January 7–10, Waikoloa, Big Island, Hawaii, USA, 2008.

Lam P., "As the flocks gather: how religion affects voluntary association participation", *Journal for the Scientific Study of Religion* 3 (2002).

McAdam Doug, *Political Process and the Development of Black Insurgency, 1930 - 1970*. Chicago: University of Chicago Press, 1999.

McCarthy, John D. & Mayer N. Zald, *The Trend of Social Movements in America: Professionalization and Resource Mobilization*, Morristown, N. J. General Learning Corporation, 1973.

Molotch, Harvey, Media and Movements, In *the Dynamics of Social Movements*, Winthrop, 1980.

Piliavin, J., "Feeling good by doing good", In A. Omoto (ed.) *Processes of Community Change and Social Action.* Mahwah, NJ: Lawrence Erlbaum Associates, 2005.

Reed, P. & Selbee, L., *Distinguishing Characteristics of Volunteers in Canada*, Ottawa: Statistics Canada, 2000.

Rheingold, Howard, *Mobs: The Next Social Revolution*, Perseus Publishing, 2002.

Rotolo, T. & Wilson, J., "Substitute or Complement? Spousal Influence on Volunteering", *Journal of Marriage and Family* 2 (2006).

Snow, David et al., "Social Networks and Social Movements: A Micro-Structural Approach to Differential Recruitment", *American Sociological Review* 45 (1980).

Snow, David A. E., Burke Rochford Jr., Steven K., Worden Robert D. Benford, "Frame Alignment Processes, Micro-mobilization, and Movement Participation", *American Sociological Review* 51 (1986).

Wilson J., "Volunteering", *Annual Review of Sociology* 26 (2000).

热点二

三方协作背景下公益创业生态系统演进研究

汪 忠[*]

摘 要：近年来，公益创业作为追求社会效益和经济效益并重的全新创业理念在全球兴起。以社会企业为主体的公益创业组织协同配套、共同演化的创新体系，具有类似自然系统一般生态关系特征，可视为一种"创新生态系统"。该系统以解决社会问题为目标，以增进社会整体福利为价值导向，以履行社会责任为连接纽带，以创新为发展动力，是区别于传统创业系统及非营利组织集群等新的研究对象。本研究将行为生态学等基本研究方法与博弈论等方法相结合，提出一套相对完善的公益创业生态系统形成和演进机理与模式。第一，以公益创业主体的形成与互动为出发点，阐述了公益创业主体形成的动因，运用生态学理论与模型探讨公益创业主体的共生共存机制，研究了主体间的利益冲突及其博弈过程。第二，确定了社会企业在公益创业生态系统中的主导地位，阐述了社会企业主导地位的建立以及主导作用的发挥途径和方式。第三，重点研究了公益创业生态系统的形成与演进机理，包括公益创业生态系统的形成过程、内涵和生态学成长路径等。第四，在公益创业生态系统的形成与演进的研究基础上，分析了公益创业生态系统的运行机制，具体包括公益创业生态系统组织机制的演进、公益创业生态系统集

---

[*] 课题负责人：汪忠，湖南大学工商管理学院，副教授。课题组成员：韩君，美国乔治城大学，博士后，研究员；孟立英，英国北安普顿大学，副教授；张昱城，河北工业大学，教授。

群伙伴遴选指标体系的建立等方面，推广了公益创业生态系统模式，解决公益创业生态系统管理与控制问题。第五，构建了一套相对完善的公益创业生态系统，通过理论推演与数学建模，论证公益创业生态系统的演进过程。第六，分析我国公益创业发展问题，为公益创业生态系统的发展提供政策建议。本研究构建了一套相对完善的公益创业生态系统，旨在集中力量解决社会问题，缓解日益突出的社会矛盾。项目提出新的理论研究框架，运用模型和实证方法，为以社会企业为主体的公益创业生态系统的研究奠定基础，瞄准学科前沿，开展了有特色的公益创业生态系统研究。项目研究成果可以有效指导社会企业、政府、非营利组织的公益创业实践活动，也为三大部门间协调互动促进公益创业生态系统的健康持续发展提供理论与方法支撑。

关键词： 公益创业　生态系统　科学发展

一　研究背景

政府部门、市场部门、非营利组织通常具有相对清晰的边界和权责。随着经济社会发展，三者边界越来越模糊，非营利组织和政府部门逐步引入了商业化运作模式，而以"营利"为目的的企业开始向公共产品市场开放。Dennis R. Young（2001）指出，政府、企业、非营利组织三者之间界限的消失标志着"解决社会问题迫切需要一种新的方式，通过跨部门的协作来实现"。市场能有效地调节配置资源，但并不必然促进社会公益增长，而资本逐利的本性可能对社会公益有损害。政府通过税收、社会保障等公共政策可以解决社会问题，增进社会福利，但资源有限，无法面面俱到，难免顾此失彼。非营利组织利用民间捐助资源"输血"，却不能"造血"，后继乏力。在此背景下，公益创业应运而生，其内在逻辑为："市场失灵—政府弥补"，"政府失灵—公益创业"。

公益创业（Social Entrepreneurship），也译为"社会创新"、"社会创业"或"公益创新"。陈劲早在2007年提出公益创业是一种在社会、经济和政治环境下持续创造社会价值的活动,这种活动通过前瞻性地不断发现和利用新机会来履行社会使命和实现社会目的[①]。概括起来,公益创业包含以下要义:①以社会责任为导向;②采用商业化运作模式;③兼顾社会效益和经济效益;④首要目的是解决社会问题;⑤是应对市场和政府失灵的手段之一。公益创业理念和实践填补了传统商业和传统慈善公益间的鸿沟,使创业精神应用和服务于各种社会领域。

公益创业生态系统是以政府、社会企业、非营利组织等为主体,在一定社会区域范围内形成的基于共同价值取向、共同使命、协同配合和共同发展的社会创新体系,具有"以履行社会责任为价值取向和能量源泉,以解决社会问题、完善社会整体福利为最终目标,以创新、发展为助推器"等突出特征,区别于传统的创业系统和慈善公益系统。目前,我国的公益创业研究(特别是公益创业生态系统研究)还处在起步阶段。

从世界公益创业经验来看,公益创业在社会治理、提供社会产品和服务、促进社会进步、维护社会稳定和安全,尤其是弥补政府和市场的不足方面,承担着不可替代的角色,因为以社会责任为导向的公益创业组织能够较好地切入社会问题存在的关键点,采取有效的方法解决问题。"十三五"期间,世界经济仍然处于复苏期,中国经济处于叠加期、转型期,有很多发展难题需要破解,同时也存在大量社会问题亟待解决,如环境污染严重、特殊人群照顾不周、人口老龄化等,为公益创业的出现提供了土壤。

中国公益创业主要是在政府、传统商业企业、非营利组织及社会公众的推动下发展而来,具体主要表现在三个方面。

第一,社会组织活动带来社会环境的改变使政府更加重视其在社会服务领域的作用并逐渐采取行动为公益创业谋求体制和政策上的空间(如采购、税收减免),极大地促进了公益创业萌芽。

第二,在社会责任运动的影响下,越来越多的传统商业企业开始自觉投入公益事业、履行社会责任,为公益创业的主要组织——社会企业的产生创造了支持条件。

---

① 陈劲、王皓白:《社会创业与社会创业者的概念界定与研究视角探讨》,《外国经济与管理》2007年第8期,第10~15页。

第三，公益创业创新模式为非营利组织通过商业手段开展经营活动以提高组织效能、解决资金困境提供借鉴，非营利组织将其视为组织变革的新途径，也逐步向公益创业组织转型。

公民公益慈善理念增强，基金会、公益创投支持出现，政府支持体系逐渐形成，各种类型社会企业出现，这些都有力地推动我国公益创业的发展。

二　研究意义

（一）理论意义

目前，国内关于公益创业生态系统文献较少。本项目将行为生态学等基本研究方法与博弈论等方法相结合，提出一套相对完善的公益创业生态系统形成和演进机理与模式，从理论和方法上为后续相关研究提供参考。

在政府、社会企业与非营利组织三者协作背景下，综合运用生态学、管理学、社会学等多学科理论工具和研究方法，深入研究公益创业生态系统演进机制，将理论与实践有机结合，为我国公益创业生态系统演进理论的形成与完善构筑基础研究平台，瞄准国际学科前沿，力争开展中国特色管理理论与方法的创新性研究。

（二）现实意义

以公共利益为价值导向，引入"科学发展"理念，拓展了传统创业的概念，有利于增进整个社会福利。

公益创业是构建和谐社会的重要途径之一，在政府、社会企业与非营利组织协作背景下构建公益创业生态系统，有利于发挥资源整合优势，激发系统内外部公益创业能力，集中力量解决社会问题，缓解日益突出的社会矛盾。

项目研究成果可以有效指导我国公益创业生态系统中各主体的公益创业实践活动，也为三大主体间协调互动促进我国公益创业生态系统的健康持续发展提供理论与方法支撑。

三　主要研究成果

（一）公益创业主体的形成与互动

1. 公益创业主体的形成与共生机制

（1）社会企业的概念与内涵

社会企业是无数受各种变革使命驱动，寻求解决社会问题创新途径的总称[1]，其起源代表从传统福利系统转变为混合系统的过程[2]。本次研究主要从以下视角对社会企业进行定义。

第一，社会企业组织形态。英国社会企业联盟（The Social Enterprise Coalition）将社会企业定义为一种为实现自身社会价值目标而在市场中进行商业活动的特定组织[3]。Dennis R. Young 认为，社会企业是以促进社会进步或对公共财政有所贡献为目标的一个连续体组织[4]。J. Gregory Dees 认为，社会企业是介于纯公益（非营利组织）与纯营利（商业企业）间的连续体，并建立"社会企业光谱图"（见图1）[5]。国内学者范明林[6]认为，社会企业是在政府大力支持和推进下由各类助残、扶老、减贫及就业问题引发的兼具公益性和营利性的组织；邓国胜认为社会企业是一种有别于公立机构、营利机构、合作组织的提供公共服务的新组织类型[7]。

第二，社会企业组织运行方式。欧洲委员会认为社会企业通过作为对公共

---

[1] 梁唐：《美国的"社会企业"运动》，《21世纪商业评论》2006年第1期，第124~125页。
[2] Antonio Thomas, "The Rise of Social Cooperatives in Italy", *International Journal of Voluntary and Nonprofit Organizations* 3 (2004): 246-247.
[3] 杰米·巴特利、特莫利·韦伯：《创业的价值：英国的社会企业》，DEMOS，2007。
[4] Young. Dennis R, "Organizational Identity in Nonprofit Organizations: Strategic and Structural Implications", *Nonprofit Management & Leadership 2* (2003): 139-157.
[5] 舒博：《社会企业的崛起及其在中国的发展》，天津人民出版社，2010。
[6] 范明林、程金：《政府主导下的非政府组织运作研究——一项基于法团主义视角的解释和分析》，《上海大学学报》（社会科学版）2006年第4期，第73~77页。
[7] 邓国胜：《公共服务提供的组织形态及其选择》，《中国行政管理》2009年第9期，第125~128页。

```
←——————————→         可持续性平衡         ←——————————→
   社会可持续性                                   经济可持续性
```

| 传统非营利组织 | 非营利组织，参与创收活动 | 社会企业 | 商业企业，兼具社会责任 | 传统的纯营利商业企业 |

```
←—— 目标：社会价值创造 ——          —— 目标：经济价值创造 ——→
```

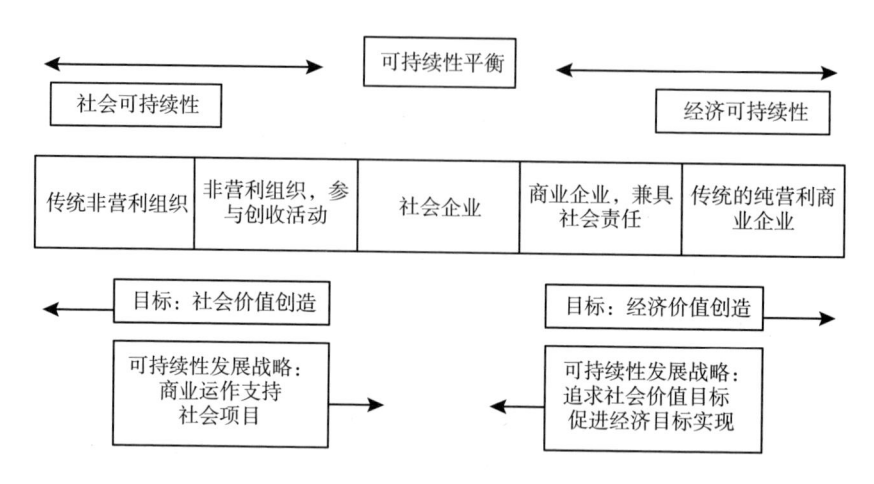

| 可持续性发展战略：商业运作支持社会项目 | → ← | 可持续性发展战略：追求社会价值目标促进经济目标实现 |

图1 社会企业光谱图

资料来源：舒博：《社会企业的崛起及其在中国的发展》，天津人民出版社，2010。

津贴商品和服务生产的补充而追求一定程度的自负盈亏，主要目标是支援社会公共产品而不是为股东创造利润[①]。Wallace, S. L. 指出社会企业是通过建立社会导向的组织并像商业机构一样从事商业活动，最终将利润补给该社会组织，创造出经济价值并为处于社会中的弱势群体提供工作机会[②]。

第三，社会企业组织目标。英国贸易与工业部及美国学者 Jeffrey Robinson 均认为社会企业是把社会目标放在首位的企业，其盈余主要用来投资企业本身或社会，而不是追求股东财富最大化[③]。世界经济合作与发展组织提出社会企业是为公共利益而进行的私人活动，不以利润最大化为目的，依据企业战略实现一定经济和社会目标[④]。

综上所述，结合中国社会企业发展的实际情况，本课题研究认为社会企业是公益创业的重要主体之一，它以创造社会价值为使命，通过在公共产品服务领域运用商业模式来解决社会问题，组织自身可持续发展且同时兼顾社会和经

---

① 王思斌：《中国社会工作. 经济合作与发展组织：社会企业》，社会科学文献出版社，2002。
② Roper J., Cheney G., "The meanings of social entrepreneurship today", *Corporate Governance* 3 (2005): 95-104.
③ Cathy Pharoah & Dr Duncan Scott. Social Enterprise in the Voluntary and Communty Sectors: Challenges for Policy and Practice.
④ 王思斌：《中国社会工作研究（第2辑）》，社会科学出版社，2004。

济双重目标属性。

（2）社会企业与其他组织的区别

Dees（1998）[①] 最早从动机、方法、目标及关键利益相关者等多方面对社会企业与非营利组织和纯营利商业企业进行了比较（见表1），而后一些研究在此基础上进行了拓展。

表1 社会企业与非营利组织和商业企业的区别

类别		非营利组织	社会企业	商业企业
比较角度	动机	对公益慈善的诉求	混合动机	对经济利益的诉求
	方法	使命驱动	使命和市场驱动	市场驱动
	目标	社会价值创造	社会和经济双重价值创造	经济价值创造
关键利益相关方	受益者	零支付	按补贴价格支付；或支付和零支付型受益者的混合	按市场价格支付
	资本提供方	捐款和补助	按低于市场利率提供资本；或捐款和按市场利率提供资本的混合	按市场利率提供资本
	人力提供方	志愿者	按低于市场水平支付报酬；或志愿者与付酬员工混合	按市场水平支付报酬
	物资供应方	物资捐赠	按折扣价格获取物资；或捐赠与按市场价格获得物资的混合	按市场价格获取物资

资料来源：Dees, J. Gregory. The meaning of "social entrepreneurship": Comments and suggestions contributed from the social entrepreneurship founders working group.

首先，社会企业与非营利组织的区别。英国社会企业在商业活动收入上较非营利组织自由，政府在"社会企业"组织商业活动收入上没有设定限制。与传统非营利组织相比，社会企业的特征如下：第一，非营利组织以社会效益为目标，而社会企业以解决社会问题为宗旨并兼顾"社会目标"和"经济目标"双重底线；第二，非营利组织发展依赖于"捐赠依赖"，而社会企业以企

[①] Dees, J. Gregory, "The meaning of 'social entrepreneurship': Comments and suggestions contributedfrom the social entrepreneurship founders working group", http：//www.the－ef.org/resources－deesl03198.htm, 1998.

业架构和市场方式获取的利润为主要资金来源,利润和盈余是组织及公益事业可持续发展的保证;第三,社会企业从创新角度出发更高效地解决各种社会问题;第四,社会企业更关注直接利益相关者的感受与成长,最终目标在于授人以渔、助人自助。

其次,社会企业与商业企业的区别。许广永等[1]认为社会企业拥有双重销售渠道,提供传统商业企业不涉及的社会产品和服务并对不同条件对象采取区别性定价。从社会责任角度看,一家较好履行社会责任的传统商业企业不应等同于社会企业,虽在商业性质上社会企业与商业企业并无明显区别,但其在股东利益与相关人利益间有先后次序之分。传统商业企业承担社会责任往往是他们从事经济活动的一种"附加责任",是追求利润最大化的企业对社会责任的主动承担;而社会企业以社会责任为出发点,为达到"助人自助"的目的,不仅要自负盈亏,还要进一步运用利润和盈余。

(3)社会企业双重价值创造属性

租金理论告诉我们,普通商业企业商业模式创新的驱动力是经济租金,企业的所有运营行为都是为了实现利润最大化目标。社会企业是特殊的组织,兼具经济性和社会性,并创造双重价值,因此,它的商业模式需要在传统企业商业模式上进行创新,以此来描述公益创业各主体双重价值创造的商业逻辑。基于波特的企业价值链,高闯[2]从价值链创新理论分析了企业商业模式创新的实现方式与演进机理;丁敏[3]受其模式启发,也创新性地构建了社会企业商业模式创新的演进机理。本文以二者的逻辑思维为基础,尝试性构造了社会企业双重价值创造属性逻辑框架(见图2)。

社会企业的创立主要受两种因素影响:创业机会和社会企业家。社会企业家往往具有超前的创业意念,敏锐地捕捉创业机会,社会问题的存在、社会需求的不满足,都能激发他们创建社会企业等公益创业组织的欲望。在运行过程中,社会企业会受到多重因素的影响,主要有外部环境要素、市场要素、利益

---

[1] 许广永、李冠艺、张昊:《社会企业与商业企业市场营销的比较分析及建议》,《华东经济管理》2012年第2期,第115~119页。

[2] 高闯、关鑫:《企业商业模式创新的实现方式与演进机理——一种基于价值链创新的理论解释》,《中国工业经济》2006年第11期,第83~90页。

[3] 丁敏:《社会企业商业模式创新研究》,《科学·经济·社会》2010年第1期,第94~97页。

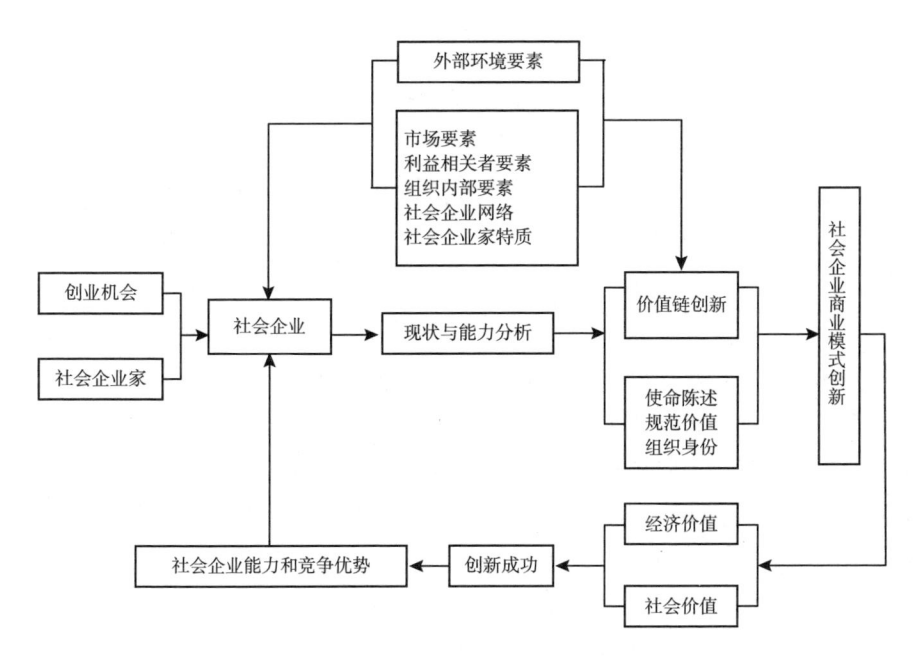

图 2　社会企业双重价值创造属性逻辑框架

相关者要素、社会企业内部要素、社会企业网络、社会企业家特质等。和商业企业一样，公益创业活动的载体也处于一个不断变化的经济、政治、文化、技术环境当中，因此需要从市场、利益相关者，社会企业内部，社会企业网络，社会企业家特质等相对具有可控性的要素中寻求支持，并对自身的运营现状和能力进行综合分析。深入理解组织使命陈述、规范价值、组织身份，同时不断进行价值链地创新，可防范社会企业陷入利益化的境地。最后社会企业再对自身价值活动进行优化整合来促成其商业模式的创新，进而提升自己的核心竞争力，同时创造经济和社会价值，实现"鱼和熊掌，二者得兼"的最佳状态。社会企业商业模式的创新，带来运营能力和竞争力的提升将为公益创业带来正能量。当然，社会企业商业模式不是一劳永逸的，当面临的外部环境发生关键性变化时，社会企业将迈入下一轮商业模式的创新，这是一个不断演进的过程。

（4）公益创业各主体形成动因

公益创业（Social Entrepreneurship），也译为"社会创新"，是个人、机构和网络等主体通过捕捉新机会、处理社会问题来挑战传统社会组织结构失效的产物，且以创新方式将传统商业手段应用于公益领域，在追求创新、效率和社会效益的同时，争取将公益事业办成一个可持续发展、有竞争力的组织实体。随着经济发展水平的不断提高和社会事业的不断进步，公益创业逐渐进入人们的视野，其创新主体形式与数量也不断地增加，主要有政府、社会企业、非营利组织和商业企业等。各创新主体的形成动因主要体现在以下几方面。

第一，扩大生存发展空间。由公益创业各主体组成的共生体，不仅能有效消除或削减资源瓶颈，也为明确分工与广泛协作奠定了基础。一方面，分工使每个公益创业主体更专注于自己的工作领域，从而提高工作和创新效率；另一方面，共生系统中更强调各公益创业主体间多样化互动性团队协作。公益创业各主体在合作过程中知识的碰撞将产生更多创新火花，促使系统内各主体以更快的速度成长，得到更广阔的发展空间。

第二，实现社会价值创造最大化。各公益创业主体的形成可以促进合作伙伴间的资源共享，使双方在物质流、信息流、资金流、工作流等方面的运作步调渐趋一致，从而提高系统经营运作效率和质量。合作伙伴关系的建立，使各公益创业主体由平面上的一个点变为连接区域空间内各合作伙伴的活性"结点"，"活化"他们间的社会资本存量和关系，拓宽资源获取渠道，形成基于共同目标的社会支持网络。社会支持网络的建立将给网络各端传递信任的"正能量"，促使各主体间合作产生协同、共生效应，使整体效益大于部分效益总和。因此，各公益创业主体的形成是降低资源使用成本、营造规模经济、有效缓解社会问题并实现社会价值创造最大化的有效途径。

第三，分担与降低公益创业风险和成本。风险是影响企业经营运作的重要因素，各公益创业主体进行共生合作可有效分散或降低在市场、融资等方面的风险。一方面，协同共生有助于创业主体通过缩短创新周期、加速市场开发速度、分摊企业创新成本等来增强竞争力并降低与分散市场风险；另一方面，单独的公益创业主体通过与有关组织机构进行合作融资、申请国家各项创业扶持基金，能降低和分散融资风险。合作机制的构建使系统成员间建立信誉机制和信赖关系更加容易，减少交易双方和环境的不确定性，进而降低各种公益创业成本。

第四，促进社会管理创新。各公益创业主体本着互惠共赢的原则开展跨部门合作，凭借自身的灵活性和开放性来协调与合作伙伴的关系，整合商业与公益运作模式，形成惠及社会发展各利益相关方的社会共生机制，引导系统内各公益创业主体基于共同社会使命携手致力于社会创新，促进实现社会管理创新。

（5）公益创业主体共生机制

共生是共生单元在所面临的宏观与微观环境中寻求自身定位的一种途径。公益创业各主体间的关系取向本质上为一种建立在供需基础上的相互依存与作用的利益整合关系。公益创业各主体利益整合框架的四要素分别为共生单元、共生基质、共生界面和共生环境（见图3）。借鉴生物共生定义，本研究中的共生单元是指公益创业的各主体，主要包括政府、社会企业、非营利组织和商业企业等。共生基质指的是共生单元拥有的市场、管理经验、政策、资金等互补资源。共生界面是共生单元之间信息、物质等传导的载体。共生单元以外的所有因素之和构成共生环境。本文的共生环境主要包括政治法律与制度环境、经济与技术环境、社会文化环境、自然地理环境等在公益创业中起到支撑作用的各种要素。共生能量是共生系统生存和发展的体现。

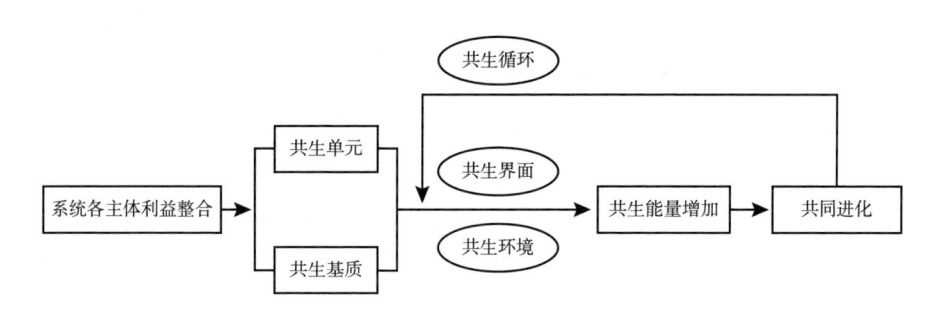

图3 公益创业各主体利益整合共生框架

公益创业各主体的利益整合共生是系统环境中各共生单元基于某种共生基质，通过共生界面进行物质、能量和信息的交换，产生和分配共生能量而形成的一种网络关系。公益创业利益整合共生是为了达到共生能量增加的目的，从而实现系统各主体的共同进化与共生循环。在网络环境中，系统各主体在广泛合作的基础上建立互利共赢的共生关系，鼓励各利益主体围绕共同价值目标进行资源整合、开发、利用，不仅能促进系统主体间及其与生态系统环境间的协作与适应，而且有利于公益创业生态系统的稳定、可持续发展。此外由政府、社会企业与非营利组织等形成的共生系统，从宏观上改变了社会管理和社会福利分别由三大部门各管一块、互不往来的现状，明晰了社会福利政策制定者（政府）与服务提供者二者的社会角色，逐步形成政府主管政策，社会企业及非营利组织运营不同模式提供服务，各司其职，专业运作的社会管理新格局（见图4）。

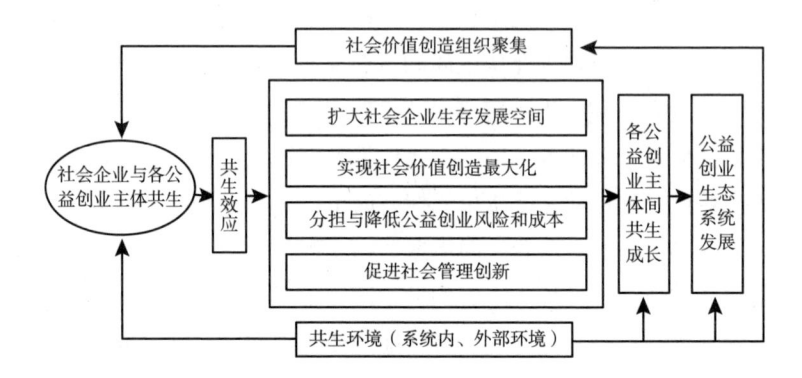

图4 公益创业各主体间的共生效应

2. 公益创业主体间利益冲突及合作博弈分析

在公益创业活动开展过程中，社会企业及各主体资源投入和自身社会影响力的不同导致它们对合作预期的经济与社会效益（下文称综合效益）也有所不同。以经济效益为首要原则的主体如果预期综合效益较少且未能得到合理的经济与社会效益补偿，他们就可能退出合作关系，即公益创业主体间产生了利益冲突。这就要求在合作关系中形成有效的效益转移机制，使获益较多的主体给获益较少的主体以一定的效益补偿。戴建华等认为基于 Shapley 值法的利益分配是根据各合作伙伴在联盟效益产生过程中的重要度来进行分配的一种方式[①]。运用合作博弈理论分析合作主体间的双向选择，在 Shapley 值法的基础上合理确定不同合作主体间的合理效益转移量。

---

① 戴建华、薛恒新：《基于 Shapley 值法的动态联盟伙伴企业利益分配策略》，《中国管理科学》2004 年第 4 期，第 33~36 页。

(1) 基于 Shapley 值法的综合效益分配模式

设集合 $I = (1, 2, \cdots, n)$ 为所有合作主体的集合，如果对于 I 的任意一个子集 S（由 n 个不同合作主体组成）都对应着一个实值函数 $v(s)$，满足：

$$v(\phi) = 0$$
$$v(s_1 \cup s_2) \geq v(s_1) + v(s_2), s_1 \cap s_2 = \phi(s_1 \subseteq I, s_2 \subseteq I) \tag{1}$$

称 $[I, v]$ 为此 n 个合作主体的合作选择，v 为此选择的特征函数。

本文用 x_i 表示 I 中合作主体 i 从与最佳合作伙伴的合作 $v(I)$ 中所得的综合效益。当所有合作主体都选择合作时，本文用 $x = (x_1, x_2, \cdots, x_n)$ 表示各合作主体合作的综合效益。而要使合作成功，必满足以下条件：

$$\sum_{i=1}^{n} x_i = v(I) \quad 且: x_i \geq v(i), i = 1, 2, \cdots, n \tag{2}$$

在 Shapley 值法中各合作主体所得综合效益分配称为 Shapley 值，并记作：$(\varphi)(v) = [\varphi_1(v), \varphi_2(v), \cdots, \varphi_n(v)]$，其中 $\varphi_1(v)$ 表示合作主体 i 所获得的合作效益，可由下式求得：

$$\varphi_1(v) = \sum_{s \in s_i} w(|s|)[v(s) - v(s \setminus i)], i = 1, 2, \cdots n \tag{3}$$

$$w(|s|) = \frac{(n - |s|)![|s| - 1]!}{n!} \tag{4}$$

其中，s_i 是集合 I 中包含合作主体 i 的所有子集，$|s|$ 是子集 S 中的元素个数，n 是所有合作主体的数目，$w(|s|)$ 可看成是加权因子。$v(s)$ 代表子集 S 的收益，$v(s \setminus i)$ 是子集 S 中的主体不与合作主体 i 合作可能获得的效益。

(2) 合作主体利益转移量的确定

Shapley 分配向量是合作主体间合作博弈的核心。对效用可转移的博弈 (N, v)，如果对 $i, j \in N$，存在固定的数值 g_j^i，使 $\forall S \subseteq N$ 和 $\forall i \notin S$，$v(S \cup \{i\}) = v(S) + v(i) + \sum_{j \notin S}(g_i^j + g_j^i)$，则 Shapley 值为：

$$\varphi_i(N, v) = v(i) + \frac{1}{2} \sum_{j \in N}(g_i^j + g_j^i) \tag{5}$$

假定合作主体间的合作行为对非合作主体没有影响，合作主体对非合作主体的策略在参与合作前后保持一致。于是，可以定义如下形式的特征函数：

$$v(S) = \sum_{i \in S} \{R_0^i + \sum_{j \in N} K_j^i - \sum_{j \notin S} \delta_j^i + \sum_{j \in S} \pi_j^i\} \quad (6)$$

公式（6）中，第一项为未合作前各合作主体的保留效用；第二项为建立合作伙伴关系后大家从合作中所获综合效益的总和；第三项为合作体 S 外合作主体参与合作获得的综合效益；第四项是未参加合作的合作主体（仍在 N 内）对合作体造成的损失。

对 $h \notin S$，有 $v(S \cup \{h\}) = v(S) + v(h) + \sum_{j \in S} [(\delta_h^j - \pi_h^j) + (\delta_j^h - \pi_j^h)]$

令 $h = i$，并定义：$g_i^j = \delta_i^j - \pi_i^j, g_j^i = \delta_j^i - \pi_j^i$，则：

$$\varphi_i(N,v) = R_0^i + \sum_{j \in N} K_j^i - \sum_{j \neq i} \delta_j^i + \sum_{j \neq i} \pi_j^i + \frac{1}{2} \sum_{j \neq i} [(\delta_i^j - \pi_i^j) + (\delta_j^i - \pi_j^i)]$$
$$= R_0^i + \sum_{j=i}^{n} k_j^i + \frac{1}{2} \sum_{j \neq i}^{n} [(\pi_j^i - \delta_j^i) - (\pi_i^j - \delta_i^j)] \quad (7)$$

于是，得到如下定理。

推论 1　对合作博弈 (N,V)，Shapley 值由下式给出：

$$\varphi_i(N,v) = R_0^i + \sum_{j=i}^{n} K_j^i + \frac{1}{2} \sum_{j \neq i}^{n} [(\pi_j^i - \delta_j^i) - (\pi_i^j - \delta_i^j)] \quad i = 1,2,\cdots,n$$

如果合作主体在合作过程中不存在效益转移机制，则合作主体 i 的获益为：

$$R_0^i + \sum_{j=1}^{n} K_j^i \quad i = 1,2,\cdots,n \quad (8)$$

由推论 1 可以看出：每个合作主体从合作中所获得的综合效益由两部分构成：一部分是没有综合效益转移时自身参与到合作中的综合效益；另一部分是相互合作时综合效益之差的一半。两部分之差就是执行 Shapley 值分配时的综合效益转移量。于是，在上述模型假定的条件下，得到了如下的推论。

推论 2　合作主体均参与合作时，位于核心 Shapley 综合效益分配矢量将给每个合作主体以如下综合效益补偿：

$$T_i = \frac{1}{2} \sum_{j \neq i}^{n} [(\pi_j^i - \delta_j^i) - (\pi_i^j - \delta_i^j)] \quad i = 1,2,\cdots,n \quad (9)$$

对任意合作主体 i、j，用 π_j^i 表示 i 不与 j 合作（与其他成员合作）时所获得的综合效益；δ_j^i 是 i 不与 j 合作所造成的损失。所以，$\pi_j^i - \delta_j^i$ 是 i 不与 j 合作的净综合效益；同理，$\pi_i^j - \delta_i^j$ 是 j 不与 i 合作的净综合效益。特别需要指出的是，在合作主体 i、j 中，社会企业是其中之一。

因此，在合作中获益较多的合作主体应给那些获益较少的合作主体转移一部分综合效益，只有这样才能达成长久的合作伙伴关系。而获益较多的合作主体在转移一定的综合效益后，剩下的综合效益还应比未参加合作前的高。

当系统中各合作主体间存在综合效益转移机制时，所有合作主体都将有动力去参与促进公益创业活动的发展并推进公益创业生态系统的形成，以及在综合效益转移过程中获得合理效益，实现多主体"共生多赢"。

（二）公益创业生态系统的形成与演进机制

1. 公益创业生态系统的内涵

借鉴生态学概念，公益创业生态系统是以合作共生为基础、以社会责任为纽带、以资源互补为目的，由社会企业、政府和非营利组织等生态种群通过部门间协作，并在外部环境的作用下形成的基于共同使命和价值导向、互利共生、协同发展的社会创新体系。区别于以往的战略联盟、创业系统和非营利组织集群等研究对象，公益创业生态系统具有以下显著特征。

一是社会价值导向性。公益创业是一种在不断变化的政治、经济和社会环境下不断产生社会价值的活动[①]，社会使命与市场经济力量是其持续运作的驱动力；公益创业着眼解决社会问题，利用经济价值创造服务于社会价值的持续性创新，具有强烈的社会价值导向性。公益创业生态系统以"社会责任"为纽带，对商业模式和公益模式两大模块进行有机整合，形成以社会问题为主体导向的社会价值链。成功的公益创业生态系统能够更好地服务于社会领域、引领更多社会创新，为社会创造出更多的价值。

二是互利共生性。生物学共生理论认为，互利共生是指不同种生物在生物群落中依赖彼此间直接营养物质的交流而形成的一种相互依存的互利共生关

---

① 陈劲、王皓白：《社会创业与社会创业者的概念界定与研究视角探讨》，《外国经济与管理》2007 年第 8 期，第 10~15 页。

系。在经济社会中，公益创业生态系统通过整合利用各部门的优势和资源，特别是创造性地开发、整合、利用边缘资源并挖掘其内在潜能，促进资源在不同主体间的流通，形成各主体间共生共存的依赖关系与支持网络，使整个生态系统在协同效应影响下表现出单个公益创业种群不具备的功能和作用，进而实现规模效益，共同增进社会整体福利。

三是动态平衡性。公益创业生态系统是系统内不同主体间及其与外部环境长期互相影响、依存与协调的结果。当外界环境中的信息、渠道及价值等进入生态系统内部，就会对生态系统与生态环境间的稳定产生破坏力量。为恢复生态系统的平衡，既要在内部通过调整结构、优化功能机理和健全运作机制来合理协调要素关系，也要在外部通过适当改变环境条件、有效改变资源取向等途径优化整合配置与外界环境的生态流输出，增强系统的动态平衡能力。

四是多样性。公益创业生态系统的多样性在多方面均有体现。一是多元化的公益创业主体，其主要包括社会企业、非营利组织、传统商业企业等，各主体是公益创业生态系统的基本构成元素。二是多样化的公益创业活动形式，既可调动系统内部继续进行公益创业活动的积极性，又可增进系统的创新活力。三是创业主体间关系的复杂程度，系统内各主体及其与外部环境间的关联性使不同创业主体间互动资源能在系统内顺畅流动，实现对创业资源和信息的有效配置和高效率使用。

五是开放性。随着信息技术和经济一体化的快速发展，各类创新生态系统正逐渐突破地理限制，并呈现出相对系统开放性。公益创业生态系统要实现在某一时期内特定的社会目标，系统必须不断地与外界交换大量的异质资源，并将外部资源吸引到系统中来，为系统注入新的能量和动力，在系统提升整体竞争力的同时实现系统的开放性创新。

2. 公益创业生态系统的结构

自然生态系统是系统中的生态因子的总和。生态因子是指环境中对生态群落生物的生长、发育、生殖、行为和分布具有直接或间接影响的因素，如光照、气体、温度、湿度、食物及其他生物等[1]。按照有无生命特征，生态因子

---

[1] 刘文光：《区域科技创业生态系统运行机制与评价研究》，天津大学博士学位论文，2012。

分为非生物因子和生物因子两大类。非生物因子包括温度、光、水分、土壤等环境因子。利用生态学和生态系统的概念来理解公益创业生态系统，是将公益创业生态群落和公益创业环境类比成生态系统中的生物群落和非生物环境，借鉴生态学关于个体、种群与群落及其同环境间的相互作用研究，类比创业活动中的发展规律，来探究创业活动中的关键问题，从而促进区域创业生态系统的正常运行。类似于自然生态系统，公益创业生态系统可以表示为：

公益创业生态系统 = F(生物因子、非生物因子)
= F(公益创业生态群落、公益创业支撑环境)

公益创业生态系统与自然生态系统从构成要素上具有相似性（见表2）。

表2 公益创业生态系统与自然生态系统的构成要素比较

自然生态系统	定义	公益创业生态系统	定义
物种	有机体	公益创业组织	与公益创业活动相关的组织个体
种群	同种有机体的集合群	公益创业种群	资源与功能相同的公益创业组织集合
群落	不同生物种群的集合	公益创业群落	不同公益创业种群的综合体
生态环境	非生物环境	公益创业支撑环境	开展公益创业活动的外部环境
自然生态系统	自然群落与非生物环境相互作用的系统	公益创业生态系统	公益创业群落与外部环境相互作用，形成的创业统一体

借鉴生态系统理论，公益创业生态系统由公益创业群落与公益创业支撑环境两部分构成。社会企业、政府部门、高校及研究机构、投资机构、中介服务机构、关联企业等通过直接或间接的有机组合，形成生态群落，群落成员彼此之间进行物质循环、能量交换和信息传递，从而形成彼此之间相互联系、相互制约和相互依存的相对稳定的整体。从形成过程来看，公益创业生态系统是一个以公益创业活动为中心，在一定的社会环境条件下，建立起来的具有一定结构和功能的生态系统[1]。社会企业处于核心层，是公益创业活动的主要执行者，政府部门、高校及研究机构、投资机构、中介服务机构及关联企业处于中

---

[1] 刘文光：《区域科技创业生态系统运行机制与评价研究》，天津大学博士学位论文，2012。

间层，是公益创业要素的生产者主体，自然、经济、文化等支撑环境处于最外层（见图5）。

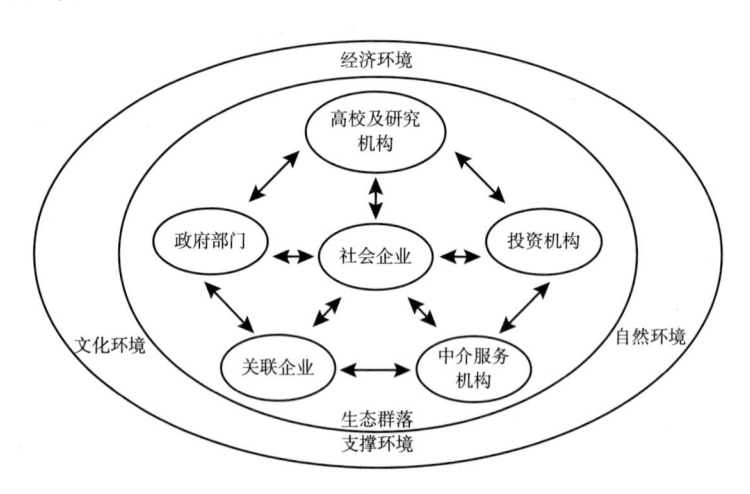

图5　公益创业生态系统结构要素

系统结构是指构成系统的各要素间及其与外界环境要素间相互联系与作用的方式。本文基于系统生态学视角，构建了公益创业生态系统的结构（见图6）。

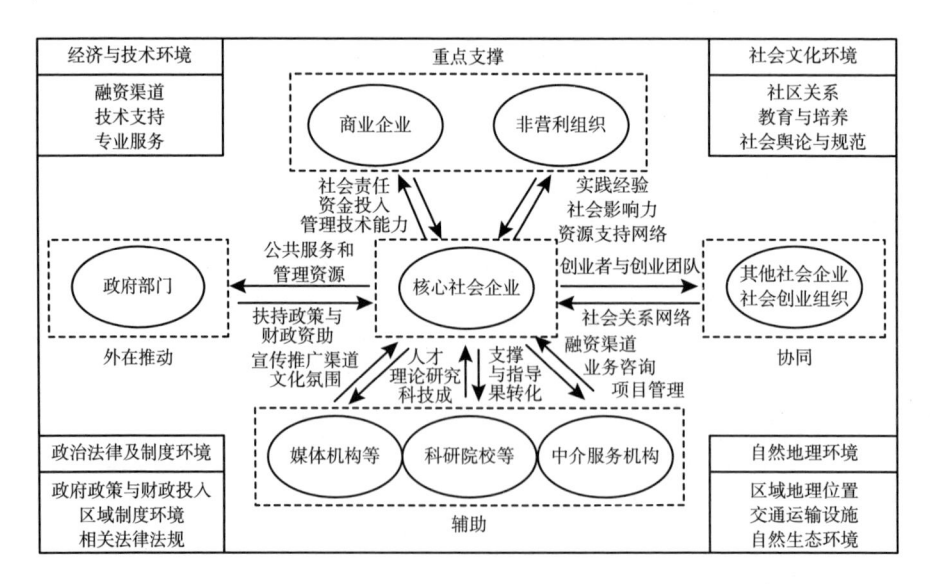

图6　公益创业生态系统结构

公益创业生态群落：由政府、社会企业、非营利组织、传统商业企业、其他社会企业或公益创业组织等种群组成。

①政府部门。政府是公益创业生态系统形成与发展的外在推手。对于公益创业生态系统来说，政府采购不仅能拓宽公益创业产品的需求市场，也能在税收等方面提供财政资助与扶持政策，帮助解决各主体发展初期的资金瓶颈问题，有助于社会创新创业资源的优化配置。

②社会企业。社会企业是公益创业生态链条中的关键节点，是相关公益创业活动的主要执行者，企业内部的社会企业家及其领导的创业团队、创业技术与资源、企业文化价值观是影响系统生存与发展的关键因素。

③非营利组织。非营利组织是推动公益事业发展的主要力量，非营利组织在多年活动开展过程中积累了丰富的实践经验、拥有较为完善的社会资源支持网络，在社会中有较高的影响力与公信力，这些优势均为公益创业生态系统提高其自身的社会公共产品和服务供给能力以及拓宽渠道提供了保障。

④传统商业企业。社会责任运动及企业公民意识高涨驱动了传统商业企业对自身行为的审视，从而表现出为社会服务的意愿。强烈社会责任感是驱动传统商业企业参与公益创业的重要因素，传统商业企业通过"社会投资"等方式对社会企业进行资金与资源支持，其成熟的商业运营模式提高了系统的可持续性。

⑤其他社会公益企业。其他社会企业或公益创业组织进入公益创业生态系统，对系统的稳固起到辅助支撑的作用。首先，社会企业之间易形成共同社会价值目标，新的公益创业者及其创业团队的加入，为公益创业生态系统提供了新"养分"；其次，社会企业之间形成紧密的社会关系网，可聚集社会闲散资源并提高资源使用率，提升系统的资源存量。

⑥科研院所。科研院所是公益创业人才培养的源泉与土壤，具备公益创业技能与知识的人才是公益创业生态系统形成与发展的根柢。科研院所在为系统发展输送人才的同时，其蕴含的丰富研究与技术资源，不仅可为系统发展提供理论指导，也可以为系统提供技术支持并促进科技成果转化，提高公益创业生态系统的存活率。

⑦媒介机构。媒介是现代社会中信息传播的一种介质，具有受众广泛、形式多样、适应性强等特点。媒介组织拥有广泛的信息来源且信息的受众面广，可通过新闻报道、报章杂志等传统媒体与微博、社企网站等新媒体的宣传推广，营

造积极的公益创业文化氛围,为公益创业生态系统的生存和发展的注入正能量。

⑧中介服务机构。中介服务机构在资金、市场、技术、管理等方面为客户提供便捷服务。各种中介机构进入公益创业生态系统,可拓展系统中关联主体的融资渠道,并为其提供咨询、项目管理等服务,营造公益创业生态系统发展初期的良好运行环境。

公益创业支撑环境:蕴藏的外部环境条件与资源影响着公益创业生态系统中各种群的进化方向,对系统各主体间的协同共生起着催化或抑制作用。

①政治法律及制度环境。政府在社会管理创新领域的支持政策与财政投入、区域环境内相关法律法规的完善情况与制度环境的好坏,在极大程度上影响公益创业生态群落开展公益创业活动的积极程度。

②经济与技术环境。隐性的资源、技术与市场平台,可为生态系统提供多元化的公益创业融资渠道、技术创新支持及其他专业化的中介服务。

③社会文化环境。其中社区关系状况、社会舆论导向、人文培养氛围及社会制度的规范性,对公益创业生态系统中各主体获取社会支持具有重大意义。

④自然地理环境。区域地理位置、交通运输设施、自然生态环境等影响系统主体间进行便捷联系的自然地理环境要素,为系统演进与发展提供了基础性条件。公益创业支撑环境中的各要素不仅组成了系统中各种群赖以生存的外部环境系统,也极大影响着公益创业生态系统中各生态种群的创业活动。

3. 公益创业生态系统的形成

(1) 公益创业生态系统的形成条件

公益创业生态系统是在某种"偶然因素"下,企业或机构组织为了摆脱环境变化、技术革新、需求转变等因素造成的生存危机,自发形成的联合体,而不是人为强制性结果。但并不是所有的系统都能发生自组织过程。依据耗散结构理论,只有具有一定的开放度、远离平衡态、非线性相互作用和涨落的系统才能产生自组织现象。同样,公益创业生态系统也必须且完全具备这些自组织形成条件,主要表现为:公益创业生态系统必须依据内部各主体的核心能力及优势互补,不断与外界进行大量异质资源交换,同时将相关组织吸纳进来,为系统注入新的活力与动力,提升系统整体竞争力的同时实现系统的开放式创新,才能实现特定时期内的社会-经济目标。此外,系统内成员必须紧密分工合作,以此来确保系统的整体竞争优势。而涨落是系统形成有序结构的原始动力,表现为系统序参量在某个数值上下震荡。实质上,如政府政策变化、技术水平高低、市场需求改变等影响公益创业生态系统演化的因素都可以理解为涨落[①]。

(2)公益创业生态系统形成的机理模型

公益创业环境是社会企业的活动空间,它会对社会企业的生存、运行和发展产生重大影响。在公益创业支撑环境下,各公益创业主体通过长期合作形成了公益创业生态系统(见图7)。社会价值共享机制、平台/标准及边缘资源整合能力构成了公益创业生态系统形成演变与可持续化发展的三大支柱。其中,社会引领的价值共享是首要支撑,引力和推力作用可以促使参与主体的加入,经过竞争、协同、突变,达到新的动态平衡,形成公益创业生态系统。构建价值共享机制是能否持久留住这些参与主体的关键点。平台/标准是第二大支柱,不仅规划了系统的整体框架,而且界定了成员间关系。优良的平台和完善有力的标准有利于招纳更多优势科研院所、媒体机构、中介服务机构和其他的公益创业组织及政府部门,从而使公益创业主体更加多元化,增强内部资源的异质性。边缘资源整合能力是第三大支柱。企业的公益创业必须引入更多新颖的社会资源以变革现有商业模式,这种创新往往是以开发边缘资源为核心,公益创业的重要特征之一就是边缘资源整合。公益创业生态系统要赢得更多创业型组织的支持,增强系统的整体优势和抵御外部风险的能力,必须要运用创新的方法去整合社会边缘资源。

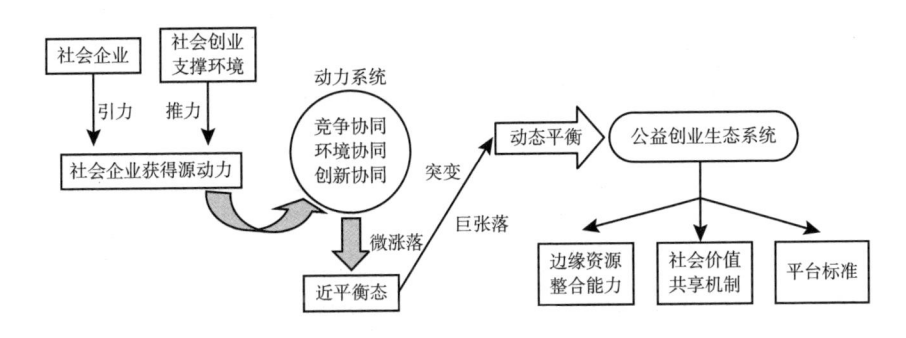

图7 公益创业生态系统的形成过程

---

① 袁丹、王冰、郑晓芳:《社会创业生态系统构成及形成机理研究》,《农村经济与科技》2016年第24期,第161~162页。

4. 公益创业生态系统的演进发展

创业活动在积极推进社会进步发展的同时，也受到国民经济的各个领域、各个层面、各类经济主体和各种经济过程的强烈影响。也就是说，创业研究仅仅停留在单一的企业战略和经营决策层次是不行的，为获取更为深刻的认知，构建和发展系统的创业活动促进机制，必须从更为广泛的视角中挖掘认识创业活动与各个外部组织、各个环境要素之间的联系[①]。

公益创业组织是公益创业的载体，随着公益创业活动的发展，公益创业组织逐渐成长为功能更加完整、体系更加成熟、规模更为庞大的创业系统。在这个系统中，公益创业组织是与众多关联组织协力合作完成整个创业过程，不再是独自活动。总的来说，公益创业生态系统的成长演化路径类似于自然生态系统，即从微观的创业个体组织发展到宏观的创业系统，在时间和实体空间两个层面上均有成长（见图8）。

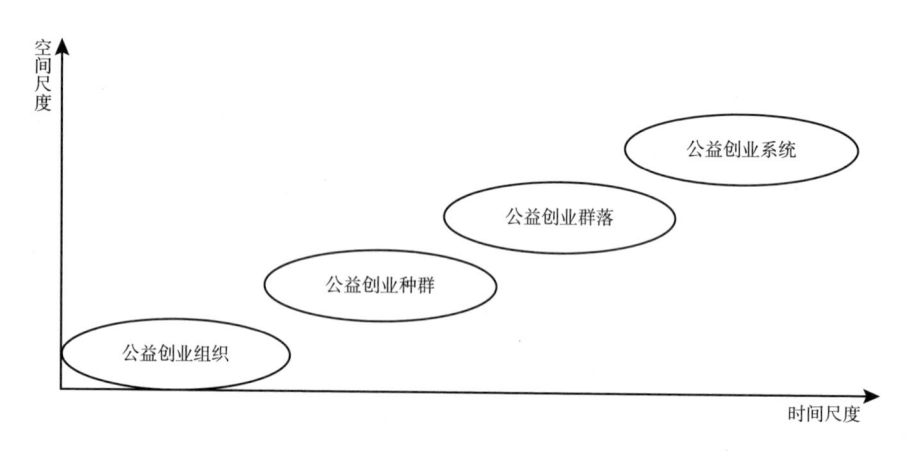

图8 公益创业活动的生态学成长路径

（1）公益创业组织的演化

生物个体指能够具有生长、发育和繁殖的完整有机体，表现出生长、发育、衰老、死亡的特征，属于自然界中的最小单元生物。单个公益创业组织可以视为公益创业生态系统中的生物个体，也会经历萌芽、成长、成熟、衰退等阶段。

---

① 赵京芳：《基于协同创新的大学生创业教育生态系统构建》，《中外企业家》2013年第20期，第193~194页。

（2）公益创业种群的演化

公益创业种群是指在一定的社会环境下公益创业组织会逐渐聚集，形成在特定区域内，获取相似资源、聚焦社会问题的社会企业。公益创业种群可以相互合作，整合利用资源，构建互利共赢格局。

（3）公益创业群落的演化

公益创业群落是指公益创业种群与其他不同特征的种群相互作用、相互影响、相互适应，最终形成具有一定结构和功能的创业活动的集合[1]。公益创业群落包含多个创业种群，各种群之间通过资源交换与能量流动，使不同种群具备不同的功能。

（4）公益创业系统的演化

公益创业系统是公益创业群落与周围环境相互作用形成的创业统一体。周围环境的好坏也直接决定了创业群落的丰富程度和多样性；同样，创业群落也会反作用于创业环境，不仅与环境相适应，也影响着创业环境。这种特质具备了系统特征，最后形成了基于共同使命和价值导向、互利共生、系统发展的社会创新体系。

（三）公益创业生态系统运行机制

1. 公益创业生态系统组织机制

公益创业生态系统运行的组织机制是指构成系统的各主体及其与外界环境间相互联系与作用的过程、原理及方式。公益创业生态系统一般包括动力机制、平衡调节机制、学习机制、资源整合机制，它们相互影响与制约，共同推进系统朝着既定方向发展。

（1）动力机制

在公益创业生态系统形成和发展的过程中，动力机制以系统共同的社会价值目标为基点，通过各主体的功能发挥来调动参与公益创业活动的积极性、能动性与创造性。公益创业生态系统的动力机制主要有内在自动力、外在诱导力、重点支柱力、协同推动力及辅助催化力。动力机制是推动系统形成动态能力的重要前提。

---

[1] 翟羽佳：《区域创业生态系统的构建与培育——以广西北部湾经济区为例》，广西大学硕士学位论文，2013。

(2) 平衡调节机制

公益创业生态系统内某一主体的进入或退出、外部环境的不确定性均能破坏系统自身的稳定与平衡。从生态学角度来看，自然生态系统在形成与演进过程中往往会出现基于系统构成要素变化的变异和重组情况。由系统变异机制与重组机制组成的平衡调节机制，能够保持公益创业生态系统动态平衡、持续发展。内在因素与外在因素的相互作用是诱发公益创业生态系统发生变异的主要原因，内在、外在因素分别导致了内部驱动式重组、外部诱导式重组的发生。

(3) 学习机制

根据动态能力理论，公益创业生态系统处在动态的竞争环境中，需要通过不断的学习来保持系统的竞争优势。公益创业生态系统在运行中常常会遇到新问题和新情况，解决这些问题的方法未必会存在于现有的惯例中，只有通过不断的组织学习，才能提高公益创业生态系统获取、利用知识的能力。根据路径依赖性理论，公益创业生态系统能力是在一个相当长的时期内积累起来的，并不是在短时间内就能被改变的。因此，学习机制也是公益创业生态系统动态能力形成的根本途径。

(4) 资源整合机制

公益创业生态系统的资源整合机制是指系统中各主体围绕特定的社会目标，根据自身当前的状况进行资源整合并实现资源共享。公益创业生态系统的资源整合主要是对政策制度、人力、物力、财力、信息、组织、社会资本等资源的整合。上述资源在系统内各主体间稳定有序地流动而聚集于公益创业活动上，促进了这些资源的有效配置和使用，持续为开展公益创业活动提供助动力，促进了公益创业生态系统的良性稳定发展。

2. 公益创业生态系统集群伙伴遴选

(1) 集群伙伴遴选评价指标初设

本文是在归纳总结现有国内外相关文献并结合专家意见的基础上，综合考虑公益创业生态系统集群伙伴选择应考虑的因素，初步构建出社会企业两类主要候选集群伙伴的选择评价指标体系。

一是非营利组织类集群伙伴遴选指标初设。本文在整理国内外已发表的相关研究的基础上，结合我国非营利组织特点，从社会企业集群伙伴选择考虑的组织协同性、社会影响力、可持续发展能力、组织外部环境等要素入手，初步构建了由 4 项一级指标和 19 项二级指标组成的非营利组织类集群伙伴遴选评价指标体系（见表3）。

表3　非营利组织类集群伙伴选择评价指标初设

目标	一级指标	二级指标
非营利组织类合作伙伴	组织协同性 U_1	U_{11} 公益宗旨与使命愿景的清晰度，U_{12} 战略发展目标的一致性，U_{13} 对社会企业的社会目标及使命的认同度，U_{14} 对双方建立合作关系的重视程度，U_{15} 未来合作领域中组织实践经验的丰富程度
	社会影响力 U_2	U_{21} 组织社会美誉度，U_{22} 对当地社会文化环境的改善程度，U_{23} 最近一年内组织提供服务项目的总数，U_{24} 最近一年内接受组织各项服务和帮助的人次数，U_{25} 主要利益相关者对服务项目的满意程度
	可持续发展能力 U_3	U_{31} 组织基础设施的完善程度，U_{32} 组织管理制度的健全程度与执行力度，U_{33} 培养与引进优秀员工的能力，U_{34} 资金筹集能力，U_{35} 组织负责人的工作经验与领导能力
	组织外部环境 U_4	U_{41} 自然地理环境，U_{42} 经济与技术环境，U_{43} 社会文化环境，U_{44} 政治法律及制度环境

二是传统商业企业类集群伙伴遴选评价指标初设。本文在归纳整理相关文献资料并结合专家意见的基础上，将传统商业企业类指标体系初步构建成由 5 项一级指标（企业间相容性、社会效益、持续经营能力、管理能力及外部环境）、21 项二级指标组成的一个完整体系（见表4）。

表4　传统商业企业类集群伙伴选择评价指标初设

目标	一级指标	二级指标
传统商业企业类合作伙伴	企业间相容性 U_1	U_{11} 企业间企业文化的相容性，U_{12} 企业间管理理念和体制相容性，U_{13} 企业间发展规划的相容性，U_{14} 企业间企业目标一致性
	社会效益 U_2	U_{21} 企业信誉水平，U_{22} 企业发展所产生的就业效益，U_{23} 企业用于社会捐助及社会投资的费用总额
	持续经营能力 U_3	U_{31} 财务状况，U_{32} 企业未来发展前景，U_{33} 企业对员工培训发展的重视程度，U_{34} 社会资本及网络资源的利用能力，U_{35} 企业各项规章管理制度的健全程度及其执行力度
	管理能力 U_4	U_{41} 战略规划能力，U_{42} 学习创新能力，U_{43} 合作协调与冲突解决能力，U_{44} 人力资源管理能力，U_{45} 市场营销能力
	企业外部环境 U_5	U_{51} 自然地理环境，U_{52} 经济与技术环境，U_{53} 社会文化环境，U_{54} 政治法律及制度环境

(2) 集群伙伴遴选评价指标筛选

①评价指标筛选方法介绍。本文首先采用鉴别力分析法来确定合作伙伴选择评价指标的重要性和代表性,然后采用相关分析法来筛选重复或相关性过强的指标,以使指标体系更加科学合理。

鉴别力分析法:是一种通过分析指标数据的差异信息来选择信息量丰富和作用大的指标的方法。在不同评价单元间,如果指标值表现出细微差别甚至无差别,则认为在综合评价的对比分析过程中该指标不能提供任何信息,应剔除之;反之,如果指标值表现出显著差异,则认为该指标具有较强鉴别力,即能够较好分辨各指标间的信息。本文拟采用变异系数(离散系数)来度量指标鉴别力,其与指标鉴别力呈正相关,即指标值的变异系数越大则其鉴别力越强。其具体计算方法为:假设指标体系共设有 m 个评价指标,n 个单位对其进行单独评价,x_{ij} 表示第 i 个评价单位对第 j 个指标评价的数值,则各指标的均值 x_j 和标准差 s_j 如公式(10)和公式(11)所示:

$$x_j = \frac{1}{n}\sum_{i=1}^{n} x_{ij} \quad (10)$$

$$s_j = \sqrt{\frac{1}{n-1}\sum_{i=1}^{n}(x_{ij}-x_j)^2} \quad (11)$$

各评价指标的变异系数 v_j 利用上述公式得出的均值和标准差,通过公式(12)计算得出。根据指标变异系数的计算结果,以经验数值 0.2 为阈值,删掉鉴别力弱,即变异系数小于 0.2 的指标,以解决初设指标体系中某些指标鉴别力低的问题。

$$v_j = \frac{s_j}{x_j} \quad (12)$$

指标相关分析法:用于检验子指标与评价目标或子指标之间的密切程度的分析方法。对于子指标与评价目标之间的相关性分析,是通过剔除相关系数低于临界值的指标来提高子指标对评价目标的显著性影响;对于子指标之间的相关性分析,则是剔除相关系数高于临界值的指标来降低信息重复的干扰。本文运用相关分析法筛选指标,先分析各评价指标与评价目标间的相关性,确定 0.5 为临界值,删除相关系数小于 0.5 的那些对评价目标影响不显著的指标;

然后分析各个评价指标间的相关性，以 0.7 为临界值，通过比较各指标间相关系数与临界值，在相关系数大于 0.7 的指标对中删除其中的一个评价指标。

②非营利组织类集群伙伴遴选评价指标筛选。根据初设指标本研究设计出一套调查问卷，问卷采用 Likert-type 5 级量表。根据研究问题，选取社会企业家、潜在社会企业家及社会企业研究领域专家学者为调查对象。取样原因有两个，一是部分调查对象所在的机构正面临着或经历过合作伙伴选择，二是这些调查对象对公益创业及社会企业发展有一定的理论认识与实践经验。研究通过现场发放、电子邮件、问卷星等方式进行问卷的发放与回收。最后利用 SPSS17.0 对回收的样本数据进行整理分析。

指标鉴别力分析：根据变异系数计算方法，对回收问卷数据进行计算和分析，求出非营利组织类合作伙伴选择评价 19 个初设指标的变异系数，具体结果如表 5 所示。

由表 5 可知，U_{22} 与 U_{31} 两个指标的变异系数分别为 0.1594 和 0.1587，均小于 0.2 的阈值，应删除，其他指标暂且保留。由此便解决了初设指标体系中某些指标鉴别力低的问题，提高了指标的重要性和代表性。

表 5　非营利组织类集群伙伴遴选评价初设指标的变异系数

指标 U_1	变异系数	指标 U_2	变异系数	指标 U_3	变异系数	指标 U_4	变异系数
U_{11}	0.2054	U_{21}	0.2274	U_{31}	0.1587	U_{41}	0.2643
U_{12}	0.2248	U_{22}	0.1594	U_{32}	0.2205	U_{42}	0.2226
U_{13}	0.2329	U_{23}	0.2154	U_{33}	0.2145	U_{43}	0.2441
U_{14}	0.2381	U_{24}	0.2380	U_{34}	0.2047	U_{44}	0.2166
U_{15}	0.2166	U_{25}	0.2074	U_{35}	0.2234		

指标相关分析：为识别并删除那些对评价目标影响不显著的指标，本文用统计分析软件 SPSS17.0 确定各二级指标数值与一级指标平均值间的简单相关系数，并以临界值 0.5 为判断依据，删除相关系数小于 0.5 的对评价目标影响不显著的指标。软件分析得出的各评价指标与其对应一级指标间的简单相关系数如表 6 所示。我们发现各个指标对评价目标均有显著影响（简单相关系数均高于临界值 0.5），指标得以全部保留。说明本文搜集的指标针对性较强，被调查对象认可程度比较高。

表6 非营利组织类集群伙伴遴选评价指标四个层面的相关分析结果

指标	U_{11}	U_{12}	U_{13}	U_{14}	U_{15}
组织协同性 AVERAGE	0.6280**	0.8550**	0.8740**	0.6490**	0.6820**

指标	U_{21}	U_{23}	U_{24}	U_{25}
社会影响力 AVERAGE	0.7210**	0.7540**	0.6970**	0.7240**

指标	U_{32}	U_{33}	U_{34}	U_{35}
可持续发展能力 AVERAGE	0.7420**	0.6110**	0.7440**	0.7030**

指标	U_{41}	U_{42}	U_{43}	U_{44}
组织外部环境 AVERAGE	0.8130**	0.7180**	0.8130**	0.6820**

注：*表示在0.05（双侧）的水平下显著相关；**表示在0.01（双侧）的水平下显著相关。

二级指标与一级指标的相关分析只是检验了单个指标对总体得分影响的显著性，并没有消除各二级指标间的相关性。因此，本文继续使用SPSS17.0对各二级指标间的相关性进行分析，以0.7为临界值，在相关系数大于0.7的指标对中删除其中鉴别力较低的一个，具体结果见表7。

表7 非营利组织类集群伙伴遴选评价指标相关系数过大的指标对

指标对	相关系数	保留指标
战略发展目标的一致性——对社会企业的社会目标及使命的认同度	0.8740	对社会企业的社会目标及使命的认同度

初设评价指标经筛选后，非营利组织类集群伙伴遴选指标体系由4个一级指标和16个二级指标组成，如表8所示。其中U_{14}、U_{22}、U_{23}、U_{32}、U_{33}为定量评价指标，其余为定性评价指标。该指标体系既避免了指标间的重复交叉，又能较有效和全面地反映候选非营利组织类集群伙伴的基本情况。

③传统商业企业类集群伙伴遴选评价指标筛选。指标鉴别力分析：传统商业企业类集群伙伴遴选评价22个初设指标的变异系数，经过对问卷回收数据进行计算后，其具体结果如表9所示。

由表可知，本次筛选将删除U_{35}这一变异系数小于0.2的指标，保留其他指标。

表8　非营利组织类集群伙伴遴选评价筛选后的指标

目标	一级指标	二级指标
非营利组织类合作伙伴	组织间协同性 U_1	U_{11}公益宗旨与使命愿景的清晰度，U_{12}对社会企业的社会目标及使命的认同度，U_{13}对双方建立合作关系的重视程度，U_{14}未来合作领域中组织实践经验的丰富程度
	社会影响力 U_2	U_{21}组织社会美誉度，U_{22}最近一年内组织提供服务项目的总数，U_{23}最近一年内接受组织各项服务和帮助的人次数，U_{24}主要利益相关者对服务项目的满意程度
	可持续发展能力 U_3	U_{31}组织管理制度的健全程度与执行力度，U_{32}培养与引进优秀员工的能力，U_{33}资金筹集能力，U_{34}组织负责人的工作经验与领导能力
	组织外部环境 U_4	U_{41}自然地理环境，U_{42}经济与技术环境，U_{43}社会文化环境，U_{44}政治法律及制度环境

表9　传统商业企业类集群伙伴遴选评价初设指标的变异系数

指标 U_1	变异系数	指标 U_2	变异系数	指标 U_3	变异系数	指标 U_4	变异系数	指标 U_5	变异系数
U_{11}	0.2181	U_{21}	0.2043	U_{31}	0.2462	U_{41}	0.2142	U_{51}	0.2444
U_{12}	0.2118	U_{22}	0.2071	U_{32}	0.2319	U_{42}	0.2515	U_{52}	0.2286
U_{13}	0.2320	U_{23}	0.2421	U_{33}	0.2023	U_{43}	0.2422	U_{53}	0.2229
U_{14}	0.2176			U_{34}	0.2025	U_{44}	0.2184	U_{54}	0.2557
				U_{35}	0.1782	U_{45}	0.2262		

指标相关分析：通过SPSS17.0分析后，我们发现各个二级指标与各自一级指标平均值的相关系数均高于临界值0.5，没有可剔除指标（见表10）。

表10　传统商业企业类集群伙伴遴选评价指标五个层面的相关分析结果

指标	U_{11}	U_{12}	U_{13}	U_{14}	
企业间相容性 AVERAGE	0.6600**	0.6930**	0.8320**	0.8280**	
指标	U_{21}	U_{22}	U_{23}		
社会效益 AVERAGE	0.7140**	0.7980**	0.7650**		
指标	U_{31}	U_{32}	U_{33}	U_{34}	
持续经营能力 AVERAGE	0.7540**	0.7090**	0.6510**	0.6470**	
指标	U_{41}	U_{42}	U_{43}	U_{44}	U_{46}
管理能力 AVERAGE	0.7410**	0.7340**	0.6670**	0.7930**	0.7540**
指标	U_{51}	U_{52}	U_{53}	U_{54}	
企业外部环境 AVERAGE	0.6230**	0.7320**	0.6730**	0.5530**	

注：* 表示在0.05（双侧）的水平下显著相关；** 表示在0.01（双侧）的水平下显著相关。

使用软件分析各二级指标间的相关性，以0.7为临界值，在相关系数大于0.7的指标对中删除其中鉴别力较低的一个，具体结果见表11。

表11　传统商业企业类集群伙伴遴选评价指标相关系数过大的指标对

指标对	相关系数	保留指标
企业间发展规划的相容性——企业间企业目标一致性	0.8090	企业间发展规划的相容性

经过筛选后形成的传统商业企业类集群伙伴选择评价指标体系如表12所示，其中U_{22}、U_{23}、U_{31}、U_{33}为定量评价指标，其余均为定性评价指标。

表12　传统商业企业类集群伙伴遴选评价筛选后的指标

目标	一级指标	二级指标
传统商业企业类合作伙伴	企业间相容性 U_1	U_{11}企业文化的相容性，U_{12}管理理念和体制相容性，U_{13}企业间发展规划的相容性
	社会效益 U_2	U_{21}企业信誉水平，U_{22}企业发展所产生的就业效益，U_{23}企业用于社会捐助及社会投资的费用总额
	持续经营能力 U_3	U_{31}财务状况，U_{32}企业未来发展前景，U_{33}企业对员工培训发展的重视程度，U_{34}社会资本及网络资源的利用能力
	管理能力 U_4	U_{41}战略规划能力，U_{42}学习创新能力，U_{43}合作协调与冲突解决能力，U_{44}人力资源管理能力，U_{45}市场营销能力
	企业外部环境 U_5	U_{51}自然地理环境，U_{52}经济与技术环境，U_{53}社会文化环境，U_{54}政治法律及制度环境

（3）集群伙伴遴选评价指标诠释

①非营利组织类集群伙伴遴选评价指标诠释。组织间协同性：U_{11}公益宗旨与使命愿景的清晰度，指组织对自身公益宗旨、使命愿景、服务对象和领域等界定的清晰程度；U_{12}对社会企业的社会目标及使命的认同度，指非营利组织对社会企业建立的社会目标及要达成的使命愿景的认同程度；U_{13}对双方建立合作关系的重视程度，指组织对社会企业的各种合理要求是否有较好理解并给予了足够重视；U_{14}未来合作领域中组织实践经验的丰富程度，指非营利组织在与社会企业即将开展合作的目标领域中从事相关实践活动的年限。

社会影响力：U_{21}组织社会美誉度，指媒体及社会公众对组织活动的宣传力度与肯定程度；U_{22}最近一年内组织提供服务项目的总数，指在最近一年内，组织直接为社会公众提供的各种服务项目个数与组织由政府购买的服务项目个数的总和；U_{23}最近一年内接受组织各项服务和帮助的人次数，指接受组织开展的如中介服务、助老助残服务及其他各类社会服务在最近一年内的直接受益人次数；U_{24}主要利益相关者对服务项目的满意程度，指接受组织服务的对象在多大程度上满意组织服务。

可持续发展能力：U_{31}组织管理制度的健全程度与执行力度，指组织管理制度章程的健全、科学和合理程度，以及组织是否在此管理制度章程的基础上运营的；U_{32}培养与引进优秀员工的能力，指组织年度员工培训总投入占组织年度总支出的比率，及年度新增大专及以上学历员工占员工总人数的比率；U_{33}资金筹集能力，指组织年度总收入及其与上一年相比的增长率，收入项目主要包括各类捐赠，政府拨款或补贴，境外资金注入，组织会费、服务收费等；U_{34}组织负责人的工作经验与领导能力，指组织的主要领导者（负责人）先前行业经验或创业经历的丰富程度，及其在组织经营过程中发挥出引导作用确定组织发展方向的能力。

组织外部环境：U_{41}自然地理环境，指组织所处地理位置与社会企业的临近程度及交通运输的便利程度；U_{42}经济与技术环境，指组织所在区域的经济技术发展现状及未来区域经济技术发展前景的好坏；U_{43}社会文化环境，指组织与所在当地社区关系的融洽程度，社会公众、社会舆论及其他社会组织机构对组织发展的支持程度；U_{44}政治法律及制度环境，指政府相关部门和机构对组织发展的扶持力度以及现行的各种政策法律法规的完善程度。

②传统商业企业类集群伙伴选择评价指标诠释。企业间相容性：U_{11}企业间企业文化的相容性，指候选传统商业企业与社会企业是否具有相容的企业文化；U_{12}企业间管理理念和体制相容性，指候选传统商业企业与社会企业在管理理念、风格、方法、模式及机制上是否和谐一致或类似；U_{13}企业间发展规划的相容性，指候选传统商业企业与社会企业在企业战略发展规划和目标上是否存在一致性。

社会效益：U_{21}企业信誉水平，指候选传统商业企业在还贷准时性、付款及时性、合约履行程度、服务全面性、企业地位等方面综合信誉水平的高低；U_{22}企业发展所产生的就业效益，指候选传统商业企业在发展过程中直接或间接提供的就业岗位数；U_{23}企业用于社会捐助及社会投资的费用总额，指候选传统商业企业用于发展社会公益事业的社会捐助或社会投资的费用总额。

持续经营能力：U_{31}财务状况，主要指候选传统商业企业的盈利能力，这里表现为该企业的年度营业利润率，计算公式：营业利润率＝营业利润/营业收入×100%，通常企业营业利润率越高，表明其市场竞争力越强，发展潜力越大，盈利能力越强；U_{32}企业未来发展前景，指候选传统商业企业在未来是否有稳定的发展趋势和广阔的发展空间；U_{33}企业对员工培训发展的重视程度，指候选传统商业企业重视企业员工的培训和发展的程度，主要表现为近一年内企业员工培训总投入占企业总支出的比率；U_{34}社会资本及网络资源的利用能力，指候选传统商业企业对各种社会资本及网络资源的识别、获取、配置及整合能力。

管理能力：U_{41}战略规划能力，指候选传统商业企业制定近、中、长期战略目标及其实施计划并将其进行分解与具体落实到企业的日常经营管理活动中的能力；U_{42}学习创新能力，指候选传统商业企业是否形成了学习创新的良好氛围及其产品创新和知识创新能力的强弱；U_{43}合作协调与冲突解决能力，指候选传统商业企业建立与利益相关主体间的合作、信任关系的能力，及其处理与各利益相关主体间矛盾与冲突的能力；U_{44}人力资源管理能力，指综合衡量候选传统商业企业在员工职称结构、年龄结构、学历结构等的合理程度，人力资源管理体系的完备程度；U_{45}市场营销能力，指候选传统商业企业对市场的了解程度、营销体系对市场的适应性及营销的网络化程度。

企业外部环境：U_{51}自然地理环境，指候选传统商业企业所处地理位置与社会企业的临近程度及交通运输的便利程度；U_{52}经济与技术环境，指候选传统商业企业所在区域的经济技术发展现状及未来区域经济技术发展前景的好坏；U_{53}社会文化环境，指候选传统商业企业与所在当地社区关系的融洽程度，社会公众、社会舆论及其他社会组织机构对企业发展的支持程度；U_{54}政治法律及制度环境，指政府相关部门和机构对候选传统商业企业发展的扶持力度以及现行的各种政策法律法规的完善程度。

（四）公益创业生态系统演进过程的实证研究

1. 公益创业生态系统适宜度评价的实证研究

（1）公益创业生态系统适宜度评价因素分析

在公益创业生态系统中，公益创业主体在创业过程中所需的各种条件和资源的满足程度即为系统适宜度水平。在综合相关文献的基础上，本文主要考虑公益创业生态群落环境以及公益创业支撑环境。公益创业生态群落分为6个维度：社会企业、政府部门、高校及研究机构、投资机构、中介服务机构、关联企业；公益创业支撑环境分为3个维度：经济环境、文化环境、自然环境。

社会企业。社会企业位于公益创业生态系统核心，是公益创业生态群落的主体。如果其他公益创业生态群落提供足够的支撑作用，具有最适宜的外部创业环境，但创业主体没有生存能力的话，也难以发展壮大，最终在生态系统竞争中逐步灭亡。因此，评价公益创业生态系统适宜度，首先要明确公益创业主体的生存能力与发展能力。公益创业开始于识别创业机会，社会企业的发展还依赖于良好的企业文化氛围，促进创业团队形成共同的价值观与使命感。社会企业员工的工作能力决定了社会企业的生产与服务能力，对社会企业发展成长至关重要。公益创业团队的机会识别能力、企业内部的文化氛围、企业员工的工作能力是社会企业维度影响公益创业生态系统适宜度的三个衡量指标。

政府部门。政府部门是相关法规政策的制定者及执行者，负责创业组织成立行政审批。合理的创业政策有利于形成良好创业氛围，增大财政资助力度、实施税收减免有利于社会企业创立成长。因此，行政机构办事效率、创业政策完善程度、对公益创业的财政资助程度、对社会企业的税收优惠力度是政府部门维度的四个衡量指标。

高校及研究机构。高校是公益创业人才的摇篮，高校及研究机构为公益创业活动提供理论支撑。高校通过开展创业教育、组织创业实践活动宣传公益创业新理念，培养大学生的创业意识、创业思维与创业能力。高校及研究机构维度的衡量指标有公益创业教育的普及程度、公益创业人才输送质量和公益创业理论的研究及传播。

投资机构。影响创业活动的一个重要因素是创业资金来源，良好的金融环境是创业成功和新创企业可持续发展的重要保障。目前，创业启动资金的主要来源有个人权益资本、商业贷款以及风险投资基金。由于社会企业具有社会导向性，因此，公益创投是促进公益创业活动的新方式。投资机构维度主要包括金融机构对公益创业的政策取向、风险投资对公益创业的支持程度、公益创投基金数量。

中介服务机构。公益创业生态群落中的中介服务机构是指为公益创业提供孵化服务、咨询服务、产品推广的各类组织机构，中介服务机构的完善程度影响着公益创业生态群落的互动发展。选取公益创业孵化平台发展状况、各类咨询服务机构发展状况、媒体对公益创业的推广程度三个指标来衡量中介服务机构维度。

关联企业。关联企业受社会责任意识推动，通过与社会企业形成合作伙伴关系来支持与促进公益创业发展，创造社会效益并形成良好声誉。关联企业对公益创业活动的支持力度与合作时间长度取决于其社会责任意识强度、综合实力。

经济环境。经济高速发展与快速增长的同时，会产生一系列社会问题，但也形成了一系列公益创业机会，有利于公益创业活动发展，通过地区经济发展总量状况与地区经济总量增长状况来衡量经济环境维度。

文化环境。文化氛围不同会使人们具有不同的思维模式，创业机会的发现与区域文化环境有很大联系。人们的创新精神与创业热情是产生公益创业活动的思想基础，公民的社会责任意识是产生公益创业活动的思想动力，诚信意识与合作意识是公益创业活动发展的思想保障。

自然环境。从外部环境对企业资源供给的角度来看，自然环境为社会企业提供了地理环境、居住条件、基础设施等方面的支持。有形基础设施是创业企业必需的硬件，是创业活动的载体，有形基础设施的完善程度和获得成本的高低，会直接影响到创业企业的效率。参考 GEM 模型中有形基础设施的考察指标，自然环境维度选取创业基础设施的完善程度、交通区位优势两个衡量指标。

（2）公益创业生态系统适宜度评价指标体系构建

通过以上对公益创业生态系统适宜度影响因素的分析，遵循指标设计基本原则，初步构建了 9 个一级指标以及隶属于它们的 25 个二级指标的评价指标体系，具体如表 13 所示。

表 13　公益创业生态系统适宜度评价初设指标

目标	因素	一级指标	二级指标
公益创业生态系统适宜度	公益创业生态群落	社会企业内部环境 X_1	X_{11} 公益创业团队的机会识别能力，X_{12} 企业内部的文化氛围，X_{13} 企业员工的工作能力
		政府部门环境 X_2	X_{21} 行政机构的办事效率，X_{22} 创业政策的完善程度，X_{23} 对公益创业的财政资助程度，X_{24} 对社会企业的税收优惠力度
		高校及研究机构环境 X_3	X_{31} 公益创业教育的普及程度，X_{32} 公益创业人才输送质量，X_{33} 公益创业理论的研究及传播
		投资机构环境 X_4	X_{41} 金融机构对公益创业的政策取向，X_{42} 风险投资对公益创业的支持程度，X_{43} 公益创投基金数量
		中介服务机构环境 X_5	X_{51} 公益创业孵化平台发展状况，X_{52} 各类咨询服务机构发展状况，X_{53} 媒体对公益创业的推广程度
		关联企业环境 X_6	X_{61} 关联企业的社会责任意识强度，X_{62} 关联企业的综合实力
	公益创业支撑环境	经济环境 X_7	X_{71} 地区经济发展总量状况，X_{72} 地区经济总量增长状况
		文化环境 X_8	X_{81} 创业热情与创新精神，X_{82} 公民的社会责任意识，X_{83} 合作意识与诚信意识
		自然环境 X_9	X_{91} 创业基础设施的完善程度，X_{92} 交通区位优势

考虑到研究者知识储备、时间限制等因素，初设指标体系难免存在遗漏，指标体系的完整性与准确性还存在改进空间。因此，采用专家咨询法对初设指标体系进行优化与完善。专家咨询法是一种向专家发函、征求意见的调研方法，要求研究者根据研究目的以及评价对象的特征，对初步提取的评价指标向专家咨询意见，进行整理、归纳，并反复征询修改，最后汇总形成专家基本一致的意见。这种方法可靠性较强，具有代表性。本文主要遵循两条原则来选择调查专家：第一，调查专家对公益创业及社会企业比较了解；第二，调查专家拥有三年以上的公益创业领域工作经验或研究经历，熟悉影响公益创业活动的各方面因素。

课题组共邀请了 9 位专家进行咨询，对评价指标体系进行修正与补充。其中 4 位专家来自高校或研究机构，从事公益创业研究多年，非常了解国内外公益创业及社会企业研究动态；另外 5 位是公益创业者，在社会企业领域工作 3

年以上，工作经验丰富，充分了解公益创业。

专家咨询法采取直接访谈和线上交流相结合的方式进行。两轮专家咨询后，通过整理归纳各位专家的有效意见，修正了1个二级评价指标（X_{21}行政机构的办事效率与工作作风），补充了3个二级指标（X_{54}志愿服务组织发展情况、X_{63}关联企业对社会企业的资助额、X_{73}市场公共产品或服务需求量），构建了较为全面的公益创业生态系统适宜度评价指标库。优化后评价指标库包含9个一级指标和28个二级指标（见表14）。

表14 公益创业生态系统适宜度评价优化后指标

目标	因素	一级指标	二级指标
公益创业生态系统适宜度	公益创业生态群落	社会企业内部环境 X_1	X_{11}公益创业团队的机会识别能力，X_{12}企业内部的文化氛围，X_{13}企业员工的工作能力
		政府部门环境 X_2	X_{21}行政机构的办事效率与工作作风，X_{22}创业政策的完善程度，X_{23}对公益创业的财政资助程度，X_{24}对社会企业的税收优惠力度
		高校及研究机构环境 X_3	X_{31}公益创业教育的普及程度，X_{32}公益创业人才输送质量，X_{33}公益创业理论的研究及传播
		投资机构环境 X_4	X_{41}金融机构对公益创业的政策取向，X_{42}风险投资对公益创业的支持程度，X_{43}公益创投基金数量
		中介服务机构环境 X_5	X_{51}公益创业孵化平台发展状况，X_{52}各类咨询服务机构发展状况，X_{53}媒体对公益创业的推广程度，X_{54}志愿服务组织发展情况
		关联企业环境 X_6	X_{61}关联企业的社会责任意识强度，X_{62}关联企业的综合实力，X_{63}关联企业对社会企业的资助额
	公益创业支撑环境	经济环境 X_7	X_{71}地区经济发展总量状况，X_{72}地区经济总量增长状况，X_{73}市场公共产品或服务需求量
		文化环境 X_8	X_{81}创业热情与创新精神，X_{82}公民的社会责任意识，X_{83}合作意识与诚信意识
		自然环境 X_9	X_{91}创业基础设施的完善程度，X_{92}交通区位优势

（3）基于灰色关联分析法的公益创业生态系统适宜度评价

作为解决社会问题的创新方式，近年来公益创业在国内发展迅速，但我国各城市公益创业生态系统的发展仍处于起步阶段。在公益创业生态系统发展进程中，系统内部各个因子的作用、地位会因主客观条件的变动而发生改变。公益创业生态系统是适宜度评价的研究对象，但各城市公益创业及社会企业的统计数据有限，对于整个公益创业生态系统而言信息量较低，从而导致收集的调查数据灰度较大，使评价指标呈现"灰度"特征，缺乏典型的概率分布规律。因此，公益创业生态系统是一个灰色系统。

公益创业生态系统适宜度评价是一个多指标的决策过程，影响公益创业的因素多且复杂，我们无法评价所有的影响因素，只能选择一些主要指标。同时评价指标样本数据有限、无典型分布规律，人为主观性较强，评价系统中定量定性因素间没有明确的数据关系，在控制论中表现为部分信息已知、部分信息未知，即"灰色性"。传统数理统计方法在这种数据环境下无法发挥作用，而灰色关联分析法能克服信息参数不全的缺陷，对"贫信息""小样本数据"处理效果较好且精度较高。因此，最科学的处理是运用灰色关联分析法进行公益创业生态系统适宜度评价。

运用灰色关联分析法时，将各评价指标值最高的公益创业生态系统作为理想系统，以其指标值为参考数列，选择的样本系统指标值为比较数列，来计算理想系统与样本系统二者空间几何曲线的相似程度，也就是关联度的大小。关联度的大小代表公益创业生态系统内现有资源环境状况与理想资源环境状况的贴合程度。其值越大，说明样本公益创业生态系统与理想系统状况越相似，其公益创业活动的适宜度越大；其值越小，则说明样本公益创业生态系统与理想系统差距越大，其公益创业活动的适宜度越小。灰色关联分析的具体步骤如下。

①确定参考数列和比较数列。设 m 个评价对象的各个指标调查数值组成比较数列 X_i，评价指标为 n 个；各个指标的理想值组成参考数列 X_0：

$$X_i = \{x_i(k) \mid k = 1,2,\cdots,n\}, i = 1,2,\cdots,m \\ X_0 = \{x_0(k) \mid k = 1,2,\cdots,n\} \tag{13}$$

②数据的归一化处理。在进行关联系数计算前，通常单位不同或者初值不同的数列要进行处理，使之无量纲化、标准化。通常利用初值法进行标准化，处理公式如下：

$$x'_i(k) = x_i(k)/x_0(k) \quad (i = 1,2,\cdots,m; k = 1,2,\cdots,n) \tag{14}$$

其中，$x_i(k)$ 表示被评价对象的各个指标调查数值，$x'_i(k)$ 表示归一化后的各个指标值，$x_0(k)$ 表示各个指标的理想值。

③计算绝对差值。计算出差序列、最小差和最大差，并计算比较数列与参考数列对应指标的绝对差值：

$$\Delta_{0i}(k) = |x'_i(k) - x'_0(k)| \quad (i = 1,2,\cdots,m; k = 1,2,\cdots,n) \quad (15)$$

绝对差值中，最大数和最小数即为最大差 $\Delta(\max)$ 和最小差 $\Delta(\min)$。

④计算关联系数。

$$\xi_{0i}(k) = \frac{\Delta(\min) + \rho\Delta(\max)}{\Delta_{0i}(k) + \rho\Delta(\max)} \quad \rho \text{ 为分辨系数，一般在 0～1 取值，通常取 0.5。}$$

⑤计算灰色加权关联度。对于单层次系统，比较数列 X_i 与参考数列 X_0 的加权关联度为：

$$R_i = \sum_{k=1}^{n} w_k \xi_{0i}(k) \quad (i = 1,2,\cdots,m) \quad (16)$$

其中 w_k 表示指标 $x_i(k)$ 的权重。对于多层次评价系统，设 W_x 是由一级指标的权重所组成的向量，W_{Xc} 是由二级指标的相对权重所组成的向量，计算多阶评价系统的最终加权关联度。

一级指标的加权关联度计算公式：

$$R_X = W_{Xc}[\xi_{0i}(1), \xi_{0i}(2), \cdots, \xi_{0i}(c)]^T \quad (17)$$

评价系统的加权关联度计算公式：

$$R_Y = W_X[R_{X1}, R_{X2}, \cdots, R_{Xp}]^T \quad (18)$$

2. 公益创业生态系统中社会企业生态位评价研究

（1）社会企业生态位的内涵和特征

现代生态学将生态位定义为：在一定生态系统中，生物单元和环境彼此作用所形成的相对地位与作用，且这一相对地位与作用是在生态位的"态""势"两方面属性综合所表现出来的[1]。一方面，生态位的"态"属性是生物单元经过长期生长发育与环境相互作用的积累结果，主要通过资源占有量、能

---

[1] 朱春全：《生态位态势理论与扩充假说》，《生态学报》1997 年第 3 期，第 324～332 页。

量及个体数量等状况反映生物单元主体内各个部件运作与相互协调的状态。另一方面，生态位的"势"属性代表了生物单元对环境的影响力及现实支配力，且通过新生环境占据能力、个体数量增长率及能量变化速度等各方面综合作用，展现了生物主体与环境中的能量、信息、物质等交流转换的各项新陈代谢状况。

与生物物种类似，社会企业也处在由自然、经济、社会、文化等因素构成的公益创业生态系统中。跟生物个体被动特征不一样的是：企业具有人的较强思维性和主观能动性，从而导致企业生态位和生物单元生态位之间有本质上的差异。生物界中的生物单元生态位是由生物体自身生理状态及其与环境关系决定的；企业生态位是市场竞争的结果，由占有的各种资源、管理者的管理智慧与企业员工的共同努力所决定的。企业不仅能适应环境，也能将不利的环境因素进行改善。朱春全（1997）基于生态位态势理论进一步发展了态势扩展模型①。企业生态位态势扩展模型指出，因为企业机构与生物体相比具有主观能动性，所以企业生态位不仅由"态""势"构成，还应包含"态""势"相结合属性，用于反映企业内部构成要素与外部资源整合和配置情况。除具有强思维性和主观能动性，社会企业还强调以实现社会价值为使命。基于态势扩展模型，本文将社会企业生态位定义为在公益创业生态系统大环境中，社会企业以实现社会价值为使命，通过一系列管理活动协调、配置所占有的资源或空间以不断提高学习效果实现自身进化的能力，由"态"、"势"和"态""势"交界属性构成（见图9）。这三个相互联系、彼此促进的属性综合描述了社会企业生态位水平。

社会企业想要获得旺盛的发展能力，就要求其在公益创业生态系统中获得较高生态位。态属性是社会企业生态位基础，包括企业内部要素的完整性和资源占有能力；势属性代表社会企业生态位持续进化成长的重要推进力，描述企业和外界交流转换的能力；态势属性是联系前面二者的关键纽带，主要描述资源整合配置与协调管理能力。任何一个社会企业都需要同时具备这三方面属性，才能构建合适的社会企业生态位。

基于社会企业生态位的内涵，可以得出如下特征。①社会企业生态位是一

---

① 朱春全：《生态位态势理论与扩充假说》，《生态学报》1997年第3期，第324~332页。

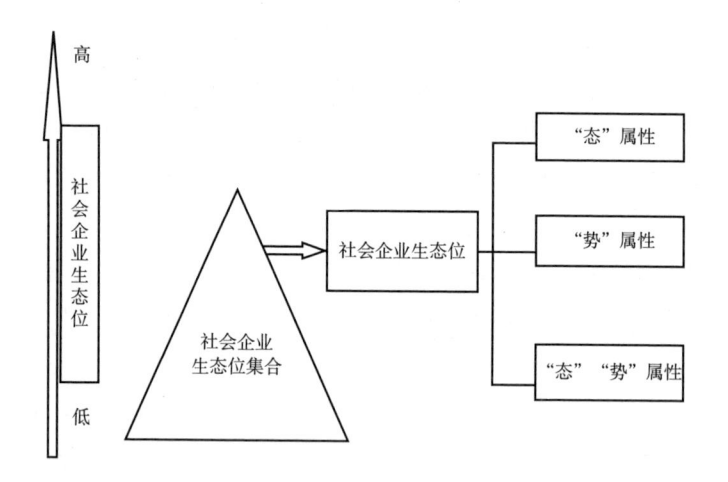

图9 社会企业生态位属性划分

个相对概念,是相对不同社会企业间和不同时间段而言的。②社会企业生态位是一个动态概念,描述在一定时间内的企业生态位,企业和环境都随着时间变化,企业生态位也一直在变化。③社会企业生态位描述的是综合概念,既包括了自然资源和条件、社会资源和条件,还包含了自身因素和自身与环境之间彼此作用的关系,基本全面包含自然与社会、无形与有形等诸个层面。④社会企业生态位反映一种综合能力,包括"态"反映的企业内部要素完整性和资源占有能力、"势"反映的企业与外界交流转换能力以及"态""势"反映的资源整合配置与协调管理能力。⑤社会企业生态位是企业所占据、利用的资源、条件等的总和,资源、条件等是企业生态位的基础,是社会企业竞争力的表现。⑥资源、条件等构成了社会企业生存环境,环境的变化会直接影响企业生态位,造成社会企业生态位发生变化。

(2) 评价指标初设

社会企业生态位指标体系的构建是社会企业提高自身竞争力并能够从容应对市场竞争的关键。基于社会企业生态位内涵与特征,结合生态位机理分析,本研究对生态位评价指标进行搜集和改动,初步构建了评价指标体系(见表15)。

考虑到研究者的认知和知识水平有限,个人收集、汇总的指标体系难免会出现重复或遗漏,导致指标体系的完整性和客观性会有所欠缺,本文采用专家咨询法对初设指标体系进行修正和完善。

表 15 社会企业生态位评价指标初设

目标	一级指标	二级指标
社会企业生态位	生存力	S_1产品开发规划决策的规范性，S_2核心技术水平，S_3新产品开发水平，S_4新技术开发水平，S_5生产制造设备存量水平，S_6数字化水平，S_7企业技术开发重视程度，S_8生产制造的重视程度，S_9生产制造设备运用状况，S_{10}企业生产制造过程的质量管理，S_{11}信息处理及时性，S_{12}信息处理准确性
	竞争力	C_1创建学习型组织的能力，C_2企业边界的模糊性，C_3员工对学习活动的参与程度，C_4组织学习社会企业家精神的企业文化，C_5组织结构形态，C_6组织学习创新的基础条件，C_7培训机会的可得性
	发展力	L_1各部门沟通效率，L_2各部门内沟通效率，L_3高层管理团队的凝聚力，L_4高层管理团队的人才结构合理性，L_5管理人员社会企业家风范，L_6客户关系管理，L_7社会资本的创造程度，L_8企业对销售渠道的管理与控制，L_9企业管理全局性及长远性，L_{10}企业经营战略与企业技术战略的相关性，L_{11}企业售后服务水平，L_{12}企业市场营销水平，L_{13}品牌认同度，L_{14}品牌美誉度，L_{15}规章制度可行性

在选择专家时，本文遵循以下基本原则：调查专家对社会企业比较了解；调查专家至少有三年以上的相关经验，能够利用丰富的理论与实践经验给出合理建议。最终共邀请 8 位专家进行咨询，对评价指标体系进行修正与补充。其中 4 位专家来自高校或研究院所，对社会企业研究领域有深入了解，十分关注社会企业相关学术动态；4 位专家在社会企业领域工作三年以上，拥有丰富的实践经验。专家咨询法采取线上交流与线下访谈相结合的方法进行。

经过两轮专家咨询后，整理归纳各位专家的有效意见，剔除了 1 个二级指标（L_{15}规章制度可行性），新增了 2 个二级指标（S_{13}信息化管理系统建设程度、C_8组织跨文化的能力），如表 16 所示。

（3）评价指标筛选

为使指标体系更加科学，本文运用鉴别力法明确生态位评价指标的重要性、代表性，使用相关分析筛出重叠及相关性较强指标。

鉴别力分析法或变异系数法。该方法基于剖析指标数据差别化从而选取具有丰富信息的指标。若指标数据差别越明显，表明鉴别力越强，可更好辨别指标信息；相反则表明评价过程中这个指标提供不了应有信息，需要删除。本文运用离散系数对指标进行鉴别力分析。离散系数跟鉴别力是正相关关系，若指

表16 社会企业生态位评价指标集

目标	一级指标	二级指标
社会企业生态位	生存力	S_1产品开发规划决策的规范性,S_2核心技术水平,S_3新产品开发水平,S_4新技术开发水平,S_5生产制造设备存量水平,S_6数字化水平,S_7企业技术开发重视程度,S_8生产制造的重视程度,S_9生产制造设备运用状况,S_{10}企业生产制造过程的质量管理,S_{11}信息处理及时性,S_{12}信息处理准确性,S_{13}信息化管理系统建设程度
	竞争力	C_1创建学习型组织的能力,C_2企业边界的模糊性,C_3员工对学习活动的参与程度,C_4组织学习社会企业家精神的企业文化,C_5组织结构形态,C_6组织学习创新的基础条件,C_7培训机会的可得性,C_8组织跨文化的能力
	发展力	L_1各部门沟通效率,L_2各部门内沟通效率,L_3高层管理团队的凝聚力,L_4高层管理团队的人才结构合理性,L_5管理人员社会企业家风范,L_6客户关系管理,L_7社会资本的创造程度,L_8企业对销售渠道的管理与控制,L_9企业管理全局性及长远性,L_{10}企业经营战略与企业技术战略的相关性,L_{11}企业售后服务水平,L_{12}企业市场营销水平,L_{13}品牌认同度,L_{14}品牌美誉度

标数据值较大,则鉴别力较大,反之则较小,该系数也叫作变异系数。计算的具体方法为:设指标库有 m 个评价指标,n 个单位评价每一个指标,第 i 个评价单位对第 j 指标进行评价数值用 x_{ij} 表示,那么每一个指标的均值 x_j 和标准差 s_j 如公式(19)及公式(20)所示:

$$x_j = \frac{1}{n} \sum_{i=1}^{n} x_{ij} \tag{19}$$

$$s_j = \sqrt{\frac{1}{n-1} \sum_{i=1}^{n} (x_{ij} - x_j)^2} \tag{20}$$

每个指标的变异系数 v_j 通过以上公式获得平均值与标准差,然后通过公式(21)得出。用0.2代表相应阈值来剔除变异数值低于0.2的指标,从而处理指标库中一部分鉴别力不高的指标。

$$v_j = \frac{s_j}{x_j} \tag{21}$$

指标相关分析法。社会企业生态位评价库中,较高的指标相关性容易产生反复运用同种评价对象信息，导致整体工作的复杂性及不科学性。本文对评价指标及对应评价目标进行相关性分析，以 0.5 为阈值，去掉显著性差即相关性系数低于 0.5 的指标；然后对每一个评价指标间的相关性进行分析，以 0.7 为临界值，在相关系数大于 0.7 的指标对中删除其中一个评价指标。

在鉴别力分析中，将 S_1、S_{11}、C_2、L_4 的离散系数均小于 0.2 的阈值，进行剔除，提高指标的准确度和代表性。在相关分析中，S_5 的相关系数小于 0.5，表明 S_5 影响不够显著，应该删除。此外，指标对（S_6、S_{12}）、（C_1、C_6）、（L_9、L_{10}）、（L_{13}、L_{14}）的相关系数大于 0.7，删除离散系数较低的指标后，保留 S_6、C_1、L_9、L_{13}。

经过有效筛选后，公益创业生态系统中社会企业生态位评价指标体系如表 17 所示。

表 17　社会企业生态位评价筛选后的指标

目标	一级指标	二级指标
社会企业生态位	生存力	S_2 核心技术水平，S_3 新产品开发水平，S_4 新技术开发水平，S_6 数字化水平，S_7 企业技术开发重视程度，S_8 生产制造的重视程度，S_9 生产制造设备运用状况，S_{10} 企业生产制造过程的质量管理，S_{13} 信息化管理系统建设程度
	竞争力	C_1 创建学习型组织的能力，C_3 员工对学习活动的参与程度，C_4 组织学习社会企业家精神的企业文化，C_5 组织结构形态，C_7 培训机会的可得性，C_8 组织跨文化的能力
	发展力	L_1 各部门沟通效率，L_2 各部门内沟通效率，L_3 高层管理团队的凝聚力，L_5 管理人员社会企业家风范，L_6 客户关系管理，L_7 社会资本的创造程度，L_8 企业对销售渠道的管理与控制，L_9 企业管理全局性及长远性，L_{11} 企业售后服务水平，L_{12} 企业市场营销水平，L_{13} 品牌认同度

保留的指标体系基本上避免了遗漏与指标信息重叠，较为客观、全面地反映了评价对象的基本属性。各个指标的基本含义诠释如下。

生存力维度

S_2 核心技术水平：企业通过特有的技术要素和技能或各种要素和技能的独特组合来创造具有自身特性的技术，以产生稀缺的、不可模仿的技术资源（包括技术和知识等）的企业能力，核心技术水平是社会企业的核心竞争力。

S_3 新产品开发水平：社会企业从研究选择适应市场需要的产品开始到产品设计、工艺制造设计，直到投入正常生产的一系列决策过程。

S_4 新技术开发水平：以现有的知识和物质，在特定环境中改进或创造新的技术，为生产新的产品、装置建立新的工艺和系统而进行实质性的改进工作。

S_6 数字化水平：在大数据时代，对大量数据的分析能力将变得更加重要，数字化水平是社会企业一部分竞争优势的体现。

S_7 企业技术开发重视程度：社会企业需要有意识地培养和发展核心技术，这是成功进行技术创新，建立和保持竞争优势的关键。

S_8 生产制造的重视程度：生产系统是整合相关生产资源，按预定目标进行系统性的从前端概念设计到产品实现的物化过程，打造好生产系统有利于提高社会企业竞争优势。

S_9 生产制造设备运用状况：维持生产设备的完好，提高生产设备操作水平及生产设备改进水平，才能让社会企业整个生产制造设备运用良好。

S_{10} 企业生产制造过程的质量管理：产品正式投产后，能不能保证达到设计质量标准，在很大程度上取决于生产制造过程的质量管理水平。

S_{13} 信息化管理系统建设程度：信息化能帮助社会企业进行科学的管理决策、快速高效的组织沟通及协同业务活动，加强信息化管理系统建设能够提升企业核心竞争力。

竞争力维度

C_1 创建学习型组织的能力：学习型组织能熟练地创造、获取和传递知识，同时也善于适应新的知识和见解，构建学习型组织是提高社会企业组织学习能力的重要途径。

C_3 员工对学习活动的参与程度：只有经过一段时间恰当的参与组织学习，员工才能提高生产力和工作效率，员工积极参与组织学习能够有效提高社会企业整体的生存力。

C_4 组织学习社会企业家精神的企业文化：社会企业更加要求员工具有发现机会并利用机会创造社会价值的能力，即社会企业家精神。社会企业文化集中体现了实现社会使命的核心主张，是社会企业可持续发展的动力。

C_5 组织结构形态：组织结构的创新，本质是社会企业竞争效率的改善。

C_7 培训机会的可得性：指在一定周期内，社会企业员工参加内外部培训机会难易程度。

C_8 组织跨文化的能力：指社会企业员工学习培训的频度以及企业员工与外界进行合作交流的频度。

发展力维度

L_1 各部门沟通效率：部门与部门之间为了设定的目标，在沟通过程中彼此进行任务协调、问题解决、信息分享、冲突解决等，高效的部门间沟通可以提升社会企业整体运营效率。

L_2 各部门内沟通效率：任何一个部门和职能内部都离不开沟通，有效的内部沟通，不仅能帮助管理者决策，也能调动员工积极性，更好地实现企业目标。

L_3 高层管理团队的凝聚力：指高层管理团队全体进行协作，认同社会企业目标或社会企业领导。高层管理团队凝聚力强弱，决定着能否主动有效地完成创造性工作以及能否实现企业目标等，是影响社会企业实现可持续发展的重要因素。

L_5 管理人员社会企业家风范：管理人员在组织中行使管理职能，指挥和协调他人完成任务，身上所具备的社会企业家风范对企业发展影响深远。

L_6 客户关系管理：利用信息技术及互联网技术协调企业与顾客在营销和服务上的交互，向客户提供创新式的个性化客户交互和服务，最终目标是吸引新客户、保留老客户以及将已有客户转为忠实客户，增加市场份额。

L_7 社会资本的创造程度：社会企业与政府部门、商业企业、非营利组织等社会主体，通过社会网络、规范、社会道德而形成的社会资本，这种社会资本是多维度的。

L_8 企业对销售渠道的管理与控制：指对现有销售渠道进行管理，以确保渠道成员间、社会企业和渠道成员间相互协调和通力合作，实现平衡与制约。

L_9 企业管理全局性及长远性：社会企业的长久发展和不断壮大需要制定相应企业战略并具有长远性和全局性。

L_{11} 企业售后服务水平：售后服务是企业保持或扩大市场份额的要件，售后服务的优劣会影响消费者的满意程度。

L_{12} 企业市场营销水平：市场营销能力决定了企业能否将技术优势转化为市场竞争优势。

L_{13} 品牌认同度：社会企业利用商业化运行模式，要实现经济增长与影响增强就更需要进行品牌经营，获得顾客的品牌忠诚，为企业提供持续的未来收益来源，提高竞争力，从而更好地实现其使命。

3. 社会企业双重绩效评价的实证研究

（1）社会企业双重绩效的内涵

社会企业处于传统非营利组织和普通商业企业之间的模糊地带，兼具非营利组织和商业企业的特点，经济和社会属性并存。经济属性体现为其为实现既定社会目标在市场中进行商业活动，与商业企业一样参与市场经济竞争，通过销售产品或服务创造经济价值，这也是区别于传统非营利组织之处。社会属性体现为通过开展公益创业活动解决市场和政府尚未触及的社会问题，创造社会价值，这是普通商业企业无法企及的。同时社会企业的存续也是政府公共服务职能的有效补充。

（2）评价指标的建立

Herman 和 Renz 认为社会企业的有效性是多维度的，因此，采用单一维度指标进行测量并不合适①。平衡计分卡包括学习与成长、内部业务流程、顾客、财务四个维度，强调财务指标与非财务指标的有机结合来设计绩效评价指标体系，同时有效避免了单一指标评价方法的弊端，已有学者将其用于社会企业的绩效评价中。

在现有研究基础上，结合社会企业特点，借鉴修正后的平衡计分卡，运用层次分析法初步构建社会企业绩效评价指标体系。对初选指标进行鉴别力分析和相关性检验，具体结果见表18。

表18　社会企业双重绩效初设评价指标体系

一级指标	二级指标	变异系数	相关系数
双重底线回报	F_1资金的利用率	0.2831	0.700**
	F_2资金的投放效果	0.2608	0.780**
	F_3成本费用利润率	0.2193	0.716**
	F_4资金的自给能力	0.2041	0.610**

① Herman R. D., Renz D. O., "Theses on nonprofit organizational effectiveness", *Nonprofit and Voluntary Sector Quarterly* 2 (1999): 107-125.

续表

一级指标	二级指标	变异系数	相关系数
双重底线回报	F_5 主营业务利润率	0.2158	0.696**
	F_6 就业机会的创造	0.2375	0.672**
	F_7 促进员工发展	0.2425	0.736**
	F_8 社会认可度	0.2101	0.668**
	F_9 社会需要的满足程度	0.2203	0.450**
	F_{10} 工作劳动与人权	0.1935	
	F_{11} 推动社会可持续发展	0.2032	0.424**
	F_{12} 社会资本的创造	0.2150	0.625**
顾客	C_1 服务可得性	0.2239	0.678**
	C_2 服务及时性	0.2525	0.817**
	C_3 顾客需求的满足程度	0.2667	0.634**
	C_4 产品或服务质量水平	0.1937	
	C_5 产品或服务的价格	0.1957	
	C_6 顾客增长率	0.2553	0.614**
	C_7 顾客宣传与推广	0.2411	0.726**
	C_8 顾客保持率	0.2134	0.657**
	C_9 顾客利润率	0.1928	
内部业务流程	每个产品(服务)所需的P_1平均成本	0.2246	0.492**
	P_2 工作流程的顺畅程度	0.2285	0.707**
	P_3 工作流程的效率	0.2334	0.733**
	P_4 工作方法的创新	0.1911	
	P_5 信息技术的利用	0.2102	0.627**
	P_6 信息的规范化	0.2000	0.606**
	P_7 技术的创新	0.2032	0.596**
	P_8 生产流程的创新	0.1941	
	P_9 产品或服务的创新	0.1792	
	P_{10} 管理制度的创新	0.2043	0.550**
	P_{11} 每个产品(服务)所需平均时间	0.2395	0.591**
	P_{12} 重点工作完成情况	0.2393	0.543**

续表

一级指标	二级指标	变异系数	相关系数
学习与成长	L_1 员工学习的交流频度	0.1935	
	L_2 社会企业精神的培育	0.2044	0.603**
	L_3 员工薪水保障	0.2046	0.674**
	L_4 员工意见采纳率	0.2016	0.617**
	L_5 组织激励机制	0.2022	0.737**
	L_6 培训机会的可获得性	0.1940	
	L_7 培训经费的投入	0.2260	0.784**
	L_8 员工的培训率	0.2107	0.670**
	L_9 员工人数	0.2077	0.655**

注：*表示在0.05（双侧）的水平下显著相关；**表示在0.01（双侧）的水平下显著相关。

鉴别力分析主要采用变异系数来计算，以0.2作为变异系数的临界值，保留变异系数值不低于0.2的指标，从而剔除指标F_{10}、C_4、C_5、C_9、P_4、P_8、P_9、L_1、L_6；相关性检验先计算二级指标与一级指标均值之间的相关性系数，保留相关系数不低于0.5的指标，删除指标F_9、F_{11}、P_1；然后对各二级指标进行相关性分析，以0.7为临界值，剔除相关性系数较大，即相关性较高、存在信息重复与交叉的指标，从而去掉了三个指标对（F_1，F_2）、（C_1，C_2）、（P_2，P_3），它们之间的相关系数分别为0.711、0.708、0.701。经过以上筛选和优化，最终构建了四个维度下27个指标的社会企业双重绩效指标体系。筛选后各个指标的基本含义诠释如下。

双重底线回报维度

F_2 资金的利用效率：无论是普通商业企业还是社会企业，资金都是保持它们生存与发展的前提。社会企业的资金利用效率，指社会企业在日常生产经营或项目运作过程中，资金利用的有效性与充分性。

F_3 成本费用利润率：此指标衡量的是社会企业利用资金创造利润的效率，考察社会企业的投入与产出水平，成本费用利润率越大，表明社会企业获利水平越高，其经济效益越好。成本费用利润率=（利润总额/成本费用总额）×100%。

F_4 资金的自给能力：指社会企业在不依赖外界捐助的情况下，自我创收维持生存与发展的能力。社会企业在企业目标、价值创造方面都表现出兼具普通商业企业与传统非营利组织的混合性特征，资金来源多样化，除来自生产经营活动的主要收益外，社会企业也同样有社会捐助的支持。但捐助这种外来资金是变化的且非可控的，社会企业可持续发展的强劲动力还是来自自身的造血功能。

F_5 主营业务利润率：指社会企业在一定时期，主营业务利润和主营业务收入净额之比。指标主营业务利润率＝（主营业务利润/主营业务收入）×100%，表明社会企业每单位主营业务收入所带来的主营业务利润是多少，反映了社会企业主营业务的获利能力，是评价其经济绩效的主要指标。

F_6 就业机会的创造：社会企业活跃于教育文化、扶贫开发、环境保护、医疗卫生、老人和残障、妇女儿童、流动人口等领域，就业机会的创造是指社会企业积极为这些领域中低学历、体力劳动、残疾等难以就业的弱势群体创造就业岗位，使受影响的人参与到社会企业的市场运作或社会贡献中。

F_7 促进员工发展：社会企业提供职业培训、员工绩效考核、搭建竞争平台等途径来鼓励社会企业员工提高社会竞争力，积极融入社会，实现更进一步的个人发展，体现了社会企业对员工发展的重视程度。

F_8 社会认可度：社会公众对社会企业通过商业模式营利来解决社会问题、实现社会目标这一社会创新方式的认可度。

F_{12} 社会资本的创造：社会资本是指社会企业与普通商业企业、非营利组织、政府、顾客、供应商等社会主体，以社会网络、规范、社会道德等形式形成一种紧密关系，这种关系是多维度的，镶嵌在社会结构之中。通过对这种关系投资，能够提供社会企业所需的各种资源，如共同价值观、信任、声望等。甚至可以通过这种社会资本去寻求更多的物质、人力、金融资本，实现更大范围的良性循环，同时也会影响企业家精神（Chung & Gibbons，1997）[1]。一个由信任和共同价值观形成的自立自强的社会共同体，能创造巨大的社会效益[2]。

顾客维度

C_2 服务及时性：社会企业提供的产品或服务是否能及时满足顾客需求。

C_3 顾客需求的满足程度：社会企业提供的产品或服务在多大程度上满足

---

[1] Lai H. C., Gibbons P. T., "Corporate Entrepreneurship: The Roles of Ideology and Social Capital", *Group & Organization Management An International Journal*, 1 (1997): 10 - 30.

[2] 查尔斯·里德比特：《社会企业家的崛起》，环球协力社编译，2006，第9~56页。

了顾客需要及愿望。

C_6 顾客增长率：新顾客数量占社会企业总客户数量的比例，顾客增长率＝（新顾客数量/顾客总数）×100%。新顾客的吸引能提高社会企业产品或服务的市场份额。

C_7 顾客宣传与推广：顾客在体验了社会企业提供的产品或服务之后，根据自己的体验心得将产品或服务宣传或推广给其他人群。

C_8 顾客保持率：指重复购买社会企业产品或服务的顾客的比例，顾客保持率＝（保持或维持的老顾客数量/顾客总数）×100%。顾客保持率也是社会企业保持市场份额和利润的核心。

内部业务流程维度

P_3 工作流程的效率：指社会企业在开展一个项目时，各部门内部以及各部门之间在各个环节、步骤、程序上取得的效果与所用时间、精力、金钱的比值。

P_5 信息技术的利用：指管理者为了实现社会企业信息和资源的系统性有效管理，而运用相关网络技术手段来管理和处理信息，以此来提高内部业务流程的效率。

P_6 信息的规范化：指社会企业将不同部门、不同时期的所有信息按照内部规范整理后进行记录或存档，便于实行统一、有效的管理。

P_7 技术的创新：指社会企业进行产品、内部生产过程或服务方式的技术改进来实现创新的活动。

P_{10} 管理制度的创新：指社会企业生产经营活动的人力资源管理制度、信息管理制度、决策制度等进行灵活性变动，核心是对人的行为进行协调和规范，提升社会企业社会创新的能力。

P_{11} 每个产品（服务）所需的平均时间：指社会企业平均生产一单位产品或服务而消耗的时间，也是总时间与总产量的比值。

P_{12} 重点工作完成情况：对于处于初创期、成长期、成熟期或衰退期四个不同发展阶段的社会企业而言，绩效评价的重点工作是不相同的。常见的重点工作有资源控制、资金筹集、市场开发、品牌宣传等。重点工作的完成情况指不同阶段社会企业核心业务在预期时间内完成的程度与质量。

学习与成长维度

L_2 社会企业精神的培育：社会企业在实现经济价值和社会价值的同时，

需要塑造一种与社会企业使命和属性相适应的文化形象，而这种文化被阐释为"社会企业精神"。培育员工的社会企业精神，能帮助他们更具社会责任感，在市场经济中实现企业的社会使命。

L_3 员工薪水保障：员工向社会企业投入了劳动、精力和时间，他们的劳动所得理应得到合理报酬。薪水保障制度能够增强员工的组织归属感。

L_4 员工意见采纳率：作为社会企业的一分子，员工对所在岗位比较了解，也非常熟知岗位存在的问题，因此员工对社会企业管理等方面提出的合理意见对社会企业未来发展起着重要作用。员工意见反馈正是员工组织归属感与责任感的体现，是员工学习和成长的表现。员工意见采纳率越高，越能激发员工的责任意识。

L_5 组织激励机制：社会企业的活力来自员工学习和成长的积极性和创造性。根据马斯洛需求层次理论，员工基本生理需求被满足后，会追求进一步地被尊重和实现自我的需求。组织制定合理的激励机制，能够培养员工学习与成长的热情和积极性，进而形成对社会企业的归属感和认同感。

L_7 培训经费的投入：指社会企业对为提高员工工作技能、实现员工发展而对其进行有针对性的技能培训方面投入的资金情况。

L_8 员工的培训率：指在一个周期内，社会企业内部参加培训的员工总数占社会企业总人数的比例。

L_9 员工人数：指社会企业中以全职身份工作的所有管理人员、普通员工等的总人数。

（3）基于改进 DEA 方法的社会企业双重绩效评价

因子分析法。因子分析的基本思想就是将相关性较高的几个指标浓缩为 1 个公因子，这些公因子的共同点是多个指标的信息综合体，并且 2 个公因子之间是独立的，化主观为客观。

设有 p 个可观测的原始变量 $z_1, z_2, z_3, \cdots, z_p$，且每个变量都进行过标准化处理，其均值为 0，标准差为 1。用 $f_1, f_2, f_3, \cdots, f_s (s < p)$ 表示原始变量 $z_1, z_2, z_3, \cdots, z_p$ 经过因子分析后提取的不可观测的公共因子，我们可以将它们理解为高维空间中 s 个相互垂直的向量。用 $\varepsilon_1, \varepsilon_2, \varepsilon_3, \cdots, \varepsilon_p$ 表示特殊因子，它用来说明原始变量不能被公共因子解释的部分，其均值为 0。特殊因子之间以及特殊因子与公共因子之间是相互独立的。因子分析模型如下，见公式（22）。

$$\begin{cases} z_1 = a_{11}f_1 + a_{12}f_2 + a_{13}f_3 + \cdots a_{1s}f_s + \varepsilon_1 \\ z_2 = a_{21}f_1 + a_{22}f_2 + a_{23}f_3 + \cdots a_{2s}f_s + \varepsilon_2 \\ z_3 = a_{31}f_1 + a_{32}f_2 + a_{33}f_3 + \cdots a_{3s}f_s + \varepsilon_3 \\ \cdots \\ z_p = a_{p1}f_1 + a_{p2}f_2 + a_{p3}f_3 + \cdots a_{ps}f_s + \varepsilon_p \end{cases} \quad (22)①$$

矩阵表现形式为 $Z = AF + \varepsilon$,其中 $A = (a_{ij})_{m \times s}$ 表示因子载荷矩阵,F 为公共因子向量,ε 为特殊因子向量。

DEA 方法。DEA 方法是研究多种投入下多种产出效率的经典方法。对于社会企业管理者而言,各投入要素是既定变量,其努力程度最终是为了增加其经济和社会效益,效益产出最终决定各个决策单元(DMU)的有效程度。基于此,本研究将以产出导向 C^2R 和 BC^2 模型来计算社会企业的相关效率值。公式(23)建立的是基于产出型的 C^2R 模型。

$$\begin{bmatrix} Max \quad \theta \\ Subject\, to: \sum_{j=1}^{n} x_{ij}\lambda_j + s_i^- = x_{i0}, i = 1, \cdots, m \\ \sum_{j=1}^{n} y_{rj}\lambda_j + s_r^+ = \theta y_{r0}, r = 1, \cdots, s \\ s_i^-, s_r^+, \lambda_j \geq 0, j = 1, \cdots, n \end{bmatrix} \quad (23)$$

公式中 θ 为 DEA 模型的目标函数值;第 j 个 DMU 的第 i 个投入变量为 x_{ij},第 r 个产出变量为 y_{rj};s_i^-、s_r^- 分别为投入产出的松弛变量;$\lambda = (\lambda_1, \lambda_2, \cdots, \lambda_n)$ 是 n 个 DMU 的组合系数;x_{i0}, y_{r0} 为被评价的 DMU 的投入产出变量。设模型的最优解为 $\theta^*, s^{*-}, s^{*+}, \lambda^*$,DMU 综合效率有效性的判定法则为:①若 $\theta^* = 1$ 且 $s^{*-} = 0$ 或 $s^{*+} = 0$ 时,则 DMU_0 为 DEA 有效(综合),且规模和技术有效;②若 $\theta^* = 1$ 且 $s^{*-} \neq 0$ 或 $s^{*+} \neq 0$ 时,则 DMU_0 为弱 DEA 有效(综合),技术或者规模无效;③若 $\theta^* < 1$ 时,则 DMU_0 为 DEA 无效。

规模报酬不变的假设隐含着规模小的 DMU 可以通过增加投入达到等比例的扩大产出规模,这样会得出社会企业的规模大小不影响其效率值不符合实际的结果。为解决这一问题,增加了一个约束条件,即 $\sum_{i=1}^{n} \lambda = 1$,模型修正为

---

① 薛薇:《SPSS 统计分析方法及应用》,电子工业出版社,2008,第 327~329 页。

规模报酬可变模型，即基于产出型的 BC² 模型，见式（24）。

$$\begin{cases} Max \quad \theta_0 \\ Subject\,to: \sum_{j=1}^{n} x_{ij}\lambda_j + s_i^- = x_{i0}, i = 1,\cdots,m \\ \qquad\qquad \sum_{j=1}^{n} y_{rj}\lambda_j - s_r^+ = \theta y_{r0}, r = 1,\cdots,s \\ \qquad\qquad \sum_{j=1}^{n} \lambda_j = 1 \\ \qquad\qquad s_i^-, s_r^+, \lambda_j \geq 0, j = 1,\cdots,n \end{cases} \quad (24)$$

根据这一模型可以计算出样本在规模报酬可变情况下的纯技术效率值（PTE）与规模效率值（SE），纯技术效率值（PTE）指在生产前沿面上，样本的最佳投入和实际投入之比，设模型最优解是 $\theta', s'^-, s'^+, \lambda'$，①若 $\theta' = 1$ 时，则 DMU_0 为纯技术有效；②若 $\theta' < 1$ 时，则 DMU_0 为纯技术无效。

运用改进 DEA 评价模型进行评价的步骤。

目前，因子分析与 DEA 相结合的研究已经运用于不同领域，并取得一定研究成果。二者结合研究的步骤主要有：对指标进行 KMO 和 Bartlett 球形检验看是否适合做因子分析；根据指标数值，对指标进行因子分析，进行降维处理，提取信息丰富的公共因子作为 DEA 的输入输出指标；若是因子分析得出的共因子数值存在负值，则需要对其进行非负化处理以满足 DEA 数值为正的要求；运用 DEA 模型对输入输出指标进行运算，从技术效率值（TE）、纯技术效率值（PTE）、规模效率值（SE）、投影分析四个方面对样本社会企业的双重绩效进行评价和分析。

4. 社会企业合作伙伴选择的评价应用

（1）案例简介

考虑到相关数据搜集的有效性与便利性，课题组选择 S 市的 C 集团股份有限公司（国内某知名社会企业，下文称 C 集团）作为评价主体。该集团是国内社会企业中的标杆企业，在 2012 年摘得国际社会企业大奖，初步建立起以其为核心的公益创业生态系统，并在生态系统的发展过程中进行了合作伙伴选择。课题组与该集团已建立稳固的社会联系，能够便捷地获取实证数据。

C 集团成立于 1997 年，是一家致力于社会民生与高新产业辅助发展的和谐科技事业、促进残障人士社会参与及社会价值创造的社会企业，残疾员工占公司总员工比例高达95%，形成了包括1家基金会、8家社会组织、33家旗下社会企业"三位一体"协同发展的社会企业网络。在公益创业实践中，C集团也逐渐形成了以其为核心，政府、非营利组织、传统商业企业及其他组织或机构等构成的互利共生的公益创业生态系统，既帮助残疾人实现就业，又提高了集团的可持续发展能力。

在这个公益创业生态系统中，政府发挥了重要作用：购买C集团的产品和服务，成为其主要业务客户，并在政策制定上给予了一定倾斜（C集团业务收入不交税）；C集团通过在信息通信、社会公益等领域深入培养专业残疾人人才，帮助他们实现个人价值并顺利融入社会，逐步实现残疾人借助高科技集体就业模式；C集团社会企业的特殊性质也使其获得社会各界的支持，其产品和服务得到了国内外近千家事业单位、企业集团的青睐；C集团与高校进行合作，关注残疾学生的教育与成长，努力为残障学生提供就业渠道和机会。

（2）C集团非营利组织类合作伙伴选择模糊综合评价

以C集团为核心的公益创业生态系统已初步形成，为最大限度地整合各类资源，拓展自身生存发展空间，提高可持续发展能力，C集团欲从4个候选非营利组织中选择若干作为合作伙伴。文中将运用模糊综合评判法对这4家候选非营利组织进行综合评价，以确定其优先选择顺序。由于评价方法及过程相同，仅以非营利组织1为例进行详细分析，具体过程如下。

①建立评价对象、评价指标集，确定对象集 $O = \{O_1, O_2, O_3, O_4\}$。

②确定评价集。根据需要将指标评价集确定为 $V = \{v_1, v_2, v_3, v_4, v_5\}$ = {很高，较高，一般，较低，很低}，对应的分值分别为5分、4分、3分、2分、1分。

③利用层次分析法确定各指标对的权重。

④确定指标隶属度。对定性评价指标与定量评价指标进行处理，综合C集团非营利组织类合作伙伴的定性评价和定量评价指标隶属度，形成相应模糊评价矩阵 R_i。

⑤单个候选非营利组织伙伴综合评价。利用综合矩阵 R_1, R_2, R_3, R_4 与公式 $E_i = \omega_i \times R_i, i = 1,2,3,4$，求得评价对象第 i 个二级指标模糊综合评价向量 E_i 并将其归一化后得到 E_i^*，完成二级指标评价。将一级指标评价矩阵 $E = [E_1^*, E_2^*, E_3^*, E_4^*]^T$ 与一级指标权重 W 结合，依据公式 $B = W \times E$ 进行计算评

价向量。采用加权平均法，以各评价等级 v_i 对应的隶属度 b_j 为权数，$B=(b_1,b_2,b_3,b_4,b_5)$，以评价等级 $V=(v_1,v_2,v_3,v_4,v_5)$ 为变量，此处 b_j 已进行归一化处理，则：$A=\sum_{j=1}^{m}v_jb_j$，即可得出评价对象的综合评价值 O。

最终得出 $O_1=3.9974$。采用相同方法，对其他候选非营利组织合作伙伴计算其综合评价值：$O_2=3.6416$，$O_3=3.6238$，$O_4=3.6404$。

⑥合作伙伴优选排序。通过比较，得出候选非营利组织类合作伙伴的优选顺序为非营利组织1、非营利组织2、非营利组织4、非营利组织3。因此，C集团非营利组织类合作伙伴首选为非营利组织1。

(3) C集团传统商业企业类合作伙伴选择模糊综合评价

C集团处于成长上升期，集团发展需要传统商业企业在资金、业务和人力等方面提供支持，以提高集团发展能力。文中将运用模糊综合评判法对5家候选商业企业进行综合评价并确定其优先选择顺序，帮助C集团找出最佳合作伙伴。以商业企业1为例进行分析，具体过程如下。

①评价对象、评价指标集建立。确定对象集 $Q=\{Q_1,Q_2,Q_3,Q_4,Q_5\}$，将指标集分为5个子集，$U_1,U_2,U_3,U_4,U_5$，并有 $U=\{U_1,U_2,U_3,U_4,U_5\}$，$U_i\cap U_j=\emptyset(i,j)$，每个子集根据指标体系构架分为5个二级指标：$U_i=\{U_{i1},U_{i2},\cdots,U_{ij}\}$，$i=1,2,3,4,5;j=1,2,\cdots,k_i(k_1=3,k_2=3,k_3=4,k_4=5,k_5=4)$。

②评价集确定。根据需要将指标评价集确定为 $V=\{v_1,v_2,v_3,v_4,v_5\}=\{$很高，较高，一般，较低，很低$\}$，等级对应的分值分别为5分、4分、3分、2分、1分。

③使用层次分析法获得指标集 U 及 U_i 中各指标的相对权重。

④指标隶属度确定。对定性评价指标与定量评价指标进行处理，综合 C 集团传统商业企业类合作伙伴的定性评价和定量评价指标隶属度，形成相应模糊评价矩阵 R_i。

⑤单个候选传统商业企业伙伴综合评价。利用综合矩阵 R_1,R_2,R_3,R_4,R_5 与公式 $E_i=\omega_i\times R_i,i=1,2,3,4,5$，求得评价对象第 i 个二级指标模糊综合评价向量 E_i，并将其归一化后得到 E_i^*，完成二级指标评价。将一级指标评价矩阵 $E=[E_1^*,E_2^*,E_3^*,E_4^*,E_5^*]^T$ 与一级指标权重 W 结合，依据公式 $B=W\times E$ 进

行计算评价向量。采用加权平均法，以各评价等级 v_i 对应的隶属度 b_j 为权数，$B=(b_1,b_2,b_3,b_4,b_5)$，以评价等级 $V=\{v_1,v_2,v_3,v_4,v_5\}$ 为变量，此处 b_j 已进行归一化处理，则：$A=\sum_{j=1}^{m}v_jb_j$，即可得出评价对象的综合评价值 Q。

最终得出 $Q_1=3.6647$。采用相同方法，对其他候选传统商业企业伙伴计算其综合评价值：$Q_2=3.7292$，$Q_3=3.6586$，$Q_4=3.7080$，$Q_5=3.4394$。

⑥合作伙伴优选排序。通过比较，得出候选传统商业企业类合作伙伴的优选顺序为传统商业企业2、传统商业企业4、传统商业企业1、传统商业企业3、传统商业企业5。因此，C集团传统商业企业类合作伙伴首选为传统商业企业2。

四　研究结论与政策建议

（一）我国公益创业发展问题分析

我国公益创业在就业、社会服务、扶贫、教育、医疗、环保等众多社会领域逐渐发展起来，并具有一定的特色，但是本文通过具体研究公益创业生态系统在我国的形成与演进，发现我国公益创业仍存在许多不足。结合当前公益创业环境分析，这主要是受社会舆论、公益创业组织社会责任目标、公益创业经济法律制度等因素的制约。

1. 社会公众的认知需进一步引导

公益创业由于其公益性，导致社会公众对公益创业的发展持有观望态度。尽管很多人愿意参与到公益活动中，但是他们对于当前的各种公益组织的信任度逐渐地下降。公众对公益创业在国内的发展相对冷漠，整体的社会舆论氛围呈现出相对消极的态度，且参与性不足。由于一些典型问题的出现，如一些人假借慈善之名谋利、多数慈善机构缺乏透明度等问题，造成公益创业组织的公信力严重不足。经分析得出主要有以下两个原因。

（1）社会公众对公益创业的认识有限或存在误解

由于公益创业在国内处于初步阶段，尽管近两年的发展趋势比较好，但对于大多数的社会公众而言是比较陌生的。对于公益创业的好奇会引起很多人的关注，如果没有相关部门的引导，人们很难发现公益创业的优势和创新之处，即公益创业既可以像商业企业一样有偿提供产品和服务，更有助于解决社会问题。由于认知有限，人们对于公益创业很容易形成一种误区。如，人们将公益创业与公益慈善等同起来，认为公益创业就和慈善一样，不应获取经济利益，更不应该进行利润的分配。只要公益创业明确表示其提供的产品或服务属于收费项目，公众便会对其产生怀疑和抵制。对于公益创业介于商业创业和慈善服务之间的定位，尚未得到社会公众的认可。

国内公益创业组织当前急切需要有相关机构对其进行综合管理，对公益创业有一个合理合法的定位。只有公益创业组织获得合理合法认可，社会公众才会对公益创业有新的认识，并对其提供的产品和服务产生积极的态度而非消极抵制。

（2）公益创业组织缺乏科学管理

由于公益创业是为了实现其社会价值而进行的创业活动，是否解决社会问题涉及社会公众的切身利益，因此社会公众对于公益创业组织的关注度远远超过了对商业企业的关注。随着社会公众对公益创业的深入认识，公益创业组织要时刻关注其自身机构的运作是否与初始社会目标一致，因此，科学的组织管理是公益创业组织实现生存成长的重要条件。目前公益创业组织管理不规范、不透明，财务不公开，缺乏评估和社会监督，规模小没有品牌，从事经营性活动等，导致公益创业组织难以得到社会的认同和信任，难以从社会中获得发展所需的资源。这些都严重限制了公益创业组织的后续发展。

2. 政府支持和法律监管有待加强

任何创业活动的健康发展都离不开国家政策和法律法规的支持，公益创业自然也不例外。但是由于公益创业在国内属于新兴的公益模式，国内尚未有相关的法律规定，从关于公益创业组织的监管应该由谁负责这个问题可以看出，公益创业处于一种游离状态，没有法律的保护，这种状态对于公益创业的发展造成了严重的法律障碍。政府部门也尚未充分认识到公益创业的重要性，不能专门针对公益创业制定一系列的政策支持，也没有设立专门的支持机构来促进公益创业的发展。目前我国公益创业面临的法律障碍主要有以下几个方面。

（1）我国公益创业主体的合法性审查缺乏有力的标准

目前我国法律在公益创业方面尚未有一个严格的衡量标准，对公益创业的分类没有形成一个权威的要求。对于公益创业组织而言,国家法律的支持对其发展具有非常重要的作用。公益创业组织在发展过程中是通过营利性活动获取收益并解决社会问题,但目前我国相关法律将所有的经营活动都视为商业企业行为,采取相同的税收政策,因此,公益创业组织在我国不能享受相应的免税待遇,这对于公益创业发展是非常不利的,也会降低公益创业者的创业热情。对于启动资金和发展资金紧缺的公益创业者而言,政策支持具有非常重要的作用。

(2)公益创业的市场监管力度不够

目前对于公益创业组织的监管主体尚未确定。缺乏相关部门的监管会使公益创业组织存在监管漏洞,从而会有一些人假借公益创业组织的名义谋取私利,甚至会有挪用捐款的现象存在。公益创业组织既然带有营利性,就必须参与市场竞争,符合市场经济的发展规律,如果不对已经做大做强的公益创业组织进行有效的规制,一旦其在消费市场中形成垄断地位,同样也可能会出现滥用市场支配地位的情况[①]。这都说明中国公益创业进一步发展,需要继续建立健全相同法律制度。

3. 中介支持机构较少

资金短缺是公益创业组织面临的最大问题,这已经成为不争的事实。然而,无论是公益创业还是传统商业创业,资金缺乏都一直困扰着创业者。一般情况下需要公益创业者积蓄创业资金和公益创业能力,使公益创业组织高效运作起来,才能实现其可持续发展。然而公益创业者个人的能力有限,很难依靠自身的力量实现组织强有力的发展。分析国外已经发展比较成熟的公益创业组织,不难发现融资困境也是它们面临的最大困境,但其能够实现可持续发展的主要原因是,无论是政府层面还是市场层面,都能够认识到公益创业组织所面临的困境,并提出相应的解决对策。公益创业区别于传统慈善组织,也区别于商业企业,必须实现对现有融资方式的创新,才能实现公益创业组织的融资。欧美国家已经建立公益创业融资体系,用于支持公益创业的发展。其中包括政府层面的公益创业资金支持和担保机构,也包括市场层面的中介投资机构等。

---

① 唐作斌、付健、甘迎:《我国公益创业经济法律制度若干问题的探讨》,《广西社会科学》2011年第9期,第81~84页。

由于公益创业属于舶来品，公益创业在国内处于萌芽阶段，社会环境、文化、经济等背景的不同，我们不能照搬国外的发展经验，必须找到一条适合公益创业在国内发展的有效路径和方法。公益创投在国内的发展前景是很难估量的，需要专业的中介机构对公益创业进行评估、支持和指导等。然而，目前国内只有很少专门针对公益创业的支持机构，例如友成企业家扶贫基金会是目前国内主要支持公益创业的机构，打开了公益创业领域资金支持的大门。上海的非营利组织发展中心（NPI）被称为"公益创业孵化器"，专门支持公益创业孵化，为公益创业者提供资金、场地、人力资源的支持。联想公益创投计划是以"让爱心更有力量"为宗旨，通过在国内公开征集公益组织，并通过筛选为其提供资金、资源、技术及管理方面的支持。近几年由英国大使馆文化教育处举办的社会企业项目——社会投资平台，成为公益创业者获取投资的另一重要渠道。随着公益创业的发展，越来越多的基金会开始关注公益创业的资金投入问题，并为其做出了很多贡献。但结合我国公益创业发展的资金需求，依旧存在较大的差距。

（二）政策建议

1. 公益创业生态系统层面的政策建议

将公益创业活动置身一种既合作又竞争的特定领域内，要实现既定时期内的双重目标，必须与其他相关组织在空间上聚焦，进行频繁交流与密切联系，为系统整体注入新的活力与动力。公益创业生态系统是面向公益创业所构建的，是以"社会责任"为纽带、以合作共生为基础、以资源互补为目的，由主导社会企业和政府、非营利组织等生态群落通过跨部门协作，并在外部环境的作用下形成基于共同使命和价值导向、互利共生、协同发展的社会创新体系，系统内各要素联结互动形成网络结构，共同决定系统功能，具有社会价值导向性、互利共生性、动态平衡性、多样性及开放性等显著特征。在实践中也已经初具雏形，如英国阿尔斯村庄、中国深圳残友集团、旭平兔业集团等纷纷形成了以自身为主导中心，以大量互利共生组织为外延的公益创业生态系统。然而通过公益创业生态系统适宜度的实证研究发现，公益创业生态群落环境还不能满足公益创业活动的需要。对此，本课题提出了如下的对策建议以促进公益创业生态系统的建设与有序发展。

(1) 加强核心社会企业的主导作用

我国的公益创业需充分发挥社会企业的主体地位，通过整合利用各部门（商业企业、非营利组织、政府部门、其他公益创业组织、媒体机构、科研院校、中介服务机构）的资源和优势，特别是创造性的开发、整合边缘资源并释放其内在潜能，促进资源流在不同主体间的直接流通，形成各主体间共存共生的依赖关系与社会支持网络，使系统在协同效应影响下表现出单个公益创业种群不具备的功能和作用，有效降低在公益创业活动中遭遇的市场和技术不确定性，规避高风险，克服在达成社会使命时所面临的能力局限，从而实现规模效益，共同增进社会整体福利。

核心社会企业处于公益创业生态系统的主导位置，因此需充分利用核心社会企业的主导作用，形成以"核心社会企业＋其他组织机构"为格局的区域内公益创业集聚平台，以"创业主体"为要素单元，在区域内合理布局构建商业企业、非营利组织、媒体机构、科研院所、中介服务机构等公益创业生态系统的要素模块。同时，积极构建系统内"创新核心"要素，鼓励与支持核心社会企业和高校、科研院所组建产业技术联盟，参与国家和省市重点科技项目，形成多元化产业服务平台，增强公益创业生态系统自主创新能力。

(2) 加大政府扶持力度

提高公益创业生态系统的适宜度，必须加大政府部门的扶持力度，构建社会企业发展的激励机制。首先，制定专门的社会企业管理规范，为社会企业的发展提供良好的法律环境。明确社会企业的身份，界定社会企业发展的空间，享受相应的税收待遇，使社会企业及其运行合法化、规范化[1]。其次，政府还要借助追逐经济利益这只无形的市场之手，来推动国内的公益创业，可以考虑加大将市场化运作模式引入公益创业的探索力度，解决社会责任与商业活动结合度不高以及公益创业可持续发展等方面的问题[2]。最后，政府部门要简化社会创业的行政手续，提高办事效率，降低公益创业的行政成本。

---

[1] 曾建国：《大学生社会创业环境比较分析——基于北京、上海、长沙三城市的实证研究》，《继续教育研究》2014年第6期，第94~96页。

[2] 湛军：《全球公益创业现状分析及我国公益创业发展对策研究》，《上海大学学报》（社会科学版）2012年第4期，第117~130页。

(3) 促进公益创业要素的自由流动

很少有公益主体在创业之初就拥有创业所需的全部资金和信息，必须依赖于政府、公益创投、商业机构等其他创业种群的协助。此外，市场需求的变化多端，对公益创业个体及机构的创新和资源整合能力要求也越来越高，各主体之间只有相互联合起来，形成一个完整的生态系统才能满足顾客和市场的需求，更好地解决社会问题并获取一定的效益。

对此，高校及研究机构应该进一步深化对公益创业的理论研究，加强对西方公益创业理论的引进和本土化吸收。实践中，基于"互联网＋"及"大众创业，万众创新"的时代背景，国内公益创业有必要向物联网、智慧城市、跨境电子商务、互联网等信息技术领域进军，改变公益创业的实体集聚模式，通过网络（最新的网络技术，以及公益创业者、公益创业组织之间的关系网）聚集公益创业组织。并建立互通互联的开放式生态体系，促进公益创业主体间的信息与资源共享，将网络上资源、信息和创业者等创新要素进行有效连接、整合、汇聚和流通，促进各创业群落的要素流动与重组，推动公益创业生态系统的创新产出。另外，我国公益创业发展也可以借鉴国外的创业生态系统体系，以公益创业中心（核心社会企业）为轴心，建立各种孵化器和科技园、风险投资机构、创业培训机构、商业企业开发中心、创业者校友联合会、创业者协会、政府投资机构，允许创业要素间的聚焦与自由流动，有效开发和整合公益创业资源，形成政府、高校、社区、企业良性互动式发展的公益创业生态系统。最后，大力发展公益创投，拓宽公益创业的融资渠道。

(4) 完善公益创业环境的支撑体系

公益创业生态系除了囊括社会企业、政府部门、非营利组织、传统商业企业等公益创业生态群落，还包括公益创业支撑环境，主要为经济与技术环境、政治法律及制度环境、社会文化环境和自然地理环境。这些环境要素共同组成了公益创业生态系统内部各种群赖以生存的外部环境系统，对公益创业生态系统中各主体创业活动的开展起着制约或催化作用。因此，有必要完善公益创业环境的支撑体系，增强公益创业生态系统的自组织功能。

①构建政策支持体系，形成创新创业的资源集聚机制，促进创新要素加速向公益创业生态系统靠拢。

②加强"科技政策"创新，搭建主导社会企业和其他创业生态种群的信

息资源共享平台,加速创新要素的价值再造与转化。

③扩大公益创业宣传,强化公益创业理念,提高社会认可度。营造"鼓励创新、宽容失败、激励创业"的社会文化氛围,聚焦公益创新活动,倡导公益创业的价值观,传播"授人以鱼不如授人以渔;授人以渔不如授人以智"的价值理念。

2. 社会企业层面的对策建议

社会企业的概念界定尚未达成统一定论,存在很大的探索空间。项目团队整理国内外关于社会企业概念界定的文献发现,介于普通商业企业和传统非营利组织之间的社会企业几乎存在于所有的经济部门中,其定义具有宽泛、多样化的特点,国际上尚没有被统一认可的权威定义,国内的界定更是处于模糊化阶段,由于研究视角的差异,出现了百花齐放的场面。通过借鉴国内外的社会企业概念、特征、类型及支撑理论,尝试性地构建一套适用于我国社会企业的双重绩效评价指标体系、动态能力评价指标体系及合作伙伴选择评价体系,并对其加以实证分析,发现我国社会企业的发展水平参差不齐,有待提升。

(1)强化双重价值理念,推进商业化运营

社会企业在制定战略时,应当进一步融入和强化双重价值理念。要抓住社会需求的契机,树立社会企业改造公益、创造双重价值的形象,进一步认识到社会企业若放弃社会价值创造,将违背其社会使命,同时将失去社会投资者、政府税收等良好的外部支持条件,也就失去了其本身所应有的特殊价值;若放弃经济价值创造,社会企业将无异于传统的非营利组织,最终会因资金难以维续而失去可持续发展的能力。同时由于社会企业的双重价值特性,其运营模式具有一定的独特性,主要体现在采用商业模式解决社会问题。因为对公益创业而言,无论具有多么崇高的社会使命,在市场经济环境下,它必须要面对市场的竞争、产品的销售、客户的维护等一系列商业企业所面临的一切生存压力[①]。社会企业要实现长期的可持续发展需提高自身的商业化运营能力,实现自我造血。

因此,一方面,社会企业可以借鉴商业企业运行模式,除了原有的社会捐赠等方式,增加商业运营,将盈利用于与其宗旨相符的社会公共服务,实现自

---

① 段丽:《风险控制视角下的公益企业创业管理研究》,湖南大学博士学位论文,2015。

造血。另一方面，在市场运营过程中，社会企业要时刻以社会使命为导向，其初衷和最重要的目的是提升社会福祉，实现自身可持续发展以更好地完成社会使命。

(2) 积极与政府合作

政府是公益创业的支持主体。虽然目前政府开始积极关注社会企业的发展，但是尚未出台明朗的、成文的、规范的政策法规来明确社会企业的法律地位，从而为社会企业享受优惠条款、开拓产品与服务的市场空间、树立社会企业良好形象、增强政治合法性等提供法律支持和引导。因此，政府需要通过提供财税优惠政策及信息服务等鼓励和支持社会企业积极投入市场运行，引导社会企业朝着社会目标健康发展，活跃于市场与社会服务之间，创造经济绩效与社会绩效。

政府的支持度在很大程度上也决定了其他社会主体的支持度。因此，为了获得政府的支持，社会企业应当主动承担部分社会公共服务，在就业、医疗、教育、社区等方面直接为弱势群体提供福利和服务，利用自己独特的优势弥补政府与其他企业在社会公共服务上的不足，加强与政府合作，共同致力于社会问题的解决。

(3) 建立完善的社会企业评价机构

如今的社会企业正处于快速的发展阶段，更需要一些专业的评价机构对其展开评价工作，从而帮助社会企业营运的同时，发现问题、分析问题和解决问题，这也是提升社会企业运营能力和核心竞争力的关键。

(4) 调整资源投入结构

尽管社会企业目前在获取资源方面存在障碍，但是对于已有的资源，社会企业在投入方面还有待改善。目前投入水平未达到有效生产前沿面是我国社会企业普遍存在的问题。除了规模效率无效之外，还存在纯技术效率无效。社会企业可以针对自身的评价结果，进行调整：对于纯技术无效率情况，社会企业应该从自身学习与成长维度、内部业务流程、顾客维度这三个方面着手诊断问题，按照科学的管理理论加强企业内部的运营管理，从而提高管理效率和效果；对于规模无效率情况，社会企业应该意识到自身企业的投入资源没有得到充分有效利用，所有投入并未完全转化为产出，这时，社会企业应该根据评价结果得出企业的投入规模是处于一个什么阶段，对于处于规模报酬递减的社会企业应该从整体方面减少资源投入，对于处于规模报酬递增阶段的社会企业则应该从整体方面适当加大各方面的资源投入，从而更好地充当第三部门的"肯德基""麦当劳"角色。

五 研究局限性与进一步研究方向

（一）研究的局限性

本文在总结国内外理论和实践的基础上，探讨政府、社会企业与非营利组织协作背景下公益创业生态系统演进研究机制、模型及实证等问题。主要通过理论推演和实证分析方法开展研究，但仍存在一定的局限性。

基于生态位和共生理论分析公益创业生态系统中集群伙伴选择问题时，评价指标体系的可行性验证仅采用AHP模糊综合评价法引入集群伙伴选择实例的方法，有一定的局限性，为了获得更具操作性的结果，后续研究中可采用多种不同的方法进行比较研究。

对于公益创业生态系统形成与演进机理的研究尚停留在理论层面，对其机制和深度、广度的分析层次较浅，后续研究中可将数理模型与案例分析相结合。

对公益创业生态系统演进过程的实证研究中，数据收集仅来源于实地访谈和问卷调查，以及对典型社会企业进行个案分析，具有一定的局限性。未来研究中应完善数据源的选择，结合多种方法，同时参考国外文献数据进行分析比较，完善研究。

（二）进一步的研究方向

与传统创业生态系统和非营利组织集群不同，公益创业生态系统以"社会责任"为纽带，以社会企业为核心，通过政府、非营利组织等跨部门合作形成一个复杂社会创新体系。本文主要探讨了公益创业主体的形成与互动、公益创业生态系统的形成与演进机理、公益创业生态系统的运行机制等问题。有待进一步深入研究的问题如下：

公益创业生态系统演化的影响因素众多，更加深入分析每个因素与公益创业生态系统演化之间的联系，促进公益创业主体更好调节自身行为，从而更好地推动自身发展以及整个公益创业生态系统演化。

构建一套相对完善的指标体系，识别和量化由共存共生、共同进化所产生的风险及衍生机理；设计完善的风险控制体系，降低公益创业主体融入公益创业生态系统的风险。

多个案追踪研究，进行长期观察和分析，特别是不同领域、地域公益创业生态系统演化的实际情况，重新抽象并总结出其特有演化机制，进而优化完善公益创业生态系统演化模型。

从内部治理和外部治理机制出发，探讨公益创业生态系统治理结构的优化路径。选择四川旭平兔业公益创业产业集团、滴水恩公益创业产业集团等典型社会企业及其所形成的公益创业生态系统作为实证研究对象，通过研究分析提供具有针对性的研究结论与政策建议。

参考文献

边伟军、刘文光：《科技创业企业种群生态位测度方法研究》，《科学学与科学技术管理》2014年第12期。

蔡莉、彭秀青：《创业生态系统研究回顾与展望》，《吉林大学社会科学学报》2016年第1期。

查尔斯·里德比特：《社会企业家的崛起》，环球协力社编译，2006。

陈劲、王皓白：《社会创业与社会创业者的概念界定与研究视角探讨》，《外国经济与管理》2007年第8期。

戴彬、屈锡华、李宏伟：《基于模糊综合评价的技术创新合作伙伴选择模型研究》，《科技管理研究》2011年第1期。

戴建华、薛恒新：《基于Shapley值法的动态联盟伙伴企业利益分配策略》，《中国管理科学》2004年第4期。

彼得·德鲁克：《创业精神与创新——变革时代的管理原则与实践》，柯政译，工人出版社，1989。

彼得·德鲁克：《非营利组织的管理》，吴振阳等译，机械工业出版社，2007。

邓国胜：《公共服务提供的组织形态及其选择》，《中国行政管理》2009年第9期。

丁敏：《社会企业商业模式创新研究》，《科学·经济·社会》2010年第1期。

段丽：《风险控制视角下的公益企业创业管理研究》，博士学位论文，湖南大学，2015。

段豫龙、邢李志、关峻等：《基于模糊平衡积分卡模型的行政效能评价研究》，《科技进步与对策》2012 年第 11 期。

范明林、程金：《政府主导下的非政府组织运作研究——一项基于法团主义视角的解释和分析》，《上海大学学报》（社会科学版）2016 年第 4 期。

高闯、关鑫：《企业商业模式创新的实现方式与演进机理——一种基于价值链创新的理论解释》，《中国工业经济》2006 年第 11 期。

胡蓓、杨辉：《基于社会资本视角的产业集群对创业者的孵化作用》，《科技进步与对策》2011 年第 7 期。

杰米·巴特利、特莫利·韦伯：《创业的价值：英国的社会企业》，DEMOS，2007。

林海、严中华、何巧云：《社会创业组织双重价值实现的博弈分析》，《技术经济与管理研究》2011 年第 9 期。

梁唐：《美国的"社会企业"运动》，《21 世纪商业评论》2006 年第 1 期。

刘文光：《区域科技创业生态系统运行机制与评价研究》，天津大学博士学位论文，2012。

刘小霞：《社会企业研究述评》，《华东理工大学学报》（社会科学版）2012 年第 3 期。

刘友金、袁祖凤、周静、姜江：《共生理论视角下产业集群式转移演进过程机理研究》，《中国软科学》2012 年第 8 期。

陆迁、王昕：《社会资本综述及分析框架》，《商业研究》2012 年第 2 期。

彭劲松、黎友焕：《社会企业商业模式研究——以广东残友集团为例》，《江西社会科学》2012 年第 4 期。

阮平南、张敬文、刘宇：《企业生态位原理与战略网络节点关系管理研究》，《科学学与科学技术管理》2008 年第 4 期。

单汩源、李果、陈丹：《基于生态位理论的企业竞争战略研究》，《科学学与科学技术管理》2006 年第 3 期。

沈漪文、卢智健：《创业生态系统概念辨析》，《商业经济》2013 年第 16 期。

施国洪、赵曼：《基于 DEA 的江苏省物流业与制造业协调发展评价》，《科技管理研究》2010 年第 9 期。

舒博：《社会企业的崛起及其在中国的发展》，天津人民出版社，2010。

宋燕飞、邵鲁宁：《互补性资产视角下的电动汽车企业生态位评价研究》，《管理评论》2015 年第 9 期。

唐亚阳等：《公益创业学概论》，湖南大学出版社，2009。

唐作斌、付健、甘迎：《我国公益创业经济法律制度若干问题的探讨》，《广西社会科学》2011 年第 9 期。

田小平、吕荣胜：《基于生态位理论视角的企业成长战略研究》，《经济纵横》2012年第4期。

万伦来：《企业生态位及其评价方法研究》，《中国软科学》2004年第1期。

王思斌：《中国社会工作研究（第2辑）》，社会科学出版社，2004。

王兆华、武春友：《基于交易费用理论的生态工业园中企业共生机理研究》，《科学学与科学技术管理》2002年第8期。

邬爱其、焦豪：《国外社会创业研究及其对构建和谐社会的启示》，《外国经济与管理》2008年第1期。

吴雷：《基于DEA方法的企业生态技术创新绩效评价研究》，《科技进步与对策》2009年第18期。

许芳、李建华：《企业生态位原理及模型研究》，《中国软科学》2005年第5期。

许广永、李冠艺、张昊：《社会企业与商业企业市场营销的比较分析及建议》，《华东经济管理》2012年第2期。

薛薇：《SPSS统计分析方法及应用》，电子工业出版社，2008。

严中华：《社会创业》，清华大学出版社，2008。

杨家宁、陈健民：《西方社会企业兴起的背景及其研究视角》，《中国非营利评论》2016年第1期。

尤努斯：《新的企业模式——创造没有贫困的世界》，鲍小佳译，中信出版社，2008。

袁纯清：《共生理论——兼论小型经济》，经济科学出版社，1998。

袁丹、王冰、郑晓芳：《社会创业生态系统构成及形成机理研究》，《农村经济与科技》2016年第24期。

曾建国：《大学生社会创业环境比较分析——基于北京、上海、长沙三城市的实证研究》，《继续教育研究》2014年第6期。

翟羽佳：《区域创业生态系统的构建与培育——以广西北部湾经济区为例》，广西大学硕士学位论文，2013。

湛军：《全球公益创业现状分析及我国公益创业发展对策研究》，《上海大学学报》（社会科学版）2012年第4期。

张光曦：《战略联盟不稳定成因分析与演化方向预测》，《外国经济与管理》2013年第8期。

张锦、严中华、杜海：《社会创业绩效评价中的平衡计分卡——系统动力学视角的分析》，《技术经济与管理研究》2012年第10期。

张悟移、李晓亮、华连连、邵岩：《RBF神经网络在基于知识的供应链合作伙伴选择中的应用》，《科学进步与对策》2010年第20期。

张小蒂、曾可昕：《基于产业链治理的集群外部经济增进研究——以浙江绍兴纺织集群为例》，《中国工业经济》2012年第10期。

赵京芳：《基于协同创新的大学生创业教育生态系统构建》，《中外企业家》2013年第 20 期。

赵祈:《商业连锁经营企业竞争力综合评价》,《山西财经大学学报》2015 年第 37 期。

赵延东:《社会网络在灾害治理中的作用——基于汉川地震灾区调查的研究》,《中国软科学》2011 年第 8 期。

周丽丽、王忠武:《论非营利组织社会企业化的转型条件与模式选择》,《天津社会科学》2011 年第 2 期。

朱春全:《生态位态势理论与扩充假说》,《生态学报》1997 年第 3 期。

朱明、李攀、赵萌:《社会企业:英国社会发展的第三动力》,《21 世纪商业评论》2006 年第 1 期。

Antonio Thomas, "The Rise of Social Cooperatives in Italy", *International Journal of Voluntary and Nonprofit Organizations* 3 (2004).

Baum J. A. C., "Singh J. V.. Organizational niches and the dynamics of organizational mortality", *American Journal of Sociology* 2 (1994).

Bull M., "'Balance': The development of a social enterprise business performance analysis tool", *Social Enterprise Journal* 1 (2007).

Cathy Pharoah & Dr Duncan Scott. Social Enterprise in the Voluntary and Community Sectors: Challenges for Policy and Practice.

Cohen B., "Sustainable valley entrepreneurial ecosystems", *Business Strategy and the Environment* 1 (2006).

Daniel J. Isenberg, "How to Start an Entrepreneurial Revolution", *Harvard Business Review* 6 (2010).

David Faulkner, John Child, *Strategies of cooperation: managing alliances, etworks, andjoint ventures*, (Oxford: OxfordUniversity Press, 1998).

Dees, J. Gregory. The meaning of "social entrepreneurship": Comments and suggestions contributed from the social entrepreneurship founders working group.

Dunn K., "The entrepreneurship ecosystem", *MIT Technology Review* 9 (2005).

Flockhart A., "Raising the profile of social enterprises: The use of social return on investment (SROI) & investment ready tools (IRT) to bridge the financial credibility gap", *Social Enterprise Journal* 1 (2005).

Hannan M. T., Freeman J., "The population ecology of organizations", *American journal of sociology* 5 (1977).

Herman R. D., Renz D. O., "Theses on nonprofit organizational effectiveness," *Nonprofit and Voluntary Sector Quarterly* 2 (1999).

Jay Weerawardena, Gillian Sullivan Mort, "Investigating social entrepreneurship: A multidimensional model", *Journal of World Business* 1 (2006).

Kaplan R. S., Norton D. P., "Putting the balanced scorecard to work", Harvard Business

Review 9 (1993).

Kulatunga U., Amaratunge D., Haigh R., "Performance measurement in the construction research and development", *International Journal of Productivity and Performance Management* 8 (2007).

Lai H. C., Gibbons P. T., "Corporate Entrepreneurship: The Roles of Ideology and Social Capital", *Group & Organization Management An International Journal* 1 (1997).

Mair, J. & Marti, I., "Social Entrepreneurship Research: A Source of Explanation, Prediction, and Delight", *Journal of World Business* 1 (2006).

Manville G., "Implementing a balanced scorecard framework in a not for profit SME", *International Journal of Production Performance Management* 2 (2007).

Meadows M., Pike M., "Performance management for social enterprises", *System Practice Action Research* 2 (2010).

Michael T. H., Freeman J., "Or Brouthers K. D., Brouthers L. F., Wilkinson T. J. Strategic alliances: Choose your partners", *Long Range Planning* 3 (1995).

Michalel D. Hutt, "Defining the social network of strategic alliances", *loanManagement Review* 2 (2000).

Michael T. H., Freeman J., *Organizational Ecology*, (Cambridge: Harvard University Press, 1989).

Mort G. S., Weerawardena J., Camegie K., "Social entrepreneurship: Towards conceptualization", *International Journal of Non-profit and Voluntary Sector Marketing* 1 (2003).

Nan Lin, *Social Capital: A Theory of Structure and Action*, (Cambridge: Cambridge University Press, 2001).

Nahapiet J., Ghoshal S., "Social capital, intellectual capital, and the organizational advantage", *Academy of Management Review* 23 (1998).

Nan L., *Social capital: A theory of structure and action*, (Cambridge: Cambridge University Press, 2001).

Roper J., Cheney G., "The meanings of social entrepreneurship today", *Corporate Governance* 3 (2005).

Rotheroe N., Richards A., "Social return on investment and social enterprise: transparent accountability for sustainable development", *Social Enterprise Journal* 1 (2007).

Sullivan, M. G., "Social entrepreneurship: Towards conceptualization", *International Journal of Nonprofit and Voluntary Sector Marketing* 1 (2003).

Thomas A., "The rise of social cooperatives in italy", *International Journal of Voluntary and Nonprofit Organizations* 3 (2004).

Tracey P., Phillips N., Jarvis O., "Bridging institutional entrepreneurship and the creation of new organiza tional forms", *Organization Science*, 1 (2011).

Urban B. , "Evaluations of social enterprise outcomes and self-efficacy", *International Journal of Social Economics* 2 (2015).

Weerawardena J. , Mort G. S. , "Investigating social entrepreneurship: A multidimensional model", *Journal of World Business* 1 (2006).

Weisbrod B. A. , *Toward a Theory of the Voluntary Nonprofit Sector in a Three Sector Economy: Altruism and Economy Theory*, (NewYork: Russel Sage, 1986).

Xia J. , "Mutual dependence, partner substitutability, and repeated partnership: the survival of cross-border alliances", *Strategic Management Journal* 3 (2011).

Yasuda H. , "Formation of strategic alliances in high-technology industries: Comparative study of the resource-based theory and the transaction-cost theory", *Technovation* 7 (2005).

Young. Dennis R. , "Organizational Identity in Nonprofit Organizations: Strategic and Structural Implications", *Nonprofit Management&Leadership* 12 (2003).

热点三

慈善信托治理结构、运作机制及其实现条件研究

徐家良[*]

摘　要：在中国，慈善信托是一种新兴的慈善方式，对其治理结构、运作机制以及实现条件的研究，有非常重要的理论与实践意义。慈善组织和信托公司借助慈善信托这一平台对慈善项目和慈善资产的保值增值进行专业化运作，探寻慈善事业发展的新途径。课题组基于协同治理、委托代理理论，在政府-市场-社会三圈互动的分析框架下，采用文献法、访谈法和案例分析等研究方法，围绕慈善信托的治理结构和运作机制这一核心议题，对国内外慈善信托的运作与治理经验进行描述介绍。针对慈善组织、信托公司治理结构中的不足和慈善信托治理结构与运作机制关系的失调等问题，在一核多圈式分析框架的基础上，提出合法性、规范性、激励性、有效性、创新性、开放性和伦理道德等七个主要实现条件。为确保慈善信托可持续发展，课题组提出出台《慈善信托管理办法》补充细则、规范备案材料审核与运作流程、建立跨界联动的慈善信托监管体系、提高慈善信托的能力建设等相关政策建议，以期建构起促进慈善信托发展的保障培育机制，推动慈善信托事业的健康发展。

关键词：慈善信托　治理结构　运作机制

---

[*] 课题负责人：徐家良，上海交通大学国际与公共事务学院教授、中国城市治理研究院研究员、中国公益发展研究院院长、第三部门研究中心主任，博士生导师。课题组成员：苑莉莉，上海交通大学国际与公共事务学院博士后；徐卫，上海交通大学凯原法学院副教授。

2001年《中华人民共和国信托法》（以下简称《信托法》）开始在中国大陆推行公益信托，然而步履维艰，此前15年总计各类慈善性质的信托产品有20多单。2016年《中华人民共和国慈善法》再度激活这一格局，并发布《慈善信托管理办法》来助其有效落实。据"慈善中国"最新数据，至2018年1月底，成功备案慈善信托66单，财产总规模89166.01万元[①]。因此，十分有必要研究慈善信托治理结构、运作机制和有效运作的实现条件，探寻慈善信托的运作规律，提升专业化运作慈善项目的能力，发挥慈善资产保值增值的优势。

一 慈善信托治理结构与运行机制的研究价值和理论基础

（一）问题提出与研究价值

1. 问题提出

目前全国慈善信托总资产不足9亿元，在整个信托业务总资产额中显得微不足道，与捐赠善款相比差距也很大，且其中5亿元都是何享健先生捐赠的顺德社区慈善信托资金。自2016年《中华人民共和国慈善法》（以下简称《慈善法》）实施以来，慈善信托所代表的新兴"公益金融"方式并未如预期那样发挥出巨大的影响力。即使从审批制改为备案制，相关数量也没有出现"井喷"，这就有必要思考以下一些问题：是什么制约了慈善信托的生成与发展？治理结构和运作机制是什么？慈善信托运作中主要存在什么问题？如何助推其合法、高效运作和可持续发展，其实现条件和主导影响因素又是什么？

通过相关资料收集和分析，本文试图回答这些问题，理解慈善信托治理结构和运作机制的内在奥秘。

2. 研究价值

（1）理论意义

第一，从静态和动态的视角将慈善治理机构分为两类，并尝试从一核多圈

[①] 慈善中国：慈善信托备案数据，http://cishan.chinanpo.gov.cn/biz/ma/csmh/e/csmheindex.html，最后访问日期2018年1月30日。

的分析框架研究不同类型慈善信托的内涵与特征。

第二,从慈善信托治理结构出发,解析影响慈善信托有效运作的主导因素。从结构功能主义视角来分析治理结构与慈善信托功能发挥之间的关系,探索影响慈善目标实现的主要因素与次要因素,在此基础上分析慈善信托运作的实现条件。

第三,通过对慈善信托运作机制的剖析,探索慈善信托的运作规律。针对以往对慈善治理结构和慈善信托运作机制研究不足的现状,尝试在结合理论研究和实证经验基础上,探讨慈善信托不同的运作动力源、运作方式和运作机制,以期发现慈善信托的特有运作规律。

(2)政策运用价值

第一,汲取慈善信托的成功经验与失败教训。本课题通过收集国内外的资料,分析国际慈善信托运作的经验与教训,指出上海慈善信托存在的不足和问题,为上海慈善信托的有效运作提供借鉴。

第二,优化慈善信托治理结构和运作机制。以慈善信托的治理结构、运作机制和运作效益之间的关系为研究对象展开相关研究,发现和分析治理结构中影响慈善信托有效运作的要素,为实践中调整和优化慈善信托政策提供参考依据。

第三,提升慈善信托的能力建设。通过对慈善信托治理结构、运作机制的研究,扩展到对慈善组织和信托公司自身运作方式的优化研究,以此融入社会治理和国家现代化治理体系,将慈善公益政策上升到国家治理能力建设提升的高度,从而实现研究的应用性和操作性价值。

(二)文献综述

慈善信托起源于英国,后来传到美国、日本等地,在漫长的历史选择与进化中,逐渐形成一种独特的慈善信托制度。在相关法律政策体系的塑造下,治理结构与运作机制是慈善信托成功是否的关键。经历了公益信托、类公益信托和慈善信托的发展历程,中国特色的慈善信托的治理结构和运作机制也逐渐形成。2016年9月1日《慈善法》正式实施,开启了中国慈善信托元年。如何从国内外慈善信托政策法律体系、学理和实践运作等角度综合研究慈善信托的有效运作,成为慈善公益界的前沿热点问题之一。

1. 国外关于慈善信托治理结构与运作机制的研究

治理结构研究。美国的 Samuel P. King 和 Randall W. Roth 出版的《美国最大的慈善信托因贪婪、失误的管理和政治操纵而导致的信任损毁》指出，关于 1884 年 Beinice Pauahi Bishop 公主设立的夏威夷儿童教育慈善信托从 20 世纪 80 年代开始发生危机，在学校治理和信托资金投资项目保值增值方面出现问题。美国国税局曾指出要撤销其慈善信托资格，研究者指出真正的问题在于理事会成员做出决策时，无法协调与其他机构的利益纷争[①]。David 和 Rovbert 编著的《新闻提供者是否还有更好的结构？——慈善和信托关系的潜力》探索在新闻传媒领域的慈善机构如何有效转型为信托结构的运作方式。英国慈善委员会法律服务部主任 Keenth Dibble 强调，英国主要有慈善公司组织（CIO）、慈善公司（charitable company）、非公司协会（unicorporated association）和慈善信托（trust）四种慈善组织结构，英国慈善委托会更侧重通过对治理结构的监管来及时发现慈善信托运作中存在的问题[②]。可见，国外学者关注慈善信托的结构，因为英美的慈善信托主要是一种组织实体。

从法律、政策体系保障的视角来研究慈善信托的制度化、规范化和可持续发展。英国以慈善委员会为主的监管体系，通过《1925 年受托人法》和《2000 年受托人法》规范受托人资质，促进慈善信托科学决策与有效运作，从而使天生具有规避法律和避税基因的慈善信托逐渐成为福利国家的有效保障[③]。美国通过《美国国内收入法典》的 501（c）（3）条款以完善的税收优惠体系来激励慈善信托发展，出台规范慈善资产保值增值的投资法和审慎管理办法，赋予混合私益目的慈善信托合法地位，只是私益部分不享受税收优惠。日本 1922 年出台《信托法》之后，1923 年正式实施，2006 年出台《公益信托法》草案，2015 年初正式启动公益信托改革：通过审批制来简化非营利法人的设立程序，将事前监管变为事中和事后监管，经过公益委员会的公

[①] Samuel P. King, Randall W. Roth, *Broken Trust: Greed, Mismanagement and Political Manipulation at America's Largest Charitable Trust* (University of Hawaii Press, 2006), pp. 185–282.

[②] The Charity Commission, https://www.gov.uk/government/organisations/charity-commission.

[③] 解锟：《英国慈善信托制度研究》，法律出版社，2011，第 49~50 页。

益认定获得税收优惠。信托银行是主要受托人,鼓励公益组织担任受托人,推动公益信托逐渐从资助型转为运作型,注重慈善信托的多重监督[1]。法国的慈善信托起步较晚,2007年才出台《信托法》,但据François Barrière研究,此前因为法律体系的差异,慈善信托很难以法律制度的形式在法国生根发芽,但在实践运作中借鉴了英美的慈善信托保护世界文化和自然遗产的经验、由法国的基金会承担起这一职能。《基金会与信托之于文化与自然遗产的保护》(Fondation et Trust dans la protection du patrimoine)一书中对慈善信托制度在法国的适用历程有详细的分析[2]。

2. 国内关于慈善信托治理结构与运作机制的研究

借鉴国际慈善信托的立法经验进行本土化运用与发展。在2001年实施《信托法》之后,公益信托发展滞缓。解锟从历史变迁的角度详解英国慈善信托如何通过法律政策的完善形成一种有效的运作机制。倪受彬认为慈善信托的内部治理机制提高了其运营的透明度[3]。金锦萍认为公益信托一般没有专门机构,只规定受托人的信托义务,需要外部监督。在责、权、利之间建构起有效的决策、执行和监督机制[4]。2016年《慈善法》实施,将中国慈善信托界定为一种开展慈善活动的行为,人们更关注慈善信托的实际运行。在研究中从关注立法到关注运作的过程中,将治理结构与运作机制相链接。李莉强调治理结构是与治理理念和治理机制一起构成的"有机框架和自主网络"[5];戚枝淬针对社会组织内部治理结构中存在的问题,建议引入公益信托——这种所有权和管理权分离的制度,以此配置社会组织内部各机构之间的权力,完善委托代理制度和分权制衡的治理结构[6]。因为公益信托的优点来自信托财产权架构——受托人拥有信托资金的管理运用权却无法享有财产,受益人享有收益却无法触及资金本

---

[1] 中国信托业协会:《慈善信托研究》,中国金融出版社,2016,第36~37页。
[2] Marie Cornu、JérÔme Fromageau, *Fondation et Trust dans la protection du patrimoine* (L'Harmattan Press, 2000), pp. 89-102.
[3] 倪受彬:《现代慈善信托的组织法特征及其功能优势——与慈善基金会法人的比较》,《学术月刊》2014年第7期,第86~93页。
[4] 金锦萍:《非营利法人治理结构研究》,北京大学出版社,2005,第196~197页。
[5] 李莉:《中国公益基金会治理研究——基于国家与社会关系视角》,中国社会科学出版社,2010。
[6] 戚枝淬:《社会组织内部治理结构法律问题研究》,《理论月刊》2016年第8期,第5~10页。

金，这样可以进行专业化管理，并以高度安全性为保证[①]。

也有学者侧重研究运作机制的内在逻辑。笔者强调慈善信托创造了一种与市场经济相联合的机制，借助专业化运行，增加慈善财产，艺术品之类的信托丰富了慈善公益领域的资产种类，使有限的资源能在市场上发挥出应有的作用，推动慈善事业的可持续发展[②]。徐卫把慈善信托宣言制度概括为行为诱导机制、制度激励机制、监督制约机制、慈善公益保证机制和风险防范机制[③]。

虽然慈善信托运作机制已经出现在相关研究中，然而在中国知网（迄至2018年1月25日数据）以"公益信托治理结构"和"慈善信托治理结构"为主题搜索分别检索到32条和5条，以"公益信托运作机制"和"慈善信托运作机制"为主题搜索，分别检索到29条和3条结果，且均无直接对应关系，甚至没有一篇专门研究慈善信托治理结构或运作机制的论文，也没有对两者之间关系进行深入解析的论文。然而现实中，到2017年6月底，全国14个省市成功备案30单慈善信托，按受托人可以分为三种类型，其中信托公司担任受托人的有24单，以慈善组织担任受托人有2单，信托公司和慈善组织共同担任受托人的有4单[④]。截至2018年1月29日，全国66单慈善信托中，大部分还是信托公司单受托人模式，这与之前信托公司主导的公益信托发展情况类似。

可见这里面存在一定的路径依赖问题，在现有的模式中，主要受托人信托公司处于相对主导的地位。那么，这些慈善信托如何能够提供慈善项目，稳健、高效地进行运作，实现慈善目标，这是本课题特别关注的问题。

（三）核心概念与分析框架

1. 核心概念

（1）慈善信托

英文 Charitable Trust，中文有两种翻译：一种为公益信托，另一种是慈

[①] 李青云：《我国公益信托税收政策研究》，《税务与经济》2006年第5期，第95~99页。
[②] 徐家良：《慈善信托激活向善的力量》，《中国社会报》2016年5月16日，第4版。
[③] 课题组对上海交通大学副教授徐卫进行访谈，他在《慈善宣言信托制度构建研究》（2012）基础上新增了观点。
[④] 中国慈善联合会公众号，http：//mp.weixin.qq.com/s/wV8_UqisWwymBRo8MOWHCg，最后访问日期2017年7月13日。

善信托。"公益"一词的译法来自日本。2001 年公布的《信托法》采用"公益信托"这一提法，与民事信托和营业信托不同。2016 年公布的《慈善法》规定了"慈善信托"内涵。学术界有不同的认识，解锟认为公益信托和慈善信托的提法是有差别的，"公益"是对信托目的而言，"慈善"是对委托人行为的界定[①]。有学者认为慈善信托的目的主要是"慈善"，属于"公益"的范畴之内。

不同国家语境中的界定有所不同，在历史演变中其内涵与界定也在不断变化。如英国《伊丽莎白法》将公益信托定义为：以援助老弱贫穷的人、救助伤病残废的士兵与海员、资助学术机构、兴办义学和大学院校等为目的设立的信托是公益信托[②]。Bogert 从慈善信托的目的出发将慈善信托定义为：一种依据衡平法认定的，为了社会公众或者社会公众的一部分，具有实质社会效益的一种信托[③]。《2000 年受托人法》将信托界定为：为了慈善目的而持有财产的信托。美国《信托法》将信托界定为关于财产的一种信赖关系，该财产是因当事人意愿而设立的，同时委托他人管理该财产，并使该人负有为慈善的目的而处理该财产的权利[④]。而在日本，1923 年《信托法》将其界定为公益信托，即为实现公益目的而设立的信托，也为追求广泛社会全体之利益或不特定多数人利益而设定的信托，具体而言，即以学术、技术、慈善、祭祀、宗教或其他公益为目的的信托[⑤]。在中国，《信托法》和《慈善法》有以下两类界定：论及慈善信托，先要从公益信托开始，因为慈善信托属于公益信托，在时间上也是前后相继的过程。

2001 年《中华人民共和国信托法》第一章第二条规定：信托是指委托人基于对受托人的信任，将其财产权委托给受托人，由受托人按委托人的意愿以自己的名义，为受益人的利益或者特定目的，进行管理或者处分的行为。第六章指出为了下列公益目的之一而设立的信托是公益信托：救济贫困，救助灾民，扶助残疾人，发展教育、科技、文化、艺术、体育事业，发展医疗卫生事业，发展环境

---

① 解锟：《英国慈善信托制度研究》，法律出版社，2011，第 8 页。
② 李青云：《我国公益信托税收政策研究》，《税务与经济》2006 年第 5 期，第 95～99 页。
③ G. G. Bogert., *Hand Book of the Law of Trust*, West Pub. Co. Press, 1973, p. 199.
④ 中国信托业协会：《慈善信托研究》，中国金融出版社，2016，第 10～11 页。
⑤ 中国信托业协会：《慈善信托研究》，中国金融出版社，2016，第 10～11 页。

保护事业、维护生态环境，发展其他社会公益事业。在实际发展中，还出现了类公益信托这一形式，主要是因为没有找到合适的公益事业管理机构批准，或是信托产品中复合了私益的目的，不具有完全公益性。参照美国的慈善盈余信托（Charitable Reminder Trust）的运作，国内也有学者采用营业信托＋慈善信托的模式建构一种复合型慈善信托的发展之路①。其实慈善信托是商业化运作慈善事业中的兜底保障机制，主要在于其完全公益性，即本金与收益必须完全用于慈善目的。无论怎样的商业化运作，最终必须实现慈善目的这一本质。

2016年《慈善法》第五章第四十四条规定"委托人基于慈善目的，依法将其财产委托给受托人，由受托人按照委托人意愿以受托人名义进行管理和处分，开展慈善活动的行为"，且慈善信托属于公益信托。慈善信托主要通过发挥信托优势来促进慈善公益事业的发展，信托作为一种集财产转移功能与财产管理功能于一身的财产制度，受托人拥有信托资金的管理运用权却无法享有财产，受益人享有收益却无法触及资金本金，可以更专业化管理，并具有高度安全性保证。

公益信托和慈善信托有五个相同点：一是所有权、管理权与受益权的分离；二是慈善信托目的完全公益性；三是信托财产的独立性；四是信托管理的透明与连续性；五是对委托人意愿的尊重。两者的主要区别在于所依据的法律基础有差异，公益信托的法源是《信托法》，慈善信托的法源是《慈善法》，但慈善信托属于公益信托。公益信托采用审批制，慈善信托采用备案制，简化了设立手续，明确业务主管单位，更重要的是慈善信托可以享受相应的税收优惠。

按照慈善目的、财产类型、委托人数量、存续期和是否动用本金等标准可以划分不同类型的慈善信托，而目前对于运作方式的区分主要有两种：一是按照受托人来分，以信托公司为主、以慈善组织为主和信托公司与慈善组织双受托人模式三类；二是按管理方式分为资助型慈善信托、运作型慈善信托和混合型慈善信托。

（2）治理结构

姜宏青认为治理结构是一个组织内部权力制衡体系，是组织内部监管

---

① 这个观点上海市法学会慈善法研究会副会长兼秘书长马仲器非常认同。

的制度安排①。王名、贾西津指出公益信托治理结构的特点：因委托权、产权和受益权分属于不同的当事人，不同的产权主体及其相互关系，围绕同一财产形成捐赠人、受赠人和受益人之间的委托 - 代理关系②。Miriam M. Wood 将非营利组织治理结构定义为"一种权利分配和建立高级管理层、理事会与利益相关者之间的问责机制"，一般由权力机构（如会员大会，或称社员总会、会员代表大会）、决策机构（如理事会或董事会）、执行管理机构以及监察机制组成③。国外对于非营利组织治理结构的研究，如彼得、迈克尔、希尔曼、拉杰什等多侧重在理事会规模、组织结构及其管理体制研究上，也有涉及理事会的基本职责和理事行为等相关问题，如霍夫曼、埃维德等的研究④。Sandrich Karen 认为要激励非营利组织的发展，可以集中在董事会的激励机制上⑤。

在中国，《慈善法》中慈善信托是一种"慈善行为"，所形成的委托人、受托人、监察人、受益人、民政部门和银监部门之间的权利义务关系受不同运作模式影响很大，具体体现为决策、执行、监察、评估等多方权力制衡关系、激励与约束、信息披露和问责等功能的发挥，是一种动态的组合治理结构。有些慈善信托公司在内部设置决策咨询委员会、信托资产管理小组、项目遴选与调研专家组等；也有些信托公司根据相应功能设置专门的机构，如长安国际信托股份有限公司的公益信托部、上海国际信托有限公司的慈善信托部，也就是动态的"慈善""信托"功能发挥治理结构与机构实体结构相结合的一种方式。慈善组织单受托人模式、信托公司单受托人模式、"慈善组织 + 信托公司"双受托人模式的运作方式存在差异，因为里面不同委托人、受托人、受益人、监察人和项目运作方等各自权力大小与义务多少呈非对称

---

① 姜宏青：《我国非营利组织治理结构的模式与选择》，《管理世界》2005 年第 2 期，第 487 ~ 491 页。
② 王名、刘求实：《中国非政府组织发展的制度分析》，《中国非营利评论》2007 年第 1 期，第 92 ~ 145 页。
③ 程昔武：《我国非营利组织治理结构的特征及基本框架》，《中国经济问题》2008 年第 3 期，第 41 ~ 46 页。
④ 田晋：《农村非营利组织资源汲取与治理结构研究综述》，《全国流动经济》2017 年第 9 期，第 51 ~ 53 页。
⑤ Sandrich Karen, "A New Governance Framework", *Hospitals and Health Networks* 75 (2001): 48 - 50.

性分布，其中关键影响因素是这些实体组织自身的治理结构。

(3) 运作机制

所谓机制是指系统内各子系统、各要素之间相互作用、相互联系、相互制约的形式及其运动原理和内在的、本质的工作方式①。李莉将公益基金会的治理机制界定为保证组织宗旨和使命的治理机理和运动形式，通过治理机制的有效运作保证组织管理的科学性与有效性，达到各负其责、协调运作、有效制衡，受治理理念和制度规定影响②。可以看出，适用到慈善信托领域，课题组尝试将其界定为：在委托人、受托人、监察人和受益人之间形成的权利义务关系的运行规范、制约机制、激励机制和利益平衡机制，以治理结构为基础，处理组织内外部各类关系与资源协调的机制。

2. 分析框架

慈善信托是一种将信托等金融制度与慈善公益活动相结合的新兴公益金融运作机制，慈善组织和信托公司均可作为受托人，实行专款专户的资产隔离管理方式，目前国内主要运作方式是"慈善组织（基金会）+信托公司"，既可以实现慈善资产的保值增值，又可以开具免税发票，发挥出慈善组织专业化运作慈善项目的优势，从而形成政府（民政、银监等备案监管）—市场（企业等信托公司）—社会（慈善公益类社会组织）三圈的联动、互动格局。此外，还引入律师事务所和会计师事务所等作为监察人，使慈善信托的运作更透明和规范。基于委托代理理论，在剖析慈善组织单受托人、慈善组织与信托公司双受托人和信托公司单受托人等三种主要运作模式的基础上，课题组建构了政府—市场—社会的一核多圈式分析框架：其中一核指治理结构中实际发挥出核心作用的静态实体组织治理结构，或动态项目制慈善信托治理结构，多圈主要指慈善信托参与主体中委托人、受托人、受益人、监察人和社会公众、政府相关部门的多元身份，可以整合融入政府、市场和社会的三圈互动的体系中。

---

① 温承革、王勇、杨晓燕：《组织内部协调机制研究》，《山西财经大学学报》2003年第3期，第85~90页。
② 李莉：《中国公益基金会治理研究——基于国家与社会关系视角》，中国社会科学出版社，2010，第137页。

（四）研究方法和技术路线

1. 研究方法

第一，文献法。通过研究国内外慈善信托的相关法规、政策文件和合同文本等文献，了解慈善信托在不同国家、地区的发展历程、政策保障体系、运作特点和模式，为进一步分析奠定坚实的基础。

第二，访谈法。针对国内有代表性的慈善信托，通过访谈委托人、受托人、受益人、监察人等不同参与主体的代表，民政部门、银监部门等相关业务负责人，了解不同项目的治理结构、运作情况和慈善信托业务的发展诉求，及时发现存在的问题，总结归纳相关的管理经验。

第三，个案研究法。结合国内外比较有特色的慈善信托案例，侧重"长安慈""蓝天至爱""上善系列"等慈善信托分析发展特征、制约因素和品牌打造，探讨慈善信托未来发展的趋势。

2. 技术路线

整个研究以委托代理理论、协同治理理论、结构功能主义为基础，通过文献法、访谈法获取慈善信托的相关知识，再聚焦治理结构和运行机制，分析委托人、受托人、受益人、监察人等治理结构，讨论内部的运作机制和外部的运作机制，根据慈善信托治理结构的理想状况与运作机制的实现条件，再提出慈善信托治理结构与运作机制优化的对策措施，实现慈善信托的创新（见图1）。

二　国内慈善信托的发展历程与运作状况

（一）国内慈善信托发展概况

1. 从公益信托、类公益信托到慈善信托

自2001年《信托法》颁布以来，实践中陆续出现一些类公益信托，多是混合着私益目的，即本金不动、收益捐出来，或者是难以直接找到相应的公益事业管理单位作为业务主管单位。相对于营业信托和民事信托来说，实践中有

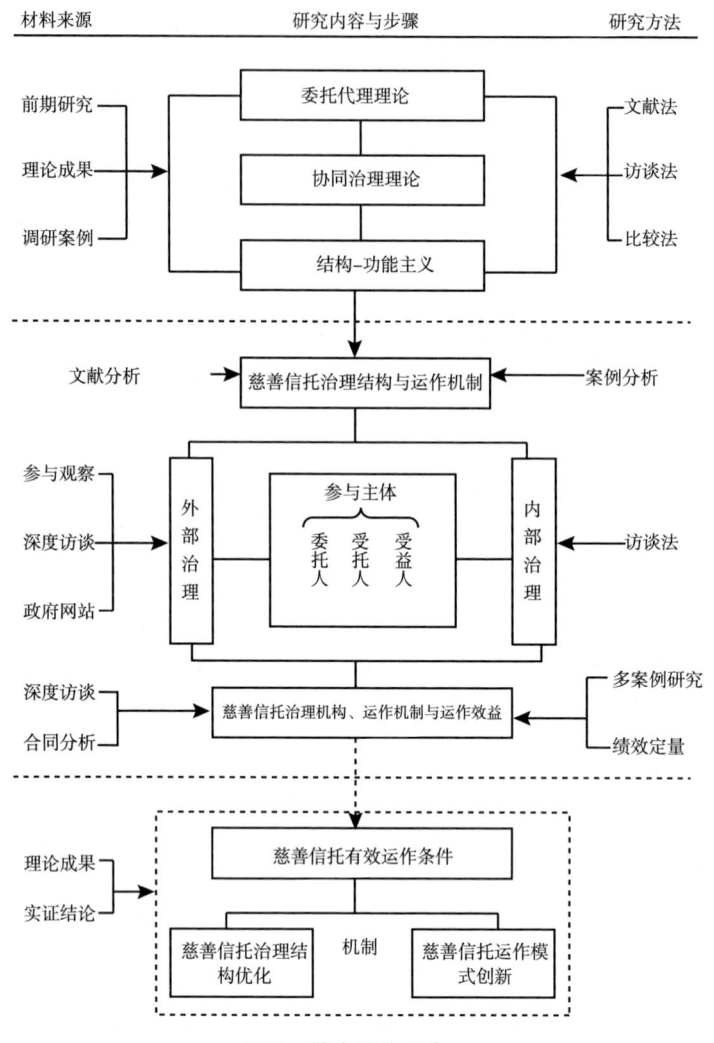

图 1　技术路线示意

资料来源：课题组自制。

公益性质的信托数量少，资金额度也不大，有数据统计，从 1999 年类公益信托起步，到 2014 年，总计各类有慈善公益性质的信托 13 单①。深圳在慈善公

---

① 黄旭：《我国慈善信托委托——代理问题研究》，山东大学硕士学位论文，2015，第 27~28 页。

益领域的探索比较前沿,尤其是公益金融领域。从2002年开始,平安信托有限公司已经受理2单类公益信托产品:平安信托有限责任公司研发的"新疆助学公益信托"用于资助新疆教育①,2007年北京国际信托有限公司发布"同心慈善1号新股申购集合资金信托计划"用于资助北京地区贫困民工子弟学校。此期,以上海市慈善基金会为主的实务界精英人士已经发现这是一个新契机,可以有助于改善基金会治理结构的行政化,通过引入市场的力量,促进慈善资产的保值和增值。为了援助汶川地震重建,银保监会②发文大力支持公益信托的发展,在此背景下,中国首单真正意义上的公益信托诞生。2008年长安国际信托公司首设"5·12抗震救灾公益信托计划",开启了国内公益信托先河。深圳平安信托有限公司也在2008年发行"汶川地震受灾儿童救助单—资金信托"③,主要通过捐赠给中国青少年发展基金会,支持灾区儿童心理重建及升学教育,已经在探索"信托公司+慈善组织(基金会)"的模式。自"慈善信托"在《慈善法》中专章列出,这一新兴的慈善方式逐渐受到各界关注。目前国内相关公益信托、慈善信托有六个法律法规文件(见表1)。

表1 中国慈善信托相关文件一览

文件名称	颁布时间	主要内容
《中华人民共和国信托法》	2001年4月	第六章:公益信托
《中国银监会办公厅关于鼓励信托公司开展公益信托业务支持灾后重建工作的通知》	2008年6月	针对汶川地震,鼓励信托公司开展公益信托业务支持灾区重建
《中华人民共和国慈善法》	2016年3月	第五章:慈善信托

① 中国金融新闻网:《平安信托:为公益搭建平台用金融助推公益》,http://www.financialnews.com.cn/trust/hyzx/201706/t20170628_120041.html,最后访问日期为2018年1月27日。
② 根据2018年《关于国务院机构改革方案的说明》原中国银行业监督管理委员会和中国保险监督管理委员会合并为中国银行保险监督管理委员会,中国网:http://www.china.com.cn/lianghui/news/2018-03/14/content_50706035.shtml,最后访问日期2018年3月29日。
③ 公益宝,http://www.gongyibao.cn/news/NewsDetails.aspx?id=cb831cfe-5e80-46ba-b1ee-6ba29d93fce4,最后访问日期2018年1月27日。

续表

文件名称	颁布时间	主要内容
《民政部、银监会关于做好慈善信托备案有关工作的通知》	2016年8月	明确慈善信托的备案程序和要求,依法管理和监督,加强信息公开
《北京市慈善信托管理办法》	2016年9月	进一步明确慈善信托备案、财产管理、变更与终止等问题,并对受托人资质有所要求
《慈善信托管理办法》	2017年7月	关于慈善信托的设立、备案,信托财产的管理和处分,变更和终止,促进措施,监督管理和信息公开,法律责任等

资料来源:依据相关文件,课题组汇编而成。

慈善信托与中国近年来开始关注公益金融的趋势相契合,在扶贫领域的小额信贷等金融方式运作的基础上,在保值增值中增加慈善资产的规模,拓展了股权、艺术品、房产、知识版权等慈善资产形式,用金融的方式促进慈善事业的发展。国内的慈善信托做得有特色的主要是北京、上海和陕西等地。

2. 全国慈善信托发展现状

据"慈善中国"最新数据,至2018年1月29日,全国总计66单慈善信托[1],分布在19个省市等地,主要分布在北京(11单),陕西(7单)、江苏(7单)、浙江(6单)、江西(6单)、广东(5单)、四川(4单)、上海(3单)、青海(3单)、安徽(2单)、贵州(2单)、福建(1单)、河南(2单)、山东(2单)、甘肃(1单)、海南(1单)、重庆(1单)、天津(1单)和山西(1单)(见图2)。

通过考察全国各地的慈善信托情况,可以看出有以下几个方面的特点。一是首发优势与后续创新并进。北京首发地方特色的慈善信托管理办法,是全国慈善信托备案数最多、实际到付资金最多、设立模式最多样、受托人形式最全、唯一突破慈善信托资金形式的城市[2]。万向信托突破了首单艺术品信托和保险金信托等多元慈善信托资产形式。二是核心信托公司和品牌项目打造的慈

---

[1] 慈善中国:慈善信托备案数据,http://cishan.chinanpo.gov.cn/biz/ma/csmh/e/csmheindex.html, 最后访问日期2018年1月30日。

[2] 安娜、张杨:《北京"慈善+金融"助推慈善信托健康发展》,《中国社会报》2017年5月25日。

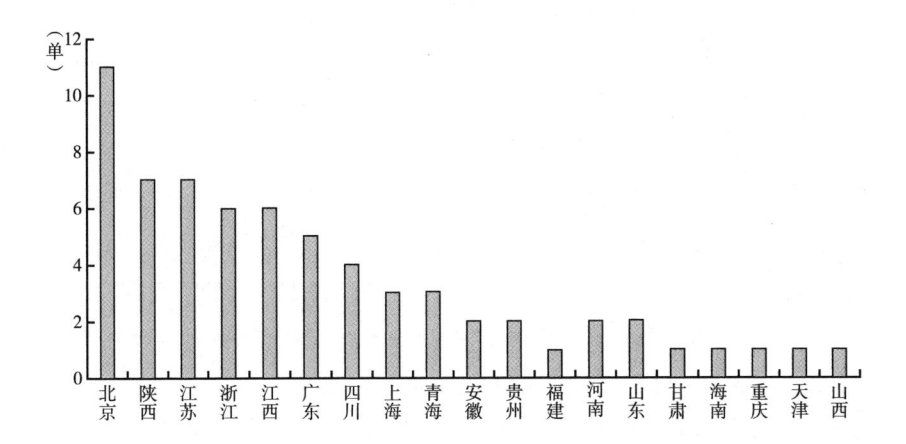

图 2　全国慈善信托地域分布

资料来源："慈善中国"信息，课题组自制。

善信托品牌效应初步呈现。陕西省长安国际信托股份有限公司是全国 68 家信托公司中最先开创公益信托、在治理结构中较早设立公益信托部、目前备案慈善信托最多的信托公司（有 7 单慈善信托），已发挥出"长安慈"品牌的影响力。三是地域分布不均衡。目前主要集中在北京和江浙一带，与国家发展战略和经济基础相关联。四是慈善目标相对聚焦，主要在教育、扶贫济困、环保和大病救治医疗等国计民生的领域。在"精准扶贫"战略下扶贫类慈善信托数量开始逐渐增长。课题组选取北京、陕西和上海的情况进行重点解析。

(1) 北京慈善信托的现状与特点分析

从 2016 年 9 月 1 日到 2018 年 1 月 30 日，北京总计各类慈善信托 11 单，主要用于教育、环保、大病医疗和贫困人口生活改善等领域，初步呈现以下 5 个特点。一是规范化管理。北京在备案和信息披露等方面相当规范，北京民政信息网上予以公示。二是参与主体多方合作。从 2007 年开始探索类公益信托至今，北京国际信托有限公司和国投泰康有限公司是受托人，北京中盛律师事务所、中伦律师事务所和上海锦天城律师事务所是监察人。2013 年国投泰康信托公司从资助真爱梦想基金会的"梦想盒子"项目开始，与上海真爱梦想公益基金会合作设立的二单慈善信托，体现出参与主体多方合作与信任关系的建立。三是创新慈善信托模式。依据《慈善法》，慈善组织可以成为受托人，

165

北京市企业家环保基金会在这一领域领衔创新两款新模式:慈善组织+信托公司的双受托人模式——中信·北京市企业家环保基金会2016阿拉善SEE华软资本环保慈善信托和慈善组织单受托人模式——北京市企业家环保基金会2016阿拉善SEE公益金融班环保慈善信托。据公示的信息披露,专门对风险防控有不同举措:第一单双受托人模式侧重受益人筛选、信托财产投资管理,及时向银监局事前报告和监察人的监督等。第二单慈善组织单受托人模式通过广发银行北京分行营业部成功开设信托账户,基于各类风险的不确定性,提出"受托人对管理、运用和处分信托财产的盈亏不提供任何承诺",但按照不同的风险发生类型,做出不同的责任承担,且此单受托人和监察人的报酬均为零,体现出志愿的公益精神。四是致力于国家最亟须的领域。慈善信托领域侧重扶贫、环保和教育,为了实现2020年全面脱贫的小康社会目标,首单国投慈善1号慈善信托将3000万元用于改善贫困地区群众的生活和教育。为了践行"绿色、可持续"的社会主义核心价值观,环保成为日益关注的领域。儿童教育是一个民族的未来和希望,体现慈善事业的积极作用。五是资产数额与存续期灵活多样。资金额度为30万~3000万元,存续时间是1~10年,以5年期限的居多,除了资金之外,还有股权信托,且可根据不同的项目需求,有规划地推进,可以适当延期。

(2) 陕西慈善信托的现状与特点

陕西是中国首单真正意义上的公益信托原产地,长安国际信托股份有限公司的"大爱长安·陕西银行业普惠金融扶贫慈善信托"是探索公益金融的创新尝试,由陕西省慈善协会作为委托人,将金融机构捐赠的资金委托给长安信托公司实现定向扶贫,促进三农发展,在"精准扶贫"指导下,助力老区的脱贫事业。目前7单慈善信托主要呈现以下四个特点。一是多方合作,银监部门大力推动。2008年国内首单公益信托"5·12抗震救灾公益信托计划"的问世,就是响应陕西省银监局在汶川地震后发出"通过金融产品创新为灾后重建工作做出贡献"的号召,援建5所位于陕西省汉中市镇巴县小学,并聘请上海东方安心基金会作为执行顾问,通过与公益组织合作提升公益项目的专业度[①]。在这个过程中,政府、信托公司和慈善组织积极参与共同形成联动互助

---

① 中国信托业协会:《慈善信托研究》,中国金融出版社,2016,第114~115页。

格局。二是核心品牌的打造。长安信托国际信托股份有限公司在慈善公益领域持续探索，其信托产品研发一直主要致力于教育和扶贫，主要资助领域从贫困地区小学校建设，到西安交大名校的奖学金计划，再到普惠金融支持三农，切实帮助农户发展，又拓展到关注儿童的素质教育，地域方面也不再限于陕西，最新1单关注环保事业。其中首单"长安慈"慈善信托是源于4年前原创的"山间书香"慈善助学公益项目，多年来在36所贫困小学建立100多个山村小学图书教室，荣获"2014年最佳责任品牌奖"。三是慈善行为专业性强，治理结构完善。从公益信托到慈善信托的发展历程体现出高度的专业性，成立全国首个公益信托部，并创新性地在慈善信托内部设立决策委员会，由委托人代表、受托人以及陕西慈善协会组成，且有项目决策委员会负责监督项目运行，审议项目总结报告和财务报告[①]。整个信托架构充分发挥各方的优势，同时互相监督，以确保决策和执行的公平、公正与透明。四是较早探索"慈善信托+家族信托"融合之路。2017年5月成立的这单民生001号与内蒙古慈善总会和民生银行合作，由民生银行推荐超高净值客户捐赠给内蒙古自治区慈善总会，将慈善资产委托给长安信托，探索了家族信托与慈善信托的融合之路，使单一财富传承向更多元家族精神传承深化。首次以银行为财务顾问，建立了银行推荐设立慈善信托的长效合作机制，一举获得"2017年度优秀慈善信托奖"。五是政府、企业和慈善组织联动。最新1单长安慈——杨凌精准扶贫慈善信托中，委托人是杨凌示范区慈善协会和杨陵区精准扶贫办公室，监察人是杨凌示范区审计局，也突破了以往以律师事务所和会计师事务所担当监察人的惯例。此外，长安国际信托发起成立信托业首家基金会——北京长安信托公益基金会，并取得北京市2016年度公益性捐赠税前扣除资格，搭建起"基金会+慈善信托双平台"。可见，陕西模式是以长安国际信托股份有限公司为核心开拓各类慈善信托业务的。

（3）上海慈善信托的现状与特点

上海是国际金融之都，虽然目前只有3单已经成功备案的慈善信托，但此前已有6单类公益信托。有一个从类公益信托的实践向慈善信托转型的历程，主要分为两个层面：一是理论方面的关注与讨论，开始于2001年；二是实务

---

① 中国信托业协会：《慈善信托研究》，中国金融出版社，2016，第128页。

运作的探索，开始于 2011 年。参与主体是以基金会和信托公司为主导，以民政部门、银保监会和高校科研机构为辅助，逐渐形成多方主体的互动网络体系，表现出上海民间自发探索和接纳新生慈善方式，政府尊重、保护民间和市场活力等特点。

一是通过孵化慈善组织和项目，助力慈善事业全局发展。用慈善信托的方式培育和孵化慈善组织和公益项目——以"蓝天至爱"1 号和 2 号慈善信托为例。其中"蓝天至爱 1 号"是上海市慈善基金会预期出资 1 亿元设立的永续性慈善信托，首期到账 3200 万元，截至 2017 年 12 月 31 日，新增投资收益和存款利息达 4248218.05 元[①]；"蓝天至爱 2 号"预期资金总额 600 万元。无论是资金额度，还是时限方面，在全国目前均处于领先地位，表现出可持续地推动慈善公益界向前发展的大气魄。因为慈善信托最核心的还是慈善目标的实现，能够真正为国家建设、化解社会难题、改善民生福利保障领域发挥出积极的作用。所以关键的不是单个慈善组织或者信托公司在用这种方式运作慈善项目，而是慈善组织群体、大批高质量的公益项目能够在这个过程中被培育和孵化起来，一起营造公益的生态来推进慈善事业发展，而上海这单慈善信托正体现这一长远全局的发展目标，它致力于扶持慈善项目的发展，以此为契机带动更多慈善组织的成长。

二是类公益信托先行起步，慈善信托项目富有前瞻性。安信信托公司从 2011 年连续发布 3 单"阳光"1 号、2 号和 3 号系列类公益信托之后，上海信托 2014 年 4 月创设"上善"系列类公益信托计划，秉承"源于社会，回报社会"的宗旨，设立专项资金用于教育助学、救助贫困、扶助弱势群体，发展科技、文化、艺术、体育、医疗卫生等公益事业：云南地区教育助学信托计划、长江 C8 援建桃树完小信托计划和悦享盛音资金信托，为上海慈善信托的创新发展做好充分准备。

三是慈善信托模式多样，种类丰富。上海已经备案的 3 单慈善信托中，"蓝天至爱 1 号"是慈善组织担当委托人，信托公司做受托人的"捐赠+受托"模式，"放眼看世界"是信托公司担任受托人，是慈善组织担当项目执行

---

① 上海民政：《上海市慈善信托年度报告（2017 年度）公示》，网址：http://www.shmzj.gov.cn/Attach/Attaches/201804/201804280502428591.pdf，最后访问日期 2018 年 5 月 1 日。

人的"信托+项目执行"模式;"蓝天至爱2号慧福"慈善信托是"慈善组织+信托公司"的"共同受托人"模式。此外,还有正在准备备案的1单慈善组织单受托人模式。在慈善组织与信托公司合作过程中,尝试不同的资源组合方式,非常具有代表性。

四是具有高度的专业性,有保值增值能力。目前担任受托人的三家信托公司,安信信托、上海信托和中信信托都具有高度专业性的优势,可以根据慈善信托资金的风险偏好和资金使用计划,有效管理资金,实现慈善资产保值增值,提升慈善服务质量,发挥上海金融之都的优势。尤其是有着24年历史的上海市慈善基金会在保值增值和投资管理中也走在时代的前沿,是全国首例建立自己投资公司的基金会。

五是强烈的品牌意识和高度的社会责任感。上海市慈善基金会的"蓝天下的至爱"这一著名慈善品牌目前估值15亿元,上海市慈善基金会的红心会标是著名商标,也正在申请全国驰名商标,两者经专业机构评估的无形资产整体价值接近50亿元,这在全国社会组织中是非常少见的。上海信托公司注册了"上善"等商标,打造信托公司领域的慈善品牌,体现了上海慈善事业的品牌意识,与此同时,也在慈善公益领域勇于承担社会责任,通过慈善项目的运作进一步打造慈善品牌的影响力。

六是民政部门协调引导,有跨界联动效应。通过组织跨界座谈会保持社会开放性,民政部门搭建与银保监会、慈善组织、信托公司、律师事务所、会计师事务所、高校科研机构等代表互动交流的平台,一起探讨上海慈善信托发展中存在的问题与所需的政策保障,上海市民政局本着鼓励支持慈善信托备案发展有效防范风险的原则,组织相关信托公司和慈善组织召开座谈交流会,听取各方意见,完善相关工作,委托上海交通大学中国公益发展研究院开展课题研究,以第三方独立身份进行慈善信托备案后工作进展的追踪式调研,形成政策研究——多方联动交流——科研攻关等慈善信托工作网络,发挥各方优势。

3. 慈善信托的未来发展趋势

(1) 社区慈善信托发展

2017年6月中共中央、国务院发布《关于加强和完善城乡社区治理的意见》。2017年12月民政部发布《关于大力培育社区社会组织的意见》,结合国内社区基金会的发展优势,将家族信托、慈善信托和社区基金会有机融合,有利于探索出中国特色的新型社区慈善事业之路。目前比较有代表性的如："中信·何享健慈善基金会2017顺德社区慈善信托""弘毅1号"——社区养老公益组织扶持慈善信托和中融信托·苏州高新区女企业家协会关爱妇女儿童慈善信托，其创新在于将社区基金会也融入慈善信托的运作，是以苏州高新区（虎丘区）狮山街道社区发展基金会为主要受托人的慈善组织单受托人模式，也是国内首单从社会性别视角关注儿童发展的慈善信托。

（2）扶贫型慈善信托增长

为了实现2020年全面建设小康社会，鼓励社会组织参与扶贫攻坚工作，初始阶段已经出现一些扶贫型慈善信托，如：北京市国投泰康信托2016年国投慈善1号慈善信托（关注扶贫领域）、国投泰康信托2016年真爱梦想1号教育慈善信托（贫困地区儿童素养教育）、上海国际信托有限公司的"上善"系列（困难家庭儿童眼疾）、安徽省微笑行动慈善信托（贫困家庭唇腭裂患儿）、江西省中航信托·天启977号爱飞客公益慈善集合信托计划（精准扶贫）和贵州省华能信托·尊承槿华慈善信托计划（精准扶贫）等。

随着精准扶贫战略的推进，又新涌现出一些扶贫型慈善信托，主要代表如：五矿信托·三江源精准扶贫1号和2号慈善信托、广东省扶贫开发协会粤财扶贫慈善信托、新华信托·华恩1号教育扶贫慈善信托、金谷信托2017信达大爱1号和2号（扶贫及教育）慈善信托、长安慈·杨凌精准扶贫慈善信托和中国信托业·长安慈·四川慈善总会·定点扶贫慈善信托等。新特色在于政府资源逐渐注入，扶贫办公室和政府资金逐渐以慈善信托的方式开始运作，形成政府与企业、社会组织合作的新PPP模式。目前发现主要扶贫信托多聚焦在陕西、江西、贵州等革命老区和青海、四川等西部地区。

（二）国内慈善信托治理结构与运作机制研究

慈善信托根植于信托公司和慈善组织两类不同的治理结构主体（静态的视角），在项目运作的架构下，与之伴生着富有流动性和复杂性的特殊治理结构（动态的视角），所以有静态的治理结构与动态的治理结构之分。其本质都是委托人、受托人、受益人、监察人等多方参与主体之间依据合同确立权利义务的契约关系。其中静态的治理结构主要指政府部门、慈善组织、信托公司、律师事务所、会计师事务所等实体组织形态自身的治理结构，而动态的治理结构主要指不同的委托人、受托人、监察人和受益人根据合同文本组建设立慈善信托时新形成的慈善信托治理结构。因为不同的组合方式会出现不同的治理结构和运作机制，也会新设立一些慈善信托内生的小组或委员会，如决策咨询委员会、专家评审委员会、资产管理委员会、项目调研组等不同的临时成员组，根据不同慈善信托项目的出现进行组建或解散，具有高度的灵活性和动态性。一般的治理结构与运作机制图与慈善信托的交易结构图很类似。不同参与主体之间的权利义务关系如图3所示。

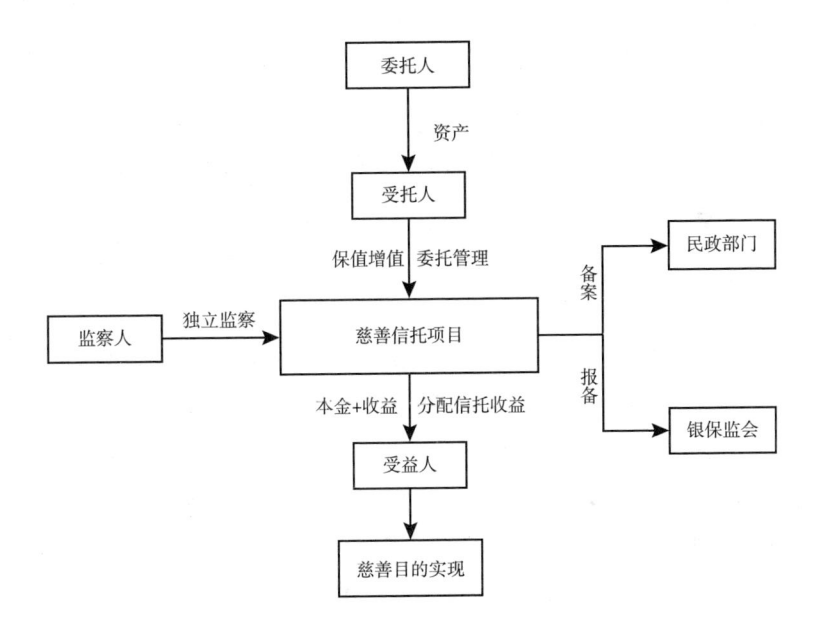

图3　慈善信托治理结构与运作机制

资料来源：在相关资料基础上，课题组自制。

这是一种具有共性的基本治理结构和运作机制，包含委托人、受托人、监察人、受益人、慈善信托项目、被投资方等基本要素，其中委托人（企业、基金会、银行、自然人、协会等）将慈善资产委托给受托人（慈善组织或信托公司），经由民政部门和银监部门等进行备案和监管，与此同时受到监察人（律师事务所、会计师事务所和审计部门等）监察。一方面经由慈善组织进行专业化慈善项目的运作，通过合法、科学、有效的遴选程序将慈善资产用于不特定受益人；另一方面经由信托公司或专业理财机构进行慈善资产的保值增

值,以期不断扩大慈善资产的规模效应。其中决策职能的发挥主要是受托人遵循委托人的意愿,课题组实际调研中发现以下困惑:

> 自然人做委托人时,一般对慈善项目的运作和资产管理并不十分熟悉,只能大致说明资产所用领域的大方向,实际决策多是受托人出具的专业方案(201701123 访谈 F)。

> 慈善组织作为委托人时多是发挥建议或咨询功能,同时为了规避利益关联的问题,对于受益人的遴选一般也是不直接参与。这样在信托公司单受托人模式中,信托公司对于慈善项目的运作并不熟悉,就必须再寻找合适的运作方,这样处于委托人位置的慈善组织相关慈善项目运作被架空了,实际没有发挥出真正的优势,反而成了资金流的管道(20171216 访谈 W)。

在这种委托人难以真正实施意愿的情况下,主要决策是由受托人来做,如果受托方是自身没有专业慈善人才的信托公司,就会通过委托寻找第三方合作慈善组织,将之前的委托—代理关系进一步延伸,而慈善组织处于运作方的时候,其运作情况主要通过民政部门监管,参与社会组织年检或年报和《慈善法》《慈善信托管理办法》中定期公示等。一般作为受托方的信托公司没有直接派人去慈善组织抽查调研(访谈中了解到大部分慈善信托运作的现状)。这样就凸显了委托—代理中的责任关系问题,因为依据相关法律法规,受托人是直接承接法律责任的实体,也要履行慈善信托的相关义务。一旦公示材料被社会公众监督中发现问题对于慈善信托的公信力有很大损伤。为了避免风险问题,很多慈善组织不愿意直接尝试受托人的地位,因为对其既有组织的治理结构有极大的挑战性。按照《基金会管理条例》,基金会治理结构有理事会(决策层)、监事会(监督)和执行机构等,其中重大投资保值增值部分决策由理事会成员的 2/3 同意方可实行,还承担连带责任,这在最新的慈善组织保值增值意见稿依然如此,制约了慈善组织单受托人模式。

可见参与主体间权利、义务关系的划分,决策－监督－执行等不同功能的发挥与慈善信托的运作模式有很大关系,呈现出复杂度不同的治理结构和运作机制。从上述初步分析可以看出,运作的关键是基于契约关系合同文本，因为慈善信托主要是依据合同进行运作和管理，并通过治理结构发挥出相关功能。国内主要有三种运作方式：慈善组织单受托人、信托公司单受托人、慈善组织和信托公司双受托人模式。按照不同的业务运作需求，各自有不同的组合方式，目前一家信托公司、两三家慈善组织（基金会居多）的合作模式占主流，这也是为了更好地发挥出信托公司对慈善资产专业化保值增值的能力等。

1. 信托公司单受托人模式的治理结构与运作机制

信托公司作为主要受托人是当前最普遍的一种形式。2001年《信托法》颁布之后，信托公司主导在从事公益信托和类公益信托的探索，呈现出一定的路径依赖。2008年首单公益信托"5·12抗震救灾公益信托计划"问世以来，以陕西国际信托股份有限公司为代表，率先专设公益信托部，逐渐开拓出一条业务发展创新路径，首先在北京成立一家基金会，取得开具捐赠发票的资格，近期又开始在上海设立家族信托办公室。与此同时，该信托公司的科研实力也非常强，对各类慈善信托运作结构有研究，慈善信托部负责人上官利青将信托公司单受托人模式分为慈善组织前置和慈善组织后置两类（见图4）。

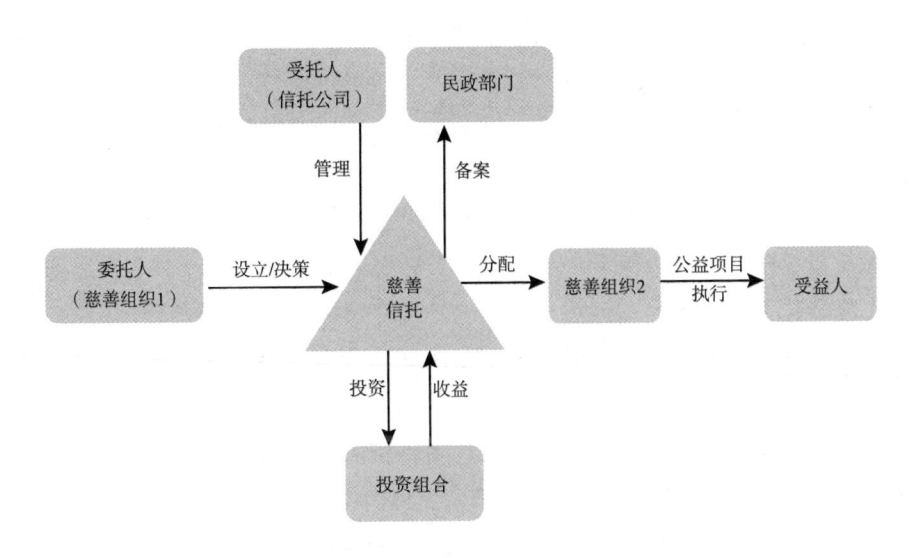

图4 慈善组织前置的慈善信托

资料来源：长安国际信托股份有限公司，20171123基金会论坛。

这类运作方式存在的困境就是捐赠发票开具问题，资金从捐赠人进入基金会（委托人）账户之后，又进入信托公司（受托人）的专用账户，依据信托财产独立性原则，这笔从基金会转到信托公司的账已经不属于基金会，而要为这笔经费开具捐赠发票给捐赠人，相当于基金会要给一笔不属于自己账户的经费开具发票，存在财务记账方面的难题。《慈善法》和《基金会管理条例》之间存在衔接缝隙，这笔转出去的经费是否可以计入公募基金会70%的开支，一直没有得到民政部门的官方确认。面对慈善信托，一般的基金会更偏向于采用传统的捐赠方式来运作慈善项目，而不会轻易采用这一新兴慈善方式。访谈调研了解到大部分基金会秘书长对于如何给这笔资金开具捐赠发票存在很大疑虑，尤其是一些上了年纪的秘书长更倾向于采用保守方法，求稳而不图新，宁可采用稳妥的捐赠和"专项基金"的方式保持基金会的业务和收入稳定，对于慈善信托还是处于观望状态。

实践中也有较成功探索的案例。2016年11月经上海市民政局成功备案，上海市慈善基金会委托安信信托股份有限公司正式成立此单资金额为1亿元的永续性慈善信托，首期到位资金3200万元，信托财产及其收益全部用于《慈善法》规定的慈善公益项目，是当时国内规模最大的一个慈善信托项目之一。"蓝天至爱1号"的命名体现了"蓝天下的至爱"慈善大联合的特点，这也是有着24年历史的上海市慈善基金会一直打造的品牌商标，已经连续23年以"蓝天下的至爱"的名义开展慈善活动，成为上海的品牌名片。首单慈善信托致力于面向市区县各级慈善组织、爱心企业和个人开放，搭建"人人做慈善，行行可慈善"的联合、联手、联动的慈善平台。遵守国家的《慈善法》、《信托法》和《中华人民共和国银行业监督管理法》，严格做到四个公开：运作管理公开、财产收益公开、善款支出公开和受益对象公开，从事符合《慈善法》的慈善活动。可见，从设立初期就体现出公开、透明的原则和营造人人公益氛围的定位（见图5）。

"蓝天至爱1号"此单慈善信托有创新特色的治理结构和运作机制，主要表现为三个方面。一是双律师事务所分别发挥监察和咨询功能。聘请上海市锦天城律师事务所为法律顾问，以往一般信托中有律师做监察人，而此单有两家律师事务所参与，发挥不同的职能，更体现出信托运作的核心——基于契约关系合同文本的重要性，必须有专业资质很强的律师确保慈善信托合法、合规有

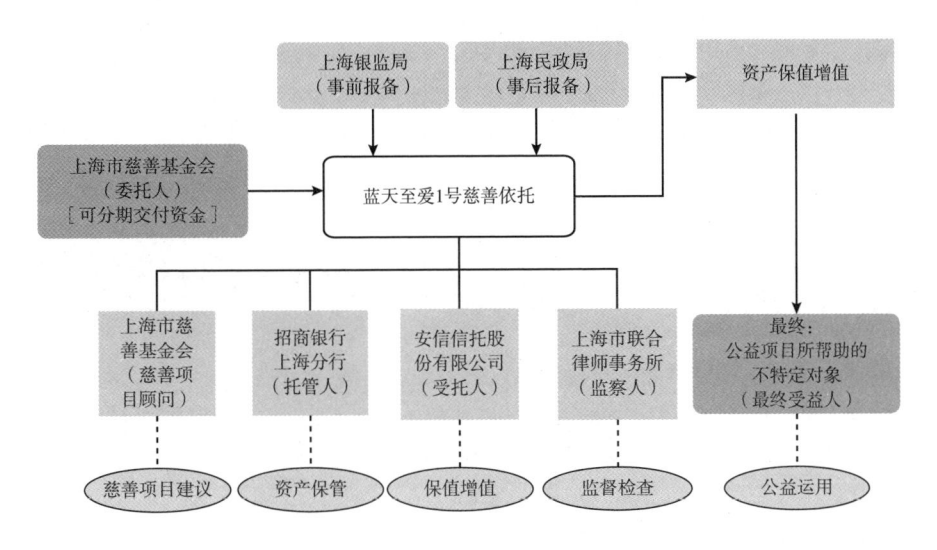

热点三 慈善信托治理结构、运作机制及其实现条件研究

图5 "蓝天至爱1号"慈善信托运作架构

资料来源：安信信托股份有限公司提供。

效运作。二是定期与公众进行开放式互动。预期每月设一个开放日，吸纳社会各界加入信托计划，购买该信托产品，此后会推出"蓝天至爱"2号、3号等系列产品。三是扶持帮助相关慈善组织和慈善项目的孵化与成长，助力上海慈善事业的整体发展。慈善项目遴选侧重采取公益项目招投标的形式，遴选"安老、扶幼、助学、济困"等专业性强的公益服务组织，一起构建上海慈善公益生态圈。

另一类是慈善组织后置类型，委托人（自然人、企业、银行，或其他组织）将资产委托给信托公司，委托人享有设立和决策权，受托人有管理权，这种单受托人模式的管理权包括慈善项目运作和资产管理权，但因信托公司自身缺乏慈善项目运作的专业机构，所以出现慈善组织处于运作方的后置位置，接受慈善信托的资产并开具相关发票，执行公益项目，将信托资产分配给受托人（见图6）。

图5中没有绘制银保监会和监察人，其实，银保监会主要发挥对慈善信托架构和资产的规范与合法性的监管作用，虽然《慈善法》没有强制要求设置监察人，但66单慈善信托大部分都设立了监察人，一方面为了引入法律监督

175

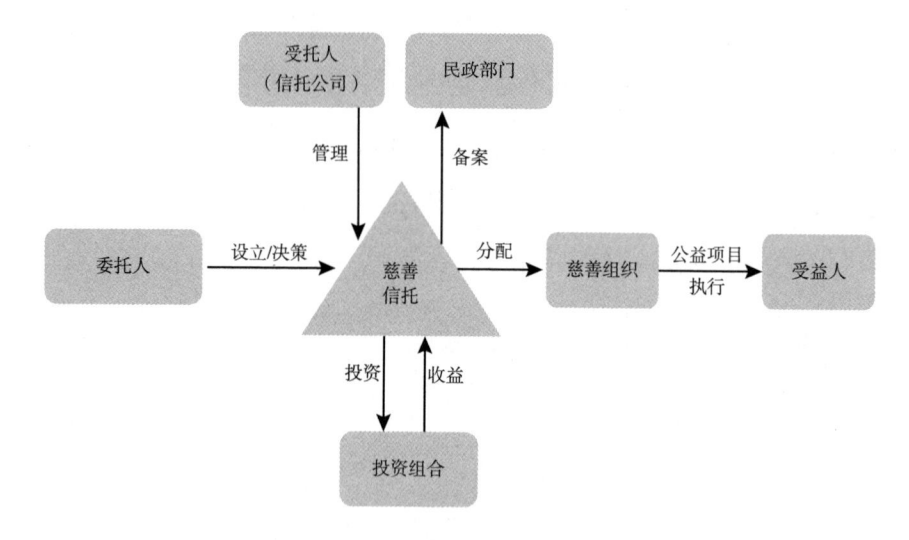

图6 慈善组织后置的信托公司单受托人模式

资料来源：长安国际信托股份有限公司慈善信托部上官利青，20171123 基金会论坛。

保障，另一方面也履行风险识别和风险分担的功能。

实际上，慈善组织后置的慈善信托形式上具有决策权力，实际运作中都是通过委托—代理关系由信托公司来运作，其中又出现三种情况：第一种情况是有些信托公司内部有慈善公益人才，可以独立运作，如上海国际信托公司的"放眼看世界"慈善信托；第二种情况是成立决策委员会，由参与主体各相关方代表来参与决策；第三种情况是决策委员会与参与主体没有关系，主要由外部专家组成，如中铁信托·明德1号宜化环保慈善信托。这就分别代表三种不同的治理结构和运作机制状态：一是信托公司治理结构发挥优势，尤其是慈善信托部的专业化运作；二是慈善信托自身治理结构发挥优势，但是受制于参与主体的利益相关方的关系；三是慈善信托自身治理结构发挥优势，但是相对独立于参与主体的利益相关方。在不同的慈善信托项目运作中，三种方式的优势发挥和适用度不同。

一是信托公司主导决策型，信托公司结构中有专业的慈善信托部，有懂慈善和信托的专业人才，比较有代表性的是"上善"系列浦发银行"放眼看世界"慈善信托。

2016年12月"上善"系列"放眼看世界"慈善信托在上海市民政局成功备案,由浦发银行出资委托上海国际信托有限公司用于"上海市困难家庭眼疾儿童免费手术公益慈善项目",为困难家庭斜视儿童实施免费手术。此单信托在募集社会资金方面有重大创新:浦发银行通过发行"公益理财计划"引入社会爱心资金,"公益理财计划"的投资者让渡部分收益,与此同时,浦发银行对这部分爱心资金实行同比例配捐,两者全部委托给上海国际信托公司用于慈善公益事业,有效扩大慈善信托的规模。该慈善信托的初始成立规模为50万元,不断扩大社会资金的支持规模①。该慈善信托还扩大了受益群体的范围,在原有斜视儿童的基础上,新增对上眼睑下垂及先天性白内障两项重大眼疾病的手术治疗资助,惠及更多经济较为困难家庭的眼疾病儿童。

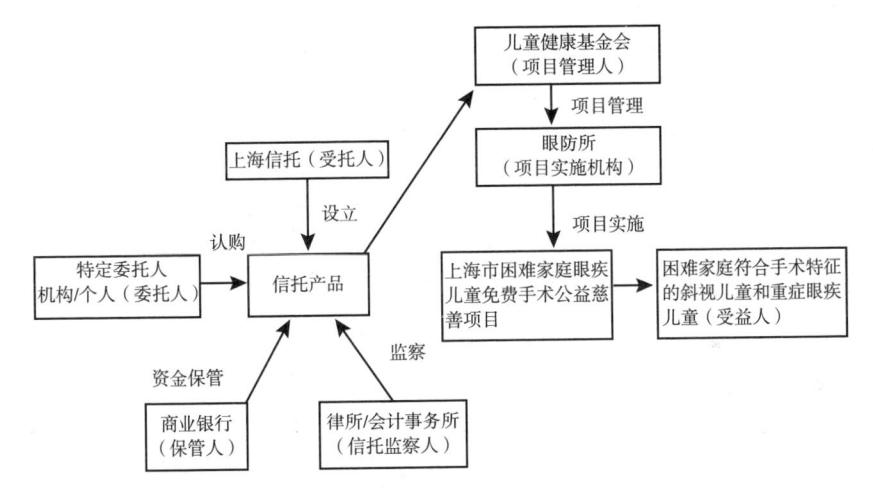

图7 "上善"系列"放眼看世界"慈善信托运作架构

资料来源:上海国际信托有限公司提供,课题组再度绘制。

此单慈善信托治理结构和运作机制有三个方面的特点。①资金募集方式创新。采用银行理财客户的部分投资收益和银行自有资金同步配捐的模式,确保资金的持续性,扩大参与资金面,提升社会影响力。②搭建多方联动平台。该慈善信托计划通过参与方各自的平台,与儿童健康基金会和眼防所合作,推广

---

① 资料来源:上海国际信托有限公司提供。

社会影响力,挖掘慈善信托计划项目的受众群体,将一个"单一项目、单一主体参与、单一渠道推动"的慈善项目变成一个"单一项目、多元主体参与、多元渠道推动"的新模式,提升了慈善资金的使用效率和关爱群体。③在遴选受益人方面有所突破。有治疗眼疾需要的孩子通过网站投递相关申请信息,或者在市眼防所就诊的患儿,如经确认是贫困家庭的孩子,可以提出相关申请(一年两次),这些拟手术儿童基础材料和手术预算的汇总名单和费用标准,需要经过慈善项目管理机构进行实质审核,受托人形式审查和信托监察人审核确认,以确保全流程公平、透明和科学。

慈善信托保值增值的能力短期就能见效,这单慈善信托12月刚备案,按上海市民政局网站公示的2016年此单慈善信托的相关信息,至2016年12月,初始50万元资金经存款利息和保值增值为500176.13元,慈善支出314974元①。经追加认购和浦发公益理财对于爱心资金进行同比例配捐,至2017年6月底该慈善资产规模增加到120万元,后续会持续募集资金,在此过程中积极发挥出这单开放式集合慈善信托的优势,不断累积扩大资产规模。自2018年3月1日,已经资助58位困难儿童完成斜视以及重症眼疾手术,共计治疗费用为196035.10元②,在此过程中发挥出这单开放式集合慈善信托的优势,不断累积扩大资产规模。"信托公司+项目管理人(儿童基金会)+项目执行人(眼防所)"的联动模式,推动慈善信托的专业化运作。这种模式中,信托公司治理结构发挥主导优势。

二是由参与主体各相关方组成的决策委员会。"大爱长安·陕西银行业普惠金融扶贫慈善信托",是以陕西省慈善协会为委托人,以长安国际信托股份有限公司为受托人,以北京市康达(西安)律师事务所为信托监察人③。该慈善信托是经向陕西银监局报告,由陕西省民间组织管理局批复,于2015年12月14日成立,以期实现定向扶贫,促进三农发展;其较早地探索慈善信托内

---

① 上海市民政公示信息,http://www.shmzj.gov.cn/Attach/Attaches/201706/201706190914561340.pdf,最后访问日期2017年10月13日。
② 上海民政:《上海市慈善信托年度报告(2017年度)公示》,http://www.shmzj.gov.cn/Attach/Attaches/201804/201804280502431656.pdf,最后访问日期2018年5月1日。
③ 虽然冠名为慈善信托,这单信托应该属于《中华人民共和国信托法》的公益信托,而随着《中华人民共和国慈善法》的正式生效才开启国内慈善信托,也就是2016年9月1日之后出现的才是真正意义上的慈善信托。

部专设决策委员会,主要由 5 名成员组成：陕西省银行业协会副秘书长、陕西省农村信用合作社联合社主任、长安信托董事长、陕西省慈善协会副会长和中行陕西省分行中小企业部总经理,决策委员会根据议事规则行事。项目委员会负责监督项目运作、审议项目总结报告和财务报告[1]。这种模式中,慈善信托自身治理结构发挥优势,但是受制于参与主体的利益相关方的关系,也可以有效发挥委托人意愿,成为畅通的需求表达渠道。

三是独立第三方组成的决策委员会利益相关方回避制。与参与主体没有关系,尽量确保决策的独立性和科学性,主要由外部专家组成。中铁信托·明德1 号宜化环保慈善信托率先采用这种利益相关者回避方式。2016 年下半年,中国生物多样性保护与绿色发展基金会诉湖北宜化化工股份有限公司及湖北宜化肥业有限公司环境污染责任纠纷案调解结案,在和解协议中：双方达成建立700 万元环境保护专项基金的共识。之后在《慈善法》影响下,将这笔赔偿款设立为慈善信托。委托人为湖北宜化化工股份有限公司,中铁信托有限责任公司为受托人,资金保管机构为光大银行成都分行,监察人为北京兆实律师事务所,中国生物多样性保护与绿色发展基金会担任公益顾问。信托受益人为受资助环保组织实施的环保项目、环保活动及环保相关奖励活动执行区域的社会公众。此单慈善信托设计为封闭式信托的治理结构,特色亮点是核心决策机关为决策委员会,对受奖励或资助的项目进行决策。

决策委员会由 5 位委员组成：委托人所在地政府代表 1 人、委托人所在地人大代表 1 人、生态专家 1 人、环境污染治理专家 1 人、环保社会组织代表 1 人。各决策委员均由公益顾问负责提名以及选任。决策委员会决策内容包括慈善项目的选择和运作、慈善资产的使用,对财务预算和项目运作实行监督作用,以决策委员会为中心形成了独立于委托方、受托方和监察人的独立第三方决策——监督层,这是治理结构和运作机制中对各方权利义务责任分配的创新路径。

2. 慈善组织单受托人模式的治理结构与运作机制

这种类型慈善信托的治理结构是慈善资产保值增值机构的缺失。目前实际运作中全国主要有两单慈善组织单受托人案例,主要是"北京市企业家环保

---

[1] 长安国际信托股份有限公司：《"大爱长安·陕西银行业普惠金融扶贫慈善信托"期间管理报告》,https://www.xitic.cn/,最后访问日期 2017 年 4 月 12 日。

基金会 2016 阿拉善 SEE 公益金融班环保慈善信托"和"弘毅 1 号——社区养老公益组织扶持慈善信托"。两单慈善信托成功突破了慈善组织难以开具信托专用账户的困境，为慈善组织独立运作慈善信托项目打开了一条新路径。主要治理结构和运作机制见图 8。

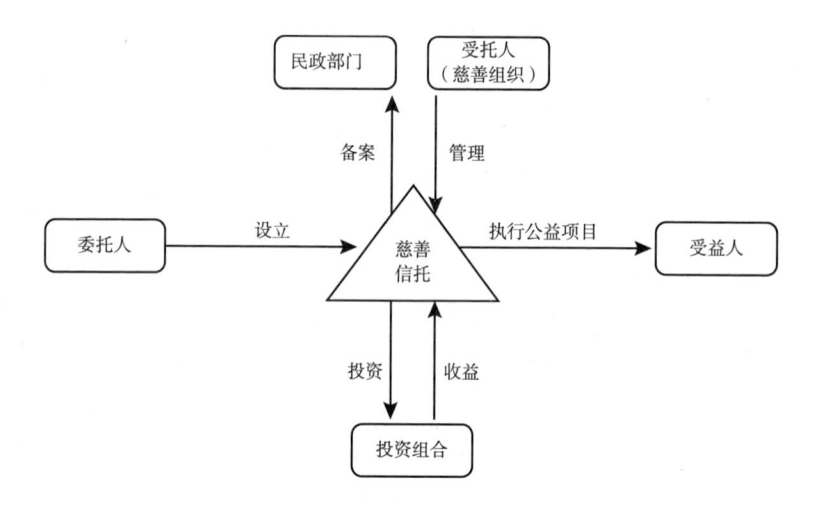

图 8　慈善组织单受托人模式

资料来源：长安国际信托股份有限公司慈善信托部上官利青，20171123 基金会论坛。

图 8 中展示的是结构最简单一种慈善组织单受托人模式的慈善信托治理结构，其中慈善组织作为受托人居于主体地位，负责管理慈善项目和资金管理，将慈善资产分配给受益人，里面的权力制衡关系相对较弱。所以在实践中有一些创新的案例，"北京市企业家环保基金会 2016 阿拉善 SEE 公益金融班环保慈善信托"主要是通过资助环保组织进行运作，而不是将资金直接用于改善环境，这样就会相应增加一些其他慈善组织作为运作方，并与相关领域专家建立合作关系，不断引入新的参与者来强化彼此之间的监督制约关系。"弘毅 1 号——社区养老公益组织扶持慈善信托"是全国首单社区慈善信托，委托人上海弘毅迁善实业发展集团，受托人是有公募资质的海南弘毅扶贫慈善基金会慈善组织，监察人是上海衡定会计师事务所，开户行为海口市农村商业银行股份有限公司，慈善资产规模为 100 万元，年限为 10 年，没有提取管理费用。两单慈善信托均是资助型，帮助相关领域其他慈善组织发展。

总体来说，慈善组织单受托人模式是全国慈善信托运作方式中最少的，也是治理结构相对缺失，慈善资产保值增值能力相对不足的一种类型，亟须增加信托公司或理财公司这样的专业慈善资产保值增值的机构，可以采取下列与信托公司合作的模式（见图9）。但是从长远看来，这种模式有助于提升慈善组织的主体性，并根据信托的需要逐步完善相关治理结构和功能。面对慈善组织自身对于慈善资产保值增值能力相对不足的问题，阿拉善SEE是企业基金会，以大量会员会费为主要资产来源，同样，海南弘毅扶贫慈善基金会通过与其他基金会合作进行多样化慈善资产拓展，但依然可以通过衍生委托—代理关系来优化治理结构：慈善组织单受托人模式中委托人将慈善资产转给慈善组织之后，慈善组织另找一家信托公司或者专业理财机构合作，双方共享同一个"普通单一信托财产专户"，信托公司或者专业理财机构受委托代理相关慈善资产的投资与收益事宜，慈善组织将慈善资产按照合同用于不特定受益人，这种模式中慈善组织依然是主体，信托公司和专业理财机构不是委托人直接委托的，而是慈善组织次生委托的，所以主体性相对于"慈善组织+信托公司"模式是相对较弱的，仍可以发挥其在慈善资产管理中的优势，里面需要协调的就是委托代理关系中产生的管理费问题和慈善资产保管的责任与风险问题，因为据目前法律规定，主要责任人是受托人，即委托代理中产生的问题由受托的慈善组织负责，所以相关法律合同文本的权利义务关系需要进一步精细化区分。

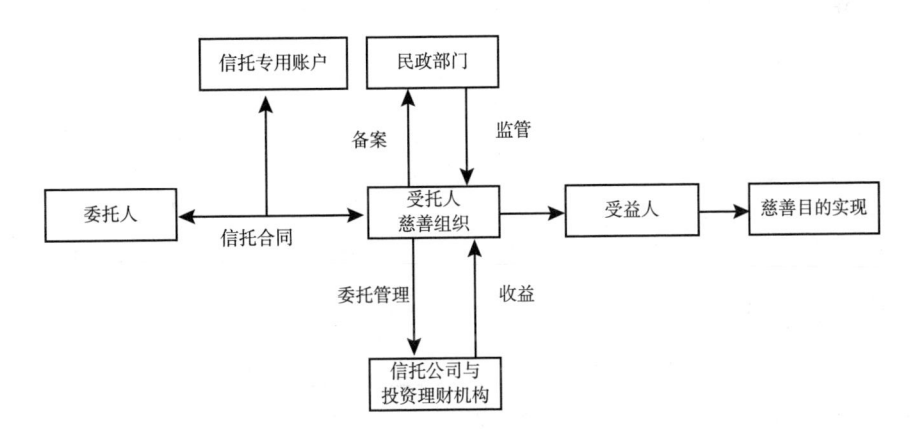

图9 慈善组织单受托人次生委托—代理模式结构

资料来源：课题组在相关资料基础上自制。

3. 慈善组织和信托公司双受托人模式的治理结构与运作机制

这是一种能相对较好发挥出慈善组织和信托公司主体性，优势互补的治理结构组合方式。依据"慈善中国"的数据，目前全国共有6单"信托公司+慈善组织"的双受托人模式的慈善信托，其中主体受托人基本都是基金会（见表2）[①]。

表2　"信托公司+慈善组织"双受托人模式

名称	委托人	受托人	监察人	备案时间	慈善目的
华龙慈善信托	宁波鄞州银行公益基金会	宁波市善园公益基金会和万向信托有限公司	宁波通商银行总行	2016年10月	对于文化、教育、助残、养老和环境保护等领域的公益慈善活动
中信·北京市企业家环保基金会2016阿拉善SEE华软资本环保慈善信托	华软资本管理集团股份有限公司	中信信托有限责任公司、北京市企业家环保基金会	北京市中伦律师事务所	2016年12月	资助和扶持中国民间环保NGO的成长，实现生态环境保护事业的可持续发展
天顺[2016]206号中国扶贫慈善信托	江西省老区建设促进会	中航信托股份有限公司、中国扶贫基金会	江西省老区建设促进会	2017年1月	精准扶贫济困、救灾重建、人才培训、为公益活动提供咨询、代管、服务等扶贫合作
中信·何享健慈善基金会2017顺德社区慈善信托	美的控股有限公司	广东省何享健慈善基金会、中信信托有限责任公司	—	2017年5月	支持顺德区的扶贫、救济、养老、教育、文化建设、村居福利等综合性的公益慈善需求
中信·上海市慈善基金会2017蓝天至爱2号慧福慈善信托	自然人	上海市慈善基金会、中信信托有限责任公司	上海融孚律师事务所	2017年8月	扶持和帮助孤寡病残等非特定群体，从事一系列与帮助困难群体有关的活动，改善困难群体的生活
中航信托·绿色生态慈善信托	中航信托股份有限公司	中航信托股份有限公司和中华环境保护基金会	广州市联合公益发展中心	2017年9月	资助和开展保护环境、促进绿色生态事业发展的活动及项目

资料来源：依据"慈善中国"信息，课题组自制。

---

① 慈善中国：慈善信托备案数据，http://cishan.chinanpo.gov.cn/biz/ma/csmh/e/csmheindex.html，最后访问日期2018年1月15日。

这种双受托人模式的治理结构和运作机制具有下述共性：委托人把资金捐赠给慈善组织和信托公司管理，里面又存在两种不同类型，一是慈善组织作为主受托人，二是信托公司作为主受托人，区别是主受托人注册所在地备案（见图10）。这样对监管更有针对性，发挥出当地对慈善信托实体组织更好的监管作用。无论哪方为主受托人，主要分工一般都是信托公司负责慈善资产的保值增值，发放慈善资产给慈善组织（运作方），再由慈善组织进一步发放给不特定的受益人。在这个过程中，慈善组织可以发挥出专业运作慈善项目的优势。同时，形成双受托人之间的彼此权利义务制衡关系，即信托公司要对慈善组织上报的受益人遴选程序和受益人名单进行审核，是否存在关联关系，是否公正合理，然后再决定拨付多少资金，有助于在慈善信托内部形成监督制约机制和行业自律机制。

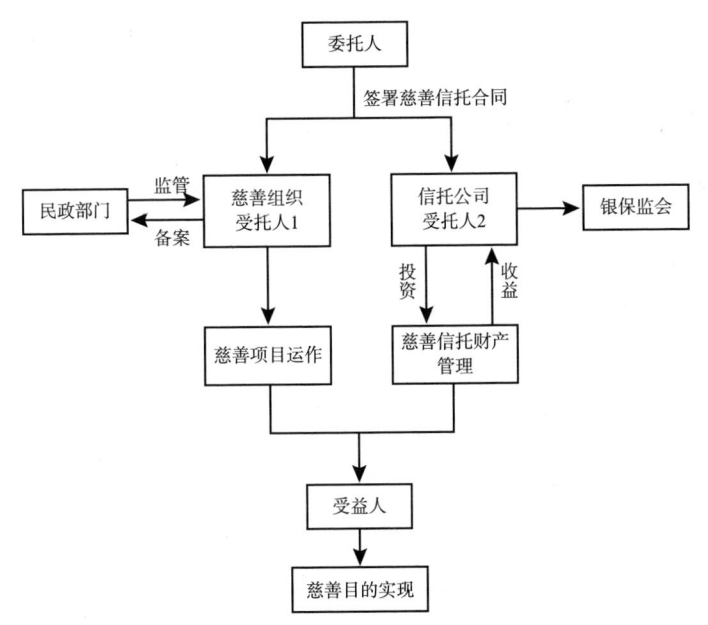

图10 "信托公司+慈善组织"双受托人模式慈善信托治理结构与运作机制

资料来源：在相关资料的基础上，课题组自制。

委托人（捐赠人）与信托公司和慈善组织签署慈善信托合同，基本法律依据是《慈善法》和《中华人民共和国合同法》（以下简称《合同法》），尤其是一些未提交给银保监会和民政局的一些协议,主要适用《合同法》。

其中慈善组织作为主受托人的案例是中信·上海市慈善基金会2017蓝天至爱2号慧福慈善信托。2017年8月15日上海市慈善基金会与中信信托公司合作设立的第三单慈善信托在民政局成功备案。这是上海首单"基金会+信托公司"双受托人模式的慈善信托,上海融孚律师事务所为监察人,广发银行股份有限公司为托管银行。由自然人将600万元现金资产委托上海市慈善基金会和中信信托有限责任公司,用于扶持和帮助孤寡病残等非特定群体,从事一系列与帮助困难群体有关的活动和改善困难群体生活的慈善活动(见图11)。

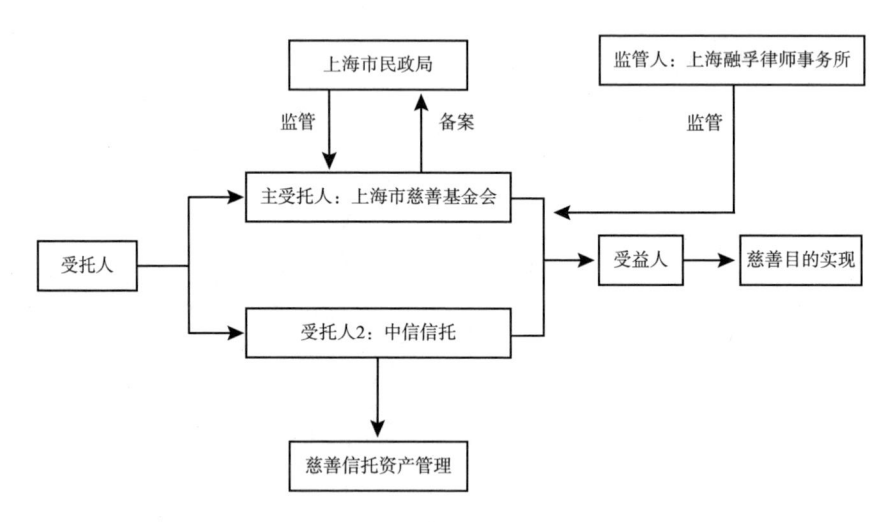

图11 中信·上海市慈善基金会2017蓝天至爱2号慧福慈善信托

资料来源:在相关资料基础上,课题组自制。

此单双受托人模式慈善信托的治理结构和运作机制有以下三个方面优势。一是两个实体分工清晰,目标明确,双方优势互补。充分发挥上海市慈善基金会专业运作与遴选慈善项目的能力和中信信托公司优秀的资产保值增值能力。二是互相监督,有助行业自律机制形成。上海市慈善基金会每年组织1~2次评审会遴选有良好信誉、丰富经验和稳定执行的团队,以确保与慈善信托目的相关的慈善活动逐年落实。与此同时,中信信托公司对上海市慈善基金会所遴选的项目和资金额度会进行审核,以确保其慈善资金是用于符合信托文件规定的受益慈善组织，否则有权拒绝执行。三是风险防控与投资收益有机结合。通过采取主动式投资管理，遵循资金安全性优先原则，在严格控制风险的前提下，选择有较高投资价值的投资标的，配置投资标的以提高信托收益，从而实现慈善资产规模扩大，增强慈善行业自身"造血"功能。

"慈善组织+信托公司"的创新实践：主要代表是"中信·何享健慈善基金会2017顺德社区慈善信托"，此单慈善信托创造性的发挥出"慈善组织+基金会双受托人+社区基金会（运作方）"的模式。这是全国首单资产规模最大的慈善信托，也是全国第二单社区慈善信托，约5亿元的永续性慈善信托，之前将近20亿元的股权捐赠，因为税收优惠的问题而被搁置。

此单慈善信托治理结构比较复杂，是双基金会模式，其中慈善基金会作为双受托人之一，发挥对于委托资金开具捐赠发票，和履行受托人义务，根据法律法规规定进行信息披露。而德胜社区基金会作为项目执行人，负责善款发放和慈善事务联系等实务工作，并将遴选的受益人评审表反馈给上端的和的慈善基金会，有效发挥出社区基金会扎根社区的独特作用。在这种运作模式中，除了信托公司和基金会可以各自发挥出资金保值增值和专业运作慈善项目的优势外，不同的基金会也可以根据各自的实际情况，差异化发挥出各自的优势：募集、分发资金和开具捐赠发票以及专业运作社区慈善项目（见图12）。

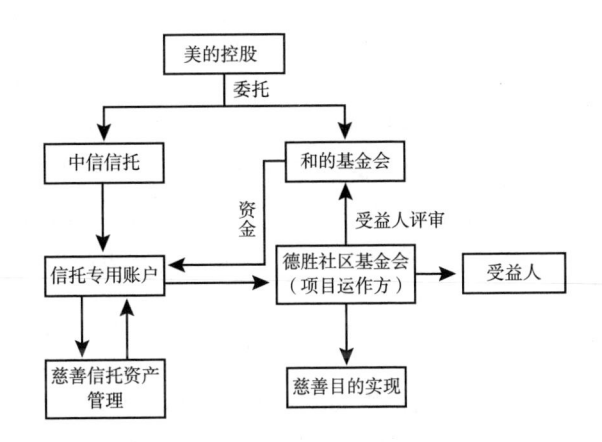

图12 信托公司+慈善组织双受托人模式

资料来源：在相关资料的基础上，课题组自制。

这种不断优化的治理结构呈现出不同类型慈善信托的精细化管理发展趋势，本着"专业的人做专业事"，多方主体优化责任和权利分工，优势互补，最大化发挥出慈善信托的慈善公益功能。

这两单双受托人模式慈善信托的受托人是中信信托公司，包括和北京阿拉善环保基金会合作的另一单慈善信托。自此可以看出不同信托公司的发展战略也是不同的，长安国际信托股份有限公司是以信托公司单受托人为主连发7单慈善信托，而中信信托有限责任公司多是采取与其他慈善组织合作——双受托人模式的发展路径，这与不同信托公司内部治理结构中是否有专门的慈善信托部、是否有专业的慈善人才有关，也与慈善信托业务拓展有关，进而形成不同的运作机制，双受托人模式在权利义务关系制衡上更明确，分工也更精细化，但也面临不同机构之间共识达成协调的困境和交流成本困境。

三 慈善信托治理结构与运作机制的问题剖析

慈善信托治理结构与运作机制存在的问题主要体现在慈善组织和信托公司的治理结构不足、信托公司和慈善组织治理结构不协调和慈善信托运作机制的失衡等方面。

（一）慈善信托治理结构与运作机制的不足之处

1. 治理结构中信任关系难以有效建立

这种基于信任关系和契约文本运作的信托制度在中国适用中主要存在"捆绑式"发展问题，也就是有些信托不是出于共识和治理结构互补有效实现慈善目标而合作的功能发挥，而是为了有效获取税收优惠的捐赠发票而设置的运作架构。

> 我们（信托公司代表）需要给慈善信托的委托人开捐赠发票，这样可以直接运作慈善项目。目前虽然慈善组织可以开出免税发票，但也不是所有的慈善组织都能开出，导致信托公司必须与有开票资质的慈善组织合作。有些人对此颇有异议，认为这种"捆绑式"模式增加了运作成本和

双方合作沟通难度，因为双方高层必须定期会晤，就一些事宜协商达成共识，也进一步增加了成本（20171129 访谈 Z）。

2. 法律、政策之间的衔接困境导致慈善信托运作机制不畅

慈善信托作为一种需要民政局、银保监会、税务局、慈善组织、信托公司、律师事务所、会计师事务所、慈善救助的受益人等联动信托架构，实际上涉及不同法律主体的合力问题，其中也存在一定的空白地带，法律政策体系之间需要有效衔接与落实，还需要一起完善其他法规体系。正在修订的《基金会管理条例》中对于承接慈善信托业务的资质要求等，从多方法律体系的弥合视角出发，以确保慈善信托的高质量运作。《慈善法》中对于10%的管理费和慈善组织70%的支出比例在慈善信托领域中的适用问题，目前没有相关明确的要求，所以在慈善信托管理费收取中存在一些问题，有些机构按照10%的管理费来收取，其他的一些机构认为这个标准太高了，所以采用更低的标准，或者免费义务来从事慈善信托业务的做法。很多监察人和托管银行，甚至一些受托方和运作方都采取零报酬从事慈善信托运作，可是慈善信托庞大、精细化的业务量，导致了慈善信托运作成本增加。也有些慈善组织因为慈善信托资金不能列为公募基金会70%的支出而缺乏运作动力，这是由信托资产的独立性造成的记账困境。

> 我们信托公司规模较小，如果运作资产额低于100万元以下的项目都是在贴钱做，实在无力在优胜劣汰的竞争市场上生存，所以暂时不考虑慈善信托业务（20180123 访谈 W）。
> 我们公司的考核制度是慈善信托业务与商业业务绩效的要求一样，如果过多精力从事慈善信托业务拓展，到了考核期根本难以达到绩效标准，所以通常会承接营业信托（20180126 访谈 M）。

这里也涉及信托公司自身治理结构和管理制度的问题，导致慈善信托业务运作机制不畅，在与商业或民事信托业务竞争中处于劣势，也再次揭示出参与主体中受托人自身的治理结构和运作机制对慈善信托治理结构和运作机制的主导影响力。

3. 受托人治理结构的困境

主要体现在相关部门和专业人才的缺失。①信托公司很少设置专业的慈善信托部门，多是放在各业务部门中由多个部门协调开展，且多与慈善组织合作，因为信托公司缺乏慈善公益人才。②慈善组织虽有资格担任受托人，但其结构中缺乏信托制度运作架构、专业信托工作人员，如果想要扩展，还受限于年度支出和管理费用标准的制约。③慈善组织很难单独开设信托专用账户，目前仅2单慈善信托单受托人尝试成功开户。《慈善信托管理办法》进一步将其放开，只有现金类的需要开设慈善信托专用账户，随即会面临一个问题，那么非现金慈善资产变现之后的现金流进入哪里的账户？一般来说慈善信托都是专款专户的，也就是说即使未开账户成功设立慈善信托，今后还是会在实际运作中再度面临这一问题。

4. 税收优惠困境导致慈善运作中的动力机制不足

税收中主要存在以下问题。一是免税的税种与额度问题。主要享有捐赠所得税减免，两会期间有专家提议把慈善资产保值增值的所得税也免交，英国和美国等对于不同税种在不同环节的减免都有各自明确的规定。最近刚修订的《中华人民共和国企业所得税法》以助《慈善法》第9章的"依法享受税收优惠政策"的进一步落实："企业发生的公益性捐赠支出，在年度利润总额12%以内的部分，准予在计算应纳税所得额时扣除；超过年度利润总额12%的部分，准予结转以后三年内在计算应纳税所得额时扣除。"然而，依据《基金会管理条例》，基金会对于慈善资产的保值增值是没有税收优惠的，即需要缴纳相关的所得税等，最新发布的《慈善组织保值增值投资活动管理暂行办法》也没有明确基金会在相关领域的税收优惠。今后仍需根据慈善信托的特性，针对不同的委托人主体、捐赠慈善资产的类型和种类、慈善信托运作的不同环节，合理地制定相关税收优惠政策。二是慈善信托的避税功能。虽然慈善信托起源于英国的时候就具有天然的避税基因，在中国也存在同一笔慈善资产在委托和运作环境多次开具捐赠发票的问题。三是税收优惠的风险问题。用于慈善事业的前提是资产合法性，目前备案在这一过程中明显倾向于当事人申明的方法，信托公司有反洗钱小组可以进行调查，一旦税收优惠放开，在退税或免税环节存在审核与监管问题。

专业人士甚至建议不要过早放开税收优惠，以前没优惠的时候也有人、公司在做公益信托，其实制约因素核心不是税的问题，一旦放开可能会导致其变质（20170622访谈C）。

5. 慈善信托的监督与评估困境

民政部门在监督和评估过程中，遇到一些问题：一是民政部门需要掌握慈善信托的相关知识，现在还不具备，正在逐渐积累中；二是民政部门在备案过程中对于备案程序和环节不是非常熟悉，需要逐渐了解；三是民政部门与银监部门之间合作监管，它们的业务领域与边界还不是非常清晰，有不好的地方处在模糊地带。同时，对慈善信托运行好坏，应该有一个第三方评估机构来评估，但目前许多地方都没有，慈善信托的评估工作由北京开始先试先行，发布慈善信托评估报告。

评估指标过细，很多机构还不知道怎么运作慈善信托，能力建设完全没跟上就开始评估，压力非常大（20171127访谈Z）。

然而评估又是非常关键的，只有从中及时发现问题，才便于尽快出台更完善的保障举措来确保慈善信托有一个健康、有序和可持续的发展环境。

（二）慈善信托治理结构与运作机制的关系失调

因为不同的慈善信托运作方式涉及不同参与主体间合作方式和资源整合问题，牵涉整体的治理结构功能发挥。影响慈善信托有效设立和运作的主要影响因素是制度环境、文化环境、资源整合和风险防控。慈善信托业务运作本质上存在经营风险、管理风险和金融风险，尤其是信托公司在货币市场、资本市场、实业市场三个市场的跨越，实现了股权、债券和夹层融资等多种运用方式，所以慈善信托业务的风险会传导给信托公司本身，慈善组织与信托公司在慈善资产保值增值过程中的风险如何有效防控？如何处理这个过程中慈善资产变相流失问题？这些问题都有待于出台相关兜底条款。而每一种运作方式会遇到共性的问题：如何确保决策、执行、监督、评估等环节都由相关专业人士进行科学决策。

慈善信托运作机制的模型初构见图13。

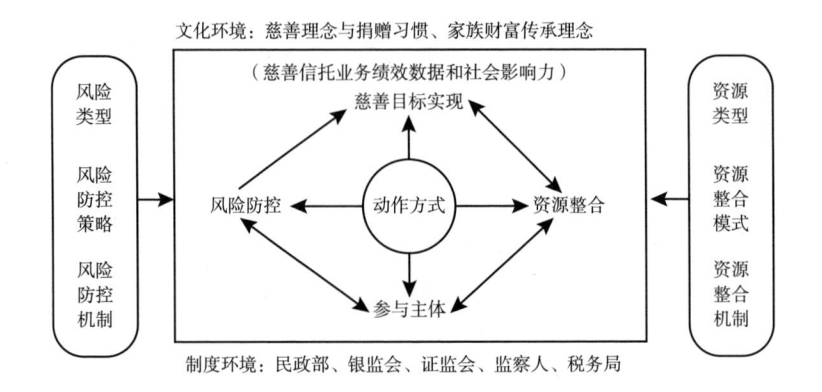

图13 慈善信托运作机制展示

资料来源：课题组自制。

分析慈善信托运作机制中主体间的关系发现，深层的主导驱动力是主体间内生需求：信托机构需要公募权和承担社会责任的信誉，解决融资困境的需求；慈善组织需要以信托方式来接收和处理股权、房产等非资金捐赠的估值、保值与增值；委托人需要在财富管理与传承中从事慈善公益活动；慈善事业需要在信托业这样严格、系统的监管机制中走向更透明、更专业化的高效运作，实现可持续发展。此外，税收优惠等激励举措也有动力功能，所以为了满足不同的发展需求也会选择不同的发展方式，并体现出不同的困境。

1. 信托公司单受托人模式的治理结构与运作机制的失调问题

这种模式中信托公司自身的治理结构对于慈善信托的治理结构有主导作用，即信托公司治理结构覆盖慈善信托的治理结构。信托公司发挥主要的决策和管理职能，主要受到银保监会、监察人的监督，也会受到民政部门备案和慈善项目运作的监督。如果该信托公司自身设有慈善信托部等专业机构，基本就是慈善信托的实体机构一种表现形式，有些信托公司是在发展部或者研究部来发挥慈善信托业务运作的功能。因此慈善信托的运作机制也是与信托公司自身的运作机制相联系的，多采取与慈善组织合作的方式解决税收优惠问题，并发挥慈善组织专业运作慈善信托项目的能力。与此同时，信托公司对慈善组织的项目运作有一种监管的功能。信托公司会派专人小组调研慈善组织在项目运作过程中的财务状况和受益人遴选等状况。所以这种失调体现在，"慈善"与

"信托"功能发挥过程中,在与有专门慈善人才的信托公司合作过程中,慈善组织自身的运作机制受制于信托公司的任务委托影响。而对于一些没有专门慈善信托部门的信托公司,会采取相对开放的态度与慈善组织合作,在慈善项目决策领域会多听取慈善组织的建议,可以较好地发挥出慈善组织自身运作机制的作用。

2. 慈善组织单受托人模式的治理结构与运作机制的失调问题

这种模式中慈善组织的治理结构对慈善信托治理结构有主导影响力,即慈善组织治理结构覆盖慈善信托的治理结构。因为从决策到管理和执行主体多是慈善组织,相比于其他运作方式是不同参与主体监督制约能力较弱的一种模式,所以如何发挥监察人的作用和提升慈善资产保值增值能力非常重要。

一般来说,慈善组织在资产保值增值领域能力较弱,一旦有了受托人资格,是否会变相造成慈善资产流失,也就是心有余而力不足的状态?因为《基金会管理条例》规定:基金会的投资活动需经全体理事2/3以上通过,他们会对失败的投资承担一定的连带责任,由此限制了基金会的保值增值活动开展。所以近期的慈善组织保值增值的意见征求稿对此有很大争议。

3. 慈善组织和信托公司双受托人模式的治理结构与运作机制的失调问题

目前全国仅有6单"慈善组织+信托公司"的双受托人慈善信托。因为双方可能的连带风险责任,在合作的过程中也发挥着彼此制衡和监督的作用,是在以往的民政部门、银监部门和监察人监督的基础上,慈善组织和信托公司彼此之间的监督。但访谈调研中也发现一个问题,就是监察人立场的问题,即监察人是由信托公司或慈善组织来选择,一般为了更好地监督对方,及早发现风险等问题,多倾向于找自己比较熟悉的监察人。除了经公益信托业务训练过的几家知名度较高的律师事务所之外,其他很多转型中的慈善信托律师专业度并不高,而信托公司在联系专业的律师事务所时也是占有优势的,因为既往业务合作中已经建立相关信任关系。所以有些慈善组织谈判期间为了找专业度高、立场中立的律师或监察人经常很困难,还有一些尝试合作之后发现不合适的,立刻更换相关律师的情况出现。所以这种模式中的失调问题主要体现在如何在治理结构中选择立场、价值相对中立的监察人,或者慈善信托专业律师,并在运作机制中有效发挥其职能的问题。

为了有效化解上述慈善信托治理结构和运作机制中的问题，可以尝试选择性借鉴国际慈善信托的发展经验，结合中国的具体实际情况，进行有针对性的改进。

四 国外慈善信托的经验借鉴

（一）国外慈善信托的发展历程与运作概况

不同的国家、不同时期的慈善信托类型与运作方式是有差异的，相应的治理结构与运作机制也各具特色。

1. 逐渐完备的法律体系

英国是慈善信托的原产地，13世纪时为了规避将土地捐赠给教会的《死手律》，转而将土地转给他人经营管理，再把所得收益捐给教会。后受到《衡平法》的认可，1601年的《慈善用益法》的颁布，逐渐形成用益制度，并以立法的形式创设了审查慈善财产滥用的程序，这一时期主要发挥着扶贫济困的功能，这也是世界上最早的慈善法[1]。19世纪伊始，慈善信托被用作避税的工具，公权力对慈善信托的监管势在必行，1853年英国通过《慈善信托法》，根据该法成立了慈善委员会作为专门的监督检查机关。目前研究中主要关注的是普通法系下英格兰和威尔士的慈善信托情况，1960年颁布《慈善法》，历经1987年、1992年、1993年、2006年和2011年多次修订[2]。在这个过程中，也进一步拓展到教育、科技、文化、艺术、体育、医疗卫生、环境保护等领域，维护生态环境的多元慈善目的。可以看出，从用益制度到慈善信托制度的转型，并且日益关注对于慈善信托监管的发展趋势[3]。

美国是较早接受慈善信托制度的国家，主要源于1608年"卡尔文案"判

---

[1] 解锟：《英国慈善信托制度研究》，法律出版社，2011，第22~35页。
[2] 金锦萍：《中国非营利组织法前沿问题》，社会科学文献出版社，2014，第112页。
[3] Registration - 13 descriptions of purposes (Charities Act 2006 now 2011) Cont. 注册——13种慈善目的［《慈善法》2006年版，现行是2011年版（续）］。

决确立的原则，英国法在英属殖民地生效①。美国很多州都提出废除英国相关法律的控制，如1792年弗吉尼亚州宣布废除1601年法律，其后纽约州等6个州相继宣称不接受1601年法律。这种拒绝的态度也就意味着与之相关的用益制度（慈善信托的前身）在美国发展受到了一定的限制。1844年的"威德尔诉吉拉德的遗嘱执行人案"将慈善信托的有效性提至美国最高法院面前，成为美国法律史上长达一个世纪的诉讼案件，最终承认法裔银行家遗嘱信托的收益用于设立吉拉德大学是有效的②。这一时期，美国信托制度用于民事领域，因为成文法较少，主要依据相关领域的判例③。19世纪中期以前，美国法院对于近似原则的排斥导致一旦出现不符合信托条款的情况，则信托失败，财产被返还给委托人，但是经历了Jackson v. Philips一案对于特权的讨论后，法院认为"衡平法院对慈善信托财产的衡平适用"可让更多财产用于慈善事业，自此逐渐承认了近似原则的司法效力④。S. F. D., Jr研究认为19世纪美国对于慈善信托最大的争议就是其是否可以由衡平法院执行？如何界定其公益性，或是为了公众利益而设立的目的？公众们认为这种信托方式可以增加国家财富，有利于社会经济发展和人们的幸福，因此多呈现出社会支持态度⑤。可以看出，美国更注重对捐赠者慈善目的的尊重和公共政策的保障，而且多是基于民间需求推动国家立法，实现其本土化演进。20世纪之后美国开始陆续颁布相关法案：1935年颁布《信托法重述》；1957年发表《信托法重述》（二）；1951年统一州委员会任命一个委员会起草慈善信托统一管理办法；1954年通过修订的《1954年为公益目的统一受托人监管法》，但使用范围较狭窄，只在加利福尼亚州等4个州批准使用⑥，之后，逐渐在更多的州适用；2000年通过《统一信托法》；通过《美国国内收入法典》来享受税收优惠，主要依据是501

---

① 〔法〕勒内·达维德.：《当代主要法律体系》，漆竹生译，上海译文出版社，1984，第372页。
② 解锟：《英国慈善信托制度研究》，法律出版社，2011，第151~152页。
③ 任猛：《英美信托制度与亚洲信托制度之法律移植》，《法制博览》2015年第4期，第192~193页。
④ 李喜燕：《慈善信托近似原则在美国立法中的发展及其启示》，《比较法研究》2016年第3期，第47~61页。
⑤ S. F. D., Jr, "The Enforcement of Charitable Trusts in America: A History of Evolving Social Attitudes", *Virginia Law Review* 54 (1968): 436–465.
⑥ 解锟：《英国慈善信托制度研究》，法律出版社，2011，第154~155页。

(C)(3)条款规定,慈善信托可以申请获得免税资格,比照公共慈善组织享有相应的税收优惠待遇,不同委托人优惠幅度不一样:自然人每年最多可以扣减应纳税收入的50%,公司法人每年最多可扣减应纳税收入的10%。美国拥有一套相对成熟的实物价值专业资格评估体系,以便对非货币捐赠进行当日公允价格估值①。

日本是最早移植信托制度的大陆法系国家之一,主要是从美国引进的。初期源于明治维新后全面学习西方的浪潮,后为了解决工业化进程中资金缺乏的问题,信托成为一种资金筹集的工具,并有金钱信托这一日本特色的业务。虽然1922年《信托法》中规定了公益信托,于1923年正式实施,但直到1977年才出现首单公益信托,用于支付奖学金以支持自然科学和人文科学的研究。20世纪80年代日本公益信托逐渐发展起来,尤其是1993年以后,信托银行和地方金融机构开始大量推广公益信托,于2006年出台《公益信托法》草案②。2007年从内阁设置公益认定委员会开始,由公益法人协会负责规划,配合正在进行中的公益法人制度改革,除原先的社团法人与财团法人之外,另增设公益社团法人与公益财团法人来扩大公益社会的层面③。2015年初正式启动公益信托改革:通过初期审批制简化非营利法人的设立程序,将事前监管变为事中和事后监管,经过公益委员会的公益认定,才可获得税收优惠;鼓励公益组织担任受托人,推动公益信托逐渐从资助型转为运作型。

2. 精细化的税收优惠政策

英国慈善信托享有各类税收优惠,针对不同的捐赠主体和资产类型主要通过不同的法律来规范。从委托人主体来看,为了鼓励高净值人士捐赠、低收入群体捐赠、企业等有不同的法律,针对不同主体都有不同的标准,如《个人所得税法》《小额慈善捐赠法》《遗产税》《公司税法》等。从捐赠期限来看,较适于长期捐赠的法律,如《所得税法》规定个人与慈善组织持续至少3年的协议捐赠,可以获得一定的所得税抵税权,《遗产税》规定永久性慈善信托

---

① 中国信托业协会:《慈善信托研究》,中国金融出版社,2016,第32页。
② 中国信托业协会:《慈善信托研究》,中国金融出版社,2016,第36~37页。
③ 蔡政忠:《英美日公益信托社会的发展现况与比较分析》,《社会福利》2012年第11期,第47~52页。

免征遗产税，有期限的慈善信托只在慈善信托有效内享受税收优惠[1]。从国内外差额优惠来看，依据《所得税法》和《信托（收入与资本利得）税法》规定，慈善信托从国内外获得的收入享有免税资格，但外国慈善信托在英国并不享受这种免税资格[2]。自此，可以看出不同国别慈善信托享受的法律待遇也是有差异的，早在慈善信托走出英国边界，与其他国家法律冲突交锋之时，就已经存在相关问题。从不同的税种来分析，《增值税》中规定慈善组织（含慈善信托）自有资产的资本利得全部免税，慈善信托开展的非商业活动可以获得相应的增值税退税[3]。依据《信托（收入与资本利得）税法》和《财政法》规定慈善组织的贸易收入也可以获得税收减免。不同类型的资产税收优惠也有差异。根据《所得税法》和《信托（收入与资本利得）税法》规定，信托财产获得不动产、养老金、利息、版税、专利、物品捐赠等均可以获得所得税免税优惠，已经缴税的部分，可以经慈善信托提出要求退税，如委托人将不动产转移到慈善信托时，可以免交印花税[4]。从捐赠方式来看，有工资单捐赠减免。雇员可以授权雇主从其税前工资总收入中扣除一定数额支付给慈善组织，税务局在征收所得税时将捐赠额予以减免[5]。可见，英国慈善信托享受精细化、体系化的税收优化，前提主要是慈善信托的完全公益性，即本金和收益必须全部用于慈善目的，且相关的监管体系（如慈善委员会和法院）也是非常完备的。

美国不同于英国，采取不同领域多部法律一些协力规范慈善信托的保值增值与税收优惠政策，虽不像英国那样有统一的《慈善法》，却有统一的税法典。按《美国国内收入法典》第501（C）(3)规定慈善信托可以申请获取免税资格，根据不同的捐赠人、捐赠慈善资产种类（现金、带有长期资本增益或称长期资本利得性质的财物等）、捐赠类型和捐赠对象：捐赠给慈善组织，还是私人基金会，都有不同的优惠标准[6]。首先根据捐赠

---

[1] 中国信托业协会：《慈善信托研究》，中国金融出版社，2016，第19~20页。
[2] 中国信托业协会：《慈善信托研究》，中国金融出版社，2016，第19~20页。
[3] 中国信托业协会：《慈善信托研究》，中国金融出版社，2016，第19~20页。
[4] 中国信托业协会：《慈善信托研究》，中国金融出版社，2016，第19~20页。
[5] 潘乾、尹奎杰：《英国慈善组织监管法律制度及其借鉴》，《行政论坛》2014年第1期，第97~100页。
[6] 江希和：《有关慈善捐赠税收优化政策的国际比较》，《财会月刊》2007年第7期，第73~75页。

人可以分为两类①：第一类是个体捐赠者，适用于累进税率，即收入越高，适用税率越高的人，捐赠所得的补贴越多的"逆向补贴"②；第二类是公司法人，每年最多可扣减应纳税收入的10%，超出的部分可以放到下一年计算，5年内有效。其次按照捐赠对象可以分为两大类：一是捐赠给公共慈善机构，现金和非货币类资产抵扣额度不同；二是捐赠给私有基金会，如果是现金一般抵扣限额为30%③。最后，按照捐赠资产类型来分，可分为货币捐赠和非货币资产④。在美国，法律上承认混合私益目的的慈善信托，只是其中私益的部分不享受税收优惠，如慈善盈余信托（Charitable Remainder Trust）⑤，不同于英国慈善信托的完全公益性。

　　日本公益信托的税收优惠政策比较有特色，主要分为委托人和受益人两类。其中企业法人作为委托人（捐赠者）享受的税收优惠主要依据《法人税法》，具体细则有以下几个方面。一是根据捐赠额度来看⑥，对于已经认定"特定公益信托"的进行捐赠的委托人来说，支出2000日元以上的特定捐赠数额时刻享受扣除额度：总所得金额×40%-2000⑦。二是根据捐赠主体来分析，公司设立公益信托需要交纳资本利得的所得税，但是对于政府或指定组织捐赠则计入免税额。三是慈善信托设立于运作过程中的税收优惠问题。委托人向受托人转移信托财产免征消费税（增值税）。四是根据是否有资本额或出资者来区分。五是遗产税，因继承、遗赠所取得的金额成为特定公益信托支出时免征遗产税。受益人则需要履行相应的纳税义务：一是自然人作为受益人，若其委托人也是自然人，则征收赠与税，如其委托人是法人，则视为临时所得征收所得税；二是受益人为法人，一般来说也需要纳税，但若是公益法人或无法人资格的社团或财团可免征法人税⑧。除了上述规定之外，日本税收优惠还有一些特殊要求，

---

① 据《慈善信托研究》中相关内容，课题组进行分类整理而成。
② 中国信托业协会：《慈善信托研究》，中国金融出版社，2016，第31页。
③ 中国信托业协会：《慈善信托研究》，中国金融出版社，2016，第30~32页。
④ 中国信托业协会：《慈善信托研究》，中国金融出版社，2016，第30~32页。
⑤ Silk, Roger D., Lintott, Janes W., Managing Foundations and Charitable Trusts: Essential Konwledge, Tools, and Techniques for Donors and Advisors, Bloomberg Press, 2011, pp. 42 - 43.
⑥ 据《慈善信托研究》中相关内容，课题组进行分类整理而成。
⑦ 中国信托业协会：《慈善信托研究》，中国金融出版社，2016，第42页。
⑧ 中国信托业协会：《慈善信托研究》，中国金融出版社，2016，第40~43页。

①捐赠资产类型的区别：上述税收优惠仅适用于货币等现金捐赠，而不动产等其他物质财产捐赠均不享受税收优惠。②捐赠对象的限制。只有针对"特定公共利益促进法人"捐赠时才能享受税收扣除优惠。③捐赠类型的区分：特定捐赠可以享受全额扣除优惠，其他捐赠按规定享受部分扣除①。并且通过转移支付的方式解决税权和事权不匹配的难题②。总之，日本的税收优惠政策与英美比较，限制性强，且有一定的政府导向性，尤为侧重学术科研类的培育。

（二）国外慈善信托治理结构与运作机制的经验借鉴

综合国外慈善信托的共性与特点，主要可以归结为五大方面：法律法规体系衔接严谨、治理结构和运作机制完善、监管体系完善、注重受托人资质、多元激励举措和深厚的慈善文化传统和氛围。

1. 法律法规体系衔接严谨

从英、美、日的立法过程可以看出，相关法律法规是逐步建立完善起来的，从1601年英国《慈善用益法》承认这种捐赠土地收益等行为开始，到侧重关注慈善目的的公益性，监督相关慈善资产和慈善项目的运作，通过不同的法律法规形成一套完备的体系，为了确保相关法律能有效落实，英国还发布了大量实用指南，进行普及推广相关运作知识。美国和日本也各有创新，在这个过程中逐渐形成信托的诚信、信用与信任的社会文化氛围。

2. 治理结构与运作机制的完善

模式一：决策-执行两层制的英国慈善信托

经比较，从国际上成功与失败的案例发现，慈善信托治理结构中决策、执行、监管等功能的发挥，影响着慈善目标能否有效实现。在英国，一般被称为非法人治理结构，如创建于1894年的英国国民信托（The National Trust）从2005年的法案规划（Parliamentary Scheme）开始更关注如何通过优化自身治理结构以实现科学决策和有效运作，该慈善组织总体架构按功能分为决策监督和执行层，并实行改革，理事会成员从52名精简到36名，预计在2018年完

---

① 中国信托业协会：《慈善信托研究》，中国金融出版社，2016，第40~43页。
② 张云：《美国、日本税收执法权配置的特点及借鉴》，《特区经济》2012年第11期，第71~73页。

成这一目标①。英国国民信托总体架构按功能分为决策监督和执行层，前者主要为两部分组成：委员会监督和建议，理事会负责审计、投资和管理，后者包括支持服务、运作咨询和信托三个部门，其治理结构如图14所示。可以看出，所有权力导向箭头均指向受托人委员会，执行层和非执行层均对其报告，与之相制衡的是理事会，经提名进入理事会的成员对其有监督和建议的权利，在委员会下属的三个机构之间也是激励与监管并重，如审计负责年报等，投资委员会负责慈善资产的保值增值，高级人员薪酬管理委员会负责人力资源和绩效奖励等。在执行层里面又包括支持、运作和信托三大部分。为什么这里会把信托与其他机构并列设置为执行层？虽然这是一家以信托业务为主体的慈善组织，其信托业务也是有不同层级的，其中受托人委员会是信托业务的决策层，而下面的信托部门是执行层，也是直接拓展各类信托业务的对接层。这样决策与执行的两层结构，有助于专业化分工和运作，而监督主要来自外部的慈善信托委员会。

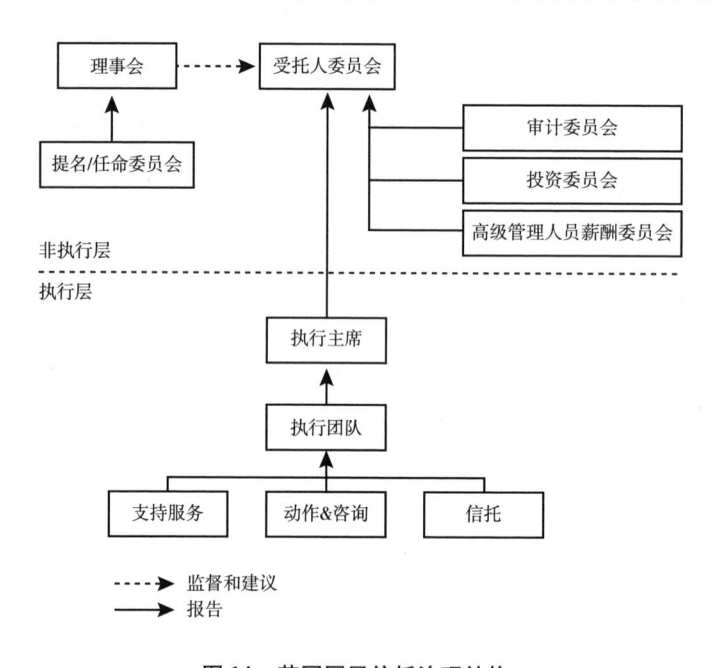

图14 英国国民信托治理结构

资料来源：课题组根据 The National Trust 官网上治理结构图绘制。

---

① The National Trust. https：//www.nationaltrust.org.uk.

模式二:"基金会+信托"双实体结构的美国慈善信托

美国的梅琳达盖茨基金会信托(Bill Melinda Gates Foundation Trust)是"基金会+信托"的双实体结构的范例,这样可以将资产管理和慈善项目实施相分离,优化提升了运作效率。2000年经合并成立的比尔及梅琳达·盖茨基金会于2006年进行改革,因接受巴菲特1000万股伯克希尔公司的B股股票(当时市值310亿),也是美国历史上最大一笔私人慈善捐赠,巴菲特因此也成为基金会理事会成员,但同时依然是伯克希尔公司董事会主席兼首席执行官。为了规避基金会受捐资产管理与捐赠方有关联交易之嫌,实行资产管理与施赠项目管理分离,开拓了基金的投资与项目运作的双轨制模式①,即将之前的比尔及梅琳达·盖茨基金会更名为梅琳达·盖茨基金会信托(Bill Melinda Gates Foundation Trust),主要负责管理基金的资产。新设立比尔及梅琳达·盖茨基金会(Bill Melinda Gates Foundation),负责慈善项目的运作和管理,但从性质上说基金会信托仍然属于私人基金会,免除联邦所得税②。治理结构和运作机制见图15。

在此基础上,因梅琳达·盖茨基金会信托官网上没有上述英国国民信托那样明晰的治理结构图,只有不同部门负责人的信息,里面一些信息与用益信托公司绘制的图有所更新:经查阅梅琳达·盖茨基金会信托审计年报,发现该信托资金规模从2014年至2016年反而缩小了,其中2014年信托资金规模累计43606440千元,即436亿元,而2016年是40644584千元,即406亿元③。可见,巴菲特从之前捐赠者也成为受托人,慈善信托的资产规模不一定呈增长趋势,反而可能会减少,具体减少原因有待于进一步细化分析。

梅琳达·盖茨基金会信托与比尔及梅琳达·盖茨基金会关系如何?是完全独立的两个体系,还是工作人员与机构有适当重合?什么样的治理结构更能发挥出慈善信托的优势?课题组尝试将一些部门机构的设置进行整合研究,如基

---

① 腾讯公益:http://gongyi.qq.com/a/20131206/009656.htm,最后访问日期2018年3月1日。
② Bill Melinda Gates Foundation Trust. https://www.gatesfoundation.org/Who–We–Are/General–Information/Foundation–Factsheet.
③ 梅琳达·盖茨基金会信托审计年报,https://www.gatesfoundation.org/Who–We–Are/General–Information/Financials,最后访问日期2018年1月29日。

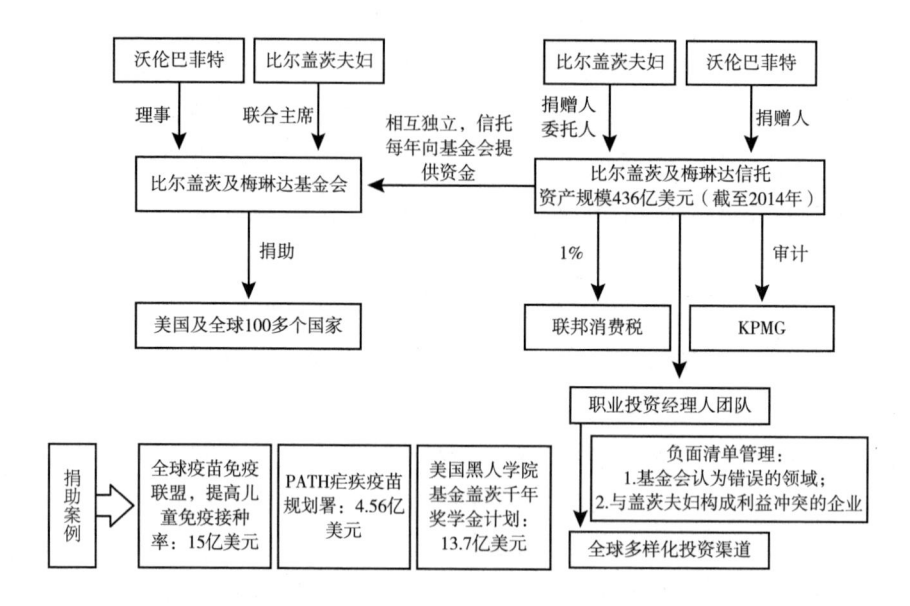

图15 梅琳达·盖茨基金会信托治理结构与运作机制

资料来源：金融界网站，http://trust.jrj.com.cn/2017/09/28154923183168.shtml。

金会官网上公示的部门，首席执行官（CEO）、人力资源部、财政部门、运作部、全球政策倡导、全球发展健康部、全球发展项目部、美国项目部等。但具体之间隶属关系有待商榷。可见，不同于上述英国的决策——执行明显区分的模式，实务部门更侧重不同类型的项目运作部门，有全球化的视野和独特的美国自身定位，这与国民信托致力于本国自然与人文遗迹、环境保护等发展模式不同，英国这一慈善信托更侧重唤起所在国内在的自我保护意识，有一种内生性。而美国更有一种输出性，希望通过政策倡导和慈善公益的方式改变全球的卫生健康情况等。

与中国的三种主要运作模式相比，梅琳达·盖茨基金会信托方式与"慈善组织+信托公司"双受托模式更接近，目前万向信托打造"双层结构"的幸福传承慈善信托的职能分工与之很契合，将专业的保值增值与慈善项目分开运作。然而历史上也有一些失败案例的教训，如 Samuel P. King 和 Randall W. Roth 出版《美国最大的慈善信托因贪婪、失误的管理和政治操纵而导致的信任损毁》，关于1884年 Beinice Pauahi Bishop 公主设立的夏威夷儿童教育慈善信托始于 1980 年发生的危机，美国国税局曾指出要撤销其慈善信托资格，为了扭转局面重组了信托理事会企图修复信任，但是并未成功①。同样在英国这样一个各项立法齐备，不断修订完善的法律体系下，2013 年《卫报》披露慈善信托组织严重逃税的罪行，如 170 万英镑仅有 5.5 万英镑真正落到实处，所以英国慈善委员会至今依然在不断改革和更新各类监管举措②。这种对于受托人资质和治理结构的关注，为中国慈善信托事业发展提供很好的借鉴。

3. 监管体系完善

英国模式：以慈善委员会为主体，重视治理结构的监管。自 1853 年慈善委员会有特殊的政治地位，每年由英国政府划拨经费，直接向议会负责，提交慈善事业年度报告，但事实上拥有较多自主管理权，对于英国慈善事业稳定发展有重要意义。英国在治理慈善信托中有一个从重视运作机制到治理结构的变化过程。具体的节点可以英国国民信托为成功案例，依托于英国议会 2005 年的法案规划（Parliamentary Scheme），开始关注治理结构问题③。2016 年英国慈善委员会法律服务部主任 Keenth Dibble 再次确认对治理结构进行监管的重要性④。总之，英国是以慈善委员会为主，同时与高等法院、国内税务署、遗嘱事务署等一起进行监管，形成慈善组织、政府、法院三者的联动监管体系。

美国模式：关注慈善信托资产保值增值的法律保障。从 20 世纪初美国各州开始从法律上认可慈善信托，1935 年颁布《信托法重述》，1957 年发表《信托法重述》（二），2000 年通过《统一信托法》。依据相关法律，州检察长负责监督慈善信托，财税部门也依法监督其运作情况。关于慈善资产的保值与增值，主要适用《统一审慎投资法》（Uniform Prudent Investor Act，UPIA）和《机构基金统一审慎管理法》（Uniform Prudent Management of Institutional Funds Act：UPMIFA）规范投资，不过适用范围有限，慈善信托受托人的机构受制于

---

① Samuel P. King, Randall W. Roth, *Broken Trust: Greed, Mismanagement and Political Manipulation at America's Largest Charitable Trust*, University of Hawaii Press, 2006), pp. 185 - 282.

② 环球网, http://hope.huanqiu.com/globalnews/2013 - 06/4008759.html, 最后访问日期2017 年 11 月 25 日。

③ The National Trust: https://www.nationaltrust.org.uk/, 最后访问日期2018 年 1 月 23 日。

④ 上海交通大学徐家良教授主持的"中英慈善法双边研讨会"，英国慈善委员会法律服务部主任 Keenth Dibble 的发言，2016 - 08 - 18。

该法案，但个人，银行或信托机构作为受托人的信托基金不在约束的范围之内。总之，美国是以州检察长为主的司法部长、州检察长、财税部门、美联储和委托人联合监管体系，尤其是 501（c）3 的税务监管起了非常大的作用。

日本模式：注重多重监管。日本公益信托主要遵循七个方面的规范：必须经主管部门审批、永久信托禁止原则的排除、可及的近似原则、必须设置信托监察人、强化公益信托的监督、设置运营委员会、信托终止分为相对终止和绝对终止。其中监管一项，因公益信托的目的不同而有所差别，如以资助奖学金为目的的信托主管部门是教育部门，而以银行为受托人的公益信托，则受到金融厅长官和公益目的所属主管机关的双重监督[①]。日本的信托规范相对完善，侧重监管，也有明确的税收优惠等激励政策。

4. 重视受托人资质的法律约束

慈善信托合法有效运作的关键点是受托人的资格和运作规范。在英美，对受托人资质和权利义务关系都是有专门的法令，如英国的《1925 年受托人法》和《2000 年受托人法》，美国 1951 年统一州委员会任命一个委员会起草慈善信托统一管理办法，并于 1954 年通过了修订的《1954 年为公益目的统一受托人监管法》，但使用范围较狭窄，只在加利福尼亚州等 4 个州批准使用[②]。之后，逐渐在更多的州适用。因为这是慈善信托合法有效运作的关键在于受托人资质。

5. 多元的激励举措

英、美、日等国对于慈善信托不同的委托主体、税种都有不同幅度的税收优惠政策，以确保其从事慈善信托的积极性，尤其是美国的 501（C）3 税收优惠条款，印度对于相关慈善税收优惠，也有较为完备的体系。日本公益信托名称中可载入财产捐赠企业或个人名称，以永远赞颂其善意。结合各自国情特点，研发出不同模式的创新型慈善信托。比较有代表性的就是美国法律认可的混合私益目的的慈善信托，以及日本特色的特定赠与信托，因为一般慈善信托均要求完全公益性和禁止委托人与受益人有关联关系，而日本这款针对残疾人的慈善信托，是允许父母为其残疾子女设立，并享受相关税收优惠的政策，可以看出一些更符合人性原理的制度设计。

[①] 中国信托业协会：《慈善信托研究》，中国金融出版社，2016，第 39~40 页。
[②] 解锟：《英国慈善信托制度研究》，法律出版社，2011，第 152~153 页。

6. 深厚的慈善文化

从英国慈善信托的起源和演进历程，可以看出虽其有规避法律和避税的原生基因，但是随着用于公益目的慈善资产的捐赠与使用，国家监管制度有所完善，信托制度的优势越来越明显，承担着福利国家公共职能，有效促进英国慈善公益事业的发展，维护社会的稳定。但是多适用于普通法系的法律文化和规范，大陆法系受"一物一权"的理念影响，接受起来相对较慢。深厚的慈善文化也具有双面性，对于物权概念越深厚的国家接受起来就非常慢，如法国和德国，但是作为后发法律形态的一些国家，如日本，虽然从1922年颁布《信托法》，但是到20世纪70年代才有第一单慈善信托，之后随着国家力量的推动日益发展起来。目前中国也有这一趋势，虽然中国有着悠久的慈善文化传统，但是这样的信托制度嵌入还需要政府力量的推动。

五　确保慈善信托可持续发展的实现条件

总体思路：发挥慈善信托的优势，创建中国特色创新型慈善信托治理结构与运作机制的整体工作体系，在稳健、规范和创新的原则下，汲取国内外经验教训，以跨部门联动监管体系保障护航，促进信托公司和慈善组织完善自身治理结构，鼓励双方合作，拓展慈善信托创新业务，发挥监察人独立第三方的监督作用，具体表现为制度保障，政策优化，多元主体关系建构平台打造，互联网信息技术提升的合法性、规范性、激励性、有效性、创新性、开放性和伦理道德等条件。

（一）合法性条件

合法性条件是慈善信托存在的前提条件，主要表现在慈善信托资产来源的合法性、慈善组织和信托公司等受托人资格的合法以及合同文本的合法性。

1. 资产合法问题

《慈善法》第36条明确规定，"捐赠人捐赠的财产应当是其有权处分的合法财产"。依据《慈善信托管理办法》在备案申请提交材料中包括："委托人身份证明（复印件）和关于信托财产合法性的声明"①。据课题组访谈调研全国不同省市的备案情况，以及网上公示情况，大部分都是委托人自己的承诺书，而其他相关部门的调查确证资料有待补充。在有资格担任委托人的组织机构中，信托公司有反洗钱小组可以调查确认慈善资产来源的合法，但是慈善组织治理结构中这一功能是缺失的，所以慈善组织单受托人模式存在相关风险，可以通过委托其他机构合作展开。

2. 受托人资格的合法性问题

目前国家相关法律文件中明确慈善组织和信托公司可以作为受托人，但是对具体需要符合什么资质的慈善组织和信托公司均没有要求，也就是降低了备案的门槛，同时也将风险转嫁到负责备案的民政部门。在国外，尤其是英国和美国，对规范受托人资格方面都有明确的法律法规。既然没有明确的法律依据，也就应对任何一家前来办理备案慈善组织和信托公司进行相关的合法性审核，以免因为备案产生连带的"背书"。

3. 合同文本的合法性问题

在提交给慈善组织和信托公司之后，还存在一些参与主体合作方的协议和合同，这些按照《慈善法》和《慈善信托管理办法》不需要提交的协议，有私密性质，今后一旦发生纠纷，适用于《合同法》的范围。

（二）规范性条件

规范性条件主要确保慈善信托的合法运作，体现在慈善信托的运作流程和相关文本的规范性、合同协议的规范知识掌握、慈善资产保值增值的投资规范。

1. 慈善信托运作流程的规范

对于主要的运作流程有不同的解读，如国投泰康慈善信托负责人和晋予曾对此通过图表的方式进行解读（见图16）②。

---

① 中国银行业监督管理委员会，http://www.cbrc.gov.cn/govView_ 6F14262F05874A14B6454206CE4CE4C4.html，最后访问日期2018年1月30日。
② 和晋予：《慈善信托在公益慈善领域的实用价值》，公益筹款大会，上海，2017年12月8日。

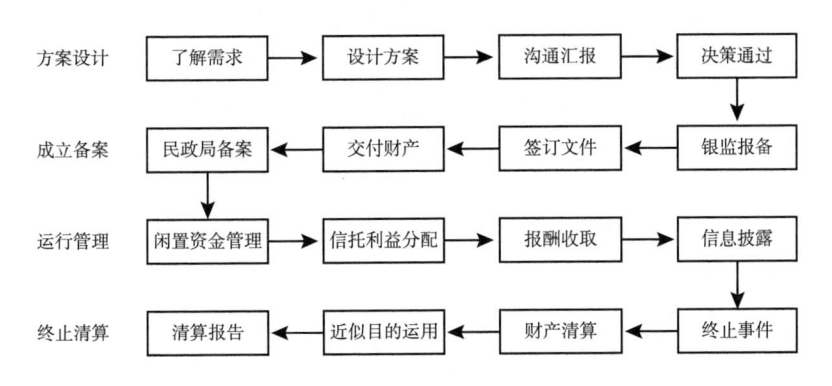

```
方案设计   了解需求 → 设计方案 → 沟通汇报 → 决策通过
                                              ↓
成立备案   民政局备案 ← 交付财产 ← 签订文件 ← 银监报备
                                              ↓
运行管理   闲置资金管理 → 信托利益分配 → 报酬收取 → 信息披露
                                              ↓
终止清算   清算报告 ← 近似目的运用 ← 财产清算 ← 终止事件
```

图 16　慈善信托运作流程

资料来源：国投泰康信托有限公司，20171208 公益筹款人大会。

在此基础上，课题组将其简化为：①参与主体确定合作洽谈（受托人资质问题）；②民政部门备案、领取回执；③慈善信托运作（关键点为受益人的遴选）；④按照相关规范披露相关信息；⑤多方联动监管；⑥委托第三方评估慈善信托运作情况。也就是在上述流程基础上，增加了评估问题。北京民政局已经委托第三方进行了一次评估。事实上，由谁来委托（单方委托、联合委托），谁来受托评估，按什么原则和规范进行评估，评估的费用谁来承担，评估结果的有效性等都亟须深入研究和解决。

2. 合同协议的规范性问题

合同文本没有明确的范本，一般都是信托公司出具合同初稿，在与慈善组织洽谈期间进行多方修改。据课题组访谈调研了解到，有些合同甚至是逐条修订过的，一方面，可见慈善组织和信托公司双方合作信任关系建立的磨合期；另一方面，也可以看出慈善信托合同文本的规范性问题亟须相关专业律师组织培训，毕竟慈善信托是新生事物，相关法律专业人才目前还是很匮乏的，如果今后出现纠纷，都是依据合同契约进行化解和调节，所以在规范性方面，仍需要相关政府部门的进一步推动和培训。

3. 慈善信托运行机制中风险防控机制和问责制

慈善资产保值增值的投资规范问题，法律依据是"合法、安全和有效的原则"，具体执行的时候主要依据《信托管理办法》和《慈善组织保值增值投资活动管理办法》（意见征求稿）等相关规定进行约束。访谈调研中也发现慈善信托资产多采用保守投资策略，即"低风险，高流动性"的资产配置，多是在银行储蓄，或是购买风险和收益都很低的理财产品。如果能有效发挥出慈善信托资产保值增值的自我"造血"能力，同时又能化解投资失败的风险，确保慈善资产的安全性至关重要，所以在风险防控方面的规范性仍有待加强，适度推行问责制。

（三）激励性条件

激励性条件主要体现在需求导向的税收优惠政策和多元激励举措，以及慈善信托成本问题的制约。

1. 税收优惠方面

建议依据《慈善法》中慈善类型的排序来决定税收优惠的幅度，尤其是加大扶贫济困、养老与医疗救助慈善信托的税收优惠比例；依据委托的资产种类，通过不同优惠幅度来扶持不同类型的资产信托，如今后适度鼓励知识产权信托，这样可以促进知识产权创新，鼓励高校知识分子参与慈善事业，形成产学研聚合效应；慈善组织对慈善资产保值增值免交资本利得税（目前信托公司进行慈善资产保值增值时是免交资本利得税的，而慈善组织依据《基金会管理条例》依然要缴纳保值增值部分的税）。

2. 多元激励举措

建立各地民政对于本地优秀的慈善信托案例予以奖励和公示，在民政网站设置滚动栏介绍相关慈善信托业务。与此同时，对于捐赠设立慈善信托的组织机构和自然人给予荣誉称号，鼓励慈善信托捐赠。同时也可以鼓励高校、慈善信托和信托公司合作，以讲座、沙龙和培训班的方式进行慈善信托知识的宣传语推广，推动其专业化进程。

3. 慈善信托成本问题

慈善信托成本主要体现在管理费方面，因为2016年开启的新慈善方式，很多机构都采用了免费的方式，有些慈善组织和信托公司、监察人和托管银行都不收管理费，也不要报酬，基本是在免费服务。其实慈善信托的工作量很大，要求的专业度也很高，相关从业人员免费为之工作，短期内靠着道德律和热忱还是可以进行的，如果长期这样，难免会造成动力不足。另外对于信托公司来说，运作慈善信托也是有成本的，如果资产规模太小有时候就会贴钱在运作，也会导致一些小额的慈善信托无法有效落地。为此，亟须深入研究慈善信托的成本管理费和相关人员的劳务费比例额度问题，对于慈善组织来说，是否应该计入《慈善法》中规定的管理成本不得高于10％，以此实现不同法律法规之间的无缝对接。

（四）有效性条件

有效性条件，主要体现在治理结构和运作机制中多元主体之间的关系建构，权利义务的分配，利益平衡制约机制，在管理和运作中促进参与主体在竞争和合作方面的良性互动。

1. 慈善信托运作机制中利益平衡机制

受托人资质对于慈善信托能否合法、有效运作非常关键，所以慈善组织和信托公司作为主要受托人时，亟须优化自身的治理结构，对于合作过程中依据项目运作出现的动态治理结构，要及时制定相关管理办法，使其走上制度化的良性轨道。高校等科研机构与信托公司、基金会、银行、企业等合作建立培训与人才培养合作平台，推动慈善信托的专业化进程。不同行业组织如信托业协会、慈善信托联合会与慈善组织、信托公司和民政部门之间的互动，共享平台打造，逐渐形成有信任关系的网络化治理结构，对于多元主体协同参与慈善公益事业的治理有重要意义。

2. 慈善信托运作机制中的监督与管理机制

为了确保参与主体良性互动的保障机制即监督机制的完善，在合法、合规的情况下进行权利与义务的划分，各司其职，优势互补。发挥监察人的作用非常关键，毕竟民政部门和银保监会的监管多是外部有政府公权力效应的，而监察人是慈善组织和信托公司经过协议谈判后，双方同意自由选择的，比较信任的律师事务所、会计师事务所或者社团等机构，相对更有民间性和社会性，也有助于发挥出行业内部监督机制的作用，形成行业自律。同时，通过慈善信托运作情况的公示等，引入社会大众的监督，使慈善信托全程透明化运作，更增强其公信力。

（五）创新性条件

创新性条件，主要体现在慈善信托治理结构、运作模式的创新，促使慈善信托运作机制的优化，综合效益（经济、文化、社会效应）的提升。"慈善中国"上已经对慈善信托的信息实现了综合查询功能，今后亟须在"互联网+"的推动下，进一步完善相关网站建设，如不同慈善信托的年报公示，相关慈善组织或信托公司参与评级的情况等信息进一步完善，有助于社会公众通过平台进行监督，有相关大数据的支撑，也便于直接验证慈善信托的运作效益。

慈善信托的业务创新。万向信托创设全国首个双层结构的慈善信托——"幸福传承慈善信托"，慈善目的是促进和弘扬家族文化发展。其治理结构的创新之处体现在，两层信托组成：第一层信托主要目的是保值增值，将收益全部置入第二层信托，第二层信托为慈善信托。此单的优势在于"第一层信托管理人专心做投资，避免因为慈善资金偏重安全性的特点而限制投资品种和投资方向的选择，更好地提高收益率；第二层专注做慈善，免除因投资和资金来源而产生的后顾之忧"[①]。此外，还有"家族信托+慈善信托""保险金信托+慈善信托"等创新方式出现。

创新是慈善信托运作发展、形成中国特色的动力源泉，所以各地民政应该适当允许慈善信托进行创新性探索，但与此同时要与银行、银监等机构保持合作，动态关注相关资产的合法和有效性。

（六）开放性条件

开放性条件，主要体现在慈善信托自身结构设置的开放性、永续性，也包括慈善组织、信托公司和社会公众之间存在信息不对称问题。

慈善信托结构的开放性，主要体现在政府资源的融入和允许追加委托人，形成公司合营PPP的另一种表现形式。"大鹏半岛生态文明建设慈善信托"对于推动生态建设资金社会化运作有重要的意义，因其委托人是深圳市大鹏新区管理委员会，出资1000万元设立开放式永续慈善信托，慈善目的是为推动大鹏半岛生态文明建设，将发挥政府资金的杠杆效应和引导作用，联动社会资源共同参与大鹏半岛生态文明建设[②]。这种案例在日本也出现过，政府出资带动

---

① 金融界，http://finance.jrj.com.cn/2017/09/04044023051812.shtml，最后访问日期2018年1月30日。
② 新华网，http://www.gd.xinhuanet.com/newscenter/2018-02-04/c_1122366340.htm，最后访问日期2018年1月30日。

社会资本进行社区改造营建。为了让更多元和广泛的力量通过慈善信托来发挥出慈善公益的力量，扩大开放性和包容性，是非常必要的条件之一。

慈善信托信息开放性问题中存在一定程度的信息不对称。慈善信托作为新兴的慈善方式，参与主体中慈善组织、律师事务所、民政部门相关人员和社会公众对其都非常陌生。慈善组织内部在审批信托合同的时候容易出现慈善信托专业知识的缺乏造成沟通障碍、对于合同文本的不放心、不知道开具什么样的捐赠发票合适三个问题。与此同时，信托公司虽然对信托业务很熟悉，但是公众对其的认知度不高，也存在运作成本等困境。据访谈了解到主要制约因素有三个方面：中小型信托公司不太愿意承接慈善信托业务、缺乏慈善信托管理费的明确比例规定、公众多认为信托公司主要是营利的，对其从事的慈善事业知之甚少。慈善组织对于相关业务熟悉度会影响备案的筹备期的时长，信托公司的运作成本对研发小额慈善信托的热情和可持续度有影响。

（七）伦理道德条件

伦理道德条件主要是应对委托代理关系中的道德风险和逆向选择等问题。具体表现在以下几方面。

1. 逆向选择问题

主要有两类：一是信托公司选择合作的慈善组织时，往往会拒绝与一些机构合作，在访谈调研中发现，即使慈善组织有大笔可以用于信托的资金，也难以找到合适的信托公司接单，主要是因为对其项目方向不感兴趣；另一类是慈善组织不了解信托机构的全部信息，这样信托机构可以利用这种信息不对称的优势来签订有利于自己的合同，使得受托人慈善组织的利益受损[1]。

2. 慈善目标的有效实现问题

慈善信托的本金和收益都必须用于慈善目标，基本上缩小了公益转私益的口径，但是逆向选择问题怎么避免？尤其是受益人遴选方面的关联交易问题等，除了银保部门和民政部门的监管，社会监督和公示等年报制度外，最主要还是从业者内心深处的道德律。

---

[1] 黄旭：《我国慈善信托委托——代理问题研究》，山东大学硕士学位论文，2015，第31页。

3. 慈善公信力问题

慈善信托作为新兴的慈善方式,很多风险隐而未现,目前已初步呈现出高志愿精神和奉献精神,诚如上述分析慈善信托成本时所提到的,大部分业务都是免费的,很多信托公司也是贴钱在做。如果因为经营管理不善出现负面新闻,很容易使道德高地一落千丈,对慈善公信力损伤也很大。

如何使上述这七类主要条件协同发挥出合力的作用,真正有效改进和优惠治理结构,亟须政府、市场和社会各界一起打造中国特色的慈善信托保障机制,使其决策-执行-监督-评估-反馈各个环节都能激发出活力和创新力,整合发挥出整体效益。

六 优化慈善信托治理结构与运作机制的政策建议

根据实地调研不同慈善信托运作状况的比较分析,对不同运作方式的慈善信托提出有针对性的对策建议,主要从制度环境、运作流程、治理结构和运作机制层面建议促进慈善信托整体发展,为创立具有中国特色的慈善信托管理体系而努力。

(一)修改《慈善信托管理办法》,规范慈善信托治理结构

像《基金会管理条例》那样对慈善信托治理结构基本组成要素做出具体规定,如决策委员会、资金管理委员会、慈善项目的调查与监督小组、慈善资产合法性调查小组等,对治理结构和运作机制中的权力制衡、责任与义务、激励举措、风险防控、监督管理、评估和问责等做出相应的明确规定,以助其发挥出相应的慈善公益效应与功能,鼓励各地制定具有特色的促进慈善信托发展的文件。

在实际访谈调研中发现,很多地方持稳健态度,不愿意出台相关激励举措的文件通知,目前也仅有北京出台了地方慈善信托管理办法,江苏出台的《江苏省慈善条例》是省一级最早落实《慈善法》的地方性法规。所以如果国家和地方层面不能及时从法律法规的层面规范慈善信托的治理结构等问题,就只能依靠慈善组织和信托公司的行业自律,根据慈善信托业务运作的相关需求

进行完善，再通过慈善信托的评估工作进一步落实和监管，以确保慈善信托的专业化和规范化运作。

（二）规范慈善信托备案材料的审核和运作流程

重点关注合同文本中参与主体资格与慈善目的实现的相关要素。对于委托人是否具有完全民事能力的行为，初期可以由受托人尽职调查，以及将慈善资产合法化，目前多采用委托人自我保证的担保书方式，实际中没有形成多方监督制衡的关系。可以由监察人动态调研取证，以此避免受托人适度隐瞒情况出现的关联交易。当慈善信托变更或者终止时，由民政部门、银监部门或者法院相关机构介入调查委托人的相关完全民事能力，并将信托资产转给有类似慈善目的的慈善组织，最好采用招投标公开的方式，以确保程序公平、正义与科学。而受托人资质方面，建议针对不同的运作模式予以不同的资质要求，如慈善组织作为单受托人模式的慈善信托，该慈善组织应当具备与信托文件约定相适应的资产管理能力，并有相应的风险防范机制。如果经民政部门评估认定为5A级社会组织，建议相关银行予以开具慈善信托专用账户。关于受益人遴选需与委托人和受托人没有利害关系，或者关联关系。建议慈善信托的合同文本，对于一些关键内容，最好附有释义，较明确地解释在不同场景条件下如何处理和应对情况，以及参照标准体系，以避免发生双方对于合同文本理解和解释之间的歧义。

民政部门联合法律部门发布慈善信托合同文本规范样本，如基金会等慈善组织章程范本一样，建议对于慈善信托合同文本的基本要素进行官方正式规范文本的确立，其余慈善信托可以根据各自需要在一些细节方面进行调试，这样既保证合同法律文本整体框架和规范有效，同时也有具体细节方面的创新。否则处于摸索期的合同文本的撰写和修改，往往会使慈善组织和信托公司双方花费大量时间进行谈判，一方面信任关系难以建立，另一方面有些慈善组织觉得麻烦就放弃采用慈善信托的方式，转而采取更为常用的捐赠方式或者"专项基金"的运作方式，从长远看来，这会制约慈善信托的业务拓展。

（三）建构慈善信托监管体系，推动自律运作机制的形成

为有效落实慈善信托规范运作，建立跨部门联动监管体系。课题组建议两

条主线。一是民政部门和银监部门发挥各自比较优势,管好各自领域。现在银监部门依据事前报告制度、预登记制度、信息披露制度等,主要是从信托产品的架构是否规范、投资保值增值渠道是否合法、风险如何控制等方面进行备案,并且会定期对信托公司的业务进行抽查和监管,重心在慈善信托业务的监管,重点建议集中在产品设立的规范性、资金来源的合法性、财产保管的安全性等方面。民政部门主要监管备案相关材料是否合法、合规,慈善目的是否具有完全公益性,受益人的遴选程序是否合法、公开和有效,是否存在严重的关联交易问题。建议民政局和第三方评估机构合作,对慈善信托的项目进行依法、有效的评估。

二是民政部门、银监部门[①]和慈善信托监察人合作发挥多方联动作用。建议成立慈善信托联合监管委员会。民政部门与税务部门、银监部门、律师事务所和会计师事务筹建合作机制,成立慈善信托联合监管委员会,各自派出一名代表参加,对慈善信托的运作进行联合监管,充分发挥多元主体各自的优势。同时,发挥高校智库的政策咨询功能,融入高校以第三方的身份参与慈善信托,从备案、运作、监管到评估等全流程的参与,及时发现问题,以科研的方式有效提出高质量的对策建议,完善相关工作。考虑到慈善信托的运作成本,对监察人报酬和慈善信托管理报酬等问题进行研究,以确保相关人员的基本收入。

与此同时,积极推动税收优惠政策,有税务部门的加入,也可以进一步形成多重监管体系。毕竟有效的监管为了更好地促进慈善信托事业的发展,只有监督管理力度跟上了,民政部门在备案的时候会更放心,捐赠人也会更安心把资金拿出来做慈善信托资产,慈善组织和信托公司的信任关系才能更稳固,从而形成慈善信托自律的运作机制。因为只有在确保慈善信托运作合法、合规的前提下,主要参与方才会更愿意长久合作,推动慈善信托的永续发展。

(四)提高慈善信托的能力建设与评估水平

对于评估工作,可以采取以下几个方面的措施:由民政部门、银监部门、

---

① 根据2018年《关于国务院机构改革方案的说明》原中国银行业监督管理委员会和中国保险监督管理委员会合并为中国银行保险监督管理委员会。中国网,http://www.china.com.cn/lianghui/news/2018-03/14/content_50706035.shtml,最后访问日期2018年3月29日。

律师事务所、会计师事务和高校科研机构等联合组成评估小组，各自优势互补，立场也相对公允。通过政府购买服务委托第三方高校科研机构建构评估指标，可参考北京市慈善信托评估指标，结合信托业协会对于信托公司的评级指标和民政部门关于社会组织的评级指标，初步建构出慈善信托评估指标体系，通过自评、评估小组与第三方评估机构相结合的评估程序展开相关工作，以评促建，帮助慈善组织和信托公司完善相关治理结构。同时，可以扶贫型慈善信托为突破点，将慈善信托的运作效益与扶贫绩效相结合，有助于反思慈善信托助力"精准扶贫"战略的落实和小康社会的建设。

（五）培育慈善信托品牌项目和专业人才

在已有的"长安慈"、"蓝天至爱"、"真爱梦想"和"上善"系列等慈善信托品牌的基础上，努力打造不同领域的品牌，如扶贫、教育等。与此同时，筹建慈善信托规范化运作、激励发展的培育机制。

人才是慈善信托事业可持续发展、创新发展和规范运作的根基。建议搭建民政、银监、慈善组织、信托公司和高校联合组建的慈善信托研究小组和交流平台，进行慈善信托业务知识的讲座和培训，逐渐培养出一批专业的科研和工作人员，积极鼓励与慈善信托业务有关的机构参加优秀慈善信托评选大赛，在这个过程中向社会公众宣传和介绍这种慈善新方式，宣传和培育慈善信托文化。

（六）一核多圈式的治理结构与运作机制优化

根据委托人、受托人、受益人和监察人的主要来源，可以归纳为政府、市场和社会中的相关主体，如果致力于不同利益相关者内生需求（动力源）相重合的部分，即图17中的核心部位，容易找到牵一发而动全身的互动关键点，课题组通过对不同案例的解析，对这些关键互动点进行精准定位。这也是本课题的创新之处（见图17）。

第一，三圈互动中的慈善组织单受托人模式。这类慈善信托是三圈中社会组织主体居于主导的模式，这样的慈善信托治理结构主要取决于慈善组织自身治理结构与各界资源整合互动的运作机制功能发挥，即慈善组织治理结构覆盖慈善信托的治理结构，其中的"核"是慈善组织的治理结构，"慈善"有余而

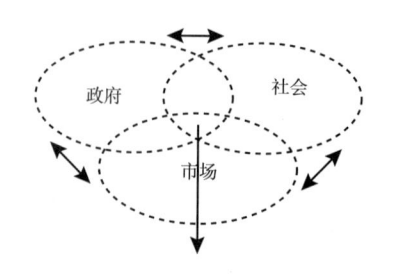

图17 政府－市场－社会一核多圈式创新路径

注：一核多圈式：精准定位在政府－社会－市场共同重合的部分，如全面建设小康社会的扶贫济困领域。

资料来源：课题组自制。

"信托"不足。目前这也是三种慈善信托运作模式中数量最少的类型，也就是社会力量在三圈中相对较弱，大部分慈善组织是因为具有开具捐赠发票的功能，或者良好的慈善项目运作能力而被动卷入慈善信托的运作。所以，如果能通过与信托公司或其他理财机构合作化解治理结构中慈善资产保值增值能力弱与慈善资产风险防控的不足之处，这种模式有助于提升慈善组织的主体性，通过运作慈善信托来改进和完善自身的治理结构和运作机制，更提升透明度和品牌效应，从而走上良性循环。

第二，三圈互动中信托公司单受托人模式。这是目前中国慈善信托中数量最多的慈善信托运作方式，约占66单慈善信托的88%。信托公司所代表的市场力量居于主导，也存在两种治理结构的类型，一是前述分析的信托公司治理结构覆盖慈善信托的治理结构，其中的"核"是信托公司的治理结构，即市场圈发挥主导作用。一些自身治理结构中有专业慈善信托部或公益信托部的信托公司，在与慈善组织合作的过程中，出现"信托"有余而"慈善"不足的状况，慈善组织自身的运作机制受制于信托公司的委托——代理关系的影响。二是慈善信托自身动态的项目制治理结构或慈善组织治理结构发挥出"核"的主导作用，即一些没有专门慈善信托部门的信托公司，会采取相对开放态度与慈善组织合作，在慈善项目决策领域会多听取慈善组织的建议，可以较好发挥出慈善组织自身运作机制的作用和社会各届的力量，衍生社会圈的功能。如中铁信托·明德1号宜化环保慈善信托在项目遴选过程中成立的决策委员会。

第三，三圈互动中"慈善组织+信托公司"的双受托人模式。这种模式中信托公司和慈善组织的治理结构相互制约，又优势互补，双方地位相对平等，都需要让渡出部分功能组合成新的慈善信托治理结构，其中的"核"是项目运作的慈善信托的治理结构，是一种相对理想模式的慈善信托治理结构。目前初步呈现信托公司带动慈善组织发展的趋势，因为一些信托公司有稳定的高净值客户群，可以适当推荐给慈善组织，主要表现就是"家族信托+慈善信托"模式，建议鼓励这种双受托人模式，将商业和公益的鸿沟逐渐优化合融，因为慈善信托的特性是完全公益性的，即本金和收益全部用于慈善目的，虽然会阻碍一些混合私益目的的慈善信托生成（本金不动，用收益做慈善），但也可以避免一些借慈善之名获取非法收入的问题。

有关政府-市场-社会三圈力量有效发挥的模式，长安慈、杨凌精准扶贫慈善信托已经逐渐探索出一条中国特色的扶贫发展路径，这是一单双委托人模式的信托公司单受托人慈善信托。杨凌示范区慈善协会和杨陵区精准扶贫办公室是委托人，委托长安国际信托股份有限公司从事扶助陕西省杨陵示范区的低收入户实现精准脱贫，亮点是监察人为杨陵区示范区审计局，以往监察人多是律师事务所和会计师事务所，这单慈善信托成功引政府的力量进入慈善信托领域，从委托人资金到监察审计，更强地发挥了政府的作用。与此同时，为化解监察人报酬等管理费问题，开拓了新的方式，既可以发挥政府部门的公信力，也可以把此单慈善信托脱贫效益的评估与既有的政府扶贫绩效有机结合，为慈善信托的评估工作，尤其是扶贫型慈善信托的绩效评估打开了与其他既有平台对接的新格局[①]。这是一种能发挥出政府、市场和社会多元主体各自优势的"慈善"+"信托"整合效益的委托人、受托人、受益人和监察人创新组合模式。

总之，慈善信托运作的实质是政府-社会-市场中多元主体关系的建构问题，通过对慈善信托的运作困境进行深入剖析，有助于探索出慈善信托成功、高效、稳健运作的更多创新路径，今后对于慈善信托在不同地域运作的特殊困境有待于进一步深入研究。

---

① 慈善中国，http://cishan.chinanpo.gov.cn/biz/ma/csmh/e/csmhedetail.htm l? aafx0101 = ff808 0815e5c1534015e6eb51aa90182，最后访问日期2018年1月29日。

小　结

本文从静态的治理结构（慈善组织和信托公司等实体组织自身的治理结构）和动态的治理结构（项目制运作过程中新构建的不同的慈善信托治理结构）的视角出发，侧重分析了慈善组织单受托人、信托公司单受托人和"慈善组织+信托公司"双受托人不同模式慈善信托的治理结构与运作机制的优势与不足之处，并在政府-市场-社会互动的分析框架下对于一核多圈模式进行剖析，指出"慈善"有余而"信托"不足，"信托"有余而"慈善"不足等困境，而实现慈善可持续发展和优化运作机制的关键是合法性、规范性、激励性、有效性、创新性、开放性和伦理道德等诸多条件的有机组合和相关法律政策等制度环境的完善及行业自律机制的形成。

未来课题组将从社会公共产权的视角对慈善信托治理结构中的缺陷和监管进行深入研究。《慈善法》第六章列出慈善财产，确认了慈善组织财产的所有权，使其有了产权保障。而非营利组织产权结构的特殊性、收益权和控制权分离造成所有者缺位、使用权的受限以及受益主体的虚拟化，导致慈善资产的监督不到位。因此，慈善信托不同产权主体之间的委托-代理的关系造成监督和管理困境，尤其是私人产权向公益产权转化中的问题，如股权捐赠，房产产权、知识产权等非现金类资产的产权捐赠问题亟须解决。是否可以通过优化慈善信托治理结构，进一步整合相关机构融入慈善信托的治理结构和运作机制，来化解相关问题，与此同时，积极推动相关法律政策的完善，从而促进慈善信托事业的可持续发展，这也是今后可以继续深入研究的领域。

参考文献

安娜、张杨：《北京"慈善+金融"助推慈善信托健康发展》，《中国社会报》2017年5月25日。

蔡政忠：《英美日公益信托社会的发展现况与比较分析》，《社会福利》2012年第

1 期。

程昔武:《我国非营利组织治理结构的特征及基本框架》,《中国经济问题》2008 年第 3 期。

解锟:《英国慈善信托制度研究》,法律出版社,2011。

金锦萍:《非营利法人治理结构研究》,北京大学出版社,2005。

金锦萍:《中国非营利组织法前沿问题》,社会科学文献出版社,2014。

姜宏青:《我国非营利组织治理结构的模式与选择》,《管理世界》2005 年第 2 期。

高岩、杨新:《发达国家公益信托发展经验对我国公益信托发展的启示》,《兰州交通大学学报》2013 年第 2 期。

黄旭:《我国慈善信托委托——代理问题研究》,硕士学位论文,山东大学,2015。

倪受彬:《现代慈善信托的组织法特征及其功能优势——与慈善基金会法人的比较》,《学术月刊》2014 年第 7 期。

勒内·达维德:《当代主要法律体系》,漆竹生译,上海译文出版社,1984。

李青云:《我国公益信托税收政策研究》,《税务与经济》2006 年第 5 期。

李青云:《我国公益信托发展中存在的问题及对策》,《经济纵横》2007 年第 16 期。

李莉:《中国公益基金会治理研究——基于国家与社会关系视角》,中国社会科学出版社,2010。

李慧芹:《借鉴各国经验推进我国公益信托事业发展》,《社团管理研究》2009 年第 1 期。

栗燕杰:《我国慈善信托法律规制的变迁与完善》,《河北大学学报》2016 年第5 期。

李喜燕:《慈善信托近似原则在美国立法中的发展及其启示》,《比较法研究》2016 年第 3 期。

李文华:《完善我国慈善信托制度若干问题的思考》,《法学杂志》2017 年第 7 期。

中国信托业协会:《慈善信托研究》,中国金融出版社,2016。

卢咏:《公益筹款》,社会科学文献出版社,2014。

戚枝淬:《社会组织内部治理结构法律问题研究》,《理论月刊》2016 年第 8 期。

任猛:《英美信托制度与亚洲信托制度之法律移植》,《法制博览》2015 年第 4 期。

田晋:《农村非营利组织资源汲取与治理结构研究综述》,《全国流动经济》2017 年第 9 期。

王名:《推动公益创新,探索建立公益金融体系》,《人民周刊》2016 年 4 月 1 日,第 7 版。

王名、刘求实:《中国非政府组织发展的制度分析》,《中国非营利评论》2007 年第 1 期。

王建军、燕翀、张时飞:《慈善信托法律制度运行机理及其在我国发展的障碍》,《环球法律评论》2011 年第 4 期。

徐家良:《慈善信托激活向善的力量》,《中国社会报》2016 年 5 月 16 日,第 4 版。

徐家良：《第三部门资源困境与三圈互动：以秦巴山区七个组织为例》，《中国第三部门研究》2012年第3期。

徐卫：《慈善宣言信托制度构建研究》，法律出版社，2012。

俞祖成：《日本非政府组织参与全球治理研究——历史演变、发展现状及其支持政策》，《社会科学》2017年第6期。

苑莉莉：《贫困治理创新中的慈善信托研究——基于网络化治理的视角》，《中国第三部门研究》2017年第13期。

周贤日：《慈善信托：英美法例与中国探索》，《华南师范大学学报》2017年第2期。

赵廉慧：《慈善信托税收政策的基本理论问题》，《税务研究》2016年第8期。

David, A. L. and Rovbert G Picard, *Is There a Better Structure for News Providers? The Potential in Charitable and Trust Ownership*, Oxford: Reuters Institute for the Study of Journalism, 2011.

Frederic Taulier, *Le vrai livre du peuple, ou, le riche et le pauvre, histoire des institutions de bienfaisance et d'instruction primaire de La ville de Grenoble*, Nabu Press, 2010.

Gavin Reid, Charitable Trusts, "Municipal Leisure's 'Third Way'", *Managing Leisure* 4 (2003).

Lambelet ALexander, *La philanthropie*. Presses de Sciences Po, 2014.

Marie Cornu, JérÔme Fromageau, *Fondation et Trust dans la protection du patrimoine*, L'Harmattan, 2000.

Roger D. Silk, Janes W. Lintott, *Managing Foundations and Charitable Trusts: Essential Konwledge, Tools, and Techniques for Donors and Advisors*, Bloomberg Press, 2011.

S. F. D. Jr, The Enforcement of Charitable Trusts in America: A History of Evolving Social Attitudes, *Virginia Law Review* 3 (1968).

Samuel P. King, Randall W. Roth, *Broken Trust: Greed, Mismanagement and Political Manipulation at America's Largest Charitable Trust*, University of Hawaii Press, 2006.

Sandrich Karen, "A New Govemance Framework", *Hospitals and Health Networks* 4 (2001).

The Yale Law Journal Company, Inc. Trusts. Charitable Trusts. "Scholarships and Tuition Loan Funds", The Yale Law Journal 3 (1930).

V. T. H. Delany, "Charitable Trusts and the Conflict of Laws", The International and Comparative Law Quarterly 3 (1961).

热点四

慈善组织税收优惠政策研究

王振耀[*]

摘　要：基金会是慈善组织的第一大法人类型。有关数据显示，2017年底，全国6082家基金会中登记或者认定为慈善组织的有2386家，占基金会总数的39.23%。而在全国登记认定3034家慈善组织中，基金会占78.64%。2015年底，全国基金会收入总额480.83亿元，公益支出超过310亿元，涵盖教育、医疗等领域。2015年，全国基金会投资收入36.48亿元，占比7.59%；上海市各类基金会的投资收益占16.2%，其比重超过政府补助收入（10%），成为第二大收入来源。总体而言，投资收益正在成为基金会的重要收入。但受制于基金会开展保值增值活动的规范较为原则、对实际操作的指引不足，缺乏专业投资人员以及相关税收问题未解决，大部分基金会持有大量闲置资产而不敢或不愿投资。

对于积极开展保值增值活动的基金会而言，其获得的资产转让收入、租赁收入、理财收入等需要依法纳税，有基金会更是因转让股权而被追缴数亿元税款，基金会保值增值收入的税收待遇亟待改善。基于国内慈善事业发展现状、参考国际经验和国内税收征管实践，本报告建议在有利于慈善组织发展、符合保值增值法律规范、服务于慈善目的、具备可操作性的前提下，对于符合条件的利息收入、理财收入、财产转让收入、不动产租

---

[*] 课题负责人：王振耀，北京师范大学中国公益研究院院长、国际公益学院院长；报告执笔人：北京师范大学中国公益研究院首席税务顾问孙午珊、北京师范大学中国公益研究院慈善法律中心研究主管黄浠鸣、北京师范大学中国公益研究院慈善法律中心高级分析员陆瑶；资料搜集人：北京师范大学中国公益研究院慈善法律中心研究助理刘天天、王家玉。

赁收入，依法享受税收优惠待遇。

关键词： 基金会　慈善组织　保值增值　投资　税收优惠

一　引言

（一）研究背景

新时期以来，中国慈善事业进入了迅速发展阶段，社会捐赠总额从2006年的不到100亿元①，发展到2016年社会捐赠总量预期将达1346亿元、全核算社会慈善公益总价值达到2881亿元②。截至2017年12月5日，全国共有761989家社会组织，包括基金会6082家，社会团体356382家，社会服务机构（民办非企业单位）共399279家③。基金会数量已经突破6000大关，约占全国社会组织总量的千分之八。根据民政部《2017年中国民政统计年鉴》有关数据，截至2016年年底，我国社会组织资产总计1608.53亿元。年收入达2747.61亿元，其中捐赠收入786.68亿元，会费收入243.24亿元；年度支出达2632.77亿元，其中业务活动成本1643.29亿元，管理费用552.26

---

① 参见关于《中华人民共和国慈善法（草案）》的说明，中国人大网，http://www.npc.gov.cn/npc/lfzt/rlyw/2015-10/31/content_1949164.htm，最后访问日期：2017年12月5日。
② 2016年全核算社会公益总价值2881亿元的计算方法为2016年社会捐赠预期总量1346亿元，加上全国志愿服务折算价值495亿元以及筹集的彩票公益金1039亿元，参见杨团主编《中国慈善发展报告（2017）》，社会科学文献出版社，2017，第2~3页。此外，根据2017年11月2日中国慈善联合会在北京发布的《2016年度中国慈善捐助报告》有关数据显示，2016年我国全年接收国内外款物捐赠共计1392.94亿元，社会捐赠总量创历史新高。根据民政部《社会组织统计公报》显示，截至2016年年底，全年共接收社会捐赠款827亿元，比上年增长26.4%，其中：民政部门直接接收社会各界捐款40.3亿元，各类社会组织接收捐款786.7亿元。全年各地民政部门直接接收捐赠物资价值折合人民币7.4亿元，捐赠衣被6638.3万件。来源：2016年社会服务发展统计公报，民政部，http://www.mca.gov.cn/article/sj/tjgb/201708/20170800005382.shtml，最后访问日期：2017年12月5日。
③ 中国社会组织网，http://www.chinanpo.gov.cn/search/orgindex.html，最后访问日期：2017年12月5日。本文此处采用的2017基金会数据包括了9家涉外基金会。

亿元①。

十九大报告中明确提出,要推动协商民主广泛、多层、制度化发展,统筹推进政党协商、人大协商、政府协商、政协协商、人民团体协商、基层协商以及社会组织协商。在新的社会格局中,社会组织对解决有关社会问题的成功探索与倡导将会较快地转化为社会政策。社会组织在社区治理体系中将会发挥更大的社会作用,促成基层治理的不断完善,同时也将促进社会组织特别是公益慈善组织社会功能的提升。而在环境治理体系和大扶贫的格局中,社会组织尤其是公益慈善组织因其独特的社会优势,将会承担起更大的社会职责②。

社会组织功能的充分发挥离不开良善的法律政策环境和充沛的资源注入。2016年3月16日,《中华人民共和国慈善法》(以下简称《慈善法》)正式公布并于同年9月1日正式实施,它是新中国成立以来我国规范慈善事业的第一部基础性和综合性法律,将为我国慈善事业在法治轨道上健康有序发展提供坚实的法律依据,是我国慈善事业发展史上的一个重大的里程碑。然而,徒法不足以自行,《慈善法》功能的发挥离不开配套政策的制定出台、执法部门和慈善组织的学习跟进,以及公众参与现代慈善理念的普及与传统慈善理念的革新。

目前,在《慈善法》配套政策方面,民政部等相关部门相继出台了关于慈善组织登记认定、慈善组织公开募捐、慈善活动年度支出和管理费用、慈善信托等方面的规定,但是有关慈善组织保值增值③、慈善组织税收优惠的规定尚未正式颁布实施,仍待有关部门予以明确。相关法律政策的缺失,一方面造成了慈善组织缺乏"权利义务"的匹配,即依据《慈善法》及相关配套政策的规定,相较于一般的非营利组织,慈善组织在信息公开、慈善活动年度支出和管理费用方面需要满足更为细致的要求,但是在税收优惠待遇等方面与一般

---

① 中华人民共和国民政部编《2017年中国民政统计年鉴》,中国统计出版社,2017,第116页。

② 王振耀:《公益专家解读十九大报告:社会组织的政治功能进一步加强》,《公益时报》2017年10月24日,http://www.gongyishibao.com/html/yaowen/12686.html,最后访问日期:2017年12月5日。

③ 2017年12月7日,民政部就《慈善组织保值增值投资活动管理暂行办法》(征求意见稿)向社会公开征求意见,征求意见日期截至2018年1月6日,http://www.mca.gov.cn/article/zwgk/tzl/201712/20171200006963.shtml,最后访问日期:2017年12月15日。

的非营利组织并无二致。如果依然沿用现行政策规定，慈善组织的"身份"难以对一些组织产生吸引力，从而造成不少组织对是否申请登记或者认定为慈善组织的态度不甚明确，仍处于观望状态。另一方面，对于已经登记或者认定为慈善组织的非营利组织而言，由于缺乏配套政策的指引，慈善组织在保值增值方面的态度不一。

当前，以基金会为代表的慈善组织通过保值增值活动取得的收入，逐渐成为仅次于捐赠收入的第二大收入来源。然而，根据现行税法，除符合条件的股息、红利收入和银行存款利息收入等属于免税收入外，慈善组织开展其他保值增值活动获得的大量收入并未纳入免税范围。如果因为缺乏保值增值规范的指引及税收政策的鼓励，慈善组织不能有效地开展保值增值活动，不仅可能会影响到慈善资源的持续注入，进而影响到慈善资源的合理配置和慈善组织社会功能的承担，而且可能会因慈善组织开展了不合理的保值增值活动损害慈善组织的社会公信力以及危害慈善事业的发展，因而确有必要及时改进相关政策规定。

（二）研究对象

在基金会、社会团体和社会服务机构三类社会组织中，基金会是聚集慈善资源较为丰沛、开展保值增值活动较为多元以及信息披露较为充分的组织，是目前我国最具有公益性和慈善性质的典型代表，需要国家予以重点支持，在研究保值增值税收政策优化方面较有代表性。为了进一步发挥税收等政策的引导、规范和促进作用，推进以基金会为代表的慈善组织通过合理的保值增值等活动获得更多的慈善资源，实现慈善组织"自我造血"和慈善活动的持续运作；同时，为了鼓励慈善家向基金会等慈善组织捐赠股权等资产，减轻受赠慈善组织转让受赠资产时的税收负担，北京师范大学中国公益研究院特组建基金会保值增值收入税收政策完善课题组。课题聚焦《慈善法》语境下中国慈善组织自身税收优惠制度的完善，选取基金会保值增值收入这一切入点，旨在通过文本分析、数据分析、国际比较研究、调研论证等方式，提出完善我国基金会保值增值收入税收优惠待遇的政策建议，以供政策制定部门参考。

本文所称的基金会，是指利用自然人、法人或者其他组织捐赠的财产，以从事公益事业为目的，按照《基金会管理条例》的规定成立的非营利性法人。

基金会分为面向公众募捐的基金会（以下简称"公募基金会"）和不得面向公众募捐的基金会（以下简称"非公募基金会"）。公募基金会按照募捐的地域范围，分为全国性公募基金会和地方性公募基金会。值得注意的是，《慈善法》颁行后，在一定程度上打破了公募资格的"出身决定论"，满足一定条件的非公募基金会也能够申请公开募捐资格。因而，本文所称的公募基金会，不仅包括登记为公募基金会的基金会，也包括原为非公募基金会，后来取得公开募捐资格的基金会。

本文所称的慈善组织，是指依法成立、符合《慈善法》规定，以面向社会开展慈善活动为宗旨的非营利性组织。慈善组织可以采取基金会、社会团体、社会服务机构等组织形式。由于法律要求基金会应当以从事公益事业为目的，许多业内人士认为基金会是"天然"的慈善组织。此外，从目前慈善组织登记认定的情况看，全国已经有超过1/3的基金会申请登记或者认定为慈善组织，以基金会为组织形式的慈善组织占慈善组织总量的近八成。如无特别说明，本文所称的基金会一般可以视为慈善组织。

本文所称的保值增值活动，是指基金会等慈善组织通过投资等方式，保障基金会资产在未来时点的购买力不低于当前的购买力或者增加基金会资产购买力的活动①。从《民间非营利组织会计制度》角度观之，主要包括短期投资和长期投资。短期投资是指能够随时变现并且持有时间不超过1年（含1年）的投资，包括股票、债券投资等。长期投资是指除短期投资以外的投资，包括长期股权投资和长期债权投资等。另外，本文界定的保值增值活动还包括通过银行存款、租赁等取得的收入，本文暂不讨论慈善组织开展的销售商品或者提供服务等经营性活动取得的收入，即不包括一般所称的"积极所得"的收入范围。目前有学者提出，保值增值就是投资（Investment）。投资指的是货币转化为资本的过程，即投资者当期投入一定数额的资金期望在未来获得更多的回

---

① 目前，关于基金会保值增值并无明确的法律界定。本文综合参考社会保障基金保值增值等界定方式，如社会保障基金保值增值包括两个方面，一是保值，二是增值。社会保障基金保值指社会保障基金的购买力能够得到保证，未来时点基金的实际购买力不低于目前的购买力水平，否则就是减值；社会保障基金增值是指社会保障基金在未来时点时，其实际购买力有增长。参见徐锦文《社会保障基金保值增值研究》，博士学位论文，华中科技大学，2005。

报①。

此外，本文中提及的社会组织、非营利组织等概念，包括了基金会、社会团体和社会服务机构等组织形式。

（三）研究进展

关于基金会等慈善组织的税收优惠以及保值增值情况，我国学者已有一些论述。内容主要集中在探讨慈善组织税收优惠的理论依据、慈善组织税收优惠范围，以及基金会等从事保值增值活动现状和必要性等方面，较少将基金会的保值增值现状与税收优惠结合加以论述。

在慈善税收优惠方面，中国社会科学院法学研究所栗燕杰于2015年发表的《我国慈善税收优惠的现状、问题与因应——以慈善立法为背景》分析了慈善税收制度现状与成效②，从较为宏观的层面剖析了慈善部门整体税收制度存在的问题，并提出相应改进建议。清华大学王名教授③、北京大学金锦萍副教授④等学者也论述了慈善税收优惠制度完善的必要性。

在基金会投资分析方面，中国人民大学姚海放副教授在《公益基金会投资行为治理研究》一文指出，在集聚了庞大财富力量进行项目运作过程中，对外投资活动是基金会重要的活动领域之一，对其进行法律及制度治理是增强基金会公信力的必备要件⑤。武汉大学冯果教授、窦鹏娟博士的《公益慈善组织投资风险的法律控制》则认为公益慈善组织利用投资等手段实现捐赠财产的保值增值是现实的需要，但必须建立在风险可控的基础之上，法律应该严格限定公益慈善组织可以投资的领域和界限，确立独立、公正的投资决策制度等，以有效约束公益慈善组织的投资行为，控制投资风险⑥。此外，王崇赫的

---

① 刘忠祥：《基金会保值增值问题研究》，《中国社会组织》2011年第7期。
② 栗燕杰，《我国慈善税收优惠的现状、问题与因应——以慈善立法为背景》，《国家行政学院学报》2015年第6期。
③ 中国税务网：《优化慈善税制，让优惠"落地"》，http://www.ctax.org.cn/csyw/201703/t20170328_1055461.shtml，最后访问日期：2017年12月5日。
④ 金锦萍：《慈善免税急需解决的焦点问题在哪里？》，人民政协网，http://csgy.rmzxb.com.cn/c/2017-03-04/1382067.shtml，最后访问日期：2017年12月5日。
⑤ 姚海放：《公益基金会投资行为治理研究》，《政治与法律》2013年第10期。
⑥ 冯果、窦鹏娟：《公益慈善组织投资风险的法律控制》，《政治与法律》2013年第10期。

《我国非公募基金会发展投资的必要性分析》[1]、张玮的《我国慈善基金的资金管理问题研究》[2]，以及潘乾的《非公募基金会投资问题探究》[3] 等文章，则从保值增值的必要性、现状和问题完善角度出发，对于基金会保值增值的情况进行了阐述。

综观以上内容，在慈善税收研究方面，国内学者的研究方向主要集中在分析我国慈善组织、非营利组织税收政策现存问题，然后基于理论和国际比较研究，提出完善方案。已有研究较少立足于实践调研和数据分析，缺乏对于慈善组织实际需求的充分了解和掌握，尤其是在《慈善法》的实施已经给慈善组织的发展带来新的机遇和挑战、慈善组织已经出现了新需求的情况下。在基金会等慈善组织的保值增值研究方面，学者多是集中在分析保值增值现状及提出改进建议等方面，极少从税收角度加以阐述。

从时间脉络上看，国内现有许多与"慈善组织"税收优惠制度相关的研究大多在《慈善法》公布之前发表，彼时慈善组织并非法定概念，因而关于"慈善组织"相关税收优惠制度的研究，其实大多集中在"非营利组织"或"社会组织"方面，并未充分考虑到慈善组织的特殊性。其中关于慈善组织的界定、税收优惠待遇的完善大多直接借鉴国外立法，没有充分考虑我国慈善事业发展实际。在具体的论述上，文章大都从慈善行业整体的税收优惠制度出发，探讨内容既包括慈善组织自身的税收优惠待遇问题，也包括捐赠的税收优惠待遇问题；在慈善组织税收优惠方面，不仅涉及所得税，而且涉及增值税等流转税的税收优惠。因而，从内容的广度上看，似乎已经涵盖了大多数重要方面；而从深度上看，还有许多待挖掘的空间。

为了满足慈善组织开展保值增值活动以及配合《慈善法》实施的新需求，在慈善组织的保值增值活动方面，我国需要逐步建立起更为完备的规范制度。因而，针对慈善组织保值增值活动收入的税收待遇问题，也需在实践基础上不断完善。《慈善法》实施后，虽然一些学者不断呼吁完善慈善税收制度，但不少专家是建立在理论研究基础上的呼吁，较少依托实践调研和数据分析。此

---

[1] 王崇赫：《我国非公募基金会发展投资的必要性分析》，《社团管理研究》2009 年第 4 期。
[2] 张玮：《我国慈善基金会的资金管理问题研究》，硕士学位论文，苏州大学，2008。
[3] 潘乾：《非公募基金会投资问题探究》，《长白学刊》2012 年第 6 期。

外,目前研究内容多是呼吁慈善领域整体税收待遇的完善,包括慈善组织税收优惠和慈善捐赠税收优惠,针对相关具体问题的论述只是"点到为止",系统性不强,专门针对慈善组织保值增值收入的税收待遇问题的论述还较为匮乏。

二 我国基金会等慈善组织发展现状及相关政策

(一)我国慈善组织发展现状

1. 2017年慈善组织数量持续增长,但占社会组织总数比例低

自2016年9月1日《慈善法》实施以来,我国各级民政部门按照慈善组织登记认定的相关规定,有序地开展慈善组织登记认定工作。根据全国慈善信息公开平台(以下简称"慈善中国")实时统计数据,截至2017年12月5日,全国共登记认定3034家慈善组织[①],占全国社会组织总数的3.981‰。各地民政部门正在积极推进慈善组织登记认定相关工作。从调研情况看,有些地方民政部门口头要求所有基金会都登记或者认定为慈善组织。诸如山东省等地的民政部门更是发文强调各基金会应积极主动提出登记和认定申请。山东省民政厅《关于进一步做好慈善组织登记和认定工作的通知》要求,2017年年底前,各级已登记成立的基金会认定为慈善组织的比例均应达到80%以上[②]。这些政策对基金会登记认定为慈善组织有较强的推动作用。预计随着时间的推移,将有更多的基金会登记或认定为慈善组织。

2. 基金会是慈善组织的重要组成部分,社会服务机构和社团比重有待提升

全国3034家慈善组织中有基金会2386家,占比约78.64%,社会团体和社会服务机构648家,占比21.36%。相较于全国76万家社会组织,慈善组织登记认定工作仍然需要继续推进。从全国情况看,截至2017年12月5日,已

---

① 慈善中国,http://cishan.chinanpo.gov.cn/biz/ma/csmh/a/csmhaindex.html,最后访问日期:2017年12月5日。此处慈善中国统计的慈善组织数据包括经编办批准的红十字会等机构。

② 山东社会组织:《山东省民政厅关于进一步做好慈善组织登记和认定工作的通知》,http://www.sdnpo.gov.cn/nd.jsp?id=781&_ngc=-1,最后访问日期:2017年12月5日。

经注册成立的 6082 家基金会中,登记或者认定为慈善组织的有 2386 家,占基金会总数的 39.23%。在《慈善法》实施一年多的时间里,基金会类慈善组织的登记认定较为迅速。之所以会产生基金会类慈善组织的数量远远超过社会团体和社会服务机构类慈善组织的现状,与基金会天然具有"慈善属性"密切相关。《基金会管理条例》规定基金会应以从事公益事业为目的,这使基金会的成立条件与《慈善法》要求的慈善组织以面向社会开展慈善活动为宗旨有机契合,从而为基金会登记或者认定为慈善组织奠定良好的基础。

慈善组织中三种组织类型具体数据如图 1 所示。

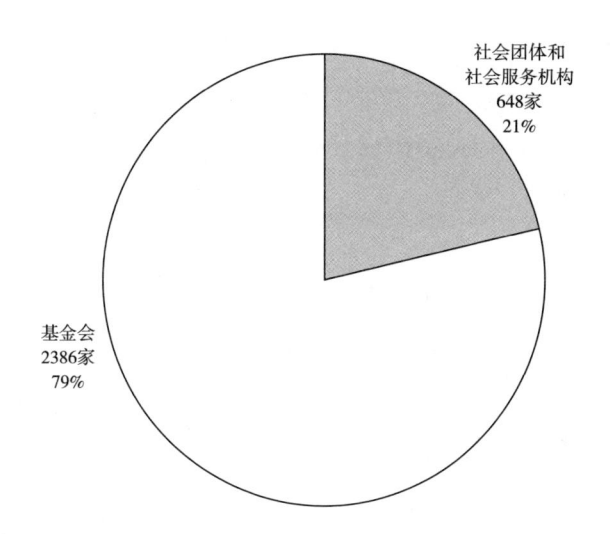

图 1 三类组织类型的慈善组织数量与比例

数据来源:慈善中国,http://cishan.chinanpo.gov.cn/biz/ma/csmh/a/csmhaindex.html,最后访问日期:2017 年 12 月 5 日。

3. 我国基金会平稳增长,2016 年底突破 5500 家

根据民政部社会服务发展统计公报[①],截至 2016 年年底,我国共有基金会 5521 家,其中公募基金会 1730 家,非公募基金会 3791 家。非公募基金会数量是公募基金会的 2.19 倍,二者数量差距进一步拉大(见图 2)。此外,根

---

① 民政部:民政部统计公报,http://www.mca.gov.cn/article/sj/tjgb/,最后访问日期:2017 年 12 月 5 日。

据民政部2017年第三季度全国社会服务统计数据显示，基金会已经增至6116家。

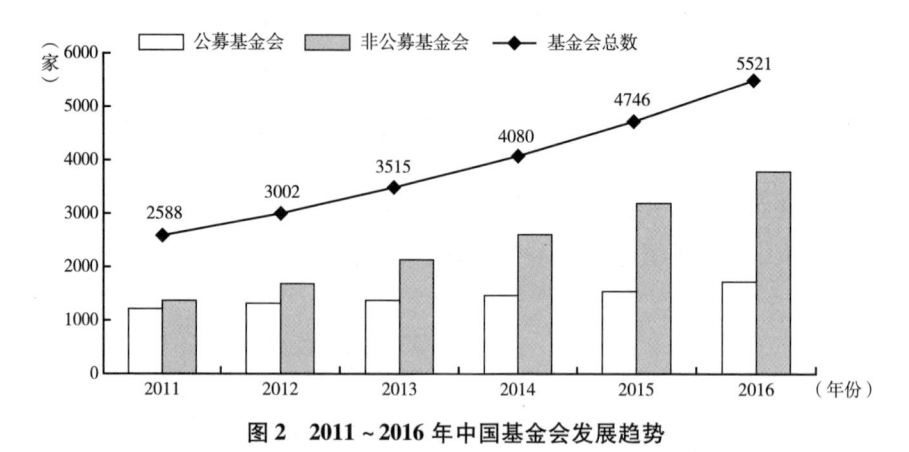

图2 2011~2016年中国基金会发展趋势

资料来源：民政部统计公报，http://www.mca.gov.cn/article/sj/tjgb/，最后访问日期：2017年12月5日。

从基金会的数量上看，我国广东、江苏、北京、浙江、上海位居前五，五省（市）基金会数量占全国基金会总数的一半以上（见图3）。

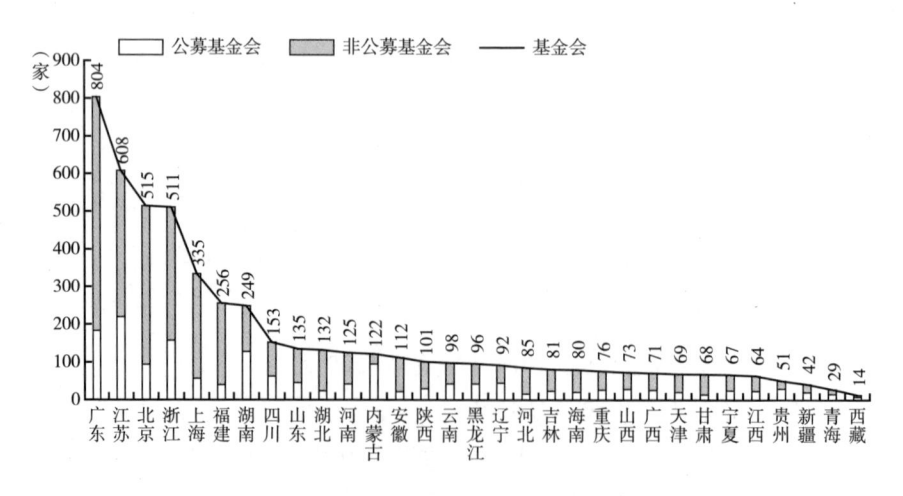

图3 2016年各省级行政区基金会数量

资料来源：中华人民共和国民政部编《2017年中国民政统计年鉴》，中国统计出版社，2017，第588页。

（二）基金会等慈善组织开展保值增值活动及税收政策的相关规定

1. 我国对基金会保值增值活动的规范历程

我国对基金会等组织的保值增值活动的规范由来已久，其规范的方式经历了由严格到宽松再到细致规范的历程。

（1） 1988 年《基金会管理办法》，严格限制投资范围和投资方式

1988 年颁行的《基金会管理办法》是改革开放后由国务院制定的第一部专门规范中国民间组织登记管理的行政法规，虽然已被 2004 年 3 月颁布的《基金会管理条例》所取代，并于 2004 年 6 月 1 日起正式废止，但其中规范基金会保值增值行为的思路仍值得探讨和思考。该办法第 6 条规定，"基金会的基金，应当用于资助符合其宗旨的活动和事业，不得挪作他用。基金会不得经营管理企业"。第 7 条规定，"基金会可以将资金存入金融机构收取利息，也可以购买债券、股票等有价证券，但购买某个企业的股票额不得超过该企业股票总额的 20%"。

1995 年 4 月，中国人民银行发布的《关于进一步加强基金会管理的通知》要求"经营管理企业及其他营利性经济实体的基金会，要限期清理并作出适当处置"。同时，要求"基金会基金的保值及增值必须委托金融机构进行"。

虽然上述规定对于基金会的投资行为进行了一定的限制，但从另外一个视角观之，上述规定实际上也肯定了基金会的投资主体地位。

（2） 2004 年《基金会管理条例》原则性规范了投资行为

《基金会管理办法》中对于基金会投资行为的限制性规定在实践中没有达到预期目的。由于银行降息，存入金融机构的资金逐年萎缩。委托金融机构的投资的资产也屡屡损失。鉴于此，立法机关决定改弦更张，"国务院法制办……最后确定按国际惯例制定规则，在《基金会管理条例》中不对基金会的保值增值行为做具体要求，只做了原则的、开放性规定"[1]。2004 年颁行的《基金会管理条例》颠覆了《基金会管理办法》的规范思路，对基金会保值增值做了开放性的要求，确立了"合法、安全、有效"的原则，没有具体的限

---

[1] 《以规范管理促进基金会健康发展——民政部民间组织管理局局长李本公答记者问》，《中国民政》2004 年第 4 期。

制性规定。《基金会管理条例》第 28 条规定，"基金会应当按照合法、安全、有效的原则实现基金的保值、增值"。同时，《基金会管理条例》增加了"决策不当赔偿"条款以确保基金会的财产安全。第 43 条规定"基金会理事会违反本条例和章程规定决策不当，致使基金会遭受财产损失的，参与决策的理事应当承担相应的赔偿责任"。2012 年 7 月民政部颁布了《关于规范基金会行为的若干规定（试行）》。该规定要求基金会进行保值增值活动时，应当遵守以下规定：1. 基金会进行保值增值应当遵守合法、安全、有效的原则。符合基金会的宗旨，维护基金会的信誉，遵守与捐赠人和受助人的约定，保证公益支出的实现；2. 基金会可用于保值增值的资产限于非限定性资产、在保值增值期间暂不需要拨付的限定性资产；3. 基金会进行委托投资，应当委托银行或者其他金融机构进行。这一规定重申了基金会开展保值增值活动应遵循的三原则，同时进一步明确了基金会可用于保值增值财产的范围，也细化了对于委托投资的要求。

（3）2016 年《慈善法》进一步规范慈善组织投资行为

《慈善法》进一步强调了慈善组织开展保值增值活动的"六字箴言"——即"合法、安全、有效"的基本原则，具体的规范内容还有待民政部门出台细则。《慈善法》第 54 条规定："慈善组织为实现财产保值、增值进行投资的，应当遵循合法、安全、有效的原则，投资取得的收益应当全部用于慈善目的。慈善组织的重大投资方案应当经决策机构组成人员三分之二以上同意。政府资助的财产和捐赠协议约定不得投资的财产，不得用于投资。慈善组织的负责人和工作人员不得在慈善组织投资的企业兼职或者领取报酬。前款规定事项的具体办法，由国务院民政部门制定。"

2017 年 12 月 7 日，民政部公布《慈善组织保值增值投资活动管理暂行办法》（征求意见稿）（以下简称《保值增值暂行办法》〈征求意见稿〉），就慈善组织保值增值事宜向社会公开征求意见。虽然《保值增值暂行办法》（征求意见稿）在征求意见后尚未正式出台，但其中有关慈善组织投资活动范围、模式及条件，投资决策运行、投资风险控制、监督管理等方面的规范，在一定程度上呈现了我国慈善组织监管部门的监管思路和方向。《保值增值暂行办法》（征求意见稿）对慈善组织可用于投资的财产类别进行了限制，规定慈善组织接受的政府资助的财产和捐赠协议约定不得投资的财产，不得用于投资。慈善组织可以用于投资的财产限于非限定性资产、在投资期间暂不需要拨付的限定性资产。慈善组织必须保证连续3年的慈善活动支出符合法定要求和待拨捐赠财产及时足额拨付。《保值增值暂行办法》（征求意见稿）将投资安全放在首位，强调投资安全至上。慈善组织开展投资应当购买金融机构发行发售的理财产品，或者委托专业投资管理机构进行，直接股权投资仅限于被投资方经营范围与慈善组织的宗旨、业务范围直接相关的情形。禁止慈善组织从事在非银行金融机构存款、直接投资二级市场股票或者投资人身保险产品等风险较大的投资活动。

综合以上一系列法规政策，基金会实现基金保值、增值的投资行为，必须以慈善目的为出发点和落脚点，必须遵循合法、安全、有效的原则。合法，就是要求基金会所有投资行为必须是现行法律法规所允许的范围。安全，就是要求基金会尽可能避免在投资中遭受损失，投资策略必须稳健、低风险，防止因投资失利而影响慈善活动的开展以及影响到基金会的正常运转。有效，就是要求基金会实现保值、增值的投资行为必须以取得合理收益为目的，不能将投资变成对其他组织和个人输送利益的行为，不能影响到基金会宗旨的实现。

2.《企业所得税法》对非营利组织部分保值增值收入的免税政策

根据《中华人民共和国企业所得税法》（以下简称《企业所得税法》）第26条的规定，企业的国债利息收入、符合条件的居民企业之间的股息红利等权益性投资收益、符合条件的非营利组织的收入属于免税收入。对于取得国债利息收入、符合条件的居民企业之间的股息、红利等权益性投资收益这几类收入的机构而言，无论该机构是营利性组织（如商业公司等）还是非营利性组织（如基金会等），也无论该非营利组织是否获得了免税资格，对于它们取得的上述收入均予以免税，这属于普适性的免税政策。此外，财政部国家税务总局《关于企业所得税若干优惠政策的通知》（财税〔2008〕1号）明确了关于鼓励证券投资基金发展的优惠政策，对证券投资基金从证券市场中取得的收入，包括买卖股票、债券的差价收入，股权的股息、红利收入，债券的利息收入及其他收入，暂不征收企业所得税。对投资者从证券投资基金分配中取得的收入，暂不征收企业所得税。财政部国家税务总局《关于地方政府债券利息免征所得税问题的通知》（财税〔2013〕5号），对企业和个人取得的2012年及以后年度发行的地方政府债券利息收入，免征企业所得税和个人所得税。地方政府债券是指经国务院批准同意，以省、自治区、直辖市和计划单列市政府为发行和偿还主体的债券。

《企业所得税法》规定符合条件的非营利组织的收入为免税收入，对于符合条件的非营利组织，其享受免税待遇的条件为：一是该非营利组织获得了免税资格；二是获得了免税资格的非营利组织取得了属于免税范围内的收入。《中华人民共和国企业所得税法实施条例》（以下简称《企业所得税法实施条例》）第85条解释了符合条件的非营利组织的免税收入不包括非营利组织从事营利性活动取得的收入，但国务院财政、税务主管部门另有规定的除外。2009年，财政部和国家税务总局发布的《关于非营利组织企业所得税免税收入问题的通知》（财税〔2009〕122号）进一步阐明了符合条件的非营利组织企业所得税免税收入范围包括：接受其他单位或者个人捐赠的收入；除《企业所得税法》第7条规定的财政拨款以外的其他政府补助收入，但不包括因政府购买服务取得的收入；按照省级以上民政、财政部门规定收取的会费；不征税收入和免税收入孳生的银行存款利息收入；财政部、国家税务总局规定的其他收入。

根据以上法律法规及相关文件，基金会开展保值增值活动取得的收入可划分为免税收入和应税收入。其中，国债利息收入，省级地方政府债券利息收入，从证券投资基金分配中取得的收入，符合条件的居民企业之间股息、红利等权益性投资收益，不征税收入和免税收入孳生的银行存款利息收入属于保值增值收入的免税部分；而未纳入以上已经限定性列举的免税范围，如归属于征税收入或非免税收入产生的银行利息、非银行利息收入、其他投资收益、资产转让收入、资产租赁收入等收入则为应税收入。对于应税收入部分，基金会应按照当前该组织所适用所得税税率计算缴纳所得税，税率一般为25%。

三 我国基金会保值增值活动现状分析

（一）我国基金会2014年资产、收入规模与结构

1. 2014年我国3786家基金会资产总额达1206亿元

（1）2014年我国公募基金会资产总额占基金会资产总额一半以上

截至2014年底，我国能够取得有效数据的3786家基金会的资产总额为

1206.49亿元。其中，1501家公募基金会资产总额为615.71亿元，占基金会资产总额的51.03%，平均每家公募基金会年末总资产达到4102.01万元；2285家非公募基金会资产总额为590.78亿元，占48.97%，平均每家非公募基金会年末总资产达到2585.47万元。从平均资产规模来看，公募基金会的平均规模是非公募基金会平均规模的1.59倍[①]。

从2014年基金会年末总资产分布情况看，公募基金会方面，440家公募基金会资产在1000万元至2000万元之间，占公募基金会总数的29.31%；331家公募基金会资产在2000万元至5000万元之间，占公募基金会总数的14.86%；资产在1亿元以上的公募基金会共192家，其中有12家的资产超过5亿元[②]。非公募基金会的资产规模相对较小，1343家非公募基金会资产规模为500万~1000万元，占非公募基金会总数的58.77%。另外，资产规模超过1亿元的非公募基金会数量为189家，仅比公募基金会数量少3家[③]。具体数据如图4所示。

（2）民政部登记基金会在2014年末总资产地区（部门）排名中居首位

从基金会年末总资产地区（部门）分布情况来看，2014年我国基金会年末总资产排名首位的是在民政部登记的基金会，资产总额达430.21亿元，185家基金会总资产均值为2.33亿元。基金会年末总资产超过100亿元的省级行政单位包括上海市和江苏省。其中，上海市基金会总资产规模达到132.97亿元，平均资产规模为6681.42万元，上海市是除民政部之外，基金会平均资产规模最大的地区；江苏省基金会2014年末总资产达到122.9亿元，平均资产规模为3049.83万元。

2. 2014年我国基金会长期投资占总投资比重为20.73%

基金会的资产主要为流动资产、长期投资、固定资产、无形资产和受托代理资产。在基金会发展初期，固定资产、无形资产等较少，资产主要集中在流动资产方面。基金会不同类型的资产情况如表1所示。

[①] 中国基金会发展报告课题组编《中国基金会发展报告（2015~2016）》，社会科学文献出版社，2016，第18~19页。
[②] 中国基金会发展报告课题组编《中国基金会发展报告（2015~2016）》，社会科学文献出版社，2016，第20页。
[③] 中国基金会发展报告课题组编《中国基金会发展报告（2015~2016）》，社会科学文献出版社，2016，第20页。

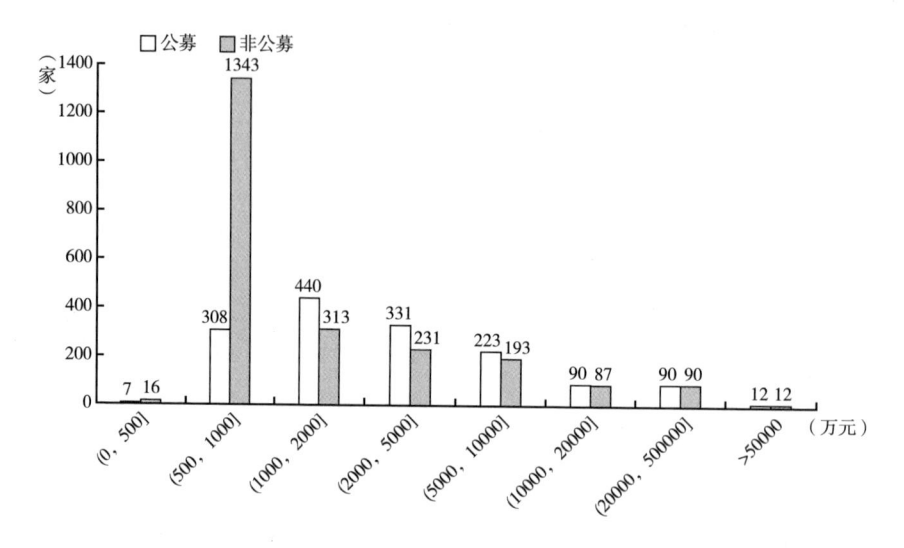

图4 2014年全国基金会年末总资产分布情况

数据来源：中国基金会发展报告课题组编《中国基金会发展报告（2015～2016）》，社会科学文献出版社，2016，第20页。

表1 2014年基金会资产分类情况

单位：万元，%

分类	总数	比例	平均数	最大值	中位数
流动资产	8607140.0	75.47	2325.0	758093.6	487.9
长期投资	2364651.0	20.73	638.7	343070.0	0
固定资产	375572.6	3.29	101.5	79585.0	0
无形资产	8109.6	0.07	2.2	1563.8	0
受托代理资产	48994.0	0.43	13.2	38221.0	0
合计	11404467.2	100	3080.6	—	—

资料来源：中国基金会发展报告课题组编《中国基金会发展报告（2015～2016）》，社会科学文献出版社，2016，第26页。

截至2014年底，全国基金会的流动资产共860.71亿元，占基金会资产总额的75.47%；长期投资共有236.47亿元，占基金会资产总额的20.73%。一半以上的基金会长期投资为零。由于中国的基金会起步发展时间较短，较少通过长期投资等保值、增值手段获得资金开展公益项目，现阶段收入来源主要依赖于捐赠。长期投资排名前 10 位的基金会中，在民政部和上海市登记的分别有 4 家，海南和内蒙古各有 1 家。在上述 10 家基金会中，有 3 家企业（企业家）基金会，分别是河仁慈善基金会、海南省慈航公益基金会、老牛基金会；有 3 家高校教育基金会。另外 4 家均为大型公募基金会，其中 1 家在民政部登记注册，3 家在上海市登记注册，且成立时间较长（见表 2）。

表 2　长期投资前 10 位基金会名单

单位：万元

序号	名称	省份/部门	类型	流动资产	长期投资
1	河仁慈善基金会	民政部	非公募	11408.15	343070.00
2	清华大学教育基金会	民政部	非公募	192493.37	241905.92
3	上海市慈善基金会	上海	公募	119432.19	108130.35
4	海南省慈航公益基金会	海南	非公募	12613.25	79676.21
5	上海交通大学教育发展基金会	上海	非公募	19710.68	76188.72
6	浙江大学教育基金会	民政部	非公募	74829.36	62050.00
7	上海宋庆龄基金会	上海	公募	7565.77	45547.78
8	中国扶贫基金会	民政部	公募	176432.40	44139.83
9	老牛基金会	内蒙古	非公募	12365.41	38234.60
10	上海市体育发展基金会	上海	公募	5344.97	37000.00
合计				632195.55	1075943.41

资料来源：中国基金会发展报告课题组编《中国基金会发展报告（2015~2016）》，社会科学文献出版社，2016，第 28 页。

2014 年底，全国基金会固定资产总额为 37.56 亿元，一半以上的基金会没有固定资产，大部分的基金会没有受托代理资产和无形资产。由表 3 可知，公募基金会总资产规模大于非公募基金会总资产规模，但非公募基金会的长期投资平均值高于公募基金会的长期投资平均值。

3. 2014 年我国 3823 家基金会总收入达 620 亿元

（1）2014 年民政部登记的基金会收入占我国基金会收入总额的 55.56%

基金会的收入主要包括捐赠收入、提供服务收入和商品销售收入、政府补助收入、投资收益和其他收入。2014 年，全国基金会收入总额为 620.06 亿元。其中，1506 家公募基金会总收入为 417.25 亿元，占全国基金会收入总额

表3　不同类型基金会资产分类情况

单位：万元

项目		流动资产	长期投资	固定资产	无形资产	受托代理资产	总资产
公募	总额	4910878.00	890101.10	186323.70	5653.60	4049.43	5997005.83
	平均值	3356.72	608.41	127.36	3.86	2.77	4132.13
非公募	总额	3696263.00	1474550.00	189248.80	2456.00	44944.52	5407462.32
	平均值	1650.85	658.58	84.52	1.10	20.07	2415.12

资料来源：中国基金会发展报告课题组编《中国基金会发展报告（2015~2016）》，社会科学文献出版社，2016，第30页。

的67.29%；2317家非公募基金会总收入为202.81亿元，占全国基金会收入总额的32.71%。虽然非公募基金会在数量上超过公募基金会，但从收入上看，公募基金会的收入是非公募基金会的2倍。

在民政部登记的基金会总收入约为344.49亿元，占全国基金会总收入的55.56%，除在民政部登记的基金会外，2014年基金会收入总额超过10亿元的省份有6个，依次为江苏省（约51.22亿元）、广东省（约34.84亿元）、上海市（34.72亿元）、北京市（24.63亿元）、浙江省（约11.54亿元）、福建省（约10.91亿元）[①]。

从收入结构看，2014年基金会捐赠收入占总收入的比例为86.86%，投资收益占总收益的比例为4.13%[②]。2014年基金会各类收入情况如表4所示。

（2）2014年我国基金会委托投资金额为311.45亿元

实践中，不少基金会对于财产的投资持有较为谨慎的态度，基金会整体投资收益占总收入的比例不高。基于民政部年检数据库的基础信息，2014年基金会共委托投资金额为311.45亿元，取得投资收益9.08亿元，当年回收资金为121.43亿元。非公募基金会委托资金额度是公募基金会的2.19

---

① 中国基金会发展报告课题组编《中国基金会发展报告（2015~2016）》，社会科学文献出版社，2016，第33页。
② 根据基金会中心网统计，2015年全国基金会收入总额为480.83亿元，同比增长13.04%。其中捐赠收入378.46亿元（78.71%），投资收入36.48亿元（7.59%），收入28.03亿（5.83%）。公益支出314.37亿元。参见杨团主编《中国慈善发展报告（2017）》，社会科学文献出版社，2017，第53~55页。

倍,但在当年实际收益方面,非公募基金会仅为公募基金会的 1.31 倍(见表 5)。

表 4　2014 年基金会各类收入情况

单位:万元,%

收入类型	金额	占总收入比重
捐赠收入	5385920	86.86
提供服务	35315	0.57
商品销售	354	0.01
政府补助	383105	6.18
投资收益	255955	4.13
其他收入	139915	2.26
总收入	6200564	100

资料来源:中国基金会发展报告课题组编《中国基金会发展报告(2015~2016)》,社会科学文献出版社,2016,第 36 页。

表 5　不同类型基金会委托投资及收益情况

单位:万元

项目		委托金额	当年实际收益	当年实际收回金额
公募	总额	976829.9	39242.4	516899.1
	平均值	1535.9	75.0	1146.1
非公募	总额	2137639.0	51572.5	697403.4
	平均值	2765.4	81.9	1298.7
总计	总额	3114468.9	90814.9	1214302.5
	平均值	2210.4	78.8	1229.1

资料来源:中国基金会发展报告课题组编《中国基金会发展报告(2015~2016)》,社会科学文献出版社,2016,第 49 页。

从民政部年检数据库基础信息中委托投资情况看,两类基金会的投资偏好有所不同,公募基金会倾向于选择时间较短、回报快的委托理财产品;而非公募基金会可能选择的是投资时间长的委托理财产品。从当年的投资收益来看,公募基金会的投资回报优于非公募基金会的投资回报,其中公募基金会资金回收率为 52.92%,而非公募基金会的资金回收率为 32.62%(见表 6)[①]。

---

① 中国基金会发展报告课题组编《中国基金会发展报告(2015~2016)》,社会科学文献出版社,2016,第 48 页。

表6 公募与非公募基金会委托投资金额及收益率

单位：万元，%

项目	委托金额	当年实际收益率	当年资金实际收回率
公募基金会	976829.9	4.02	52.92
非公募基金会	2137639.0	2.41	32.62
总计	3114468.9	2.92	38.99

资料来源：中国基金会发展报告课题组编《中国基金会发展报告（2015~2016）》，社会科学文献出版社，2016，第49页。

从分地区（部门）来看，投资收益排名第一的是民政部登记的基金会，其金额为12.46亿元；排名第二的是在上海民政部门登记的基金会，其金额为3.36亿元。从投资收益占收入总额比来看，排名靠前的分别是江西、内蒙古、海南和上海，这一比例分别为29.84%、12.74%、12.57%和9.67%[1]。

（二）上海市基金会2015年保值增值情况分析

上文初步分析了我国基金会的总体资产规模和投资情况，本部分重点论述在上海市民政部门登记注册基金会的保值增值活动情况。如前所述，与全国其他省份相比，上海的基金会投资活动较为活跃，2014年全国长期投资排名前十的基金会有4家为上海市的基金会；同时，上海市是除民政部之外，2014年基金会平均资产规模、投资收益规模最大的地区；此外，上海基金会的信息公开水平较高，便于获取投资等相关信息，有利于增强数据分析的准确性和有效性。由于上海地区的基金会在保值增值活动方面具有一定的代表性，本文以上海基金会为重点分析对象。

1. 2015年上海基金会总体情况——投资收益成为基金会第二大收入来源

根据民政部2015年第四季度各省社会服务统计数据，2015年上海共有基金会270家[2]。由于未能取得其中10家基金会的年报数据，因此本部分的样本总量为260家基金会。2015年，260家基金会资产总额为146.37亿元，投资

---

[1] 中国基金会发展报告课题组编《中国基金会发展报告（2015~2016）》，社会科学文献出版社，2016，第50~51页。

[2] 民政部统计数据，http://www.mca.gov.cn/article/sj/tjjb/sjsj/201602/20160200880298.htm，最后访问日期2017年12月11日。

资产 77.02 亿元，年末净资产总额为 141.75 亿元，收入总额为 43.08 亿元，取得投资收益 6.97 亿元，费用支出总额为 25.17 亿元，总体结余 17.91 亿。货币资金年末余额 51.56 亿元，占资产总额的 35%。

2015 年上海 260 家基金会的各项收入占收入总额比例如图 5 所示：其中，捐赠收入占 2015 年收入总额的 69.92%，投资收益占收入总额的 16.18%，政府补助收入占收入总额的 9.76%，其他收入占收入总额的 3.27%，提供服务收入占收入总额的 0.87%，会费收入占收入总额的 0.001%。投资收益已成为基金会的第二大收入来源。

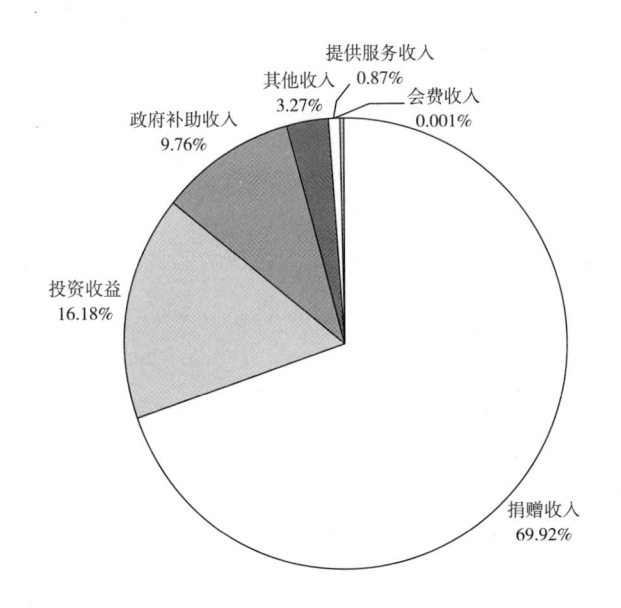

图 5　2015 年上海基金会收入结构

资料来源：根据公开资料整理。

2. 2015 年上海 140 家有投资活动的基金会投资收益达 6.97 亿元

基金会实现财产保值增值的主要投资途径有银行存款、投资国债、投资其他有价证券、投资兴办企业及委托理财等①。具体投资种类按投资期限分为长

---

① 有无投资行为的判定标准：2015 年投资收益＋短期投资期末数＋长期股权投资期末数＋长期债权投资期末数＋短期投资期初数＋长期股权投资期初数＋长期债权投资期初数，若此值为 0，则无投资行为，若此值不为 0，则有投资行为。

期投资和短期投资。长期投资包括长期股权投资和长期债权投资。委托理财按其委托内容和委托期限划入相应的投资类型：对于期限长于一年的委托贷款划分为长期债权投资类型；对于能够随时变现并且持有时间不准备超过1年（含1年）的投资归属于短期投资。

本部分选取2015年度上海地区基金会的投资收益、2015年期初和期末短期投资、长期股权投资和长期债权投资余额对保值增值活动进行分析。因多数基金会将利息收入计入其他收入中，同时并非所有基金会均单独披露利息收入，故本部分未将利息收入纳入保值增值投资活动的判断指标。

（1）99家基金会投资收益达6.97亿元，投资收益相对集中

260家取得有效数据的基金会中，有投资行为的共140家，占样本量的53.85%。2015年，上海有一半以上的基金会开展了保值增值活动。在140家有投资行为的基金会中，有41家基金会没有产生投资收益。取得投资收益的基金会有99家，投资收益共计6.97亿元，占99家基金会收入总额的21.32%。99家基金会中，有53家基金会投资收益为1万~100万元；有33家基金会投资收益为100万~1000万元。投资收益最高的为上海交通大学教育发展基金会，其投资收益超过2亿元。投资收益金额具体分布如表7所示。

表7 投资收益金额分布

单位：个，%

投资收益（R）	基金会	基金会个数占有投资收益基金会总数比例
R≤1万元	3	3.03
1万元<R≤1百万元	50	50.51
1百万元<R≤1千万元	33	33.33
1千万元<R≤1亿元	12	12.12
R>1亿元	1	1.01
合计	99	100

资料来源：根据公开资料整理。

从表8投资收益占收入总额的比重可以看出，99家取得投资收益的基金会中，43.43%的基金会投资收益占收入总额的比重小于10%，59.60%的基金会投资收益占收入总额比重小于30%，这在一定程度上表明对大部分基金会

而言，投资收益还未成为其主要的收入来源。此外，有 30 家基金会投资收益占收入总额的 50% 以上，其中 15 家基金会投资收益占比达到 90% 以上。15 家投资收益占比超过 90% 的基金会中有两家为公募基金会，13 家为非公募基金会，这反映出投资收益开始成为一些非公募基金会的主要收入来源。需要指出的是投资收益排名前 15 位的基金会投资收益为 5.92 亿元，占投资收益总额的 85%。

表8 投资收益占收入总额的比重分布

单位：个，%

投资收益占收入总额比例	基金会	基金会个数占比
90%~100%	15	15.15
70%~90%	5	5.05
50%~70%	10	10.10
30%~50%	10	10.10
10%~30%	16	16.17
0~10%	43	43.43
合计	99	100

数据来源：根据公开资料整理。

(2) 140 家基金会投资资产占资产总额一半以上，偏重于长期股权投资

140 家有投资行为的基金会资产总额为 132.89 亿元，投资资产规模为 77.02 亿元，2015 年年末投资资产占资产总额的比重为 57.96%。投资资产中短期投资占 33.27%，长期投资占 66.73%（其中长期股权投资占 40.39%，长期债权投资占 26.34%），资金流向偏重于长期股权投资。140 家基金会投资资产结构占比情况如图 6 所示。

(3) 半数以上的基金会投资收益率高于一年期银行存款利息率

①140 家有投资行为的基金会平均投资资产收益率达 9.82%

为了衡量单位投资资产产生的投资收益水平，此处采用平均投资资产收益率，其计算方法为：

$$平均投资资产收益率 = [投资收益 / (期初投资资产 /2 + 期末投资资产 /2)] \times 100\%$$

140 家有投资行为的基金会，2015 年期末投资资产规模为 77.02 亿元，期

长期债权投资
26.34%

短期投资
33.27%

长期股权投资
40.39%

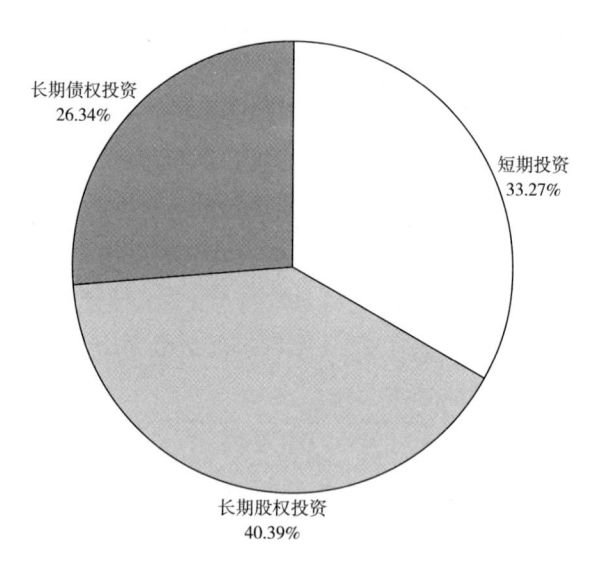

图6　140家有投资行为基金会的投资资产结构比例

数据来源：根据公开资料整理。

初投资资产规模为64.92亿元，平均投资资产规模为70.97亿元，投资收益为6.97亿元，基金会的投资资产收益率为9.82%。

表9列示了平均投资资产收益率分布情况。其中，1.4%为2015年通货膨胀率[1]；2%为2015年银行一年定期存款利率[2]。

投资资产收益率（r）无法计算的情况是基金会2015年年内有投资收益，但2015年期初、期末投资资产余额均为0，可以解读为基金会在年内购入投资资产并转让了全部投资资产产生的投资收益，因而其投资资产期初、期末余额为0。投资资产收益率（r）为0的情况是基金会期末有投资资产余额，但年内并未收到分红或并未转让其投资资产，所以投资收益为0。

---

[1] 国家统计局网站，http：//data. stats. gov. cn/search. htm？s = CPI，最后访问日期：2017年12月11日。

[2] 2015年央行一年期银行存款基准利率为1.5%，各商业银行利率在此基础上浮动，取平均值2%作为定年期银行存款利率。http：//www. icbc. com. cn/ICBC/%E9%87%91%E8%9E%8D%E4%BF%A1%E6%81%AF/%E5%AD%98%E8%B4%B7%E6%AC%BE/%E5%88%A9%E7%8E%87%E8%87%E8%A1%A8/%E4%BA%BA%E6%B0%91%E5%B8%81%E5%AD%98%E6%AC%BE%E5%88%A9%E7%8E%87%E8%87%E8%A1%A8/default. htm，最后访问日期：2017年12月11日。

表9 平均投资资产收益率（r）分布

单位：个，%

平均投资资产年收益率（r）	基金会	基金会个数占有投资行为基金会总数比例
r 无法计算	10	7.14
r=0	41	29.29
0<r≤1.4%	8	5.71
1.4%<r≤2%	3	2.14
2%<r≤9.82%	55	39.29
r>9.82%	23	16.43
合计	140	100

资料来源：根据公开资料整理。

从表10可以看出，基金会的投资收益率相差较大，分布不均匀。40%的基金会平均投资资产在1.4%以下，60%的基金会投资资产收益率高于1.4%。总体而言，56%的基金会投资资产收益率高于2%，16.43%的基金会投资资产收益率高于9.82%，高于基金会投资资产收益率总体平均水平。

在平均投资资产收益率中，存在两个极大值拉高平均投资资产收益率的情况，一家为上海市科普基金会，平均投资资产收益率为488.74%；另一家为上海科技发展基金会，平均投资资产收益率为222.26%。平均投资资产收益率排名前十的基金会如表10所示。

表10 平均投资资产收益率排名前十的基金会

单位：%

序号	基金会名称	平均投资资产收益率
1	上海市科普基金会	488.74
2	上海科技发展基金会	222.26
3	上海市虹口区教育基金会	91.98
4	上海易顺公益基金会	82.69
5	上海颜德馨中医药基金会	76.55
6	上海华杰仁爱基金会	50.00
7	上海文学发展基金会	29.81
8	上海黄金枝教育发展基金会	22.62
9	上海交通大学教育发展基金会	22.27
10	上海夏征农民族文化教育发展基金会	20.45

资料来源：根据公开资料整理。

140家有投资行为的基金会平均净资产投资收益率达5.72%。

为了修正投资资产收益率出现的无法计算情况产生的缺陷，本文又选用平均净资产投资收益率指标，用于衡量单位净资产产生的投资收益的情况。

平均净资产投资收益率 = [投资收益/(期初净资产/2 + 期末净资产/2)] × 100%

根据调研样本，140家有投资行为的基金会，投资收益总额为6.97亿元，期末净资产128.46亿元，期初净资产为115.18亿元，平均净资产为121.82亿元，平均净资产投资收益率为5.72%。

140家有投资行为的基金会，平均净资产投资收益率分布如表11所示。

表11 平均净资产投资收益率分布

单位：个，%

平均净资产投资收益率(i)	基金会	基金会个数占比
i = 0	41	29.29
0 < i ≤ 1.4	23	16.43
1.4% < i ≤ 2	2	1.43
2% < i ≤ 5.72	42	30.00
i > 5.72	32	22.85
合计	140	100

资料来源：根据公开资料整理。

从表11可以看出，54%的基金会平均净资产收益率高于2015年通货膨胀率，53%的基金会平均净资产收益率超过一年期存款利率；同时，依然存在45%的基金会平均净资产收益率低于通货膨胀率。

在平均净资产投资收益率中，有极值拉动的情况。2015年成立的上海同心源文化发展基金会平均净资产收益率达到200%。排名前十的平均净资产投资率如表12所示。

综上所述，2015年上海市260家基金会中有140家有投资活动；99家基金会产生了投资收益，总额达6.97亿元，投资收益排名前15的基金会投资收益为5.92亿元，占投资收益总额的85%，投资收益集中度较高；140家基金会投资资产规模达77.02亿元，占资产总额的57.96%；投资资产中40%以上

表12 平均净资产收益率排名前十的基金会

序号	基金会名称	平均净资产收益率(%)
1	上海同心源文化发展基金会	200.00
2	上海科技发展基金会	87.27
3	上海市科普基金会	54.44
4	上海华杰仁爱基金会	32.00
5	上海易顺公益基金会	27.47
6	上海文学发展基金会	27.14
7	上海交通大学教育发展基金会	23.18
8	上海自然与健康基金会	15.34
9	上海唐君远教育基金会	14.61
10	上海市中小学幼儿教师奖励基金会	12.85

资料来源：根据公开资料整理。

为长期股权投资；基金会净资产投资收益率和投资资产收益率在5.72%和9.82%之间，有近一半基金会保值增值活动收益欠佳。

3. 上海非公募基金会保值增值活动较公募基金会更为活跃

（1）公募基金会开展投资活动的比例高于非公募基金会

如前所述，在260家样本基金会中，公募基金会54家，非公募基金会206家；260家基金会中有投资行为的基金会为140家，其中公募基金会46家，占公募基金会总数的85%；非公募基金会94家，占非公募基金会总数的45%。公募基金会开展投资活动的比例较高。

（2）非公募基金会投资收益占收入总额的比重高于公募基金会

在99家取得了投资收益的基金会中，公募基金会有36家，投资收益金额为3.61亿元，占公募基金会收入总额的17.8%；非公募基金会有63家，投资收益金额为3.36亿元，占非公募基金会收入总额27.08%。非公募基金会投资收益占收入总额比重高于公募基金会，说明投资收益对非公募基金会的重要性程度略高。由于公募基金会可以通过公开募捐形式获取资金，而非公募基金会资金来源相对而言较为单一，更需要依靠保值增值活动为自己开源，以获得更多的收入。

（3）公募基金会较非公募基金会倾向于长期股权投资

46家公募基金会投资资产为44.73亿元，资产总额为79.15亿元，投资资产占资产总额比重为56.52%；94家非公募基金会投资资产为33.29亿元，资产总额为53.74亿元，投资资产占资产总额的比重为60.09%。从投资资产占资产总额比重看，非公募基金会投资资产比重略高于公募基金会，这在一定程度上说明非公募基金会在开展保值增值活动方面更加积极。

公募基金会的投资资产结构比例如图7所示，长期股权投资占比为45.43%，长期债权投资占比为24.53%，短期投资占比为30.04%。

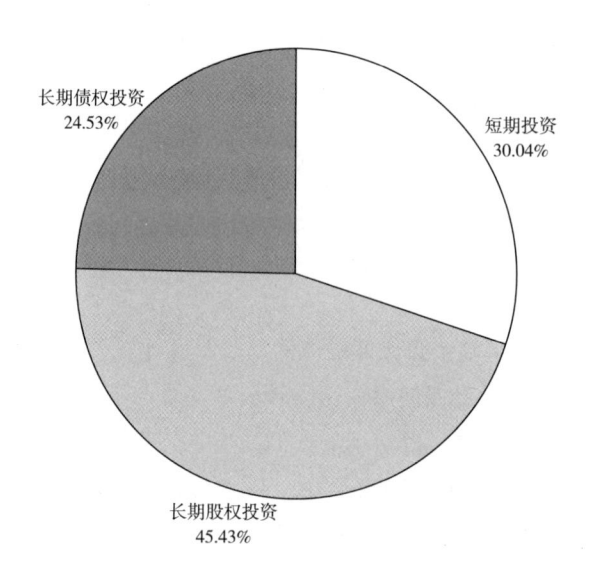

图7　公募基金会投资资产结构比例

资料来源：根据公开资料整理。

非公募基金会投资资产结构比例如图8所示，短期投资资产占比为37.75%，长期股权投资资产占比为33.41%，长期债权投资资产占比为28.85%。与公募基金会相比，非公募基金会的三类投资更加分散。

（4）非公募基金会投资收益率高于公募基金会

从140家基金会的平均投资资产收益率和平均净资产投资收益率看，94家非公募基金会均高于46家公募基金会。其中，非公募基金会与公募基金会平均投资资产收益率分别为11.58%和8.61%，两类基金会平均净资产投资收益率分别为7.12%和4.84%。具体数据如表13所示。

长期债权投资
28.85%

短期投资
37.75%

长期股权投资
33.41%

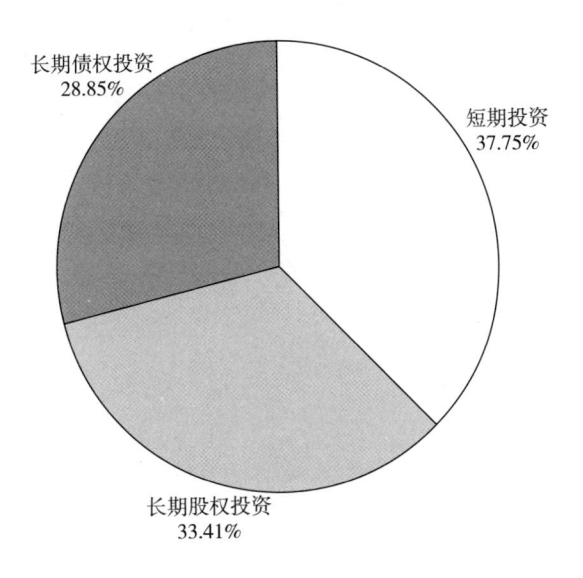

图8　非公募基金会投资资产结构比例

资料来源：根据公开资料整理。

表13　公募基金会与非公募基金投资收益率情况表

单位：亿元，%

类别	投资收益	平均投资资产	平均净资产	平均投资资产收益率	平均净资产投资收益率
公募基金会	3.61	41.95	74.65	8.61	4.84
非公募基金会	3.36	29.01	47.17	11.58	7.12

资料来源：根据公开资料整理。

总体而言，公募基金会从事保值增值活动的参与度高于非公募基金会，但非公募基金会投资收益占收入总额比例、投资资产占总资产比例及投资收益率均高于公募基金会。

（三）基金会保值增值典型个案分析

在分析了基金会的保值增值整体情况后，本部分对在民政部、上海市市区两级民政部门登记的公募基金会和非公募基金会的保值增值情况进行典型案例分析，以更为深刻地认知和分析基金会保值增值现状。以下选择的基金会皆是在保值增值方面有较为积极表现的基金会，高校背景、企业背景、非营利组织背景和"官方"背景兼而有之，以期较为全面地反映我国基金会保值增值的典型实践情况。

1. 上海市慈善基金会——委托贷款利息收入占比较高

上海市慈善基金会是由上海市政协、上海市文明办和上海市民政局发起，经上海市社会团体登记机关核准登记的公募基金会。自1994年5月成立以来，致力于发掘慈善资源，实施慈善救助，传播慈善理念①。

（1）2014~2016年保值增值活动概述

①保值增值收入占收入总额的10%。2014~2015年上海市慈善基金会保值增值收入由9264万元上涨到9831万元②，实现6%的增长，到2016年保值增值收入出现13%的下滑，下降到8547万元，但总体上保值增值收入占收入总额的比例保持在10%的水平上。具体数据如表14所示。

表14 上海市慈善基金会2014~2016年收入组成及结构

单位：万元，%

类别	2014年	2015年	2016年
收入总额	91269	94424	83410
捐赠收入	72965	81815	72148
捐赠收入占收入总额	79.94	86.75	86.50
政府补助收入	9039	2778	2714
政府补助收入占收入总额比	9.91	2.94	3.25
保值增值收入	9264	9831	8547
其中：投资收益	4468	7228	6165
其他收入	4796	2603	2382
保值增值收入占收入总额比	10.15	10.41	10.25

资料来源：根据年报信息整理。

2014~2015年，按投资收益的来源可将其分为证券投资收益、信托投资收益、委托理财收益、委托贷款利息收入、按权益法享有或分担的被投资公司

---

① 上海慈善网，http://www.shzgh.org/csjjh/n2754/n2763/u1ai58810.html，最后访问日期：2017年12月11日。
② 此处的保值增值收入为投资收益与利息收入之和。

净损益的份额五个部分。从表 15 可以看出，委托贷款利息收入占了投资收益的绝大部分，2014 年占比为 80%，2015 年占比为 78.5%（见表 15）。

表 15　2014~2015 年投资收益来源及比例

单位：元，%

产生投资收益的来源	2014 年	比例	2015 年	比例
证券投资收益	30391	0.07	150251	0.21
信托投资收益	4500000	10.07	5000000	6.92
委托理财收益	500000	1.12	1637500	2.27
委托贷款利息收入	35822250	80.17	56722978	78.48
按权益性享有或分担的被投资公司净损益的份额	3830444	8.57	8769912	12.13
合计	44683085	100	72280641	100

资料来源：根据年报信息整理。

②上海市慈善基金会投资资产以长期投资为主。2014~2016 年上海市慈善基金会保值增值活动形成资产包括短期股资、长期股权投资和长期债权投资，连续三年投资资产规模为 11 亿~13 亿元。从投资结构来看，97% 以上都是长期投资资产，投资资产占资产总额的比例保持在 47%~49% 的水平上，相对稳定。具体数据如表 16 所示。

表 16　上海市慈善基金会 2014~2016 年投资资产组成及结构

单位：万元，%

类别	2014 年	比例	2015 年	比例	2016 年	比例
短期投资	3023	2.72	508	0.41	552	0.43
长期股权投资	55630	50.05	56507	45.38	57289	44.82
长期债权投资	52500	47.23	67500	54.21	69986	54.75
投资资产	111154		124516		127827	
资产总额	235939		254960		267396	

资料来源：根据年报信息整理。

③2014 年投资资产种类多元。2014 年上海市慈善基金会短期投资分为委托理财和股票证券投资，其中委托理财资产 3000 万元，股票证券投资账面净

额为23.2万元。

长期股权投资为对上海盛太投资管理有限公司的投资，持股比例达100%，2014年年末余额为5.56亿元。

长期债权投资包括信托投资与委托贷款。信托投资5000万元，委托贷款4.75亿元，共计5.25亿元。

信托投资是2013年8月上海市慈善基金会委托安信信托投资股份有限公司管理上海慈善基金会资金5000万元，委托期限3年，三个年度的预期年收益率分别为9%、10%和11%。

2014年上海市慈善基金会有四笔委托贷款，其本金分别为5000万元、2500万元、2亿元和2亿元，对应利率水平是10%、10%、6%和10%，委托贷款期限分别是33个月、33个月、19个月和36个月。

④平均净资产收益较低，但比较稳定。2014~2015年上海市慈善基金会平均投资资产收益率的均值为5%左右。2014~2016年平均净资产收益率为2%~3%。虽然收益率不高，但未出现大幅度的波动，说明投资活动趋于成熟、稳定。表17展示了各年收益率的具体情况。

表17　2014~2016年上海市慈善基金会投资收益率

单位：万元，%

类别	2014年	2015年	2016年
投资收益	4468	7228	6165
平均投资资产	106211	117835	126171
投资资产收益率	4.21	6.13	4.89
平均净资产	220170	243181	259319
平均净资产收益率	2.03	2.97	2.38

资料来源：根据年报信息整理。

（2）上海市慈善基金会专设工作委员会从事保值增值活动

上海慈善基金会从成立之初就重视资产的保值增值工作。为开展此项工作，上海市慈善基金会专门设立了基金管理和保值增值的工作委员会。上海市慈善基金会遵循稳健的投资原则，投资种类全面多样、广泛，包括了短期股票投资、短期委托理财投资、长期股权投资、信托投资、委托贷款等多种形式。对于委托理财,上海市慈善基金会委托多家公司以规避风险。对于理财公司的选择,基金会跟多家单位沟通,理财公司需要答应给基金会一定比例的投资回报。双方明确界定什么样的风险由理财公司自己承担,低于回报水平理财公司则会以捐赠的形式来补足①。

2. 清华大学教育基金会——设立专门的资产管理公司

清华大学教育基金会是国内规模较大的非公募基金会,投资资产、投资收益均位于全国基金会前列。清华大学教育基金会保值增值活动包括短期投资和长期股权投资。其中,短期投资又涉及了股票、债券、基金和其他投资。2016年,清华大学教育基金会有36项长期股权投资。

(1) 2014~2016年清华大学教育基金会保值增值概况

①2016年收入规模接近19亿元。2014~2016年,清华大学教育基金会收入规模在15~19亿元范围内波动,2016年达到峰值18.85亿。在收入扣除费用总额后,三年净资产变动额分别为11.73亿元、7.84亿元和11.20亿元。财务收支具体情况如图9所示。

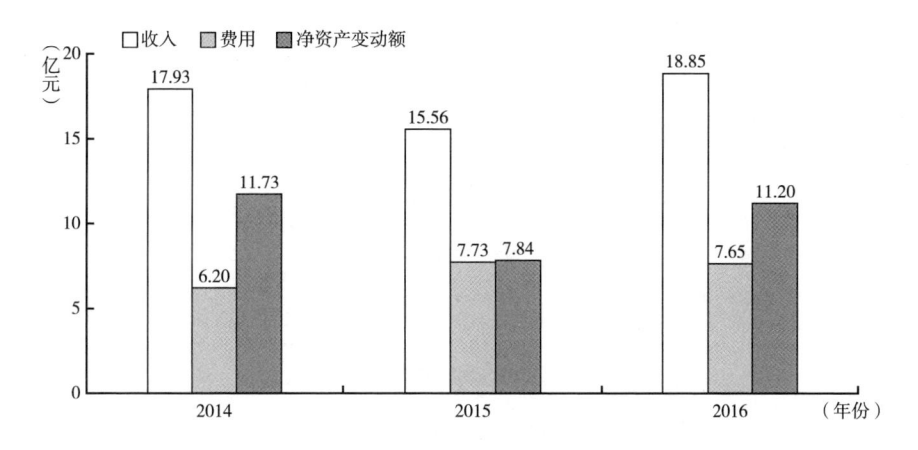

图9 2014~2016年清华大学教育基金会财务收支情况

资料来源:根据审计报告信息整理。

---

① 《基金会基金怎样保值和增值——对话上海慈善基金会副秘书长马仲器》,《财经界》2004年6月,第60~61页。

②保值增值收入占收入总额16%以上，是第二大收入来源。清华大学教育基金会收入由捐赠收入、投资收益和其他收入组成。2014~2016年清华大学教育基金会分别取得捐赠收入14.90亿元、11.82亿元和15.89亿元；投资收益分别为2.92亿元、3.57亿元和2.49亿元，三年平均投资收益为2.99亿元。2014~2016年清华大学教育基金会利息收入分别为1129万元、1690万元和4643万元。将投资收益与利息收入加总得到保值增值收入，即为3亿元、3.74亿元和2.95亿元。2014~2016年清华大学教育基金会保值增值收入占收入总额比分别为17%、24%和16%。

在收入结构中，保增值增收入占比位列第二，是基金会的第二大收入来源。2015年，投资收益占收入总额的24%，2016年这一比例下降到16%。2015~2016年清华大学教育基金会的收入结构如图10、图11所示。

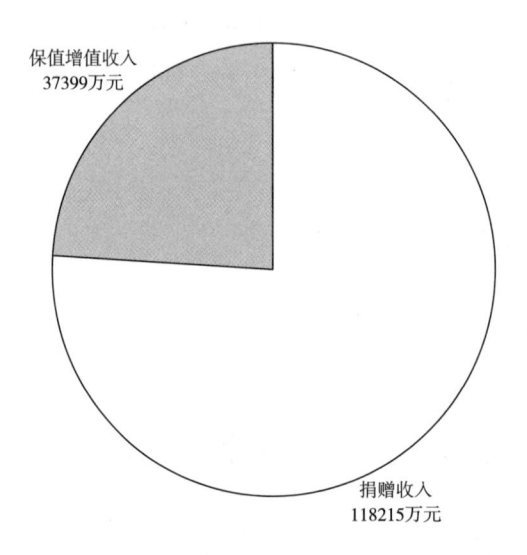

图10 2015年清华大学教育基金会收入结构

资料来源：根据审计报告信息整理。

根据投资收益的来源，可将清华大学教育基金会投资收益分为股权投资收益和其他投资收益，2014~2016年两部分收益占比波动较大。2014年股权投资收益达到1.89亿元，占投资收益总额的65%；2015年仅为2657万元，占投资收益总额的7%；2016年有所增长，金额达7987万元，占投资收益总额

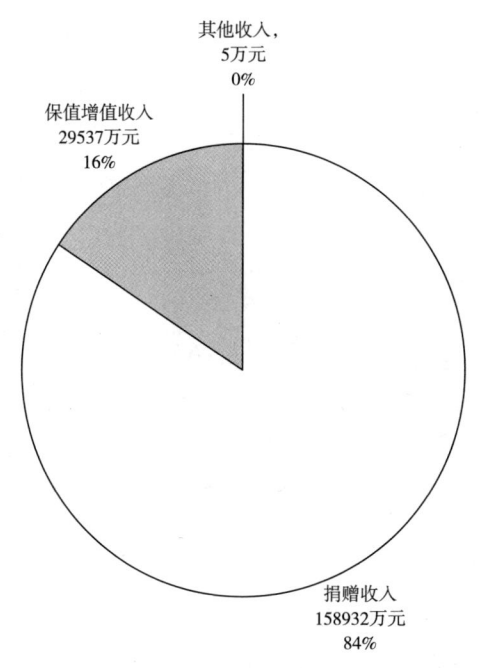

图 11　2016 年清华大学教育基金会收入结构*

注：此处其他收入为不包含利息收入的其他收入。
资料来源：根据审计报告信息整理。

的 32%。其他投资收益在 2015 年猛增到 3.3 亿元，似乎有一定的偶然性。具体数据如表 18 所示。

表 18　投资收益组成及比例

单位：万元，%

类别	2014 年	比例	2015 年	比例	2016 年	比例
股权投资收益	18963	64.89	2657	7.44	7987	32.08
其他投资收益	10259	35.11	33052	92.56	16908	67.92
合计	29222	100	35709	100	24895	100

数据来源：根据审计报告信息整理。

③投资资产占资产总额超过 60%。2014~2016 年，各年短期投资和长期股权投资形成的投资资产总额为 34 亿~40 亿元，占基金会资产总额的 60% 以上。具体比例如图 12 所示。

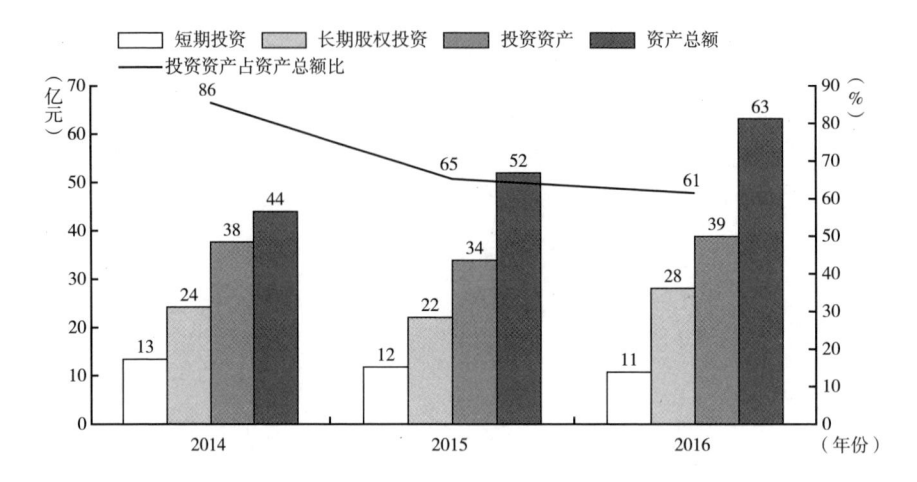

图 12 2014～2016 年清华大学教育基金会投资资产及占资产总额比

资料来源：根据审计报告信息整理。

从图 12 可以看出，2014～2016 年清华大学教育基金会短期投资金额有所下降，但仍保持着 10 亿元以上的投资规模。长期股权投资在 2016 年由上年的 22 亿元增长到 28 亿元。随着资产总额的上升，投资资产占总资产的比重从 2014 年的 86% 下降到 61%。清华大学教育基金会投资资产占总资产的一半以上，投资活动较为积极。

清华大学教育基金会短期投资包括股票投资、债券投资、基金投资和其他投资。基金投资是投资的重点，在几类短期投资中占比最高，2014 年为 57.90%；2015 年达到峰值，为 85.12%；2016 年为 75.96%。各类投资规模和历年占比情况如表 19 所示。

表 19 2014～2016 年短期投资种类金额及比例

单位：万元，%

短期投资种类	2014 年	比例	2015 年	比例	2016 年	比例
股票投资	34576	25.73	1825	1.55	13314	12.40
债券投资	0	0.00	4292	3.65	4307	4.01
基金投资	77787	57.90	100249	85.12	81581	75.96
其他投资	21996	16.37	11406	9.68	8199	7.63
合计	134359	100	117771	100	107401	100

资料来源：根据审计报告信息整理。

④2016年投资收益率略有下降。2014~2016年清华大学教育基金会平均投资资产收益率分别为9%、10%、7%。2015年平均净资产投资收益率为7%，2016年为4%。这与2015年资本市场行情向好有一定关系，也反映出基金会抓住时机，有效地开展了保值增值活动。图13为2015~2016年投资收益与平均净资产收益率。

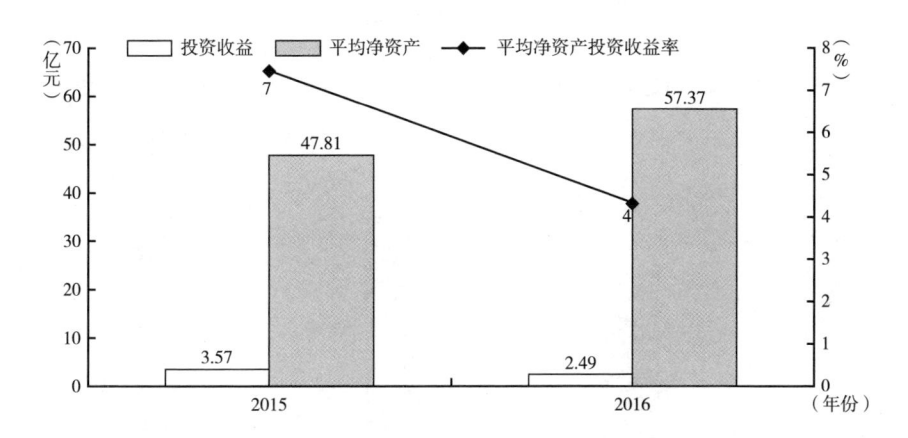

图13　2015~2016年清华大学教育基金会投资收益及平均净资产投资收益率

资料来源：根据审计报告信息整理。

（2）清华大学教育基金会投资类型多元，接受的捐赠资产类型多样

通过调研了解到，清华大学教育基金会的投资理财活动由其下属的育泉资产管理有限责任公司负责操作，该公司由清华大学教育基金会100%持股。清华大学教育基金会从事保值增值活动有专业化的团队作为支撑，其投资种类包括股票、债券、基金、长期股权投资多种类型。清华大学教育基金会在长期股权投资方面表现尤为亮眼，2016年投资30多家单位，总规模达到了28亿元。

清华大学教育基金会接受的捐赠资产大多来自校友。有些校友创办企业后愿意将股权捐赠给母校。接受股权捐赠对基金会是一种较好的资产形式，可以获得长期稳定的股息、红利等收益。但是，当转让这些股权时，对转让股权的所得则要缴税。

3. 爱佑慈善基金会——银行理财为主

爱佑慈善基金会（5A级基金会）是成立于2004年的非公募基金会。爱佑慈善基金会由企业家发起并管理运作，在全国范围内开展项目。经过十余年的探索与发展,爱佑形成了儿童医疗、儿童福利和公益创投三大业务矩阵①。

(1)爱佑慈善基金会投资收益全部源于银行理财收益

爱佑慈善基金会的保值增值活动主要为银行理财和长期股权投资,其投资收益全部来源于银行理财。2014~2016年投资收益规模为750万~860万元。具体投资收益金额及占收入总额比重如图14所示。

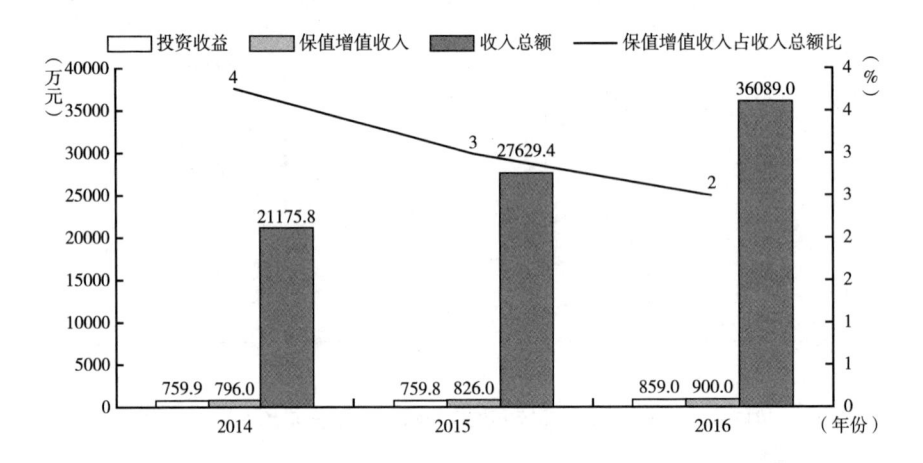

图14 2014~2016年爱佑慈善基金会保值增值收入及占收入总额比

资料来源:根据2014~2016年爱佑慈善基金会审计报告整理,http://www.ayfoundation.org/cn/info/28,最后访问日期:2017年12月11日。

从图5-14可以看出,爱佑慈善基金会投资收益在2014~2015年保持稳定,2016年有小幅上升,投资收益占收入总额比重从2014年的4%下降到2016年的2%。爱佑慈善基金会的收入来源分为捐赠收入、投资收益和其他收入,其他收入全部为利息收入。近三年,利息收入分别为36万元、66万元和41万元。投资收益与利息收入之和为其保值增值收入,分别为796万元、826万元和900万元。

爱佑慈善基金会对佳信德润(北京)科技有限公司持有5.66%的股份,并采用权益法进行核算。此项投资期初投资额为300万元,2016年年末账面

---

① 爱佑慈善基金会官网,http://www.ayfoundation.org/cn/about,最后访问日期:2017年12月11日。

余额为 300 万元,尚未从此项投资中获得投资收益。

(2) 爱佑慈善基金会保值增值活动保守平稳,增值税税负较高

总体而言,爱佑慈善基金会对保值增值活动的态度较为保守,采取了谨慎、风险控制为主的投资理念。因此,投资活动主要以银行理财为主。基金会投资尚未涉及股票、基金、信托产品等投资种类。

根据财政部国家税务总局颁布的《关于全面推开营业税改征增值税试点的通知》(财税〔2016〕36 号),自 2016 年 5 月 1 日起,爱佑慈善基金会购买银行理财产品的投资收益要缴纳增值税,但基金会属于小规模纳税人,征收率为 3%。2016 年,爱佑慈善基金会应交增值税的年末账面余额为 123914.18 万元。

4. 中国青少年发展基金会——投资收益波动大

中国青少年发展基金会(以下简称"中国青基会")是 1989 年 3 月由共青团中央发起成立的 5A 级全国性公募基金会。中国青基会的使命是:通过资助服务、利益表达和社会倡导,帮助青少年提高能力,改善青少年成长环境。多年来,基于共同使命、共同价值观、共同的道德标准及共同行动,中国青基会与全国 37 家地方青基会形成全国青基会共同体[①]。

(1) 中国青少年发展基金会保值增值活动概述

①投资收益占收入总额比重下降。中国青基会的收入总额由捐赠收入、投资收益和其他收入组成,近三年收入总额分别为 5.21 亿元、5.96 亿元和 4.97 亿元。其中,捐赠收入占绝大部分,2014~2016 年分别为 4.22 亿元、5.01 亿元和 4.49 亿元;投资收益分别为 0.98 亿元、0.94 亿元和 0.46 亿元。投资收益占收入总额比重不断下降,从 2014 年的 19% 下降到 2016 年的 9%(见图 15)。

②投资收益组成各年度金额波动大。按照中国青基会投资收益的来源,可将投资收益划分为理财投资收益和股权投资收益。2014~2016 年,中国青基会两类投资收益都呈现出一定的波动性。2014 年理财收益为 4996 万元,2015 年增长了 88%,达到 9371 万元。但 2016 年,理财收益又下降到 4545 万元。

---

① 中国青少年发展基金会官网,http://www.cydf.org.cn/Abouts/,最后访问日期:2017 年 12 月 11 日。

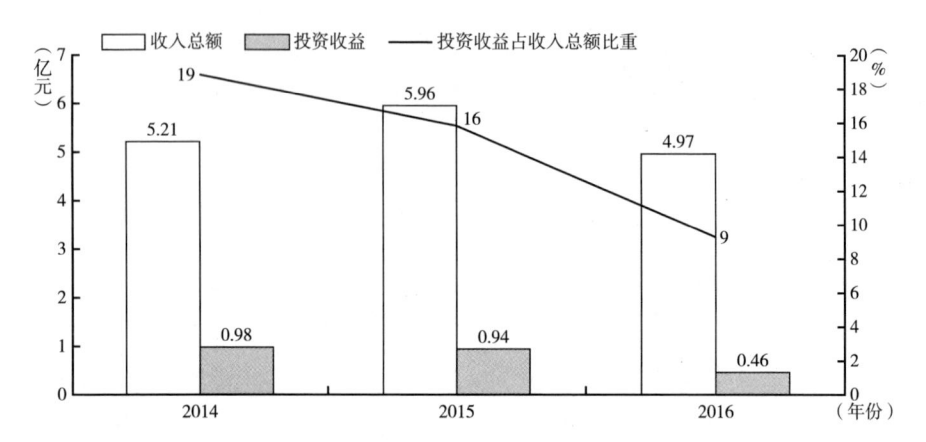

图15 中国青基会2014年~2016年收入总额、投资收益及投资收益占收入总额的比重

资料来源：根据《中国青少年发展基金会2014~2016年审计报告》整理，http://www.cydf.org.cn/qingjiandouwomen/，最后访问日期：2017年12月11日。

股权投资在2014年为4824万元，但2015年和2016年则分别为56万元和62万元。2015年较上年下降了99%。具体数据见图16。

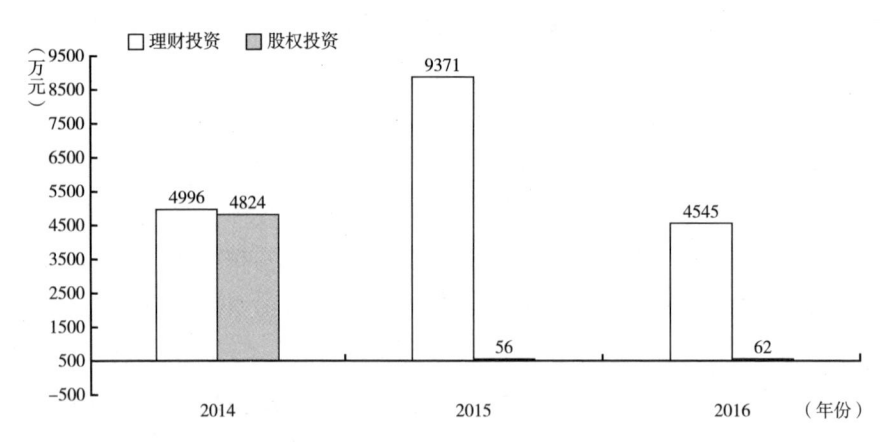

图16 2014~2016年中国青少年发展基金会投资收益组成

资料来源：根据审计报告信息整理。

③投资资产占资产总额的80%左右。中国青基会的投资资产由短期投资、长期股权投资和其他长期投资组成。2014~2016年投资资产总额分别是8.7亿元、9.9亿元和9.7亿元。各年投资资产分别占资产总额的82%、81%和

79%。中国青基会投资资产占资产总额的比重较高，说明中国青基会对保值增值活动的态度较为积极。在投资资产中，短期投资比重最高，2014~2016年比重分别为78%、84%和92%。

④投资收益率呈下降趋势。2014~2016年，中国青基会平均投资资产投资收益率分别为12%、10%和5%，中国青基会平均净资产投资收益率分别为10%、8%和4%。两个收益率指标均呈下降趋势。

（2）中国青少年发展基金会保值增值收益波动大

中国青少年发展基金会保值增值活动呈现的特点是投资资产占资产总额比重较高，投资收益各组成部分表现出较大的起伏波动。投资收益总额与投资收益率呈不断下降趋势，这在一定程度上说明中国青少年发展基金会投资收益未成为其稳定的收入来源，具有一定的波动性。

5. 上海浦东新区恩派公益基金会——保值增值意识较强

上海浦东新区恩派公益基金会成立于2015年8月，是由上海浦东非营利组织发展中心发起，在上海浦东新区民政局登记的非公募基金会。基金会以助力社会创新为使命，挖掘与扶持社会创新机构，促进社会创新机构的发展；支持社区服务平台建设，促进公益行业生态系统的健康发展；为希望通过创办公益组织或企业来解决社会问题的社会创业者（个人）提供种子基金、能力建设等支持[1]。

上海浦东新区恩派公益基金会成立时间短，目前的主要是投资方式为理财产品。2015年投资收益为3390.06元，2016年投资收益为70064.95元，分别占收入总额的0.3%和6.6%。2015年投资形成的资产为短期投资，2015年年末短期投资为99万元，2016年年内增加短期投资1792.1万元，减少短期投资1891.1万元，年末短期投资余额为0。2015年年末短期投资余额占资产总额的比重为99.5%[2]。此数据可以反映出上海浦东新区恩派公益基金会虽然成立时间短，但在成立之初就有开展保值增值活动的意识，将资产的绝大部分用于投资活动，以取得投资回报，避免资金的闲置。

---

[1] 上海浦东新区恩派公益基金会官网，http://www.npifoundation.org/? p=1，最后访问日期：2017年12月11日。
[2] 《上海浦东新区恩派公益基金会2015年~2016年审计报告》，http://xxgk.shstj.gov.cn/showInfo/detailedInfo，最后访问日期：2017年12月11日。

（四）基金会开展保值增值活动的现存挑战

通过调研和分析相关数据，本文发现目前基金会开展保值增值活动面临的一些挑战和存在的问题，既涉及制度规定和执行层面等方面，也包括基金会运营管理等方面。其中，制度因素涉及基金会财务会计制度执行混乱、税收制度设计不合理等，基金会运营方面的因素涉及基金会保值增值活动范围较窄、投资收益率较低、基金会投资意识欠缺、专业人才缺乏等内容。具体分析，包括以下几个层面。

1. 保值增值规范不明确直接影响基金会保值增值活动的开展

如前所述，现行法律对基金会开展保值增值活动提出了合理、安全、有效的三大原则性要求，对于具体保值增值活动缺乏实操性的指导。许多基金会反应，如果国家层面能够出台相应的开展保值增值活动的行为规范和活动指引，明确保值增值的范围以及允许开展保值增值活动的具体领域，基金会在开展保值增值活动的方面就不会无所适从。

从现状数据可以发现，由于政策的不明朗，不少基金会仍处于观望状态——不少基金会无投资行为，存在大量闲置的货币资金，在一定程度上造成了资源的浪费。目前，民政部已就《慈善组织保值增值投资活动管理暂行办法（征求意见稿）》向社会公开征求意见，期待该管理办法的正式出台有利于引导基金会的投资行为，进一步提升基金会开展保值增值活动的积极性。

2. 基金会的财务会计制度不能适应实践需求

现行《民间非营利组织会计制度》于2004年颁布，距今已经十余年。这期间，《企业会计准则》历经了多次修订，而《民间非营组织会计制度》却依然沿用至今。随着基金会保值增值活动的多元化，现行会计制度已经无法及时适应新的财务核算需求，给基金会财务人员带来了一定的困惑，账务处理存在混乱现象。由于会计制度规定和执行中存在的种种问题，当前基金会财务会计报告中所呈现的数据难以反映基金会保值增值活动的全貌。

（1）银行利息收入会计核算科目不统一

银行利息收入是基金会保值收入的重要组成部分。银行利息收入核算存在混乱，大部分基金会将银行利息收入放在"其他收入"科目中核算；也有基金会将银行利息收入放在"筹资费用"科目项下，以负值表示。另外，财务会计制度并未要求强制单独披露利息收入的金额,因此,若基金会未在财务报表附注中披露银行利息收入的具体金额,则难以知晓其银行利息收入的情况。

(2) 长期股权投资的核算方法不统一

按照现行《民间非营利组织会计制度》,基金会对被投资单位有控制、共同控制和重大影响的长期股权投资采用权益法核算,对被投资单位无控制、共同控制和重大影响的长期股权投资采用成本法核算。在实践操作中,有的基金会对持股100%的被投资单位采用成本法核算,这显然是借鉴了《企业会计准则》的最新核算方法。由于长期股权投资的核算方法不统一,不同基金会在投资资产、投资收益率方面的数据不具有可比性。另外,有些基金会将对民办非企业单位的"注资行为"作为长期股权投资核算,在实践中存在争议。

3. 税收制度不合理影响基金会积极性

2008年,我国在实行企业所得税改革时制定了非营利组织的税收政策规定及相应的管理办法。目前,对慈善组织包括基金会都是执行统一的非营利组织税收优惠政策。近年来,随着我国基金会的不断发展及实践探索的多元化,相关税收政策存在不少待完善之处,某些规定的可操作性也有待提升。具体包括:

(1) 免税收入范围较窄

当前,对非营利组织的免税收入主要包括符合条件的捐赠收入、不征税收入和免税收入孳生的银行存款利息收入,国债、地方政府债券利息收入和居民企业间的股息、红利收入等。随着基金会等慈善组织的发展,投资活动的类型和金额有所增长,投资收益已成为不少基金会收入的第二大来源,保值增值收入对于基金会的长期发展有着不可替代的作用。当前,基金会的资产转让收入、资产租赁收入等仍然需要计入应纳税所得,这在一定程度上影响了基金会开展保值增值活动的积极性。此外,由于法律要求基金会的保值增值收入最终用于公益事业,赋予保值增值活动收入税收优惠将有利于增加基金会开展慈善活动的可支配资金。因而,基金会保值增值活动收入税收优惠政策的完善事宜应尽快提上议程。

(2) 按资金来源区分银行存款利息等收入的免税和应税部分,操作性不强

如前所述,按照现行税法规定,基金会开展保值增值活动取得的收入可划分为免税收入和应税收入。其中,国债、省级地方政府债券利息收入,从证券

投资基金分配中取得的收入，股息、红利等权益性投资收益，不征税收入和免税收入孳生的银行存款利息收入等属于免税收入；未纳入以上免税范围的收入，比如征税收入或非免税收入产生的银行利息、非银行利息收入、其他投资收益等收入则为应税收入。然而，此类区分在实际操作中存在一定困难，例如银行存款利息收入是由不征税收入、免税收入孳生还是其他收入产生较难划分。一些基金会将银行存款利息收入一概视为由免税收入孳生，从而享受免税待遇。对基金会开展其他借贷行为获得利息收入的税务处理在实践中也是操作不一。同样，基金会购买基金、信托和理财产品取得的收益中，可能包含利息、股息、红利、转让差价等，应税收入和免税收入难以判定，从而影响其享受税收优惠待遇。

（3）股权等大额资产转让收入面临较重税负

长期股权投资是基金会保值增值的重要方式，在运作中基金会也可以通过股权转让的方式获取收益。但依照现行税法规定，资产转让收入属于应税收入，基金会需要就取得的所得缴纳所得税，对于大额的股权等资产转让收入则可能面临巨额税负。据媒体报道，2016年老牛基金会因转让股权被追缴数亿元税款。

（4）非营利组织纳税申报表未能实现分别核算

由于目前使用的非营利组织所得税纳税申报表存在有待改进之处，纳税申报表未能按照税法政策规定对非营利组织取得的应纳税收入及其有关的成本、费用、损失与免税收入及其有关的成本、费用、损失分别核算。由于应税收入对应了所有成本，很多基金会没有应税所得，无须缴纳所得税。

4. 基金会保值增值活动范围较窄

通过对2015年上海基金会投资收益率的分析可知，45%的基金会平均净资产投资收益率低于通货膨胀率和一年期存款利息率，基金会保值增值活动有效性有待提高。另外，即便基金会平均净资产收益率达到平均值5.72%，也难以保证其原有的净资产在通货膨胀等因素的影响下不萎缩、保障资产的购买力。特别对非公募基金会而言，每年必须保证公益支出不低于上年基金余额8%[①]，如果没有捐赠收入或其他收入来源，在不考虑税负和管理费用等因素

---

① 登记或认定为慈善组织的非公募基金会，慈善活动支出为年末净资产的6%~8%。

的情况下，则投资收益率至少高于8%基金会净资产规模才不会缩水。目前，我国基金会投资收益率较低的原因主要包括以下两方面。

（1）无投资收益的基金会占比近30%

如前所述，在有投资活动的140家基金会中有99家取得了投资收益，而其余41家基金会在2015年未取得投资收益，占140家基金会的29.29%，41家无投资收益的基金会直接拉低了投资收益率的整体水平。出现投资收益为0的情况可能是由于当年未收到分红，或未进行资产转让变现，或投资产品未到期。这也从侧面说明投资收益在基金会的收益中并不稳定，呈现一定的波动性。现阶段，投资活动并不能保障稳定的现金流入。

（2）45%的基金会仅有短期投资，基金会投资形式比较单一

一般而言，长期投资收益率较高，但风险也相对较大。很多基金会为规避风险，保有大量闲置资金，或者只投资风险较低的短期投资，造成投资的综合收益率较低。从260家上海基金会样本数据来看，有63家基金会仅有短期投资，没有开展任何形式的长期投资，这类基金会占140家有投资活动基金会的45%。

三 基金会等慈善组织保值增值的国际经验

慈善组织通过开展保值增值活动取得收入，以维持本机构的持续运作和慈善项目的开展，已经成为国际上较为通行的做法。尤其是在慈善事业比较发达的国家，保值增值活动收入已经成为慈善组织收入的重要组成。以美国、英国等为代表的国家，通过一系列法律规范的设置，在达到促进慈善组织通过保值增值活动获得收入以用于慈善活动的同时，又不致造成营利部门和非营利部门产生不平等竞争或是产生利益输送、慈善组织偏离慈善宗旨的情况出现。

纵观国际上各国对慈善组织保值增值收入税收制度规定，从保值增值收入来源和用途角度，可以大致归纳为三种处理模式：一是以美国为代表的国家采用"收入来源+慈善用途"的模式，即美国严格区分收入来源，针对不同收入适用差异化的税收政策，且原则性规定与大量的例外规定并存；同时，要求保值增值收入必须用于慈善目的。二是以英国为代表的国家"注重慈善用途，兼顾收入来源"模式，即严格界定符合条件的慈善支出范围，如果相关支出

不符合法律规定，则需要对收入依法纳税；同时，也关注收入来源，在保值增值方面，限定了慈善组织能够投资的范围。三是以澳大利亚为代表"慈善用途"模式，即只要慈善组织的收入用于慈善目的支出，即可免税，并不区分收入来源。

我国现行有关慈善组织税收政策的设计框架与美国有较多的相似之处，但在具体免税收入范围的确定上有较大差异。英国拥有400多年的规范慈善事业发展的历史，相关政策也几经沿革，可以为我国税收政策的制定提供一定的参考。因而，本文特选取美国和英国作为重点分析对象。

（一）美国慈善组织发展现状及相关保值增值税收政策规定

美国政府在联邦层面，主要通过税收的方式来调整和规范慈善组织的保值增值行为。通过对于特定行为或者特定收入免税、适用不同税率等方式，以体现联邦政府对于慈善组织保值增值特定行为的鼓励、禁止等态度。在具体的税收待遇方面，联邦政府对待慈善组织从事保值增值活动的态度也经历了从宽到严的过程，即从先前对于慈善组织的保值增值活动收入只要用于慈善活动则全部免税，发展为对慈善组织（尤其是私人基金会）的特定保值增值活动予以限制，且对私人基金会取得的一般保值增值活动收入征收消费税的方式。

1. 美国私人基金会投资收入占总收入比重较高

（1）美国慈善组织概念——联邦税法上的公共慈善机构和私人基金会

根据美国联邦《国内税收法典》（Internal Revenue Code, IRC）501（c）（3）规定，慈善组织专指以以下目的成立和运营的法人、社区福利基金、基金或基金会，这些目的包括：宗教、慈善、科学、公共安全测试、文学、教育目的，或促进国家和国际间业余体育竞技比赛（但是其活动不涉及提供体育器材或设施），以及预防虐待儿童、动物。其净收益不归于个人，其行为的实质目的并非大肆宣传或试图影响立法（美国《国内税收法典》501（h）条款中另有规定的除外），也不代表任何公职候选人（或反对者）参与或干涉任何政治竞选活动（包括出版或散发宣传册）[①]。

[①] 贝希·布查尔特·艾德勒等：《通行规则：美国慈善法指南》，金锦萍、朱卫国、周虹译，中国社会出版社，2007，第5页。

除慈善组织能够享受免税待遇外，美国《国内税收法典》501（c）（2）、(5)、(6)、(7)等条款均有关于免税组织的规定，而上述501（c）（3）条款规定的慈善组织更享受"自身免税"和"慈善捐赠税前扣除"双重优惠①。

慈善组织在税法上大致分为两类，即私人基金会和公共慈善机构。通常来说，公共慈善机构至少1/3的资金源自公众或政府。公共慈善组织类型多样，包括教堂、清真寺、学校、医院、医学研究机构等。在开展保值增值活动的具体规范以及取得收入的税收待遇方面，对待私人基金会和公共慈善机构有较大的差异，一般而言私人基金会要遵循更为严苛的要求。

据统计，2013年美国约有141万家非营利机构在美国联邦税务局（Internal Revenue Service，IRS）注册申报，较2003年增长9.1%。2013年，非营利部门向美国经济贡献约9059亿美元，占国内生产总值（GDP）的5.4%②。从数量上来看，美国慈善组织中的公共慈善机构是美国联邦税法界定的30多种免税组织中规模最大的一类。2013年，超过95万个组织被列为公共慈善机构，占注册非营利组织的2/3以上。

（2）美国慈善组织资金来源和投资情况

①公共慈善机构主要依赖销售商品和提供服务收入，投资收入占比较少。在公共慈善机构的总收入中，几乎一半的收入都是来自向公众提供服务和销售商品的收入，包括学费、门票收入以及医院的治疗收入（但不包括医疗保险和医疗补助），而且主要是源自医院和高等教育机构。公共慈善机构第二大收入来源是来自政府的收入，如政府合同、医疗保险和医疗补助；2013年，此类收入约占公共慈善机构总收入的四分之一（24.5%）。私人慈善捐赠占总收入的13.3%，政府拨款占总收入的8%。其余收入来自投资（4.8%）和其他

---

① 免税组织（exempt organizations）通常来讲是指非营利组织。非营利组织的概念通常是州法的问题，而免税组织的概念通常是税法的问题。在美国非营利组织主要有三种组织架构：非法人团体（unincorporated associations）、信托（trust）和法人（corporations），三种组织形式在运作、治理、解散、税收等方面有所区别。三种组织形式受州法调整。此外，慈善组织也可以采用有限责任公司（limited liability company，LLC）等组织形式。

② 从数据的可得性、整体性和全面性角度出发，本文选择了The Urban Institute在2015年的统计数据，https://www.urban.org/sites/default/files/publication/72536/2000497 - The - Nonprofit - Sector - in - Brief2015 - Public - Charities - Giving - and - Volunteering.pdf，最后访问日期：2017年12月15日。根据IRS统计数据，截至2017年11月在IRS登记的免税组织数量为1650864家。

收入（1.9%）。由以上数据分析可以看出，公共慈善机构投资收入占比较少（见图17）。

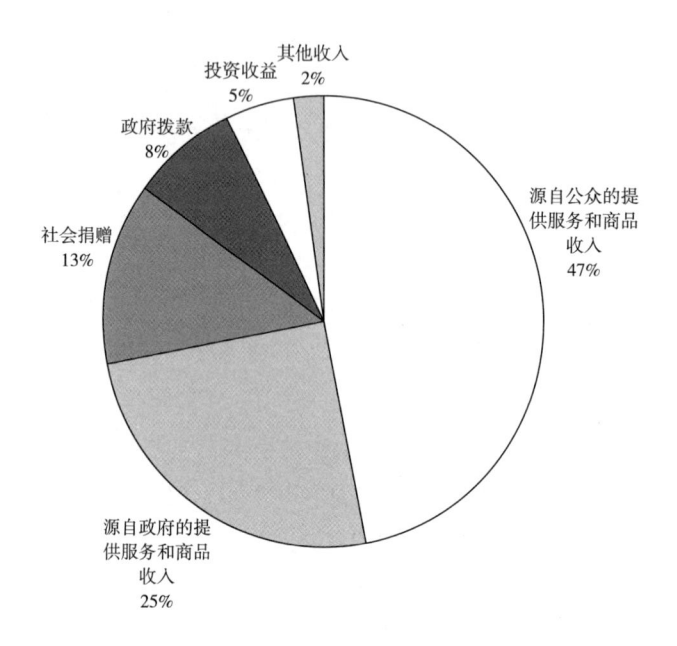

图17 2013年公共慈善机构收入来源

注：The Urban Institute，https://www.urban.org/sites/default/files/publication/72536/2000497-The-Nonprofit-Sector-in-Brief-2015-Public-Charities-Giving-and-Volunteering.pdf，最后访问日期：2017年12月15日。

资料来源：The Urban Institute。

②私人基金会投资收入占比四成以上。根据IRS统计，在2014纳税年度，在IRS注册并向IRS进行了纳税申报的私人基金会共有97484家，97484家私人基金会的总收入为1194.94亿美元，其中捐赠等收入（捐赠、赠与和资助收入）636.67亿美元，证券投资（股票、债券）所得的股息、红利及利息收入122.25亿美元，资产转让净资本利得363.32亿美元。2014年，私人基金会的投资收入（包括证券投资收益和资产转让所得）占私人基金会总收入的40.64%（见图18）。

在以上97484家已经进行了纳税申报的私人基金会中，资产规模超过1亿美元的私人基金会有1025家，其总收入达650.20亿美元，占所有已纳税申报

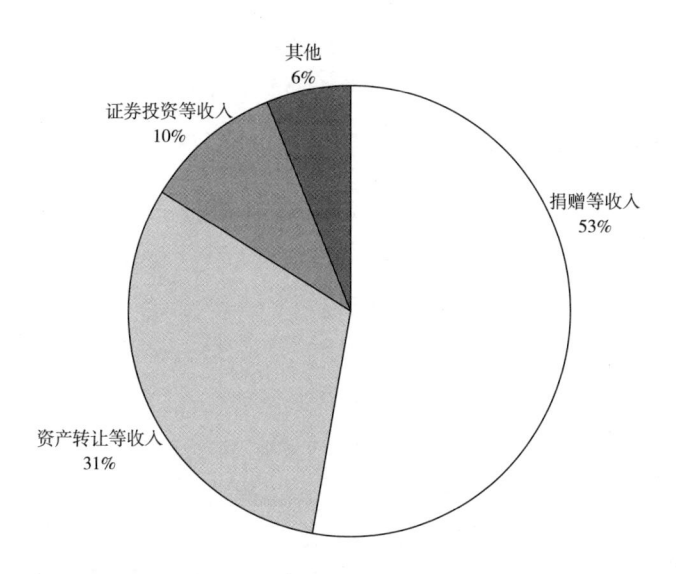

图 18　2014 年已纳税申报私人基金会收入分布

资料来源：根据 IRS 数据整理。

基金会总收入的 54.41%。其中捐赠、赠与和资助收入为 316.07 亿美元，资产转让净资本利得 230.92 亿美元，证券投资（股票、债券）所得的股息、红利及利息收入 63.99 亿美元（见图 19）。

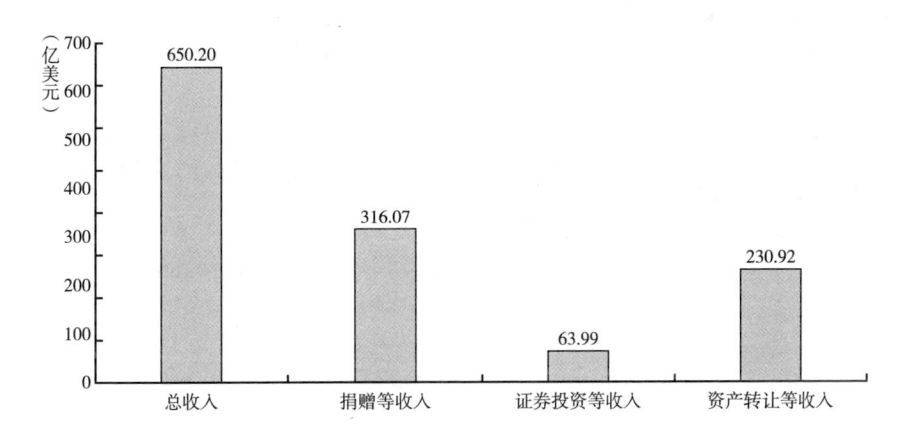

图 19　2014 年 1025 家资产规模 1 亿美元以上私人基金会收入情况

资料来源：根据 IRS 数据整理。

2014年，97484家私人基金会的净投资收益为599.13亿美元，净投资收益缴纳消费税8.58亿元①。其中，资产规模超过1亿美元的1025家私人基金会净投资392.66亿美元，净投资收益缴纳消费税5.46亿美元（见图20）。

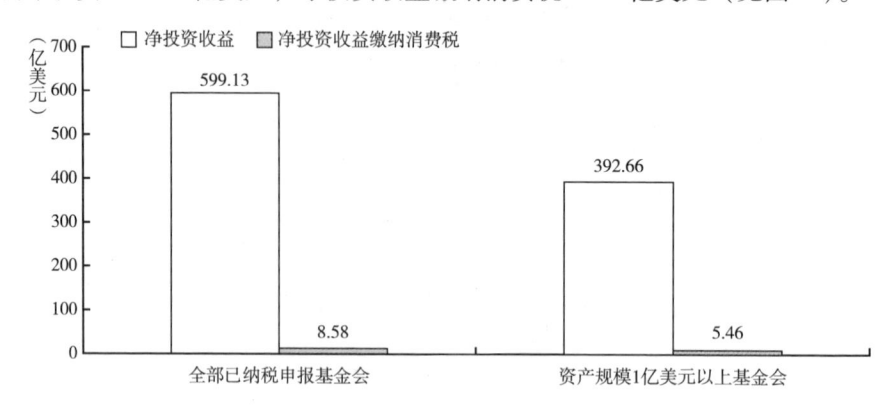

图20　2014年私人基金会净投资收益与净投资收益消费税缴纳情况

资料来源：根据IRS数据整理。

2. 美国慈善组织保值增值政策规定——私人基金会受限较多

如上所述，美国联邦层面主要通过税收制度来调整慈善组织的投资活动。从上文慈善组织的收入来源可以看出，投资收入是私人基金会收入的重要组成部分。先前，美国税法对于慈善组织的保值增值活动规范较为宽松，只要慈善组织将保值增值收入用于慈善活动即可全部免税。然而，随着实践的发展，为了防止私人基金会开展不当的保值增值活动，防止私人受益，美国针对私人基金会已经发展出较为完善的税收制度规范，包括超额持股限制和危害投资禁止等内容；同时，针对公共慈善机构也有超额利益交易限制等规范。

（1）私人基金会超额持股

一般而言，私人基金会与该基金会的所有"不适格主体"② 总计持有某个

---

① 该消费税（Excise Tax）有别于通常意义上针对烟酒等征收的消费税，而是针对净投资收入征收的税。
② 私人基金会中的"不适格主体"包括主要捐赠者；基金会的管理人员；当主要捐赠人为公司、合伙或非法人企业时，持有该公司20%以上表决权的人，或者挂有该合伙、非法人企业20%以上利润分配权的人；上述三类人的家庭成员，包括配偶、长辈直系血亲、子女、孙子女、曾孙子女、以及子女、孙子女、曾孙子女的配偶；上述四类主体在其中拥有35%以上决策表决权、利润分配权或者受益权的法人，合伙或者信托/遗产；特定的政府官员。

商业"法人"有表决权股票，应以20%为限；该20%的限制，同样适用于从事商业活动的合伙、合资或者其他非法人企业。对于合伙、合资而言，以利润分红代替投票权；对于其他非法人企业，以受益权代替投票权。

超额持股中从事商业活动的主体一般包括积极地从事贸易或商业活动，经常性地通过销售商品或提供服务的方式而获取收入，而该活动实际上可以构成"非相关商业活动"。从事商业活动的主体不包括：债权权益；功能性相关的经营性活动收入；消极持股公司：该贸易或者商业活动95%以上的毛收入均是来自消极收入（除了一般意义上的股息、红利等视为消极收入外也包括销售商品的收入，如果该销售者并不生产、制造或运输该物品，也属于消极收入）；或者与项目相关的投资。

当然，超额持股也存在例外规定，如：第三人对私人基金会持股的"企业"具有控制权，则私人基金会和不适格主体最多可以持有35%；如果不适格主体总计持有的有表决权股票不超过20%或35%（第三方有控制权的情形），私人基金会持有的无表决权股票不受"超额持股规则"限制。

私人基金会如果有超额持股情形的，依据超额持股部分价值的10%征收消费税；未改正超额持股的情形，将征收200%的惩罚税。

（2）私人基金会危害投资

①危害投资的界定。如果私人基金会的任何投资行为，会在经济上影响到免税目的活动的开展，该基金会和基金会的管理人员可能会因此承担相应税负。危害投资是指因缺乏合理的注意和审慎，从而影响到基金会推进免税目的的长期和短期资金需求。

在判定投资是否会危及免税目的的推进时，要整体考虑该基金会的投资组合。为了免受危害投资税收之困，基金会管理人员在做出投资决策时，应当谨慎分析并遵从良好的商事经营判断标准，比如已经考虑到了预期收益、价格涨跌风险、投资组合多元化等问题。

在判断投资是否会危及基金会的免税目的时，是以做出投资决策的时点为依据。如果做出决定时是合理的，即便最后结果是亏损了，也不属于危害投资。

在法律后果方面，私人基金会应按照危害投资金额的10%缴纳初阶税。如果未改正危害投资行为，需要依据危害投资金额的25%缴纳额外税负，相关基金会管理人员也需要承担相应责任①。

②自我交易与超额利益交易规范。此外，为了防止慈善组织与利益相关方的交易行为致使免税组织与利益相关方产生利益冲突情形的出现，美国税法采用课以税金或取消组织免税资格等方式规制相关行为。针对不同类型的免税组织，适用不同的规则。其中，私人基金会等组织适用自我交易规则，公共慈善机构等组织适用超额利益交易规则。上述规定属于原则性规定，皆存在例外情形。交易行为主要包括贷款，提供物品、服务和设施设备，资产转让，支付劳务报酬等。

自我交易是指私人基金会等组织与不适格主体之间的任何直接或间接交易行为，无论该交易有利于或不利于私人基金会②。

超额利益交易是指公共慈善机构等组织直接或间接地向不适格主体让与了超过慈善组织所获对价的经济利益③。

由于本文重点论述范围为慈善组织一般的投资行为获得的收益及相关的税收待遇问题，故而本部分不展开论述。

另外，值得注意的是，在投资的规范方面，由美国统一州法委员会起草的《审慎管理机构资金统一法案》已经被美国多个州采纳，其内容涵盖慈善组织投资的多个方面。然而，由于其内容依然存在多项例外适用的情形，故而本文不将其作为论述对象。

3. 美国慈善组织保值增值收入的税收待遇——无须按照无关商业活动缴纳所得税，私人基金会需要缴纳消费税

在美国，一般而言，慈善组织（私人基金会和公共慈善机构）需要就与慈善组织宗旨无关的商业活动收入缴纳所得税④。该活动是指慈善组织经常性地从事与该组织的免税目的无实质关联的贸易或者经营活动（以下简称"无关商业活动"）。值得注意的是，在计算哪些收入属于无关商业活动收入时仍然存在例外或者特殊的规定。对于公共慈善机构而言，如果取得此类属于例外规定的收入，无须纳税；对于私人基金会而言，如果取得此类属于例外规定的

---

① 26 U. S. Code §4944.
② 26 U. S. Code §4941.
③ 26 U. S. Code §4956.
④ 26 U. S. Code § 512.

收入,尽管无须缴纳无关商业活动收入的所得税,但需就此类收入缴纳消费税。当然,也会存在一些难以区分收入是源自与宗旨无关的经营性活动还是投资等活动的场合。

如前所述,慈善组织开展经营性活动取得收入的待遇问题并不是本文重点的论述对象,无关商业活动所得税的适用范围主要还是慈善组织开展贸易或者经营活动取得收入等,故而本部分将不会重点讨论慈善组织通过与宗旨无关的商业活动取得的"积极活动收入"的税收待遇问题,而主要讨论不属于无关商业活动所得税调整的"消极活动收入"的税收待遇。

总体而言,在慈善组织投资的税收待遇方面,美国税法区分私人基金会和公共慈善机构适用不同规则,且对私人基金的要求较为严格。私人基金会的净投资收入一般需要缴纳消费税。

(1) 慈善组织投资收入一般不缴纳无关商业活动所得税

在美国,慈善组织获得的如下投资收益,无须缴纳无关商业活动所得税:大多数股息、利息、以年金形式发放的投资收益等;许可使用费,包括商标、专利、版权等其他无形资产(邮件列表、会员名单等)的使用费;租金收入:不动产租赁收入一般不纳入非相关商业活动收入,无须缴纳无关商业活动所得税。动产租赁收入需要纳入无关商业活动收入。在混合租赁动产和不动产的情形下,如果动产收入占比小于10%,则租金收入全部免税;如果动产收入占比在10%~20%,只有不动产收入部分可以免税。如果动产收入占比大于50%,租金收入全部需要纳税;资本利得与亏损:通过买卖、交换或其他财产处置行为取得的收益,一般不缴纳无关商业活动所得税。但也存在例外,如销售、交换或者处分那些主要是为了销售给消费者而持有的财产。

值得注意的是,以上多为原则性的规定,而除了原则性的规定,美国税法也规定了大量例外的情形,如慈善组织从受控组织获得的收入需要缴纳无关商业活动所得税。一般而言,除分红外,从受控组织获得的利息、租金、版税等收入并不免税。所谓控制,是指持有50%以上表决权或者利益。

(2) 私人基金会一般需按净投资收入的1%~2%缴纳消费税

对于享受免税待遇的私人基金会而言,除非法律另有规定,一般都需要就净投资收入缴纳消费税,计税依据为净投资收入的2%。净投资收入是指毛投资收入加上净资本利得减去准予扣除项目①。

其中毛投资收入是指源自利息、股息、租金、版税等由私人基金会获得的所有收入。归属于无关商业活动收入的收入并不纳入此处统计，但是，用于慈善活动的资产获得的利息、股息、租金和版税等需要纳入统计，如私人基金会提供学生贷款获得收益需要纳入统计。净资本利得，是指处置基于投资目的而持有的资产获得的资本利得或损失，也包括通过投资公司获得资本利得分红收入。对于用于产生非相关经营活动应税收入的财产，在出售或者处分时产生的利得或亏损需要缴纳消费税，此时只是计算未计入无关商业活动所得的那一部分。对于基于免税目的持有的财产，在进行资产处分时，并不算入净投资投入；或者即便持有此类财产期间，产生的偶然所得需要缴纳消费税，但是在处分该类财产时也不计入净投资收益，从而无须缴纳消费税。在计算净投资收入时准予扣除项目主要是指所有为了管理资产、使资产保值增值而产生的所有正常的和必要的开支，该扣除项目会受到一些修正。对于受赠投资资产的基金会而言，即便是接收后立即处分（出售等），如果该种财产类型一般能够产生利息、股息、租金、版税或者资本增值，也是被视为投资目的，相关收入计入投资收入。

在满足一定条件时，即私人基金会满足一定的支出标准且未因自我交易、超额持股等原因缴纳消费税时，净投资收益适用的税率可以从2%降至1%。

（3）满足特定条件的免税运作型基金会净投资收入免于缴纳消费税

如前所述，一般而言，私人基金会获得的投资收益免于缴纳无关商业活动所得税，但是需要就净投资收益缴纳1%~2%的消费税。然而，对于私人基金会中的免税运作型基金会而言，满足特定条件时可以免于承担1%~2%净投资收入税负。上述免税运作型基金会需要满足以下要件②。

该慈善组织属于私人运作型基金会：即该基金会将绝大多数资产用于积极地从事促进其免税目的的活动；受公众支持10年以上，或者自1983年1月1日起是私人运作型基金会；治理机构组成人员中不适格主体的人员低于1/4，应广泛代表公众；在该纳税年度，不适格主体未担任管理人员。

---

① 26 U. S. Code § 4940.
② 美国国税局：免税运作型基金会，https://www.irs.gov/charities-non-profits/private-foundations/definition-of-exempt-operating-foundation，最后访问日期：2017年12月15日。

此外，慈善组织取得的合伙收入和债务融资收入一般应缴纳无关商业活动所得税。

（二）英国慈善组织发展现状及保值增值政策规定

1. 英国大型慈善组织收入占慈善组织总体收入比重较大

（1）英国慈善组织概念——慈善目的+公共利益

英国《慈善法》（2011）规定，慈善组织是指仅以慈善目的（charitablepurpose）为唯一宗旨的组织（institution），包括法人型的也包括非法人型的组织[①]。慈善组织应当满足《慈善法》规定的慈善目的和公益性要求。

《慈善法》规定的慈善目的包括以下数项：扶贫与减贫；发展教育；促进宗教；增进健康或挽救生命；提升公民意识或促进社区发展；促进艺术、文化、历史遗产或科学；促进业余体育；推动人权进步、冲突解决或调和，促进宗教、种族和谐、平等和多样性；环境保护或改善；帮助老幼病残、经济困难或其他弱势群体；推进动物福利；提升皇家军队效率，或警察、消防队、救援服务或救护服务的效率；以及法律规定的其他目的（具体见《慈善法（2011）》第1~4条的规定）[②]。

除了慈善目的之外，慈善组织还必须满足公益性要求（public benefit requirement）。公益性要求是指除了组织的目的符合规定外，还应确保组织是为了公共利益，而不是为了特定人或者特定群体利益行事。

（2）英国慈善组织数量增长较为平稳，多年维持在16万家

截至2017年9月30日，英国慈善组织数量已达167443家[③]。除2010年外，从2009年至今，英国慈善组织每年增速较为平稳，每年增加的数量在700~2000家，慈善组织总数多年维持在16万家的水平。从慈善组织年收入

[①] 本部分只讨论英格兰和威尔士的慈善组织，而不涉及苏格兰、北爱尔兰的慈善组织。此外，在英格兰和威尔士，大多数慈善组织都需要在慈善委员会登记，但也存在例外，包括豁免慈善组织（exempt charities）和例外慈善组织（excepted charities）。豁免慈善组织免于在慈善委员会登记并免受慈善委员会监管，豁免的主要原因是它们受到其他机构监管；例外慈善组织（excepted charities）虽然可以免于登记，但是仍然受到慈善委员会监管。

[②] Charities Act 2011.

[③] 英国慈善委员会：慈善组织数据，https://www.gov.uk/government/publications/charity-register-statistics/recent-charity-register-statistics-charity-commission#june-2017，最后访问日期：2017年12月15日。

情况看，当前英国慈善组织年收入已经突破 730 亿英镑，每年增加 20 亿~45 亿英镑（见表 20）。英国慈善组织发展已经进入较为平稳的阶段。

表 20　2009~2016 年英国慈善组织数量与大型慈善组织收入情况

截至 12 月 31 日	慈善组织总数（个）	年总收（亿英镑）	大型慈善组织(个)（年收入大于 1000 万英镑）	年总收入（亿英镑）	占总收入比重(%)
2016 年	167109	731.1	1191	454.7	62.2
2015 年	165290	700.7	1152	432.6	61.7
2014 年	164348	657.2	1068	394.4	60.0
2013 年	163709	614.3	1005	358.8	58.4
2012 年	162915	584.8	958	335.0	57.3
2011 年	161649	558.7	901	317.5	56.8
2010 年	162415	538.6	883	301.0	55.9
2009 年	160515	517.4	833	282.6	54.6

资料来源：英国慈善委员会。

（3）1.3% 的大型慈善组织年收入占慈善组织总收入的 72.2%

截至 2017 年 9 月 30 日，英国有 2245 家年收入超过 500 万英镑的大型慈善组织，数量占英国慈善组织总数的 1.3%；2245 家慈善组织年收入总额为 537.44 亿英镑，占慈善组织总收入的 72.2%。绝大多数慈善组织规模较小，其中年收入低于 10 万英镑的慈善组织数量占慈善组织总数的 73.2%，但其收入仅占慈善组织总收入的 3%。从慈善组织数量和组织收入的占比来看，呈现出明显的"倒金字塔"结构（见表 21）。

表 21　2017 年 9 月 30 日英国慈善组织数量与收入分布

年收入(英镑)	慈善组织数量（个）	占总数比重（%）	年收入总计（亿英镑）	占总收入比重（%）
0~10000	65376	39.1	2.18	0.3
10001~100000	57149	34.1	20.28	2.7
100001~500000	22285	13.3	48.89	6.6
500001~5000000	9081	5.4	135.50	18.2
5000000 以上	2245	1.3	537.44	72.2
小计	156136	93.2	744.29	100.0
未知	11307	6.8	0.000	0.0
总计	167443	100.0	744.29	100.0

资料来源：英国慈善委员会。

(4) 英国慈善组织的资金产分布与投资情况

截至 2017 年 9 月 30 日，英国慈善组织总收入 747.5 亿英镑，其中自愿类收入 226.9 亿英镑，为筹款而开展的交易活动收入 68.1 亿英镑，投资收入 40.6 亿英镑，与宗旨相关的慈善活动收入 391.2 亿英镑，其他类收入 20.7 亿英镑。投资收入仅占慈善组织全部收入的 5.43%（见图 21）。

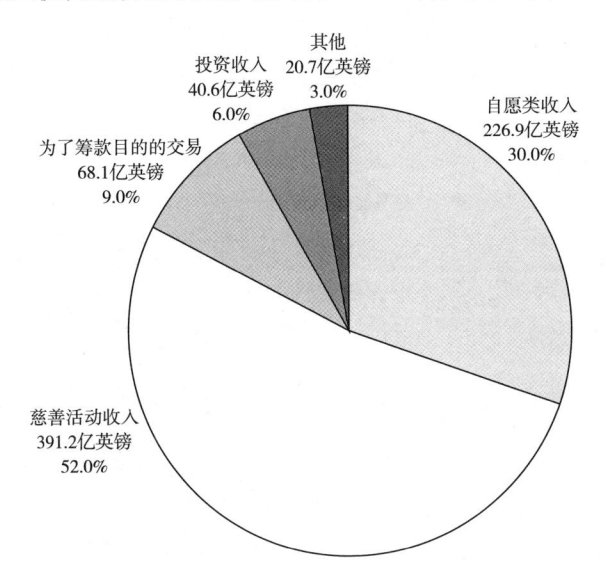

图 21　截至 2017 年 9 月 30 日英国慈善组织收入情况

资料来源：英国慈善委员会。

自愿类收入包括捐赠收入（含遗赠）、在捐赠补贴计划中申请的退税、政府或其他慈善机构的资助、会费及其他实物捐赠等。为了筹款目的的交易收入包括筹款活动收入、销售捐赠商品或购入商品的收入、向慈善组织的受益人以外的其他人销售商品或者提供服务等。投资收入包括股息、利息和租金，但不包括投资组合资本价值的变化（实现和未实现的收益）。慈善活动收入包括作为慈善活动开展的销售商品或服务、出售由慈善组织受益人提供的商品或服务、为了深化慈善目的对于非投资资产的租赁、特定的为了便于慈善组织向受益人提供物品或服务的拨款等。

从资产规模上，慈善组织自用资产（如慈善组织自用办公场所）805.6 亿英镑，长期投资（持有 1 年以上的股票、房产和单位信托基金）1368.9 亿英镑，短期投资和现金338.5亿英镑，其他资产（如存货）133亿英镑；负债480.1亿英镑，养老金赤字58.7亿英镑。如果不考虑慈善组织自用资产情况，英国慈善组织净投资达1301.6英镑。

为全面分析英国慈善组织年度资产和投资情况，现依托英国志愿服务协会（NCVO）和Charity Financials的分析进行阐释。

2014~2015年度，英国慈善组织净资产为1127亿英镑。净资产的计算方式为固定资产（包括有形和无形资产，投资）加上流动资产（存货，现金，应收账款）减去债务（短期和长期债务，养老金赤字）（见图22）①。

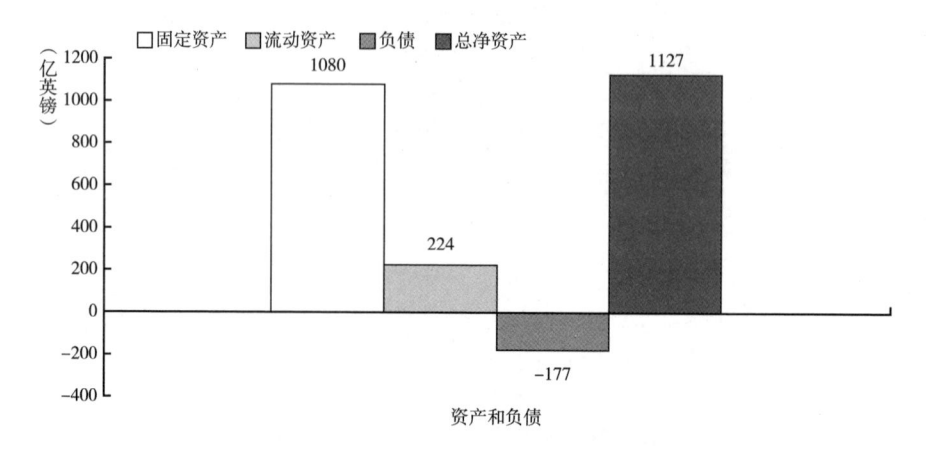

图22 2014~2015年度英国慈善组织资产和负债

资料来源：Charity Financials。

英国慈善组织的资产分布极不平均，3%的大型和超大型慈善组织净资产规模占英国全体慈善组织的86%，资产前100名的慈善组织拥有一半的净资产。而小微慈善组织（收入低于10万英镑的组织）占英国慈善组织总数的82%，但其净资产仅占慈善组织总体净资产的0.6%（6.3亿英镑）。

在具体持有的资产类型方面，相较于小型慈善机构，大型慈善组织更偏好持有固定资产。总体而言，慈善组织持有的83%的净资产为固定资产（包

---

① 英国志愿组织联合会：英国公民社会年鉴2017/慈善组织领域/资产，https://data.ncvo.org.uk/a/almanac17/assets-and-reserves-2/，最后访问时间：2017年12月15日。

括能够促进慈善目的的实现而持有的房屋和设备，股权等投资资产），17%的净资产为流动资产（现金，待售商品和应收账款）。根据慈善组织规模的不同，固定资产和流动资产的比重也不同。在大型慈善组织的净资产里，固定资产占80%~90%；而在小型和中型慈善组织的净资产里，固定资产占71%~77%。

2014~2015年度，慈善组织的有形固定资产价值为229亿英镑，大约有4000家慈善组织（24%）持有有形固定资产（如房屋、土地）。慈善组织规模越大，拥有有形固定资产的可能性越高。在超大型和大型慈善组织中，超过90%的组织都持有有形固定资产。与之相对的是，在小型慈善组织中，持有率只有15%。

2. 英国慈善组织保值增值政策规定——政策规定较为宽松

（1）慈善组织投资包括金融投资、项目相关投资和混合目的投资

在英国，所有慈善组织皆可进行投资，总体而言英国对于投资的规范较为宽松。慈善组织的投资根据目的分为三类：一是金融投资，即在适当的风险下，寻求最大的经济回报的投资；二是项目关联投资：投资活动本身就能够直接有助于慈善目的的实现，同时可能附带获得利益，2016年出台的《慈善组织（保护和社会投资）法案》，引入了慈善组织能够进行社会投资的法定权利；三是混合目的投资：既为获得最佳利益回报也为实现慈善目的而投资，无法仅以其中一种目的定性。由于金融投资在当前更具有普遍性，故而本部分重点论述金融投资相关规范。

（2）慈善组织金融投资规范较为宽松

①投资范围。金融投资是指在适当的风险下，为获得最佳利益回报而投资，慈善组织由此获得的收益应当用于从事慈善活动。慈善委员会对金融投资的资产类型没有限制，慈善组织可投资于上市公司股票或者私募股权、土地或者房产、对冲基金、期货、金融衍生品、银行存款等任何种类的活动。当然，对于某些类型的投资而言，如金融衍生品或期货等，由于其风险相对较高，比较合适的投资策略是将其作为多元化投资组合的一部分进行投资。英国慈善委员会允许慈善组织以金融投资的方式投资于受托人或相关人士私人利益相关的公司，但受托人必须证明该投资对慈善组织是合适的。慈善委员会也允许慈善组织以金融投资的方式投资于其子交易

公司，但受托人必须证明为子交易公司提供资金支持对慈善组织来说是合适的投资方式①。

②投资决策。慈善组织理事在进行此类投资时，应当听取专业人士的意见或者建议。一般情况下，在做出金融投资决定时，慈善组织理事应当满足如下要求：慈善组织理事应当在慈善组织投资权限范围内进行投资；投资决策应当审慎和依赖专业能力；选择适合慈善组织的投资：具体包括投资多元化、听取投资专业人士的意见；在委托他人投资时满足特定的法律要求；实时关注投资情况；在年报中释明投资策略。

③投资方式。就慈善组织的投资方式，即是需要委托专业机构投资还是慈善组织自身投资方面，主要根据慈善组织本身是否具备投资所需的相关专业人员和专业能力、是进行长期还是短期投资，以及委托投资相关的费用情况综合确定。总体来说，慈善组织的受托人承担做出如何使用慈善财产的投资决策的责任，但可以将日常投资决定委托给第三方②。

3. 英国慈善组织保值增值收入的税收待遇——符合条件的投资收入用于慈善目的免于缴纳所得税

（1）慈善组织所得税税收优惠范围较广

英国慈善组织取得免税资格后，大部分收入和所得都不需要缴纳所得税，前提是慈善组织将这些收入用于慈善目的。可以免税的收入主要包括：捐赠收入；满足条件的交易利润：主要包括主要目的交易利润，在豁免额以内的非主要目的交易利润以及从附属交易公司获得符合条件的利润；租金或投资收入，例如银行利息；出售或"处置"资产所得的利润，如股票等③。

基于本文的研究对象，本部分重点讨论租金或投资收入（如银行利息）、出售或"处置"资产所得的利润（如股票）等资产投资情况的税收待遇问题。

---

① 英国慈善委员会：慈善组织与投资事宜指引，https://www.gov.uk/government/publications/charities-and-investment-matters-a-guide-for-trustees-cc14/charities-and-investment-matters-a-guide-for-trustees，最后访问日期：2017年12月15日。

② 英国慈善委员会：慈善组织与投资事宜指引，https://www.gov.uk/government/publications/charities-and-investment-matters-a-guide-for-trustees-cc14/charities-and-investment-matters-a-guide-for-trustees，最后访问日期：2017年12月15日。

③ 英国慈善委员会：慈善组织和税，https://www.gov.uk/charities-and-tax/tax-reliefs，最后访问日期：2017年12月15日。

(2) 慈善组织的收入用于"慈善支出"可以免缴所得税

从税收角度看，慈善组织能够就投资收益享受免税政策的前提是投资收益应当用于促进慈善目的。此外，产生该收入的投资活动也要符合税法所准许的慈善投资活动之列，否则在享受税收优惠时会受到限制。尽管英国法律对于慈善组织的投资规范较为宽松，但是只有符合《公司税法》和《所得税法》中准许的慈善投资和慈善贷款才属于慈善支出，进而才可以享受免税政策。

《公司税法（2010）》第 511 条和《所得税法（2007）》第 558 条列出了 12 种被准许的慈善投资。对于不属于列举范围的投资，则属于税法意义上的"非慈善支出"①。可以将准许的慈善投资总结如下：投资慈善共同投资基金、共同存款基金或类似计划；土地权益（除非作为债务担保或抵押）；在认可证券交易所上市的公司股票或证券；单位信托计划中的单位等；开放型投资公司股票；银行存款（有例外，如背靠背贷款）；存单；慈善组织不是为了避税而进行的任何贷款或其他投资（不论是慈善组织还是任何其他人）。

此外，慈善组织符合条件准许的慈善贷款也属于"慈善支出"，具体包括仅以慈善为目的向另一个慈善组织贷款；在开展慈善活动的过程中，基于慈善目的向慈善组织受益人的贷款；放置在银行现有账户的现金；其他为了慈善组织利益而非出于避税目的贷款。

(3) 慈善组织租赁及处置资产收益用于慈善目的则免税

按照英国税法的一般性规定，售卖或"处置"资产所得的利润应该缴纳公司所得税，此处的"处置"包括销售、赠予或转让、交换以及获取补偿等行为。对于慈善组织而言，如果慈善组织将租赁、资产转让活动产生的利润用于慈善目的，则可以免于缴纳公司所得税。

此外，就项目相关投资而言，虽然其形式上与金融投资类似，但是与金融

---

① 英国皇家税务与海关总署：准许的慈善投资，https://www.gov.uk/government/publications/charities-detailed-guidance-notes/annex-iii-approved-charitable-investments-and-loans，最后访问日期：2017 年 12 月 15 日。

投资的基本目的有所区别。项目相关投资的主要目的是通过投资活动深化慈善组织的宗旨，而不是获得经济回报，但在其投资活动的过程中有获得一些经济回报的可能。项目相关投资的形式可以是向其他组织或者个人提供相对小额的贷款，例如用于购买新设备等。项目相关投资收入的税收待遇，取决于投资的结构和回报的税收方式。一般来说，只要慈善组织将项目相关投资的回报和收益用于慈善目的，就可以享受免税待遇。

四 基金会保值增值的政策建议

通过上文对我国基金会等慈善组织收入结构的分析可以看出，保值增值活动收入已经成为基金会等慈善组织的重要收入来源。以在上海市民政部门登记的基金会为例，2015年260家取得有效数据的基金会的投资收益达6.97亿元，占基金会收入总额的16.2%，投资收益成为仅次于捐赠收入的第二大收入来源。然而，在上述基金会中，只有140家基金会开展了除银行存款以外的投资活动，占样本量的53.85%。总体而言，慈善组织投资的积极性还有待提高。在获得了投资收益的99家基金会中，投资收益排名前15的基金会投资收益为5.92亿元，占投资收益总额的85%，投资收益的两极分化较为明显。基金会在投资方面，不均衡性和差异化较为显著。

由于慈善组织需要满足法定的慈善活动支出要求（其中具有公开募捐资格的慈善组织的慈善活动年度支出为上一年或前三年平均收入的70%，不具有公开募捐资格的慈善组织的慈善活动支出不低于上年末净资产或者前三年年末净资产平均数的6%~8%），因此，如果基金会没有经常性稳定的捐赠等收入来源，则需要保持较高的保值增值收益率才能保证基金会的全部资产不会缩水。从目前调研的数据看，很多基金会还难以达到较高的收益水平。即使基金会取得了较高的收益率，扣除慈善活动支出后的投资收益仍要缴纳所得税，该税负实际上减少了基金会的资产增值收入，不利于基金会的持续稳定发展和做大做强。据上海市税务局统计，2015年度处于免税资格有效期内的基金会有230家，占上海注册登记270家基金会的85%，说明上海的绝大部分基金会都取得了税收优惠资格。由此可以看出，税收优惠政策问题对上海基金会的保值增值活动及其收益水平都将产生较大影响，由此推及全国的基金会，税收优惠政策将产生更大的影响。按照现行《企业所得税法》及相关配套政策文件规定，对基金会取得的保值增值收入，除国债利息收入、地方政府债券利息收入，从证券投资基金分配中取得的收入，股息红利收入，不征税和免税收入孳生的银行存款利息收入以外，慈善组织获得的资产转让活动收入、租赁收入、其他理财活动收入等均需纳税，实不利于慈善组织的发展。如何合理调整我国现行保值增值活动的政策规定和保值增值活动收入的税收待遇问题，以达到拓宽慈善组织保值增值收入范围，增加慈善组织收入的源头活水的目标，需要在借鉴国际经验和结合国内实践的基础上不断探索。

在基金会保值增值活动的规范方面，我国现行法律规定仍是主要依据"合法、安全、有效"的原则，由于规定较为抽象，在实践中的操作性不强。如前所述，当前不少基金会因担心会触及红线，除银行存款或者购买风险较低的银行理财产品外，一般不会从事其他类型的投资活动；对于已经开展投资活动的慈善组织而言，投资活动的类型较为单一，投资收益率不高。目前，民政部制定的《保值增值暂行办法》（征求意见稿）已经向社会公开征求意见，其中关于慈善组织的投资范围、投资决策程序等有了较为细致的要求。该办法虽然暂未正式颁布实施，但是已经初步为慈善组织保值增值活动的开展提供了方向性的指引。随着下一步《保值增值暂行办法》的出台实施，基金会开展的保值增值投资活动的范围以及管理等方面将得到进一步的明确和规范。

在慈善组织保值增值规范即将明确的语境下，相应配套的税收制度也应予以衔接和调整，以在规范基金会保值增值活动的基础上，促进基金会广泛、深入地开展保值增值活动，提高收益水平。

调整税收政策的目标之一是鼓励和引导慈善组织根据自身情况合理地开展保值增值活动，拓宽慈善组织收入来源，实现慈善组织"自我造血"，维持慈善组织的长期运行；目标之二是防止慈善组织将过多的精力、人力、物力和财力投入投资活动，而忽视了慈善活动的开展和慈善目标的实现，偏离慈善宗旨，同时也不应将慈善财产置于较大的风险之中；目标之三是相关政策的制定，在促进慈善行业发展的同时不会造成慈善组织和商业组织之间的不正当竞争，不会导致较大的税收漏洞产生；目标之四是政策调整的法规要在中国目前的环境下切实可行。基于以上目标，对我国基金会的保值增值活动收入税收政策的调整原则和具体调整方案提出以下建议。

（一）基金会保值增值活动收入税收政策调整的原则

在当前慈善组织从事保值增值活动的范围中，不少收入需要征税，如资产转让收入、理财收入、租赁收入等。当前，我国对于慈善组织的税收优惠力度较小、免税范围较窄。在组织自身的税收待遇方面，慈善组织与一般的非营利组织没有任何差异；但是，在信息公开、慈善组织年度活动支出和管理费用等方面，慈善组织需要遵循更为严苛和细致的要求。因而，慈善组织的"身份"对于很多机构而言，并不意味着能获得很多的税收优惠红利。为了促进慈善组织的进一步发展，实有必要优化基金会等慈善组织保值增值活动税收政策，调整相关税收政策应遵循以下原则。

1. 原则一：有利于慈善组织的持续稳定发展

慈善组织开展保值增值活动的主要目的，是通过拓宽慈善组织的收入来源，实现组织的"自我造血"，以减少捐赠收入相对不稳定给慈善组织带来的冲击，防止资产缩水对于慈善组织持续运作的影响，尤其是对于收入主要源自个人、家族或者企业捐赠的不具备公开募捐资格的慈善组织而言。对单一资金来源的依赖，不仅可能会影响慈善组织的独立性，而且也可能影响慈善组织持续稳定的发展。因此，对这些慈善组织而言，通过保值增值投资活动，增加慈善组织的收入来源，具有十分重要的意义。从国际经验看，如以福特基金会、盖茨基金会等为代表的美国私人基金会，通过投资活动，不但实现了基金会资产的保值，而且实现了增值：福特基金会的资产规模从1936年的2.5万美元已增至12亿美元，每年在世界范围的资助金额达5亿美元①。福特基金会取得的这一成果，与美国的税收制度有密切的关联：一是除禁止自我交易、限制超额持股、限制危害投资等规定外，美国对私人基金会采取较为鼓励的投资政策；二是美国针对私人基金会的投资收益，一般只征收很少的税收；三是美国私人基金会的公益支出要求仅为基金会资产的5%。当前，我国具有公开募捐

---

① 福特基金会，http://www.fordfoundation.org/about-us/our-origins/，最后访问日期：2017年12月15日。

资格的慈善组织共 756 家，约占全国 3034 家慈善组织总数的 24.92%；不具有公开募捐资格的慈善组织 2269 家，占比将近 3/4。税收制度的调整应以直接有利于慈善组织的更好发展为出发点，对慈善组织开展的保值增值活动在不扰乱市场经济竞争环境的前提下，给予更大力度的税收优惠。

2. 原则二：基金会的投资活动应当符合法律政策规定以及慈善组织内部规范

无规矩不成方圆，法律政策规范的缺失可能会导致慈善组织的投资行为或者过于激进或者过于保守。以基金会为代表的慈善组织投资首先应当符合法律的规定，在法律规定的范围内进行投资并遵循相关的决策程序和回避要求等规定。《慈善法》《基金会管理条例》明确了基金会等慈善组织投资的基本原则，民政部即将出台的《慈善组织保值增值投资活动管理暂行办法》则明确了基金会等慈善组织投资的具体范围、程序等。基金会等慈善组织在开展投资活动时，必须遵循法律政策的规定。同时，基金会等慈善组织投资也应当遵循本机构制定的章程或者本机构制定的有关投资方面的具体规范，使基金会等慈善组织的投资活动具有合法合规性。在国际上，英国法律明确规定了允许慈善组织投资的范围，超出法定范围的投资和借贷行为，需要承担相应的税负；美国禁止公共慈善机构的超额利益交易行为，禁止私人基金会超额持股和危害投资等行为，违反上述规定应当承担相应的法律责任。

3. 原则三：有利于规范慈善组织的保值增值活动，更好地服务于慈善目的

基金会等慈善组织开展投资活动的重要目标是通过保值增值活动的开展，促进慈善组织收入的增加，进而推进基金会等慈善组织慈善目的的实现。开展投资活动，获得投资收益只是手段，投资本身并不是目的，推进慈善项目的开展是慈善组织开展投资活动以及获得投资收益的唯一目标。因此，投资收益应全部用于慈善目的，同时，进行投资的支出也应当以不影响慈善活动年度支出为前提。此外，保值增值活动只能够作为慈善组织辅助的活动内容，而不应成为基金会的主要业务活动内容。

对基金会等慈善组织从事直接的投资活动，应当强调主要投资与慈善组织宗旨相关的业务。一方面，慈善组织从事此类投资活动能够直接促进慈善目的的实现，实现经济目标和社会目标的统一；另一方面，慈善组织也比较擅长此类活动的规范管理和指引，在一定程度上能够降低慈善组织风险，从而使得慈

善组织的投资活动更加有效,实现慈善组织资源的合理配置。

4. 原则四:税收政策的调整应当简便易行,具有可操作性

制定税收政策必须要考虑到当前我国的实际情况和征管上的切实可行,否则再好的政策也会流于形式,难以落实。目前,对非营利组织的一些具体税收规定就存在难以操作的问题,如银行利息收入的处理:依据现行税法规定,对慈善组织的不征税收入和免税收入孳生的银行存款利息收入免税,而在实际操作过程中,银行的利息收入是由免税收入、不征收收入孳生还是其他收入孳生难以划分,造成各地处理混乱的情况。从调研情况看,一些慈善组织将银行存款利息收入一律视为由免税收入和不征税收入孳生,因而无须承担税负。对于一些购买银行理财产品的慈善组织而言,慈善组织会将获得的理财收入也视为银行存款利息收入,从而无须纳税。现行税法的规定不便于操作,由此造成税收征管上的难题。因而,需要对现行慈善组织税收政策规定进行调整,以便利征管和纳税人申报为原则,使税收政策更切合实际,加强纳税人进行申报和税务机关进行征管的可操作性。

5. 原则五:对基金会等慈善组织先行先试,待条件成熟后再统一推广

《慈善法》对慈善组织的保值增值活动提出了基本要求,且国家还将继续制定具体的实施办法,这也要求相配套的税收政策。对基金会类的慈善组织进行先行先试的税收优惠政策改革,主要考虑到以下几点因素:一是基于基金会在保值增值方面已经有了较多的实践,在《慈善法》实施之前不少基金会依据《基金会管理条例》《关于规范基金会行为的若干规定(试行)》的规定在投资方面进行了积极的探索,积累了一些经验,整体而言基金会能够较为规范地开展相关保值增值活动并及时报告和公开投资情况;二是目前我国的慈善组织大部分以基金会为组织形式,基金会有较强的代表性和广泛性,受相关税收政策改革的潜在影响较大。此外,考虑到目前在我国,教育、医疗等在国际上被认为是非营利组织的机构属于事业单位,收入主要来自国家财政拨款,按照国家财政预算管理方法进行核算和管理;同时,互益性非营利组织暂时并非政策重点扶持的对象,因而可以对基金会等慈善组织实行税收优惠政策的先行改革;在对慈善组织的税收优惠政策执行一段时间后,如无重大问题,即可逐步扩大适用的非营利组织范围。

（二）基金会保值增值活动收入所得税政策调整政策建议

分析我国税法的现行规定，存在的主要问题有：一是对慈善组织收入的税收优惠范围较窄，很多慈善组织进行保值增值活动取得的经常性收入未纳入免税范围；二是很多税收规定在实践中缺乏可操作性，如通过购买信托产品、银行理财等获得的收入中，可能有一部分源自股息红利、一部分源自资产转让等收入，属于免税的股息红利收入难以从总收入中剥离。难以操作的问题造成了各地执行不一，影响政策执行的统一性和法律的权威性。因而，实有必要对于现行政策规定予以调整完善。在总体设计思路上，建议放宽基金会的免税收入范围，对保值增值活动，只要不影响正常的市场竞争环境且其获得的收入全部用于慈善活动时，即可依法免税。同时，制定的政策要具有可操作性，并要避免产生税收漏洞。具体而言，应当从如下方面进行政策调整。

1. 不区分资金来源，对利息收入均予以免税

依据现行税收规定，获得了免税资格的基金会，其不征税收入和免税收入孳生的银行存款利息可以依法免税，其余资金孳生的银行存款利息则要征税。实践中，慈善组织在进行纳税申报时，难以区分银行利息收入是源自免税、不征税收入还是应税收入，造成实际执行混乱。此外，慈善组织还会购买国债、地方政府债券或者企业债券，这些债券收益率高于银行存款利率，投资风险也较小，应是慈善组织进行投资较好的选择，但目前对投资债券取得的利息收入未全部纳入免税范围，只对部分债券收入（如国债、省级政府发行的债券）可以免税。

基于以上问题，建议针对基金会等慈善组织获得的利息收入，包括银行等金融机构的存款利息收入、购买债券的利息收入以及慈善组织向与其宗旨和业务相关的企业提供借款取得的利息收入均予以免税。同时，建议不再区分孳生利息收入的资金来源是源自不征税收入、免税收入还是应税收入，以利于操作执行；此外，建议不区分是银行存款产生的利息收入还是其他来源的利息收入，只要慈善组织的利息收入是按照银行同期存款利率计算出的利息收入，均予以免税。

2. 从合规渠道获得的理财收入予以免税

为了提高投资收益率，基金会等慈善组织除了在银行存款、购买银行理财

产品外，还会购买信托公司、基金公司、保险资产管理公司等机构发行的产品，获得投资收益。此类收入的具体来源构成较为广泛，可能会包括资产转让、股息红利等收入。按照现行税收法律的规定，基金会获得的股息红利收入和资产转让收入应当适用不同的税收政策，即基金会获得的符合条件的股息红利收入免税，而资产转让收入需要计入企业所得税应纳税所得额缴税。当基金公司、信托公司等机构向购买产品的慈善组织支付收益时，慈善组织难以准确地将此类收入划分为源自资产转让或股息红利，按照现行规定此类收入一律需要承担所得税纳税义务。由于慈善组织从事此类理财活动并不会和商业企业产生直接的竞争关系，并且慈善组织获得的理财活动收入均须用于慈善目的，并不会使私人受益，因而，从执行的可操作性和鼓励慈善组织发展的角度考虑，建议给予慈善组织购买此类产品获得的收入以免税待遇。同时，为了保证投资安全、防范投资风险，需强调慈善组织应通过合法合规渠道，并从有一定资质的机构进行理财，其获取的收益才能够享受免税。

3. 对符合条件的财产转让收入予以免税

目前，慈善组织拥有的资产呈现多元化形态，主动或者"被动"持有的股权、房产或实物资产等已成为某些基金会尤其是非公募基金会的重要财产形式。当基金会需要变现资金用于慈善活动支出时，其转让股权、房产等财产取得的财产转让收入按现行规定要计入应纳税所得额，缴纳所得税，从而减少了慈善组织的收入。就"被动"接受股权等资产捐赠而言，目前很多慈善家的财富形式多为股票等资产，捐赠时也偏好直接捐赠股票而不是先变现再捐赠。为促进非货币性资产的捐赠，保障慈善组织充足的慈善活动支出来源，建议规定对慈善组织的资产转让收入予以免税，另外，这也符合国际上的通行做法。

为防止慈善组织偏离其慈善宗旨和目的，对慈善组织转让动产收入与转让不动产收入的税收待遇应有所区别，对不同类型的动产转让收入也应区别对待：对基金会转让受赠的物资等动产获得的收入予以免税，对慈善组织自行购买的与宗旨活动无关的以及非自用的动产转让收入不应给予免税待遇。

4. 不动产租赁收入应当免税

慈善组织通过出租房产等活动取得的租赁收入目前尚未纳入免税范围。在税收待遇方面，一方面要考虑到慈善组织向外租赁闲置房屋等资产，能够充分盘活慈善组织的资产，发挥慈善组织资产的最大效用，增加慈善组织收入；另一方面，也要防止慈善组织以向外租赁动产等方式取得大量免税收入而产生的税收漏洞。因而，建议我国参考美国的规定区分不动产和动产租赁给予不同的税收优惠政策。对不动产租赁收入可以免税，对动产租赁收入则应当征税。此外，为防止不当的关联交易使私人受益，可参考美国的规定，规定慈善组织从其受控组织获得的租金等收入不应当纳入免税范围。

参考文献

爱佑慈善基金会官网，http：//www.ayfoundation.org，最后访问日期：2017年12月11日。

贝希·布查尔特·艾德勒等：《通行规则：美国慈善法指南》，金锦萍、朱卫国、周虹译，中国社会出版社，2007。

慈善中国，http：//cishan.chinanpo.gov.cn/biz/ma/csmh/a/csmhaindex.html，最后访问日期：2017年12月5日。

冯果、窦鹏娟：《公益慈善组织投资风险的法律控制》，《政治与法律》2013年第10期。

福特基金会，http：//www.fordfoundation.org/about-us/our-origins/，最后访问日期：2017年12月15日。

国家统计局网站，http：//data.stats.gov.cn/search.htm？s=CPI，最后访问日期：2017年12月11日。

刘忠祥：《基金会保值增值问题研究》，《中国社会组织》2011年第7期。

美国国税局：免税运作型基金会，https：//www.irs.gov/charities-non-profits/private-foundations/definition-of-exempt-operating-foundation，最后访问日期：2017年12月15日。

民政部统计数据，http：//www.mca.gov.cn/article/sj/tjjb/sjsj/201602/20160200880298.htm，最后访问日期2017年12月11日。

南都公益基金会官网，http：//www.naradafoundation.org。

潘乾：《非公募基金会投资问题探究》，《长白学刊》2012年第6期。

山东社会组织：《山东省民政厅关于进一步做好慈善组织登记和认定工作的通知》，http：//www.sdnpo.gov.cn/nd.jsp？id=781&_ngc=-1，最后访问日期：2017年12月5日。

上海慈善网，http：//www.shzgh.org/csjjh/n2754/n2763/u1ai58810.html，最后访问

日期：2017年12月11日。

上海浦东新区恩派公益基金会官网，http：//www.npifoundation.org/，最后访问日期：2017年12月11日。

上海宋庆龄基金会官网，http：//www.ssclf.org。

栗燕杰：《我国慈善税收优惠的现状、问题与因应——以慈善立法为背景》，《国家行政学院学报》2015年第6期。

The Urban Institute，国家慈善数据中心，核心档案（公共慈善机构2003，2008，and 2013）；联邦国税局免税组织（2004~14年），https：//www.urban.org/sites/default/files/publication/72536/2000497 – The – Nonprofit – Sector – in – Brief – 2015 – Public – Charities – Giving – and – Volunteering.pdf，最后访问日期：2017年12月15日。

王崇赫：《我国非公募基金会发展投资的必要性分析》，《社团管理研究》2009年第4期。

徐锦文：《社会保障基金保值增值研究》，博士学位论文，华中科技大学，2005。

杨团：《中国慈善发展报告（2017）》，社会科学文献出版社，2017。

姚海放：《公益基金会投资行为治理研究》，《政治与法律》2013年第10期。

《以规范管理促进基金会健康发展——民政部民间组织管理局局长李本公答记者问》，《中国民政》2004年第4期。

英国慈善委员会：慈善组织数据，https：//www.gov.uk/government/publications/charity – register – statistics/recent – charity – register – statistics – charity – commission#june – 2017，最后访问日期：2017年12月15日。

英国慈善委员会：慈善组织与投资事宜指引，https：//www.gov.uk/government/publications/charities – and – investment – matters – a – guide – for – trustees – cc14/charities – and – investment – matters – a – guide – for – trustees，最后访问日期：2017年12月15日。

英国慈善委员会：慈善组织和税，https：//www.gov.uk/charities – and – tax/tax – reliefs，最后访问日期：2017年12月15日。

英国志愿组织联合会：英国公民社会年鉴2017/慈善组织领域/资产，https：//data.ncvo.org.uk/a/almanac17/assets – and – reserves – 2/，最后访问日期：2017年12月15日。

英国皇家税务与海关总署：准许的慈善投资，https：//www.gov.uk/government/publications/charities – detailed – guidance – notes/annex – iii – approved – charitable – investments – and – loans，最后访问日期：2017年12月15日。

张玮：《我国慈善基金会的资金管理问题研究》，硕士学位论文，苏州大学，2008。

中国基金会发展报告课题组编《中国基金会发展报告（2015~2016）》，社会科学文献出版社，2016。

中国青少年发展基金会官网，http：//www.cydf.org.cn/，最后访问日期：2017年12月11日。

中国人大网：关于《中华人民共和国慈善法（草案）》的说明，http：//www.npc.gov.cn/npc/lfzt/rlyw/2015-10/31/content_1949164.htm，最后访问日期：2017年12月5日。

中国社会组织网，http：//www.chinanpo.gov.cn/search/orgindex.html，最后访问日期：2017年12月5日。

中华人民共和国民政部编《2017中国民政统计年鉴》，中国统计出版社，2017。

热点五

慈善信托财产投资规范法律问题研究

倪受彬[*]

摘　要：随着我国公益事业的兴起，慈善财产的保值增值成为人们关注的重点。2016年颁布的《慈善法》，明确了慈善组织对外投资的活动原则，即"合法、安全、有效"。但有关慈善信托财产的投资细则、监管等问题仍然有待解决。具体而言，"慈善"如何与"金融"相结合，善款能否用于投资以保值增值，进而惠及更广的不特定对象等问题值得进一步探讨。本文从立法梳理、理论探析、域外对比等多种研究方式出发，以慈善信托财产投资的内部治理、外部监管为核心，拟对慈善信托财产的投资规范提出可行性建议。

关键词：慈善财产　慈善信托　内部治理　外部监管

现代慈善事业的一个重要特征是慈善行为的组织化、社会化及法治化。从英美慈善事业的发展情况看，慈善行为的组织形式主要包括以下三种：基金会、非营利公司与慈善信托。从慈善事业的社会化角度来看，除了单个家庭或个人、企业通过捐赠形成目的财产从事慈善事业外，通过募集行为筹集社会各方财产已成为主流。而法治化则是与上述两种特征相关联的。因为采取组织化的形式，慈善事业组织的内部治理与外部监管就必须纳入法治轨道，而社会化

---

[*] 倪受彬，上海对外经贸大学法学院院长，教授。课题组成员：梅益婷，上海对外经贸大学法学院硕士研究生；刘秉希，上海对外经贸大学法学院硕士研究生；陈熔，华东政法大学经济法学院硕士研究生。

的募集善款，更涉及公共利益的保护等现代法治命题。

慈善行为涉及财产的初次转让（捐助）、管理以及分配（含剩余财产的归属）三个阶段。无论采取何种形式，必然要以财产为中心，因而财产的保值增值就成为慈善法无法回避的命题。采取现代金融的投资手段和工具，扩大慈善财产的规模，可以提升慈善组织慈善能力，是慈善事业延续的重要保证。

慈善财产不是慈善管理人的自有财产，慈善财产具有社会资本属性，是以不特定的需要社会救助的人的利益为归依的目的财产。正是受益人的不特定以及受益人甚至捐赠人在治理结构中的"缺位"，导致对管理人的投资管理行为缺乏有效监督。因此很可能因"缺位监督"导致管理人产生谨慎义务范畴内的错误投资行为，损害受益人的利益，从而使得捐助人的慈善目的落空[1]。如何就慈善财产进行法律层面的投资规范便成为各国慈善法的一个重点规制内容。

担心慈善财产对外投资亏损而担责，也是我国慈善财产投资实践中基金会的管理层或慈善信托的受托人长期的误区。换言之，管理人对捐赠形成的财产不敢对外投资。据统计，2015 年全国 4886 家基金会拥有 1189 亿元净资产，虽然平均投资收益率从上年的 2.71% 提高至 3.07%，但是依然赶不上货币基金收益的 3.32%。TOP50 的平均投资收益率从 3.69% 提高至 4.59%，但与全国社保基金会 15.14% 和保险行业 7.56% 的投资收益率相比仍有很大差距[2]。

一 我国慈善信托财产投资的制度变迁和主要问题

（一）我国慈善信托财产保值增值的制度变迁

慈善信托财产的投资，对于慈善信托的目的实现、慈善信托的存续和发展具有重要意义。但是需要构建一套公益金融的制度体系才能平衡"担忧"并

---

[1] 例如中国的河南宋庆龄基会违规放贷、投资房地产集团案、美国夏威夷儿童教育慈善信托案等都是因管理不善或管理人滥用投资管理权形成的失败案例。
[2] 刘文华：《民政部出台慈善资产增值新规：慈善组织既要会公益，又要懂投资》，http://www.infzm.com/content/132228，最后访问日期 2018 年 1 月 5 日。

实现"雄心"。中国慈善财产的保值增值制度探索一直在路上,这也反映出我们对于慈善财产认识论的转变。

我国与公益慈善组织的投资有关的法律法规包括:《中华人民共和国公益事业捐赠法》《基金会管理条例》《关于规范基金会行为的若干规定(试行)》《中华人民共和国慈善法》《关于做好慈善信托备案有关工作的通知》等。最早发布的《基金会管理办法》和《关于进一步加强基金会管理的通知》已失效。

1.《慈善法》之前的规范性文件关于公益财产(慈善财产)投资管理的规定

1995年,中国人民银行为了进一步加强基金会管理,要求"基金会基金的保值增值必须委托金融机构进行",并要求中国青基会整改。中国青基会回函,表示愿意遵循人行整改意见,但鉴于金融机构清算倒闭事件不断,基金会不知道该选择哪个金融机构,希望央行予以指定。中国青基会时任秘书长徐永光等人回忆当年参与《公益事业捐赠法》立法,大家强烈反对央行规定的必须委托金融机构投资的规定,因为当时已经出现了好几起金融机构清算倒闭事件。因此,《公益事业捐赠法》就只规定了"合法、安全、有效"六字原则。

1988年,《基金会管理办法》对基金会投资有一些比较细致的规定;而1999年《公益事业捐赠法》和2004年《基金会管理条例》却大大简化了,仅对公益慈善组织投资规定了"合法、安全、有效"的基本原则;而2016年《慈善法》依然保留"合法、安全、有效"原则,但增加了一些细化规定,并要求民政部制定具体办法。

虽然"合法、安全、有效"原则的设计相同,但是其中的实质性内涵与字面表述却有所差异。《公益事业捐赠法》是"应当……按照合法、安全、有效的原则,积极实现捐赠财产的保值增值"。《基金会管理条例》是"应当按照合法、安全、有效的原则实现基金的保值、增值"。后者少了"积极"二字。《慈善法》是"为实现财产保值、增值进行投资的,应当遵循合法、安全、有效的原则",与前两者的句子顺序相反,为什么?这不是一个简单的语法问题,而是实质意义上的重大改变。按照前两者的规定,基金会和其他公益组织应当进行投资,实现资产保值增值是其义务。而按照《慈善法》,投资就不再是必需的。

《基金会管理条例》第四十三条第一款规定："基金会理事会违反本条例和章程规定决策不当，致使基金会遭受财产损失的，参与决策的理事应当承担相应的赔偿责任。"许多人据此认为，如果投资失利，参与决策的理事要补齐亏损，这或许也是 2/3 的基金会只进行存款不投资的原因之一。其实，该条款本来并不是专门针对基金会投资问题的。即使就投资而言，如果出现损失，理事赔偿也是有前提条件的，即"违反本条例和章程规定决策不当"；而且，赔偿也只是承担"相应的赔偿责任"，不一定是全额赔偿。

2012 年，民政部发文要求"基金会进行委托投资，应当委托银行或者其他金融机构进行"。这条规定的渊源很可能就是上述 1995 年的文件，但民政部起草文件的官员恐怕不知道《公益事业捐赠法》立法过程中有关的争论，更不知道当年中国青基会给央行的那份回函。当年，央行要求基金会所有的投资都必须委托金融机构。民政部做了一点改进，只要求基金会的委托投资必须委托金融机构，这是否意味着基金会还可以选择自己做部分或全部投资。

但这里存在一个法律问题，央行或民政部等部门是否有权做这样的规定？法律法规对基金会的投资没有做这样的规定，有关部门有权制定法律法规之外的限制吗？

在目前的中国，委托金融机构投资确实比委托其他机构投资更靠谱一些。但是，政府有关部门做这样的强制性规定未必妥当，由慈善组织或慈善行业自己制定这样的自律规则可能更合适。

民政部、银监会《关于做好慈善信托备案有关工作的通知》对慈善信托投资的规定："除合同另有特别约定之外，慈善信托财产及其收益应当运用于银行存款、政府债券、中央银行票据、金融债券和货币市场基金等。"如果慈善信托的投资仅限于文件锁定的范围，那么，贬值是大概率事件。根据"除合同另有特别约定之外"，当事人可以特别约定投资任何领域的任何产品。如果慈善信托的受托人是信托公司，作为专业投资机构，我们相信其不会被该文件束缚。但是，如果受托人是慈善组织，是否很有可能被该文件捆绑住手脚？也有人观点相反，认为大多数慈善组织目前不投资，即使投资，其范围也非常狭小；而信托公司刚进入慈善行业，也许就被文件规定给束缚了。此后在一些研讨会上，几家信托公司代表表示，慈善信托投资不同于一般投资，会控制在 151 号文所说的范围之内。这正好印证了上面这个观点。

银监会办公厅《关于鼓励信托公司开展公益信托业务支持灾后重建工作的通知》（银监办发〔2008〕93号）对公益信托投资做了如下规定："只能投资于流动性好、变现能力强的国债、政策性金融债及中国银监会允许投资的其他低风险金融产品。"

《公益事业捐赠法》第十八条："受赠人与捐赠人订立了捐赠协议的，应当按照协议约定的用途使用捐赠财产，不得擅自改变捐赠财产的用途。如果确需改变用途的，应当征得捐赠人的同意。"根据该法，慈善信托财产本质上属于公益事业捐赠的财产。受托人应该按照委托人（捐赠人）的慈善目的使用财产。此处使用应该包括"投资"。

《基金会管理条例》第四十八条：基金会开展保值、增值活动，应当遵守合法、安全、有效的原则，确立投资风险控制机制。

2016年民政部、银监会151号文与此一脉相承，对慈善信托的投资也做了类似规定："除合同另有特别约定外，慈善信托财产及其收益应当运用于银行存款、政府债券、中央银行票据、金融债券和货币市场基金等。"

2. 《慈善法》关于慈善财产投资的规定

虽然，慈善信托不是慈善组织，不是独立机构，但我们认为慈善组织的财产与慈善信托的财产本质上属于同类，即为完成慈善目的所聚合在一起的财产。因此，《慈善法》中对于慈善组织财产投资的规范，在慈善信托财产的投资中应予以充分的重视[①]。

仔细研读《慈善法》第五十四条第一款的规定："慈善组织为实现财产保值、增值进行投资的，应当遵循合法、安全、有效的原则，投资取得的收益应当全部用于慈善目的。慈善组织的重大投资方案应当经决策机构组成人员三分

---

① 《慈善法》第五十四条规定："慈善组织为实现财产保值、增值进行投资的，应当遵循合法、安全、有效的原则，投资取得的收益应当全部用于慈善目的。慈善组织的重大投资方案应当经决策机构组成人员三分之二以上同意。政府资助的财产和捐赠协议约定不得投资的财产，不得用于投资。慈善组织的负责人和工作人员不得在慈善组织投资的企业兼职或者领取报酬。前款规定事项的具体办法，由国务院民政部门制定。"《慈善法》第四十八条规定："慈善信托的受托人管理和处分信托财产，应当按照信托目的，恪尽职守，履行诚信、谨慎管理的义务。"所谓"管理和处分信托财产"，涵盖的范围很广，不仅限于投资。所以，在法律层面，关于慈善信托财产投资的规定只有"恪尽职守，履行诚信、谨慎管理的义务"。

之二以上同意。政府资助的财产和捐赠协议约定不得投资的财产,不得用于投资。慈善组织的负责人和工作人员不得在慈善组织投资的企业兼职或者领取报酬。"

这一款包括5个方面的内容:投资的原则、投资收益的用途、重大投资的决策程序、哪些财产不得用于投资、不得在投资企业兼职或领薪。先不说内容是否妥当,但这5个方面所聚焦的问题似乎不在同一层面上。在之前的《公益事业捐赠法》和《基金会管理条例》中,"投资"这件事是"必选项",但在《慈善法》中则成为一个可选项。因此随后规定,"政府资助的财产和捐赠协议约定不得投资的财产,不得用于投资"。我们认为这是一种倒退,慈善组织让自己的资产保值增值,应该是其责任和义务。也有专家认为,《慈善法》给了慈善组织更大自由权,可选择投资或不投资,从义务到权利的过渡自然不能算是坏事。

为什么规定政府资助的财产不得投资?从能否投资这个角度来看,政府资助的财产与个人或机构捐赠的财产在性质上有何区别?不投资,其确切含义是什么?不投资,是只能以银行存款的形式存在?(其实,存款也是一种投资方式,不同银行、不同期限、不同条件也有不同的存款品种和利率。)像"政府债券、中央银行票据、金融债券和货币市场基金等"安全性极高的产品也不能投资?反观社保基金、养老基金、保险基金和一些政府基金都可以投资。

慈善行业似乎是与世隔绝的。我们来看看"同一蓝天"下我国保险公司、养老基金、社保基金与投资相关的法规政策。他们对投资内容和投资比例进行了进一步的规定,甚至对于比例的计算方法做出规定。例如财政部、劳动和社会保障部发布的《全国社会保障基金投资管理暂行办法》规定,"划入社保基金的货币资产的投资,按成本计算,证券投资基金、股票投资的比例不得高于40%",保险公司和养老金投资于基金、股票的比例不得高于30%。

《慈善法》颁布后,2017年出台的《北京市慈善信托管理办法》第13条规定:"除合同另有特别约定之外,慈善信托财产及其收益应当运用于银行存款、政府债券、中央银行票据、金融债券和货币市场基金等",虽仍坚持投资于风险较低安全性高的金融产品,但是相比之前进行了一定程度的扩张,而且更重要的是,明确这一规定是任意性规定,可由当事人自由约定投资范围。

同样为落实《慈善法》中慈善财产的投资细则,2017年12月7日,民政部就《慈善组织保值增值投资活动管理暂行办法（征求意见稿）》（以下简称《慈善组织投资意见稿》）向社会公开征求意见。该《慈善组织投资意见稿》从慈善财产投资的正面和负面清单、理事会与受托管理机构的风险控制与资格要求（内部治理）、民政部门基于信息披露的外部监管等方面细化《慈善法》的相关规定。

（二）慈善信托财产投资规范制度的主要问题

慈善信托财产是委托人基于公益目的转让给信托的财产。慈善信托不同于私益信托的根本之处在于目的的公益性，即为了不特定多数人的慈善目的而由受托人占有、管理和处分。保值增值行为也是服从于这一慈善目的。因此，慈善信托财产的投资管理及其法律规范必须基于信托财产的特殊属性，否则就会混同于私益信托的财产管理行为。这就需要解决慈善信托财产的属性问题。

此外，慈善信托财产由于最终的归属人是不特定多数人，甚至从信托法的基本原理出发，在一个慈善信托设立时，不存在确定的受益人，因此，慈善信托的内部治理上迥异于私益信托，即受益人在慈善信托设立、管理过程中是处于缺位状态，没有受益人监督受托人的违法管理行为，包括受托人违反忠诚义务（如关联交易）和谨慎义务（盲目投资和管理）的行为。因此，针对慈善信托财产的投资管理应该建构起一套不同于私益信托的内部治理机制。从国外的成熟经验看，主要是信托监察人代表潜在受益人的监督行为、自律监管、民政和税务的他律监管，以及市场声誉机制等相结合的方式弥补受益人的监管缺位。而受托人的投资管理行为是否违反慈善目的应作为监管的依据和判断标准。当然，实践中情况比较复杂。慈善目的的解释及据此对受托人行为的判断需要构建一套行之有效的制度框架。就像商法中，判断董事（会）的决议行为需要"商业判断原则"来界定一样。在投资管理实践中，负面清单管理、多元化投资要求已成为各国判断受托人履行投资管理义务的"通行标准"。相比较而言，我国相关立法中阐述的"合法、安全、有效"原则，还尚未依照信托法中受托人的"受信人义务"予以类型化。

1. 慈善信托财产的属性

如前所述，《慈善法》和《信托法》分别对慈善信托与公益信托的投资管理进行规定，信托不是法人，只是特殊目的的财产，严格来说并无主体资格，其管理和运营必须由慈善组织或信托公司以受托行为①对外投资。也就是说，慈善信托必须由受托人对外发生投资等民事法律行为，而受托行为的后果由信托财产承担，即损益计入信托财产。

关于慈善信托财产的属性，法律并没有明确规定。对于同为公益捐赠的财产，《公益事业捐赠法》第七条：公益性社会团体受赠的财产及其增值为社会公共财产，受国家法律保护，任何单位和个人不得侵占、挪用和损毁。社会公共财产的范围在我国刑法中有所规定。根据我国刑法第九十一条规定，本法所称公共财产，是指下列财产："（一）国有财产；（二）劳动群众集体所有的财产；（三）用于扶贫和其他公益事业的社会捐助或者专项基金的财产。"

不妨对公共财产下这么一个定义：在国家机关、国有公司、企业、集体企业和人民团体管理、使用或者运输中的私人财产，以公共财产论。

应该按照慈善法或信托法原理，将包括慈善信托在内的慈善财产的属性明确为"社会公益财产"，一方面避免混同于社会主义公有制意义上的公共财产；另一方面，明确其"公益性"而弱化其公共性，因为从本质上说慈善财产是社会捐助的财产，属于通过社会救助的社会治理体系，不属于政府治理体系。虽然，从税收优惠、政府行政监管等角度，政府会介入慈善信托财产的运营管理，但从财产的来源和属性方面，其与全民所有制和集体所有制的财产来源是完全不同的②。二者虽然都具公共属性，但是其代表人制度不同，国有资产由政府及其授权机构履行代表人（出资人）职责，而后者由集体经济组织作为代表行使法人财产权③。而慈善信托财产是目的财产，并不属于全民或特定集体组织成员所有。慈善信托财产既不属于捐赠人，又不属于受托的慈善组织或信托公司，也不属于受益人。慈善信托备案成立后，委托人、受托人和受益人不得违反慈善信托目的干预或侵犯慈善信托财产，比如不得决议撤销慈善

---

① 受托行为是信托行为的一部分。信托行为尚包括信托的设立行为、登记行为和清算行为等。受托行为包括积极的受托行为和事务性的受托行为。而积极的受托行为主要是主动管理行为，即本课题所指的"投资行为"。
② 全民所有制即国有财产来源于革命时期的政府财产及1949年后对敌伪资产的无偿占有和对资本主义工商业的赎买。而集体所有制分为城市和农村集体所有制。
③ 《民法总则》第96条规定，农村集体经济组织法人、城镇农村的合作经济组织法人、基层群众性自治组织法人，为特别法人。《民法总则》第101条，未设立村集体经济组织的，村民委员会可以依法代行村集体经济组织的职能。

信托，分配或改变慈善用途。而集体经济组织或国有资产则可根据授权进行重组、解散或分配。

慈善信托财产的公益属性与其市场化投资之间并不存在矛盾。公益性强调的是其目的，市场化运营则是实现目的的手段。此外，慈善信托资产很多是货币资金，面对币值的波动如不放开投资路径，使其充分发挥资本属性，恰恰又会削弱公益目的的实现，影响慈善信托事业的持续发展。美国霍布金斯大学教授萨拉蒙对全球22个国家比较研究后得出结论，依法从事商业营利活动是慈善资金来源多样化和保值增值的重要渠道，也是慈善组织维系自身独立性的重要手段。有些著名基金会如诺贝尔奖基金会和美国福特基金会都是理财的典范，前者通过投资保证了基金规模和奖金数额不降低，后者可以做到不接受捐款，因其慈善项目完全依靠自身资产的投资经营得以维持。

2. 慈善信托财产的投资主体问题

如前所述，与慈善基金会不同，慈善信托并不是法人，具体对外进行投资的，是作为受托人的慈善组织或信托公司。就信托公司而言，受托投资是其营业范围内的行为。在实践中，慈善组织往往与信托公司担任共同受托人，发挥各自的优势。特别是信托公司作为专业的持牌机构，其主动管理的能力可以有助于信托财产的保值增值。慈善组织按照法律规定当然也可以单独作为受托人运营慈善信托财产。但从目前备案的慈善信托的管理实践看，基本上是信托公司作为资产的管理方，而慈善组织主要发挥项目执行人的作用。

这样就产生一个法律问题，即二者的关系问题。目前，我国信托法理论只规定了共同受托人的连带责任问题。这样一来，慈善组织就有可能因为信托公司违反受托人义务而对受益人承担赔偿责任，或因违反行政监管甚至挪用信托财产而承担刑事责任。一方面，这样会降低信托公司与慈善组织合作的积极性；另一方面，如果慈善组织因为信托公司的违反行为承担责任的，也会影响其持续运营能力，特别是影响其社会声誉，损害其募捐能力。

解决之道，有两个措施：一是信托公司应提取风险准备金或赔偿金，以备利害关系人追究慈善组织连带责任后，能及时履行内部的代偿责任；二是信托公司与慈善组织应成立联合投资管理委员会或类似机构，防止信托公司的单方决策行为。未来，如果要推动信托公司与慈善组织在慈善财产专业投资方面的合作，慈善组织应该招募或培养专业的投资管理人才。当然，也可以聘请投资顾问为其决策提供专业的顾问意见或评估。

另外一个问题，如果慈善组织单独作为受托人管理或利用信托财产对外投资，其投资管理能力值得探讨，慈善组织特别是慈善基金会，属于民法上的非营利法人，其从事投资的获利行为如何理解或处理，特别是税收如何处理。

公益信托的实施有利于社会发展和进步。因此，国家多给予税收等方面的优惠措施，以鼓励公益信托的发展。从国外情况看，相关的税收优惠体现在公益信托运作的各个环节。比如，在委托人将财产交给受托人，对委托人或受托人减免所得税、赠与税、遗产税；在公益信托成立后，受托人管理信托财产产生的收益，只用于公益目的，减免所得税；在受益人从公益信托获得奖励、资助或者救济时，对受益人通常也给予所得税减免优惠。

我国《慈善法》对捐赠人（委托人）、慈善组织与受益人在慈善信托的设立、运营管理中的税收优惠也进行了原则性规定。《慈善法》第八十条：自然人、法人和其他组织捐赠财产用于慈善活动的，依法享受税收优惠。企业慈善捐赠支出超过法律规定的准予在计算企业所得税应纳税所得额时当年扣除的部分，允许结转以后三年内在计算应纳税所得额时扣除。境外捐赠用于慈善活动的物资，依法减征或者免征进口关税和进口环节增值税。但此条规定依然有许多不明确的地方。例如，对于非资金如股权捐赠如何核定税基，税收优惠的比例及上限等。实践中，对于股权捐赠按照股权销售处理显属不当。股权的定价也存在不同认识，是按照发行价还是二级市场交易价格也不明确。

因为"税收法定原则"，国家尚没有出台针对慈善信托的税收优惠制度。实践中，委托人设立慈善信托不能如同慈善捐赠一样享受所得税前抵扣等税收优惠，慈善信托存续期间和分配至受益人时的税收优惠也不明确。从设立直至分配，可能涉及所得税、流转税、财产税等多种税收，对当事人选择信托的积极性还是有相当大的影响[1]。

慈善组织虽然是非营利法人，但只要其投资回报不分配给委托人，或者向

---

[1] 黎颖露：《税收优惠政策是慈善信托亟待解决的》，http://news.xinhuanet.com/gongyi/2016-08/31/c_129264728.htm，最后访问日期：2017年8月14日。

慈善组织的设立者分配，应该依然符合非营利法人税收优惠的范围。因此，慈善组织作为慈善信托受托人，其自身其他事项的财产一定要独立于受托财产，否则就会影响受托人的独立性义务。

慈善组织作为受托人是否要接受民政和银监的双重监管，也是需要处理的问题。我们认为，慈善组织虽然会从事慈善信托的受托事务，甚至运营信托财产保值增值，但是，并非完全意义上的营业信托行为，在管理上应该归属于民政。

在我国投资市场，特别是资本市场上，对于机构投资者规定了投资者适当性制度。也就是说不同的投资领域，投资者的投资行为能力是有一定要求的。比如，关于慈善基金的投资能力的规定有：中国证监会第105号令发布的《私募投资基金监督管理暂行办法》第十三条，将社会保障基金、企业年金等养老基金，慈善基金等社会公益基金视为"合格投资者"；中国证监会《证券期货投资者适当性管理办法》第八条规定的"专业投资者"包括：社会保障基金、企业年金等养老基金，慈善基金等社会公益基金，合格境外机构投资者（QFII）、人民币合格境外机构投资者（RQFII）。至此，慈善基金等社会公益基金被视为"专业投资者"。

但是对于慈善组织或信托公司管理的慈善信托财产是否满足不同投资领域的合格投资者要求，尚未明确。是否可以解释为上述规范性文件中所提及的"慈善基金"尚需法律明确。此外，基金还是管理人需要接受适当性评估也值得探讨。

3. 慈善信托财产的投资原则

《慈善法》第五十四条规定了慈善组织的投资原则："慈善组织为实现财产保值、增值进行投资的，应当遵循合法、安全、有效的原则，投资取得的收益应当全部用于慈善目的。慈善组织的重大投资方案应当经决策机构组成人员三分之二以上同意。"该条适用于慈善组织所取得的捐赠财产的投资运用，并无争议。但是就这一规定能否适用于慈善组织作为慈善信托的受托人的情形，仍有待进一步探讨。

目前对信托财产投资运用的限制，法律并无完整清晰的规定。《北京市慈善信托管理办法》第14条规定了受托人不得利用信托财产从事的活动类型：（1）提供担保；（2）借款给非金融机构；（3）进行可能使本慈善信托承担无限责任的投资；（4）进行违背慈善信托目的的投资；（5）为自己或他人牟取私利；（6）国家法律、行政法规和信托文件禁止的其他行为。

慈善信托和商事信托在投资权方面的区别在于备用性规则：慈善信托的备用性规则是若无法律的授权、信托文件或者委托人的同意，原则上受托人只能进行安全和低风险的投资；而商事信托的备用性规则是若无法律、信托文件或者委托人的限制，原则上受托人可以进行几乎任何他认为合适的投资。两种情形下受托人的投资权并无太大的区别。

此外，按照慈善法的规定，如果委托人在慈善信托设立时明确规定，慈善信托财产不能对外投资或禁止投资某些领域，受托人当然不得违背其意愿进行投资。《慈善法》还规定，政府资助的财产也不得投资。这条规定其实缺乏合理性依据。

慈善信托投资应该确立一个投资原则。但该原则应会促进慈善目的的实现。例如，如果该投资原则仅仅是追求财产的营利最大化，这显然就与商业信托相混淆。此外，"合法、安全、有效"原则过于笼统，也缺乏操作性，特别是司法上的操作性。如果过于笼统，可能会导致受托人"担责"。因此，应该确立一个类似于董事免责的"商业判断原则"来规范或对抗行政部门、司法部门和受益人（含代理人或监察人），保护受托人的管理行为。当然，也不能过于宽宥受托人，防止其滥用受托财产。"合法、安全、有效原则"中合法和安全原则难以界定，且有重复之嫌。有效原则，究竟是指其社会效果还是经济效果。所以，完全可以利用信托法中受托人的注意意义和谨慎义务这一成熟和类型化的概念界定受托人投资管理的"边界"。

二 慈善信托财产投资的内部治理

慈善信托具有信托的结构特征。委托人、受托人、受益人基于委托人的委托目的，通过信托的设立行为而产生有效的信托法律关系。从而产生了委托人、受益人和受托人的权利、义务和责任类型。这三个主体之间的权利义务制衡机制就是信托的内部治理。慈善信托财产投资是慈善信托受托人的管理行为，理应纳入内部治理来予以调整和规范。

（一）受托人的规制

1. 受托人的忠实与谨慎义务

在慈善信托中，受益人不特定，对慈善管理的监督是很有限的，因此设置忠实和谨慎义务来规范慈善机构的管理人尤为重要。根据信托基本原理，受托人负有忠实义务之限制。具体而言，受托人在进行信托事务时，要求毫无利己目的，并不得从事与受益人之利益相冲突的行为。我国《信托法》第25~28条中也可归纳出该原则。无独有偶，《美国统一信托法典》的第8编也设定了受托人义务和权限，第804条更是以"尽到谨慎义务进行管理运用"为子项，对原则性要求进行必要的阐释性延展。在此基础上，受托人的投资行为受到忠实义务的规制。忠实义务要求受托人处理信托事务和管理信托财产的过程中，不得使自己的利益与受托人的职责发生冲突。譬如以环保为目的设立的信托不得投资于伐木场、造纸业等相关的产业。谨慎义务要求任何受托人在管理慈善财产的同时，践行谨慎管理人所应有的技能、合理管理及注意义务，确保将信托财产与个人财产分开，妥善制备和维护好信托财产的记录，以谨慎投资人的态度管理信托财产。若受托人利用资金优势违背忠实和谨慎义务，滥用资金以及管理不作为等，都将受到赔偿责任的惩戒。谨慎义务与忠实义务的具体化与规范化能将信托架构的理论运用于信托财产投资的实践，进而解决合法及合规问题。

2. 受托人的"软法"规制：声誉机制的"社区"规则

随着互联网时代的进一步延展，声誉机制所发挥的功能日益显著。"软法"一词最早源于国际法领域。在国际文献中，软法的表现形式丰富，主要有"软规则""软规制""软治理""自愿规制""合作规制"等。值得强调的是，"软法"不同于社会组织的自主、自治、自律规范，而是在某些领域逐渐取代或补充国家法。随着互联网时代的进一步延展，声誉机制所发挥的功能日益显著。《慈善法》中规定，受托人可以为信托公司或者是慈善组织，而无论是信托公司还是慈善组织都具有一定的社会地位与社会声望。倘若能建立相应的受托人信誉披露机制，联动受托人登记机制中的公示效能，那么，受托人自然会基于社会信用，引导投资行为愈发合理。

3. 受托人的赔偿责任：从侵权损害到归入权设计

从法理上看，法律责任是法律后果的前提。违反投资上的忠诚义务和谨慎义务，实质上是违反信义义务。而违反信义义务的责任形态既非违约也非侵权。对此可将《信托法》《公司法》中的信义义务作为一种新的责任形态。该责任形态虽不能归入侵权，但此处责任同样法定且更接近侵权责任，只不过承担方式由损害赔偿转化为归入权，进而对权利人保护更为有利。同时，受托人的赔偿责任起到对受托人投资行为的警示作用，倘若利用资金优势违背信义义务或滥用资金以及管理不作为等都将受到赔偿责任的惩戒，即便在信托文件中未列明，也将根据归入权理论与信托法理中的受托人的信义义务进行归责，并让其承担一定的法律后果。

（二）慈善信托监察人制度的反思

在一般的信托关系中，受益人的利益由其自行维护。然而慈善信托中，由于受益人尚未确定，为弥补信托管理的监管缺位，强制性的设立监察人的要求是十分必要的。但目前我国法律已经对监察人的设立进行了"可以"的任意性规定，该法难度之大可想而知，因此需要另辟蹊径，寻找折中的解决方式。

1. 民政部门"高分评价"的事后弥补

信托监察人制度可以作为受托人的监督方式之一。除了慈善组织、信托公司作为受托人互相监督之外，还有监察人可以起到监督作用。但正如上文所述，我国法律规定其并非必设机关，然而英美相关制度中都是必设，以便代替受益人行使监督受托人的职责。因此可以提出折中性的立法建议，即在慈善信托备案过程中，设立监察人的评分机制。当设有信托监察人的慈善信托架构能获得更高分评价的时候，市场将会自主选择符合经济人理性的架构设计，即从市场导向的价值出发，设置信托监察人。如此这般，对于慈善信托的架构，虽然法律规定是可以设置信托监察人，但是在具体操作层面，事实上，产生了应当设立的后果。当然，修改对应法律规定是最好方式，但在我国现实的背景下，修改法律的代价太大且获得执行太难。因此，此种折中主义的做法具有创设意义。

2. 自然人作为慈善信托监察人的制度设想

在监察人之"检查认可权"的如何行使上，我国《信托法》未做具体规定。实践中，我国台湾地区（主要由银行作为受托人）公益信托的年度报告的末位都有信托监察人的签名及印章，以明示该公益信托事务得到了监察人的"审核"。这些监察人在台湾多为自然人。因此，从实践层面而言，自然人担任公益信托监察人的做法具有现实合理性。况且，监察人执行职务具有不可替代的亲历性，倘若法人担任监察人，就必须由法人之代表人执行监察事务，这与自然人相比不具优势。而且，信托监察人因具备对应知识经验与能力从而能完成监察人的制度职责。因此，为改善慈善信托内部治理的实效，在设立慈善信托时不仅应明确自然人优位的原则，更应加强对监察人知识经验与能力的考察。选任能"权衡风险收益"的专精于投资理财的，具备法律、财会、金融等相关方面的全才担任"经理人"。若慈善信托投资规模较大、投资组合运用工具较复杂，亦可采用多人组成的分工适宜且各具专长的"监察人团"，以实现监察任务的高要求。为了发挥监察人（团）的制度功能，当事人可于信托文件中设置相应"主要投资决策监察人一票否决"条款，以实现对内部治理的合理监督。不过，当监察人行使否决权时，应说明并记录缘由以防止监察人权力过大，甚至侵蚀受托人的权利。

（三）受益人的代理人制度的创新设计

1. 慈善信托中受益人救济的特殊性：受益人代理人理论弥补

在信托中，仅需受益人特定，受益人即可直接行使权利并获得救济。但因慈善信托的受益人具有不特定之特点，因此其他主体代为行使权利以图受益人可被动地享有信托利益。主要的保护模式是：信托监察人制度和信托代理人制度。信托代理人是英美法系中慈善信托制度的重要部分，或称之为信托顾问。委托人为保证自己的意愿得以实现而赋予信托执行以强制性的方式，即借信托代理人的方式实现对受益人的保护。英美法系中慈善信托的主要代理人是法定代理的模式，具体而言，即美国的"总检察长保护"与英国的"慈善委员会保护"。早在2006年，英国的《慈善法》就规定，当受托人违反信义务时，则"慈善委员会"自动获有"调查权"与对受托人行为"干预权"（包括撤销或中止在内），甚至可以指定新受托人。而在美国则采取，各州设"总检察长保护"的方式以实现受益人代理人的职能。州检察长依据《统一公益信托受托人监督行使监督权》对受托人行使监督权。但事实上，是否可以存在受益人的非法定的委托代理人,借鉴环境保护诉讼与我国目前已有的中小投资者保护中心的经验,建立慈善信托受益人保护中心,由该中心如何行使受益人的权利将在下文具体论述。

2. 慈善信托受益人保护中心的创设:类比中证中小投资者服务中心的实践

我国资本市场充斥"新兴"与"转轨"之特点,机构投资者等在不稳定的环境中生存能力更强,而中小投资者在其中的弱势地位暂时无法改变。因此,中小投服中心通过购买"100股"股票的方式,让中小投服中心自身成为一个"机构型"的中小投资者,在中小投资者利益受损时,与市场上"机构型"的大投资者以及控股股东进行权力的博弈,从而维护中小投资者的利益。抽象来看,中小投服中心事实上通过"获取资格"的方式,实现"支持诉讼与示范判决",进而代表"个人"中小投资者"维权"。相比较而言,慈善信托受益人保护中心的创设可能有两个渠道。第一种方式是模仿英美的做法,通过法定的方式赋予"中国慈善信托受益人保护中心"以维权与救济的能力,实现受益人保护制度的完善与受托人合规化投资的达成,进而激发慈善事业的发展。第二种方式是允许赋权,允许对应的慈善团体对应特定的慈善信托业务,再由对应的慈善团体寻求慈善信托受益人保护中心的帮助,利用司法等手段将慈善信托的目的真正落到实处。但其中的法律依据何在?事实上,对应的慈善团体作为一种社会力量,通常是在法律允许的范围内向被害人提供相关帮助,真正意义上作为代理人主动寻求救济的实践是微乎其微的。而慈善信托涉及慈善目的,受益人存在不确定性,因而无法实现个体意义与信托法律意义上的赋权,能适用的手段依旧是信托文件的约定。可以仿照信托监察人的做法,在登记备案时采用"高分引导"的方式,让存在赋权对于慈善团体的信托评分更高,进而起到事实上的"立法引导"作用。

(四)域外经验借鉴

1. 受托人的规制

(1)域外慈善信托投资原则

慈善组织进行投资的动机很容易理解,将慈善财产投资于市场中实现保值或者增值,以帮助慈善组织提供更加完善的慈善行为。英国慈善委员会对慈善投资做出三种分类：一是将慈善财产投资于金融机构中以获取收益，最终可以使慈善目的更进一步，并且该投资所预期的风险是可接受的，该种投资方式就称为金融投资（financial investment）；二是慈善组织将慈善财产直接投资用以慈善目的，在达到慈善目的的同时取得财务上的回报，该种投资方式被称为相关项目投资（program-related investment，简称"PRI"）；三是如果慈善受托人认为该项投资不完全包括上述两种任何一种投资方式时，为了使慈善利益最大化可以将上述两种方式混合，这种投资方式成为混合型投资（mixed investment）。

本文着重介绍慈善组织使用的第二种投资方式，即 PRI。这也是比尔和梅琳达·盖茨基金会（Bill & Melinda Gates Foundation）主要投资模式。如果简化慈善信托投资行为，仅把慈善信托行为看成一种单纯的商业投资，采用 PRI 模式的投资方式其优点更加显而易见：一方面，如果商业投资失败，其财务组织的财务状况不会比单纯向该企业资助但未达到目的更差；另一方面，如果商业投资获得巨大的财务回报，投资收益再用于慈善事业，进一步实现慈善目标。

美国财政部模糊地将"危害"投资定义为过度冒险[1]。他们还挑选出一些典型"危害"投资模式的例子：诸如保证金交易和卖空等特定类型的投资[2]。但这份投资清单是 30 多年前发布的，明显已不适应时代的变革。最重要的是，"财政部条例"明确规定，PRI 不被视为"危害"[3]。根据财政部的规定，PRI 必须符合以下所有条件[4]。

第一，投资的主要目的必须是履行基金会的慈善宗旨。

第二，投资的目的不一定是产生收入或财产的增值。

第三，投资的目的可能不是影响立法或支持政治运动。

第一款、第三款规定比较容易理解，前者是慈善投资的首要条件，也是法律规定的强制性条件，必须能够展示 PRI 是完全促进慈善目的的；任何一种分配给个人的（private individuals），应该保证这种分配是合理且是为了慈

---

[1] Anne Stetson and Mark Kramer, *Risk, Return and Social Impact: Demystifying the Law of Mission Investing by U. S. Foundations*（Packard Foundation, 2008）, p. 17.
[2] Treasury Regulation 53. 4944 – 1（a）（2）（i）.
[3] Treasury Regulation 53. 4944 – 3（a）（1）.
[4] Treasury Regulation 53. 4944 – 3（a）（1）.

善利益的；如果该 PRI 项目已经不能提升慈善目标，应该考虑可行的方式退出 PRI。第三款仅是对投资者的行为做出规定，即不可参与政治行为。第二款的含义可能不仅仅包括字面含义，PRI 的构成除了要满足第一款规定外，投资额的大小并不产生影响。慈善投资设置较为严苛的投资条件是为了筛选出合格的投资者，纯粹为了得到高额财务回报的投资者必然会放弃使用这种投资模式。

（2）慈善组织信义义务的构建

所有慈善机构（公共慈善机构和私人基金会）的董事或受托人必须履行其国家有关法律的信托义务。除联邦税法规定的监管限制外，所有慈善机构的董事或受托人都必须履行相关国家法律规定的受托责任。慈善组织的董事和受托人的诚信义务分为两大类：忠实义务和注意义务。在谨慎义务之下，免税组织（简称 TEO）的管理人员必须谨慎行事，特别强调保持其得以免税的原因。

在忠诚义务的背景下，如果 TEO 的管理人员在涉及同其组织的交易中，拥有目标公司财务上的股份，他们的行为将受到严密的审查。这样的交易可能会引起重大的利益冲突甚至涉及篡夺公司控制权的问题。几乎每个国家都通过了"机构资金统一审慎管理法"（UPMIFA），该法规定了慈善捐赠管理的法律标准。根据 UPMIFA 的规定，慈善组织的管理人员必须审慎地进行投资，其判定的一般标准为："在相同的情况下，相同职位的普通审慎人将会行使照顾。"[1] UPMIFA 在管理慈善机构的捐赠情况时，规定了受托人应考虑的因素：①一般经济条件；②通货膨胀或通货紧缩可能产生的影响；③预期缴付税收产生的后果；④个人投资决策在整体投资组合中所起的作用；⑤预期收入和投资升值产生的总收益；⑥机构内的其他资源；⑦机构需要分配资本和维护成本；⑧任何资产与慈善机构的特殊关系或价值。

最后一个考虑因素是 UPMIFA 所关注的，每个慈善机构需具体执行目标的一部分。根据该条款，受托人必须优先考虑捐赠人在任何文件中表达的慈善宗旨[2]。这也为构建 PRI 投资模型提供了法理依据，慈善受托人在进行慈善财产投资时，可以在正常的市场风险下，为了达成慈善目的而选择较低于一般的投

---

[1] UPMIFA, 3 (e) (1).
[2] UPMIFA, 3 (a).

资回报率。UPMIFA 没有建立忠实的义务；相反，它通过援引其他国家忠诚义务的规定，并将其纳入其中①。从本质上讲，忠诚义务要求慈善机构的每一个受托人都应该为慈善投资的最大利益行事，而不是从中获得个人经济利益，当然正常的职工薪酬、成本支出除外。法律下的忠诚义务与私人基金会针对不合格人员交易的具体规定相比，显得更为宽泛。

对于公司中有关慈善组织忠实义务的规定，已经在示范性非营利公司法（简称"示范法"）中予以阐明。根据"示范法"，如果满足以下任一条件，非营利法人与其任何董事或高级管理人员之间的任何签订合同或交易行为，因其自身陷于交易中所获得的经济利益，进而使得行为无效②：第一，充分披露合同或交易的重大事实，得到多数无利害关系董事的批准；第二，公平公正地为公司签订合同或交易行为。

假设一个组织为非营利性公司的慈善机构采用 PRI 模式投资于商业企业，其控股股东也是该慈善机构的董事。根据"示范法"，如果向公司无利害关系的董事全面披露或获得批准并公平投资于该公司，则这种投资是允许的。相比之下，如果慈善组织是一种信托组织模式，那么国家法律中的忠诚就会相对严格。大多数州都采用了统一信托法（UTC），规则更加严格。任何涉及信托财产的交易受托管人的信托义务与受益人（包括其家属）个人利益之间的冲突的影响是可以被撤销的，除非信托条款，受益人或法院明确授权③。因此，慈善信托的受托人在拥有重大财务利益的商业投资中进行 PRI，无论公平与否，投资都是无效的。UTC 规定当受托人认为与其对受托人的忠诚义务有冲突的商业交易发生时，其交易行为无效。这就是所谓的企业机会主义。它也禁止受托人从信托投资中获得该信托合理预期所得的利益④。

因此，通过上述分析可以看出，在英美法系背景下，受托人为慈善组织进行投资时，采用 PRI 模式是可行，且有法理依据；同时，根据组织架构的不同，受托人忠实义务的内容也有变化。

---

① UPMIFA, 3 (b).
② Model Not-for-Profit Corporation Act 8.60 (a).
③ Universal Trust Code 802 (b).
④ Universal Trust Code 802 (e).

三　慈善信托中财产投资的外部监管规范

（一）民政部门的外部监管规范

1. 监督内容

《慈善法》第四十五条明确了民政部门对慈善信托的监管地位。民政部门作为外部监管机构，依法履行对慈善活动监督检查的职责，主要包括以下几个方面。

（1）备案权

备案包括新设备案和重新备案。为了维护公共利益，便于进行监督以及向社会公示，慈善信托成立后，受托人负有义务向民政部门申请备案，此为新设备案。重新备案是指信托设立后，出现受托人违反信托义务或者难以履行职责情形致使受托人变更的，变更后的受托人应到原备案民政部门重新备案，各级政府民政部门需要对信托财产的情况进行备案。我国《慈善法》和《银监会、民政部关于印发慈善信托管理办法的通知》（简称《办法》）均明确规定，当慈善组织担任慈善信托受托人时，由认定或准予该慈善组织登记的民政部门履行备案职责。当同一信托中有两个或两个以上受托人时，委托人应当确定其中一个承担主要受托管理责任的受托人按照本章规定进行备案，同时备案的民政部门应当将备案信息与其他受托人所在地的县级以上人民政府民政部门共享。

（2）信息公开权

民政部门除了对慈善信托进行备案之外，还应当对慈善信托的有关信息公开。慈善信息公开，不仅是慈善组织，更是行政机关的义务[①]。《慈善法》第五十五条规定，民政部门应当及时向社会公开相关慈善信托信息，包括慈善信托的备案与终止事项、对慈善信托监察和评估的结果、对慈善信托受托人的行

[①] 2017年9月4日全国慈善信息公开平台正式开通，这为慈善信托参与主体面向社会公开慈善信息提供了统一渠道。开通当天，该平台实时公布了全国2134家慈善组织信息、38件慈善信托备案信息，慈善信托合同规模近8.6亿元。其中，517家慈善组织具有公开募捐资格，在平台上备案发布了837项公开募捐活动信息，展示了1595项慈善项目信息。截至2017年12月30日上午10时，该平台公布的信息包括3228家全国慈善组织的信息、56件慈善信托的备案信息、724条慈善组织的年度报告。

政处罚和监管措施的结果以及其他法律法规规定的应该公开的其他信息。若慈善信托的有关信息涉及国家秘密、商业秘密、个人隐私以及委托人不同意公开等信息的，不得公开。除了民政部门主动对慈善信托信息进行公开的，受托人也应当履行其信息公开义务，在民政部门提供的信息平台上发布慈善信托的相关信息，并对信息的真实性负责。

(3) 知情权

知情权是民政部门的一项权利，受托人负有就其处理信托事务的情况及财产状况向备案的民政部门报告的义务[①]。《办法》第二十二条规定，信托公司新设立的慈善信托项目应当按照监管要求及时履行报告义务。《办法》还强调社会组织应当建立相应的工作制度，指定专人负责报告工作。社会组织报告之后，民政部门会提供必要的指导和处理意见。受托人的报告经备案的民政部门认可、核准后受托人应该向社会公告，接受社会公众的监督。慈善信托出现终止情形的，受托人应当将终止事由、日期、剩余信托财产处分方案以及清算报告向备案的民政部门报告，如果信托设置监察人的，清算报告应当事先经监察人认可。

(4) 调查权

在慈善信托运作环节，重点监督受托人在慈善信托财产的使用及管理运用过程中是否存在如下情况：一是将信托财产利益置于与受托人自身利益冲突的地位或是在处理信托事务时为自己谋求法定情形以外的利益；二是未按照慈善目的开展活动，将信托财产及其收益用于非慈善目的；三是将信托财产与受托人的固有财产以及受托人管理的其他财产混同使用；四是与慈善信托关联方[②]之间的利益输送行为。除此之外，监管机构应对善信托终止时的财产处置情况行使监督权，确保信托剩余财产被用于符合规定的近似目的或者转移给了其他公益慈善组织。

---

① 受托人的报告义务包括以下4点。(1) 做出报告。受托人应当至少每年一次做出信托事务处理情况和财产状况报告，说明自己处理信托事务的基本情况、信托财产的管理和处分情况，以及财务状况。(2) 如有监察人，经监察人认可。(3) 民政部门的核准。受托人的报告需要经相应的民政部门核准，应当于每年3月31日前向备案的民政部门报送。(4) 公告。

② 慈善信托关联方包括慈善信托的委托人，受托人将慈善信托财产用于委托人的私人目的或是通过交易向委托人及其关联方输送利益。

民政部门作为慈善信托的备案机构，享有慈善信托运行情况的调查权，包括：①受托人处理信托事务的情况，受托人是否履行受托职责；②慈善信托的财产及其收益情况；③信息公开以及告知义务的履行。调查的结果可以在全国慈善信息公开平台进行查询，目前该平台登记的 56 件慈善信托的备案信息中有两个慈善信托能查到民政部门对其调查的结果，分别为紫金信托·厚德 6 号慈善信托计划、光大·陇善行慈善信托计划 1 号，南京市民政局和兰州市民政局分别对这两项慈善信托进行了调查，其调查结果均显示为正常。

（5）评估权

评估权是指民政部门联合第三方机构对慈善信托的规范管理、慈善目的的实现和慈善信托财产的运用效益等进行评估。对慈善信托财产的运用效益进行评估应该包括以下几项：①慈善信托财产及其收益全部用于慈善目的；②慈善信托财产运用遵守合法、安全、有效原则；③慈善信托财产运用于银行存款、政府债券、中央银行票据、金融债券和货币市场基金等低风险资产，但委托人和信托公司另有约定的除外；④受托人不得将慈善信托财产转为其固有财产，任何组织和个人不得私分、挪用、截留或者侵占慈善信托财产；⑤委托人不得将其固有财产与慈善信托财产进行交易，信托文件另有约定或委托人同意，并以公平的市场价格进行交易的除外；⑥受托人按照规定管理和处分信托财产，不得借慈善信托的名义从事非法集资、洗钱等活动。

目前还没有建立慈善信托评估的具体实施细则，参照《社会组织评估管理办法》规定社会组织评估结果分为 5 个等级。等级高在某种程度上就意味着机构更优秀。除了赢得公众认可之外，评估等级还与机构能够享受的优惠政策直接挂钩。获得 3A 以上的可以优先接受政府职能转移、购买服务、政府奖励，可以按照规定申请公益性捐赠税前扣除资格。获得 4A 以上的在年检时，可以简化年检程序。评估中提供虚假情况和资料，或者与评估人员串通作弊，致使评估情况失实的等，民政部门可以做出降低评估等级的处理，情节严重的，做出取消评估等级的处理。目前在全国慈善信息公开平台中还未能查询到对慈善信托的相关评估结果，今后要进一步加强对慈善信托实施情况的评估，扩大评估结果应用，提高评估结果与慈善信托运行的动态匹配性，充分发挥评估的引导监督作用。

(6) 处置权

处置权,实质上就是对于调查中发现的问题的纠正权和处理权。台湾地区"信托法"规定目的事业主管机关得随时检查信托事务及信托财产状况,必要时命令受托人提供相当之担保或其他处置。具体而言,对于检查后的结果,主管机关如认为有必要时,如受托人有发生损害赔偿、财务危机或其他违反义务行为而情节重大的,主管机关为了维护信托财产的安全,应进行必要的处置,如命令受托人提供相当的担保或其他处置,包括解除受托人的职务,选新的受托人。我国台湾地区"信托法"第七十七条还规定,公益信托违反设立许可条件、监督命令或者其他有害公益行为的,有关主管机关可以撤销其许可或者给予其他必要的处置。英国《2006 慈善法》规定如果受托人或者其雇员行为不端、不称职,出于实现慈善目的、保护信托财产的考虑,慈善委员会有权中止或撤销上述人员的职务,并指定新受托人,而且慈善委员会还可以剥夺被中止职务的人员承担慈善的资格。具体而言,英国的慈善委员会有权随时检查慈善信托的管理情况,如发现行为不当或管理不当,有权暂停受托人的工作(最长时间不超过 12 个月),甚至可以解除受托人的职务,指定新的受托人。如有必要可以将慈善信托财产转移到官方托管人名下予以保全①。

关于处置权,我国明确规定,慈善信托的受托人有将信托财产及其收益用于非慈善目的、未按照规定将信托事务处理情况及财务状况向民政部门报告或者向社会公开等情形的,民政部门将根据情节予以警告、没收违法所得、罚款。构成犯罪的,依法追究刑事责任。《北京市慈善信托管理办法》还规定民政部门应当建立受托人信用记录,将违规受托人列入不良记录名单,并予以公开,进入名单者,两年内不得担任新慈善信托的受托人。

---

① 官方托管人(official)是依《1960 年慈善法》设立的独体法人,享有保管受托人的权利、责任和义务。慈善信托的官方托管人通常由慈善委员会的工作人员担任,主要职责是,根据慈善委员会或法院的命令,代表慈善受托人持有慈善信托的土地和投资,接受各种慈善财产,予以暂时保全以等待进一步处理,对慈善信托的财产没有直接的管理权。1993 年《慈善法》强化了慈善受托人管理信托财产的责任,弱化了官方受托人的作用,其职能只是负责接收慈善信托的土地。此后,官方托管人不得再持有新的投资,是指代表受托人持有慈善信托的土地,并按照法院、慈善委员会、慈善受托人的指示行事。

2. 职责的完善

（1）备案制的完善

民政部与银监会在《慈善法》实施前夕针对慈善信托的备案出台了《备案通知》，但其内容是在制度设计的顶层框架内对全国慈善信托备案工作做出部署，在具体的备案操作实践中仍然会不可避免地遭遇各种问题。这为各地民政部门积极展开对备案制度的探索与创新提供了广阔的发挥空间。《北京市慈善信托管理办法》，进一步对慈善信托的备案做出了详细规定，并对备案提交的材料和慈善信托文件的内容做出了进一步细化。为了强化慈善信托的自律自治，上海市民政局以《备案通知》第六项为切入点，开创了对《慈善信托自律承诺书》的探索和试行，要求受托人在备案时进一步提交了一份承诺材料。承诺书以实现自律自治为出发点，同时在内容上规定受托人如有违反，自愿接受备案机关的依法监督处理。这样不仅有助于鼓励慈善受托人自觉履行信托职能，实现自律自治，也与行政部门的事后监管做到了有效衔接。此外，上海市民政局还在《备案通知》的基础上，积极开展网上信息公开制度，通过定时发布慈善信息公告，对慈善信托的报送、备案、查询、财务状况和处理情况进行及时公布，接受社会公众的监督。

目前关于备案制的效力存在两种不同的观点：一种观点认为，慈善信托的备案并不是必需的，《慈善法》规定的慈善信托备案仅仅是获得税收优惠的条件，慈善信托可以不备案，但是不备案不享受税收优惠；另一种观点认为，《慈善法》规定的慈善信托备案是慈善信托的生效要件，不进行备案不能设立慈善信托并使之生效。中国信托业协会对此进行了说明，其认为从促进慈善信托规范开展的角度来讲，慈善信托应该备案，不备案就不能成立慈善信托。备案意味着慈善信托处在监管范围之内，可以申请享受税收优惠。

此外，在备案环节进行实质性审查。民政部门在备案环节主要是进行形式性审查，主要审查受托人提交的一系列书面申请材料。但是在备案环节仅对形式性要件进行审查是远远不够的，还必须对慈善信托进行实质性审查。实践中，由于社会生活变化日新月异，慈善目的可能会出现非常多样化、复杂化的描述，不排除在慈善目的中隐藏私益目的、从表面形式上很难判定其是否满足公益性要求，而在受益人不特定方面也很容易存在判断上的分歧。建议在设立备案环节应先立下规则，详细界定慈善目的和公益性要求，并指定具体的指引,让申请者设立慈善信托时更加有据可依,也可提高审查的专业性和效率。在这方面,英国慈善委员会的做法可供我们学习借鉴。为了指导慈善机构的登记,英国慈善委员会制定了专门的《公共利益指南》,明确对公共利益进行界定和指导。建议今后我国民政部门也逐步完善对慈善信托公益性要求的规范。

(2)信息披露的完善

信息披露的目的在于让委托人公众清楚地了解慈善信托财产的用途和使用情况,建立慈善信托的社会公信力。民政部门作为慈善信托的监管机构,应该负责制定慈善信托信息披露的具体规范,包括信息披露的主体、信息披露的具体内容要求、信息披露的对象、信息披露的频率以及方式。例如每年度的慈善信托事务处理情况及财务状况报告披露的具体事项应包括用于慈善目的的支出详细情况、慈善项目实施情况、慈善信托的收入情况及资产情况、慈善信托财产的管理运用情况(投资收益、投资费用以及投资风险头寸)。由于未来慈善信托的数量及类型可能会比较多,民政部门在指定慈善信托的信息披露规则时,也可以对不同类型、不同规模的慈善信托在信息披露上实行差别化要求。例如可以按照慈善信托财产规模进行分层,制定不同的信息披露规范:如对于财产规模低于100万元的慈善信托可以简化要求,而对一些规模超过千万元的慈善信托则可以要求披露更多的信息,更透明地反映财产的使用和管理情况,并可要求其财务报告经过外部审计。民政部门对受托人信息披露的真实性、完整性、及时性进行监督,并对不按要求及时履行信息披露义务、信息披露不真实、故意隐瞒信息等信息披露违规行为制定相应的处罚措施,以此规范慈善信托受托人信息披露的行为。

(3)调查权的完善

对于慈善信托财产投资范围的调查。民政部门在对慈善信托财产进行调查监督时,在一般性要求上,可以适当放宽投资范围要求,允许慈善信托以一定比例投资于股票、股权、不动产或是信托产品,鼓励其通过投资运作提升自我造血能力。在具体的监管上可参照英国慈善委员会的投资指导原则,建议受托人对信托财产进行组合投资管理来分散风险,受托人既可以自己直接投资,也可以聘请外部投资顾问或是委托专业投资机构进行投资。委托人既可以选择将投资决策权全权交于受托人,也可以在信托合同中约定保留自身参与信托财产重大投资的权利,但无论是哪一种方式,都需要在合同中明确投资决策责任承担方。

对于慈善信托财产及其收益情况的调查监督。英国慈善委员会有权要求已经登记的慈善组织提交每年的利润报告，并且有权将该报告提交给一个专业的会计师事务所进行审计，除非该慈善组织每年的收入和支出不超过1万英镑，因受到慈善委员会财力和人力的限制，慈善委员会对每年收支较少的慈善组织则免于提交财务报告。英国慈善委员会从2005年起对年度报表制度实施更为细化的分类管理，以财务年度收入为标准进行分类报表审计监督。其中就非公司型的慈善组织而言，根据收入或资产的不同，可做如下分类：一是对年收入达到50万英镑，或者年末资产额达到326万英镑的慈善组织实施由认可的审计机构进行"专业年度审计"；二是独立财务检查员的检查。年收入低于专业审计门槛的组织，即年收入在1万~50万英镑的组织，接受独立财务检查员检查。其中，年收入超过25万英镑的，独立财务检查员必须具备法律明确规定的资质。当然，慈善委员会在必要的情况下，也可以委托专业人员对某些组织单独进行审计或者财务检查。对此我国应借鉴英国的相关规定，逐步完善对慈善信托财产调查监督的权利。

对于调查的方式而言，可以根据慈善信托规模的不同采用不同的调查方式。英国慈善委员会监督调查的方式分为直接监管和抽查。因为英国存在大量的中小慈善公益组织，鉴于人力和物力的限制，慈善委员会主要是审查达到监督门槛的（年度经费在1万英镑以上）已经注册的较大慈善机构的年度报告。中小型的慈善组织，只要提交年度总结报告，并附上简单的收支报表即可。这些报表必须准备好随时接受委员会或任何咨询者的检查，而不必向慈善委员会提交。随着我国慈善事业的发展，未来会有更多的慈善信托成立，所以民政部门应当制定具体的调查监督方式，针对不同规模的慈善信托采用不同的调查监督方式，这样可以提高调查的效力，保证慈善信托的有序发展。

（4）处置权的完善

关于处置权的完善，首先，应加强合规性调查管理，民政部门可通过书面审阅、问询、约谈等方式对备案材料内容的合规性进行复核，加强对受托人备案环节的合规性管理，并对备案过程中的不当行为采取相应的处分。对于备案迟延、备案信息不准确、备案材料不完整、不合规等问题，民政部门可采取要求受托人整改以及暂停其慈善信托备案等处分。其次，赋予民政部门特殊情形下对受托人提起诉讼的权利。英国慈善委员会在实践过程中还逐步取得了相关诉权和裁判权,主要是通过行使诉权将托管人滥用慈善资产的行为诉诸法院以此获得公平的救济。但这一权力的行使往往与调查权密切相关,而调查权是慈善委员会的职责,事实上,为了提高效率,调查权和诉权往往合并行使,即由全国慈善委员会同时来行使调查权和诉权。此前《信托法》强制公益信托必须设置监察人,监察人在发现受托人违反信托义务或难以履行职责时有权以自己的名义向人民法院提起诉讼。但是在慈善信托中,信托监察人并非强制设立,如果委托人选择设立监察人,监察人仍有权以自己的名义提起诉讼,如果委托人没有设置监察人,在受托人出现违反信托义务或难以履行职责时,诉讼权的归属不明确,所以应该赋予民政部门相关诉讼权利。

(二)银监会的外部监管规范

虽然《慈善法》确立了民政部门在慈善信托监管中的核心地位,但是由于慈善信托的受托人除了慈善组织外,信托公司也可以担任慈善信托的受托人一职,当信托公司作为慈善信托的受托人时,不仅要接受民政部门的监管,向民政部门备案,同时还需要向银监部门报备,接受银监部门的监管。银监部门在日常业务监管中,要对信托公司的慈善信托业务的合规情况、风险情况进行检查,这就需要民政部门和银监会在慈善信托监管方面进行相互配合。在信托事务监管方面,银监部门监管营业信托的经验可以为民政部门对慈善信托的监管提供借鉴。除此之外,慈善信托业务监管实施细则的制定,民政部门和银监会也需要进行事先的沟通与协调。

(三)税务部门的外部监管规范

1. 我国慈善信托税收的立法现状

已经有不少立法相关规定对慈善信托监管有所涉及,其中一些法律规定存在一些不足。总的看来,有以下两个方面。

第一,我国迄今为止尚未制定专门针对信托关系的税制,只有在税法里有涉及公益性的条款,并且存在双重所有权,导致信托流转期间重复征税的问题。这一点是上述信托财产类型单一,不动产等信托难以发展的重要制约因素。

第二，慈善信托本质上也是一种公益组织形式，虽然《慈善法》中指出慈善组织、受益人享受税收优惠，并激活了慈善信托的一部分潜力，但这些规定偏原则性，并没有进一步明确慈善组织免税资格的评定标准和受益人接受慈善捐赠免税的范围。而且慈善信托更是没有被界定为这些慈善组织中的一员，目前仍无法享受任何公益相关的税收优惠[①]。因此，慈善信托处于一种尴尬的处境，想要发展，必须在税收法律制度上取得突破。

2. 慈善信托税法具体规则的构建

慈善事业的实现仅仅依靠社会宣传及公众自发捐赠甚至政府强制力实施时，其效果一定会大打折扣。如何将社会的责任从人们的内心意愿转化成为外在行动，这需要合理的制度予以激励。税法优惠规则作为激励制度，它的具体建构是慈善信托制度建构中不可或缺的一环，也是我国目前公益法律信托制度最需完善的地方。

（1）加快新慈善法和慈善信托税法的有效衔接

现阶段应尽快制定专门针对信托关系的税制，从相关制度规范入手，结合我国现行税法体系，以完善我国税收系统为目标，尽快实现慈善信托的法制化。

第一，我国各级立法机关要将制定符合我国信托事业发展情况的新税法条例的任务提上日程，各级行政机关尽快制定出保障慈善信托税制顺利实施的相关行政规章，明确法律界定模糊的领域，颁布相关细则。

第二，税务机关应结合慈善信托运行中注重安全性、简便性的特点，尽快制定出相关税收缴纳及减税免税的申报办法和程序，加快慈善事业税制建设的脚步。

第三，规范慈善信托成立机制，建立慈善信托信息管理系统，由负责审批核准机关与税务部门共同负责信息管理，并建立信息共享机制。税务部门应妥善办理税务登记事项，并制定税收减免的凭据。

第四，目前我国大部分在运行的慈善信托产品均由商事信托机构负责运

---

① 国家税务总局、财政部于2007年1月18日通过的《财政部、国家税务总局关于公益救济性捐赠税前扣除政策及相关管理问题的通知》中赋予符合条件的社会团体和基金会以捐赠税前扣除资格。此后，《企业所得税法》及其实施细则中对于符合条件的非营利组织的收入以及公益捐赠人的税收优惠政策也予以明确。但是这些规定都没有涉及慈善信托。

营,法律应对其性质予以规范,将该类信托产品纳入慈善领域,公众在加入信托计划时应视为对慈善事业的捐赠,参照并适用慈善组织的税收优惠。

(2) 税收优惠规则:完善慈善信托税收减免制度

第一,避免重复征税。在慈善信托财产流转环节,并未产生实际的收益,于受益人取得财产时才发生真正的流转。这种所有权历经数次更迭在税法上应该拟制为单次交付,故法律应本着实质课税的原则,在制度上予以规范,直接征收信托受益人的受益[1]。

第二,明确慈善信托组织形式及各主体的界定,平衡税收优惠政策。我国法律中没有对慈善信托的性质进行明晰界定。其实慈善信托也是一种慈善组织形式,对其课税应参照适用慈善组织的税收优惠。慈善信托存续期间所涉及的所得税、增值税等应当享受税收减免待遇,委托人也可以获得相应的税率优惠。受托人在信托存续期间处分信托财产产生的赋税均应予以免征,并对其所得佣金不征或少征。对信托财产的受益人,还应对其的受益性质进行详细区分。对受益人维持其生存来源的救济金、救灾金,不应再对其所得予以课税。而对公共卫生、科学教育等方面获益的受益人,仍需承担较低税率的缴税义务。

(3) 税收监管规则:健全慈善信托税收监管机制

税收优惠政策需要在监管政策的辅助下,才能得到高效、有序、合法地实施。慈善信托税法在制定时,不仅要考虑到引导慈善事业有序发展的税收优惠政策,还应结合我国现实,对慈善信托税制实施有效的监管措施。笔者认为,可从以下几方面入手。

第一,设置税收处罚标准,规制税收激励政策滥用。法律处罚的目的在于更好地行使法律[2]。对比美国税法,其一方面赋予慈善信托大幅度的税收优惠,另一方面又禁止以个人力量获取超额利益。从中我们可以得到一定借鉴:慈善信托税收一方面对其实施多种减税免税政策,另一方面通过设置税收处罚标准,从源头上阻断信托机构及个人以非法方式获取不正当利益的行为,从而

---

[1] 李青云:《信托税收政策与制度研究》,中国税务出版社,2006,第94页。
[2] "法律所指向的主体,或者应该承担法律义务的主体,必然是被强制实施这一法律和这一法律义务的制裁所威吓的。"约翰·奥斯丁:《法理学的范围》,刘星译,中国法制出版社,2003,第368页。

维护税收优惠政策设立的初衷。具体来看：①信托机构应当定时向税务机关报告关于其经营活动、财产收益的相关情况，相关部门也应及时履行对其商业活动的监督义务。如果在这一过程中发现信托机构以违法目的擅自处分信托财产，就应对其进行处罚。对受托机关及受托管理人（内部管理人员）所获的超额利益处以一定比例的税收罚款。②受益人与受托人为了非法牟利，受托人或其他组织擅自给予受益人不应当享有的收益，受益人需返还全部超额利益，若不及时上缴，对这一部分处以罚金，严重者追究相关行政、刑事责任。

第二，保证慈善信托运营的透明性。一方面，完善法律规定的监察人制度，如信托监察人的资格、信托监察人的权利和义务等；另一方面，建立受托人行业自律机制。在制度架设过程中，不能仅仅将研究停留在行业性质、组织规范等表面工作之上，还要通过对每个慈善信托机构进行全面、完备的考察，将资产规模、信托管理能力、抗风控能力等指标纳入体系考核当中，以便建立起一套可信的评级制度。让委托人、捐赠人在选择信托机构时，能有一个有效、权威的参考标准。

（四）域外借鉴

无论是普通法系还是民法法系，各国、地区对于慈善信托都采取了较为严格的监管模式。不过，出于国家的政治、文化、历史背景及法律传统等原因，两大法系对慈善信托采取了截然不同的监管模式。

1. 英国：专门机构监管

20世纪60年代以前，英国实行法院、税务局和慈善委员共同来承担慈善信托的监管职。1960年《慈善信托法》施行以后，慈善委员会统一对慈善信托进行管理与监督[①]。不过对慈善信托的监管职权，直到《1973年教育法》实施后才移转至慈善委员会。

（1）慈善委员会的地位

英国慈善委员会（Charity Commission）（自从1835年以来），由五名委员组成，负责管理英格兰和威尔士的慈善机构。财政部行使类似的权力对北爱尔

---

① 对慈善信托的监管主要是慈善委员会的职能。不过税务局对恶意利用慈善事业逃税避税的行为可以撤销其税收优惠，也是一种特殊形式的监管。

兰进行管理。而在苏格兰，国家税务局有权决定某个机构是否具有慈善地位，但是法官 Advocate 根据《1990 年改革法（混合规定）（苏格兰）》（Law Reform (Miscellaneous Provisions) (Scotland) Act 1990），担任慈善机构的监管人①。

慈善委员会是一个独立的慈善活动监管者和登记者。它的目标是增进慈善事业效用和增强公众对慈善的信心与信任。具体来说，慈善委员会的工作宗旨：①根据慈善性质与受益人的特点采取不同的方式服务，并使慈善作用最大化；②确保慈善组织履行法律义务，增强公众对慈善事业的信心并充分考虑慈善的风险、受益人的利益以及慈善的容量，采取公平合理的行动；③鼓励慈善事业革新和提高效率，整理在自己工作以及与他人合作过程中获得的知识并让慈善组织知道它们渴望的标准，将鼓励自我监管作为工作任务之一；④捍卫慈善的公共利益，鼓励受托人、捐赠人以及有特色的慈善捐赠与政府衔接，以影响有关慈善的政策。慈善委员会还以高效、专业、公正、革新、同情为价值追求②。

（2）慈善委员会的主要职权

慈善信托的登记。为了维护公共利益，便于进行监督以及向社会公示，公益信托的设立必须履行登记程序。除了法律规定免予登记的以外③，任何公益信托的设立、变更与终止都要登记。登记的一切事项都应该向社会公众公开，任何人可以在上述登记机构查询任何慈善登记事项。

有权要求慈善信托变更名称④。在以下几种情况下，慈善委员会有权要求慈善更换名称：一是如果慈善信托的名称与其他任何已经登记的慈善名称一样或者相似的；二是慈善委员会认为慈善的名称可能会引起公众误解其性质的；

---

① D. J. 海顿《信托法》，周翼、王昊译，法律出版社，2004，第 116 页。
② 对慈善信托的监管主要是慈善委员会的职能，不过税务局对恶意利用慈善事业逃税避税的行为可以撤销其税收优惠，也是一种特殊形式的监管。
③ 2006 年《慈善法》（Charity Act 2006）第 11 条规定：设立公益信托都必须进行登记，但是有几种特殊情况除外：①《1960 年慈善法》规定的享有豁免待遇的慈善（exempt charity）（SCHEDULE2, Charity Act 1993.）；②委员会的令状永久或暂时豁免的那些年毛收入低于 10 万英镑的慈善；③州秘书（Secretary of State）规定的那些永久或暂时而且年毛收入不超过 10 万英镑的慈善；④任何年毛收入不超过 5000 英磅。上述规定较之《年慈善法》，放宽了免予设立登记的慈善的范围。
④ 6. Power of Commissioners to require charity's name to be changed, Charity Act 1993.

三是如果慈善名称中包含任何州秘书特定管理的字眼，而且慈善委员会可能认为会让公众误解其地位的；四是如果慈善名称可能会给别人留下其在某种程度上与国家、地方当局或者其他个人有联系印象的；五是慈善委员会认为该名称带有侮辱色彩的。

第一，信托财产、信托运行知情权。慈善委员会有权检查慈善组织的账目。慈善委员会可以要求任何人提供与信托财产、信托运行相关的信息；对相关档案和资料有权检查、复制；可以要求现任或已经不再担任受托人或慈善组织的雇员提供相关资料和做出必要的说明。

第二，对慈善相关人员的处理职权。根据1993年《慈善法》规定，在很多情况下，慈善委员会享有广泛的调查权（Inquiry）；对于受托人及其雇员在信托管理中的行为不端（Misconduct）或不当管理（Mismanagement）；保护信托财产、确保信托财产和收益的合理使用必需的，慈善委员会有权中止、解除受托人及其雇员、代理人等相关人员的职务①。2006年《慈善法》又补充：中止（suspend）与撤销（remove）受托人职务的权力。如果受托人或者其雇员行为不端、不称职，出于为了实现慈善目的、保护信托财产的考虑，慈善委员会可以中止或撤销上述人员的职务，并指定新受托人。而且慈善委员会还可以剥夺被中止职务的人员承担慈善的资格②。

第三，对剩余财产的再分配权利。依照衡平法传统以及1993年《慈善法》的规定，适用近似原则的权力本来仅属于法院。2006年《慈善法》将其扩大到慈善委员会，近似原则由法院或者慈善委员会行使，信托财产用于与信托初始目的相类似的其他慈善目的。

第四，有权指定实施慈善信托的管理方案。为了使慈善信托得到更好的管理，或在使用近似原则的情形下，或在信托目的未充分明确或实施信托的具体方法欠缺的情形下，慈善委员会可依各种情况制定管理方案。但是，对那些争论大、难度高的问题由法院制定管理方案。

第五，对受托人特殊行为的批准权。有权许可受托人从事有利于慈善事业而又超出其权力范围的特殊交易活动。比如在信托文件中既没有禁止也没有允

---

① 18. Power to act for protection of charities, Charity Act 1993.
② 19. Power to suspend or remove trustees etc. from membership of charity, Charity Act 2006.

许受托人从事的交易，可由慈善委员会决定是否许可。批准对慈善机构中永久捐助财产进行处分。如果信托财产属于某一公益机构的永久捐助物，则不得设质、抵押或承担其他责任。如果该财产为土地，就不得出卖、出租或进行其他处分。但经法院或慈善委员会的许可，则可不受限制。

（3）慈善管理人（The official custodian）

慈善管理人是为了保障慈善事业财产的安全与合理适用，由慈善委员会依法创设的组织。在本组织成立之前，慈善委员会原来设有"不动产公设受托人"（Official Trustee of Charity Lands）和"慈善基金公设受托人"两种，作为慈善信托的官方受托人。

慈善管理人是独立法人（Corporation Sole），其负责人由慈善委员会任命，至于所保管的财产来源，除依慈善事业受托人的意思而受托者外，亦有依法院或慈善委员会的命令，以信托方式所承受的慈善事业的财产。慈善管理人对慈善财产的管理运用，是无偿的，因此运用所生收益仍应归属于慈善财产[1]。慈善管理人在法定条件下，可以作为委托人，承受信托财产、运行信托。慈善管理人应该如实履行其慈善委员会指定的任务，其支出的费用一般应由慈善委员会支出。慈善管理人不应该对慈善财产损失或不当管理，承担如同一般受托人那样的责任，除非慈善管理人或者为其工作的人有过错。不过，慈善联合基金（Consolidated Funds）应该为慈善管理人任何过失引起的慈善财产损失予以补偿。

2. 美国：总检察长监管

根据美国《信托法》349条规定，慈善信托设立方式包括：财产所有人声明将其财产设立慈善信托；财产所有人将其财产转移给他人从而设立慈善信托；财产所有人以遗嘱转移其财产于他人而设立慈善信托；由有权指定之人指定其他一人就特定财产设立慈善信托；依照对于某人的承诺，就其权利设立慈善信托。美国慈善信托的成立仅需委托人有创立慈善信托的意愿，并且将其财产权转移即可。目前，美国现存慈善信托案例中，以遗嘱信托方式设立的最多[2]。

---

[1] 方国辉：《公益信托与现代福利社会之发展》，台湾私立中国文化大学三民主义研究所，博士学位论文，1992，第489页。

[2] 中国信托业协会：《慈善信托研究》，中国金融出版社，2016，第29页。

在慈善信托的监管方面，美国各州在慈善信托方面并没有制定全国统一的法律规范，而是采用各州分别立法的模式。各州均设置有总检察长，承担着公共利益保护人的职能。总检察长负责对公益信托进行监管。

（1）总检察长（Attorney General）的职责

由于公益信托并没有指定个人作为受益人，在发生诉讼的情况下，这种情况可能产生有资格提起诉讼的人本身可能并不积极提起类似诉讼的问题。在某些情况下，各州通过将本州指定为受益人解决这一问题[1]。总检察长以"公共利益保护人"的身份，通过必要的法律程序采取保证公益信托受益人的各种措施。总检察长监督公益信托最主要的目的就是，保证受托人遵守信托义务与法律规定，保护公益信托财产和公共利益[2]。

（2）总检察长的权力

总检察长享有渊源于普通法（common law）和加州制定法（California statutory）的广泛权力，来履行公益信托监管职责。以加利福尼亚为例，加利福尼亚《慈善目的受托人与募捐者监督法》规定，总检察长的权力主要包括（但不限于）以下几方面。

第一，登记权。总检察长负责慈善法人和慈善信托以及其他为了慈善目的而持有财产的关系的登记，对从设立到终止的每个阶段进行必要的调查，如可以从公共记录、法院、税务机关、受托人或其他资源，包括文件副本、报告和记录等任何建立和保持登记需要的信息。任何慈善法人和受托人为了慈善目的接受财产必须向总检察长备案，应在其将收入或本金用于公益目的后六个月内向总检察长提供一份法律文件的副本，该文件应列明受托人职务、权利与义务[3]。如果总检察长发现慈善法人或受托人有任何违反信托义务或法律规定的情况时，可以拒绝、撤销、中止慈善法人或受托人的登记。

第二，调查权。总检察长有权对受托人、慈善法人的交易和关系进行调

---

[1] 雷门：《美国关于公益信托的做法》，2005 年 7 月召开的"中国公益信托研讨会"会议资料。

[2] § 12598 Supervision of Charitable Trust; Enforcement, Supervision of Trustees and Fundraisers for Charitable Purposes Act. (California Government Code Sections 12580 – 12599.5).

[3] § 12584. Establishment of register of charitable corporations and trustees; § 12585. Filing of copy ofarticles of incorporation or instrument providing for trustee's title, powers or duties.

查，确定用于慈善资产是否依照信托文件等规定得到妥善管理。总检察长及其助手、代表或总检察长指定的其他官员有权传讯任何受托人、代理人、受益人、机构、组织、公司或其他证人，对此类宣誓进行审查，对必要的宣誓进行监管和责令编写与询问有关的账册、备忘录、资产证明、收据以及财产支出记录等文件[①]。

第三，知情权。总检察长有权了解慈善法人、受托人实施的慈善财产运行情况。慈善信托受托人应该依照法律规定和总检察长的要求，向总检察长定期提供财务报告，详细列明信托财产的管理、处分行为。总检察长如果对其有任何疑问，都有权要求受托人做出说明。

第四，诉权。作为受益人的"代表人"，如果总检察长认为受托人不当使用或滥用信托财产的，有权向法院提起诉讼。在诉讼中，总检察长有权要求被告承担其所造成的所有实际损失，包括审计员、顾问、其他专家在调查、准备等以及出庭费用。损失的补偿应该依据法院的判决执行。在美国，总检察长对公益信托的"国家监护人"职能和监管职能，决定着总检察长有义务保证信托的良好管理和真正为公益事业服务。

四 我国慈善信托投资规范法律体系的构建

（一）社会公共资本属性的确立

信托财产的本质是一项目的财产，在信托财产上体现了现存的和未来的权利义务的总和。传统理论以"人格性"来解释总体财产的内聚力，认为总体财产是"人格的流露和一个人本身所具有的法律能力的表现"，这种传统观念严重阻碍了基金会为慈善、文化或科学目的而使用某些财物。现代理论认为在"人格"这一基础"内聚力"以外还存在一种与"人格"无关的内聚力，即"财产的用途或目的"，例如，用于商业经营的财物，以及在该经营活动中所

---

① § 12588. Investigation of transactions and relationships of corporations and trustees; authority to require persons to give information, produce books, etc.

承担义务的商业目的。

信托财产正是以"信托目的"为内聚力的各项权利义务的集合，这种集合产生了一项具有独立性的实体，它既不必附着于某一主体而独立存在，也不受其组成部分变化的影响。信托财产的实体性，使其范围不仅包括受托人因信托行为而从委托人处接受的原始信托财产，也涵盖了受托人因管理而取得的信托收益、孳息等权利和管理信托财产所产生的债务。因此，凡是与信托目的有关的权利和义务都被归入信托实体。信托财产就像是一个"容器"：尽管它的组成部分发生了变化，信托财产依然存在而且始终保有其实体性。

慈善信托作为信托的一种形式，其核心是慈善财产。慈善财产不仅是慈善组织正常运作和承担民事责任的物质基础，而且是慈善组织开展慈善活动、实现慈善目的的物质保障。慈善财产正是以慈善目的为内聚力的各项权利义务的集合。

慈善组织财产区别于其他组织财产的重要标志是其财产名义上归属于慈善组织，但具有社会公共属性。这种社会公共性表现在以下三点。第一，慈善组织财产的来源具有多样性和公共性，其财产来源于社会、市场和政府各个层面的捐赠、补贴或支持等。慈善组织对其接受的财产也只是暂时保管的性质，必须按照慈善组织的宗旨使用财产。第二，慈善组织财产权利的行使受到限制。慈善组织财产使用的限制来自三个方面：一是受慈善组织的宗旨及业务范围的限制，二是受捐赠人约定的限制，三是受法律的限制。第三，慈善财产管理和使用等必须确保其公益性。对于慈善组织来说，无论开展何种形式的经营业务，其剩余收入都不能作为利润在成员之间进行分配，而只能用于慈善组织所开展的各种慈善活动及自身发展。

（二）内部治理的立法建议

1. 受托人特殊的审慎义务和责任

（1）强化分别管理义务

分别管理义务是指受托人应当将自己的固有财产与信托财产或不同信托财产之间分开管理。分别管理义务属于强制性规定，不允许当事人排除适用。为维护信托财产的安全，保障慈善目的的实现，应在慈善信托中强化分别管理义务，特别是在义务违反的后果方面，应当采取不利于受托人的处理方式①。

强化分别管理义务，还应对义务违反的责任方面予以强化。对受托人违反分别管理义务的损害赔偿责任可以实行无过错责任原则，即在受托人违反分别管理义务造成信托财产损害的情况下，只要损害与义务违反之间存在因果关系，受托人即应承担赔偿责任，无须考察受托人的主观方面。不仅如此，损害与义务违反之间的是否存在因果关系应由受托人承担举证责任，采取举证责任倒置的规则。

（2）完善忠实义务

信托关系属于一种典型的信赖关系，信义义务包括注意义务和忠实义务，信赖义务人所承担的忠实义务具有特殊性。在信赖关系的背景下，忠实义务要求信赖义务人在一种经常性的基础上不时地调整其行为，避免侵犯受益人的自利行为。受益人的信义义务是慈善组织治理的基础。慈善组织治理的法律方面主要在于慈善信托受托人信义义务，特别是忠实义务的确立和执行。完善受托人的信义义务，特别是忠实义务，应当围绕慈善信托受托人内部治理的完善这一核心内容展开。

慈善信托的受托人可以由慈善组织或者信托公司担任。基金会等慈善组织和信托公司有着很强的互补性，慈善组织不善于实现慈善财产的保值增值，而信托公司擅长投资运作和规范运营；慈善组织善于运作公益项目和募集资金，信托公司却在捐赠项目的后期跟踪指导等方面缺乏经验。本文立足于慈善信托财产投资规范完善，因此受托人治理的完善将集中在信托公司治理结构上展开论述。

信托公司治理结构具有一般公司的共性。但作为受托人和金融机构，信托公司的治理结构须体现信托当事人等利益相关者的共同治理的特点和信托监管对金融机构治理的要求。前者体现在包括股东会、董事会、监事会和高级管理人员在内的治理机构还必须关注、考虑和维护信托当事人等其他利益相关者的

---

① 在英美国家，当资金不当混合时，法院往往假定受托人每次利用的资金是自己的资金而非信托资金，从而倾向于以保护信托受益人利益的方式进行追及。如果受托人从混合账户提取的资金不可被追踪时，尽可以假设该资金来自受托人自有资金；但如果该资金被用于购买价值增长一倍的股票时，此时受益人可以主张该资金来源于信托资金，即采取有利于受益人的原则处理违反分别管理义务的结果。

利益，建立信托委员会、关联交易控制委员会等维护利益相关者的利益。后者包括董事会、监事会和高级管理人员的组成更趋于独立，在信托公司的治理结构中出现了一些专门委员会和专门机构，增强董事会、监事会和高级管理层的科学高效决策和独立公正监督的职能。

2. 完善信托公司董事会治理

从各国信托公司治理结构和相关法律制度看，普遍实行了"董事会中心主义"，包括独立董事和董事会专门委员会制度在内的董事会制度已成为所有信托业国家信托公司治理制度的核心。中国信托公司在《公司法》框架内实行"股东（大）会中心主义"，决策权配置明显偏向股东（大）会。同时，经理行使法定的为数较多的决策权。这使原本应属于决策中心的董事会限缩于有限的几项决策权。决策权配置的失衡，容易导致内部人控制和监督机制的失效。董事会中心主义下，合理配置董事会和高级管理层之间的决策权，需要形成与高级管理层日常经营决策权相匹配的董事会的战略决策权，增加董事会专门委员会的法定地位并赋予其更多的法定决策权，强化总经理的决策反馈和报告机制。

（1）董事会专门委员会

董事会专门委员会，属于与总经理系统并列、直接隶属于董事会的常设机构，通过集体决策和表决，不仅成为董事会决策的补充机制，还可以通过外部董事与专家等的参与，解决董事会中董事长专权的弊端，并对高级管理层实施有效的制约[①]。《信托公司治理指引》规定信托委员会为信托公司的必设机构，将人事、薪酬、审计、风险管理专门委员会规定为任意设立的性质。但基于董事会专门委员会在信托公司治理中的价值和各国信托公司对董事会专门委员会的立法经验，我国应将更多的董事会专门委员会规定为必设的性质。尤其是审计委员会、风险管理委员会、关联交易控制委员会。这将提升董事会专门委员会在公司治理中的地位。更为重要的是，独立董事是信托公司董事会专门委员

---

① 关联交易控制委员会是代表董事会履行关联交易控制职权的董事会专门委员会。其负责人应当由独立董事担任，不包括控股股东提名的董事。同时，关联交易控制委员会成员不得少于3人、独立董事应占有1/2以上的比例。这是符合国内外实践的。对于审计委员会而言，同样适用。当然，关联交易控制委员会在召开专门委员会会议后，应向董事会报告审议的相关事项。必要时，可直接向银行业监督委员会报告。

会中的主要参与者，通过董事会专门委员会的法定性和强制性，独立董事将有更多的常规发挥作用的舞台，从而使独立董事制度的静态规定（设立、组成、人员、职权）转化为动态的运行机制，使这两者结合发挥更大的决策和监督作用。

信托委员会作为董事会唯一的必设机构，《信托公司治理指引》中的职权规定"负责督促公司依法履行受托职权"过于原则和缺乏操作性，应当明确和丰富信托委员会的具体职权。从美国董事信托执行委员会看，其主要负责制定信托部门的政策，审查信托部门各委员会的活动、主要投资项目、具有代表性的经营行为，检查重要的信托账户，分析新业务的效果和新的潜在信托服务，就信托事务向总经理和信托部主任提供帮助和咨询。中国台湾地区的信托财产评审委员会的职权限于将信托财产每三个月评审一次，报告董事会。从信托委员会的重要地位看，宜采纳美国信托执行委员会的职权，同时中国台湾地区对信托财产的评审时间和报告要求，也值得中国大陆的信托公司借鉴。

（2）独立董事

独立董事，为"除出席董事会以外与公司没有重要的业务上接触的非关系者"。对于独立董事"独立性"的关注，着眼于摒弃一切可能影响其公正和客观判断的因素。实行独立董事制度已经成为我国公司治理的热点，这一制度也应成为我国信托公司董事会治理的重要设计。独立董事制度的关键在于独立性和权威性，这样才能做到决策科学、监督中立，保护中小股东和包括信托当事人在内的其他利益相关者的利益。

《信托公司治理指引》对于独立董事的职权做了六项规定，初步构建了独立董事职权体系。独立董事应重在发挥对董事会决策的事中监督，在董事会决议范围内应更加充实、更具操作性。①增强独立董事的审核权。赋予独立董事监督公司的内部审计制度，负责内部审计和外部审计的沟通，审核公司的定期财务信息和披露，审查公司的内部控制等职权以及相应的知情、提议和决议权。特别应加强独立董事对董事会事项的决议权，尤其对信托财产运作等事项独立做出客观公正的专业判断和监督。②明确独立董事为维护信托当事人利益的具体审议权。在《信托公司治理指引》第 19 条"独立董事关注、维护受益人利益"的基础上，可借鉴《证券投资基金管理公司管理办法》的做法，规定信托公司重大关联交易、信托公司自有业务和信托业务的内外审计事务、信息披露报告等事项，董事会审议时应当经过三分之二以上的独立董事通过。③强化独立董事参加董事会会议的职权。《信托公司治理指引》规定了独立董事参加董事会会议，但某些信托公司有所懈怠。

3. 完善信托公司监督机制

本部分所称信托公司监督机制，专指信托公司内部监督机制，是公司的利益相关者针对公司经营者的经营成果、经营行为或决策所进行的一系列客观而及时的审核、监察、督导的行动。信托公司内部权力的分立与制衡原理是设计和安排监督机制的一般原理，既包括股东大会、董事会、监事会以及高级管理层之间分权制衡的整体性的监督机制，也包括由监事会和独立董事行使的专门的监督机制。此外，信托公司的监督机制具有利益相关者监督的特征，不仅职工进入董事会和监事会直接参与监督，而且所有监督机构应当建立全面的监督保障信托当事人参与信托公司治理的机制，如所有监督机构应当将信托当事人（主要为受益人）利益实现情况纳入审核范围，而对其他机构的监督包括其是否真正履行信托当事人治理的职权。

独立董事制度与监事会制度作为信托公司专门监督机制，应发挥对董事会尤其是管理层主导性的监督。《治理指引》为了加强董事会对高级管理层的监督力度，引入了独立董事和董事会专门委员会制度，适当平衡了信托公司的整体监督机制。这一点也在前文做了具体阐述。作为另一专门监督机构的监事会，要发挥作用，必须具备独立性和监督职权；独立是行使监督权的保障，而监督职权是与董事会、高级管理层的经营管理权相抗衡的必要手段。

监事会的独立性体现在成员组成上。现有监事会成员为股东代表和适当比例的公司职工代表，两者与被监督对象董事会和高级管理层有着千丝万缕的联系。为保证监事会成员的独立性，建议引进外部监事制度。外部监事的范围还包括信托当事人、债权人等信托公司的外部利益相关者。对于外部监事的任职资格，除了考虑相关专业背景知识、社会阅历和社会地位以外，同样应着重考虑其是否能够切实有效地履行监督职权。关于外部监事的提名、任用、职权等事项，可参照信托公司独立董事制度的规定。在外部监事的占比上，考察股份制商业银行关于监事会构成的规定，其指出："监事会应当由职工代表出任的监事、股东大会选举的外部监事和其他监事组成，其中外部监事的人数不得少于两名。"商业银行的立法经验是值得借鉴的，建议信托公司的监事会应当包括股东代表、公司职工代表和两名以上的外部监事。

监事会的职权,在信托公司监事会有关开展调查、要求董事停止行为、代表公司诉讼、聘请外部审计机构或咨询机构职权的基础上,建议完善以下几方面的内容。①增加要求监事和监事会制作监查报告的规则。这主要是为了监督监事会和监事是否忠实履行了监督职权。②由于我国公司双层治理结构和监事会监督不独立且机制弱化的缺陷,监事会制度难以发挥强有力的监督作用,在此可借鉴日本《公司法典》所确立的监事对董事会报告的制度(我国相应的是监事会对董事会通报的制度),通过该制度可以增大董事会对董事和高级管理层的监督力度,也可以体现公司监督治理上的合作性。

对于监事会监督和独立董事监督,应当明确这两种监督机构监督的边界。就独立董事的职权而言,首先要明确划分独立董事和监事会之间的职权范围,特别需要确定两者在公司内部财务检查和监督董事、经理行为方面的职权权限。从《公司法》和《信托公司治理指引》相关规定看,两者并不矛盾。独立董事制度重在事前和事中监督,要求对董事会决策发挥监督作用,而监事会制度重在事后监督,是在董事会外对信托公司全局进行的监督,包括会计监督和人员监督。两者完全可以并行,共同发展。当然,在完善信托公司独立董事制度的同时,也应同时加强监事会制度的建设。

4. 完善信托公司风险控制机制

由于信托制度的独特设计,信托财产管理的灵活性、多样性与适应性,以及信托公司风险经营的特点,风险控制对信托公司而言显得尤其重要。根据现有的风险控制理论,信托公司风险控制机制即为以内部控制为基础,结合风险管理特征和要素的过程,其内容包括控制环境、以信托防火墙制度为核心的信托业务控制、自营业务控制、其他业务控制、关联交易控制机制、信息披露控制机制、以内部审计为中心的内部控制的监督、检查和评价。从公司治理的角度考虑,本部分论述对象仅限于信托公司治理层面的风险控制机制,即信托公司治理层面的以内部控制为基础、结合风险管理特征和要素的过程和机制。信托公司对关联交易和信息披露两类重要行为的控制机制在之后进行论述。

董事会在风险控制中发挥中心作用,而各国信托公司风险控制规则和国际社会公司治理准则也将董事会职权作为风险控制制度的重点内容。董事会专门委员会制度是实现信托公司风险控制机制的重要保障,尤其是专门履行风险控制和风险管理职权的审计委员会与风险管理委员会。这部分在前文已有专门论述,此部分不再赘述。独立董事对风险控制的监督表现在《信托公司治理指引》第 22 条,对于重要业务发表独立意见的职权。但重要业务的范围不明确,可做出列举式规定。此外,可进一步扩充独立董事的监督职权,《加强银行公司治理》相关规定可借鉴,第 43 条规定:独立董事应每年至少安排一次,在银行管理层不出席的情况下,直接与外部审计师以及内部审计部门、合规部门和法律部门的负责人会谈。这有助于增强董事会对高级管理层执行董事会政策进行监督的能力,确保管理层的经营策略和风险敞口符合董事会所确定的风险度。

5. 完善信托公司关联交易控制机制

信托公司的关联交易具有不同于一般公司的特殊性,主要原因是除了自有财产,信托财产也被作为信托公司关联交易的重要客体。信托财产掌握在作为受托人的信托公司手中,信托当事人虽享有监督权,但无法对信托的日常经营有效控制和监督,信托当事人的控制力要远低于公司股东,使信托关联交易比一般公司中的关联交易更容易发生。而且,信托公司作为以信托财产管理为基础的公众性金融机构,对信托财产的关联交易将侵害广大信托产品投资者的利益。尤其是在慈善信托中,由于信托财产的公共属性,关联交易的危害将进一步放大,因此更需要对信托公司的关联交易进行严格控制。

(1) 信托公司关联交易控制基本规范

《信托公司治理指引》第 18 条是信托公司关联交易内部控制治理机制的基本规范。该条明确了信托公司对关联交易内部控制治理机制的三个基本要素,即董事会对关联交易的审批、董事的披露和回避,初步确立了关联交易控制机制的基本框架。考虑到控股股东在我国信托公司中的显著地位,以及我国信托公司治理需求和《公司法》的思路及对控制股东关联交易治理的基本规范,控制股东也应成为信托公司关联交易控制机制的对象。基于此,应重新界定信托公司关联交易规制的主体范围,将该条所框定的"董事"扩展为"董事、出席股东或股东代表"。披露要求是信托公司关联交易控制机制的要素之一,在基本规范中应有明确清晰的体现。其中披露对象仅限于董事会,不符合信托公司治理中关联交易控制委员会、董事会和股东(大)会都有权对关联交易进行审批的现状。同时,监事会作为我国信托公司内部法定监督机关,也有必要成为利益披露的对象。因此，利益披露的对象包括董事会、股东大会、监事会以及关联交易控制委员会，披露采用书面形式，并将披露的关联关系的性质和程度内容载入会议纪要。

（2）信托公司关联交易审批机制

关联交易审批制度是关联交易控制机制的核心，股东（大）会或董事会都有权进行审批，关联交易控制委员会也有权在其职权范围内审批某些关联交易。但这些机构在审批关联交易时应依据标准确定各自审批界限。此方面，可参照借鉴江苏省银监局颁发的《信托投资公司关联交易风险管理指引》规定，立法上采用弹性的审批标准即"重大关联交易"和"特别重大的关联交易"，分别由关联交易控制委员会、董事会和股东（大）会进行审批。关于"重大"和"特别重大"的具体标准由监管机构另行公布，具体可结合关联交易金额及其占信托财产或信托公司注册资本比例确定。同时明确规定授权型信托业务和固有资产的关联方交易按"重大关联交易"和"特别重大的关联交易"进行审批，但指定型的信托业务不论金额如何，只需经营管理层批准即可。

对于关联交易审批中的利益披露，除了关联交易控制的基本规范之外，还应进一步充实相关规则。加拿大《信托与贷款公司法》详尽地规定了董事和高级管理人员在要求批准的合同中的利益披露时间、对于不要求批准的合同的利益披露时间、一般披露的利益事项，对于董事或高级管理人员遵守该义务具有明确的操作性。

一是董事和出席股东或股东代表利益披露的时间。如在股东（大）会、董事会会议或董事会专门委员会会议上，所提议之合同或者交易被首次考虑；如果当出席股东或股东代表或董事在第一款所规定的会议召开之时，尚无对所提议之合同或者交易存在利益时，则在其涉足之后的新一次股东（大）会、董事会会议或董事会专门委员会会议是其披露时间；如果出席股东或股东代表或董事是在合同或是交易签订之后享有利益的，则在其涉足之后的新一次股东（大）会、董事会会议或董事会专门委员会会议是其披露时间等。

二是对于不要求批准的合同的利益披露时间。如果某一实质性的合同或交易，无论是已签订的还是被提议的，倘若按照公司的一般业务流程不需要经批准的，当出席股东或股东代表或董事意识到这一合同或交易时，也应该立即以书面的形式或是按要求将其所享有利益的程度和性质登记在股东（大）会、董事会会议或者董事会专门委员会会议的记录之中。

三是一般披露的利益事项。如果出席股东或股东代表或董事向公司做出一般性披露，宣告其由于任何以下原因将被视为利害方，该通知即构成其对合同或交易利益的充分宣告，包括：另一交易方的董事、高级管理人员，对该方拥有实质利益，出席股东或股东代表或董事对于另一交易方的利益性质发生了实质性改变。

（3）关联交易的监督机制

关联交易的监督包括监事会、独立董事及股东（大）会的监督。为切实保障监事会对信托公司关联交易的监督，建议完善相关规定，在其中明确向监事会报告的时间为在批准之日起十个工作日内将报告的关联交易范围扩展为重大关联交易和与信托公司控制股东、董事、高级管理人员有关联关系的关联交易两类。独立董事对信托公司关联交易的监督上，可借鉴商业银行的做法，明确独立董事发表独立意见的事项为"重大关联交易的公允性以及内部审批程序履行情况"，同时应借鉴上市公司关于独立董事审批关联交易的职权，规定"重大关联交易应由独立董事认可后，提交董事会讨谊论"。同时增加信托公司董事会每年向股东（大）会就关联交易管理制度的执行情况以及关联交易的情况做专项报告，内容应包括关联方、交易类型、交易金额及标的、交易价格及定价方式、交易收益与损失、关联方在交易中所占权益的性质及比重等。另外，建议在信托公司建立关联交易内部专项审计监督机制，在信托公司关联交易内部控制相关立法中规定："信托公司内部审计部门应当至少每半年对信托公司关联交易进行一次专项审计，并将审计结果报信托公司董事会和监事会。"

6. 完善受托人投资权限

目前，我国慈善信托受托人的投资权限，主要在《慈善信托管理办法》第 30 条，慈善信托财产运用应当遵循合法、安全、有效的原则，可以运用于银行存款、政府债券、中央银行票据、金融债券和货币市场基金等低风险资产，但委托人和信托公司另有约定的除外。这一规定是任意性规定，可以由当事人自由约定投资的范围。但与传统的商事规则不同，慈善信托在无法律的授权、信托文件的同意或者委托人的同意时，原则上受托人只能进行安全和低风险的投资。同时，该条也明确了慈善组织的投资原则：合法、安全、有效。

除投资的基本原则外,应当对受托人的投资权以必要的指引和约束,明确告诉受托人在投资时可以做什么,不可以做什么。在投资范围的限定模式上,采取负面清单的模式,筛选过滤投资风险过高的投资品种。对于负面清单的内容,首先应当排除对外提供担保、从事可能承担无限责任等再怎么谨慎也无法有效控制投资风险的品种,这一点在《北京慈善信托管理办法》第 14 条中有所体现,可以借鉴,同时允许接受股权捐赠,为开展 PRI 公益项目而投资、参股企业。

在负面清单中,对于从事违背慈善信托使命,可能会损害其信誉的投资,应当加以限制。但这些不宜由法律强制规定,可通过投资指引等方式,引导受托人的投资方略。基于投资活动的复杂性,对于受托人谨慎义务的履行,应当将信托财产的投资组合作为一个整体投资策略进行评价。同时,由于慈善信托关系到公益,且慈善信托事业起步不久,为了保障公共利益目标的实现,还应当参考我国《企业年金基金管理办法》的做法,将投资对象和投资额度具体化。

7. 信托监察人制度的完善

《慈善法》更改了《信托法》关于慈善信托应当设立信托监察人的规定,将信托监察人的设置权交给了信托当事人。这种更改更尊重信托设立人的意愿,同时也能激励社会各界积极参与慈善信托事业。当然,这对于慈善财产的保护稍显不足。为此,建议区分公募型的慈善信托和私募型的慈善信托。对公募型的慈善信托改回强制性的必设机构之设置,因为公募型的公益信托中委托人通常无力监督,所以规定为强制("应当")在信托文件中设信托监察人。而在私募型的公益信托中,委托人有更多的动因和能力对受托人的行为进行监督,委托人可以选择是否设置信托监察人。这样,可以调和意思自由和强制保护的矛盾。当然,为激励慈善信托监察人的设置,在慈善信托备案过程中,对于设立监察人的慈善信托可以提高评分。通过打分机制的导向作用,进而弥补"可以"设立监察人制度导致的慈善财产利益保护的不足。

(1) 信托监察人的资格

关于慈善信托监察人的资格问题,目前我国相关法律没有明确规定,在实践中,多由会计师事务所、律师事务所担任。在慈善信托中,信托监察人的产生可以由信托文件规定,信托文件未规定的,由民政部门指定。但是,信托文件规定的信托监察人不能由委托人任意指定。建议仿效国有资产管理和破产管理的经验，设定慈善信托监察人的准入资格，并据此形成慈善信托监察人名单，被指定者必须从信托监察人名单中产生。对于公募型的慈善信托和超过一定金额的私募型慈善信托，应当设置特别资格要求和特别名单。确定的慈善信托监察人的情况应该结合《慈善法》信息公开的规定在备案系统或民政官网公布，接受社会监督。

需要指出的是，在信托监察人名录制作中，应该排除未成年、禁治产人及破产人。至于法人能否成为信托监察人，现行法律并没有表明立场。理论上讲法人可以担任信托监察人。但信托监察人执行职务具有直接性和不可替代性，如果信托监察人为法人，则由法人的代表人执行监察人事务，这似乎不太合适；因此，信托监察人由自然人担任为宜。

（2）信托监察人的权限

信托监察人的义务与其法律地位密切相关。将信托监察人定位为受信人有助于加强对于义务的设置。信托监察人应当定位于受信人。在此意义上，信托监察人应当具有受信人那样的善良管理人的注意义务和忠实义务等受信义务。

信托监察人的职权，在我国《信托法》第65条反映为两类：一是诉讼的职权；二是监督的职权，即常态信托中委托人的监督权和受益人的监督权，信托监察人同样享有。慈善信托的信托监察人不应享有下列职权：一是解除受托人的责任；二是变更或终止信托；三是统一受托人的辞任、解任受托人；四是指定新受托人。另外，信托监察人也没有受领应由受益人受领的信托利益的权限，这是因为，在受益人不特定或不存在的期间，即使产生应当给付将来的受益人的信托利益，也应当先由受托人进行管理，由信托监察人来管理这些信托利益是不恰当的。

慈善信托的信托监察人怠于行使监督职责而给受益人的权益带来损害时，应当承担恢复原状、赔偿损失等民事责任。同时考虑受益人利益的受损程度，可考虑更换信托监察人。给受益人造成严重损害的，撤销其信托监察人的资格。信托监察人的解任权由信托监察人的选任者或公益事业管理机构行使。

（3）多数信托监察人的议事规则

在确定慈善信托监察人的数量时，可以根据信托财产的规模、信托财产的募集方式、受益人的范围等因素确定。如果信托财产规模较小且受益人较少，可以由一人担任信托监察人。如果信托财产规模较大且存在多数受益人或属于公募型慈善信托，则可以由三至五人担任信托监察人。就信托监察人为多数人的情况，我国台湾地区"信托法"采用多数决的议事规则，除信托行为另有约定的外，以过半数来决定信托监察人事务的执行，但就信托财产之保存行为得单独为之。我们认为，采用多数决的规则，既可以防止单个信托监察人随意行使权力，也能够避免全体同意规则的僵局。当然，依多数决执行职务进行诉讼决定时，在对外关系上，以全体信托监察人的名义更为妥当，而非同意进行诉讼的多数信托监察人的名义。

8. 受益人利益的特殊保护

在慈善信托中，还有另一个重要的利益相关者——受益人。对于这些不特定的受益人是否能享有诉讼请求权。在美国，传统观点认为不特定的受益人不享有起诉权，只能由州首检察官代表公益行使相关职权。但是这一传统观点所支持的法律规则正在被突破，上诉法院的法官认为首检察官并不是代表公益提起诉讼的唯一适格主体，其他享有足够特定利益的人也可以提起诉讼。例如捐赠者将一笔财产捐赠给一所残疾儿童学校用于支付残疾儿童的生活费，该所学校的残疾儿童即为享有特定利益的受益人，可以享有诉讼请求权。

我们认为不特定受益人应当享有一定的诉讼请求权，但是对此权利必须加以限制。可借鉴美国判例，受益人必须享有"特定利益"才有请求权。当然，提起诉讼的受益人人数应当达到一定标准。但在大多数情形下，不特定受益人不能提起诉讼。对于慈善信托受益人利益的保护，可通过慈善信托受益人保护中心来实现。在此处，可效仿美国"总检察长"的方式，在法律中明确规定慈善信托受益人保护中心有权对损害利益的行为提起诉讼。同时，前述享有"特定利益"有权提起诉讼的受益人也可委托慈善信托受益人保护中心提起诉讼，通过慈善信托受益人保护中心的专业知识，规范慈善信托的运营管理。

（1）常态救济

常态救济包括损害金钱赔偿和信托财产的追及救济。损害金钱赔偿是指在信托违反或其他侵害行为造成损害的情况下，金钱赔偿作为最主要的救济方式。赔偿金额应当等于实际损失，因为只有在责任等于真实损害的情形下，才能有效约束受托人的行为。这里的实际损失不仅包括因违反信托造成的信托财产价值损失或贬值，也应包括受托人通过信托违反所获得的利益及在没有违反信托的情形下，信托财产将增加的利益。后者增值损害赔偿，在现代金融领域中获得相关资料，也是很容易的事情。在诉讼中，应采取举证责任倒置，由被怀疑违反义务的被告证明行为的适当性。对于增值损失赔偿的认可，能够强化对慈善信托受益人的保护，是补偿充分性的体现。

同时，赔偿损失的确认实行反净值规则，即受托人不能用一份投资所实现的收益来抵消他对另一份不当投资损失所承担的责任，只有在两个信托违反并非不同情况时，受托人才对其净损失负责。确定两个信托违反之间是否相同所考虑的因素包括：

①信托违反是关涉相同部分的信托财产还是不同部分的信托财产；

②信托违反是否来自同一财产或其收入的连续交易；

③信托违反之间的间隔时间；

④信托违反之间是否有一个共同的账户；

⑤受托人如何处理信托违反之间的财产或其收入；

⑥受托人是要滥用信托财产，还是要实施信托违反，抑或不想实施信托违反；

⑦信托违反是否为受托人单一投资策略的结果。

前述美国的做法可以借鉴，在具体操作标准上仍有明确的余地。信托财产的追击救济，是指在受托人或非善意第三人不当获取信托财产时，只要信托财产尚存且可以被确认，受益人就有权取回财产的救济方式。它来源于《信托法》第四十九条受益人撤销权。相比损害赔偿的方式，它可以一直追踪信托财产，无论财产转变为何种形式，辗转至何人手中，主要信托财产尚且存在且能够确认，受益人就可以追回财产。

（2）非常态救济

非常态性救济是指惩罚性赔偿。不同于一般损害赔偿，惩罚性赔偿在于惩罚而非填补，其"意图在于警告或者惩罚被告"。我们认为在信托救济体系中，建立故意和重大过失侵害行为的惩罚性赔偿，具有如下理由。

①惩罚性损害赔偿通过对道德标准的关注起到了预防性救济的效果。惩罚性损害赔偿通过将焦点关注于受托人的故意或重大过失等道德标准上，实际上具有"在伤害之前就避免做那事"的预防性效果，具有救济的预防性。

②相对于其他可能的制裁机制，惩罚性赔偿是从正面制裁加害人，可以显

示违反信托义务的严重性。而且对比受托人行为的严重性,仅仅是补偿性赔偿责任是不够的,必须有惩罚性赔偿。

③承认惩罚性赔偿有利于弥补监控机制的局限。监督机制的效果仍有不小局限性,不能有效阻止受托人实施不法行为。然而,惩罚性损害赔偿,"它以阻吓作用替代了事先监督,这正如同因为刑法为抢劫犯罪行为悬起了达摩克利斯之剑,所以,银行没有必要对进入银行的每一个人都严加盘查"。

因此,为最大限度地保护受益人利益和完善受益人保障机制,建议在信托法中确立惩罚性损害赔偿。在建构惩罚性损害赔偿制度时,有以下几个问题需要注意。

首先,关于惩罚性赔偿数额的确定。惩罚性赔偿的目的在于通过其具有的"威慑"减少故意或重大过失违反信托而侵害受益人利益的可能性。惩罚数额的确定应从这个目的出发,不能太高。当然,惩罚的威慑效果首先取决于惩罚给"背叛者"造成的预期损失。有效的惩罚必须是使"背叛者"的预期损失超过他因背叛而获得的收益。从这个角度来说,具体的惩罚数额也不能太低,建议可以设立实际损失的一定比例,比如20%。

其次,关于惩罚性损害赔偿的适用条件。就信托救济中的惩罚性赔偿而言,应限定于"故意"和"重大过失"行为。若受托人单纯违反尽心尽力的注意义务,只需承担补偿性的赔偿责任,无须施加惩罚性赔偿。若受托人以损害受益人利益为目的而违反消极意义上的忠实义务,或像"金新信托"事件那样实施欺诈性信息披露而违反披露义务,就应施加惩罚性赔偿责任。

最后,惩罚性赔偿与其他救济的并存问题。间接性损害赔偿的存在是否将排除惩罚性损害赔偿的存在?就这一问题,我们认为,尽管间接性损害赔偿具有一定的"惩罚性"效果,但它并不排除惩罚性损害赔偿的存在,因为两者是不同的作用机制,目的也不一样,前者的实质仍是补偿,后者才是真正的惩罚。因此,间接性损害赔偿并不排斥惩罚性损害赔偿的施加。

(三)外部监管规范的立法建议:税收、民政、银监的统一监管

1. 统一监管的缺失

(1)资管市场统一监管缺失

现有的金融监管模式仍采用主体监管而非行为监管的模式,中国证监会、

银监会、保监会皆有各自的行业性规定出台，银行理财、信托计划归银监会监管，证券公司、基金公司及其子公司、期货公司、私募基金发行的资管产品归证监会监管，保险公司发行的资管产品归保监会监管，使资管行业监管标准不统一，资管产品缺乏统一的监测监督。

业内对统一监管标准的呼声一直都很高。近期，多家媒体报道，由央行牵头、"一行三会"共同参与制定了《征求意见稿》。《征求意见稿》打破了原有的按机构监管的规则。从内容上看，《征求意见稿》涉及打破刚性兑付、明确资管产品投资范围、严禁多层嵌套、禁止资金池业务、强化资本约束和风险准备金要求、限制非标资产投资和控制风险集中度等多个方面。就监管思路而言，大致的监管路线已经较为清晰，即由中国人民银行牵头制定所有资产管理产品的指导意见，然后各监管机构制定各类产品的具体监管规则。资管产品规则的"大一统"势在必行。

（2）信托业统一监管缺失

我国信托业目前的法定监管机构是中国银监会，但实际上信托业还受到中国证监会、中国保监会的监管。原因在于市场上名目繁多的委托理财服务中，尽管合同形式不同，但其实质上采用了信托架构，属于信托关系，比如信托公司的信托计划、基金公司的基金产品、保险公司的资产管理保险服务等。但现实监管机构的监管一般根据合同形式决定，导致了信托业为多家监管机构共同监管，产生了很多问题。具体而言，第一，不同监管机构面对实质相同的信托合同会依据本行业规则做出不同判断，致使"同案不同判"，违背公平原则。例如在准入标准上，信托产品金额准入额是 100 万元，基金是 1000 元，银行理财则是 5 万元。第二，三个监管机构处于平行地位，缺乏协调，致使信托业监管规则无法统一，产生冲突。第三，将造成各监管主体之间的竞争。各监管主体为了各自监管对象的利益，制定出有利于自己监管对象的不同监管规则。这不符合监管中公平价值所追求的目标。

（3）慈善信托的统一监管暂未形成

慈善信托作为信托的一种类型，同样存在多监管主体的问题，但存在的监管主体和一般的信托有所不同。首先银监会为信托业的监管机构，自然对于慈善信托也是处于主要监管部门的地位。同时，根据《慈善信托管理办法》，民政部门也是慈善信托的法定监督管理机构，履行受托人的备案职责，同时慈善信托终止也应当报告备案民政部门。慈善信托作为国家的促进项目享有一定的税收优惠，但按规定需在民政部门备案的慈善信托才能享受。虽然管理办法中规定了银监会与民政局应当建立经常性的监管协作机制，但并没有具体的落地政策，同时税务机关怎样与民政机关进行协作也有待细则的进一步明确。慈善信托有联合统一监管之势，但联合统一监管暂未形成。

2. 建立统一监管的优点及原则

慈善信托统一监管可以实现系统的服务与支持的统一性，更加有利于信息资源共享，使得监管成本降低，实现监管规模经济效应。而且，建立统一的监管体系，可以有效制止监管机构的盲目扩张。这样便可控制监管成本。建立我国慈善信托统一监管机构还可以降低人力成本和资金成本，使得相关综合性的监管人才辈出，满足现代化的慈善信托监管之所需。

建议统一监管制度必须从我国国情出发，以建立统一高效的慈善信托监管体制为目标，循序渐进推动体制改革。为此，在推进统一金融监管体制的构建过程中应当遵循以下原则：①审慎性原则；②协调性原则；③效率性原则；④渐进性原则。

3. 完善慈善信托监管体系的步骤

在提高监管专业水平的基础上，应根据我国信托业以及慈善信托发展的态势，分两步推进统一慈善信托监管体制的建立。首先要在完善制度、细化规则和落实责任的基础上健全现有慈善信托监管协调机制；当机会来临之时，适时建立跨部门的统一慈善信托监管机构，变监管机构之间的外部监管协调为一个监管机构内设部门之间的内部协调，提高慈善信托受托人的创新能力和竞争实力，彻底解决监管能力分散、监管重叠与监管缺位并存、监管资源浪费的问题。

（1）增强慈善监管的专业化

在信托业迅速发展以及慈善信托被列入立法不久的条件下，我国慈善信托监管体制面临的突出问题主要表现为：如何协调银监会、民政局以及税务局之间的监管？如何建立有效的风险预警机制？要解决上述问题，切实提高慈善信托监管专业化水平是必由之路。想要取得良好的监管效果，一是要借鉴国外经验，完善现有慈善信托法律法规体系；二是转变监管观念，确立审慎监管的主导思想，强化对于风险监管；三是完善慈善机构信息披露制度，建立健全审计、会计、法律事务所等中介机构，发挥市场机制在金融监管中的作用；四是加强监管人员业务培训，提高业务素质和监管水平。

(2) 健全金融监管协调机制

从立法角度来看，《慈善信托管理办法》的第七章明确了民政部门和银行业监督管理机构应当建立经常性的监管协作机制，加强事中、事后监管，切实提高监管有效性。但总体来看，制定的规则还不太完善，并不涉及各个监管主体行使职能时如何去配合协调并如何去解决争端。因此，建立慈善信托统一监管的第一步，是在协同监管基础上健全慈善信托监管协调机制，可以考虑建立常设性慈善信托监管协调机构，其成员主要是银监会、民政局以及税务局的负责人，协调三机构的监管政策。同时，以立法的形式明确监管协调与合作责任，更要以立法形式明确不作为行为，即未履行协调合作责任所应承担的不利后果。为提高监管透明度和立法与执法的透明度，在行政法规中还需要对监管机构之间的协调与合作程序做出可具操作性的规定，以切实落实功能监管。

(3) 在条件成熟时成立慈善信托专门监督管理委员会

分业监管体制下，通过完善金融监管协调机制可以加强不同金融行业监管之间的协调，但不能从根本上解决不同监管规则和执行的协调问题。慈善信托作为金融行业在慈善领域的分支自然也不能免俗。因此，慈善信托监管在参考现有的金融监管协调机构基础上，未来需要合并银监会、民政局两大监管机构以及涉及的税务机关的职能，建立慈善信托专门监督管理委员会，全面负责慈善信托的监管。在优化监管组织架构的前提下，可以促使慈善信托监管政策的统一制定和实施。为了推进慈善监管体制的建立，应当考虑借助外部力量，即从学术界、实务界乃至该领域知名度高的人士中挑选一批专家，成立专家组，收集汇总全面的意见，这样慈善信托监管政策的制定与调整便有了广泛的社会基础。

总之，政策制定必须从我国现阶段的实际情况出发，逐步推进，这样有利于重新整合慈善监管的各项职能。建立统一的慈善信托监管机构更加契合金融行业的发展趋势，是一种比较好的监管思路。

(四) 特殊的股东身份：机构投资者的慈善目的约束机制

1. 慈善组织的目的限制

慈善组织是指具有慈善性质的公益性非营利、非政府组织。一个真正的慈善组织应具有以下基本要素和特征：第一，慈善性，慈善组织从事所有活动应以仁慈博爱的信念为出发点，同时，慈善组织始终应以较高的道德标准进行自我约束；第二，公益性，慈善组织的宗旨和目的是公共利益而非其他，一切活动都不应背离这一目的；第三，非营利性，即慈善组织的财产基础是基于捐赠的公益产权，非营利性是慈善组织与其他商业企业的根本区别，也应是外部监管的重点之一；第四，非政府性，慈善组织以社会公共责任而不是以国家职能为基础，在制度上与国家机构相分离，政府不能随意干涉组织活动。非政府性是慈善组织与政府机构的根本分野；第五，组织性，即慈善组织都具有某种形态的组织结构，该组织结构包括内部的各个机关，各机关按照章程规则分工合作，又彼此制约，保证组织的持续运行。

慈善组织还在很多方面受到法律的严格限制，常见的有两方面。其一，私利目的禁止。慈善组织不能被用于谋求某个人的利益，也就说慈善组织的资金运用必须基于公益目的，这是慈善组织设立的根本目的。其二，政治竞选活动禁止。慈善组织不得代表或支持任何公共机构的候选者参与或干涉任何政治活动，这是为了防止慈善组织异化为一个（政治）行动团体。但是只要没有进行实质性的政治竞选活动，慈善组织仍可以参与"政治活动"。相应的，慈善组织的捐助者可以获得税收减免的优惠作为受到非政治目的约束的回报和鼓励。

慈善信托作为慈善组织新型募集及管理资金的方式，吸引了很多机构投资者通过投资慈善信托参与慈善活动，对促进我国慈善事业的完善和发展发挥了重要的作用。但慈善信托能否顺利发展，在很大程度上取决于是否可以对机构投资人进行有效管理。

2. 约束制度

约束制度，是指将特定事项的约束条件记载于文件或其他载体并以其为工具对特定事项加以约束的制度。约束制度可以分为内部约束制度和外部约束制度。内部约束制度，也就是由组织内部通过内部管理部门直接约束相关人员。这种约束制度有着直接性和很强的预测性。外部约束制度是指通过较成熟的市场、完善的资本市场和竞争充分有序的产品市场等外部条件来完成对机构的间接约束。

内部约束制度主要包括以下内容。第一，合同约束制度。合同约束的内容是相当灵活的，对权利的约束内容、约束方式大都依赖机构自己的决定。当然，基于合同的有限性原理，合同中范围的限制一般不得对抗善意第三人，这是合同约束机制的局限性。第二，章程约束制度。章程对相关事项做出限制，前提条件是不违反法律的强制性规定，机构可以根据自身的规模、特点来事先规定相关人员的权限、行使方式和权利限制。第三，机构约束制度。主要通过管理机构进行相互制衡约束，例如公司法中股东大会、董事会和监事会三大公司机构的相互制衡。这一约束制度更多体现了法律强制性的规定，因而更加规范和系统。

外部约束制度主要包括以下内容。第一，法律约束制度。对机构的法律约束是指通过法律直接为机构及其相关人员设定法律义务或者限制经理权的范围。这种法律控制一般是强制的，任何机构都不得通过章程或聘用合同来更改法律控制，因而具备其他方式所不拥有的威慑力和稳定性。第二，市场约束制度。在市场约束中，产品市场约束是基础，成熟的市场是保障。要让产品市场真正约束领导人员行为，必须建立完善的市场，尤其是具备一套科学、系统、全面的业绩评估系统，才能真正将二者联系到一起。第三，媒体约束制度。媒体约束具备对抗各种不当行为的软实力，舆论监督也不是直接控制相关机构或人员，但无形中会通过对其的声誉和形象施加影响，从而对相关行为起到约束作用。但在媒体监督的同时，必须注意报道的客观公正，不能为了吸引眼球而造假触及法律底线。

3. 机构投资者的慈善目的约束机制

设立了慈善组织比如慈善基金会，应当基于慈善目的行使相关的职权。比如自行向社会捐款、捐物等。根据西方经济学，公民和企业可以选择两种不同的途径履行纳税人的职责：他们可以将自己的一部分收入作为税缴纳给政府；或者作为社会捐款捐献给慈善事业。这样一来，个人和企业与其将税务缴纳给政府，由他们决定这笔费用的公共支出，还不如将自己收入的一部分直接用于公益或福利事业。同时企业做慈善还有诸多实际好处，譬如获得一定程度的免税。当然，慈善基金一直被企业津津乐道的好处不只是"免税"，还有被企业家称为品牌的"软性广告"。很多国外企业家十分乐意投入慈善基金，塑造"公益品牌"，使企业的"特色品牌"体现公益价值，提升亲和力，吸引消费者。再者对于企业内部，慈善基金会通过员工之间义务募捐，创造活动经费，帮助困难职工，增强全体员工的合作性、互动性，有利于创造"和谐、愉快"的企业道德文化。慈善事业是个人、企业提高政治地位和社会尊重的一种表达方式。

无论机构投资者通过什么形式、什么行为进行慈善事业，那么他们的限制就在于慈善目的。也就说他们一定是要基于慈善目的而进行的慈善行为，而不是为了慈善行为所带来的商业价值。通过对机构投资者进行慈善目的约束，来限制他们利用慈善活动作为商业活动的延伸或者扩展。运用外部和内部两种目的约束的制度对机构投资者进行限制，保证慈善信托的终极目的的实现。内部通过与机构投资者签订的合同以及章程约定，以慈善目的为导向获取机构投资者的资金；外部通过《慈善法》、媒体对机构投资者的投资目的与行为继续进行监督。

（五）慈善信托投资的社会评价制度：以信息披露为中心

2016年9月1日中国首部《慈善法》正式实施，明确了慈善信托备案与设立的顶层设计。慈善信托作为开展慈善活动的一种形式，需要通过信息的公开、透明来提高其公信力。慈善受托人通过公开和透明的方式解释其活动和决定，包括实现慈善目标的程度，可以证明其有效性，并向公众和其他利益相关者负责。据中国信托业协会发布的《中国信托业2016年度社会责任报告》显示[1]，2016年，全年公益捐赠总额为7556万元，开展志愿活动182次，参与员工达6694人次。信托机构参与公益慈善的方式不断升级，从慈善捐赠到慈善信托，为公益事业提供可持续的资金。

1. 英国经验

英国慈善委员会作为政府和民间慈善组织的中间层，不仅仅需要对慈善事业保持严格监管，又需要对慈善组织保持中立态度，一切以促进慈善事业发展为首要目的。同时，高等法院、皇家检察总长、国内税务署、遗嘱事务署、英国费用评级机构、公司登记署、地方政府等其他监管机关也同样有权共同监督慈善信托，所以英国形成了以慈善委员会为核心，以多个政府机关为辅助的

---

[1] 中国信托业协会，http://www.xtxh.net/xtxh/finance/43469.html，最后访问日期：2018年1月3日。

"一体多翼式"全方位监督体系。

慈善机构的受托人有义务保护慈善机构的财产不受损失或损害,并确保慈善机构在慈善活动中得到适当的利用。Statement of Recommended Practice ①(以下简称 SORP) 阐述了慈善机构如何应用 Financial Reporting Standard applicable in the UK and Republic of Ireland (以下简称 FRS 102) (effective 1 January 2015),提出慈善机构应该披露账户和资金活动,并规定了受托人的年度报告,包括账户的内容(财务报表)。受托人年度报告为账目中所载财务资料提供了背景和具体解释②。

年度报告和财务报表是受托人报告其管理慈善机构并显示公共责任的主要手段③。年度报告的基本内容是强制性的。报告提供了关于如何获得和使用资源以及慈善机构财务状况的财务信息。年度报告必须说明慈善机构正在采取的项目活动,是否实现了目标,以及如何实现其公共利益的目标,还必须对本报告所述期间影响慈善机构财务表现和财务状况的重大事件发表评论。特别是报告必须说明④:年度投资业绩;在进行物质投资(material investment)的情况下,描述了为选择、保留和实现投资而采取的政策(如有的话),包括慈善机构在投资政策中考虑到社会、环境或伦理考虑的程度;一份声明,确认了慈善机构披露的主要风险,如风险对抗策略。

进行财务投资时,慈善机构需要提交受托人年度报告并接受法定审计的,必须在这些报告中列入其受托人在选择财务投资时所采取的任何政策的概要。该报告还必须包含一份关于一年内慈善机构投资表现的声明和明确规定报告要

---

① The Statement of Recommended Practice-Accounting and Reporting by Charities, issued in March 2005, sets out the recommended practice for the purpose of preparing the trustees' annual report and for preparing the accounts on the accruals basis. The accounting recommendations of SORP supplement accounting standards. The Charities (Accounts and Reports) Regulations 2008 require the methods and principles of SORP to be followed when accounts are prepared under the Charities Act. However, charities where a more specific SORP applies, for example Common Investment Funds, Registered Social Landlords or Higher and Further Education establishments should follow the more specific SORP instead. The accounting recommendations of the SORP do not apply to charities preparing receipts and payments accounts.
② *The Charities SORP (FRS102) Financial Reporting Disclosure Checklist for Charities.*
③ *The Essential Trustee*:*What you need to know* (CC3).
④ *Charity reporting and accounting*:*the essentials November 2016* (CC15d).

求,如董事会收到业绩报告的频率。

报告必须对其社会投资政策做出解释,解释任何与方案有关的投资是如何促成其慈善目标的,因为这是其慈善和投资活动的实质组成部分。投资绩效与投资目标的设定,需要结合考虑社会、环境或伦理、投资政策。

年度报告是一个重要的机会,公开向公众披露慈善机构为慈善目标制定的规划和获得的成就。一份好的年度报告解释了慈善机构的目标以及如何实现这些目标,按照规定的披露格式,并为慈善机构的结构、宗旨、目标、活动和业绩提供平衡的看法。重要的是,它将慈善事业带到了生活中,让潜在的委托人评估不同机构的管理慈善信托财产的绩效水平,从而更理性地选择慈善受托人。

2. 中国现状及建议

慈善信托信息的披露需要建立完善的信息披露机制:信息向谁披露决定了信息披露的内容,而信息披露的内容又决定了信息披露的方法和形式。从慈善信托的目的入手,慈善信托的信息披露机制应包括两部分内容:反映慈善信托目标实现程度的"社会责任报告部分"和反映慈善目标实现时消耗的资源与流向的"财务报告部分"。

由于慈善信托的受益人是不确定,潜在的受益人无法在现行的契约制度下有效地监督受托人的行为,应当要求慈善信托进行强制性的信息披露,保证信息披露的公开与透明。政府和第三方评估机构应对信托公司提供的信息披露质量进行监管和评估。信息披露不透明、质量差的信托公司,影响其评级制度,从而失去了社会公众的信任,捐赠人会选择"用脚投票",不再为该组织提供财务资源。

基于对慈善信托各方利益与目的的分析,对于慈善信托的信息监督应该采用以利益为导向的审核、监督机制。借鉴英国慈善委员会采取年度报告和财务报表的方式,根据信托目的和委托人意愿,制定并通过慈善信托年度、半年度报告及项目清算报告,决策慈善项目管理以及慈善信托财产管理内容及方式,制定并执行信托财产的投资策略、投资范围及投资方案,以及对增加其他公益合作机构的甄选标准和程序进行决策等事项,可设计出我国慈善信托信息披露制度:一是社会责任报告,二是财务报告。社会责任报告是反映财务报告是否发挥其价值的证明信息,而财务报告是其实现慈善目标的具体反映,为实现慈善目标提供信息支撑(见图1)。

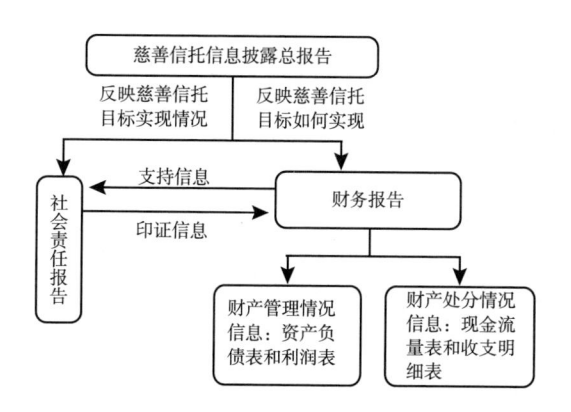

图1　慈善信托信息披露架构

资料来源：吴艳芳：《目标导向下的慈善信托信息披露机制研究》，《财会月刊》2016年第7期。

（1）慈善信托履行情况的信息披露：社会责任报告

社会公益履行情况的信息披露主要体现了慈善信托在实现其慈善目标时所取得的成绩。在该部分的信息披露中，应围绕着慈善目标进行展开，这是每一会计年度的受托人活动全面的回顾。

在社会责任报告中披露慈善信托成立的目标、慈善信托成立的章程、慈善信托资金的来源、慈善信托内部治理结构等信息，目的是对慈善信托进行整体的介绍，并通过披露慈善信托的章程、治理结构等信息，向信息使用者传递其管理水平和能力的信息。

慈善信托是为公共利益而开展慈善活动，所提供的细节应侧重于受托人认为对整个慈善活动意义重大的活动，如为实现既定目标的慈善策略的解释；重大活动的回顾（包括其主要项目、项目或提供的服务）；额外财务审查资料，包括对慈善机构及其附属机构的财务状况进行审查，并说明在这一年内生效的主要财务管理政策，如主要资金来源和审查年度支出如何支持慈善目的等。

在涉及信托资产投资问题时，年度报告必须说明慈善机构受托人为慈善事业选择投资的政策。受托人应该首先考虑如何才能最好地利用信托资产来投资以进一步实现慈善事业的目标，受托人可以选择集中于一种方法或一种组合：财务投资、伦理投资、与方案有关的投资以及"混合动机投资"。受托人需要考虑的关键事项包括：慈善信托目的，以获得最佳的投资回报；慈善机构的风险偏好；投资金额；现金流等。这些都是决定慈善机构投资方式的因素。受托人应确保其投资方法和关键决定的细节以书面的方式记录。

财务投资的目的是在考虑风险的范围内产生最佳的财务回报，受托人必须了解并在其慈善机构的投资范围内采取行动；在投资决策时要谨慎和熟练；选择适合他们慈善事业的投资多样化的需要；不时审查投资；决定慈善机构的总体投资政策和目标；考虑风险与回报之间的平衡，例如环境和公司投资的社会影响及其治理质量等。

伦理投资是一种考虑到慈善机构的价值观和风气的金融投资形式，投资的回报率可能低于替代投资。因此，受托人还应评估任何提议的政策对潜在投资回报的影响，并权衡任何回报率低的风险，以避免特定的投资与慈善信托的目的相冲突，以避免违背委托人的意愿。伦理投资可采取以下方式进行：负面筛选，即意味着避免对从事某项活动或以有害于慈善利益的方式运作的公司、部门等进行投资；正面筛选，即意味着投资的全部或部分公司或部门反映环保、健康领域的一个慈善机构的价值投资组合，显示出良好的企业社会责任和治理；股权投资，利用利益相关者的积极性，即作为股东，行使投票权以影响公司政策等方式。例如，一个旨在保护野生动物和环境的环境慈善机构决定采用伦理投资政策，它决定避免投资于环境记录不佳的公司（这种方法将被称为负面筛选）。设立一个慈善机构，目的是教育公众预防疾病，对其基金的投资采取合乎道德的做法。这可能包括开办健身房、生产体育器材或生产健康食品（这种方法将被称为正面筛选）。

与方案有关的投资（PRI）主要是促进慈善机构目标的一种方式，目的是直接利用慈善机构的资产来达到其慈善目标，也可能产生某慈善事业的财政回报，其规则不同于财务投资。慈善机构可以利用PRI为其他慈善机构、非慈善公司、社会企业和第三方提供资金。对于PRI，受托人必须表明与方案有关的投资将进一步促进慈善事业的公共利益目标；应确保对个人的任何利益都是必要的、合理的；应考虑合理和切实可行的退出方案等。例如，一个致力于帮助失业者的慈善机构通常向那些帮助失业者重返工作岗位的慈善机构和其他组织发放补助金。然而，它已决定在某些情况下贷款而不是赠款。它预计，贷款将得到偿还，可能有一些利益，使慈善机构在更多受益者中开展工作。这方面的例子包括提供贷款、贷款担保、认购或购买股票或通过慈善机构出租土地和建筑物。受托人将需要确保与方案有关的投资是促进其慈善信托目标的合法和合理的方式，不能违背信托目的投资慈善信托资产。

"组合动力投资"这一术语适用于下列情况：不能仅仅提及它对促进慈善事业的发展所产生的影响；不能用投资标准提供适当的财务回报；不是为了促进或支持慈善目的或获得财务回报而做出的。组合动力投资的目的不是促进或支持慈善事业，或是获得财政回报，它不可能在慈善机构的权力范围内进行。在这种投资下，并不总是清楚慈善机构所拨出的资金哪一部分是为了促进其目的，哪一部分资金的是正当的，以产生财务回报。因此，受托人如何考虑是否将必要的资源投入这种投资是正当的。受托人应首先考虑在何种程度上的资金支出将是辅助性的，什么比例的慈善资源可以合理承诺项目，从"总投资"的使用中得到的预期回报是否合理，作为投资总额与按比例相称的投资差额的回报。

受托人在决定某一投资是否符合慈善信托目的，应考虑以下事项：投资的期限和如何（以及何时）提取资金；投资未能交付或执行预期任务收益和财务回报的风险，受托人应披露主要的风险和不确定性，以及管理这些风险的计划和策略；如何衡量、评估和监测投资的表现；预期的财务回报和预期的好处；投资的可能成本（以任何放弃的财务回报和/或为促进慈善目的而放弃的任何利益）等。

整个社会责任报告以委托人、监察人、潜在的受益人为中心，主要作用是披露无法在财务信息中披露的非财务信息。也就是说，只有将非财务信息和财务信息相结合表达，才能有效传递信息，从整体上反映慈善信托目标的实现程度。

（2）信托资产的信息披露：财务信息

对于慈善信托管理和处分的信息披露主要体现了受托人是否很好地履行了受托责任、是否对委托人的财产进行了专业的管理和恰当地使用，该信息的披露形式主要体现为财务报告。虽然目前我国要求慈善机构对其财务信息进行披露，但在信息披露中存在的问题也是非常显著的。

一是信息没有披露，或者披露过于笼统。根据《中国民间公益组织透明度发展研究报告（2015）》中的"中国民间公益透明指数"（Grassroots

Transparency Index，简称 GTI)①，GTI 通过对民间公益组织的基本信息、治理与管理信息、业务或项目活动信息、财务信息等一系列指标进行加权平均，得出一个综合反映民间公益组织透明程度的数值，它代表了民间公益组织的总体透明程度。该指数的得分范围在 0~100 分，透明指数的得分越高，表明该组织透明度越高。该报告涵盖了 2013 年 1 月 1 日前成立的 1738 家民间公益机构，其中有近千家的公益组织其财务信息的披露得分为零分。

二是现在的财务信息披露中，主要是披露反映整体财务状况的资产负债表，以及反映慈善资金收支的经营活动收支表和现金流量表。这几张报表的信息披露过于笼统和简化，显然不能满足慈善信托信息披露的要求。财务可行性是以其业务计划、现金流量预测、利润预测、风险分析和其他现有信息为基础的。

实际生活中，可能存在捐赠资金无法真正到账的情况，如果采用收付实现制，这将直接影响到慈善组织开展慈善活动的有序进行。在权责发生制原则的记账基础上，对于产生的应收捐赠可以进行详细披露，也能间接地对捐赠人起到监督和制约的作用，避免"诈捐"事件的发生，从而净化慈善捐赠的环境。

信托公司的管理者是慈善信托受托责任的履行者。由于信托公司也需要耗费成本及时地向受益人提供产品或服务，因而他们也关注组织的财务状况和现金流量、运营绩效、预算执行情况以及资产负债管理和成本控制的绩效，以决定组织怎样筹集所需资金，评价组织所提供的产品或服务是否有价值。会计信息能够帮助管理者及时发现组织运营的各种问题，从而制定必要的改进措施。

受托人利用委托人的财产进行管理，实现财产的保值和增值，所以慈善信托的受托人应该编制反映信托财产"增值"情况的利润表，以反映受托人对于委托人的财产的管理能力和水平。为了更好地反映慈善信托的整体财产状况，还应披露反映慈善信托整体财务状况的资产负债表。慈善信托业务形式和目标比较简单，可以限制会计政策和会计方法，以降低财务信息的复杂程度，比如：对于慈善信托中应收账款期末价值的确定，不允许计提坏账准备；对于实际发生的无法收回的捐款，采用直接注销法进行处理。

---

① 公益慈善网：《民间公益组织透明度研究报告发布》，http：//www.ngocn.net/column/2016 -03 -23 -23b70477f697f339.html，最后访问日期：2018 年 1 月 12 日。

同时，为了及时让公众了解资金的适用状况，还应披露反映资金使用和流动情况的现金流量表和反映其细节的收、支明细表。现在慈善组织一般都会披露收支明细表和现金流量表，这两张报表的信息披露都是采用收付实现制从整体上反映资金的流动，区别在于对资金整体上的分类不同。收支明细表是根据业务活动的性质进行分类，反映其资金的收支情况，如获得的捐赠现金流入、捐赠支付、管理活动发生的支出等。而现金流量表是根据经济活动的性质进行分类与披露，将慈善活动分为经营活动、筹资活动和投资活动进行披露。收支明细表具体包括：①反映经营活动的收支明细表；②反映投资活动的收支明细表；③反映筹资活动的收支明细表。在收支明细表中，不仅能反映其货币价值，还可以根据需要反映每笔支出所对应的受益人数量等信息。另外，根据重要性原则，对于一些金额比较大的专项财产的使用，可以根据委托人的要求，提供专项资金使用情况明细表，必要时可以采用数量金额式的报表格式，实现财产处分情况与慈善目标实现情况的一一对应。

在会计报表的附注中，除了披露收入政策、支出政策、税费政策、资产政策、负债政策、基金结构政策和其他政策，还应注意披露影响投资决策的重要因素，如披露投资签订的慈善项目合同和资本支出合同的承诺信息，如慈善项目承诺的原因和性质、承诺的金额、期初尚未履行的承诺金额、本期新做出的承诺金额、本期履行的承诺金额、期末尚未偿付的承诺金额，以及在一年内为履行承诺应支付的金额等。

信托公司要加强信用风险管理和提升风险资产处置能力，并防范同业、跨业经营合作中合规风险、监管套利风险，积极参与行业自律监管评级。对信托公司的外部评价，主要关注信托公司参与行业自律机制、保障基金机制、登记平台市场建设情况，由信托业协会、中国信托业保障基金公司以及中国信托登记公司分别向银监会报送评价结果。

参考文献

D. J. 海顿《信托法》，周翼、王昊译，法律出版社，2004。

方国辉：《公益信托与现代福利社会之发展》，台湾私立中国文化大学三民主义研究所博士学位论文，1992。

公益慈善网：《民间公益组织透明度研究报告发布》，http://www.ngocn.net/column/2016-03-23-23b70477f697f339.html，最后访问日期：2018年1月12日。

雷门：《美国关于公益信托的做法》，2005年7月召开的"中国公益信托研讨会"会议资料。

黎颖露：《税收优惠政策是慈善信托亟待解决的问题》，http://news.xinhuanet.com/gongyi/2016-08/31/c_129264728.htm，最后访问日期：2017年8月14日。

李青云：《信托税收政策与制度研究》，中国税务出版社，2006。

刘文华：《民政部出台慈善资产增值新规：慈善组织既要会公益，又要懂投资》，http://www.infzm.com/content/132228，最后访问日期：2018年1月5日。

吴艳芳：《目标导向下的慈善信托信息披露机制研究》，《财会月刊》2016年第7期。

约翰·奥斯丁：《法理学的范围》，刘星译，中国法制出版社，2003。

中国信托业协会：《慈善信托研究》，中国金融出版社，2016。

中国信托业协会，http://www.xtxh.net/xtxh/finance/43469.html，最后访问日期：2018年1月3日。

Anne Stetson and Mark Kramer, Risk, Return and Social Impact: Demystifying the Law of Mission Investing by U. S. Foundations (Packard Foundation, 2008), p. 17.

热点六

慈善信托在家族财富传承中的运用研究

蔡概还[*]

摘　要：随着中国特色社会主义进入新时代，中国高净值人群的规模逐年扩大，并且逐渐步入财富的传承时期，财富管理与传承逐渐成为高净值客户关注的问题。但财富传承不同于财富继承，传承的不仅仅是家族物质财富，还有家族精神财富，而最能体现家族精神财富的便是公益慈善。因此，将公益慈善融入家族财富传承，也是未来家族信托的一个重要发展趋势。目前，我国家族信托尚处于萌芽阶段，慈善信托也是如此。在《中华人民共和国慈善法》（简称《慈善法》）实施后，我国慈善信托虽具有一定的理论和实践基础，但大多数只是专注在理论及制度的研究方面，在实践操作与创新性方面仍处于起步阶段。因此，本课题拟借鉴境内外相关的研究成果，从慈善信托的角度出发，积极探索慈善信托在家族财富管理和传承中的作用，并据此提出了我国家族慈善模式的创新设计，希望通过家族慈善信托的融合达到私益目的与社会公益目的的统一，从而推动家族慈善信托本土化实践，丰富家族慈善信托的理论基础。

关键词：家族信托　慈善信托　家族传承　财富管理　高净值人群

一　我国家族财富传承现状与发展

我国改革开放近40年，经济高速发展，诞生了一大批优秀的企业家，作

---

[*] 课题负责人：蔡概还，中国慈善联合会慈善信托委员会。课题组成员：刘岩、彭伟宏，中国慈善联合会慈善信托委员会；肖柯、刘发跃、白云、王诚，四川信托有限公司。

为时代的先行者，他们大多建立起了自己的财富帝国。2017年1月10日，诺亚财富发布的《2017年高端财富白皮书》研究显示，高净值人群对财富保障与传承的需求日益增加。50.9%的高净值人群有财富传承与保障方面的需求。此外，还有16.3%的高净值人群有家族企业的管理需求，面临传承问题的高净值人群高达81%。研究还发现，高净值人群的风险承受力与年龄大小成反比，年龄越大，越希望承担较小的风险。在2017年11月，中信银行私人银行与胡润研究院联合发布的《全球视野下的责任与传承——2017中国高净值人群财富管理需求白皮书》，是全球化趋势大环境下的首份针对中国高净值人群全球财富管理需求的白皮书，调查发现，在中国家庭平均资产过亿的高净值人群中，86%的企业家已经在规划家族传承事宜，而精神文化传承，已成为传承中最根本的要素。家族文化、精神与财富共同传承，实现家业长青，已成为高净值人群的共识。当有形的物质财富积累到一定规模，文化与精神财富的需求就会不断增长。近年来，高净值人士的需求逐渐由单纯追求物质财富的增长，转变为关注财富的保障和传承，对家族财富管理的需求日渐迫切。慈善作为一种重要的精神财富，因其有助于家族文化理念、文化血脉的传承，提升家族成员向心力，提升家族企业的社会公信力等，已渐渐获得了高净值人群的偏爱，成为家族传承中不可或缺的重要组成部分之一。

（一）我国已进入财富传承时期

1. 高净值人群数量持续增长

据胡润研究院于2017年3季度发布的《2017年中国超高净值人群需求调研报告》显示，我国个人资产达到1000万以上的高净值人群达121万人，占全国总人口的0.09%。121万高净值客户总计持有资产约31万亿元。预计到2020年，中国居民可投资总产量将高达200万亿元。

2. 高净值人群财富管理需求的转变

经历了第二次世界大战，我国人口呈现稳步增长态势，逐渐形成了现代人口的高速增长。而在新中国诞生后出生的"50后""60后"人群中，涌现出了大批优秀的企业家。他们经历了20世纪70年代末以来的改革开放，经历了计划经济向市场经济的转变过程。随着改革开放后第一代企业家陆续面临退休，家族财富管理市场的重心正经历从创造财富转为财富传承和移交的过程。

老一代企业家拥有数额庞大的个人财富，随着资产数额的不断增加，他们的财富需求目标已经逐渐发生改变。

3. 家族财富传承难题

创一代因为年龄、身体等诸多原因，逐渐无力管理庞大的家族企业，随着二代的逐渐成年，家族企业的传承已经迫在眉睫。然而，纵观全球家族企业传承历史，成功传承从来就是一个小概率事件。研究表明，真正意义上实现从一代传到二代的家族企业不到20%，有70%的家族企业没能传到下一代，88%的家族企业没能传到第三代。

研究显示，在美国，大约16%的家族企业能存活超过一代，而超过第二代的企业暴跌至5%，超过三代的企业不足3%，超过四代的低至2%。宏观经济政策、自然灾害等不可抗力，家族内部矛盾等因素，都会影响家族企业的代际传承。同时，二代对未来职业生涯的规划，也会成为影响家族传承顺利与否的重要原因。在继承家业、以何种形式继承家业的问题上，二代通常会做出不同的选择。既有子承父业接下家族企业，严格按照一代要求对企业进行战略规划的；也有聘请高级经理人管理企业，自己享受股权红利的；还有自身有其他爱好，完全脱离家族企业的。其中，60%以上的人持较为灵活的态度，即家族第二代以持股股东身份拥有企业，一般情况下聘用职业经理人管理企业。

二代的差异化选择，使改革开放后成长起来的第一批民营企业面临传承的难题。创一代的子女，往往出生在八九十年代。独生子女政策为中国家族企业接班营造一个极为特殊的环境，很多一代企业家担忧唯一的子女因没有兴趣或者没有能力而导致无法接班，自己创业多年的心血即将付诸东流。无论祖辈开创的事业多么辉煌，如不注重对财富的传承和保全，在经过数代动荡和流失之后，其积累的家业也会消耗殆尽。无论国内国外，如何传承，通过何种载体传承，已成为当下值得思考与探索的难题。

4. 高净值人群的慈善需求

据胡润研究院于2017年6月发布的《2017胡润慈善榜》显示，我国2016~2017年总捐助额超过164亿元，教育领域的捐助最多，其次是社会公益。日益增多的慈善捐助表明了企业家的慈善需求。

从第一个层面来看，企业参与慈善事业的潜在价值巨大。对企业来说，慈善捐助并不是无偿的捐助赠与行为，不仅可以提高企业知名度，体现企业的社会责任，增加无形资产，还可以在人力资源方面获得优势，如对教育领域的捐赠。从第二个层面来看，对企业家来说，慈善是一种情怀或者格局，既能实现个人心愿，也能体现自我价值。因此，我国企业愿意将每年的一部分收入用于慈善事业，不仅仅利于企业，也利于社会。

（二）我国家族财富传承的主要方式

我国家族财富传承的主要方式有以下几种。

1. 遗嘱

遗嘱是遗嘱人生前在法律框架内，按照法律的相关规定对其所拥有的财产、事物做出的个人处分决定，并当遗嘱人死亡后立即发生法律效力的文件。总体来说，遗嘱通过书面的形式，使遗产范围相对明确，财产分配也是根据个人意愿执行。但遗嘱具有一定的局限性：一是遗产执行人的履行能力作用巨大，遗嘱自身极易出现纠纷，导致亲属之间的猜疑，争议较大；二是设立遗嘱只是解决一时的财富分配问题，而后续问题却无法解决，一次性交付的后果可能使家业财富被挥霍滥用，最终无法按照遗嘱设立人的意愿完成传承；三是遗嘱及其高额的税负，使得家族财产极大缩水；四是遗嘱在一定程度上无法保护继承人与传承人的个人隐私，其资产财富需公开化、透明化。这在无形中亦激化了家族矛盾，不利于家族内部的和谐，同时无形中增加了企业持续经营的风险。

2. 大额保单

大额保单，即投保人根据保险的规定，向保险人支付合同中约定的保费，保险人对于合同约定的可能发生事故因其发生所造成的财产损失承担赔偿保险金责任，或者当被保险人死亡、伤残、疾病或者达到合同约定的年龄、期限等条件时承担给付保险金责任的商业保险行为。大额保单具有较强的私密性，一定程度上可以规避遗产税的发生。但存在以下问题：一是流动性较弱，并不具备定制化功能，大额保单对子女的行为无法约束，可能造成子女挥霍与不良行为的发生，缺乏灵活性是其最致命的缺陷；二是大额保单仅仅是一次性传承，只能传给已出生的人，而无法惠及第三代、第四代子女。

3. 法定继承与资产代持等

法定继承作为较为普遍的传承方式，具有诸多缺陷，既无法满足债务隔离、隐私保护、科学资产配置的需求，又无法激励约束子女，还需缴纳大量的继承税负。在国外，时常出现继承人无力支付继承税而导致无法继承资产的情况。资产代持无法限定受益人范围，同样无法完成隔代传承，同时还存在道德风险等重大隐患。

4. 家族信托

我国《信托法》规定，信托是指委托人基于对受托人的信任，把其财产权委托给受托人，由受托人按委托人的意愿以自身名义，为受益人的利益或者其他特定目的对委托人的财产进行管理或者处分的行为。家族信托的委托人是个人，它是一种以家族财富的管理、传承和保护为目的的信托，其受益人一般为本家族的成员。家族信托较之以上传承方式，具有以下优势。

（1）子女教育与生活保障

贯穿子女成长的各个阶段，通过对子女成长的各个阶段进行灵活多样的定制化方案设计，将家庭所需各类刚性现金需求储备进行统筹安排，以专款专用的形式，守护子女无忧成长，防止监护人侵占或其他资金挪用行为。

（2）避免财产继承纠纷

通过信托计划量身定制财富传承方案，能够避开继承法流程限制，克服继承权公证这一难关，完全按照客户自身意愿决定分配对象及比例，提前做好家庭成员的利益平衡安排，避免日后因争资产引发的家族纠纷。

（3）资产债务隔离安全

防止企业经营风险波及家庭，防范经济下行的事业风险。通过设立家族信托将部分资产从个人资产中剥离出来，避免未来个人或企业遭遇风险时，家庭资产被无限卷入，阻断后续债务风险，为个人养老及子女教育等刚性需求预留现金储备。

（4）婚前财产隔离保护

防止个人、子女婚姻问题导致的资产外流。利用信托财产独立性可防御家族成员婚变带来的财产分割，提前进行子女未来婚姻风险隔离，并无须征得子女未来配偶同意，不伤害家庭感情。

（5）预防挥霍与不良行为

通过附灵活条件的受益权分配方式，弹性安排财富传承，对子女进行约束激励，避免受益人挥霍等不当行为，并按照客户的理念，激励子女向自己希望的成长路径发展。

(6) 移民计划与税务筹划

对于有移民规划的客户，可由境外税务师与专业移民机构，协助客户合理选择移民目标国，并制定综合移民规划。除此之外，还可以通过家族信托的结构设计，完成个人名下资产所有权的转移，尽可能降低移民后应税资产规模。

(7) 高端定制慈善

根据客户不同需求，量身定制专属的高端慈善信托产品，传承精神财富，提升家族凝聚力。

(三) 我国家族财富传承方式的比较

法定继承与遗嘱继承先天劣势较大，无法满足高净值客户的大多数需求；资产代持的最大风险还是集中在道德风险上，也不符合高净值客户家族财富安全平稳传承的初衷；人寿保险是现在主流传承方式之一，但其始终无法解决灵活资产配置、隔代跨越继承、企业交班规划等问题，且在隐私保护方面尚有一定缺陷 (见表1)。

表1 家族财富传承方式的比较

功能	法定继承	遗嘱继承	资产代持	人寿保险	家族信托
债务隔离保全	×	×	?	√	√√
合理税务筹划	×	×	√	√	√
财产隐私保护	×	×	√	×	√√
子女激励约束	×	×	√	√	√√
隔代跨越继承	×	×	×	×	√√
科学资产配置	×	×	×	√	√√
分配灵活多变	×	×	×	×	√√
多元财产类型	√	√	√	×	√
企业交班规划	×	×	×	×	√√
防范婚姻风险	×	√	?	√	√√
重大疾病赔付	×	×	×	√√	×
受益人范围	×	√	×	×	√√

注：√表示具备功能，×表示不具备功能，?表示尚未明确。
资料来源：四川信托有限公司根据各类法律与新闻材料总结。

相较于其他传承方式，家族信托在债务隔离保全、合理税务筹划、财产隐私保护、子女激励约束、隔代跨越继承、防范婚姻风险等方面都具有天然优势。除了不具备重大疾病赔付功能外，家族信托几乎涵盖了高净值客户的需求与主观意愿，家族信托也成为世界家族财富传承领域较完美的金融工具，家族信托逐渐被境内外高净值客户青睐。

巴菲特曾经说过："慈善已经不仅是慈善，也是一种管理财富的方法。财富管理方法不仅是方法，也体现对财富的理解和智慧。"除了关注慈善，将财富运用到慈善领域的家族也关注善款的妥善管理。今后，慈善与商业的合作将成为新的发展趋势，高净值人士未来的主要选择将会以市场的模式运营家族的慈善事业，以保证家族事业的持续发展。而慈善信托作为家族财富管理的一部分，是管理家族财富实现代际传承的重要选择之一。虽然中国的慈善信托事业刚刚起步，但随着《慈善法》和《慈善信托管理办法》的出台，慈善信托正以丰富多样的信托目的、灵活便利的交易结构和角色机制、创新的信托财产类型与运用，在我国的慈善事业中展示着强大的活力。

1. 慈善信托在家族财富管理上的独特优势

信托制度从英国起源至今，经过漫长时间的发展、完善，已经日益清晰、完备、公平、合理。而且现在的信托制度也具有灵活多样的设计和形式，既可以实现家族财富的资产隔离，也可以通过灵活巧妙的设计实现对家族企业的股权控制，从多方面对家族财富进行保护，实现家族财富传承等多种功能。

随着中国慈善信托神秘面纱的逐渐揭开，市场规模一步步扩大，这引起了高净值人士极大的关注。慈善信托不仅是家族实现慈善目的的有效手段，也可以结合家族信托实现在家族财富管理方面的独特功能。

（1）实现破产隔离

我国《中华人民共和国信托法》（简称《信托法》）第十五条规定："信托财产与委托人未设立信托的财产相区别。"第十六条规定："信托财产与属于受托人所有的财产（以下简称固有财产）相区别，不得归入受托人的固有财产或者成为固有财产的一部分。受托人死亡或者依法解散、被依法撤销、被宣告破产而终止，信托财产不属于其遗产或清算财产。"同时第四十七条规定："受益人不能清偿到期债务的，其信托受益权可以用于清偿债务，但法律、行政法规以及信托文件有限制性规定的除外。"由此可见，信托可以使家族资产独立出来，并且受到法律的明确保护。信托财产的独立性主要表现为以下几个方面：第一，设立信托的财产区别于委托人未设立信托的其他财产，具有破产排除、遗产排除、债务排除、混同排除的效果；第二，信托财产独立于受托人的固有财产，不因受托人破产、被强制执行而受到影响；第三，信托财产可以通过合理合法的方式独立于受益人的债务。由于信托财产破产隔离效果的存在，可以保障信托财产的安全和稳定。

（2）实现多样化的慈善目的

信托制度具有灵活设计的制度优势。根据我国《信托法》，凡是委托人合法拥有的财产均可以作为信托财产设立信托。鉴于灵活的交易设计，委托人可以设计不同的信托产品结构来实现其不同的慈善目的。另外，委托人还可以根据自己的意愿对信托利益进行分配，并根据慈善需要进行调整，相较于家族企业的直接捐款、捐物，慈善信托可以让家族真正进入家族慈善的运作和管理中，有效监督和实现慈善目的。

（3）利用受托人专业的资产管理能力

受托人通常具有较为专业的资产管理能力。例如我国的信托公司，是我国唯一能够同时涉足货币市场、资本市场和实业投资等多个领域的非银行金融机构。信托产品的设计在风险与收益方面具有多样性，能够满足客户多元化和个性化的需求，这是信托公司在家族财富管理中核心的竞争优势。例如，家族慈善资金交付给信托公司，可以由其实施低风险的投资，包括投资低风险级别的银行理财产品、货币市场基金、银行存款等。这不仅能够确保家族慈善资金尽可能安全稳定地存续，更好地实现信托目的，也能为客户提供个性化定制化的服务。

（4）信息充分披露

我国《信托法》规定受托人需要勤勉尽责，忠实地履行信托义务，按照规章制度披露信托的相关信息。在信托财产的管理过程中，受托人必须按照信托合同的约定进行投资，实现资产的保值增值，并且不得擅自违反委托人合法的信托目的，不得违背委托人的分配意愿。同时，受托人必须按照相关的披露制度，履行信息披露义务，向委托人披露资产管理的相关信息。

2. 家族慈善信托反哺家族企业

（1）避免家族企业控制权分散

《信托法》明确规定，委托人设立信托的财产具有多样性，不但包括货币，而且包括有价证券、股权、知识产权等有形和无形资产。由于信托架构的设计是灵活多样的，家族信托可以实现家族企业股权的所有权、决策权和受益权的分离，即使发生家族矛盾或家庭变故也可以避免股权分散，从而避免丢失对家族企业的控制权。

（2）对家族企业发展的协同效用

慈善是帮助弱势群体，是社会资源再分配的过程。企业每一次参与社会慈善、社会公益都是一次企业良好形象的展示，都有利于加强公众对企业的认识，长期的慈善行为会持续提升企业的知名度、美誉度和无形资产，进而全方位提升家族的社会影响力。很多知名跨国公司已经将慈善活动、公益活动作为企业履行社会责任的一种手段，成为塑造良好的企业形象和口碑的重要环节。因此，以投资的眼光来做慈善，短期可能是"亏损"状态，但从长远来看家族慈善行为可以促进家族财富的持续增长。

从企业家角度看，慈善活动可以构建一种自身关系网络。慈善过程中可以获得与相关政府机构的紧密联系，尽管企业的慈善活动本身不是盈利行为，但它依然能够获得某些间接的效益。从某种角度说，企业既从事了慈善事业，造福了群众，也营造了自身与政府间的良好联动关系，而这种关系的形成可能对于企业的未来发展至关重要。

另外，家族慈善有利于企业价值观的塑造。从境内外实践经验来看，家族企业安排一定比例企业收入做慈善，不仅可以提高家族成员之间的凝聚力，还可以提高企业员工的荣誉感和对企业的归属感，对家族的企业文化塑造大有裨益。

（3）助力家族精神的延续

一个家族的传承主要包括两个方面：第一，物质财富的传承；第二，家族精神的传承。过去，人们更多关注物质财富的传承方式和策略。如今，如何有益、有效、持续地传递家族的精神财富，日益成为高净值人士思考的问题。在我国，家族慈善信托作为一种家族行善的新兴方式，通过家族慈善信托开展慈善活动，可以将家族成员团结起来共同致力于慈善事业，有利于提高家族的凝聚力。

（4）对家族财富的税务筹划功能

从境外经验来看，家族慈善信托的一个主要优势，就是对税收的合理规划。例如，在开征遗产税的国家和地区，家族财富传给后代要缴纳很大一部分的遗产税，同时又规定设立慈善信托可以免除缴纳遗产税或者享有捐赠抵税的优惠政策。因此，境外许多富人借助慈善信托不仅可以服务社会，还可以规避巨额遗产税，因此家族企业常常通过在家族信托中嵌入慈善信托获得税收抵扣优惠，以达到合法节税目的。

目前，我国慈善信托享有国家一定的政策支持，税收优惠政策已经有了原则性的规定。虽然中国遗产税尚未开征，慈善信托的税收优惠细则也尚未制订，但随着我国慈善信托税收优惠政策的出台，慈善信托的税收筹划优势将日益凸显。

（四）家族财富管理中的慈善需求

慈善需求是高净值人群在家族财富传承中的一个重要方面，主要体现在以下两方面。

1. 维系家族稳定的需求

家族财富在家族传承过程中，主要以私人利益目的为主，追逐私利的心理难免会导致家族后代为了争夺财富破坏家族的稳定团结。同时，家族内部矛盾会促使家族企业股权的分散，损害家族利益。家族慈善信托融入家族财富管理中，可对家族股权传承起到固定作用。慈善信托的受益人属于不特定的社会公众，家族财富继承人不享受此受益权，将公司部分股权做成慈善信托模式，即使家族继承人针对遗产有纠纷，但慈善信托这部分的股权依旧不能撼动。

2. 延续慈善精神的需求

慈善精神传承是家族财富传承的最高境界，它是一种创业精神的传承，是一种人生观、价值观的延续，对于家族事业的开展和传承具有重要意义。这种对后代慈善理念的培养，对民族、社会带来的正效益，是物质财富无法体现的。

二 我国慈善信托立法与实践情况

（一）《慈善法》颁布的背景

我国自古以来就有"乐善好施"的传统理念，改革开放以来，我国居民财富稳定增长,慈善事业发展的经济基础与社会基础已基本具备。我国公益信托的概念最早出现于 2001 年《信托法》中,但公益信托配套监管政策的缺失、慈善活动的不规范及专业管理能力的不足,导致我国公益信托发展进程十分缓慢。

2008 年,慈善法正式列入十一届全国人大常委会立法规划第一类项目。2009 年,民政部向国务院法制办提交草案,慈善法进入立法程序。2015 年 10 月,《慈善法(草案)》首次提请全国人大常委会审议。2016 年 3 月 16 日,《中华人民共和国慈善法》表决通过。同年 9 月 1 日,《中华人民共和国慈善法》正式实施。

《慈善法》的颁布,对我国慈善事业的发展具有里程碑式的意义。《慈善法》中,对慈善信托设有专门的章节,把信托机制确立为从事慈善和公益事业的重要途径之一,《慈善法》解决了一系列困扰慈善信托发展的问题。在设立层面,《慈善法》确立了慈善信托设立的备案制,较以前的审批制,更为合理、便捷;在监管层面,《慈善法》明确了慈善信托的监管部门为民政部门,彻底解决了公益事业主管机构不明确的问题,从而让慈善信托的实践具有可操作性。

(二)慈善信托的要素

1. 慈善信托的基本特征

(1)慈善目的具有公益性

《慈善法》第五章第四十四条明确指出"本法所称慈善信托属于公益信托,是指委托人基于慈善目的,依法将其财产委托给受托人,由受托人按照委托人意愿以受托人名义进行管理和处分,开展慈善活动的行为"。慈善目的是慈善信托区别于其他信托的最显著特征。慈善目的需要通过慈善活动进行体现,根据《慈善法》规定,慈善目的包括"扶贫、济困、扶老、救孤、恤病、助残、抚优、救助自然灾害、事故灾难和公共卫生事件等突发事件造成的损害,促进教育、科学、文化、卫生、体育等事业的发展,防治污染和其他公害,保护和改善生态环境"等。慈善目的是最直接、最重要、最关键的判别慈善信托性质的基本特征。

(2)慈善受益人的不特定性

相较于其他信托拥有固定的受益人,慈善信托的一个显著特征是其受益群体的不特定性。若设立特定的受益人，则有可能会被认定为私益信托，脱离慈善信托的初衷，故受益人需通过受托人根据合同约定的条件范围进行筛选。受益人的不特定性恰恰体现了慈善信托的公益性与纯粹性，成为其鲜明的特色之一。

（3）受托人的范围

《慈善法》第四十六条明确规定"慈善信托的受托人可以由委托人确定其信赖的慈善组织或信托公司担任"。在《慈善信托管理办法》中亦明确指出"慈善信托的受托人可以由委托人确定其信赖的慈善组织或者信托公司担任"。明确的受托人范围，一定程度上有助于慈善信托更加规范地发展。

（4）备案要求

《慈善法》《慈善信托管理办法》等法律法规规定，"受托人应当在慈善信托文件签订之日起 7 日内，将相关文件向受托人所在地县级以上人民政府民政部门备案。未按照前款规定将相关文件报民政部门备案的，不享受税收优惠"。

在监管职能上，民政部门与银行业监督管理部门各司其职，民政部门依法履行受理慈善信托受托人关于信托事务处理情况及财务状况报告、公开慈善信托有关信息、对慈善信托监督检查及对受托人进行行政处罚等管理职责。银行业监督管理机构依法履行对信托公司慈善信托业务和商业银行慈善信托账户资金保管业务监督管理职责。

2. 慈善信托的构成要素

慈善信托的参与方，包括委托人、受托人、受益人、监察人、保管人、项目执行人等。每个参与主体均有自身的角色定位与权利义务（见图1）。

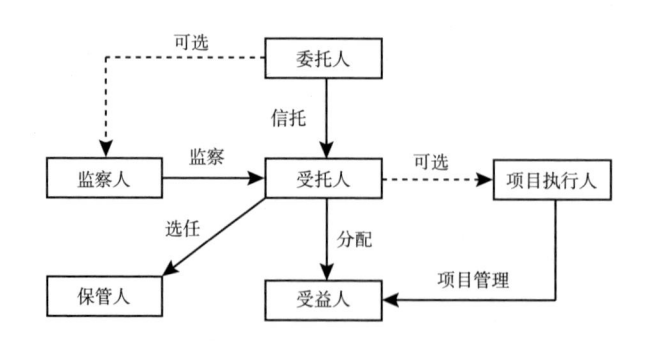

图 1 慈善信托的构成要素

资料来源：根据统计资料整理而成。

(1) 慈善信托的委托人

委托人是拿出合法财产设立慈善信托的人。根据我国《信托法》《慈善信托管理办法》等法律法规的规定，"慈善信托的委托人应当是具有完全民事行为能力的自然人、法人或者依法成立的其他组织"。根据慈善信托委托人数量的不同，可分为单一委托人与多个委托人两类。在慈善信托存续期间，委托人拥有监督权、受托人变更权、撤销权、解任权、终止权等多项权利。

(2) 慈善信托的受托人

受托人在慈善信托中扮演了极其重要的角色，受托人基于委托人的信任，对受益人的利益进行管理或处分慈善财产。我国《慈善法》《慈善信托管理办法》中明文指出，慈善信托的受托人需由慈善组织与信托公司担任。其中，慈善组织是我国慈善事业的主导力量，具有较高的社会公信力、广泛的慈善捐赠资源、丰富的慈善项目运营经验。而信托公司集信托制度优势与专业的资产管理能力于一身，与慈善组织相互补充，有助于我国慈善信托的长期稳定发展。

(3) 慈善信托的受益人

慈善信托的受益人可以是自然人、法人或依法成立的其他组织，根据《慈善法》第一章关于慈善目的的描述，可以得出慈善信托的受益人并不一定限定为"人"，受益人可以是科教文卫等事业的发展，抑或是保护环境、动物等目的。值得强调的是，慈善信托的受益人具有不确定性，这表明，慈善目的的公益属性不能改变，以防止慈善信托制度被滥用。

(4) 慈善信托的监察人

《慈善法》第四十九条规定，慈善信托的委托人根据需要可确定信托监察人。《慈善信托管理办法》中规定"监察人对受托人的行为进行监督，依法维护委托人和受益人的权益。监察人发现受托人违反信托义务或者难以履行职责的，应当向委托人报告，并有权以自己的名义向人民法院提起诉讼"。慈善信托的监察人的设置具有选择性，对于是否设置监察人，并不是慈善信托成立的必要条件。慈善信托监察人制度来源于大陆法系的日本，意在保护信托财产的独立性，维护受益人的根本权利。监察人的职责包括监督受托人、解任受托人、信托事务管理清算的认可、提起诉讼等。

(5) 慈善信托的其他参与方

慈善信托是允许引入部分其他参与方的，其中包括慈善信托的保管人、慈善信托的项目执行人等。保管人一般为银行，主要职责为开立专户保管慈善信托财产，实现慈善信托财产的独立。而慈善信托的项目执行人一般为专业的慈善组织，具体负责慈善项目的设计，提供切实可行的慈善项目执行方案。

（三）慈善信托的运用与实践

1. 慈善信托的设立

慈善信托由委托人发起设立，《慈善法》与《慈善信托管理办法》未对慈善信托的设立做出过多限制性规定，慈善信托的设立更多的是尊重委托人意愿，相关当事人发起并达成合意，即可设立慈善信托。此外，《慈善法》规定慈善信托需采取书面形式签订信托合同，口头形式不予认可。

2. 慈善信托的实践模式

慈善信托设立后，慈善项目的实施管理是慈善信托运作的核心，其管理运作水平直接影响到慈善信托目的能否实现。慈善信托的项目管理包括：慈善项目的筛选、项目设计、项目实施、项目运作维护、项目实施效果评估等。

慈善信托在项目选择上要注重项目实施的针对性与可行性，受托人需要制订完善的实施方案，对项目全程进行补充。慈善目的要求符合《慈善法》规定的九大领域，确保慈善信托财产使用的真实性与合理性。在慈善信托的项目管理上，需慈善组织与信托公司通力合作，优势互补，最终实现慈善目的。

（1）慈善信托参与各方及其职责

慈善信托结构中不同的参与主体各司其职，优势互补，同时又通过互相监督互相制约的机制，确保慈善信托财产的安全性和规范运用。

慈善信托计划的参与主体包括委托人、受托人、受益人、备案及监管机构、托管人、慈善项目执行人、监察人、法律顾问等。各参与方的主要职责具体见表2。

（2）慈善信托的实践模式

目前，我国已经开展的慈善信托实践中，归纳起来主要有以下四种模式。

A 模式：慈善组织作为委托人，信托公司作为受托人（见图2）。

热点六 慈善信托在家族财富传承中的运用研究

表2 慈善信托的参与方职责明细

机构名称	主要职责
委托人	✓慈善信托的当事人,负责将信托财产委托给受托人设立信托
信托公司	✓慈善信托受托人 ✓主要承担投资管理人角色,管理和处分信托财产
慈善组织	✓可以作为慈善信托的委托人或受托人 ✓可以担任慈善项目执行人,寻找慈善项目,实现慈善项目落地
受益人	✓慈善信托最终所指向的实际受益对象
备案部门	✓县级以上的民政部门,负责对慈善信托进行备案登记
托管人	✓商业银行负责资金保管、划拨、监督等服务
慈善项目执行人	✓主要是慈善组织,作为后期慈善项目实施主体,负责信托收益针对受益对象的落地实施
监察人	✓根据相关法律规范要求,监察人角色属于可选择项 ✓对信托受托人行为、项目运行情况及管理过程进行监督,对拟资助项目出具监察意见,并在拟资助项目确定后,对相应资助资金划拨等进行审查 ✓出具定期监察报告,确保慈善信托财产按照信托文件的约定进行管理运作,当慈善信托发生其他重大事项时,还可出具临时监察报告向社会公众披露
法律顾问	✓对基本交易结构出具法律意见,拟定文本,作为项目的专项法律顾问 ✓可以同时承担监察人角色 ✓在信托计划存续期内进行持续跟踪,解决在项目运行中出现的法律事务性工作

资料来源:慈善法、慈善信托管理办法。

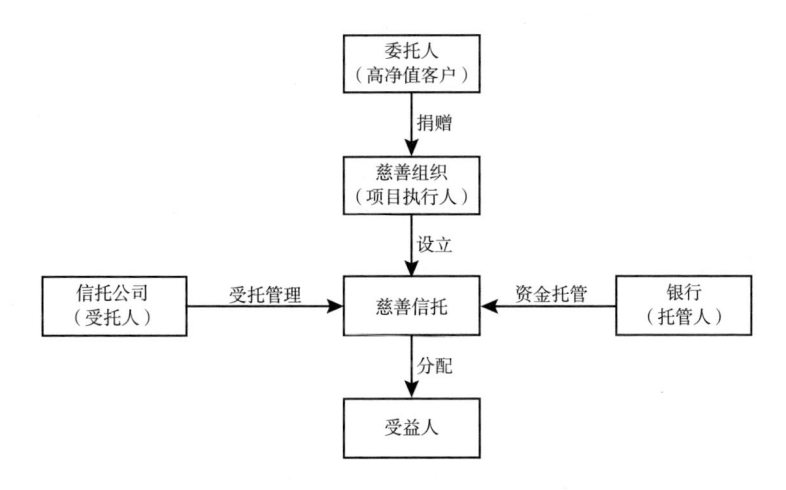

图2 慈善信托实践模式A

资料来源:根据统计资料整理而成。

这种合作方式的交易结构为：高净值人群以自身或企业名义向慈善组织捐赠，并向慈善组织表达成立慈善信托意愿。慈善组织接受捐赠后，以自身名义作为委托人，委托信托公司设立慈善信托。信托公司作为受托人管理处分信托财产，并根据信托文件确定受益人分配慈善财产。此交易结构，是当前市场上较为主流的慈善信托实践模式。

慈善组织参与慈善信托，拥有良好的社会公信力及丰富的项目实施经验。而信托公司则在受托管理、资产运作、保值增值等方面具有丰富的实践经验。此类实践模式可以进行合作，实现双方优势互补，促使我国慈善事业向更透明、更高效、更专业化的方向发展。

这种模式的好处：①由慈善组织募集资金，可以最大化程度发挥慈善组织的募集能力，获得更多的高净值慈善家、慈善企业的爱心捐赠；②捐赠给慈善组织的资金将通过设立慈善信托的方式用于慈善事业，增加了资金运用的监管环节，增强了资金使用透明度，可以最大限度提高捐赠者对慈善组织的信任程度；③信托公司对闲置资金的管理更加专业，从而促进慈善财产的保值增值；④高净值客户直接捐赠给慈善组织，能够享受慈善捐赠相关的税收优惠。

B模式：热心公益的人士作为委托人，信托公司作为受托人（见图3）。

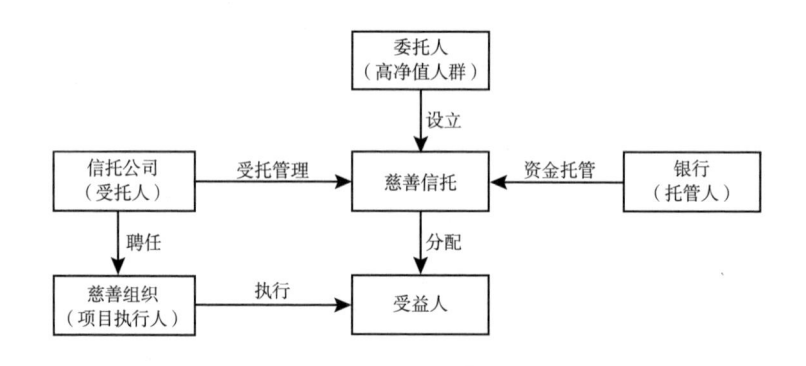

图3　慈善信托实践模式B

资料来源：根据统计资料整理而成。

这种合作方式的交易结构为：热心公益的人士直接作为委托人，信托公司作为受托人，依法成立慈善信托。信托公司通常还可以委托慈善组织作为项目执行人，由其向受益人推荐并实施慈善项目。信托公司根据慈善项目的进展、资金使用计划向受助对象或受助活动支付信托利益。目前，兴业信托发行的"幸福一期慈善信托计划"、中诚信托发行的"2016年度博爱助学慈善信托"都采用这一模式。此类信托的委托人可以是一人，亦可以是多人，一般为高净值人士。

这种模式的好处：①可以充分发挥慈善组织的慈善项目运营经验（如建设希望小学中与地方政府、主管部门的沟通协调，对贫困地区教师培训组织等工作）；②信托公司作为受托人，根据信托文件确定的用款进程给付资金，对闲置资金可以进行合理投资，使慈善活动分工精细化、业务专业化；③有助于拓宽信托公司开展的慈善活动类型，包括有一定建设期限、运营过程的慈善项目，或者是长期的、持续的、系统的慈善项目。

C模式：热心公益的人士作为委托人，慈善组织与信托公司担任共同受托人（见图4）。

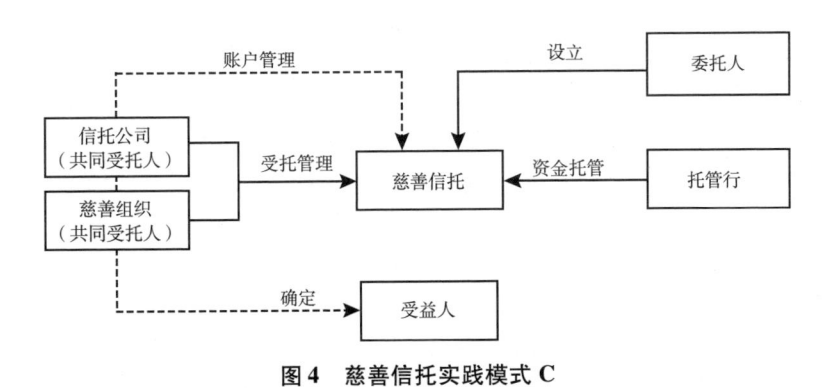

图4　慈善信托实践模式C

资料来源：根据统计资料整理而成。

这种模式的交易结构为：由信托公司与慈善组织共同担任受托人，与委托人（通常为高净值人群）签订慈善信托文件，约定各自的职责、权益、义务及需要承担的风险。其中信托公司主要负责受托管理，慈善组织主要负责财产分配和运用。目前，万向信托发行的"企业慈善信托——华龙慈善信托"、中信信托发行的"中信北京市企业家环保基金会2016阿拉善SEE华软资本环保慈善信托"等便采用这一模式。双受托人的形式是较为创新的慈善信托实践模式，在国内常被采用。

这种模式的好处有两点。①实现专业分工。信托公司长期经营信托业务，在信托财产的受托管理、风险控制、保值增值和分配清算等方面具有很强的专业能力。慈善组织是专业从事慈善事业的机构,在慈善项目管理、慈善活动执行、慈善资源组织等方面具有突出优势。两者作为共同受托人,充分体现了"专业机构做专业的事"的理念。②建立长期合作关系。在双受托人模式中,慈善组织与信托公司均处于受托人的核心地位,共同对慈善项目的开展情况负责,有助于二者建立长期合作伙伴关系,持续合作开展慈善信托活动。

D模式:热心公益的人士作为委托人,慈善组织担任受托人(见图5)。

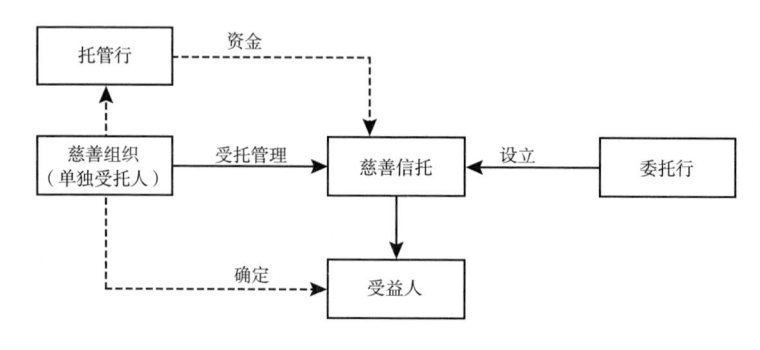

图 5　慈善信托实践模式 D

资料来源:根据统计资料整理而成。

慈善组织与信托公司合作开展慈善信托是主流,慈善组织单独作为受托人的慈善信托较为罕见。目前,"北京市企业家环保基金会2016阿拉善SEE公益金融班环保慈善信托"属于此类慈善信托。

慈善组织作为慈善信托受托人,独立开展慈善活动,实现了慈善信托业务创新,主动提高了对慈善资金运作的信息披露要求,并使自身慈善活动受到更好的监督,有利于树立慈善组织透明、专业的形象。但因各地对慈善组织能否开立慈善信托专户尚有不同意见,故在实践操作中,慈善组织作为单独受托人的实践模式,在我国仍在不断探索中。

3. 我国慈善信托的现状

近年来,我国慈善组织数量和规模不断扩大,志愿服务广泛发展,慈善事业稳步推进。随着《慈善法》与《慈善信托管理办法》的相继颁布,慈善信托业务实现了有法可依、有规可循,在慈善活动融入更多的金融属性,已成为当今慈善事业最热门的话题。

我们对 2016 年我国《慈善法》颁布后新成立的慈善信托进行了调查取样，通过分析慈善信托案例，我们发现，有 7 单慈善信托是以明确的自然人作为委托人而设立，此外有 8 单慈善信托是以私人企业为委托人设立的，"自然人＋私人企业"作为委托人的慈善信托占我国已成立慈善信托总量的 30% 以上。在实际调查中我们还发现，委托人为慈善组织、基金会的，背后的实际委托人很多为超高净值人群，只是在民政部相关的备案信息中无法体现。超高净值人群通常向相关慈善组织或基金会进行爱心捐赠，继而以慈善组织或基金会作为委托人，信托公司作为受托人，成立慈善信托以实现慈善目的。故超高净值人士作为慈善信托委托人的数量，应远远高于 30% 这一比例。

截至 2017 年 12 月 31 日，据我们不完全统计，我国经备案成立的慈善信托共有 66 个（见表 3）。

表3 我国已备案的慈善信托明细

序号	地区	名称	委托人	受托人	期限	慈善目的
1	北京市	国投泰康信托 2016 年国投慈善 1 号慈善信托	国家开发投资公司	国投泰康信托有限公司	5 年	扶贫、济困
2	北京市	国投泰康信托 2016 年真爱梦想 1 号教育慈善信托	李涛等 5 人	国投泰康信托有限公司	3 年	教育、科学、文化、卫生、体育等事业发展
3	北京市	中诚信托 2016 年度博爱助学慈善信托	余明等 72 人	中诚信托有限责任公司	5 年	教育、科学、文化、卫生、体育等事业发展
4	北京市	中信信托 2016 年航天科学慈善信托	中信聚信（北京）资本管理有限公司	中信信托有限责任公司	3 年	教育、科学、文化、卫生、体育等事业发展
5	北京市	中信·北京市企业家环保基金会 2016 阿拉善 SEE 华软资本环保慈善信托	华软资本管理集团股份有限公司	北京市企业家环保基金会、中信信托有限责任公司	5 年	生态环保

续表

序号	地区	名称	委托人	受托人	期限	慈善目的
6	北京市	北京市企业家环保基金会2016阿拉善SEE公益金融班环保慈善信托	张泉	北京市企业家环保基金会	10年	生态环保
7	上海市	蓝天至爱1号慈善信托	上海市慈善基金会	安信信托股份有限公司	永续	委托人基于对受托人的信任,自愿将其合法所有并有权处分的财产委托给受托人进行管理、运用、处分,由受托人充分发挥信托制度优势,将信托财产用于符合《信托法》《慈善法》等相关法律法规规定的慈善公益事业,以实现委托人助力慈善事业发展的目的
8	上海市	"上善"系列浦发银行"放眼看世界"困难家庭儿童眼健康公益手术项目慈善信托	上海浦东发展银行股份有限公司	上海国际信托有限公司	10年	向"上海市困难家庭眼疾儿童免费手术公益慈善项目"提供慈善捐赠,用于帮助困难家庭眼疾儿童免费实施手术治疗,提高双眼视功能,改善面容外观,治疗眼疾,挽救致盲,促进儿童身心健康发展
9	江苏省	紫金厚德6号	南京市慈善总会等自愿参与本信托具有完全民事行为能力的自然人、法人或依法成立的其他组织	紫金信托有限公司	不少于12个月	扶老、救孤、恤病、助残、优抚

续表

序号	地区	名称	委托人	受托人	期限	慈善目的
10	浙江省	万向信托—乐淳家族慈善信托	彭蕾	万向信托有限公司	永续	支持发展教育、科技、文化、艺术、体育、医疗卫生、环境及其他社会公益事业,扶贫、济困、扶老、救孤、恤病、助残、优抚、救助灾害事件及其他公益活动
11	浙江省	华龙慈善信托	宁波鄞州银行公益基金会	宁波市善园公益基金会、万向信托有限公司	5年	符合慈善法规定的其他公益活动
12	福建省	兴业信托·幸福一期慈善信托计划	兴业国际信托有限公司工会委员会	兴业国际信托有限公司	永续	符合慈善法规定的其他公益活动
13	江西省	中航信托·天启977号爱飞客公益慈善集合信托计划	中航通用飞机有限责任公司、中航信托股份有限公司工会委员会	中航信托股份有限公司	5年	航空知识培训,如资助有飞行潜质的贫困青少年实行飞行梦想;航空科普,如资助普及航空基础知识,传播航空文化;支持教育,如资助贫困地区改善基础教育设施、资助贫困家庭学生完成学业;精准扶贫济困,如资助孤寡老人改善贫困生活,资助身患残疾或危重的病人;弘扬社会正义,如奖励和资助见义勇为个人、道德模范等;绿色环保,如支持节能减排、新能源及循环利用等科研和产业项目;资助和开展符合本基金会宗旨的其他项目及活动

续表

序号	地区	名称	委托人	受托人	期限	慈善目的
14	广东省	粤财信托·德睿慈善信托计划	海市德睿企业管理有限公司	广东粤财信托有限公司	无固定期限	用于扶贫、济困,扶老、救孤、恤病、助残优抚;救助自然灾害、事故灾难和公共卫生事件等突发事件造成的损害;促进教育、科学、文化、卫生、体育等事业的发展;防治污染和其他公害,保护和改善生态环境等符合《慈善法》规定的其他公益活动。是优先使用于广东省内的扶贫济困项目
15	广东省	中国平安教育发展慈善信托计划	深圳市社会公益基金会、任汇川、盛瑞生、冷培栋、郑建家、谈清、王英、徐韶峰、康朝铎	平安信托有限责任公司	永续	教育发展
16	四川省	川信·锦绣未来慈善信托计划	成都市慈善总会	四川信托有限公司	永续	符合《慈善法》规定的其他公益活动,实施关于儿童(尤其是留守儿童)的助学、医疗、助残、恤病等公益项目
17	贵州省	华能信托·尊承槿华慈善信托计划	我国境内自愿参与信托计划的自然人或机构	华能贵诚信托有限公司	不低于12个月	符合慈善法规定的其他公益活动
18	陕西省	长安慈——山间书香儿童阅读慈善信托项目	陕西省慈善协会	长安国际信托股份有限公司	10年	本慈善信托项目旨在发展文化教育事业,培养儿童阅读兴趣,改善阅读条件,促进儿童全面发展

续表

序号	地区	名称	委托人	受托人	期限	慈善目的
19	陕西省	长安慈——未来创造力1号教育慈善信托项目	深圳市社会公益基金会	长安国际信托股份有限公司	10年	鼓励和支持中国青少年素质教育,开展深圳及全国青少年创造力素养培育,包括支持相关课程的开发和推广,标准的引入、研究和制定,师资培养等助力深圳和全国中小学素质人才和稀缺师资人才培育成长,吸引更多社会资源和资本参与推动深圳和全国中小学素质教育创新升级
20	陕西省	长安慈——环境保护慈善信托项目	江苏中丹化工技术有限公司	长安国际信托股份有限公司	10年	保护生态环境
21	甘肃省	光大陇善行慈善信托计划1号计划	光大兴陇信托有限责任公司、解冰华和石永和	光大兴陇信托有限责任公司	1年	扶贫、济困
22	安徽省	微笑行动慈善信托	中国妇女发展基金会	建信信托有限责任公司	5年	贫困家庭的唇腭裂患儿
23	四川省	中铁信托·明德1号宜化环保慈善信托	湖北宜化化工有限公司	中铁信托	5年	资助环保组织的设立、环保组织开展的环保活动及环保相关的奖励活动
24	江西省	中航信托中国扶贫慈善信托计划	江西省老区促进会	中航信托中国扶贫基金会	无固定期限	扶贫
25	海南省	弘毅1号——社区养老公益组织扶持慈善信托	未披露	海南弘毅扶贫慈善基金会	—	优质社区居家养老公益服务项目的开发、实施、宣传、评估、推广
26	北京市	北京信托2017年大病关爱慈善信托	广州永万投资公司	北京国际信托	1年	扶贫救济、医疗救助

续表

序号	地区	名称	委托人	受托人	期限	慈善目的
27	北京市	国投泰康信托2017年真爱梦想2号教育慈善信托	自然人	国投泰康信托	5年	素养教育研究和推广
28	西安市	长安慈-民生001号慈善信托	内蒙古自治区慈善总会（实际委托人为民生银行高净值客户）	长安信托	10年	开展慈善活动,促进社会和谐发展
29	郑州市	百瑞仁爱·映山红慈善信托	国家电力投资集团公司团委、集团员工、社会公众等	百瑞信托	20年	偏远贫困地区教育事业援助
30	广东省	中信·何享健慈善基金会2017顺德社区慈善信托	美的控股有限公司	中信信托、何享健慈善基金会	永续	全面支持顺德的扶贫、济困、教育、养老、社区发展等综合性慈善需求
31	山东省	山东信托大同系列同心扬梦慈善信托计划	—	山东信托	无固定期限	公益慈善
32	贵州省	北京银行-华能信托·新凤祥慈善信托	新凤祥集团	华能贵诚信托	5年	扶贫助学、艺术教育（由艺术家、青年演员、艺术院校师生组成的心灵艺术爱心团队将走进全国各地贫困地区的小学）
33	郑州市	百瑞仁爱·甘霖慈善信托	中外建建设发展（上海）有限公司（央企团委）	百瑞信托	永续	致力于开展救济困、扶老救孤、恤病助残,以及促进教育、科学、文化、环保等事业发展
34	上海市	中信·上海市慈善基金会蓝天至爱2号慧福慈善信托	自然人	中信信托、上海市慈善基金会	10年	帮助孤寡病残等非特定群体
35	四川省	帮一帮慈善信托	川信全体员工	四川信托	永续	《慈善法》规定的综合领域

续表

序号	地区	名称	委托人	受托人	期限	慈善目的
36	浙江省	幸福传承慈善信托	双层信托的上一层信托收益	万向信托	—	—
37	浙江省	中国水源地保护慈善信托	民生人寿保险公益基金会和阿里巴巴公益基金会	万向信托	—	通过开展流域面源治理、生态保护与修复,实现水源地水质提升,并通过整合资源发展流域内乡村生态产业,引领社会的绿色消费以带动乡村经济发展。一方面,解决水源地污染问题;另一方面,创造可持续的资金机制,建立长效的水源地保护模式
38	西安市	长安慈——杨凌精准扶贫慈善信托	杨陵区精准扶贫办公室、杨凌示范区慈善协会	长安信托	3年	扶助陕西省杨凌示范区的低收入户,实现精准脱贫
39	合肥市	国元慈善信托	安徽国元控股(集团)有限责任公司	国元信托	3年	教育、慈善等社会公益事业
40	西安市	陕国投·公益助学慈善信托	自然人、机构	陕国投	10年	为发展教育事业,帮助贫困学生,助其顺利就学,并解决生活、学习等各项困难
41	山东省	刑白家族-慈善信托	—	山东信托	无固定期限	公益慈善
42	天津市	天信世嘉·信德黑大田集团爱心助学慈善信托	机构	天津信托	10年	捐助因重大疾病或其他特殊困难需要帮助的黑龙江大学校友及其直系亲属、贫困地区失学儿童及留守儿童,包括符合上述条件的自然人及开展资助上述群体的慈善组织
43	浙江省	万向信托·艺酷慈善信托	机构、自然人	万向信托	—	—

续表

序号	地区	名称	委托人	受托人	期限	慈善目的
44	南昌市	中航信托·绿色生态慈善信托	中航信托股份有限公司	中航信托中华环境保护基金会	不设固定存续期限	资助和开展保护环境、促进绿色生态事业发展的活动及项目;资助和开展绿色生态管理、宣传教育、学术交流和培训活动及项目;支持和资助促进绿色生态事业发展的科学研究、科技开发和示范项目;资助和开展促进绿色生态事业发展的国际交流与合作
45	北京市	金谷信托2017信达大爱1号（扶贫及教育）慈善信托	中国信达资产管理股份有限公司新疆维吾尔自治区分公司	金谷信托	5年	以扶贫、济困及促进教育发展为目的
46	南昌市	中江国际·公益救助慈善1号集合资金信托计划	江西国际信托股份有限公司工会委员会	中江国际信托	永续	资助贫困家庭子女进入院校学习,针对贫困地区城乡大病困难群众进行慈善救助
47	成都市	川信·尊悦豪生慈善信托计划1号	成都市慈善总会	四川信托	2年	资助符合信托文件约定的我国各类企业贫困职工、贫困家庭以及相关慈善救助、教育、医疗、文化、体育、环保和社会服务等领域,包括但不限于"成都市慈善总会"推荐并经受托人和相关主管部门认可的扶贫项目
48	北京市	金谷信托2017信达大爱2号（扶贫及教育）慈善信托	中国信达资产管理股份有限公司	金谷信托	5年	改善贫困地区群众生活,教育支持

热点六　慈善信托在家族财富传承中的运用研究

续表

序号	地区	名称	委托人	受托人	期限	慈善目的
49	重庆市	新华信托·华恩1号教育扶贫慈善信托	重庆市慈善总会	新华信托	10年	专项投向我国教育扶贫事业
50	南京市	紫金信托·厚德7号慈善信托	南京市慈善总会	紫金信托	不少于1年	救助困难家庭罹患大病的儿童及残障儿童
51	江苏省	瑞华公益轮椅助你行慈善信托	—	江苏省瑞华慈善基金会	3年	帮助下肢残疾人、行动不便的老年人等解决出行困难，向医院、机场、火车站、汽车站、旅游景点等公共场合免费提供出借轮椅服务
52	广东省	兴辰慈善信托	涂业兴及李美辰夫妇	深圳市社会公益基金会	永续	以慈善资助方式推动教育、医疗、科技等领域的创新项目和青年行动
53	青海省	五矿信托—三江源精准扶贫1号慈善信托	北京中维房地产开发有限公司	五矿信托	3年	支持青海省扶贫开发事业
54	青海省	五矿信托—三江源精准思源1号慈善信托	三江源生态保护基金会	五矿信托	10年	用于改善与维持三江源地区生态稳定性
55	青海省	五矿信托—三江源精准扶贫2号慈善信托	五矿证券	五矿信托	3年	支持甘肃省精准扶贫事业
56	河南省	百瑞仁爱·金庚慈善信托	北京长江科技扶贫基金会汝州市金庚康复医院	百瑞信托	30年	用于脑瘫患儿、困境儿童救助脑瘫医护人员培训脑瘫救治研究和医学交流，以及与脑瘫儿童、困境儿童救助相关的其他慈善活动
57	陕西省	长安慈-老牛基金会教育慈善信托	老牛基金会	长安信托	长期	旨在促进内蒙古自治区教育事业发展

379

续表

序号	地区	名称	委托人	受托人	期限	慈善目的
58	浙江省	昆仑信托2017年·昆仑爱心一号助学慈善信托	—	昆仑信托	10年	助学、助教,资助贫困学生完成学业,奖励优秀学生和教师,提高校园设施水平等其他符合《慈善法》规定的慈善活动
59	浙江省	昆仑信托2017年·昆仑爱心二号助困慈善信托	—	昆仑信托	10年	扶贫、济困,帮扶困难群众,致力于困难家庭实现脱贫致富等其他符合《慈善法》规定的慈善活动
60	浙江省	昆仑信托2017年·昆仑爱心三号助医慈善信托	—	昆仑信托	10年	助医,为患病的困难群众提供医疗救助资金,资助特殊疾病的治疗等其他符合《慈善法》规定的慈善活动
61	江西省	中航信托·天启2017408号爱飞客公益集合信托计划二期	中航信托股份有限公司以及中航爱飞客基金管理有限公司	中航信托	5年	受托人根据信托计划文件的约定,以受托人名义,将委托人缴付的信托资金用于慈善公益领域,慈善事业范围为航空培训教育、航空科普、精准扶贫,弘扬社会正义,绿色环保等
62	广东省	全国金融青联东方爱心慈善信托计划	李佳芮	大业信托	10年	《慈善法》规定范围的慈善项目以及金融行业开展的慈善活动
63	广东省	广东省扶贫开发协会粤财扶贫慈善信托	广东省扶贫开发协会	粤财信托	3年	信托财产运用于扶贫公益事业
64	北京市	外贸信托2017年度·中国银行·满堂红教育慈善信托	—	外贸信托	永续	奖励优秀教师员工、品学兼优的学生,改善教学条件,促进基础教育

续表

序号	地区	名称	委托人	受托人	期限	慈善目的
65	四川省	中国信托业·长安慈·四川省慈善总会·定点扶贫慈善信托	四川省慈善总会、北京长安信托公益基金会	长安信托	—	—
66	福建省	厦门信托—重庆园林中国传统文化保护传承慈善信托	重庆中瑞思成古建筑文化研究院	厦门信托	—	促进中国传统文化保护传承事业的发展

资料来源：全国慈善组织信息公开平台。

从以上已经备案实施的66单慈善信托来看，我们可以发现以下特点。

（1）信托公司和慈善组织均有担任受托人

《慈善法》规定慈善信托的受托人可由慈善组织或信托公司担任。从统计的66单慈善信托案例来看，信托公司担任受托人的有56单，慈善组织担任受托人的有4单，以信托公司和慈善组织共同担任受托人的有6单。当前慈善信托的受托人以信托公司为主，主要与信托公司在信托受托管理、信托财产保值增值以及信托交易结构设计领域具有丰富的经验相关。随着慈善组织独立担任受托人、慈善组织与信托公司共同担任受托人的慈善信托案例的推广，未来慈善组织将更加深入地参与慈善信托业务的核心环节。

（2）慈善目的范围广泛

截至2017年底，已备案的66单慈善信托的慈善目的范围广阔，具有开放性的特点。其中，扶贫、济困，促进科教文卫事业发展的慈善信托数量最多，有32单，综合类公益活动有15单，扶老、救孤、恤病、助残、优抚的有12单，防治污染、保护和改善生态环境的有7单。慈善信托的慈善目的已经从救灾、扶贫、医疗等传统慈善领域向教育、环保、科技等更广泛的领域发展，符合慈善事业范围不断扩展的趋势（见图6）。

（3）慈善信托规模、期限结构多样

从慈善信托规模来看，66单慈善信托中，信托合同规模100万元及以下的有22单，100万~1000万的有25单，1000万元及以上的有13单，其余有6

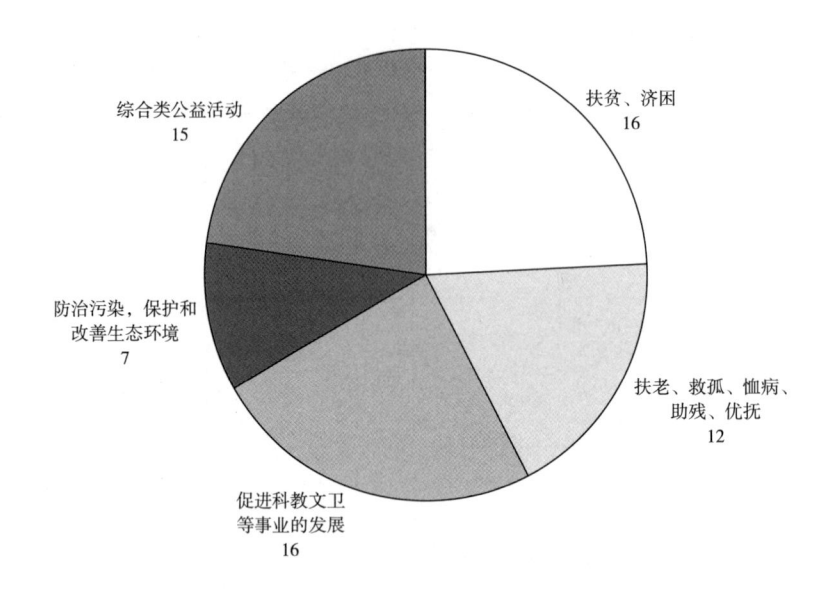

图6 慈善信托慈善目的分布

资料来源：全国慈善组织信息公开平台。

单慈善信托资金规模暂未披露，不计入统计。不同规模档次中均有多单慈善信托落地，反映出慈善信托具有灵活、高效的特点，可以满足不同委托人个性化的慈善需求（见图7）。

从期限结构上来说，66单慈善信托中，无固定期限的有9单，1~3年的有11单，5年期的有12单，10年期的有15单，20年期、30年期各1单，永续型有11单，其余6单未披露。其中，5年期及以上和永续型的慈善信托占比高达60.6%，充分显示了慈善信托持久性的特点（见图8）。

（4）备案地以东部和西部居多

从备案地来看，截至2017年底共有18个省（直辖市）开展了慈善信托备案工作。按照备案的慈善数量来排序，北京市备案11单，浙江省备案8单，陕西省备案7单，广东省备案6单，四川省、江西省分别备案5单，上海市、青海省、江苏省、河南省分别备案3单，山东省、贵州省、福建省、安徽省分别备案2单，其余的天津市、重庆市、海南省、甘肃省等地各备案1单。按照东、中、西部区域划分，备案数量分别为37单、10单、19单，东部地区和西部地区备案的慈善信托数量相对较多，中部地区备案数量相对

热点六　慈善信托在家族财富传承中的运用研究

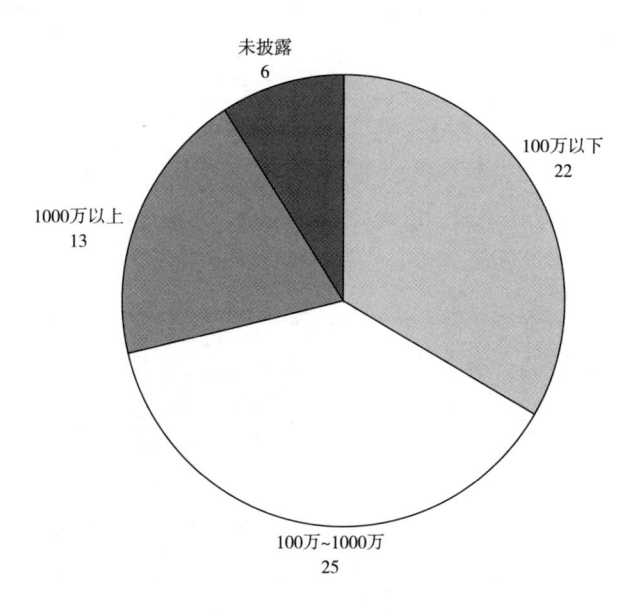

图7　慈善信托规模分析

资料来源：全国慈善组织信息公开平台。

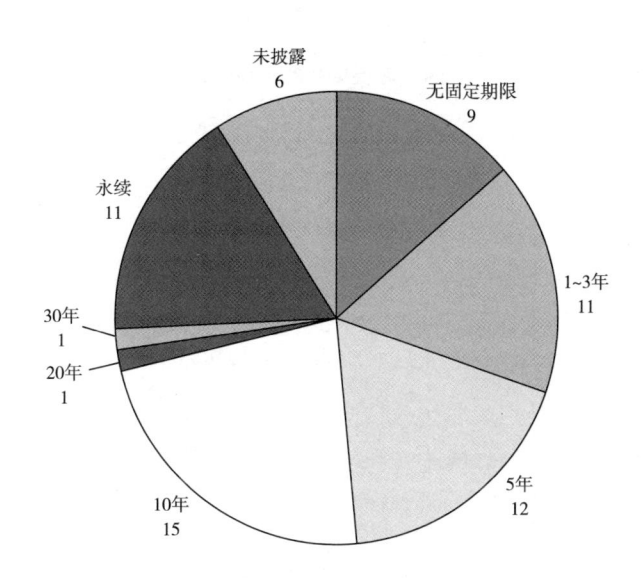

图8　慈善信托存续期限分析

资料来源：全国慈善组织信息公开平台。

383

较少，主要原因是我国东部地区慈善资源丰富，而西部地区对慈善资源的需求较多（见图9、表4）。

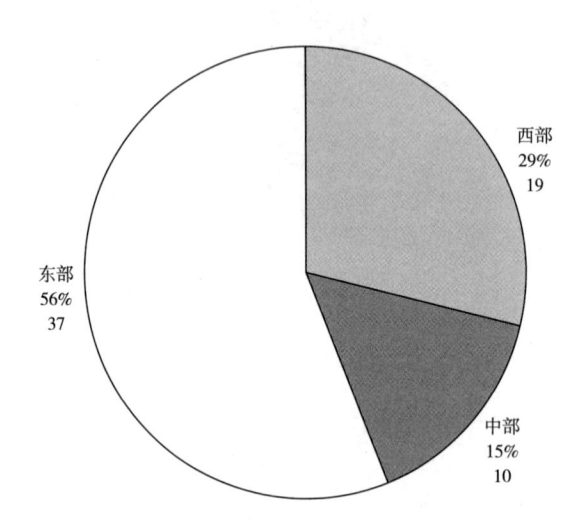

图9 慈善信托备案地分布分析

资料来源：全国慈善组织信息公开平台。

表4 慈善信托备案地分析

备案地	数量	备案地	数量
甘肃省	1	江苏省	3
海南省	1	青海省	3
天津市	1	上海市	3
重庆市	1	江西省	5
安徽省	2	四川省	5
福建省	2	广东省	6
贵州省	2	陕西省	7
山东省	2	浙江省	8
河南省	3	北京市	11

资料来源：全国慈善组织信息公开平台。

三 我国慈善信托在家族财富传承中的运用可行性分析

（一）发展家族慈善信托的重要意义

习近平总书记在十九大工作报告中提出"中国特色社会主义进入新时代，我国社会主要矛盾已经转化为人民日益增长的美好生活需要和不平衡、不充分的发展之间的矛盾"。在未来的社会主义建设中，如何缩小东中西部经济发展水平、如何缩小城市相对于农村在收入分配上的差距、如何缩小富裕人群与相对贫困人群财富之间的差距，将成为新时代的新课题。

针对社会中不同人群在发展、资源、收入分配等方面"不平衡"的问题，习总书记提出我们需"完善社会救助、社会福利、慈善事业、优抚安置等制度"。要解决"不平衡"的问题，关键就是要落实习总书记有关"让改革发展成果更多更公平地惠及全体人民，朝着实现全体人民共同富裕不断迈进"的总要求。而慈善信托则是落实"完善社会救助、社会福利、慈善事业、优抚安置等制度"的最佳载体之一。因此，将高净值人群在传承过程中的慈善意愿与慈善信托的发展需求结合起来，将在我国未来构建和谐社会、缩小贫富差距、辅助弱势群体、缓解社会矛盾等多方面发挥重大作用。

（二）发展家族慈善信托的可行性分析

1. 家族慈善信托已具备法律基础

近几年，国内信托相关配套制度不断完善，我国针对信托市场已经出台了多项法律法规制度，目的是规范信托行业，保护信托当事人的合法权益，促进我国信托事业发展。家族慈善信托的法律基础主要由以下四部分构成：《信托法》《慈善法》《信托公司管理办法》和《慈善信托管理办法》等。

（1）《信托法》

《信托法》是规范信托行业的基本法律。2001年4月28日，《信托法》由中华人民共和国第九届全国人民代表大会常务委员会第二十一次会议审议通过，自2001年10月1日起施行。《信托法》包括七章七十四条，具体包括总则、信托的设立、信托财产、信托当事人、信托的变更与终止、公益信托和附则等。《信托法》的出台，意味着我国正式建立了信托法律制度，信托活动包括家族信托、慈善信托在内的业务开展，有了最基础、最根本的法律依据。

第一，《信托法》将信托定义为"委托人基于对受托人信任，将其财产委托给受托人，由受托人按委托人意愿以受托人的名义，为受益人的利益或特定目的，进行的财产管理行为"。因此，家族信托以家族财产作为信托资产设立信托，法律关系主体明确，具有合法的信托目的，符合信托法对于信托的定义，其成立具有一定的合法性。

第二，《信托法》对可以设立信托的财产并没有特殊限制，原则上只要是委托人的合法财产，均可投入信托计划，并且《信托法》对信托财产的独立性做了专门规定，信托财产具有独立性，具有资产隔离的效果。这使家族的多种类财产在现有法律制度内通过信托方式进行传承成为可能。

第三，我国信托法也为委托人设立了单独章节，且规定委托人除不享有受益权之外，其权利范围几乎同于受益人。信托一经设立，委托人便脱离了信托关系，所以原则上排除其在没有意定保留权利的情况下对信托财产或受托人享有权利。除了法定权利外，委托人为了充分实现自身意愿，在信托文件中保留部分权利以促进信托目的的更好达成的话，按照意思自治原则，并无禁止的道理。

第四，《信托法》第六章"公益信托"对公益信托的公共利益目的、信托财产运用限制、信托监察人、公益信托批准机构、受托人及公益信托终止等相关事项进行了规定，并明确国家鼓励发展公益信托，通过信托制度开展公益事业，首次得以法律的形式进行确定。

（2）《慈善法》

2016年3月16日，《慈善法》由中华人民共和国第十二届全国人民代表大会第四次会议审议通过，自2016年9月1日起施行。《慈善法》全面系统地确立了国家慈善事业发展所需要的现代规范，依据我国实际并借鉴国际经验，《慈善法》对各级政府的管理行为、社会组织的运行管理以及每位公民的慈善方式都进行了规范。《慈善法》的出台将为规范慈善活动有序运行，促进慈善事业健康发展提供根本的法治保障。随着2016年的《慈善法》的出台，我国对慈善组织、慈善募捐、慈善捐赠、慈善信托等方面做出了全面规定，标志着我国扶危济困等慈善活动走上法治轨道，至此，我国慈善信托设立和运营已经不存在实质性的障碍。《慈善法》共十二章一百一十二条，单设一章慈善信托，以《信托法》为一般法，对慈善信托的运行管理做出特别规定，建立了慈善信托的基本法律框架，奠定了我国开展慈善信托的法律基础。

第一，《慈善法》明确了慈善活动的定义。所称慈善活动，是指自然人、法人和其他组织以捐赠财产或者提供服务等方式，自愿开展下列公益活动："（一）扶贫、济困；（二）扶老、救孤、恤病、助残、优抚；（三）救助自然灾害、事故灾难和公共卫生事件等突发事件造成的损害；（四）促进教育、科学、文化、卫生、体育等事业的发展；（五）防治污染和其他公害，保护和改善生态环境；（六）符合本法规定的其他公益活动"。慈善法对"慈善活动"进行了更为广义的界定，将促进教科文卫体事业发展及保护环境的公益活动都囊括在内。可以说，这一放眼"大慈善"格局的界定为慈善事业的进一步发展提供了广阔的空间。

第二，《慈善法》明确了慈善信托属于公益信托，是指委托人基于慈善目的，依法将其财产委托给受托人，由受托人按照委托人意愿以受托人名义进行管理和处分，开展慈善活动的行为，并确定了慈善信托的备案制度。《慈善法》吸取公益信托落地难的经验教训，为慈善信托业务开展制定了较为具体的规定，包括规定慈善信托备案部门为受托人所在地县级以上民政部门，明确慈善信托的受托人由慈善组织或信托公司担任，根据信托法第六十三条规定："公益信托的信托财产及其收益，不得用于非公益目的。"也就是说，无论本金还是收益，都不应再回流到委托人或其亲属的口袋。公益信托的保值增值是为整个慈善事业服务，而非他用。同时，《慈善法》还制定了慈善财产的使用规则等。这些较为具体的规定，解决了困扰公益信托多年的管理、审批、操作等具体问题，使信托公司或慈善组织受托开展慈善信托业务具有可操作性。

第三，《慈善法》明确了慈善信托的信息披露规则。慈善法第七十二条规定："慈善组织应当每年向社会公开其年度工作报告，包括财务会计报告、年度开展募捐和接受捐赠情况、慈善财产的管理使用情况、开展慈善项目情况，以及慈善组织工作人员的工资福利情况"。民政部门也要配合信息公开。《慈善法草案》第九十五条规定："县级以上人民政府民政部门应当建立慈善组织及其负责人信用记录制度，并向社会公布。民政部门应当建立慈善组织评估制度。鼓励和支持第三方机构对慈善组织进行评估，并向社会公布评估结果。"

第四，《慈善法》首次提到了慈善信托的税收优惠问题，落实了国家鼓励慈善信托发展的具体举措。作为促进慈善事业发展的重要激励手段，税收优惠在慈善法草案中尤其受到瞩目。相关内容参阅《慈善法（草案）》第七十九条规定、第八十条规定以及第八十一条规定，而对于外界关注的"税收优惠细化"问题，有全国人大相关负责人及业内专家表示：税收优惠的条件、税种、税率等具体规定，宜由专门税收法律跟进。

第五，慈善信托监察人根据委托人意愿任意设立。在《信托法》中，公益信托的监察人为必设机构，当事人设立慈善信托的时候，往往犹豫于如何选择监察人、谁可以充任监察人等问题，以及怎样设立关于监察人的制度实施细则，拖延了慈善信托的设立，如此增加了设立慈善信托的成本，可能造成信托监察人形同虚设，仅仅为满足监管要求而设立。而《慈善法》规定慈善信托的委托人根据需要，可以确定信托监察人，把是否设置监察人作为委托人可以自愿选择的事项，这极大地便利了慈善信托的设立。这也与日本关于信托监察人的设立基本保持一致，日本信托法规定：当信托文件未规定信托监察人时，由利害关系人申请人民法院选任，或由人民法院依职权选任，而不是最开始就必须选任好信托监察人。

（3）《信托公司管理办法》

《信托公司管理办法》是为加强对信托公司的监督管理，规范信托公司的经营行为，促进信托业的健康发展，根据《信托法》《中华人民共和国银行业监督管理法》等法律、法规制定，《中华人民共和国银行监督管理办法》分为：总则、机构的设立、变更与终止、经营范围、经营规则、监督管理、罚则、附则，共7章66条。并于2006年12月28日经中国银行业监督管理委员会（以下简称银监会）第55次主席会议通过，2007年1月23日以银监会令〔2001〕第2号文件形式公布，自2007年3月1日起施行。《信托公司管理办法》的颁布主要是为了规范信托行业的发展，就信托计划的成立、运营，对信托产品的投向规则做出了具体的规定，为我国开展信托事业和家族慈善信托事业提供了有力的法律支撑。

(4)《慈善信托管理办法》

《慈善信托管理办法》是为贯彻落实党中央决策部署,规范慈善信托,保护慈善信托当事人的合法权益,促进慈善事业发展,于2017年7月26日由银监会、民政部联合印发的,标志着我国慈善信托规制体系基本建立,为我国开展家族慈善信托提供了有力的法律支撑。

第一,《慈善信托管理办法》的基本思路:一是坚持鼓励发展,逐步将慈善信托打造成我国慈善事业的重要渠道;二是坚持比较优势,充分发挥信托公司和慈善组织在慈善信托中的积极作用;三是坚持风险为本,确保慈善信托规范化、阳光化运行;四是坚持问题导向,切实解决慈善信托实践中的瓶颈和障碍。《慈善信托管理办法》共9章、65条,涵盖了总则、慈善信托的设立、慈善信托的备案、慈善信托财产的管理和处分、慈善信托的变更和终止、促进措施、监督管理和信息公开、法律责任、附则等九个方面的内容。

第二,银监会指出,《慈善信托管理办法》的颁布标志着我国慈善信托规制体系基本建立。对于《慈善法》中,慈善信托业务流程及此前一些不明确的地方,《慈善信托管理办法》给予了明确、细化,提高了可操作性,并制定了鼓励政策。《慈善信托管理办法》第三十八条中,对于信托变更有了统一细化的规定。《慈善法》对于这部分并不是非常明确,特别是备案后委托人和财产的增加,各地实践有所不同。《慈善信托管理办法》这次给予了明确,赋予慈善信托更大的灵活性。在第二十九条中,受托人委托其他人处理事务,这在信托公司中非常常见,因为较多信托公司会将慈善活动委托给项目执行人。《慈善信托管理办法》对委托项目的责任承担、报酬规定得十分清楚。这对于实践过程中受托人权利义务的界定非常有意义。

《信托法》、《慈善法》、《信托公司管理办法》和《慈善信托管理办法》为信托事业和家族慈善信托事业的开展奠定了坚实的法律基础。上述法律的颁布,涵盖了家族慈善信托的设立、备案、信托财产的管理和处分、信托的变更和终止、税收、促进措施、监督管理和信息公开、法律责任等多方面的内容。从法律层面,保证了家族慈善信托设立、运行的合法性与合规性。

此外,信托公司最适合作为家族慈善信托的受托人。

从信托公司的角度看,其既可以担任家族信托的受托人,也可以担任慈善信托的受托人,具有开展家族慈善信托业务的合法地位。信托公司在管理家族财富方面有着天然的优势，信托所具有的风险隔离和破产隔离机制能够使信托财产保持独立性和安全性，再加上信托制度运用灵活，能够有效实现家族财富的保值、增值与传承。与日俱增的富裕阶层成为我国信托公司开展财富管理的巨大动力，而且在转型发展的现阶段，回归"受人之托、代人理财"的本源业务，财富管理自是不可忽略的战略方向。

从慈善信托的角度看，慈善信托的资产管理需要有专业的机构，信托公司是慈善信托较为理想的受托人。根据《慈善信托管理办法》第三十条规定，除委托人和信托公司另有约定的外，"慈善信托财产运用应当遵循合法、安全、有效的原则，运用于银行存款、政府债券、中央银行票据、金融债券和货币市场基金等低风险资产"。具体投资时，信托公司一般遵循合法、安全、有效的原则，进行个案甄别，由投资评审委员会决策。在这些条件的基础上，为促进慈善信托项下资产的保值增值，具有强大投资能力和庞大专业团队的信托公司更容易得到委托人的信任。

从家族财富的角度看，这关系到财富流向问题。按照百年前亚当·斯密在《国富论》中勾勒出的场景，生产、消费以及慈善，这三者都承载着对社会的贡献，而慈善更体现出个体人格升华以及责任担当。当然，若论功利性，税收优惠、避免高额遗产税、消除遗产纷争等或许也是一些富人做慈善的潜在目的。无论怎样，家族财富有流向慈善事业的动力，而慈善信托正是以慈善为目的，既然《慈善法》明确了信托公司可作为慈善信托的受托人，为信托公司开展家族慈善信托清除了障碍，将慈善信托作为家族财富管理的有益补充，二者有机结合或是一种可探寻的思路。

2. 中国慈善信托的客户基础

（1）中国的高净值人群规模庞大、资产规模庞大

随着中国经济的发展，中国已经积累了相当规模的高净值人群，所拥有的资产规模也非常庞大。

波士顿咨询公司《2017年全球财富报告》数据显示，中国私人财富正快速增长，报告预计到2017年底，亚太区的私人财富总额将超过西欧，而到2019年包括日本在内的整个亚太区私人财富总额将超越北美。据报告显示，2016年全球私人金融财富增长达166.5万亿美元，年增长率为5.3%，中国的私人财富规模居亚太首位、全球第二，同比增长13%。

根据胡润研究院的《2017 胡润财富报告》显示，中国高净值人群主要由企业主、大型企业集团和跨国公司高管以及职业投资人（包括股市和房产投资）构成。截至 2017 年 9 月，中国千万元级高净值人士（包括实物资产和金融资产在内的个人总资产超过 1 千万元人民币）的数量约为 186 万人，比 2016 年增加 14.7 万人，增长率达 8.6%，其中拥有千万可投资资产的高净值人群数量达到 94.8 万人；亿元级高净值人士（个人总资产超过 1 亿元人民币）约为 12.1 万人，比 2016 年增加 1.2 万人，增长率达 11%，其中拥有亿元可投资资产的超高净值人群数量达到 7.1 万。从高净值人群分布看，2017 年千万富豪数量超过 5 万人的城市共 5 个，分别是北京、上海、香港、深圳、广州；全国 22 个省市高净值人数突破两万，地区差距进一步缩小，地域分布更为均衡。

另外，中国高净值人群保持稳定增长的态势。福布斯中国、牛交所联合推出《2017 中国大众富裕阶层理财趋势报告——全球化、互联网化》，报告定义大众富裕阶层是指家庭可投资资产在 100 万至 500 万元人民币的中国高端人群。根据福布斯中国统计，2015 年中国大众富裕阶层达 1528 万人。报告预计，我国大众富裕阶层到 2017 年底将接近 2092 万人，牛交所预测到 2020 年，这个数量将突破 3000 万人，将带动 4 万亿元人民币的全球资产配置需求，5 年年复合增长率达 14.4%。

中国一大批高净值人士的存在和人数的快速增长，为家族慈善信托的发展提供了广阔的客户群体。高净值人群积累庞大规模的资产，以及随着财富积累相应增加的社会责任感，为家族慈善信托提供了充足的资金来源。

（2）家族（企业）具备较强慈善意愿

中国高净值人群不仅关注家族财富传承，也具有较强的家族慈善意愿。依据中信信托《高净值人群慈善行为问卷调查表》统计的结果，虽然绝大多数的高净值客户排在首位的财富管理目标依然是财富的保值增值，其次是财富的传承，但曾经从事慈善行为的占 53.33%。在接受调查的高净值客户（资产量在 1000 万元以上的占 96.7%）中，有 41.2% 的客户愿意拿出 1% 以上家庭资产做慈善。调研数据还显示，在曾经从事或有做慈善想法的高净值人士中，有将近 25% 的人士表达了有以家族名义从事慈善活动的愿望。这个比例也与中国目前家族财富管理中出现家族慈善需求的现象基本一致。

企业也具有较强的慈善意愿。中国慈善联合会在京发布的《2016年度中国慈善捐助报告》中显示，2016年我国全年接收国内外款物捐赠共计1392.94亿元，社会捐赠总量创历史新高。2016年，企业捐赠总额首次突破900亿元，达到908.20亿元，比2015年增加了124.35亿元，同比增长15.86%；企业捐赠占到捐赠总额的65.20%，比重虽较2015年略有下降，但仍为第一大捐赠来源，其中民营企业捐赠近五成。据不完全统计，2016年我国捐赠过亿的企业达到34家，数量比2017增加5家，其中国有企业8家，民营企业26家。这些企业的捐赠合计达到98.22亿元，比2015年增加18.91%，分别占全年企业捐赠和社会捐赠总额的10.81%、7.05%。

总之，家族（企业）有较强烈的慈善意愿。为了促进家族（企业）持续发展，增加家族（企业）社会影响力，获得长期的宣传效应，家族（企业）在新时代下非常愿意做慈善。

（3）慈善信托满足家族（企业）的慈善需求

家族财富传承的前提和基础条件是拥有财富。过去几十年，关注焦点是创造和积累财富。家族企业擅长实体企业运营，但并不熟悉对慈善财富的管理，他们普遍希望与专业机构的合作，使慈善款项的管理更加专业；慈善款项能够高效、灵活分配；慈善事务的管理更加协作、透明。而慈善信托刚好可以满足家族企业的慈善需求。

第一，高净值人群对主流的慈善组织信任度较低。由于前些年有关慈善组织的负面新闻太多，引发公益慈善行业的整体性危机。也正是因为如此，有越来越多的高净值人群采取自己成立基金会或慈善专项基金的方式来进行慈善活动。而慈善信托固定的信息披露可以加强信托运营的透明度，能清楚地了解信托财产的使用及管理运用情况，在一定程度上满足高净值客户的慈善需求，有效缓解客户的信任危机。2016年的《慈善法》和2017年的《慈善信托管理办法》实施，为慈善信托的开展提供法律保障。相关法律、配套制度的出台和政府鼓励发展的态度是为了规范慈善信托，保护慈善信托当事人的合法权益，促进慈善事业发展，这将解决慈善信托实践中的瓶颈和障碍。因此慈善信托的诸多优势将更好地满足高净值客户慈善需求。

第二，家族传承不仅仅是金钱物质财富的传承，还有价值观、文化观、道德观和精神的传承，而慈善就是最高境界的家族传承。在海外，慈善信托与家族信托相结合也是流行的慈善方式,因此中国高净值人群也倾向于使用家族慈善的方式来进行慈善活动。高净值人群在家族传承的过程中加入慈善元素,不仅可以体现家族企业的社会责任,也是企业家回馈社会,实现个人心愿,发挥影响力的过程。

慈善对整个社会来说,是重新完成了一次财富分配的过程,可以达到取之于民,用之于民的回馈社会的效果。对家族企业来说,不仅仅是捐赠、帮扶,也是家族企业精神的延伸,这不仅是企业社会责任的体现,还可以更好地促进社会公平,为企业增加无形资产和声誉,提高在社会上的知名度。慈善对于企业家来说,慈善信托不仅是无偿捐助赠与的行为,而且是一种大情怀、大格局,可以实现企业家个人心愿并发挥其影响力,也可以体现自我价值。因此,大部分企业家都致力于文化教育事业,对母校进行定点捐赠;对于家族后代来说,传承家族及创一代精神财富,还可以让后代子女在这个过程中不断成长,树立良好价值观,增强家族的凝聚力。当家族后代领悟到商业与慈善其实是相辅相成的精髓时,家族后代在接受慈善反哺社会取得的成果时,家族传承的意义方才得到最大的彰显。

因此以信托模式做公益的家族慈善,不是简单的无偿的奉献,而是永不退出并有长期性战略收益的"投资"。

四 慈善信托在家族财富传承中应用的境外借鉴

(一)美国

1. 洛克菲勒家族基金会

说到家族慈善信托,不得不提起美国的洛克菲勒家族。洛克菲勒家族神话的缔造者是18世纪美国著名的"石油大王"、被称为"老洛克菲勒"的德国移民后裔约翰·戴·洛克菲勒,从1870年直到现在,该家族已经繁盛六代,并且依然续写着财富神话。1934年,小洛克菲勒在继承其父巨额的石油股票资产之后,承受着巨大的压力,在60岁时为其妻子与6个子女设立了信托。小洛克菲勒把后半生都用在了家族事业的管理和慈善事业上,从1917年到1960

年，小洛克菲勒总计为慈善事业投入近11亿美元，纳税3.7亿美元。1924年馈赠税的出现为他向下一代传承家族财富设立了屏障。洛克菲勒家族在19世纪末把资产分为洛克菲勒家族基金、洛克菲勒大学和洛克菲勒捐赠基金几个部分。洛克菲勒家族基金是为完成家族财富传承而设立的；洛克菲勒捐赠基金，用于在全球经营慈善事业，以人文、医疗、教育为主，平均每年捐赠金额为几亿美元；洛克菲勒大学虽然在中国知名度不高，但洛克菲勒大学在美国享有很高的评价，其在医疗研究领域享有与哈佛大学并列的盛名，并已获得多个诺贝尔奖。

洛克菲勒家族基金会的具体架构见图10。

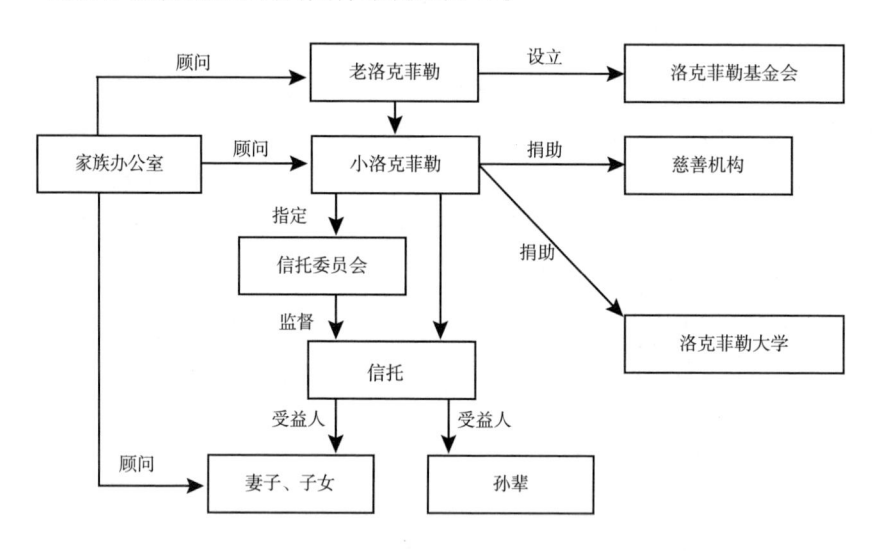

图10 洛克菲勒家族基金会结构

资料来源：第一财经《从洛克菲勒家族传承看中国式家族信托》。

在洛克菲勒家族慈善信托的整个信托设计中，其信托委员会具有处置信托财产的绝对权力，包括指示受托人行动以及在委员会成员一致投票通过时更换受托人。洛克菲勒家族办公室是整个家族财富传承的核心，其拥有专业的顾问团队，能够为洛克菲勒家族提供投资、法律、会计、家族事务以及慈善等各种服务。经过多年的发展，洛克菲勒家族办公室不仅仅只管理本家族的财富，还逐渐成为一个财富管理机构。根据洛克菲勒家族信托协议约定，受益人在30岁之前只能获得分红收益，并不能动用本金，30岁之后在获得信托委员会同意的前提下，可以动用信托本金，这样就限制了受益人对信托本金的自由支配。信托协议中"败家子"条款设置,一方面使子女能够生活无忧,另一方面也避免了子女由于经验不足或挥霍无度、不善理财而败坏家产。当受益人亡故后,信托本金还可以自动传给受益人的子女,这就保障了家族财富的不间断传承。

洛克菲勒家族慈善信托借助了受托人、信托委员会和家族信托办公室的专业技能以及丰富的投融资工具,得以进行"定制化"的财富管理,完成资产的合理配置,通过选定的收益或财产分配方案,将累积的财富传承给家族后代,并使用其中一部分用于社会慈善事业,回馈社会。在这种财富传承模式下,家族财富和家族慈善精神都得以传承。慈善精神的传承不仅让洛克菲勒家族具有很强的家庭凝聚力,而且后代人才辈出,诞生了美国副总统、大慈善家、风险投资业开创者以及摩根大通银行董事长。由此看出,洛克菲勒家族的子孙后代并没有因为巨额财富而迷惑,反而是更有动力去维系家族事业、承担社会责任,为社会做出自己应有的贡献。

2. 比尔及梅琳达·盖茨基金会

比尔及梅琳达·盖茨基金会(以下简称盖茨基金会)是世界上规模最大的慈善基金会,成立于2000年1月,盖茨承诺将个人所有的资产捐赠给基金会;2006年6月,巴菲特以合伙人的身份加入其中,承诺将440亿美元股票中的85%投入盖茨基金会。截至2015年底的统计数据显示,盖茨基金会的总规模超过400亿美元,以基金会每年必须捐出总资产5%的资金计算,总捐款数额已达367亿美元。

盖茨基金会是典型的"慈善基金会+投资信托"模式。在这个信托设计中,投资信托基金由专人团队管理信托资产,通过市场投资手段,以保证盖茨夫妇和巴菲特所馈赠的资产可获得稳定收益,以便每年持续拨款给盖茨基金会用以相应的慈善项目。而慈善基金会则专门负责慈善项目的管理和运作,如负责筛选慈善项目和慈善受益人等。慈善基金会并没有实质性资产,其有权向投资信托索取任何其财产范围内的资产,进行慈善活动。但两者是完全独立的法律实体,互不隶属。

比尔·盖茨夫妇的慈善基金会具体架构见图11。

不可否认,盖茨基金会推出的众多慈善项目为世界做出了不可磨灭的贡献。但对于盖茨而言,慈善不是"有钱任性",也不仅是"乐善好施",而是

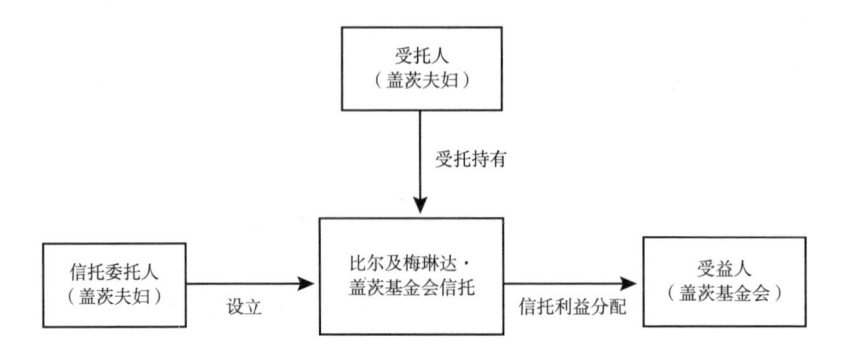

图 11　比尔·盖茨夫妇的慈善基金会结构

资料来源：搜狐公益：比尔及梅琳达盖茨基金会。

用商业思维运营的一项新事业。盖茨慈善基金会除了双信托的架构创新之外，盖茨的商业思维还体现慈善基金会的税务规避上。根据美国税法 501c（3）条款，宗教、教育、慈善、科学、文学、公共安全测试、促进业余体验竞争和防止虐待儿童或动物等组织，可豁免联邦所得税。也就是说盖茨基金会作为非经营性慈善基金会，在基金会资金运用上获得减免联邦所得税的资格，而且如果将盖茨投资信托中的升值资产捐赠给慈善基金会，还可以享受到最高相当于基金回报 20% 的抵扣税额度。不仅如此，在将来盖茨的家族财富传承过程中，慈善基金会的设立也为其规避了巨额的遗产税。若百年之后，盖茨将财富作为遗产传给儿女，按美国法律需要缴纳税率约为 50% 的现金遗产税，众所周知，盖茨拥有的绝大部分资产是微软的股票，若直接把微软的股票变现，则会引起微软股价震动，然而若将微软的股票转赠给私人慈善基金会，既可避免缴纳遗产税，避免家族财富减少；也可以避免微软的经营受到影响。

盖茨基金会作为典型的双信托财富管理模式，不仅借助了信托这种投资模式，将信托资产进行"定制化"的管理，完成资产的合理配置，保证了资产的增值，完成了家族财富的传承；而且盖茨慈善基金会推动了世界多种慈善项目的进行，在慈善领域做出了卓越的贡献，不仅回馈了社会，履行了社会责任，也彰显了慈善精神；同时，慈善基金会也为盖茨实现了合理的税务规划，规避了遗产税和减免了所得税。

3. 沃尔顿家族基金会

沃尔顿家族是沃尔玛公司的控股股东，家族成员持有了接近 50% 的公司股权。虽然成员的个人资产还远远达不到首富级别，但是作为家族，则算得上是世界上富有的家族之一，并且已经到了第三代，不仅依然控制着超大的家族企业，还保留着巨额的财富。

沃尔顿家族参与并推动慈善事业，是一个逐步的过程。起初山姆·沃尔顿正致力于发展公司的事业，尚未积累足够的财富进行大额捐赠。他最初的慈善举动都是逐步进行的，先后推出了美国中部奖学金计划，针对沃尔玛员工的沃尔顿奖学金计划等。山姆·沃尔顿选择了"教育"作为其他主要的慈善方向，这也影响了其后代。1987年山姆·沃尔顿和妻子海伦·沃尔顿设立了沃尔顿家族基金会，该基金会的理事会仅由家族成员组成。现任理事会主席是 Carrie Walton Penner，她是家族第三代成员，而她的丈夫则是近年来刚接班家族企业并担任沃尔玛集团的董事会主席的 Greg Penner。根据其官方网站所公布的公开信息，沃尔顿家族基金会的首要目标是完成家族财富传承，其次是三大慈善目标包括教育改革、改善环境、振兴阿肯色地区。该基金会不断努力地为学生与家庭增加教育机会，赋予其选择权。自1992年以来，在中小学教育领域投入了超过13亿美元。

沃尔顿家族基金会也是一个双信托架构，即"投资信托+家族慈善基金会"的结构。投资信托主要负责信托资产的保值增值；家族慈善基金会充分吸收了阿肯色州的其他资源，并且主要的活动也在回馈阿肯色州当地的高等教育。同时，家族慈善基金会主要是家族税收筹划的主要载体，由沃尔顿家族绝对控制。据统计，沃尔顿家族成员和沃尔顿家族企业合计仅占沃尔顿家族基金会捐款的1.2%。

沃尔玛基金会被认为是大公司慈善的成功典范。山姆夫妇在沃尔玛还远算不上大公司的时候，就通过设立股权信托提前将利益赋予子女，避免了巨额的遗产税，信托具有相当的灵活性，具有递延分配、长期分配的功能，并且能够结合慈善安排。虽然我国现行立法框架下，暂无遗产税与赠与税这样针对传承的税种，但是信托的递延、长期分配功能并不受任何影响。由此可见，个性化的信托是传承的必选工具之一。随着后来财富的聚集，又设立了家族慈善基金会，辅助进行家族财富的传承，基金会不仅因慈善公益用途而能获得特定的税收筹划功能，更能用于增加家族的公共影响力，成为家族成员高端社交的重要工具。

由此可以看出，沃尔顿家族的家族慈善基金会借助了信托这种投资模式，首先，将信托资产合理配置、保证了资产的增值，完成了家族财富的传承；其次，家族慈善体现了沃尔玛企业的社会责任，无形中增加了企业知名度；再次，沃尔顿家族享受特定的税收筹划利益，无论是家族财富传承的遗产税规避，还是其他税收减免；最后，家族慈善可以助力家族企业的发展，包括在企业声誉方面，也包括在人力资源方面。此外，通过"投资信托＋家族慈善基金会"的财富传承模式，既让后代持续参与到慈善事业中，利于家族精神的传承，无形中也加强了家族的凝聚力。

（二）英国

贝希特家族慈善信托，由贝希特家族设立，成立于 2006 年 10 月。截至 2015 年底，贝希特家族慈善信托净资产为 22541 万英镑，共完成 17 笔对外捐赠，合计 306 万英镑。贝希特家族慈善信托是将家族信托与慈善信托的功能合二为一，既完成家族财富的传承，保障贝希特子孙后代的生活，也将信托财产及收益用于受托人根据委托人意愿选择世界任何地方的慈善项目，特别是用于支持改善自然环境，消除对自然环境的破坏，以及提供更好的教育。由于英国的税法在慈善信托方面相对完善，将慈善信托运用于家族财富传承中，可以免征财产转让税和所得税；并且在家族慈善信托运作过程中，信托财产获得的不动产、利息、专利、版税、养老金等多种收入均可享受免税优惠。

贝希特家族慈善信托的具体架构见图 12。

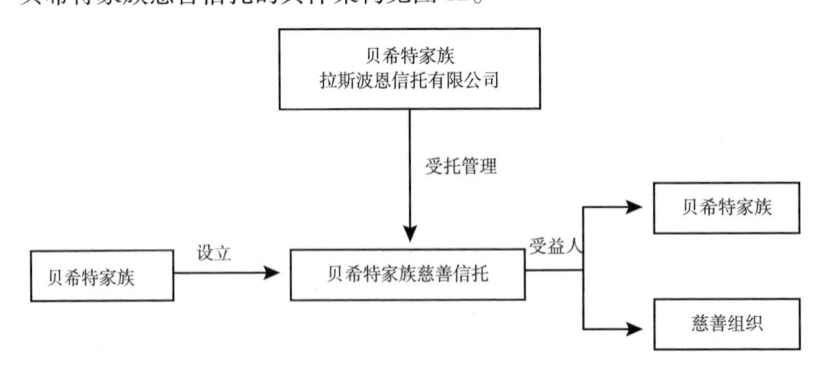

图 12　贝希特家族信托结构

资料来源：《慈善信托研究》，中国金融出版社，2016。

因此，在家族慈善信托这种财富传承模式下，既可以保障家族财富的有序传承、保证家族财富的保值增值，也能传承家族慈善精神。慈善将在潜移默化中影响子孙后代的品格，延续家族传统，利于家族精神的传承；同时，还可以获得一定的税收优惠。

（三）中国香港地区

香港娱乐大亨邵逸夫在世时选择了以一个信托基金同时承担家族信托和慈善信托两种功能的方式来传承财富，不仅保障了子女日后的生活，也为推动中国慈善事业发展做出了卓越的贡献。据统计，邵氏信托基金捐赠慈善事业金额合计超过100亿港元，其中向中国大陆捐赠近50亿港元，涉及大陆27个省，共有以"逸夫"命名的教学楼、图书馆、科技馆、科研中心等捐建建筑6013个。

邵逸夫慈善信托基金就是一个典型的慈善性家族信托，具体架构如图13。

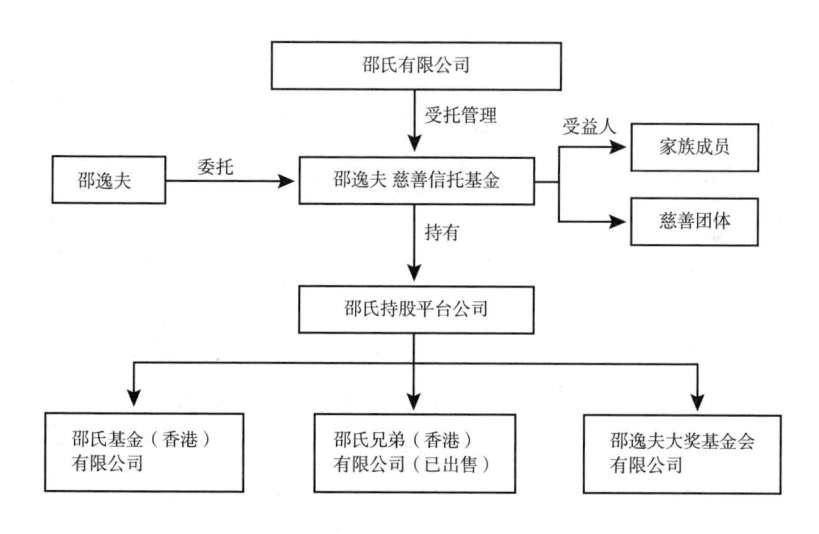

图13 邵氏家族信托结构

资料来源：用益信托网，《邵氏家族信托解密，六叔如何让家业长青》。

由于子女无意接班影视事业，也为了避免家族成员间日后争夺遗产，晚年的邵逸夫一直在将名下各类资产做变现处理，资产变现后注入邵逸夫慈善信托基金；而且邵逸夫早年就已经留下了遗嘱，以配合不便注入信托的资产有序的传承。由图13可以看出，邵逸夫先生创立了邵逸夫慈善信托基金、邵氏基金（香港）有限公司（以下简称邵氏基金）、邵逸夫大奖基金会有限公司（以下简称邵氏奖基金）三个机构来管理家族财富，从事慈善事业。其中，邵氏基金是最常见的捐赠主体，很多捐赠项目都出自该基金会之手。而邵氏奖基金则主要奖励在天文、医学、数学方面取得卓越成就的学者。邵逸夫慈善信托基金是邵氏家族主要财产的最终持有者，受托人为注册于避税天堂百慕大群岛的邵氏有限公司，受益人则是根据信托合约挑选的任何人或慈善组织以及邵逸夫的四个子女和妻子。邵氏持股平台公司则作为邵氏家族的持股平台。这个慈善信托基金以家族资产的保值增值为目标，部分收益传承给子孙后代，其余大部分捐赠给慈善事业。

严格来说，邵逸夫慈善家族信托并不等于真正意义上的慈善信托，因为慈善家族信托中受益人包含家族成员，也就是说慈善家族信托是一个包含慈善目的而非仅有慈善目的的信托。在国外，为了让高净值人士在兼具家族信托与慈善信托的同时又享有税收优惠待遇，较为普遍的做法是采取慈善先行信托模式和慈善剩余信托模式。慈善优先信托是一种财富传承中结合了公益慈善与子女传承功能的信托架构。此类信托的结构为：由委托人设定特定的慈善公益机构作为受益人，然后在信托存续期间将信托本金及产生的投资收益陆续向这些选定的受益机构进行分配，到期之后若有剩余，剩余的部分归于委托人指定的继承人。慈善剩余信托是指委托人生前通过设立一个不可撤销信托，在其有生之年每年获得较为固定的收益，然后在其去世之时，信托所剩余的财产则分配给委托人生前事先指定的慈善组织。这是与慈善优先信托结构相反的一种信托模式。但现有公开资料中并没有说明邵逸夫家族慈善信托是哪一种。这种家族传承的信托架构模式的好处在于，既可以满足委托人的慈善需求，又可以实现财富增值、传承等多项目的。此外，通过这一模式，可以让后代也持续参与到慈善事业中，利于家族精神的传承。

（四）中国台湾地区

从2001年至2005年，台塑集团创办人王永庆陆续将自己所拥有的部分股权和相关财产设立了信托。其中，部分信托并未指定受益人，而由不同的管理委员会负责管理。采用这种方式，信托财产将不再列入遗产，同时增加了该财产所有权指向的确定性。从而保证了王氏家族的企业股权。王氏家族对台塑集团的股权见图14。

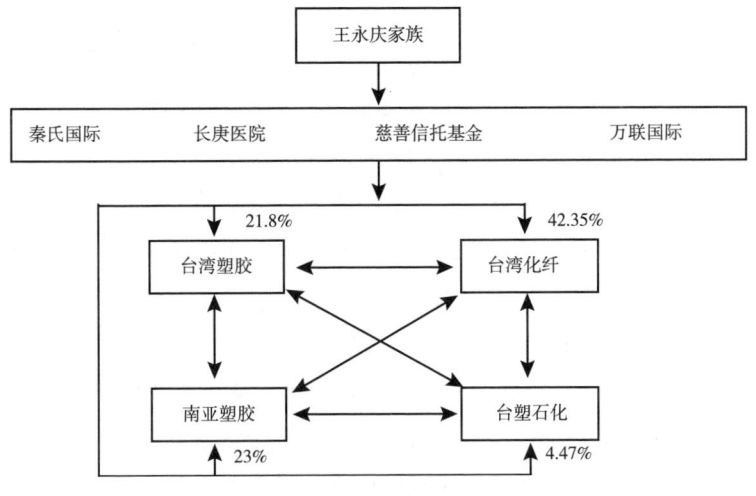

```
                    ┌─────────────┐
                    │  王永庆家族  │
                    └──────┬──────┘
                           │
    ┌──────────┬───────────┼────────────┬──────────┐
    │ 秦氏国际 │ 长庚医院  │ 慈善信托基金│ 万联国际 │
    └──────────┴───────────┴────────────┴──────────┘
                    21.8%         42.35%
              ┌──────────┐    ┌──────────┐
              │ 台湾塑胶 │◄──►│ 台湾化纤 │
              └────┬─────┘    └─────┬────┘
                   │   ╲    ╱       │
                   │    ╲  ╱        │
                   │     ╲╱         │
                   │     ╱╲         │
                   │    ╱  ╲        │
                   │   ╱    ╲       │
              ┌────▼─────┐    ┌─────▼────┐
              │ 南亚塑胶 │◄──►│ 台塑石化 │
              └──────────┘    └──────────┘
                    23%           4.47%
```

图14　王永庆家族信托结构

资料来源：信托法律快车：王永庆设立公益信托，企业永续经营。

王永庆去世时，慈善信托基金是台塑集团的核心股东，台湾塑胶工业、南亚塑胶工业、台湾化学纤维及台塑石化分别持有6.7%、8.2%、18.6%及4.5%，王长庚公益信托亦分别持有0.06%、0.33%、0.51%及0.19%。2011年，长庚慈善基金会斥资90亿元新台币购买上述四家企业股权。四家公司财报显示，截至2011年底，慈善信托基金的持股份额分别增至8.21%、11.05%、18.58%及4.95%。而慈善信托基金的掌控者就是王氏家族。根据台湾民法规定，家族慈善基金会要成立董事会，家族成员最多可占董事会的1/3。在王家的慈善信托基金里，5名家族成员占了整个董事会成员的1/3，剩下10个董事席位上，有3名是台塑集团的高层管理者。言外之意，王家的慈善基金会里有8的个与台塑集团相关的董事席位，已超过了整个董事会决策成员的半数，也就是说台塑集团的经营权仍然是王氏家族。

自2005年起，王氏家族就在通过王长庚纪念医院持股对旗下4家企业进行外部巩固，4家企业又以交叉持股的内部控管方式，防止王家的股权被外界削弱。首先，长庚医院大比例地持股上述4家企业，以保证王家对台塑集团的控制权；其次，慈善信托基金本来持有台湾化学纤维股权较多，但近年来，一面撤出台湾化纤的股份，一面增持除了台湾化纤在内的其他三家公司的股权，从而避免台塑集团被恶意收购或被分裂。因为收购其中一家子公司，收购方需同时收购其他3个企业和基金会股权才能完成。由此看来，王氏家族的股权并没有外流，而且实现了家族股权的集中。

2008年10月，王永庆在美国突然离世，留下了价值55亿美元的巨额遗产和总资产高达860亿美元的商业帝国。若在没有遗嘱的情况下，以上资产将全部按台湾地区法律分配安排，这笔资产将适用遗产税税率为50%，约为147亿新台币。根据台湾媒体的报道，王家成立了慈善基金会，捐助慈善事业数十亿新台币后，王永庆的遗产税确定为120亿新台币。这隐性说明一旦资产注入慈善基金会和慈善信托，这些遗产税和赠予税都可以得到一定程度的豁免。王永庆通过设立慈善基金会这种信托架构模式，减免了高额的遗产税，实现了家族的税务筹划，完成了家族财富的传承，也巩固了家族企业的所有权，避免了被收购的危机。

从上述五个境外慈善信托用于家族传承的案例可以看出，家族慈善信托具有以下几大功能。第一，慈善信托反哺家族，家族通过慈善信托进行慈善捐赠，表达家族财富掌权者的慈善价值观。慈善行为可以将家族成员团结起来共同致力于慈善事业，有利于提高家族的凝聚力。第二，慈善信托助力家族财富的税务筹划，由于我国遗产税并没有开始征收，我国家族慈善信托主要用于规避增值税等。第三，家族慈善信托可避免家族企业控制权分散，通过家族信托与慈善信托的结合，实现家族企业股权的所有权、决策权和受益权的分离，维持对家族企业的控制权，并在一定程度上对家族企业的发展有协同效用。

五 我国慈善信托运用于家族传承的探索

（一）我国家族信托发展概况

1. 家族信托的定义

家族信托是受托人受个人或家庭委托，以实现高净值客户的家族财富保护、管理及传承为目的，代为打理或处置家族财富的财富管理形式，受益人主要为家庭成员。从狭义层面看，家族信托业务本质上是一种法律架构，主要依托架构设计实现保密性、资产保障、税务筹划及家族财富传承等功能。从国际经验来看,家族信托受托人可以是个人、专业信托公司及私人信托公司。在国内,尽管《信托法》规定受托人可以是自然人或法人,但目前信托公司是唯一持有信托牌照,可以作为受托人的主体,任何机构开展真正意义上的家族信托业务必须借助信托公司的牌照。从广义范围来看,鉴于国内家族信托当下的委托资产以货币型资产为主,从业机构在开展业务过程中会采用家族基金、全权委托、慈善基金或家族办公室等形式开展家族信托业务。

2. 家族信托的发展现状

从参与主体来看,国内参与家族信托业务的相关主体包括商业银行、信托公司、保险公司、第三方财富管理机构、律师事务所及会计师事务所。目前,境内家族信托业务正步入快速增长阶段。

从资金门槛来看,国内家族信托设立的资金门槛通常较高,如 1000 万元人民币起。期限通常为十年至几十年,部分家族信托设置期限为永久。国内家族信托业务尚处于市场培育阶段,为了抢占市场资源,从业机构当前推出的家族信托业务呈现资金门槛普惠化、信托期限短期化的特点,主要有两种表现形式。其一是低门槛、规模化的标准化产品,如长安信托与盈科律师事务所联合推出"迷你"家族信托产品,门槛为 300 万元,主打低门槛、半定制化特征。其二是以小撬大的保险金信托,信诚人寿与中信信托合作推出的"信诚'托富未来'终身寿险"以百万保费撬动上千万的保险金。

从资产类型来看,我国《信托法》并未限制信托财产的类型,但受限于信托登记制度的缺失,加之高额的税负压力以及固有资产不易评估等原因,目前家族信托仍以资金型为主。不同类型的机构对信托财产持不同态度,以商业银行为代表的资产管理型机构更青睐资金信托,主要缘于其从事家族信托的利润来源为资产管理服务,资金信托可以带来金融资产和稳定的中间业务收入。此外,非资金信托短期利润较低,维护成本较高,专业管理人才缺乏。信托公司则对非货币型资产持乐观态度,将非资金类家族信托作为业务创新的重要方向。一方面,信托公司在事务管理方面更具操作经验;另一方面,非货币资产是高净值客户家族财富的主要形式,客户对非资金类信托需求旺盛,目前非货币资产可以实现交易性过户,但成本较高。对于有跨境需求的客户,可利用离岸信托持有现金、股权、不动产、艺术品等境外资产,也可利用离岸信托的股权架构设计实现家族企业传承或红筹上市。但目前此类信托发展上不成熟，信托公司更多的是引导客户首先规划国内现金类财富。

从收费模式来看，目前国内家族信托的资产类型较为单一，架构设计比较简单，家族信托业务主要按照整体收费方式收费，按照信托资产规模，收取固定管理费（每年5‰～1%）和超额管理费（每年超额收益的20%～50%）。境外信托的架构设计服务往往与资产管理服务相分离，或仅作为增值服务。就架构设计部分而言，独立信托公司主要按资产规模、资产类型、信托架构的复杂程度及参与度确定收费标准，费用涉及信托成立之初的架构设计费、每年的固定管理费及法律文件变更等相关费用。总体而言，客户特别是超高净值客户对家族信托收费并不敏感，他们更注重的是资金的安全性以及受托人的专业能力。

（二）我国慈善信托运用于家族传承的模式探索

未来，我国家族慈善信托将具备不可撤销、风险隔离、跨代传承等显著特点，继而成为一种主流的财富管理发展方向，实现家族信托与慈善信托的双重目的。基于此，我们对我国家族慈善信托的发展模式做了大胆设想。

1. 探索模式1：家族信托慈善信托并联模式

第一类探索模式为在家族慈善信托项下设立一个家族信托、一个慈善信托，两个信托并联排列。委托人为高净值客户，受托人为信托公司。其中的慈善信托，可以解决家族信托中无法解决的慈善需求。慈善信托仍需作为一个独立的信托向相关民政局进行备案。此类信托既能满足高净值客户在家族传承端的需求，又能满足客户在慈善精神传承方面的需求（见图15）。

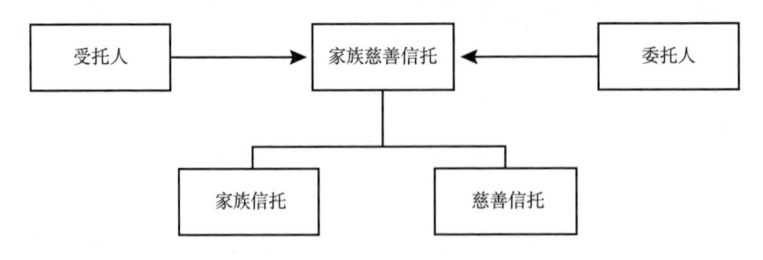

图15 家族信托慈善信托并联模式结构

资料来源：作者绘制。

2. 探索模式2：家族信托残值成立慈善信托模式

首先设立一个家族信托，因家族信托存续时间跨度很长，短期内不可能处置全部的资产，在家族信托资产处置到达一定的时间节点且基本完成家族财富传承意愿后，用家族信托遗留下的残值成立一单慈善信托。这样既顺利完成了家族财富的传承，又延续了慈善精神，提升了家族企业的社会公信力与美誉度（见图16）。

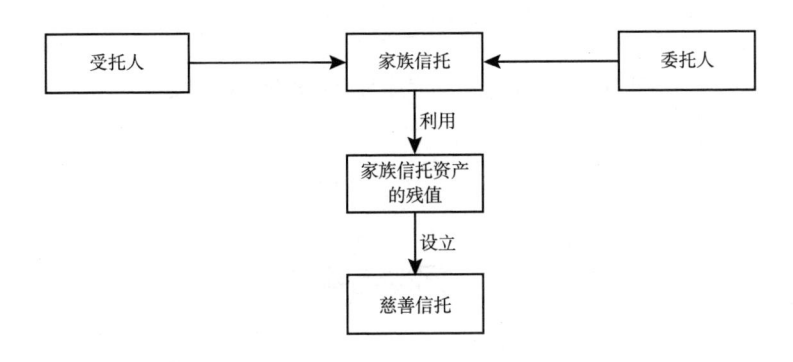

图16 家族信托残值成立慈善信托模式结构

资料来源：作者绘制。

3. 探索模式3：家族信托本金/收益成立慈善信托模式

首先设立一单家族信托，受托人在处置家族信托资产时，绝大多数都会希望资产的保值增值。受托人即信托公司按照委托人意愿，将家族信托本金部分或收益部分用于成立慈善信托。

对于未来的家族慈善信托，我们应当在借鉴国际国内家族信托与慈善信托业务发展经验的基础上，充分了解委托人的需求与意愿，结合委托人自身特点，依托内外部优势，构建适宜自身发展的差异化的家族慈善信托业务模式。在依托现有系统基础上，循序渐进搭建家族慈善信托的中后台支持系统，做好专业人才的培养和储备，做好超高净值客户的需求分析及资产梳理。现阶段开展家族慈善信托业务，应在做好客户需求分析及资产梳理的基础之上，定位于以发挥资产管理服务优势为核心，引入集团内外部、境内外的专业机构负责架构设计服务，搭建家族慈善综合管理服务平台，为客户提供集家庭与企业、在岸与离岸、传承与配置于一体的财富传承管理方案（见图17）。

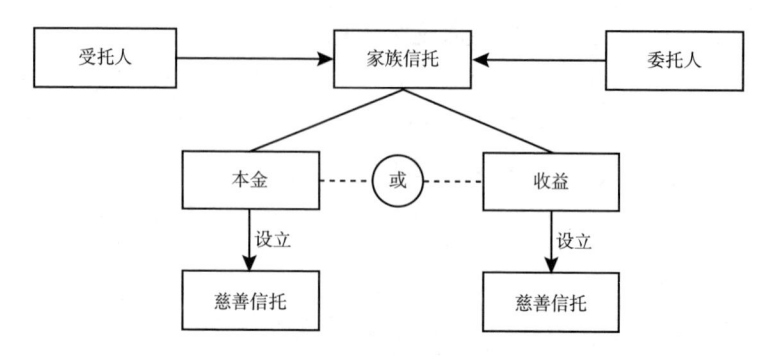

图17 家族信托本金/收益成立慈善信托模式结构

资料来源：作者绘制。

六 问题与建议

《信托法》《慈善法》《慈善信托管理办法》等法律法规的出台，标志着我国慈善信托规制体系的基本建立，为以慈善信托的方式进行家族财富传承提供了有力的法律支撑，但是家族慈善信托的发展仍然面临着许多细节性障碍。税务细则的不明确，信托登记制度的不完善，受托人家族财富管理经验的不足，大众对家族慈善信托的不了解等问题都将阻碍家族慈善信托未来的发展。

（一）慈善信托在家族传承运用中面临的问题

1. 税收制度的不明确

《信托法》第六十一条明确了"国家鼓励发展公益信托"。《慈善信托管理办法》第四条规定，"国家鼓励发展慈善信托，支持自然人、法人和其他组织践行社会主义核心价值观，弘扬中华民族传统美德，依法开展慈善活动"。这再次重申了国家鼓励慈善信托发展的基本立场。为了鼓励慈善信托，《慈善法》和《慈善信托管理办法》均提出了相应的促进措施，其中最重要的就是税收优惠。

《慈善法》从多个层次规定了不同的税收优惠政策。《慈善信托管理办法》也对慈善信托的税收优惠做了规定。该办法第四十四条规定，"慈善信托的委托人、受托人和受益人按照国家有关规定享受税收优惠"。除了税收优惠之外,《慈善法》在第九章"促进措施"中还规定了多项政府促进慈善事业发展的措施,例如第七十七条第二款规定"县级以上人民政府有关部门应当在各自职责范围内,向慈善组织、慈善信托受托人等提供慈善需求信息,为慈善活动提供指导和帮助"。《慈善信托管理办法》第四十六条也规定,"鼓励地方各级人民政府根据经济社会发展情况,制定和出台促进慈善信托事业发展的政策和措施"。

但是,我们也应意识到,关于慈善信托的税收优惠政策和鼓励政策还过于笼统,不够具体,缺乏可操作性。事实上关于慈善信托税后减免的"国家有关规定"并不存在,尚不具有可操作性。

首先,在信托活动的整个过程中,主要是涉及委托人、受托人和受益人三个方面的主体,但是国内目前并没有明确该三方纳税的主体,导致在信托过程中,在不同环节出现了对该三方重复征税的情况,导致了每个主体都要出现缴纳信托所得税的局面,出现税务过重的问题。而且国内对信托行业实行与其他经济行业相同的税收制度,关于信托财产的所有权和受益权分离特点,并没有给出针对性的税收制度,因此国内目前在印花税、增值税等方面也出现了大量的重复征税的现象。

其次,在《慈善法》《慈善信托管理办法》中,既没有明确规定慈善信托在设立环节、运作环节、利益分配环节的税收优惠政策,也没有明确的规章条文确认慈善信托的税收条件和税收优惠的丧失条件。信托公司也不能直接为委托人开具可抵税的捐赠票据,因此慈善信托的委托人实际上难以享受公益捐赠同等的税收优惠;此外,我国也没有对慈善信托捐赠所涉及的增值税、印花税等税种的税收优惠政策做出相应的规定。

最后,借鉴国外的经验来看,将慈善信托运用于家族财富传承中可以减免一定的遗产税。关于遗产税的征收,虽然目前国内已经提上日程,但是由于该制度尚未落实,导致家族信托在合理规避税制这一方面的功能,在国内暂时不能够得到有效的体现。因此,遗产税制度的缺失一定程度上阻碍了家族慈善信托的发展。

综上所述,家族信托与慈善信托在税务方面都面临着各种税务问题,这极大地降低了委托人设立信托的积极性,也阻碍了慈善信托在家族财富传承中的运用。

2. 信托财产的规定模糊

在信托中，委托人将自己的财产移转给受托人是信托成立的必要条件之一，财产一旦移转就具备了信托法上的独立性，而受托人所有独立的信托财产正是继受信托法全部原则中的枢纽和根本。但是我国《信托法》中对信托财产的权属问题规定模糊，在《信托法》对"信托"所下的定义中，委托人基于对受托人的信任将财产"委托给"受托人，而不是将财产"移转给"受托人。"委托给"这样的词语实在令人感到模糊不清，各界对于"委托给"的解释也不尽相同。有人认为这里的"委托给"只是用语上的不同，不能改变委托人需要将信托财产权移转给受托人的本质。但是也有人认为这里的"委托给"只能理解为委托，不包含移转所有权的含义。"委托给"究竟能否理解为"移转给"至今没有明确的立法或是司法方面的解释。从字面上看，即便"给"字中包含了转让的意思，但是"委托"一词又难免不让人把委托代理与信托混为一谈。即便是结合《信托法》的其他条款从体系解释的角度探寻立法者对信托财产所有权归属的态度，最终也是无法得出明确的结论。虽然《信托法》第十四条的规定似乎有将信托财产所有权归属于受托人的意向，但是《信托法》第二十九条又用了"委托人的信托财产"这样的语句。因此我国《信托法》对信托财产所有权的权属问题态度着实模糊，而这一问题的存在必然会使家族信托财产的独立性存在瑕疵，那么家族慈善信托的资产隔离保护和财富传承的功能实现势必会受到影响。

3. 信托登记制度的不完善

根据中国《信托法》第十条规定："设立信托，对于信托财产，有关法律、行政法规应当办理登记手续的，应当依法办理信托登记。未依照前款规定办理信托登记的，应当补办登记手续；不补办的，该信托不产生效力。"可见，信托的登记要素就是信托财产登记。信托财产登记后才能更好地受到信托法的保护，更充分享有信托财产独立性、破产隔离的制度优越性；同时使以股权、不动产为信托资产的信托发生真正成为信托行为，而不是基于合同法或物权法意义上的"转让"来设立信托。虽然《物权法》《公司法》等对财产登记的规定比较清晰，但是实践中，没有具体的操作性规定，即使经过多方沟通，办理了登记手续，该种登记仍然视同交易。由此可见，怎样把非现金资产装入信托是目前家族慈善信托一大阻碍，国内信托财产登记制度的缺失，对家族慈善信托业务甚至是整个信托业都产生了明显的制约。

4. 信托机构方面管理经验不足

我国家族信托与慈善信托目前还处于起步阶段，相关财富管理人才十分匮乏，境内的信托公司对家族财富的专业管理水平还有待提高，业务开展地域局限性大，没有形成真正意义上的专业团队，业务经营和管理经验还需要不断积累。由于家族财富传承涉及的数额巨大，条款众多，对专业化的管理团队要求极高，不仅仅需要金融方面的专业人士，同时也需要法律、会计方面的专业人士。但是，目前国内信托公司缺乏相应的资产管理配置能力和经验，专业化的复合型人才缺失，极大地限制国内家族信托模式的丰富，导致国内目前家族信托产品的结构过于单一。

5. 家族慈善信托的普及度不足

家族慈善信托作为一个舶来品，高净值人群对它的认识不足，很多人不理解家族慈善信托的功能，也不知道国内家族慈善信托业务的存在。在家族财富传承这方面，投资者对信托"两权分离"又十分的敏感，不相信通过家族慈善信托这一方式可以实现财富的传承。因此，家族慈善信托在国内的实践难度很大，还需要今后不断加强宣传和普及。

（二）政策建议

1. 完善税收优惠政策

第一，完善信托的税收优惠政策。针对在信托不同环节出现对委托人、受托人、受益人出现的重复征税问题，根据信托财产本身就具有独立性原则、收益权和所有权分离的特点，受益人从受托人手中获取的信托财产本金和信托财产增值获取的收益，避免双重征税。建议相关部门出台相关税收优惠政策，避免不合理税收。

第二，完善遗产税制度。无论从促进社会公平方面考虑，还是从完善税收体制方面出发，遗产税的开征都有其客观必然性。建议未来如考虑开征遗产税时，相关部门能一并考虑遗产税与信托财产部分相关的税收细则，完善遗产税法律中关于慈善部分的抵税条款。

第三，完善慈善信托的税收优惠政策。首先，中国需立足于自身国情并借鉴境外经验，将《慈善法》中对慈善信托的相关税务问题的细则进行明确规定，明确慈善信托设立、运作、利益分配等环节的具体税收优惠细则，尽快出台慈善信托税收优惠的确认条件和优惠丧失确认条件。其次，在《慈善法》中，虽然扩大了享受慈善税收优惠的主体，对股权、有价证券等财产形式的转让制定优惠政策等，但《慈善法》只模糊规定了县级以上人民政府应当根据当地具体情况来制定相关优惠政策，具体细则并没有出台。最后，完善个人所得税和增值税制度，完善家族资产用于慈善信托的抵税政策。

第四，完善审查流程，明确监管职责。我国《慈善法》规定，慈善信托的受托人负有每年一次向民政部门报告家族慈善信托中慈善部分的运作情况及财务状况的义务。因此，税务部门应当根据一定的要求，对家族慈善信托减免税政策的执行进行监督。在监督过程中，建议相关监管主体要进行配合。如税务部门与民政部门应当建立及时有效的沟通机制，在民政部门收到慈善信托受托人报送的年度报告、财务报告及审计报告时，及时抄送税务机关，由税务机关对减免税执行情况进行检查。在税务机关发现其不再符合减免税资格时，应当及时通知民政部门，由民政部门进行备案登记复核。

2. 完善信托财产登记制度

由于可设立家族信托的资产具有多样性，包括资金、股权、不动产等。借鉴国外的家族信托发展经验来看，只有完善的信托登记制度，才能确保家族信托的功能得以真正地体现。建立信托财产登记制度和相关配套制度，完善明细登记制度的具体内容，明确信托财产的登记机构、登记范围、登记程序等，确保信托资产的独立性，使信托登记制度发挥其真正的作用。通过信托登记制度明确家族信托结构中受托人和委托人的义务，保护双方的利益，使其做到真正的有法可依。避免当事人通过另外签订买卖合同，依据买卖合同办理过户完成所有权的转移，带来的不必要的税负。

在信托登记机构方面，理想的模式是建立全国统一的信托登记平台，以便于信托产品信息的及时更新与查询，且审核标准的统一化和登记流程的规范化，也使信托登记更易于监管、更具公信力。这样既可以避免重复登记和一些财产登记无门的问题，也可以提高办事效率。但目前我国的土地、房地产、股权、知识产权、大型动产等都已确立所有权登记制度，对应相应的登记机构，形成了较为成熟的登记体系和操作规则。因此，或许有必要考虑在统一信托登记机构与分散的财产登记机构之间建立起衔接机制。由于我国《信托法》规定了特殊财产需要经信托登记才能使信托生效，所以在承认信托财产发生转移的前提下，财产信托的登记应当遵循以下的思路：首先，在信托产品成立之后，受托人应当申请在全国统一的信托登记平台进行登记；其次，在立法明确信托行为具有非交易过户效力的前提下，财产权登记机构应当配合信托的设立进行财产转移登记，并在登记事项中注明其信托财产的性质；最后，相关权利人能够通过统一信托登记平台查询到信托产品以及信托财产的信息，产生对抗第三人之效力，信托受益权也能够借助该平台实现流转。

3. 建立慈善信托信息系统

建议建立相应的家族慈善信息系统，这既是有效信息披露的途径，也有利于为慈善信托委托人提供更多的慈善选择。首先，对监管层面来说，家族慈善信托需要在信息系统进行慈善备案，并且独立开设一个慈善信托资金的专用账户，即方便监管家族慈善信托中的慈善资金动向；其次，慈善信托信息系统也需成立相应的慈善项目库，给出相应筛选和评估慈善项目的方法，这样慈善信托信息系统不仅从慈善项目端体现出慈善的需求点，也从资金端体现出慈善的供给点，并提高了信息透明度和监管效率。

4. 建立专业的服务团队

家族慈善信托存续时间较长，少则几年，多则几十年、上百年，这样对信托机构信誉度和资产管理方面要求极高，信托机构多是以财富管理的形式对委托人的托管资产进行管理，注重的是财产的保值性和延续性，并非增值性。这对信托从业人员各方面素质有着非常严格的要求，确保了信托机构能够根据受托人的需求，量身设计出一套合理的信托方案，将财富按照委托人的意愿进行传承。信托机构从中收取咨询服务费和信托存续期间内的管理费用。

因此，对信托公司来说，加强复合型人才的培养，加强专业化主动管理，全面培植服务能力是其促进家族慈善信托发展的关键。由于高净值人群对财富传承需求多样化、个性化，家族财产的不同类型使家族信托具有高度的定制化特征。因此，组建一个涵盖金融、法律、投资、税务等多领域的核心专家队伍，以客户具体需求为出发点，才能为客户提供多层次、全方位的信托产品配置和财富管理服务。

5. 家族慈善信托知识的普及

对社会来说，积极宣传家族慈善，让大众意识到家族财富传承不仅仅是物质的传承，更是一种精神的传递。从这个角度来看，建议通过各种方式积极宣扬家族精神传承，普及家族慈善信托相关知识。对此，互联网推广是最常见的方式，互联网具有更多的受众群体，更加迅速和高效，如微博推荐、微信公众号普及等。长安信托甚至拍摄了我国第一支家族信托主题微电影，这让更多群体看到和了解到家族传承。举行家族慈善信托行业高峰论坛也是普及家族慈善信托的一种方式，同业交流可以尽最大的努力帮助解决家族慈善信托遇到的共性问题，从而促进家族慈善信托的健康发展。

参考文献

中国信托业协会：《2016年专题研究信托业报告》，2016。
中国慈善联合会慈善信托委员会：《2016年中国慈善信托发展报告》，2017。
英国慈善委员会：《英国慈善委员会指引》，林少伟译，法律出版社，2017。
王芳律师家族办公室团队：《家族财富保障及传承》，现代出版社，2016。
中国信托业协会，《慈善信托研究》，中国金融出版社，2016。
王思莹：《〈慈善法〉对中国慈善信托与家族财富传承的作用分析》，《兰州教育学院学报》2017年第1期。
赵涛：《海外家族信托的理论与实践及其对中国的启示》，中国社会科学院博士学位论文，2017。
崔琳：《家族信托案例研究》，对外经济贸易大学硕士学位论文，2016。
王奇：《慈善信托税收优惠制度研究》，硕士学位论文，华东政法大学，2016。
罗慧敏：《家族信托法律制度研究》，硕士学位论文，西南政法大学，2016。
马秋萍：《家族信托相关法律问题研究》，硕士学位论文，华东政法大学，2016。
李娜：《家族财富传承的信托方案设计》，硕士学位论文，浙江大学，2016。
马海蓉：《家族企业传承，国外有哪些好经验》，《人民论坛》2016年第11期。
吕健祥：《家族财富传承金融解决方案》，硕士学位论文，华东政法大学，2016。
李博：《家族信托模式研究》，硕士学位论文，河南大学，2016。
辛九渊：《民营企业股权家族信托法律问题研究》，硕士学位论文，华东政法大学，2016。
邬京京：《中国家族信托财富管理模式研究》，硕士学位论文，宁波大学，2015。

王金东:《英美慈善信托法律制度研究》,博士学位论文,大连海事大学,2012。

王奇:《慈善信托税收优惠制度研究》,硕士学位论文,华东政法大学,2016。

罗小青:《慈善信托受益人权利研究》,硕士学位论文,湖南大学,2016。

赵茹:《准公益信托设立制度研究》,硕士学位论文,山西财经大学,2017。

King, A. W., 2011, *How the Rich Stay Rich: Using a Family Trust Company to Secure a Family Fortune*, Trust&Estates.

Parthemer, M. R., 2011. *Flexible Family Trusts*, Probate&Property.

Stephen Martiros& Todd Millay, 2009. *A Framework for Understanding Family Office*m, Global Family Alliance, 2009.

Bruce W. Frase, 2010. *The Rush to Dynasty Trusts*, Financial Advisor.

Miller D. le Breton-Miller, Lester, R. H., "Family and lone founder ownership and strategic behavior: Socailcontext, identity and institutional logics", *Journal of Management Studies*1.

热点七

慈善组织在农村精准扶贫中的推进路径研究

丁辉侠[*]

摘　要：在中国扶贫发展过程中，慈善组织逐渐成为精准扶贫的重要社会力量。本文首先对慈善组织参与中国扶贫的政策演变和实践历程进行了梳理；然后从理论方面介绍了慈善组织参与精准扶贫的内在优势、参与方式与参与精准扶贫合作治理的基本要素，并系统介绍了参与的基本现状；接着以河南省为例，对样本市县慈善总会、基金会和公益性社会组织三类重要的慈善组织在精准扶贫中的项目背景、帮扶对象选择、帮扶方式、资金来源以及与政府的协同方式等方面进行深入分析，研究发现这几类慈善组织在精准扶贫中都是政府力量的重要补充，但在参与方面存在明显差异；最后，从信息共享机制、管理和帮扶专业性、资金来源、社会认知、各利益相关主体协同和参与扶贫模式等方面分析了慈善组织参与精准扶贫存在的问题，并分析了这些问题产生的原因。在此基础上，本文分别从政府与慈善组织两个方面提出了促进慈善组织参与精准扶贫的政策建议：在政府方面，主要是做好政策支持与公共服务供给工作；在慈善组织方面，主要是提升自身参与扶贫的能力与社会信任力。

关键词：慈善组织　精准扶贫　合作治理　贫困治理

---

[*] 课题负责人：丁辉侠，郑州大学公共管理学院副教授。课题组成员：赵凤萍，郑州大学公共管理学院副教授；王延年，郑州大学信息工程学院副教授；张素丹、张玉贞、冯浩原、谢茜和宋前萍，郑州大学公共管理学院硕士研究生。

一　绪论

（一）研究背景与意义

1. 研究背景

消除贫困、改善民生、逐步实现共同富裕，是社会主义的本质要求。从改革开放特别是20世纪80年代中期中国政府开始实施大规模扶贫开发计划到2015年的30多年时间里，有7亿多贫困人口摆脱了贫困，农村贫困人口减少到5575万人，贫困发生率下降到5.7%。《2015年千年发展目标报告》显示，中国对全球减贫的贡献率超过70%[①]。但随着贫困人口的大规模减少，除深度贫困地区外，剩余贫困人口分布更为分散，致贫原因和脱贫难度也发生了较大改变，需要精准识别、分类帮扶才能更加有效地帮助贫困人口摆脱贫困，有效阻断贫困代际传递。2013年11月，习近平总书记在湖南湘西考察时首次提出"精准扶贫"的重要思想。2015年10月，党的十八届五中全会提出中国扶贫工作的阶段性目标是"确保到2020年我国现行标准下农村贫困人口实现脱贫，贫困县全部摘帽，解决区域性整体贫困"。艰巨的扶贫攻坚任务需要政府与社会协同合作，共同致力于精准扶贫事业。2015年12月，中共中央、国务院发布《中共中央国务院关于打赢脱贫攻坚战的决定》，指出要"坚持政府主导，增强社会合力。强化政府责任，引领市场、社会协同发力，鼓励先富帮后富，构建专项扶贫、行业扶贫、社会扶贫互为补充的大扶贫格局"。2017年12月，《国务院扶贫开发领导小组关于广泛引导和动员社会组织参与脱贫攻坚的通知》（国开发〔2017〕12号）强调："社会组织是我国社会主义现代化建设的重要力量，是联系爱心企业、爱心人士等社会帮扶资源与农村贫困人口的重要纽带，是动员组织社会力量参与脱贫攻坚的重要载体，是构建专项扶贫、行业

---

① 国务院新闻办公室网站：《中国的减贫行动与人权进步》白皮书（全文），http://www.scio.gov.cn/zxbd/tt/zdgz/Document/1494216/1494216.htm，最后访问日期：2017年11月20日。

扶贫、社会扶贫'三位一体'大扶贫格局的重要组成部分。"

慈善组织是社会组织的重要组成部分。2015年和2016年的中央政府工作报告分别提出要"发展"与"支持"慈善事业，2017年中央政府工作报告强调"依法推进"慈善事业发展，十九大报告又提出"完善慈善事业"，体现了国家对发展、完善和规范慈善事业的高度重视。2016年9月《中华人民共和国慈善法》（简称《慈善法》）生效，其中第三条明确将"扶贫、济困"作为慈善组织的首要慈善活动，为慈善组织参与农村精准扶贫提供了法律依据。据统计，截至2017年9月5日，各级民政部门认定和登记慈善组织共2142家，其中获得公开募捐资格的有520家[①]。目前，慈善组织已经成为精准扶贫的重要社会力量。但国内学者对慈善组织参与农村精准扶贫的研究相对较少，慈善组织参与农村精准扶贫缺乏理论和实践指导。在此背景下，本文希望能为中国慈善组织参与精准扶贫提供理论与实践方面的参考。

2. 研究意义

（1）理论意义

一是丰富政府与慈善组织之间的合作治理理论。中国本土化的合作治理理论是在治理实践的基础上对现有合作治理理论的丰富和发展，慈善组织在农村精准扶贫中的有效参与将为合作治理理论的本土化发展提供实践基础。

二是丰富中国特色的贫困治理理论。过去30多年来中国政府主导型贫困治理绩效已被世界公认，探索出了一条中国特色的贫困治理道路。慈善组织的积极参与加强了政府与社会组织在精准扶贫方面的合作，无疑是带有中国特色的合作治理理论在扶贫领域的实践与应用。本文希望发现和总结这种具有中国特色的贫困合作治理理论。

（2）现实意义

一是通过梳理慈善组织参与扶贫的政策演变、实践历程、参与优势、方式与参与机制等问题，厘清慈善组织在中国扶贫领域参与机会不断增加、参与深度不断拓展的历史脉络，增强慈善组织参与精准扶贫的信心。

二是分析慈善组织参与农村精准扶贫过程中的困难，找出在政策支持和鼓

[①] 新京报：《全国超500家慈善组织获公开募捐资格》，http://www.bjnews.com.cn/news/2017/09/06/457050.html，最后访问日期：2017年11月18日。

励慈善组织参与扶贫开发的背景下造成这些困难的原因，从而在实践中找到问题的症结，提出具有现实操作性的慈善组织参与农村精准扶贫的推进路径，为政府与慈善组织各自的改革以及完善它们之间的合作治理提供参考。

（二）相关概念界定

1. 社会组织

在国外，社会组织被称作非营利组织（NPO）或非政府组织（NGO）。学者 Lester M. Salamon 通过五特征法来界定社会组织：即社会组织应具有组织性、民间性、非营利性、自治性和志愿性[①]。2006 年十六届六中全会在《中共中央关于构建社会主义和谐社会若干重大问题的决定》中首次提到社会组织这一概念。此后，学者们对社会组织的相关概念进行了研究。有学者认为社会组织不仅包括社会团体、基金会和民办非企业单位，还包括在工商部门登记注册的非营利组织、社区基层组织及草根组织[②]。也有学者认为社会组织是指"政府体系之外具有一定程度公共性质并承担一定社会功能的各种组织制度形式的总称"，"具有非政府性、非营利性、公益性或互益性、志愿性四个方面的基本属性"[③]。

根据已有研究对社会组织的认识和界定，本文把社会组织定义为：存在于政党与政府体系之外的，由一定数量成员为实现特定公益目标而有意识地组合起来的社会群体，具有非政府性、非营利性、志愿性和独立性等特性，主要组织形式有社会团体、基金会和民办非企业单位。

2. 慈善组织

慈善组织是社会组织的一种形式。本文采用《慈善法》对慈善组织进行官方界定，即慈善组织是指依法成立的、不以营利为目的的、以面向社会开展慈善活动为宗旨的非营利性组织。《慈善法》把慈善组织分为基金会、社会团体和社会服务机构三种类型。

另外，按照慈善组织是否具有官方背景，慈善组织可划分为具有官方背景

[①] 莱斯特·萨拉蒙等：《全球公民社会——非营利部门视界》，社会科学文献出版社，2002，第 125~126 页。
[②] 卢艳霞，《社会组织参与农村扶贫研究》，中南大学硕士学位论文，2012。
[③] 王名：《社会组织论纲》，社会科学文献出版社，2013，第 86 页。

的慈善组织和民间慈善组织两大类。其中，具有官方背景的慈善组织是中国公益社会组织的最早形式，对整个社会组织的发展产生了积极的示范和推动作用。其主要特点包括对政府存在严重的依附关系，享有得天独厚的资源优势和社会影响力以及主要领导职务是由政府部门在职或退休的重要行政官员担任，部分人员也来自政府在编人员等。民间慈善组织又称草根慈善组织，是由民间团体自发设立并自主开展活动的，以慈善为目的、以志愿方式向社会提供服务的民间性社会团体或组织。其主要特点有：人事独立，同挂靠单位和主管部门没有直接的人事联系，经费依靠自我筹集；管理决策独立，组织内部的管理以及活动的开展不受政府的支配和管辖，具有独立性；有完整的组织规范、固定的组织形式、制度化的运作形式、成文的组织章程、制度以及相应的工作人员。

3. 精准扶贫

自 2013 年 11 月习近平总书记到湖南湘西考察时首次提出"精准扶贫"思想以来，不少学者对精准扶贫内涵进行了研究。黄承伟、覃志敏认为精准扶贫的实质是要切实地做好真扶贫、扶真贫，将扶贫资源精确地瞄准递送给目标贫困人群[①]。汪三贵、郭子豪认为精准扶贫最基本的定义是扶贫政策和措施要针对真正的贫困家庭和人口，通过对贫困人口有针对性的帮扶，从根本上消除导致贫困的各种因素和障碍，达到可持续脱贫的目标[②]。李鹍、叶兴建指出精准扶贫就是依靠科学的技术手段，做到因时、因地对贫困人口进行精准识别，并依据当地的实际情况开展各界联动帮扶，引入动态的评价机制，完成对贫困户的动态进出管理[③]。

结合国家政策和学者们的研究，本文将精准扶贫定义为：针对不同贫困地区的客观环境、不同贫困人口的致贫原因，运用科学有效的程序对扶贫对象实施精准识别、精准帮扶、精准管理、精准评估与精准脱贫，是一种相对于粗放式扶贫的有中国特色的新型贫困治理模式。

---

① 黄承伟、覃志敏：《论精准扶贫与国家扶贫治理体系建构》，《中国延安干部学院学报》2015 年第 1 期，第 131~136 页。
② 汪三贵、郭子豪：《论中国的精准扶贫》，《贵州社会科学》2015 年第 5 期，第 147~150 页。
③ 李鹍、叶兴建：《农村精准扶贫：理论基础与实践情势探析——兼论复合型扶贫治理体系的建构》，《福建行政学院学报》2015 年第 2 期，第 26~34 页。

（三）理论工具与研究方法

1. 理论工具

（1）精准扶贫理论

精准扶贫理论是习近平新时代中国特色社会主义思想的重要组成部分，也是马克思主义反贫困理论中国化的最新贡献。慈善组织参与精准扶贫，理应从精准识别、精准帮扶、精准评估和精准退出等方面遵循精准扶贫主要思想的指导。本文正是运用精准扶贫的主要理论，分析慈善组织在精准识别、精准帮扶、精准评估和精准退出等环节参与精准扶贫的情况，可以更加精确地分析和评估慈善组织参与精准扶贫的现状、问题与推进路径。

（2）合作治理理论

合作治理横跨公共、私人、非营利和公民多个领域①，既是治理模式也是治理理念的创新。反贫困治理的复杂性和各主体间的相互依赖性，迫切需要政府之间及政府与社会力量之间更为积极的全面合作。在这种形式下，反贫困领域的合作治理不仅体现为政府与社会间的横向关系，也体现为政府间的横向关系。

2. 研究方法

（1）比较研究法

在对中国慈善组织参与中国农村扶贫的政策演变、慈善组织参与农村扶贫的实践历程和带有官方背景的慈善组织和民间慈善组织参与精准扶贫的案例分析中，都采用了比较研究法。

（2）案例分析法

不同类型的慈善组织在资源占有、运行模式和精准扶贫参与渠道等方面都不相同。本文采用案例分析法深入了解不同类型的慈善组织参与精准扶贫的情况，对不同类型的慈善组织分别选取了典型案例，对其资源获取、运行模式和参与精准扶贫的渠道等环节进行重点分析。

（3）访谈法

本文主要采用半结构性访谈法和座谈法。对于慈善组织，本文采用半结构

---

① Purdy, J. M., Jones, R. M., "A Framework for Assessing Power in Collaborative Governance Processes", *Public Administration Review* 3 (2012): 409–417.

性访谈法，对访谈问题结构进行一定的控制，在此过程中鼓励受访者积极参与，并鼓励他们提出自己的问题与观点。座谈法主要是针对民政部门、扶贫部门和慈善组织的代表，将部门代表集中在一起，鼓励各主体之间的互动与交流，讨论的问题从慈善组织参与精准扶贫的现状到政府部门对慈善组织扶贫活动的了解情况，再到如何通过政府与慈善组织之间的沟通与交流引导慈善组织规范有效地参与当地的精准扶贫活动。

（四）研究思路与内容框架

本文是沿着发现问题—解决问题的基本思路展开。从现实观察和文献中，发现慈善组织在精准扶贫实践中有较为活跃的参与，但民政部门和扶贫主管部门扶贫办作为慈善组织的登记与监管部门，对慈善组织参与扶贫活动的了解非常有限。由此，本文首先对现有相关研究文献进行梳理，然后在分析慈善组织参与中国农村扶贫开发的发展历程、参与精准扶贫的现状和典型案例的基础上，从政府和慈善组织两个层面提出推进慈善组织参与精准扶贫的具体路径。研究思路与主要内容框架如图1所示。

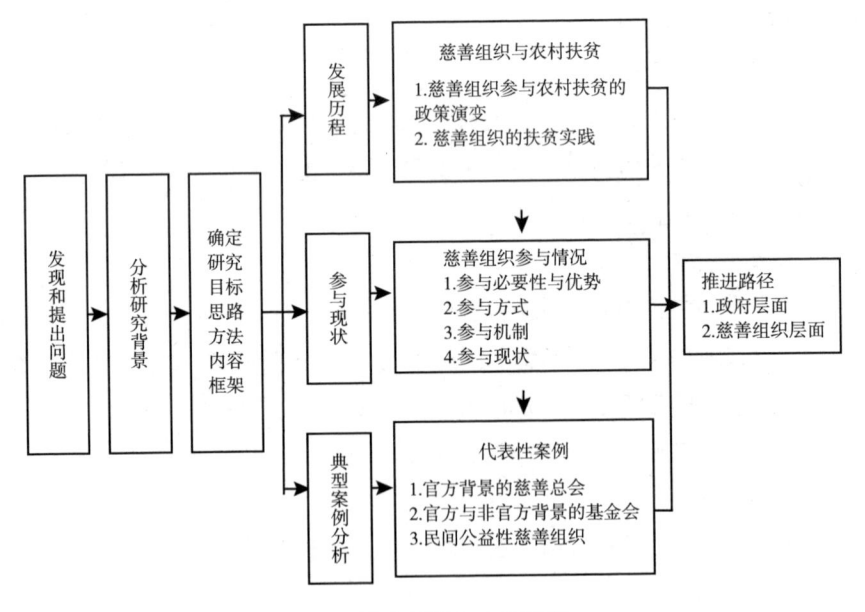

图1 研究思路和内容框架

资料来源：作者自制。

二 慈善组织参与农村扶贫的发展历程

1978年中国实行改革开放政策以来，中国农村扶贫机制经历了区域瞄准、县级瞄准、村级瞄准和家庭瞄准四个阶段。在此过程中，政府对慈善组织的政策经历了从限制、允许到支持和法律认可慈善组织参与扶贫的路径变化，慈善组织参与中国农村扶贫的政策空间不断扩大。同时，参与模式也不断演变，由输血式扶贫向输血与造血式扶贫同时推进。可以说，慈善组织越来越成为中国农村扶贫不可或缺的社会力量。

（一）慈善组织参与农村扶贫的政策演变

1. 政府包揽社会福利事业，政策限制慈善组织发展（1980年以前）

从新中国成立到1980年，由于当时国内外政治、经济和社会环境的影响，中国慈善组织的发展较慢。1950年4月，《新中国的救济福利事业》报告强调新中国的救济福利工作以人民自救自助为基础，一切从事福利救济工作的个人、团体必须在人民政府的领导下开展工作。随后政府开始对慈善机构进行整改、取缔，关闭国内反动慈善组织，对在华的国外慈善组织分支机构也采取否定的态度。1950年12月29日，政务院通过了《中央人民政府政务院关于处理接受美国津贴的文化教育救济机关及宗教团体的方针的决定》，规定接受美国津贴的救济机关，应由中国人民救济总会全部予以接办。1951年通过了《关于处理接受美国津贴的救济社团及救济机关的实施办法》，规定对于接受美国津贴的慈善组织由中国人民救济总会及其分会接收，或者由民政部门接收；对于非美国津贴资助的慈善组织暂不处理，但需向专门登记处办理登记。

慈善组织官办是这一时期的重要特征。国内原有的慈善组织一部分被取缔或撤销，一部分变成政府部门的机构，如将中国红十字会改组为中央人民政府领导下的人民卫生救护团体，隶属于卫计委，成为卫计委的一个业务机构。

该时期，慈善组织参与中国农村扶贫的相关政策，如表1所示。

表1　慈善组织参与中国农村扶贫相关政策文件

时间	政策文件
1950年4月	《新中国的救济福利事业》
1950年12月	《中央人民政府政务院关于处理接受美国津贴的文化教育救济机关及宗教团体的方针的决定》
1951年4月	《关于处理接受美国津贴的救济社团及救济机关的实施办法》

资料来源：根据文献资料整理。

2. 慈善组织逐渐增多，政策放宽慈善组织参与扶贫（1981~1993年）

改革开放以后，中国慈善事业逐渐恢复和发展，其标志是1981年7月我国儿童少年基金会的成立，这是中国第一个具有独立法人资格的公益慈善组织。随后产生了中国历史上第一批公益慈善基金会，包括中国儿童少年基金会（1981）、中国残疾人福利基金会（1984）、爱德基金会（1985）、中国妇女发展基金会（1988）、中国青少年发展基金会（1989）、中国扶贫基金会（1989）等。这一时期由于慈善组织在扶贫济困方面的出色实践，政府开始将慈善组织扶贫纳入扶贫开发体系，并陆续出台一些法律法规来规范慈善组织行为，拓宽了慈善组织参与扶贫的政策空间。1988年国务院出台第一部慈善公益法规——《基金会管理办法》、《外国商会管理暂行规定》（1989）和《社会团体登记管理条例》（1989）。

该时期，慈善组织参与中国农村扶贫的相关政策，如表2所示。

表2　慈善组织参与中国农村扶贫相关政策文件

时间	政策文件
1988年9月	《基金会管理办法》
1989年6月	《外国商会管理暂行规定》
1989年10月	《社会团体登记管理条例》

资料来源：根据文献资料整理。

3. 慈善组织加快发展，政策支持慈善组织参与扶贫救济（1994~2012年）

20世纪90年代，伴随着市场经济体制的逐渐建立，中国社会政治环境发生了重大变化，慈善组织也迎来了发展的春天。1994年2月，《人民日报》发表《为慈善正名》一文,明确提出社会主义要有自己的慈善事业和慈善家,标志着政府对慈善组织态度的重大转变。同年4月,《国家八七扶贫攻坚计划(1994~2000)》提出要充分发挥中国扶贫基金会和其他各类民间社会团体的作用[①]。与此同时,中国第一家全国综合性的慈善组织——中华慈善总会成立,标志着党和政府对慈善事业的高度认可。1999年6月,第九届全国人大通过中国第一部捐赠法——《中华人民共和国公益事业捐赠法》,使公益慈善组织参与扶贫救济的资金来源更加多样化。2001年6月,《中国农村扶贫开发纲要(2001~2010年)》发布,要求"动员企业和社会各界参与扶贫,加强规划引导,鼓励社会组织和个人通过多种方式参与扶贫开发"[②]。2004年3月8日出台《基金会管理条例》,首次提出鼓励非公募基金会的发展,为中国慈善基金会的发展提供了政策保障。2004年党的十六届四中全会首次提出要"发展中国慈善事业",这是"慈善事业"在党的文件中首次出现。2005年《政府工作报告》继而明确指出"支持慈善事业发展",这是新中国成立后中央政府首次在政府工作报告中明确表示支持慈善事业发展,表明了中央政府对慈善组织的支持和肯定。之后,《中国农村扶贫开发纲要(2011~2020年)》(2011)提出鼓励社会组织和个人以多种方式参与扶贫开发。2013年3月,《国务院机构改革和职能转变方案》提出公益慈善类等四大类公益组织可直接向民政部门依法申请登记,不再需要业务主管单位审查同意,简化了慈善组织成立的程序。紧接着,党的十八届三中全会召开,《中共中央关于全面深化改革若干重大问题的决定》强调"完善慈善捐助减免税制度,支持慈善事业发挥扶贫济困积极作用"。

这些政策文件的出台,表明政府越来越重视慈善组织在扶贫开发工作中的重要作用,并积极创造条件鼓励和支持慈善组织的健康发展,使中国慈善事业愈加规范化和社会化。

该时期,慈善组织参与中国农村扶贫的相关政策,如表3所示。

[①] 国家发展改革委:《国务院关于印发国家八七扶贫攻坚计划的通知》,《云南政报》1994年第6期,第10页。

[②] 国务院:《国务院关于印发〈关于中国农村扶贫开发纲要(2001~2010年)〉的通知》,《中华人民共和国国务院报》2001年第3期,第38页。

表3 慈善组织参与中国农村扶贫相关政策文件

时间	政策文件
1994年4月	《国家八七扶贫攻坚计划1994~2000》
1999年6月	《中华人民共和国公益事业捐赠法》
2001年10月	《中国的农村扶贫开发》白皮书
2004年3月	《基金会管理办法》的条例
2001年6月	《中国农村扶贫开发纲要(2001~2010年)》
2011年12月	《中国农村扶贫开发纲要(2011~2020年)》

资料来源：根据文献资料整理。

4. 慈善组织走向成熟，政策鼓励慈善组织参与贫困治理（2013年至今）

2013年习近平总书记提出"精准扶贫"理念，将扶贫对象瞄准贫困家庭和贫困人口。同时，提出到2020年，实现现有标准下7000多万贫困人口全部脱贫的奋斗目标，使政府的扶贫开发负担有所加重。在此背景下，扶贫开发工作进入了慈善组织与政府合作治理阶段。2014年1月，《关于创新机制扎实推进农村扶贫开发工作的意见》强调要创新社会参与机制，鼓励引导各类社会组织以多种形式参与扶贫开发，并每5年以国务院扶贫开发领导小组名义进行一次社会扶贫表彰[1]。同年12月，《关于促进慈善事业健康发展的指导意见》明确提出要优先发展具有扶贫济困功能的慈善组织，这是我国第一份专门指导和规范慈善事业发展的文件[2]。2016年9月1日，《中华人民共和国慈善法》（简称《慈善法》）正式实施，并将每年9月5日定为"中华慈善日"，这标志着我国慈善组织参与扶贫开发进入崭新阶段。2016年，决定将每年的10月17日定为国家扶贫日，鼓励社会力量积极参与扶贫开发工作。

国家还积极出台一系列政策文件鼓励慈善组织参与社会救助与扶贫。这些文件不仅肯定了慈善组织在中国农村扶贫开发的重要地位和作用，还规范了慈善组织参与扶贫开发的具体方式和政策措施，并努力构建了慈善组织与政府协同治理的扶贫模式。

该时期，慈善组织参与中国农村扶贫的相关政策，如表4所示。

---

[1] 中共中央、国务院：《关于创新机制扎实推进农村扶贫开发工作的意见》，人民出版社，2014，第6~7页。

[2] 国务院：《关于促进慈善事业健康发展的指导意见》，人民出版社，2014，第8页。

表4 慈善组织参与中国农村扶贫相关政策文件

时间	政策文件
2014年1月	《关于创新机制扎实推进农村扶贫开发工作的意见》
2014年6月	《创新扶贫开发社会参与机制实施方案》
2014年11月	《国务院关于促进慈善事业健康发展的指导意见》
2014年12月	《关于进一步动员社会各方面力量参与扶贫开发的意见》
2014年12月	《关于促进慈善事业健康发展的指导意见》
2015年11月	《中共中央国务院关于打赢脱贫攻坚战的决定》
2015年12月	《河南省"十三五"时期易地扶贫搬迁工作实施意见》
2016年2月	《关于加强农村留守儿童关爱保护工作的意见》
2016年2月	《关于进一步健全特困人员救助供养制度的意见》
2016年2月	《中共河南省委河南省人民政府关于打赢脱贫攻坚战的实施意见》
2016年6月	《关于加强困境儿童保障工作的意见》
2016年7月	《关于组织实施光伏发电扶贫工作的指导意见》
2016年8月	《"十三五"加快残疾人小康进程规划纲要》
2016年9月	《中华人民共和国慈善法》
2016年10月	《脱贫攻坚责任制实施办法》
2016年11月	《"十三五"脱贫攻坚规划》
2016年12月	《关于切实做好扶贫工作的指导意见》
2016年12月	《关于进一步加强东西部扶贫协作工作的指导意见》
2016年12月	《贫困残疾人脱贫攻坚行动计划(2016~2020年)》
2017年1月	《关于加强困难群众基本生活保障有关工作的通知》
2017年3月	《关于加强困境儿童保障工作的实施意见》
2017年4月	国务院扶贫办《2017工作要点》

资料来源：根据文献资料整理。

（二）慈善组织参与农村扶贫的实践历程

1. 以官办慈善组织为主的救济式扶贫时期（1986~1993年）

为应对改革开放后的普遍贫困，解决贫困人口的温饱问题，1986年5月中国政府成立专门的扶贫机构——国务院贫困地区经济开发领导小组（1993年更名为国务院扶贫开发领导小组）。1987年10月，《国务院关于加强贫困地区经济开发工作的通知》（国发〔1987〕95号）指出要尽快解决贫困地区温饱问题，并号召国家机关各部门要为贫困地区经济开发做出更大贡献，全国掀起了大规模的扶贫开发工作。1989年,以专职扶贫为活动内容的中国扶贫基金会成立。在此背景下,早期参与扶贫工作的主要是共青团、妇联、科协等具有官办背景的社会组织。

总的来看,这一阶段中国公益慈善事业开始恢复和发展,慈善组织多数具有官办性质,其主要任务是帮助政府筹集资源。在扶贫方式上,以"救济式"扶贫为主;在与政府的关系上,慈善组织的领导及工作人员由政府任命,并纳入公务员管理体系;在组织结构上,行政化倾向明显,组织机构简单。这一时期,中国政府对民间公益慈善组织仍然持有怀疑态度,而且由于当时中国的经济发展水平有限,公众的公益慈善意识不强,完全意义上的社会组织扶贫还处于萌芽和无序的状态。

2. 慈善组织参与增多的开发式扶贫时期(1994~2000年)

1994年颁布的《国家八七扶贫攻坚计划(1994~2000)》为慈善组织参与扶贫工作提供了制度保障。1996年,《中共中央国务院关于尽快解决农村贫困人口温饱问题的决定》将"发展和扩大与国际组织的交流与合作"作为扶贫攻坚计划的主要措施之一,并要求充分利用国际组织的优势条件和资源,支持国内的扶贫开发工作。这一时期,由于国家对慈善组织的政策支持、国民财富的不断积累、人民慈善意识的加强,越来越多的企业、社会团体和公民参与到扶贫开发工作。"希望工程""春蕾计划"等诸多项目,为中国扶贫开发工作做出了巨大的贡献。福特基金会、日本协力银行、香港乐施会等在我国的扶贫开发工作中也取得了很好的效果。据《在中国的国际非政府组织名录》1999年的统计,当时参与中国扶贫的国际组织有120个左右,每年的项目资金达到近1亿美元[1]。

在扶贫模式上,主要是通过教育扶贫、温饱工程等扶贫模式,帮助贫困地区解决教育落后、粮食短缺等问题,改善贫困地区的温饱问题和人口素质。其中,教育扶贫主要包括"希望工程""春蕾计划""爱心包裹"等项目。温饱工程主要是普及良种良法、采取"以物放贷、以粮还贷"等方式。

3. 慈善组织积极参与的多元扶贫时期(2001~2012年)

2001年制定的《中国农村扶贫开发纲要(2001~2010年)》强调"要积

---

[1] 卓宽:《参与社会扶贫的影响研究》,大连理工大学硕士学位论文,2011。

极创造条件,引导非政府组织参与和执行政府扶贫开发项目","发挥社会主义的政治优势,积极动员结合组织社会各界,通过各种形式,支持贫困地区的开发建设",标志着慈善组织参与农村扶贫进入一个崭新的阶段。这一时期中国贫困地区的基础设施已经得到显著改善、贫困人口的温饱问题基本解决,致贫原因发生转变。同时由于相关政策法规对慈善组织参与农村扶贫的大力支持,慈善组织的积极性不断提高,采取多种形式参与扶贫开发工作,成为政府扶贫工作的重要补充力量。

在扶贫模式上,主要是通过健康扶贫、产业扶贫等多种模式,全面解决多种致贫原因,实现精准扶贫。其中,健康扶贫主要是解决贫困地区医疗卫生体系不健全,产孕妇和婴幼儿发病率高、死亡率高,贫困家庭因病致贫等问题,有"母亲健康快车""母婴平安120行动""中国西部妇幼健康计划"等;产业扶贫是鼓励各类企业利用贫困地区的优势资源,在贫困地区投资设厂,解决贫困人口就业问题,包括"万企帮万村""双百双促"等项目。

4. 政府与慈善组织合作治理贫困的新时期(2013年至今)

《中国农村扶贫开发纲要(2011~2020年)》指出:"动员企业和社会各界参与扶贫。加强规范引导,鼓励社会组织和公民个人通过多种方式参与扶贫开发。"[①] 2014年1月,为进一步推动扶贫开发工作,中共中央办公厅、国务院办公厅专门下发的《关于创新机制扎实推进农村扶贫开发工作的意见》强调,要创新社会参与机制,鼓励引导各类社会组织以多种形式参与扶贫开发,并每5年以国务院扶贫开发领导小组名义进行一次社会扶贫表彰[②]。随后国家的政策文件中又多次提到鼓励、支持社会组织参与扶贫开发工作,为其提供良好的宏观政策环境。2016年《慈善法》出台后,一些公益慈善组织被民政部门正式认定为慈善组织,为慈善组织开展精准扶贫进一步提供了便利。各地慈善总会、公益社会组织、基金会针对贫困人口在助医、助学、助残等方面开展了多项扶贫活动。慈善组织成为政府扶贫开发的重要补充力量。

精准扶贫模式强调根据贫困人口的不同致贫原因对症下药,因此这一阶段

[①] 国务院:《关于印发〈中国农村扶贫开发纲要(2001~2010年)〉的通知》,《中华人民共和国国务院报》2001年第3期,第38页。

[②] 中共中央办公厅、国务院办公厅印发:《关于创新机制扎实推进农村扶贫开发工作的意见》,人民出版社,2014,第6~7页。

的扶贫模式呈现多样化和准确性高的特点，主要借助技术扶贫、教育扶贫、旅游扶贫、产业扶贫等多种"造血式"扶贫模式。

三 慈善组织参与精准扶贫的基本理论与现状

（一）慈善组织参与精准扶贫的内在优势

1. 精准定位扶贫模式

精准扶贫要求精准识别、精准帮扶、精准评估和精准脱贫。传统的政府扶贫主要依托压力型体制采取自上而下的单向度扶贫，采用减贫目标责任考核的方式，引导和鼓励各级扶贫办和政府各部门通过寻找各种政治经济资源完成数字化的扶贫考核目标①。与政府部门相比，慈善组织秉持公益性和非营利性的活动宗旨，其参与精准扶贫不受政府考核目标、短期政绩等因素困扰，能够保证扶贫工作的真实性和客观性。在对扶贫项目确定、扶贫对象识别方面，慈善组织能更为客观地站在贫困人口角度思考扶贫对象需要什么样的帮扶、如何使扶贫对象获得稳定脱贫的能力以及如何将扶贫与扶志相结合等问题。因此，慈善组织能更精准、更有针对性地选择扶贫项目和识别扶贫对象，扶贫模式的最终选择也更精确，能有效弥补政府大水漫灌的粗放式扶贫模式的缺陷。

2. 灵活配置扶贫资源

长期以来，在政府主导的扶贫模式下，中国扶贫资金主要来自中央和地方各级财政，这类扶贫资金即为财政专项扶贫资金，专款专用。财政专项扶贫资金虽然具有规模大、稳定性高的优势，但由于其审批程序较多、灵活性较差，难以照顾到贫困人口和贫困地区的特殊情况，使用效率也相对较低。与财政专项扶贫资金相比，慈善组织扶贫资金的使用具有较强的灵活性，这种灵活性既体现在使用效率比较高，也体现在可有效覆盖因政府财力有限而不能顾及的"政府失灵"领域。同时，慈善组织还可以根据需要，灵活配置项目资金和人

---

① 蔡科云：《政府与社会组织合作扶贫的权力模式与推进方式》，《中国行政管理》2014 年第 9 期，第 45~49 页。

力资源,在精准扶贫方面显示出更高的组织效率。因此,慈善组织可以更加灵活和高效地配置扶贫资源,成为政府精准扶贫的补充力量。

3. **广泛动员社会力量**

政府扶贫主要依靠财政资金,广泛动员政府各部门对贫困地区实施结队帮扶等扶贫模式。与政府主导的扶贫模式不同,慈善组织的扶贫资金主要来自企业、个人和其他社会组织的捐款,扶贫主体除了慈善组织内部的工作人员外,更主要的是依靠庞大的志愿者队伍。同时,与政府扶贫中贫困对象被动接受帮扶不同,慈善组织在扶贫过程中也更注重调动扶贫对象的参与,对于扶贫对象的需求、致贫原因的动态变化以及扶贫方式的及时调整等方面有更为精确地掌握。因此,慈善组织参与扶贫是在广泛动员社会力量的基础上所开展的公益性扶贫活动,不仅可以将国内的大量闲散资金聚集起来用于扶贫开发,而且可以积极吸收更多的海外资源用于扶贫开发事业,弥补了政府扶贫资金的不足,保证了扶贫工作的稳定性和可持续性。

4. **持续创新扶贫理念与模式**

大部分慈善组织,特别是民间慈善组织是依靠自主力量发展起来的,是在捐赠者自愿捐赠的前提下获取扶贫资源和开展扶贫项目的,客观上促使慈善组织必须具有持续的创新能力和维持生存与发展的强烈愿望与动力。具体来讲,慈善组织在扶贫中的创新性主要表现在以下几个方面。一是扶贫理念的创新。如随着扶贫活动的逐渐开展,慈善组织参与扶贫由最初的志愿者精神逐步推广为公民互助、扶贫济困的精神。二是组织创新。在管理与运作方面,慈善组织克服了官僚制弊端,采取自下而上的决策模式,强调决策中贫困户的参与。同时,慈善组织紧密结合市场与自身发展状况及时调整组织机制,完善自身的扶贫理念、方式、模式与机制。三是项目创新。在开展扶贫项目时,慈善组织不易受到短期扶贫目标的驱使,注重扶贫工作的可持续性,重视培养贫困人口的生存能力,除此之外注重扶贫项目的自主性、创造性、选择性,催生了"慈善+互联网""慈善+运动"等多种"慈善+"模式。

(二)慈善组织参与精准扶贫的方式

1. **自主选择和实施精准扶贫项目**

慈善组织自主选择和实施精准扶贫项目是指慈善组织自主确定对象、

自筹资金、自定标准、自定救助方式、自定流程，直接从事有关发展的各类扶贫项目，提供特定的产品与服务，如为贫困对象提供资金支持、技术指导，产业扶贫，教育扶贫，从事农村的基础设施建设、设计和实施各种消除贫困的计划，采取环保措施防治污染以及提供卫生保健方面的服务等。

在此种方式中，慈善组织自主选择和实施精准扶贫项目具有较强的自主性和灵活性，有利于充分发挥自身优势，但由于缺乏政府的参与，在慈善组织自身公信力不足的情况下，实施难度较大。

2. 与政府合作实施精准扶贫

慈善组织与政府建立良好的合作关系有利于保持贫困治理目标一致性，也有利于实现资源互补，精准对接，科学高效地配置政府与慈善组织各自的资源。在慈善组织与政府合作治理贫困的过程中，政府部门负责推行引导、规划、扶持慈善组织，提供必要资源、政策与监督、评估等服务工作；慈善组织则利用自身的专业优势和敏锐的市场意识，借助政府力量推进项目有效落实，实现贫困对象、市场、政府以及慈善组织之间的对接，为贫困户量身制订扶贫计划，提高扶贫资源配置效率和扶贫措施的精准性。基本程序是慈善组织主动发起项目——政府牵头并提供资金资助——慈善组织开展项目——走访调研——与扶贫对象沟通对接——根据各自优势与资源开展扶贫活动。

在此种方式中，政府一般会为慈善组织提供一定的资金支持、信息资源等，从而能够向特定领域的特定人群提供一定范围和形式的扶贫服务。

3. 承接政府购买扶贫服务

政府购买扶贫服务是指政府通过具体制度设计，对纳入政府购买的扶贫项目的服务对象、服务范围、服务标准、购买程序等进行详细规定并公示，将原来由政府承担的一些涉及扶贫的事务性工作、辅助性职能移交或授权给慈善组织。其基本的流程可以总结为"政府承担、定项委托、合同管理、评估兑现"。《关于进一步动员社会各方面力量参与扶贫开发的意见》《中共中央国务院关于打赢脱贫攻坚战的决定》等文件鼓励和支持各类民间组织通过政府购买服务等方式开展到村到户精准扶贫。通过承接政府购买服务的方式参与精准扶贫是对原有扶贫模式、扶贫机制的重大突破①。

这种方式强调独立的慈善组织与政府的协作而非合作,其前提是将政府作为公共服务的主体提供者,慈善组织对政府的公共服务起到补充作用,同时,政府借助慈善组织的低成本实现公共服务的高效率。

(三)慈善组织参与精准扶贫合作治理的基本要素

1. 合作治理中的利益相关主体

慈善组织在扶贫领域的参与正在改变以政府为中心的贫困治理模式。合作治理既是中国反贫困治理道路的必要选择,也是中国慈善事业发展的突破口。在慈善组织参与精准扶贫的过程中,主要的利益相关主体有政府、慈善组织、捐赠者、扶贫对象和第三方(如图2所示)。其中,政府是合作治理的支持主体,如果没有政府政策的允许和支持,慈善组织是难以介入扶贫活动中来的;慈善组织是合作治理的关键主体,扶贫项目的选择、扶贫对象的识别、帮扶措施的确定等都需要慈善组织的全程参与;捐赠者包括企业和志愿者,他们捐赠的资金、物品、技术和时间等是慈善组织生存与发展的根本保障,捐赠者通过捐赠资源的数量和可持续性影响慈善组织目标的实现;扶贫对象是合作治理的受益主体,政府与慈善组织合作的最终目的是通过精准识别和精准帮扶,最终实现扶贫对象的稳定脱贫;第三方包括评估方、观察和了解扶贫过程的新闻媒体、公民或组织等,第三方可以对合作治理的过程、结果等进行监督和评价,也可以向政府和慈善组织提出精准扶贫中存在的问题及改进建议。

2. 各主体之间的合作治理机制

精准扶贫是一个长期的社会事业,关系到小康社会建设的成败。作为社会合作治理的重要领域,精准扶贫不应仅是政府或慈善组织的专项事务,也应形成公共部门、私人部门和社会组织共同行使公共权力、联合投入资源、共担责任与风险、共享收益、共同生产和提供反贫困这一公共品的合作治理模式。因此,建立多主体之间的合作治理机制是取得新阶段扶贫胜利的重要保证,具体包括以下方面。

---

① 汪大海、刘金发:《慈善组织参与扶贫领域社会管理创新的价值与对策》,《中国民政》2012年第12期,第25~29页。

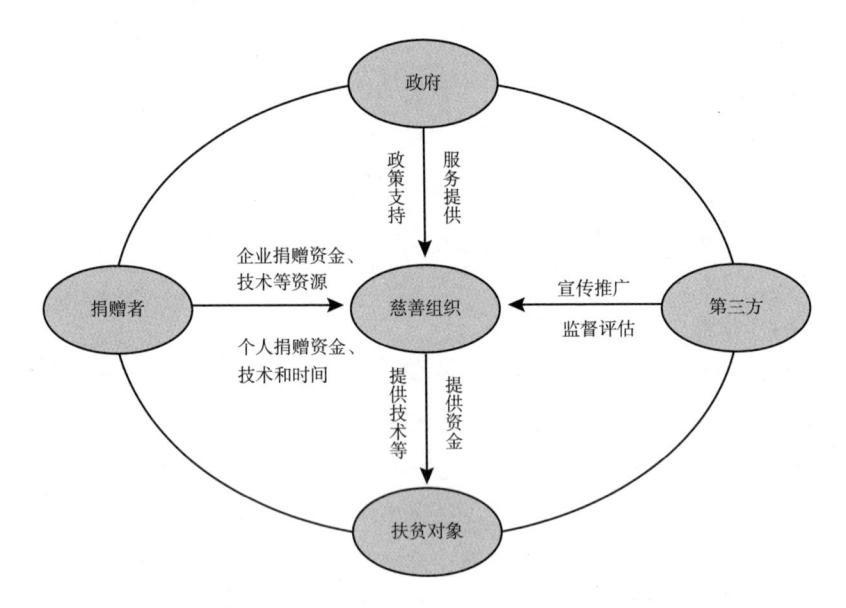

图 2　慈善组织参与精准扶贫的利益相关主体

资料来源：作者自制。

一是各主体合作治理的基本制度框架。有效的制度设计能够明确各主体之间的权责关系，通过权威的形式将各主体合作治理贫困的行为进行确认，是各主体合作治理的保障。以《慈善法》为核心的制度框架是慈善组织参与扶贫的制度保障。

二是各主体之间合作治理的组织机制。慈善组织参与精准扶贫实际上给各主体之间的合作提供了一个建立合作治理组织机制的机会。各主体可以把合作治理信息平台建设成为合作治理的组织机制，成为各主体之间进行信息共享、沟通和交流的平台。

三是各主体扶贫合作治理的沟通机制、协调机制、信息共享机制、监督机制和评估机制。沟通机制可以明确各主体合作治理贫困的基本目标。协调机制是在各主体合作治理贫困过程中出现问题时进行及时协调，这需要各主体之间在相互信任的基础上有效沟通。信息共享机制有利于各主体共享贫困对象、帮扶资源使用、效果等信息，从而提高合作治理贫困的效果。监督机制的建立既可以发挥慈善组织的内部监督作用，也可以发挥其他利益相关主体对慈善组织扶贫过程中的监督作用，从而更有效地实现合作治理的共同目标。评估机制是对合作治理效果的评价，有效的评估机制可以帮助各主体总结合作治理的经验教训，不断改进合作治理效果。

（四）慈善组织参与农村精准扶贫的现状

1. 慈善组织数量众多与发展不平衡并存

近年来，中国扶贫领域聚集了数量众多的公益慈善组织。截至2017年9月5日，各级民政部门共认定和登记慈善组织2142家，其中给予公开募捐资格的有520家[①]。但由于中国社会组织起步晚，发展很不平衡，在精准扶贫领域还缺少一批规模较大、具有影响力的领军式慈善组织。这一方面不利于充分发挥领军式慈善组织的品牌效应和示范效果，使其能够有效地动员社会资源，推动公益慈善资源在扶贫领域的有效整合和充分利用；另一方面也影响公益慈善组织在精准扶贫领域的影响力、号召力和政策倡导能力。

2. 慈善项目形式多样与模式单一并存

围绕扶贫济困这一主题，全国各地都在举办"慈善万人行""慈善一日捐""一元捐"等活动；积极利用虚拟网络、社区等新型慈善平台，形成了小额捐款、直捐等技术创新，同时也逐渐催生"慈善+"模式，慈善活动形式多样，但内容均主要聚焦于传统慈善领域，如赈灾救灾、兴学助学、助医助残、提供直接物质帮助等。这些慈善项目有三个共同点：一是扶贫项目趋同，内容相对单一；二是扶贫方式多以投钱、投物、捐钱、捐物为主，针对的多是贫困的症状和后果，很少触及深层次的致贫原因，在探索解决贫困的创新模式方面缺乏引领性和前瞻性；三是多限于输血式或生活救助式扶贫，缺乏能够促进个体或地区增收的生产性项目和能力提升项目，扶贫效率不高。

3. 慈善组织整体活跃与运作规则不尽完善并存

扶贫济困是社会化的事业，国家鼓励多元主体在扶贫领域内广泛参与，这就需要形成一个相对活跃的慈善市场。到目前为止，由于各种支持性法规、政策的陆续颁布，慈善组织参与扶贫的积极性大增，但慈善组织在参与扶贫过程存在运作规则不完善问题。首先，公益慈善市场的开放程度和慈善组织项目竞

[①] 新京报：《全国超500家慈善组织获公开募捐资格》，http://www.bjnews.com.cn/news/2017/09/06/457050.html，最后访问日期：2017年10月20日。

争公平性有待进一步提高。慈善资源向具有官方背景的慈善组织过度集中,一些慈善组织在募捐、参与扶贫过程中还会受地方保护主义的影响。其次,统一有序的慈善市场还未形成。最为典型的是,各公益慈善组织因隶属于不同的行政部门,平时业务往来不多,因此经常会出现多头募捐、恶性竞争的现象。最后,一些慈善组织自身由于缺乏健全的组织管理制度、公开透明的财务制度和科学完善的救助程序以及严格的自律机制,导致变相公募、善款使用不透明,甚至出现被挤占、被挪用等严重问题。

4. 慈善组织积极与消极参与并存

在倡导多元主体参与精准扶贫以及《慈善法》颁布的背景下,扶贫攻坚领域汇集了大量慈善组织,调动了大量社会资源,充分发挥了慈善事业在脱贫攻坚战中"补短板""救急难""拾遗阙"的重要作用。但与此同时各类慈善组织的参与度"冷热不均",出现官方背景的慈善组织积极参与、民间慈善组织参与积极性不高的现象。长期以来,"官办"慈善组织一直是吸纳企业、个人捐助的最重要的公益组织类型。2015 年度中国慈善捐助报告中的数据显示,2015 年社会捐赠的主要接收方为基金会和慈善(总/协)会系统,二者接受捐赠占总额的 69.64%。慈善(总/协)会、除民政部门外其他国家党政机关、红十字会、人民团体和免登记组织、事业单位等机构和组织,在 2015 年接收捐赠款物共计 609.31 亿元,占总捐赠量的 54.96%。民间慈善组织因资金募集困难,开展的慈善活动往往具有规模小、数量少、不稳定、非持续等特点,公信力不高,影响其参与积极性[1](见图 3)。

5. 法律法规政策日益完善与仍有改进空间并存

除了各省、自治区、直辖市颁布的关于慈善组织参与扶贫的法律法规、政策文件外,中央关于慈善组织参与扶贫的相关法律法规已经日趋完善。例如关于监督慈善活动的法律有《事业单位登记管理暂行条例》《基金会管理条例》《民办非企业单位登记管理暂行条例》;关于慈善组织开展慈善活动税收激励的法律法规政策有《中华人民共和国营业税暂行条例》《事业单位、社会团体、民办非企业单位企业所得税征收管理办法》《扶贫、慈善性捐赠物资免征

---

[1] 覃志敏:《民间组织参与我国贫困治理的角色及行动策略》,《中国农业大学学报》(社会科学版)2016 年第 5 期,第 89~98 页。

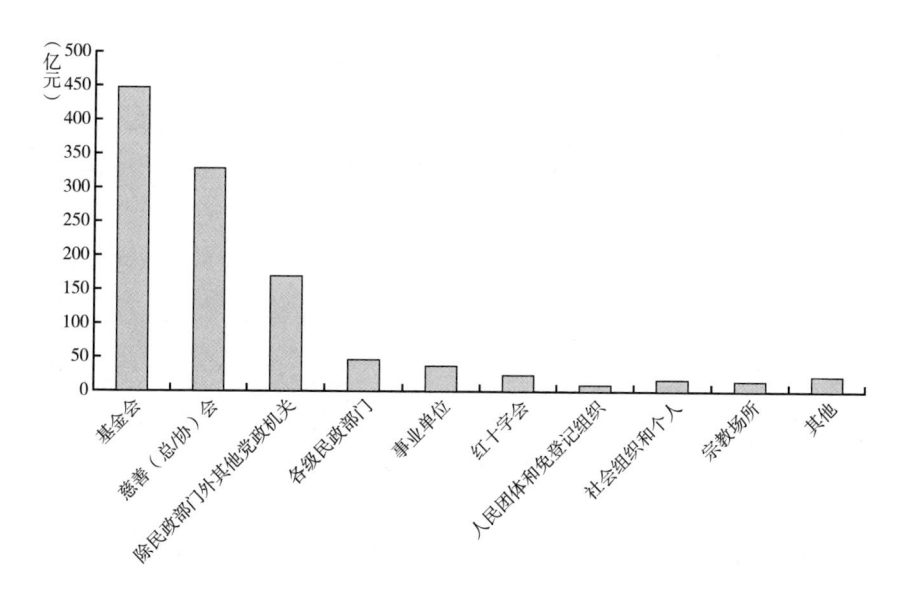

图 3　2015 年度各类型主体年度受捐情况

资料来源：《2015 年度中国慈善捐助报告》。

进口税收暂行办法》；关于慈善捐赠的有《中华人民共和国公益事业捐赠法》；除此之外，2016 年 9 月颁布的我国第一部《中华人民共和国慈善法》，对于慈善组织的定义、性质、开展的活动、惩罚条款等都进行了详细的规定。但在登记注册门槛和程序、公开募捐资格管理、慈善信托备案管理、开展扶贫济困的慈善活动实行更加优惠的税收政策、购买服务和金融支持等方面还不完善，仍有改进的空间。

四　慈善组织在农村精准扶贫中的案例分析——以河南省为例

截至 2016 年底，河南省尚有 30 个国家级贫困县，270 多万贫困人口。除政府致力于扶贫攻坚以外，慈善组织在农村精准扶贫中也发挥着积极的作用。本文选取三类典型案例，通过访谈和实地考察探讨分析慈善组织参与精准扶贫过程中涉及的识别标准、路径、方式、扶贫效果、与政府的合作方式等问题，总结慈善组织在精准扶贫中的成功经验和失败教训，以期为慈善组织更有效地参与精准扶贫提供可行的政策建议。

（一）河南省农村贫困现状和慈善组织概况

1. 河南省农村贫困现状

（1）贫困面积分布广泛，贫困人口数量较多

河南省扶贫开发办公室官网数据显示，截至2015年底，河南省仍有53个贫困县（见表5），其中，国家级贫困县38个（包括26个国家连片特困地区县和12个国家扶贫开发工作重点县）、15个省级贫困县，共有6492个贫困村、430万农村贫困人口，贫困县占全省县级行政区划的一半。2017年1月，兰考和滑县顺利实现脱贫，到目前为止还有51个贫困县、300多万贫困人口。全省贫困人口总量占全国的8.3%，居第3位，是扶贫开发任务最为艰巨的省份之一[①]。

表5 河南省扶贫开发工作重点县名单

三山一滩	国定扶贫开发工作重点县		省定扶贫开发工作重点县
	国家连片特困地区重点县	国家扶贫开发重点县	
大别山区（共28个）	光山县、新县、商城县、固始县、淮滨县、潢川县、新蔡县、淮阳县、沈丘县、太康县、商水县、郸城县、民权县、宁陵县、柘城县、兰考县（已脱贫）	确山县、上蔡县、平舆县、睢县、桐柏县	罗山县、息县、泌阳县、正阳县、汝南县、西华县、扶沟县
伏牛山区（共16个）	卢氏县、栾川县、嵩县、洛宁县、汝阳县、南召县、镇平县、内乡县、淅川县、鲁山县	宜阳县、社旗县	伊川县、方城县、叶县、舞阳县
黄河滩区（共6个）	兰考县（已脱贫）	封丘县、范县、台前县	原阳县、濮阳县
其他地区（共4个）		虞城县、滑县（已脱贫）	夏邑县、内黄县
全省合计	27	12	15

资料来源：《关于印发河南省"十三五"脱贫攻坚规划的通知》，2017年5月24日，http://www.hnkfb.gov.cn/E_Type.asp?E_typeid=7，最后访问日期：2017年10月10日。

---

① 河南省人民政府办公厅：《关于印发河南省"十三五"脱贫攻坚规划的通知》，http://www.hnkfb.gov.cn/E_Type.asp?E_typeid=7，最后访问日期：2017年10月10日。

（2）致贫原因多样，部分贫困户脱贫难度大

在河南省 430 万农村建档立卡贫困人口中，因病致贫占 42%、因残致贫占 8%、因学致贫占 5%、因灾致贫占 1%（见图 4）。其中因病、因残致贫的比例高达 50%，这部分贫困人口贫困程度更深、脱贫成本更高、脱贫难度更大，依靠常规举措难以摆脱贫困状况[1]。如果对这些贫困人口不及时帮扶，贫困代际传递问题会更加严重。因此，未脱贫人口就致贫原因和贫困深度而言，都给扶贫工作带来很大的压力。并且，这些未脱贫人口大多集中在"三山一滩"连片特困地区，这些地区大都是深度贫困地区，水、电、路、讯、房等基础设施建设滞后，教育、文化、医疗卫生等公共服务保障水平较低，因病、因残、缺乏劳动力、家庭突发变故等致贫比例较高，成为脱贫攻坚战中最难啃的"硬骨头"。

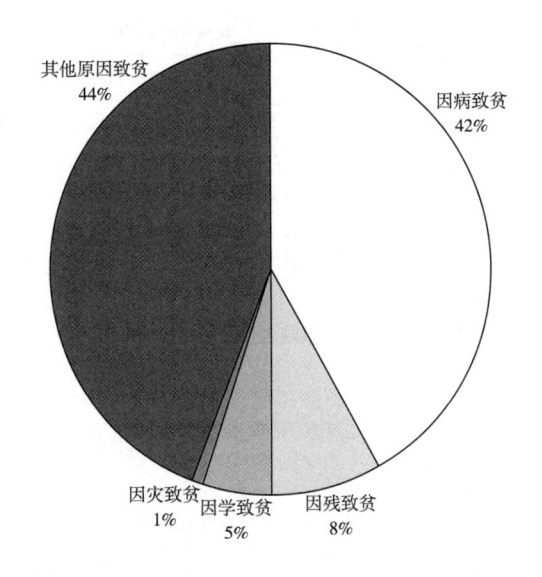

图 4　河南省建档立卡贫困户致贫原因比例分布

资料来源：根据《河南省"十三五"脱贫攻坚规划》整理。

---

[1] 河南省人民政府办公厅：《关于印发河南省"十三五"脱贫攻坚规划的通知》，2017 年 5 月 24 日，http://www.hnkfb.gov.cn/E_Type.asp?E_typeid=7，最后访问日期：2017 年 10 月 10 日。

(3) 部分地区贫困深度较深，自我发展能力仍然薄弱

贫困地区县级财力基础薄弱。2015年河南省53个贫困县人均生产总值仅为26538.03元，人均财政收入仅为1056.12元，分别占全省的67.98%和33.27%[①]。在贫困人口分布集中的地区，基础设施建设依然落后，基本公共服务供给能力不足；产业结构比较单一，以农业为主，经济化作物较少，工业发展活力不强；同时深度贫困地区多集中于山区，生态环境比较脆弱，粗放式资源开发模式难以为继；更为重要的是，由于各种原因，贫困人口的综合素质相对较低，就业渠道狭窄，转移就业和增收难度较大。为此，河南省实行稳步脱贫计划，根据脱贫难度，2017年、2018年和2019年，河南省计划脱贫县数量分别为10个、28个和13个（如表6所示）。

表6 全省脱贫规划和年度计划（截至2016年5月）

时间\内容	贫困人口（万人）	贫困村（个）	贫困县	
			国定贫困县（个）	省定贫困县（个）
基期数	430	6492	38	15
2016年	110	1500	兰考县、滑县	—
2017年	100	1700	光山县、新县、固始县、潢川县、沈丘县、新蔡县	伊川县、叶县、舞阳县、方城县
2018年	90	1800	栾川县、宜阳县、洛宁县、鲁山县、封丘县、镇平县、内乡县、民权县、柘城县、睢县、宁陵县、虞城县、商城县、淮阳县、商水县、太康县、郸城县	内黄县、原阳县、濮阳县、夏邑县、罗山县、息县、扶沟县、西华县、正阳县、泌阳县、汝南县
2019年	70	1492	嵩县、汝阳县、范县、台前县、卢氏县、南召县、淅川县、桐柏县、社旗县、淮滨县、上蔡县、平舆县、确山县	—
2020年	60	—	—	—

资料来源：根据《河南省"十三五"脱贫攻坚规划》整理。

---

① 河南省人民政府办公厅：《关于印发河南省"十三五"脱贫攻坚规划的通知》，http://www.hnkfb.gov.cn/E_ Type.asp? E_ typeid =7，最后访问日期：2017年10月10日。

2. 河南省慈善组织发展情况

截至2016年底，河南省各级民政部门注册登记的社会组织29293个，从业人员近40万人。而在2014年，河南省社会组织的数量仅为27238个。2005~2015年，河南省在公共管理、社会保障和社会组织的就业人数从97.08万增加到109.75万人（见图5）。社会组织不仅成为提供公益性社会服务的重要主体，也成为吸纳劳动力就业、培养专业社会服务人才的重要组织。为鼓励社会组织的发展，河南省对获得3A以上等级的社会组织，给予优先获得政府购买服务和政府奖励的资格；获得3A以上等级的基金会、慈善组织等公益社会团体，可申请公益性捐赠税前扣除资格；获得4A以上等级的社会组织在年度检查时，可享受简化程序待遇。

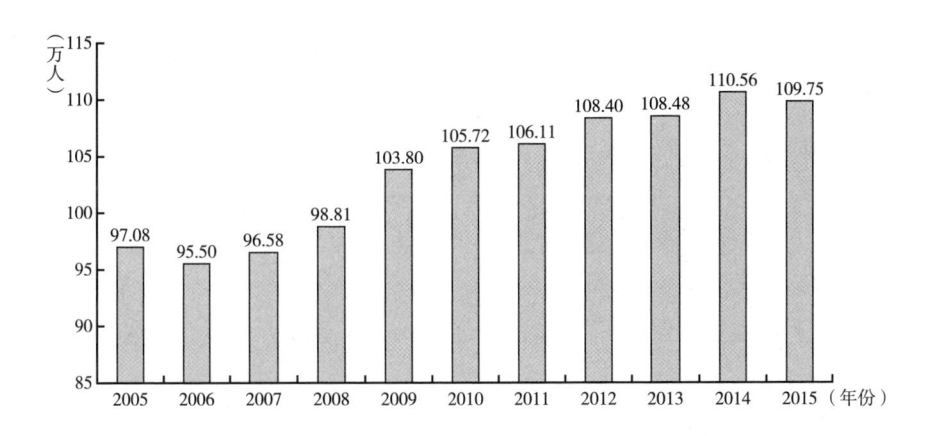

图5 2005~2015年公共管理、社会保障和社会组织就业人数

资料来源：2016年《河南省统计年鉴》。

《慈善法》出台后，河南省鼓励原社会组织积极申请认定慈善组织资格。从2016年10月到2017年4月初，全省共有34家社会组织被认定为慈善组织，包括基金会22家、社会团体12家，其中7家获得了公募资格。从数量上而言，慈善组织在河南省的18个地市分布很不均匀，其中在省民政厅登记注册的有17个，其他17个分布在郑州市、新乡市、焦作市、漯河市、三门峡市、商丘市、信阳市和周口市8个省辖市中，而其他10个省辖市尚没有社会组织被认定为慈善组织或者没有新的慈善组织成立（如图6所示）①。

目前，慈善组织在河南省扶贫领域发挥着重要的作用。其活动的领域多集中于助医、助学、助残等领域，救助的对象主要是长期或者因重大事件影响而陷入贫困的家庭成员，虽然河南省慈善组织的数量在不断增长，但与河南省的贫困人口数量与对慈善服务的需求相比，慈善组织数量和提供的服务还远远不能满足现实的需求。

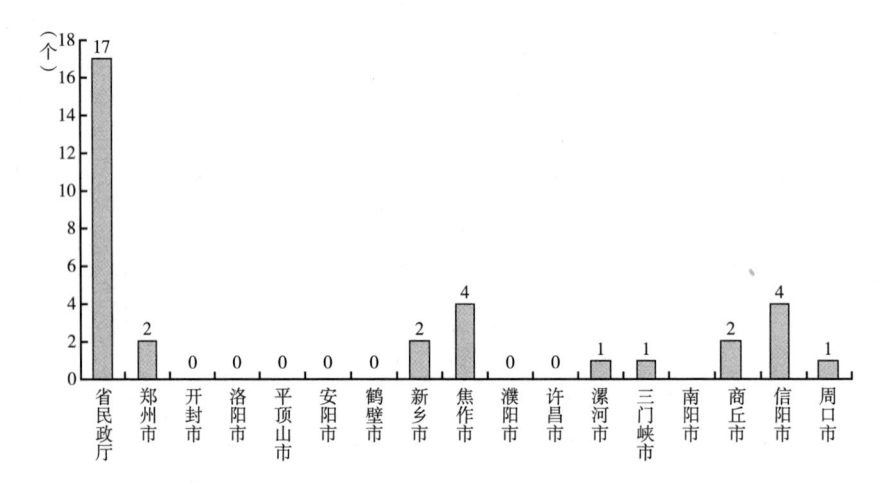

图6 截至2017年3月底河南省18个地市登记注册的慈善组织数量

资料来源：河南省民政厅社会组织处。

（二）案例选择标准与资料来源

1. 案例选择标准

案例选择的具体标准如下。一是全面性。案例包括具有官方背景的慈善组织和民间慈善组织两大类，其中还包括具备慈善组织认定条件，但尚未认定的公益性慈善组织。二是代表性。其中，ZK市的慈善总会是河南省第一个慈善总会，其他公益社会组织的发展与其他地市相比，较为发达。XY市的民间慈

---

① 由于慈善组织认定和登记注册是个动态过程，各地慈善组织的数量也在不断变化中。在课题组调研过程中，发现有新的社会组织在此后的时间被认定为慈善组织，但由于河南省没有完整的统计，因此，本文中的数据只截止到2017年3月底。

善组织在河南省发展较早,多是由优秀企业发起,对全省和该市公益慈善组织扶贫济困起到示范作用。同时,在两个市选择的两个贫困县,都是2017年拟脱贫县,慈善组织参与扶贫活动比较活跃。三是贫困人口的集中性。案例选取的ZK市中的8个县有6个是国家级贫困县,两个是省级贫困县;XY市中的8个县中有6个是国家级贫困县,两个是省级贫困县。因此,案例选取的这两个市无论是在贫困人口分布、数量以及慈善组织发展与参与扶贫济困方面都具有较好的典型性。

2. 资料来源

课题组所选案例的资料主要来自2017年10月初至2017年11底为期两个月对河南省四个地市(县)调研所搜集到的资料。其中ZZ市有全省规模最大的具有官方背景的慈善组织——河南省慈善总会,以及成立较早、开展扶贫活动较多的民间慈善组织——河南省HX慈善基金会;XX市有全省影响甚至全国影响较大的公益慈善组织——XX市TY村;另外两个是贫困人口在河南省最为集中的ZK市和XY市,包括这两个市2017年底拟脱贫的两个县SQ县和X县。资料具体包括对ZK市和XY市的慈善总会、民政部门、扶贫部门和慈善组织相关人员的访谈记录以及这些部门提供的内部资料,ZZ市和XX市的公益慈善组织相关人员的访谈记录和提供的内部材料。除此之外,案例的部分资料还来自河南省扶贫开发办公室官方网站、河南省民政厅官方网站、河南慈善网、各级慈善总会、基金会或公益性慈善组织官方网站。

(三)慈善组织参与精准扶贫的案例分析1:慈善总会

国内慈善总会主要分为中华慈善总会、省级慈善总会、市级慈善总会、县级慈善会、乡镇慈善分会、村级慈善工作联络组六个级别。每一级慈善总会均为上一级行政单位慈善总会的会员单位。各级慈善总会需要在各级民政部门登记注册,各级民政部门均为其业务主管单位,需接受民政部门的监督管理和业务指导。各级慈善总会既是与政府联系较为密切的公益性社会组织,也是当地成立较早、发展相对较为完善、开展慈善活动较多的社会组织,并且在业务开展过程中,大多采取省、市、县联动的工作方式。

本文案例选择省级慈善总会、市级慈善总会、县级慈善会作为研究对象,并从其主要活动项目中选取具有代表性的项目作为案例进行分析,通过分析其项目产生的背景、帮扶对象、帮扶方式、资金来源、与政府的协同方式等，在此基础上总结慈善总会在精准扶贫中的参与现状、经验成就、遇到的困难和存在问题等。

1. 河南省慈善总会参与精准扶贫的情况

（1）组织简介

河南省慈善总会成立于 2001 年 9 月 29 日，业务主管单位为河南省民政厅，登记管理机关为河南省民间组织管理局，宗旨是"遵守宪法、法律、法规和国家政策，遵守社会道德风尚，服务于社会爱心人士和困难群体，扶贫济困、成就爱心，开展慈善活动，促进慈善事业发展，助推和谐社会建设"。2010 年，河南省慈善总会完善了内部治理结构，推行决策、执行、监督相分离的运行机制，成立了秘书处，作为日常办事机构，实行日常工作秘书长负责制。

（2）主要扶贫项目

河南省慈善总会自成立以来，在赈灾救助、安老助孤、扶贫济困等方面开展了大量活动，赢得了较好的声誉和社会信任。以 2016 年为例，河南省慈善总会开展的主要扶贫项目有点亮生命计划——贫困儿童大病救助项目、慈善SOS——紧急救助项目、事实无人抚养儿童助养项目和"乐龄之家"项目等，共计投入 1815.26 万元。这些项目主要集中在助医、助学和助老等方面，救助对象主要集中于各县市和农村，一般是与各地市和县级慈善会联合开展的，资金主要由省级和市（县）级慈善总会按一定比例分担。具体项目内容如表 7 所示。

表 7 2016 年河南省慈善总会主要扶贫项目

项目名称	开展单位	资金来源	救助对象	捐助资金	项目效果
点亮生命计划——贫困儿童大病救助项目	省慈善总会、省辖市（直管县）慈善会	省慈善总会、省辖市（直管县）慈善会共同出资	具有本省户籍、年龄在 14 周岁以下，患白血病、严重肾病、先心病等重大疾病的低保或特困家庭儿童，且个人实际负担医疗费用 2 万元以上的	省慈善总会计划全年投入 515 万元用于该项目的省市（县）联动，省慈善总会与省辖市（直管县）按照 2∶1 的比例投入项目资金	共发放救助金 6572026 元（省慈善总会 4208219 元、项目联动慈善会 2363807 元），受益儿童 457 名

续表

项目名称	开展单位	资金来源	救助对象	捐助资金	项目效果
慈善SOS——紧急救助项目	省慈善总会、各市（省直管县）慈善会	省慈善总会、各市（省直管县）慈善会共同出资	对因遭遇重大自然灾害、突发事件或重大疾病等陷入生活困境，经社会救助制度救助后，仍有困难的低收入家庭和个人，给予一次性临时救助	投入资金410万元，省、市（省直管县）慈善会按1:1匹配资金救助	共发放救助金6788934元（省慈善总会3577759元、联动项目慈善会3211175元），受益人1627人
事实无人抚养儿童助养项目	省慈善总会、部分省辖市（直管县）慈善会	省慈善总会、部分省辖市（直管县）慈善会共同出资	具有河南省户籍，年龄在14周岁以下，由于父母残疾、重病、服刑、失踪等意外情况造成的事实无人抚养的儿童（非孤儿，不享受国家孤儿补贴），救助标准为100元/人/月	省慈善总会计划投入64.3万元，在部分地市开展联动救助。省慈善总会与参与联动的省辖市（直管县）慈善会按照1:1的比例投入项目资金	共发放救助金1791600元（省慈善总会1148400元、项目联动慈善会643200元），项目收益儿童1493名
"乐龄之家"项目	省慈善总会、市（省管县）慈善会和城乡社区、敬老院	省慈善总会、市（省管县）慈善会共同筹集	老人较为集中的城乡社区、敬老院	每所"乐龄之家"5万元援建资金	共投入资金3000000元（省慈善总会1500000元、项目联动慈善会1500000元），援建"乐龄之家"60个

资料来源：《河南省慈善总会2016年度报告》。

(3) 典型案例分析：点亮生命计划——贫困儿童大病救助项目

①项目背景。为深入落实《慈善法》，贯彻中央和河南省"精准扶贫"工作要求，彰显"以人为本，扶贫济困"慈善宗旨，河南省慈善总会在总结往年项目经验的基础上，2017年继续争取彩票公益金支持并自筹资金，联合部分市慈善总会、县慈善会，以"阳光福彩·慈善大爱"为主题，开展慈善福彩"点亮生命计划"贫困儿童大病救助项目，采取"医保报销一部分，患者自费一部分，慈善资助一部分"的项目援助形式，为患有白血病、严重肾病、

先心病等重大疾病的低保或特困家庭儿童解决医疗经费困难。

②资助对象识别与流程。该项目救助对象为具有河南省户籍、年龄在14周岁以下，患白血病、严重肾病、先心病等重大疾病的低保或特困家庭儿童，且个人实际负担医疗费用2万元以上的。救助流程为：求助人向户口所在地慈善会申请，提供当地民政部门开具的贫困证明和医院的诊断证明材料——参与项目联动市县慈善会对申请资料进行初审，每月底集中报省慈善总会复审——审核通过后省慈善总会向联动慈善会拨付项目资金——联动慈善会向救助对象发放救助资金，完善领款手续——项目结束后，省慈善总会收集整理项目资料。

③主要帮扶措施。该项目主要是对救助对象进行资金帮扶。救助金额由与省慈善总会联动的省辖市（或直管县）根据实际情况自行决定，同时为了减少不必要的麻烦，同一省辖市（省管县）区域内的救助标准要求统一。项目救助经费的具体发放标准为个人实际负担医疗费用（医疗总费用减去医保报销、商业保险报销、各种救助金等）2万元以上，按自费金额的40%救助，最高救助额为2万元。

④项目资金来源与使用信息公开。该项目资金主要来自社会各界的定向捐赠。在河南慈善网，设有"点亮生命计划——贫困儿童大病救助项目"一栏，动态显示社会针对该项目捐赠的实时数额统计和资金使用统计。每天更新捐款信息，包括捐款人、捐款数额、捐款方式；每月把救助对象姓名、病情种类、资助地点（医院）和资助金额等信息进行公示。如截至2017年12月15日，该项目共接收捐款2641.68万元，已使用741.35万元。

⑤项目执行效果。该项目于2016年4月正式启动，12月底前完成全年救助目标任务。共发放救助金6572026元，其中省慈善总会4208219元，项目联动慈善会2363807元。受益儿童457名，人均收益金额约14400元。根据省慈善总会主要负责人介绍，救助对象基本上达到康复标准。其中，受益人范围如图7所示。

⑥与政府部门协同方式。该项目的资金主要来自福彩公益金和社会捐赠资金，其中福彩公益金由民政部门管理，在资金申请使用时，得到民政部门的支持。对于救助对象的识别与选择，需要民政部门的配合核实。救助对象在申请项目救助时，低保家庭需提交低保证明复印件，特困家庭提交乡级

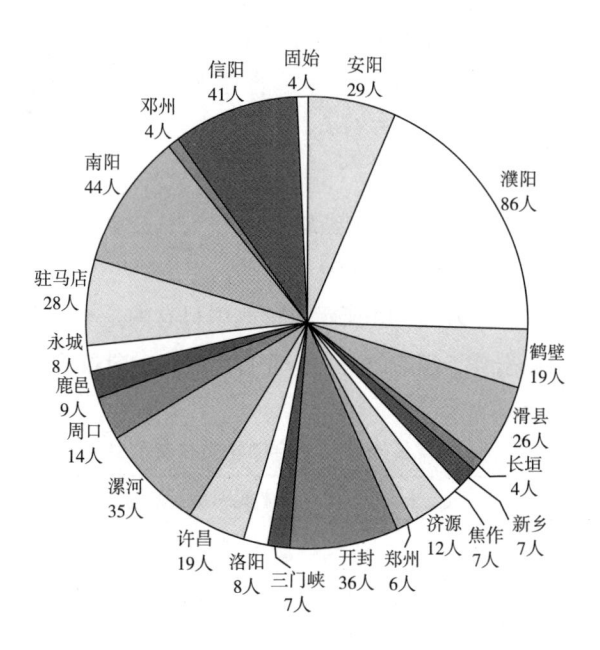

图7 受益人范围分布

资料来源:《河南省慈善总会2016年度报告》。

(含)以上民政部门或行政部门出具的家庭贫困证明原件。但实际上,各级慈善总会很少直接因救助对象证明事宜与民政部门接触,更多的是救助对象自己与民政部门联系。同时,虽然救助对象主要为贫困家庭的儿童,但是慈善总会与救助对象所在的扶贫部门也缺少一定的沟通。因此,具体执行该项目的当地慈善总会与当地民政部门和扶贫部门,特别是扶贫部门并没有建立日常的业务联系。

2. ZK市慈善总会参与精准扶贫的情况

(1)组织简介

ZK市慈善总会于1998年12月23日成立,是河南省最早成立的慈善总会,现为"5A级社会组织",现任会长为厅级退休干部。ZK市慈善总会自成立以来,坚持"以人为本、扶危济困"的宗旨,带领ZK市慈善事业实现了从无到有、从弱到强的发展历程,慈善组织呈现网络化,慈善队伍实现了专业化。全市建立了市、县、乡、村四级慈善网络,目前全市229个乡镇(办事处)建立了慈善联络站,4524个行政村设立了慈善联络员,市直121家单位建立了慈善联络处（组），县直626家单位建立了慈善联络办①。截至2016年底，全市累计募集善款达3.4亿元，争取合作项目资金1.95亿元。救助困难群众19万余人、大中小学生4万余人②。

（2）主要扶贫项目

自1998年成立以来，ZK市慈善总会在赈灾、扶老、助孤、助残、济困、助学、助医等7个方面开展了大量的慈善活动，但主要集中于助学、助医和助残类项目方面，如表8、表9、表10所示。这些项目有的是与中华慈善总会合作，有的是与省慈善总会合作，还有的是与企业合作进行专向救助。

表8　ZK市慈善总会助学类扶贫项目

项目名称	开展单位	资金来源	救助对象	捐助资金	项目效果
衣恋阳光助学项目	ZK市慈善总会、中华慈善总会、衣恋集团（中国）	中国衣恋集团	考上ZK市11所定点高中，却因家庭贫困等原因无力完成高中学业的贫困高中生	发放助学金1455万元	2012~2016年年救助贫困高中生2350名
贫困大学生救助项目	各县市慈善会	各县市慈善会募集到的"爱心捐"的款项及爱心企业和爱心人士的定向捐赠	ZK市考入高校的贫困学子	资助金额573.8万元	2017年全市资助1490人

资料来源：ZK市慈善总会访谈资料汇总。

表9　ZK市慈善总会助医类扶贫项目

项目名称	开展单位	资金来源	救助对象	捐助资金	项目效果
"点亮生命计划"	河南省慈善总会、ZK市慈善总会	河南省慈善总会	贫困儿童大病救助	—	—
格列卫援助项目	中华慈善总会与瑞士诺华制药有限公司	—	治疗慢性粒细胞白血病和胃肠道质瘤，援助对象为特困低保人员	药品折扣2357万元	近三年发放药品886人次

---

① 资料来源于ZK市慈善总会内部人员访谈。
② 资料来源于ZK市慈善总会内部人员访谈。

续表

项目名称	开展单位	资金来源	救助对象	捐助资金	项目效果
多吉美援助项目	中华慈善总会与拜耳医药保健有限公司	—	帮助不能手术的晚期肾细胞癌患者和无法手术或远处转移的肝细胞癌患者	药品折价544.8万元	近三年发放药品222人次
易瑞沙援助项目	中华慈善总会与阿斯利康公司	阿斯利康公司	符合项目条件的贫困的晚期非小细胞肺癌患者	药品折价1263.9万元	近三年发放药品776人次

资料来源：ZK市慈善总会访谈资料汇总。

表10　ZK市慈善总会助残类扶贫项目

项目名称	开展单位	救助对象	捐助资金	项目效果
"微笑列车"项目	中华慈善总会和美国"微笑列车"基金会	贫困唇腭裂患者	项目资金643.2万元	2015~2017年共实施2144例
曙光行动——白内障复明工程	金龙鱼慈善公益基金会与ZK市慈善总会	贫困白内障患者	项目资金160万元	2015~2017年共实施2000例
曙光行动——轮椅助行项目	河南省助残济困总会与ZK市慈善总会	贫困肢体残疾人员	45万元	2015~2017年共发放2500辆

资料来源：ZK市慈善总会访谈资料汇总。

（3）典型案例分析——"衣恋阳光班"慈善助学项目

①项目背景。自2000年开始，韩国衣恋集团（中国）开始在中国开展公益慈善事业，初期主要集中在赈灾、扶老、助残、济困等领域，逐步发展到助学、助医以及支持文化艺术方面，独自或与其他公益机构合作开展公益性慈善活动。2011年5月12日，衣恋集团联合中华慈善总会成立了"衣恋慈善助学基金"，专门资助特困特优高一新生，每人每年资助3000元，直至高中毕业。

2012年，通过ZK市慈善总会搭建桥梁，衣恋集团开始对ZK市的11所高中（本市比较好的高中）特困特优学生进行资助，包括了ZK一高、ZK二高、XC一高、HY一高、DC一高、XH一高、TH一高、SQ一高、SS二高、FG高级中学、LY二高。贫困家庭多、贫困家庭中优秀的学子多，这是衣恋集团选择对ZK市优秀的贫困高中生进行资助的主要原因。

②资助对象识别。资助对象主要是贫困家庭中成绩优秀的高一新生，因此资助对象必须符合以下条件：孤儿、单亲家庭子女、低保家庭子女、残疾家庭子女、重大疾病家庭子女或失业职工家庭子女。对于资助对象的选择采用自愿申请的形式，申请时需提交相关材料，以证明自己是否是来自贫困家庭的学生。对于是否能够获得资助，则取决于能否考上定向资助的11所高中。

③主要帮扶措施。衣恋阳光助学项目主要是对资助的高中生进行三年的资金帮扶，获得资助的学生每人每年将得到3000元的资助，直至高中毕业。近两年，在ZK市定向资助的11所高中中，每所高中每年资助50名学生进入"衣恋阳光班"读书。通过这种资助，其目的是使贫困的优秀高中生能够顺利完成高中学业。同时，为了进一步帮助一些更为困难的学生，该项目的救助模式也从单一的助学款延伸到了医疗救助、生活帮助等方面，从而确保部分特困学生不会因病、因生活困难而失去学习机会。

④项目资金来源和使用信息公开。考入ZK市"衣恋阳光班"的学生，由衣恋集团出资，每人每年将得到3000元的生活资助，直至高中毕业。资助金由ZK市慈善总会发放，同时"衣恋阳光班"的报名、审核和监管工作也由ZK市慈善总会全权负责。

⑤项目执行效果。从2012年开始对ZK市的11所重点高中优秀贫困新生进行资助以来，截至2017年9月共救助贫困高中生3100名，助学金总额达2610万元。据统计，"衣恋阳光班"高中毕业的大学入学率非常高，每年基本保持在80%以上。以衣恋集团资助的SQ一高学生为例，2016年和2017年资助学生的大学本科入学率都在90%以上，其中包括考入清华、北大等知名学府。

⑥与政府部门协同方式。"衣恋阳光班"项目在ZK市受到高度好评，教育部门非常重视和支持。但在实际操作过程中，主要由ZK市慈善总会审核资助对象材料并进行相应的管理工作，与民政部门和扶贫部门的联系较少，扶贫部门也没有把这些资助作为扶贫措施进行统计。在实际操作中，申请人符合资助条件的，必须出具由当地民政部门审核确认的低保证复印件、残疾证复印件

或家庭贫困证明，但这都是申请对象直接与民政部门进行对接。

3. SQ县慈善会参与精准扶贫的情况

（1）组织简介和主要扶贫项目

SQ县慈善会于2001年1月12日成立，是河南省成立较早的县级慈善组织，会长、副会长均由离退休县处级以上领导担任。自成立以来，积极募集社会善款，主动与上级慈善机构及县外慈善组织联手合作引资救助，共开展了16个救助项目。近几年来，SQ县慈善会与扶贫对接救助项目主要集中于助学类、助残类、助医类和济困类，如表11、表12、表13和表14所示。

表11 SQ县慈善会助学类扶贫项目（2012~2016年）

项目名称	开展单位	资金来源	救助对象	捐助资金	项目效果
助学	县慈善会、中国衣恋集团	衣恋集团	SQ一高精准扶贫家庭、低保家庭和孤儿在校学生	每生每学年资助3000元	2013~1015年连续3年为贫困生发放善款135万元
助学	县慈善会、南京爱德基金会	南京爱德基金会	43名在校低保贫困初中生	每年每生资助1340元	2012~1016年连续5年发放善款28.8万元
"走进高中"救助项目	县慈善会、市慈善总会	香港公益组织	低保贫困家庭的在校高中生150人	每生每年度资助2000元	2013~2015年年底3年共发放善款90万元

资料来源：SQ县慈善会访谈资料汇总。

表12 SQ县慈善会助残类扶贫项目（2012~2016年）

项目名称	开展单位	资金来源	救助对象	捐助资金	项目效果
助残救助项目	县慈善会、县民政局、县残联慈善分会	县慈善会、县民政局、县残联慈善分会	残疾低保家庭	每户发放善款300元	2014年以来，四年共为残疾人士发放善款24万元
轮椅助残工程	县慈善会、市慈善总会	慈善会出资、省市慈善会帮扶	肢残低保人士	支出善款9万元	2012年以来，5年共发放轮椅500辆

资料来源：SQ县慈善会访谈资料汇总。

表13 SQ县慈善会济困类扶贫项目（2012~2016年）

项目名称	开展单位	资金来源	救助对象	捐助资金	项目效果
"星光计划"活动	教育局慈善总会	教育局、慈善总会	在基层教书的公立贫困老师	每人发放善款1000元，共发放善款50万元	每年救助100名贫困教师，连续资助5年
城镇双下岗低保困难家庭救助项目	县慈善会、县总工会	县慈善会	200名城镇低保特困户	连续两年由县慈善会出资12万元	2015~2016年元旦、春节期间连续两年由县慈善会出资12万元，县总工会牵头救助了200名城镇低保特困户
济困	县慈善会、上海博爱基金会	上海博爱基金会	SQ县居家孤儿或单亲困难家庭93名16岁以下在校学生	每人每年发放善款1200元（2012年~2016年）	2012~2016年五年共发放善款55.8万元

资料来源：SQ县慈善会访谈资料汇总。

表14 SQ县慈善会助医类扶贫项目（2003~2016年）

项目名称	开展单位	资金来源	救助对象	捐助资金	项目效果
助医	县慈善会、省市慈善总会	县慈善会、省、市慈善总会	白内障患者、唇腭裂患者	—	从2003年至今累计4700多名
助医	县慈善会、河南省五院	县慈善会	家庭困难的先天性心脏病16岁以下患者	为每位患者家庭减负4.7万余元	从2014年到2016年底止，共免费救治家庭困难的先天性心脏病16岁以下患者56名

资料来源：SQ县慈善会访谈资料汇总。

（2）典型案例分析——"走进高中"救助项目

①项目背景。"走进高中"救助项目是ZK市慈善总会与香港公益组织于2007年5月联合开展的专门资助ZK市贫困高中生的助学项目，目的是资助考入高中的贫困学生完成学业。截止到2010年，共资助2077名贫困高中生，发放资助金410余万元。之后，该项目每年资助低保贫困高中生150名，每人每年资助2000元。

②资助对象识别。资助对象为品学兼优且家庭贫困的应届初中毕业生。根据申请，各县市区慈善总会将对学生进行入户调查，调查完毕，市慈善总会将委派人员对学生进行面试，一旦确认后，把学生的材料交由香港爱心人士审核。

③主要帮扶措施。依申请确认的受资助贫困生每人每学年可获得2200港币的助学款，直至高中毕业。

④项目资金来源。该项目主要由香港公益组织定向捐赠资金，由市慈善总会和县慈善会发放。

⑤项目执行。从2013年至2015年底，共救助低保贫困家庭的在校高中生150人，每生每年度发放善款2000元，三年共发放善款90万元。

⑥与政府部门协同方式。该项目由低保贫困家庭学生个人申请，需要民政部门配合核实申请人的家庭状况并出示低保证明等相关证明。

（四）慈善组织参与精准扶贫的案例分析2：基金会

基金会是慈善组织的一种，分为公募基金会和非公募基金会。根据《基金会管理条例》规定，基金会必须在民政部门登记后方能合法运作，就其性质而言是一种民间非营利组织[①]。

区别于具有官方背景的慈善总会，基金会作为民间慈善组织代表，是中国公益慈善事业发展中的重要力量，呈现出数量逐渐增多、资金规模集中、分布地区广等发展趋势。通过分析具有代表性基金会项目实施的背景、内容、帮扶对象、资金来源、与政府的协同方式等来具体剖析基金会在参与精准扶贫中发挥的作用。

1. 河南省LR老区扶贫帮困基金会

（1）组织简介和主要扶贫项目

河南省LR老区扶贫帮困基金会成立于2008年1月11日，总部位于河南省XY市X县，由河南省LR集团董事长倡议发起，在河南省民政厅登记注册，主管单位为河南省扶贫办，其工作成员均由企业人员兼职。基金会坚持以"安老、扶幼、助学、济困"为宗旨，筹集慈善资金，围绕党和政府所关心的

---

① 2004年《基金会管理条例》（国务院令第400号）。

特困群体的需要,为农村残疾人、年老体弱者和孤寡老人提供各种形式的帮助,为贫困家庭儿童提供生活、教育等方面的帮助,以及救助自然灾害造成重大经济损失的各类群体和个人。业务范围包括开展老区扶贫帮困活动,开展老区爱心助学活动,开展老区义诊赠药活动,开展老区敬老爱幼活动,开展老区生态保护活动等。主要扶贫项目如表15所示。

表15 河南省LR扶贫帮困基金会开展的扶贫项目(2011~2017年)

项目名称	开展单位	资金来源	救助对象	捐助资金	项目效果
"助梦想、伴飞翔"孤贫儿童资助活动	LR基金会、X县妇联	LR基金会	60名X县籍孤、贫儿童	为每位儿童发放了600元资助金	2015年资助60名X县籍孤、贫儿童,共计3.6万元
金秋助学	X县教委、X县慈善会、X县总工会、X县团县委、LR基金会	LR基金会	建档立卡贫困家庭应届大学新生	当年考入大学的学生,每人资助2000元,对考入清华、北大的学生每人资助5000元	2015年捐赠资金24万元;2016年资助贫困生100余名,总计22万余元;2017年资助贫困生126人,总计50万元
公司+油茶专业合作社+基地+农户	河南LD山茶油股份有限公司、LR集团	LR集团	X县农民	—	LR集团于2011年9月成立茶油股份有限公司,吸纳农民变身产业工人,进入油茶、油用牡丹、核桃等种植、管理、采购、精炼加工的产业链条中就近就业
公司+基地+合作社+农户	LR生态农业有限公司、LR集团	LR集团	X县农民	—	LR集团于2014年创建了中药材种植、养殖示范基地和中药材种苗培育基地,吸纳当地农民到药材基地务工挣钱,帮带农民增收脱贫

资料来源:LR老区帮扶基金会访谈资料汇总。

(2) 典型案例分析——金秋助学

①项目背景。金秋助学是 LR 集团多年来坚持开展的一项纯公益性的助学活动，旨在帮助考上大学后但无力支付学费的贫困学生顺利进入大学。作为 LR 公益平台之一，它以河南省 LR 老区扶贫帮困基金会为依托，已经成为 LR 社会公益活动的重要组成部分，并在近几年中为数百名怀揣梦想的寒门学子走进大学校园提供了强有力的支持。

②资助对象识别。在 X 县总工会、共青团 X 县委和县教体局、县慈善会等单位的联合推选及 LR 集团内部职工子女申报的基础上，对 X 县建档立卡贫困家庭应届考入本科或研究生的学生予以资助。

③主要帮扶措施。对 X 县全县百余名考入本科或研究生的学生予以资助，每人发放助学金 2000 元；同时对顺利升入清华大学、北京大学的学生每人资助 5000 元。

④项目资金来源。该项目由 LR 集团依托 LR 老区扶贫帮困基金会执行，救助资金全部由 LR 集团出资。

⑤项目执行效果。自项目开展至今，已投入资金近 5000 万元。2015 年投入资金 24 万元，2016 年资助贫困生 100 余名，总计 22 万余元；2017 年资助贫困生 126 人，总计 50 万元。

⑥与政府部门协同方式。该项目的资助对象主要由 X 县总工会、共青团 X 县委和县教体局、县慈善会等单位的联合推选，其中建档立卡贫困家庭需要当地民政部门配合核实。

2. XY 市 XD 教育基金会

(1) 组织简介

2012 年 8 月 SZ 市新产业创业投资有限公司与 LS 县慈善会通过协商签订协议，从 2012 年至 2015 年每年资助 220 名当年新录入的大学二本以上的贫困大学生，每人每年 5000 元，连续四年。在第一期协议完成后，SZ 市新产业创业投资有限公司成立了 XY 市 XD 教育基金会，这是 XY 市民政局登记注册的首家非公募基金会，业务主管单位为 XY 市教育局。XY 市 XD 教育基金会于 2017 年 5 月 8 日认定为慈善组织。原始注册基金为 500 万元，其业务范围主要包括贫困大学生学费捐助、特殊教育学校捐助、农村学校的捐助和其他公益类项目。其成立宗旨主要是为了改善贫困地区、贫困群体和灾区的教育条件。现有工作人员6人，包括理事长1名、理事4名、监事1名。

（2）主要扶贫项目

XY市XD教育基金会最主要的项目活动都集中于助学方面，近年来开展的助学项目如表16所示。其中最主要的是三期圆梦行动计划，每期计划资助年限为三年，主要资助对象是XY本地当年考上二本及其以上的新入校大学生。第一期计划的实施地点为XY市LS县，即基金会发起人的家乡，由其所在公司进行资助；在XD教育基金会成立后，资助对象也逐渐扩展到整个XY市。截至2017年9月，XY市XD教育基金会已累计资助贫困大学生1192名，有680名大学生已完成大学学业，共计投入资金1892万元。具体资助对象、标准和效果等如表16所示。

表16 XY市XD教育基金会助学类项目（2012~2017）

项目名称	开展单位	资金来源	救助对象	捐赠资金	项目效果
圆梦行动第一期（2012~2015）	XD教育基金会、LS县慈善会	XD教育基金会	当年考入二本以上的贫困大学生220名	每人每年5000元，连续资助4年，共计每人2万元	四年共捐赠资金1960万元，救助大学生880名
圆梦行动第二期（2016~2019）	XD教育基金会、LS县慈善会	XD教育基金会	当年考入二本以上的贫困大学生150名，4年累计共600名	每人每年5000元，连续资助4年，共计每人2万元	2016年向LS县慈善会捐赠善款854000元，共资助150名贫困大学生
圆梦行动第三期（2016~2019）	XD教育基金会、XY市慈善总会	XD教育基金会	当年考入二本以上的贫困大学生50名，4年累计共200名	每人每年5000元，连续资助4年，共计每人2万元	共向XY市慈善总会捐赠奖学金共计金额400万元，2016年捐赠金额27万元，共救助应届考入二本大学生50名
希望之星	XD教育基金会	XD教育基金会	XY市某镇中学	捐赠5万元用于改善教学条件	2016年11月捐赠

资料来源：XD教育基金会访谈资料汇总。

(3) 典型案例分析——圆梦行动

①项目背景。随着自身企业的发展，基金创始人心系家乡，在 XY 市成立了 XD 教育基金会，分别与 LS 县慈善会、XY 市慈善总会开展"圆梦行动"，专项用于资助 XY 市参加全国高考被二本以上大学录取的品学兼优、家庭特别困难的学生。

②资助对象识别。按照 XD 基金会与 LS 县慈善会、XD 市慈善总会签订的协议，资助对象为 LS 县籍、考上二本以上大学、品学兼优、家庭困难的新入学大学生。在资料审核时，资助对象须具备下列条件中的一项：孤儿或来自父母一方死亡的单亲特困家庭、父母或者学生本人残疾的困难家庭、家庭主要成员患有重大疾病、重大天灾人祸、低保户中的特困户、精准扶贫户中的特困家庭。获得资助的学生需填写个人申请表，持村（居）委会、乡镇民政所和学校证明，县教体局推荐，慈善总会和捐资企业代表逐人逐户查访、集体审定，奖学金发放过程公开透明，确保最困难的学生得到奖励资助。

③主要帮扶措施。对资助的贫困大学生，每人每年资助 5000 元，连续资助 4 年或 5 年，直至大学毕业。基金会一直与 LS 县慈善会合作开展该助学项目，LS 县慈善会在资料审核、贫困生家庭走访、助学金发放、学生成绩跟踪等方面工作细致，取得了基金会的高度信任。

④项目资金来源。所有助学资金均来自 XD 教育基金会，基金会的助学基金主要来自基金所依托的 SZ 市新产业创业投资有限公司。该基金会对 LS 县和 XY 市的资助属于典型的成功人士回报家乡的慈善行为。

⑤项目执行效果。2012～2015 年，该基金会每年奖励资助当年考入二本以上的贫困大学生 220 名，每人每年 5000 元，连续资助 4 年，共计每人 2 万元，共计捐资 1960 万元用于奖励资助贫困大学生。

2016 年 XD 教育基金会再次签订协议，决定 2016 年至 2019 年，继续捐资，在 LS 县开展第二期慈善圆梦奖学活动。2016 年向 LS 县慈善会捐赠"圆梦行动"第二期善款共计 854000 元，共资助 150 名贫困大学生。截至 2017 年 8 月，LS 县慈善会已累计资助贫困大学生 1292 名，已有近 500 名大学生完成学业，累计已投入慈善资金 2552 万元。

⑥与政府部门协同方式。"圆梦行动"的帮扶对象需要民政部门的认证说

明和配合核实。同时，在项目执行过程中，当地教育部门也给予了积极的配合。但主要执行主体还是基金会和当地慈善总会，与扶贫办和民政部门之间的组织协同较少。

（五）慈善组织参与精准扶贫的案例分析3：公益性社会组织

公益性社会组织是在法律允许的领域内，向非特定的多数人无偿或者以较优惠的条件提供服务，从而使服务对象受益的社会组织。本文所调研的XX市TY村和河南省HX慈善基金会，虽然两者均没有被认定为慈善组织，但是其活动内容和组织条件已基本具备慈善组织认定的条件。河南省还有不少这样的公益性社会组织，因此本文专门选取了这些组织作为案例分析对象，通过分析项目背景、活动内容、帮扶对象、资金来源、与政府的协同方式等，探讨公益性社会组织在精准扶贫中发挥的作用。

1. XX市TY村

（1）组织简介

XX市TY村位于XX市，是一家从事困境儿童救助事业，利用非国有资产以无偿代养代教服刑人员未成年子女为服务宗旨的非营利性社会公益慈善组织。该组织成立于2004年8月，由热心困境儿童救助事业的爱心人士、中国TY村创始人ZSQ女士投资创建，河南省女子监狱具体承办。2008年11月，XX市TY村在XX市民政局正式登记注册，原主管单位是XX市妇联；2011年7月，XX市TY村的主管单位由XX市妇联改为XX市民政局，其主要扶贫项目如表17所示。

（2）典型案例分析——集中供养贫困服刑人员未成年子女

①项目背景。由于受场地规模及设施限制，TY村目前只能接收少数符合条件的特困儿童集中代养，大多数服刑人员的未成年子女，有的与爷爷奶奶相依为命，有的只能投亲靠友。为此，TY村还与各监狱单位密切合作，拓展了"分散助养"渠道，即资助符合条件的特困儿童每人每年500～1000元人民币，帮助那些服刑人员的特困未成年子女，使其能够享受正常教育、医疗及探视父母的权利和待遇。

②资助对象识别。XX市TY村对河南省23所监狱服刑特困家庭的未成年子女进行集中助养，对代养代教的对象有具体的条件规定，即父母双方在押服

表17 XX市TY村扶贫项目

项目名称	开展单位	资金来源	救助对象	捐赠资金	项目效果
集中代养代教	XX市TY村	爱心企业人士捐赠、政府低保	河南23所监狱服刑特困家庭的未成年子女	—	2008年至今共集中代养代教近200名孩子,其中15名大学生。
分散助养	XX市TY村儿童救助中心、各监狱单位	爱心企业人士捐赠	河南23所监狱服刑特困家庭的未成年子女	资助符合条件的特困儿童每人每年500~1000元	分散助养开始于2011年,到2016年资助金额达到近200万元,帮助2561位服刑人员特困家庭子女。2016年涉及河南省19所监狱,共资助89名孩子;其中50名大学生、39名初中生

资料来源:TY村访谈资料汇总。

刑,或父母中一方在押服刑,另一方或下落不明或死亡或重病重残,且无亲友或亲友无力抚养,造成孩子生存非常困难;身体健康,无传染性疾病,无家庭传染病史。接收孩子的程序依次为由服刑人员向所在监狱提出申请,监狱代为考察代养代教孩子是否符合规定条件;监护人出具放弃监护权证明,且需所在村委会或街道居委会签字盖章;在监狱干警见证下,TY村法人代表与孩子父母签署代养代教协议;由监狱干警或村委会及孩子亲属负责将孩子送到TY村。

③主要帮扶措施。由监狱向TY村提供助养对象的准确信息,TY村负责向社会募集筹款并将助养金汇入有关监狱的指定账户,然后再由监狱负责将助养金发放给助养对象本人或监护人家中。TY村负责助养金的发放和使用。

④项目资金来源。对于TY村集中供养儿童的项目资金一部分来自爱心企业和人士的捐赠,一部分是XX市民政局按照当地标准提供给每位入住的救助对象的最低生活保障金。而分散助养资助对象的项目资金主要来自爱心企业和人士的捐赠。

⑤项目执行效果。分散助养开始于2011年,到2016年资助金额达到近200万元,帮助了2561位服刑人员特困家庭子女。2016年涉及河南省19所监狱,共资助89名孩子,其中50名大学生、39名初中生。

⑥与政府部门协同方式。XX市TY村在发展过程中受到河南省23所监狱和XX市民政局的大力支持，有效解决了部分服刑人员的后顾之忧。但在救助孩子与当地民政局联系时，经常会出现当地民政部门不配合的情况，从而增加TY村的协调成本。同时，与当地扶贫部门几乎没有联系，即使资助的儿童都来自贫困家庭。

2. 河南省HX慈善基金会

（1）组织简介

河南省HX慈善基金会成立于2013年9月9日，是河南省民政厅主管的省级公益性基金会，也是河南省较早成立的基金会之一。其宗旨是救助特殊困难家庭，开展公益活动，促进社会和谐。该基金会成立以来开展的主要项目如表18所示。

表18 河南省HX慈善基金会扶贫项目

项目名称	项目时间	帮扶对象	资金来源	资助内容	社会影响
"让父母回家"	2013年底~2015年底	河南省贫困阿尔茨海默老人（医院和贫困证明）	河南国之花文化传播有限公司定向捐赠50万元	价值1200元防走失安全监控手表	已发放1000余台
"志坚活动"——贫困残疾青少年精准扶贫	2016年8月~2017年上半年（资金不足）	以河南H县和GS县为试点，选取贫困、骨病、四肢残疾且可以治愈的青少年	—	新农合报销后，由基金会承担剩余手术费的70%~100%	当地政府非常欢迎，已救助10余人
"挺起脊梁"救助	2016年8月始	全国性的，针对贫困强直性脊柱炎患者（医院和贫困证明）	企业定性捐赠50万元	基金会大多承担新农合报销后的50%~100%	目前已救助6批；受到新华网、新闻联播等报道宣传；起到一定的宣传作用
"励志脱贫计划——青年创业帮扶项目"	2015年	河南省内贫困青年	—	创业补贴5万~10万元	持续帮扶3人3个项目，帮扶金额总计21.5万元，共带动其他贫困青年就业30多人

续表

项目名称	项目时间	帮扶对象	资金来源	资助内容	社会影响
乡村支教项目	2015年	河南省贫困县小学学生	—	项目支出3万元	受到了支教学校领导、学生和家长的一致好评
贫困家庭救助	2015年	河南省困难家庭	—	捐赠部门资金,并为其购买救助物资。	在一定程度上缓解了贫困程度,也为河南省的脱贫事业贡献了力量
罕见大病患者	2016年	因大病导致家庭贫困的青少年	—	共资助资金18400元	共救助2位患者,一位为烟雾病患者,一位为重症肺炎患者
贫困学生图书捐赠	2016年	特定贫困学校	—	捐赠价值19500元的图书	让贫困地区的孩子有了更多的图书可读
"爱延续"失独老人心理关怀	2015年始,至今	以郑州市为主的失独老人	—	心理疏导和活动举办	让失独老人走出困境

资料来源：HX慈善基金会访谈资料汇总。

（2）典型案例分析："志坚活动"——贫困残疾青少年精准扶贫项目

①项目背景。2016年河南省HX慈善基金会在与省政协进行精准扶贫调研过程中，发现贫困户中不能脱贫的多是因大病或残疾造成的。本着"救助一人，全家脱贫"的救助目标，河南省HX慈善基金会与北京骨外固定技术研究所合作，于2016年8月开展"志坚活动——贫困残疾青少年精准扶贫项目"，专门救助7～35岁贫困肢体残疾青少年。

②资助对象识别。该项目主要针对年龄在7～35岁的骨病四肢残疾青少年，如O型腿、骨缺失、小儿麻痹后遗症等。但同时考虑到资助资金的使用效率和社会效益，项目又把家庭贫困、通过治愈能够正常生活、为社会做贡献的患者作为首选对象。

③主要帮扶措施。该项目采取"医疗救助+定点医院技术扶持"的方式对救助对象进行帮扶。救助对象在治疗结束后先进行新农合等医疗报销，报销

后剩余医疗费用将由河南省 HX 慈善基金会根据其家庭贫困程度给予 70%～100% 的资助，最高可资助 2 万元。

④项目资金来源。贫困残疾青少年精准扶贫项目资金主要来源于个人、企业和社会捐赠，项目持续性受项目资金影响较大。

⑤项目执行效果。选取河南省贫困县 H 县和 GS 县作为试点。河南省 HX 慈善基金会采取与当地县委县政府直接联系的方式开展项目，由于该项目可有效解决一些深度贫困家庭脱贫问题，受到当地县委县政府的强烈支持，专门成立项目小组，由县委书记担任小组组长，卫计委、扶贫办、残联、民政、团委等担任小组成员，资助对象的筛选也是在相关部门的协助下完成的。项目选择当地二级医院作为定点医疗，由基金会联系相关专家到医院给资助对象做手术。原计划每个县救助 1000 元，第一批救助 200 人，但由于资金有限，该项目已于 2017 年上半年停止资助。

⑥与政府部门协同方式。由于自行开展项目时，资助对象信息资料获取困难，河南省 HX 慈善基金会比较善于与当地政府建立合作关系。该项目在筛选救助对象的过程中，是和当地县委县政府直接联系，且由于项目主要针对贫困残疾青少年，得到当地县委县政府的大力支持。可以说，整个项目的顺利开展离不开当地县委县政府的合作。

（六）各类慈善组织参与精准扶贫的特点与经验总结

从课题组调研的各类慈善组织参与扶贫的实践来看，由于组织资源、专业领域和资金保障等不同，不同慈善组织之间存在较大的差别，主要体现在两个方面。一是民间慈善组织与官办慈善组织。民间慈善组织在参与扶贫过程中，由于与政府民政和扶贫部门联系较少，扶贫对象识别成本较高，同时又受到资金来源的较大限制，部分项目由于资金不可持续性而中断，而具有官方背景的慈善组织在资金和人力资源配备方面得到政府的大力支持，做了大量的扶贫济困项目，但由于存在对政府的依赖心理，创新积极性不高。二是各个公益慈善组织在信息透明度方面也存在较大差别，有些组织在自己的网站上及时公布资料来源与去向，但大部分组织很难查到相关信息，透明度较差。另外，透明度与组织类别并没有明显的关系，有些具有官方背景的慈善组织透明度很高，有些民间公益慈善组织透明度很低。

但各类慈善组织又在自己扶贫济困的实践中积累了不同的经验，具有自身典型的特点。

1. 慈善总会：政府支持力度大，公信力较高

慈善总会都是在各级政府的支持下成立，具有典型的官方背景，受政府的支持力度比较大。一方面，慈善总会受到地方财政资金的支持；另一方面，慈善总会的会长、秘书长多由政府在职和退休人员构成，工作人员部分是政府在编人员。

各级慈善总会之间为会员关系，每一级慈善总会均为上一级慈善总会的会员单位，因此在扶贫项目开展过程中便于协同进行。由上一级慈善总会和下一级慈善总会共同开展精准扶贫活动，按比例共同出资，一定程度上减缓了各级慈善总会的资金压力，并且所开展的扶贫活动可以更加精准且更加具有可持续性。

基于官方背景，各级慈善总会相对于基金会和公益性组织等民间慈善组织而言会具有更高的公信力，更容易获得公众的信任和支持。

2. 基金会：宗旨明确，专业性较强

基金会是典型的民间慈善组织代表，其运营的资金主要来自企业和个人捐赠。在扶贫项目选择方面，一般根据其组织宗旨，选择特定的领域和群体进行帮扶，因此体现出较强的专业性。

除具有官方背景的基金会外，大多数基金会项目选择比较灵活，不受政府绩效考核限制。

由于基金会与捐赠人之间是信托关系，因此对于项目的选择更为谨慎，也更注重项目过程中的监管，对项目执行效果也比较重视。

3. 公益性社会组织：自主灵活，精准度较高

与慈善总会和基金会不同，公益性社会组织还没有被认定为慈善组织，规模相对较小，在精准扶贫中的运营资金主要来源于社会爱心企业和爱心人士的捐赠，在扶贫项目的选择方面比较自主灵活。

部分公益性社会组织的成员来自志愿者，与群众联系更加密切，因此对于贫困人群的需求更加明确，可以针对不同的帮扶群体进行不同的帮扶活动。

公益性社会组织也较为积极地利用当地政府资源。调研中的公益性社会组织都是参与河南省精准扶贫成绩比较突出的，调研中发现它们积极利用当地政

府资源，争取当地政府的政策或财政支持，这也可能是它们的项目能够顺利推进的主要原因。

五 慈善组织参与农村精准扶贫存在的问题与原因分析

中国慈善组织长期参与农村扶贫，由于其专业性、灵活性等特点，在精准扶贫中更能发挥其组织优势。可以说，慈善组织作为国家扶贫开发工作战略的重要组成部分，有力地弥补了政府扶贫的不足。但在课题组调研过程中也发现，慈善组织在参与农村精准扶贫过程中还存在诸多困难与问题。本部分主要分析在调研中发现的问题及其形成的原因，以便探讨推进慈善组织有效参与精准扶贫的路径。

（一）慈善组织参与精准扶贫存在的问题

1. 慈善组织与政府相关部门之间缺少信息共享机制

精准识别贫困对象，是慈善组织开展精准扶贫工作的第一步，包括对扶什么、为什么扶、怎么扶等问题的确认。调研中课题组发现，无论是具有官方背景的慈善组织，还是民间慈善组织，对于帮扶对象的选择通常采取申请制，即由帮扶对象向慈善组织申请，符合条件的才能得到相应帮扶。一般情况下，对于每个项目，慈善组织都会列出申请程序与需要提供的相关证明，这些证明材料也是慈善组织识别帮扶对象的主要依据。由于人手和经费有限，大部分慈善组织难以做到对每个帮扶对象实施入户调查，只能根据帮扶对象提供的材料识别其是否具备帮扶资格；有些慈善组织为了保证这些材料的真实性和准确性，对帮扶对象进行入户调查，如 XD 基金会对资助的贫困大学新生都要登门入户核查材料，这也大大增加了项目执行成本；另外，各地也都出现了对贫困人口重复救助的现象。

实际上，民政部门或扶贫部门对部分帮扶人的信息有所记录，但是由于慈善组织与相关政府部门之间没有建立信息共享机制，使慈善组织在对帮扶对象识别方面要么投入较大成本逐一核实，要么选择相信申请人提供的信息。这在一定程度上导致在整个社会帮扶济困过程中重复帮扶和帮扶缺位现象并存，前者增加了社会帮扶的成本，后者则使部分帮扶对象没能得到相应的帮助，加剧了社会资源的分配不均。

2. 慈善组织管理和帮扶专业性不足

中国慈善组织起步较晚，发展时间较短，在扶贫济困和组织管理方面经验不足，实际运作中暴露出一系列问题。首先，在内部管理机制方面，慈善组织很多工作人员没有接受过正规系统的培训，在项目、人员、资金、信息管理等方面专业性不足。如课题组调研的 LR 企业基金会专门在贫困地区从事产业、助医、助学扶贫，取得了良好的成绩，但该基金会运作近 10 年来并没有配备专职工作人员，而是由其人力资源部门领导和其他工作人员兼任。除此之外，课题组调研的其他几个地方慈善总会，日常工作人员基本上不超过 5 人，且多为非专业人员。其次，在慈善项目专业性运作方面也存在较多问题。和大部分社会组织一样，慈善组织资金募集困难，面临生存与发展等多种压力，因此其开展的慈善项目虽然多种多样，却体现不出慈善组织的专业性。而且，由于活动领域过于宽泛，一些慈善组织特别是民间慈善组织难以在专门的公益领域树立声誉，更难以打造自己的慈善品牌。

3. 慈善组织资金来源不稳定

慈善组织的资金主要来源有：一是政府资助，如来自政府委托购买、政府福彩、体彩等财政资金。能够得到政府财政资助的往往是慈善总会等具有官方背景的慈善组织，民间组织很难申请到这部分资金；二是企业和个人捐款。企业捐款和个人捐款具有很大的不稳定性。其中，企业捐款受企业经济效益的影响较大，如课题组所调研的 ZK 市"衣恋阳光班"项目，由于这两年企业效益问题，衣恋集团减少了资助名额。以 SQ 县为例，原来每年该县"衣恋阳光班"招生 50 人，而 2017 年由于衣恋集团资助金额减少，只招收了 20 人。

另外，课题组在调研中也发现，地方慈善组织的等级越低，慈善资金的筹集越难。对于具有官办背景的慈善总会而言，2016 年《慈善法》出台之前，其慈善资金主要来自一年一度的"一日捐"活动，即政府用下发红头文件的形式号召各单位职工捐赠一天的工资用于慈善事业。红头文件虽然不具有实质上的强制性，但各单位都非常重视并积极响应，基本上能做到人人必捐。但《慈善法》生效后，不再允许政府发文进行这种形式的募捐活动，虽然各地仍开展"一日捐"活动,但募集到的慈善资金数量减少近半。对于民间慈善组织而言,其慈善资金主要来自企业和个人捐赠,但由于公信力问题,募捐存在更大的困难。

4. 慈善组织的社会认知度偏低

从1981年成立第一个具有慈善性质的基金会——中国儿童少年基金会,到1993年成立第一家慈善总会——吉林省社会福利慈善总会,再到各种具有慈善性质的基金会、社会团体和社会服务机构的相继建立,慈善组织在中国公益和扶贫领域无处不在,但是由于数量少、规模小等原因,社会对其认知度不高。同时,由于中国政府长期以来管了许多本该社会组织管的事情,社会公众习惯于有事找政府,公益社会组织的作用长期被忽视。同时,公众所知晓的慈善组织也仅限于慈善总会和红十字会等这些具有官方背景的大型慈善组织,对民间慈善组织的了解非常少。

在精准扶贫领域,虽然自20世纪80年代以来,政府就一直鼓励企业和社会组织参与农村扶贫。但是由于当时社会组织数量及其活动数量非常有限,参与扶贫的程序和限制也比较多,公众特别是农村贫困群体对慈善组织的了解非常少。因此,慈善组织参与精准扶贫的积极性在一定程度上受到影响,即使有参与,也由于各种原因难以深入和持续,这不仅影响慈善组织和慈善扶贫事业的健康、有序、快速发展,也影响了农村脱贫攻坚的进程。

5. 慈善组织与利益相关主体协同不足

合作治理要求各主体之间有效协同,为了各主体之间的共同目标而采取行动。慈善组织在参与农村扶贫中,必然与政府有关部门(民政部门、扶贫办等)、捐赠人、捐赠对象等各利益相关主体之间沟通合作。

调研中发现,慈善组织在扶贫中与这些主体之间缺乏双向、持续的互动和沟通,这在很大程度上影响了慈善组织参与农村扶贫的效果。具体表现在以下方面。

一是与民政部门没有建立合作治理机制。作为慈善组织的登记主管部门,民政部门在完成慈善组织登记注册之后,除年检外,对其缺乏日常的监管。因此,很多地方民政部门对于当地注册的慈善组织开展活动的情况并不是很清楚。二是与扶贫部门联系较少。关于慈善组织不与扶贫部门加强联系的原因,某慈善组织负责人介绍说,一方面是因为扶贫部门以前没有为贫困户建档立卡，贫困信息比较散乱，与扶贫部门联系并不能达到预期效果；另一方面是因为与政府部门打交道程序烦琐，工作流程复杂，效率较低。但在调研中发现，由于精准扶贫工作的需要，扶贫部门很期望了解慈善组织在扶贫领域的活动。三是与捐赠人缺少沟通。大部分慈善组织只对定向捐赠人做专门的工作汇报；对一般捐赠人，由于人手不足、信息不公开等原因，慈善组织很少有正式渠道向一般捐赠人汇报其资金的使用领域和效果等基本情况。四是缺乏与扶贫对象的联系。虽然一些慈善组织对贫困户的需求做过一些调研，但大部分慈善组织并没有充分利用其组织灵活性等优势对捐赠对象及其真实需求进行调查核实，从而造成了慈善组织作为扶贫资源的供给方与贫困对象作为扶贫资源的需求方之间的错位、缺位、空位等现象。

6. 慈善组织参与扶贫模式单一

课题组在调研过程中发现，目前慈善组织参与扶贫的模式较为单一。具体表现在：一是慈善组织的扶贫形式多为传统型扶贫，集中在助学、助残、助医等方面，帮扶方式多是物质和资金给予，属于救济式或输血式扶贫，"扶志"与"扶智"式扶贫较少，未能充分发挥慈善组织在扶贫方面的灵活性和创新性等优势；二是对贫困地区扶贫方式缺乏多样性和针对性，有些贫困地区可能出产具有地方特色的经济作物，实际上可以通过产业扶贫帮助他们脱贫。比如，XY市LR老区扶贫帮困基金会就利用当地资源优势，对山区几百万亩的山茶树以高于市场价回收，同时雇用当地贫困户对产油低的山茶树进行改造，这样既为贫困户提供了稳定的就业机会，也解决了山区农民收入低、易返贫的问题。产业扶贫对慈善组织的专业性要求比较高，而其他类慈善组织则可以利用各自的组织专业优势，在精神扶贫、教育、环境保护等领域发挥更大的作用，使慈善组织参与扶贫的模式多元化，更加符合贫困地区和贫困户的需要。

（二）慈善组织参与精准扶贫问题的原因分析

1. 慈善组织数量少、规模小、社会影响力小

慈善组织作为社会组织的重要组成部分，理应成为政府、企业之外的社会参与主体和重要补充力量。但由于中国慈善组织发展的时间不长，数量虽然逐年增加，但各方面发展成熟的慈善组织并不多，且分布不均匀，主要分布在大城市，特别是省会城市和经济较为发达的地市。同时，《慈善法》出台也仅一

年多的时间,被认定为慈善组织的社会组织数量还不多,新登记注册的慈善组织数量也非常少。课题组在调研中发现,无论是具有官方背景的慈善组织还是民间慈善组织,其募捐难度都比较大;同时由于中国慈善组织成立之初,多数与行政部门具有较为密切的联系,致使其在管理过程中存在行政色彩浓厚、专业性不强、效率不高等问题,这些都影响了慈善组织专业能力的发展,制约了其社会认知度的提高,同时也增加了其在公益领域参与的难度。

2. 政府监管评估落后,慈善组织公信力低

作为一种建立在自愿和信任基础上的公益事业,慈善活动的开展能否得到社会、政府和公众的支持,很大程度上取决于慈善组织自身建设情况和社会公信力。2006年,搜狐网曾对"造成中国慈善事业落后的主要原因"进行在线调查,结果显示,62.26%的选民都把"中国慈善机构的公益性令人怀疑"作为造成中国慈善事业落后的主要原因[1]。导致慈善组织公信力低的原因有多方面,包括信息公开透明度低、管理不科学、组织活动不专业、慈善腐败等。另外,慈善组织公信力低与政府监管薄弱甚至缺位有很大关系。在中国社会组织的整个发展过程中,由于各种原因,政府对社会组织的管理多是入口管理,即在社会组织登记注册时对发起人和组织的相关资料进行审核,而对社会日常活动的监管和评估较少,对社会组织的年检是政府对慈善组织最主要的监管手段。慈善组织公信力低的最终后果是资金募集困难,在开展活动中包括资助对象在内的组织和个人对其持有怀疑态度。

3. 慈善组织自身运作不规范,信息公开透明度低

公开透明、运作规范是每个组织生存发展与得到社会认可的根本前提。由于起步较晚,中国慈善组织在地区之间、不同规模城市之间以及同一地区的不同慈善组织之间也存在较大的发展不平衡。这一系列的发展现状最终以慈善组织总体发展不成熟、不规范、信息透明低等特征表现出来。就募捐而言,课题组在调研时发现,地区间存在一个共性问题,即当地企业不敢轻易捐款,因为担心本地慈善组织一窝蜂到有捐款经历的企业轮番劝募,使企业处于两难的境地。同时,由于相关部门长期没有对社会组织信息公开进行强制性规定,很多慈善组织的信息公开透明较低。慈善组织总体发展不充分带来的负面效应是,

---

[1] 唐克:《国内慈善组织公信力考察》,《安徽农学通报》2008年第22期,第153~155页。

企业和公众捐款不积极,有时甚至产生抵触的情绪;个人对慈善组织特别是民间组织更不信任,不愿意支持慈善组织的发展。

4. 慈善事业宣传不到位

公益性社会组织虽然自20世纪80年代以来,对贫困地区儿童、青少年、基础设施等方面开展大量活动,但是公众对慈善组织活动的认知度较低。这是因为长期以来,无论是慈善组织,还是政府方面,对慈善事业的宣传相对都比较少。这其中的原因有很多,一是在扶贫领域,长期以来都是由政府部门在主导,企业和社会组织参与扶贫,只是政府力量的补充,因此政府部门很少专门宣传公益慈善组织在扶贫领域的贡献;二是慈善组织对宣传工作重视不够,或者由于与新闻媒体打交道需要花费大量精力,因而没有对组织开展的扶贫活动进行宣传;三是新闻媒体多关心社会热点问题,对慈善组织的扶贫活动不重视。社会各主体对慈善事业宣传不到位,直接影响社会公众对慈善组织的认知程度,进而影响慈善组织资金募集能力和公信度建设。

5. 具有官方背景的慈善组织依赖思想严重,创新动力不足

中国公益慈善组织大部分是依托于各级民政部门建立起来的,组织的主要负责人和工作人员都来自政府部门。《慈善法》和《关于改革社会组织管理制度促进社会组织健康有序发展的意见》等一系列法律政策文件出台后,部分公益慈善组织从民政部门分化出来,但由于历史原因,它们仍然与政府有着千丝万缕的联系。调研中发现,还有相当一部分地区的慈善总会没有摆脱对政府的严重依赖,在办公地点、办公设备及人员工资等方面主要由政府配置的情况下,仍将问题的原因归结为政府的支持力度不够。另外,是否对慈善总会这类具有官方背景的慈善组织继续进行财政扶持,也与地方民政部门领导对慈善组织性质的认知态度有很大关系。一些地方民政部门领导主张慈善组织是独立法人,应该逐渐从政府中脱离出来;而另一些地方民政部门领导认为,由于慈善总会这类慈善组织是地方慈善组织的代表性和领军性组织,政府还需要扶持。在官方慈善组织不松手、地方领导不放手的双重背景下,相当数量官方慈善组织创新动力不足,扶贫方式单一,造成资源的浪费。

6. 政府对慈善组织参与扶贫缺乏过程管理和信息统计

调研中发现,政府与慈善组织协同治理不足,也是慈善组织在公益慈善领域和扶贫领域开展活动比较困难的主要原因。对于民政部门而言,慈善组织除

了登记注册、每年报送年审、开展50人以上的重大项目需要向民政部门备案外，日常活动与民政部门联系比较少。同时，无论是民政部门，还是扶贫部门都没有对慈善组织参与扶贫的活动和效果进行过程管理和信息统计。其结果是慈善组织在扶贫领域开展的有效扶贫项目被忽视，有效的扶贫模式创新得不到推广；由于公众、企业和贫困群体难以得到慈善组织在扶贫方面的相关信息，阻碍了他们对慈善组织参与扶贫活动进展、价值和效果的理解，影响他们与慈善组织之间的协同合作；慈善组织在扶贫领域建立自己的名牌和声誉比较困难。因此，政府在慈善组织过程管理和统计上的落后，既是慈善组织发展边缘的原因，也是慈善组织发展不规范、社会信任度低的原因之一。

六　慈善组织参与农村精准扶贫的推进路径

通过对慈善组织在精准扶贫中的问题及其原因分析可知，慈善组织在精准扶贫中遇到的问题既有慈善组织自身的原因，也有政府服务和监管方面的原因。因此，本部分将从政府与慈善组织两个方面提出推进慈善组织有效参与精准扶贫的路径建设的建议。

（一）政府：做好政策支持与公共服务供给

在贫困发生率较高的时期，中国政府充分发挥集中动员扶贫资源的优势，在中国实现了大规模减贫。然而，随着绝对贫困人口大量减少，致贫原因变得更加复杂，贫困主体更加多元化、贫困群体返贫情况严重、贫困代际传递性增强等问题，对政府扶贫工作产生了巨大的挑战，这在客观上呼吁社会主体更多更深入地参与扶贫开发工作。但多元主体参与扶贫并不意味着政府相关责任的弱化。政府作为扶贫政策和社会组织发展政策的制定者、公共服务的主要提供者，应在慈善组织参与精准扶贫的政策制定、监管评估、公共服务保障等方面提供支持和便利，为慈善组织在扶贫领域发挥更大的作用提供机会和条件。

1. 贯彻落实《慈善法》，完善相关配套法律政策体系

一是地方政府应全面贯彻落实《慈善法》，制定《慈善法》实施细则。完善的法律体系能够为慈善组织参与中国农村扶贫开发工作提供良好的制度环

境。2016年3月第十二届全国人大四次会议审议通过的《中华人民共和国慈善法》是中国历史上第一部规范慈善事业发展的综合性法律。《慈善法》把扶贫济困列为慈善活动的首要任务，赋予了慈善事业新的历史使命，为慈善组织参与国家扶贫攻坚提供了法律支撑。相关部门在落实《慈善法》的过程中，应简化扶贫类慈善组织登记管理程序，积极探索扶贫类慈善组织免于登记的备案制管理办法，降低慈善组织参与精准扶贫的准入门槛，为慈善组织参与精准扶贫提供一个相对宽松的法制环境。二是完善和落实慈善捐赠税收优惠政策，扩大税收优惠范围，简化税收优惠减免程序。通过制度创新，鼓励企业乐善好施、扶贫济困，完善褒扬奖励制度和鼓励措施，激励和引导企业和个人积极参与慈善公益事业，为慈善组织参与精准扶贫创造良好的社会氛围。三是加大财政政策扶持力度。国家及地方财政部门可根据本地情况设立慈善组织发展专项基金，鼓励比较成熟的慈善组织发挥带头引领作用，培育尚处于发展阶段但公益性较强的慈善组织，对积极参与扶贫的慈善组织可以采取一定的财政激励措施，引导更多慈善组织更加精准有效地参与到扶贫事业中去。

2. 加快精准扶贫平台建设，实现与慈善组织信息共享

完善国家扶贫开发信息系统，建设中国社会扶贫网络平台，拓宽慈善组织参与扶贫开发的渠道和途径，引导社会力量积极参与脱贫攻坚。一是开发慈善组织参与精准扶贫的信息服务平台。以国家扶贫开发信息系统为依托，建设慈善组织参与精准扶贫的信息平台，面向慈善组织发布相关扶贫规划、扶贫需求和政府购买扶贫服务等相关信息，面向贫困地区、贫困人口发布慈善组织的扶贫资源和服务，保证信息沟通的有效性和及时性，克服信息沟通的障碍，保证贫困人口获取扶贫信息的公平性。二是建设慈善组织参与精准扶贫的协调沟通平台。以各级扶贫开发领导小组为依托，成立包含部分慈善组织负责人在内的慈善组织参与农村扶贫开发协调小组，定期召开协调工作会议，推进政府和慈善组织之间的跨界合作以及不同社会组织之间的合作。各级扶贫部门要积极引导慈善组织参与精准扶贫，主动帮助解决慈善组织在扶贫开发过程中遇到的问题。三是建设国家贫困信息管理平台。以各级扶贫信息管理系统为依托，建立国家贫困信息管理数据库，将贫困人口的贫困信息输入数据库，简化慈善组织获取扶贫信息的程序，保证慈善组织获取贫困信息的真实性和透明性，避免扶贫开发过程中多头帮扶现象的出现。

3. 健全慈善组织参与精准扶贫的统计与监督评估机制

积极探索慈善组织参与扶贫开发的激励、监督和评估机制。创新监督评估方式，公开监督评估结果，增强慈善组织参与扶贫开发的公信力和影响力。一是加强慈善组织参与扶贫开发的信息登记。对慈善组织参与扶贫的项目、时间、效果等进行信息登记，并保证信息的真实性和准确性。二是建立慈善组织外部的监督体系。保证慈善组织成员间能够进行有效的监督，提高慈善组织整体参与扶贫开发的质量和水平。三是畅通监督渠道。要充分发挥政府的监督作用，从法律法规层面明确慈善组织的具体职能；同时又要重视社会监督的作用，完善慈善组织信息披露机制，对信息披露的内容、方式和渠道进行规范，实现对慈善组织实施的扶贫项目进行全程监管、动态管理，对项目实施效果进行验收和评估；充分发挥第三方评估机构在监督管理过程中的作用，构建政府、社会和第三方参与的评估体系。四是建立健全监督评估约束机制。加强对慈善组织参与精准扶贫的绩效评估，根据评估结果建立相应的退出机制。根据慈善组织扶贫活动职、权、责相统一的原则，鼓励扶贫项目实施的每个环节都有相对应的负责人，保证慈善组织参与精准扶贫的效果。

4. 加大政府向慈善组织购买扶贫服务的力度

慈善组织参与扶贫开发工作，实际上是分担了一部分政府职能，从提高扶贫效率，保障扶贫效果和推动慈善组织发展的角度来说，政府可以加大向慈善组织购买扶贫服务的力度。这样既能提高财政资金的使用效率，促进慈善组织自身能力的发展，还能保障扶贫瞄准机制的精确性和扶贫效果的实现，实现精准识别、精准帮扶、精准管理。

在政府购买慈善组织扶贫服务的过程中，一方面要明确界定政府向慈善组织购买公共服务的范围，各级政府应制定政府向社会购买公共服务的目录，将适合由慈善组织承担的扶贫项目，交由慈善组织承担，用相关部门年度财政预算经费作为资金保障；另一方面要健全向慈善组织购买公共服务的筛选和评估机制，加强对慈善组织提供扶贫项目的监督和管理，完善绩效评估机制，保障扶贫资金使用的透明度。

（二）慈善组织：提升自身参与扶贫的能力与社会信任力

"打铁还需自身硬。"慈善组织参与精准扶贫的深度与效果如何，最终取决于慈善组织自身在扶贫领域的能力和专业程度，以及自身管理的效率。因此，慈善组织要更多地参与精准扶贫，取得政府和社会的信任，就需要规范自身行为，提高自身参与精准扶贫的能力。

1. 提升自身参与精准扶贫的能力

能力是一个综合性概念，包括决策能力、资源动员与管理能力、项目执行能力、互动与合作能力等。对于慈善组织参与精准扶贫而言，要加强以下几个方面的能力建设。一是加强扶贫项目决策能力。在资源有限的情况下，每一个慈善组织拟帮扶哪类贫困群体，通过什么方式帮扶，要达到什么效果，都需要一个科学的决策过程。而科学的扶贫决策是建立在深入调研的基础上，慈善组织需要对贫困对象进行较为深入的了解，才能更精准地判断他们需要什么、如何帮扶等。二是加强资源动员与管理能力。慈善组织要持续稳定地对某类贫困群体进行帮扶，需要有稳定的资金来源、高效的人力资源队伍和有效的管理机制。因此，就需要慈善组织提高资源募集能力、人力资源管理能力和管理机制能力。三是提高项目执行能力。科学的项目决策是前提，而慈善组织的扶贫效果能否得到政府和社会的认可，关键要提高扶贫项目的执行能力。这就需要强化项目执行过程中的人力资源管理，提高专职工作人员的专业化水平，推动项目规范化管理，严格项目过程监管，硬化量化考核指标，实施有效的内部奖惩机制。四是加强与政府、社会的互动与合作能力。慈善组织所需要的资金主要来自企业和个人捐款，而所需要的贫困对象信息大部分掌握在政府部门，这就需要提高慈善组织与政府、社会的合作与互动的频率和质量。慈善组织只有让政府与社会更多地了解自身的运作过程与实际效果，才能获取他们更多的支持与信任，只有有效利用政府信息、社会资金与志愿者资源，才能更有利于慈善组织自身公益慈善事业的顺利推进。

2. 提高自身公信力水平

慈善组织不同于政府，也不同于企业，政府依靠权力而存在，企业依靠盈利而存在，而慈善组织则依靠其崇高的使命和公信力而存在[①]。可以说，公信

---

① 汪大海、刘金发：《慈善组织参与扶贫领域社会管理创新的价值与对策》，《中国民政》2012年第12期，第25~29页。

力是慈善组织的生命线，是慈善组织能否取得社会认可和信任的根本，也是其能否向社会筹集到资金，维持其生存和发展的重要保障。由于中国慈善组织发展时间短、数量少、规模小，慈善组织公信力的建设任重道远。首先，要保证自身活动的合法性。遵法、守法是任何一个社会组织活动的前提。慈善组织要遵守《慈善法》和相关法律法规，依法筹集慈善资金，依法开展慈善活动，依法向政府有关部门报告应报告的事项。其次，规范财务管理，提高财务公开透明度。慈善组织是依靠社会捐赠和支持而开展活动的公益组织，需要对捐款人和受款人等利益相关人负责。这就需要遵循社会组织会计制度，规范财务收支行为，及时向社会提供财务报告，公开财务收支信息，提高财政透明度。再次，瞄定项目目标，提高项目执行效果。《慈善法》规定：面向社会开展慈善活动是慈善组织作为非营利性组织的根本宗旨。因此，慈善组织开展所有公益慈善活动的目的应与慈善组织的宗旨相一致，每一个慈善扶贫项目的目标都是为了扶贫济困。最后，提高与利益相关者互动和沟通的水平。慈善组织的公信力水平是由利益相关者的信任程度决定的。慈善组织要善于利用各种沟通渠道和互动形式，与政府、捐赠方、帮扶对象和社会公众进行及时、充分的交流、沟通和互动，通过自身的诚信建设和公益活动的实际效果，取得利益相关者的信任，从而提高自身在社会上的公信力水平。

3. 加快组织内部治理结构改革

《慈善法》规定："慈善组织应当根据法律法规以及章程的规定，建立健全内部治理结构，明确决策、执行、监督等方面的职责权限，开展慈善活动。"慈善组织的内部治理结构是由权力机构、执行机构、监督机构组成的有机整体。一是规范权力机构。慈善组织最高权力机构是会员代表大会，要打破目前会员代表大会和理事会形同虚设的局面，规范会员代表大会和理事会权力行使的形式。二是完善执行机构。慈善组织的执行机构由组织的决策机构决定，并以章程载明，主要任务是负责执行决策机构的决议，向决策机构提出工作建议、报告组织工作，管理内设机构和专职工作人员，决定具体工作业务等。这就需要提高执行机构的执行力，引进专业性的人员进入执行机构。三是建立健全财政公开制度。2017年12月14日，民政部颁布了《慈善组织信息公开办法（征求意见稿）》，其中财务公开是最主要的内容。慈善组织作为运用捐赠人资金行使公益慈善事业的非营利性组织，更应该建立健全财务公开制度，做到对捐赠人与资助人负责，以赢得捐赠人和社会的支持与信任。四是加强监督和评估机制建设。目前政府部门对慈善组织的监督评估较为缺乏，但慈善组织作为一个公益性社会组织，要加强对本组织扶贫济困活动的监督和结果评估，并及时向社会公开。这既是慈善组织维持其公益和落实组织宗旨的重要举措，也是通过内部治理结构改革促进组织自身发展成熟的重要途径。

4. 探索与政府相关部门之间的常规化合作治理机制

在中国，政府作为扶贫活动的主体已有30多年的专业扶贫历程，政府部门掌握了大量的扶贫资源和贫困对象信息，特别是精准扶贫后对贫困对象进行了较为健全的建档立卡管理，很多地方的扶贫办相继建立扶贫大数据信息，贫困户的致贫原因、家庭结构、年龄分布、政府帮扶人、帮扶措施等基本信息都在扶贫大数据库里，因此政府在扶贫领域的主导地位在短时期内很难改变。慈善组织作为扶贫的重要补充，要想更加有效参与到扶贫过程中来，还需要与政府部门进行协同合作，不仅能够节约扶贫对象信息的获取成本，也可在扶贫过程中汲取政府扶贫经验，进行扶贫模式创新。一是在扶贫对象识别时主动利用政府信息平台。目前，慈善组织扶贫济困对象的信息由两个部门掌握，一个是民政部门的福利科，掌握当地老年人、孤儿、残疾人等特殊困难群体的信息；另一个是各地扶贫办，掌握2014年后建档立卡的贫困户信息。慈善组织在对帮扶对象进行识别时，应加强与这两个部门的联系，一方面可以节约扶贫对象的识别成本，另一方面也可以避免重复帮扶现象的出现，做到更加精准的扶贫。二是在扶贫过程中主动与政府相关部门沟通。慈善组织要树立与政府之间协同治理扶贫的理念。慈善组织与政府在扶贫领域的努力都是为了更好地帮扶贫困群体，缩小地区、城乡与群体之间的贫富差距，提高贫困群体的安全感、幸福感和获得感。因此，在扶贫过程中遇到的新问题、创新的新模式、发现的新经验，应及时与政府相关部门沟通交流，这一方面能够取得政府的信任与支持，另一方面也可以通过政府宣传慈善活动，提高扶贫工作的效率。三是主动与政府分享扶贫统计信息。《国务院扶贫开发领导小组关于广泛引导和动员社会组织参与脱贫攻坚的通知》（国开发〔2017〕12号）把社会组织定位为："社会组织是我国社会主义现代化建设的重要力量，是联系爱心企业、爱心人士等社会帮扶资源与农村贫困人口的重要纽带，是动员组织社会力量参与脱贫攻坚的重要载体，是构建专项扶贫、行业扶贫、社会扶贫'三位一体'大扶贫格局的重要组成部分。"因此，把社会组织扶贫信息纳入整个社会扶贫信息范围内已是大势所趋，社会组织可以掌握主动权，主动把扶贫信息与政府相关部门进行汇报和分享，既能及时掌握政府的扶贫信息，也有利于组织自身在扶贫领域更为深入和全面地参与。

参考文献

国务院新闻办公室网站：《中国的减贫行动与人权进步》白皮书（全文），http：//www.scio.gov.cn/zxbd/tt/zdgz/Document/1494216/1494216.htm，最后访问日期：2017年11月20日。

河南省人民政府办公厅：《关于印发河南省"十三五"脱贫攻坚规划的通知》，http：//www.hnkfb.gov.cn/E_Type.asp?E_typeid=7，最后访问日期：2017年10月10日。

河南省扶贫基金会官方网站，http：//www.hnsfpjjh.org/article/9-2，最后访问日期：2017年10月11日。

国务院新闻办公室：《中国的农村扶贫开发》，http：//www.scio.gov.cn/zfbps/ndhf/2001/Document/307929/307929.htm，最后访问日期：2017年10月15日。

杰弗里·萨克斯：《贫困的终结——我们时代的经济的可能》，邹光译，上海人民出版社，2007。

左常升：《国际减贫理论与前沿问题（2014）》，中国农业出版社，2014年。

中共中央、国务院：《中国农村扶贫开发纲要（2011~2020年）》，人民出版社，2011。

国务院：《关于促进慈善事业健康发展的指导意见》，人民出版社，2014。

北京师范大学中国慈善事业研究中心：《中国慈善发展指数报告（2001~2011）》，北京师范大学出版社，2012。

北京师范大学中国公益研究院：《中国公益事业年度发展报告——走向现代慈善》，北京师范大学出版社，2012。

贾西津：《第三次改革——中国非营利部门战略研究》，清华大学出版社，2005。

王名：《社会组织论纲》，社会科学文献出版社，2013。

洪大用、康晓光等：《NGO扶贫行为研究调查报告》，中国经济出版社，2001。

任福耀、王洪瑞：《中国反贫困理论与实践》，人民出版社，2003。

王国良：《中国扶贫政策——趋势与挑战》，社会科学文献出版社，2005。

许源源、邹丽：《非政府组织农村扶贫：制度优势与运行逻辑》，《经济与管理研究》2009年第1期。

洪大用:《中国民间组织扶贫合作的初步研究》,《江海学刊》2002 年第 2 期。

匡远配、汪三贵:《中国民间组织参与扶贫开发比较优势及发展方向》,《岭南学刊》2010 年第 3 期。

孔祥利、邓国胜:《公益慈善组织参与扶贫:制度困境与发展建议——基于广东省的实证研究》,《新视野》2013 年第 1 期。

覃志敏:《民间组织参与我国贫困治理的角色及行动策略》,《中国农业大学学报》(社会科学版) 2016 年第 5 期。

陈元:《农村扶贫中非政府组织 (NGO) 的参与》,《农业经济》2007 年第 6 期。

汪大海、刘金发:《慈善组织参与扶贫领域社会管理创新的价值与对策》,《中国民政》2012 年第 12 期。

王名:《非政府组织及其在扶贫开发中的作用》,《清华大学学报》(哲学社会学版) 2001 年第 1 期。

王名、李健:《社会管理创新与公民社会培育:社会建设的路径与现实选择》,《当代世界与社会主义》2013 年第 1 期。

王名、刘求实:《中国非政府组织发展的制度分析》,《中国非营利评论》2007 年第 1 期。

汪三贵、郭子豪:《论中国的精准扶贫》,《贵州社会科学》2015 年第 5 期。

韩广富、王丽君:《当代中国农村扶贫开发的历史经验》,《东北师大学报》(哲学社会科学版) 2006 年第 1 期。

韩广富、何玲:《中国政府同国际社会在扶贫开发领域交流与合作问题探析》,《当代中国史研究》2015 年第 5 期。

唐克:《国内慈善组织公信力考察》,《安徽农学通报》2008 年第 22 期。

曲天军:《非政府组织对中国扶贫成果的贡献分析及其发展建议》,《农业经济问题》2002 年第 9 期。

龚娜:《提高财政扶贫资金效益的探讨》,《理论与当代》2006 年第 8 期。

陆汉文、杨永伟:《非对称竞争:地方政府与官办非政府组织的互动困境》,《甘肃社会科学》2016 年第 2 期。

黄承伟:《论发展扶贫开发领域国际交流与合作的作用及对策》,《学术论坛》2005 年第 1 期。

邓国胜:《中国草根 NGO 发展的现状与障碍》,《社会观察》2010 年第 5 期。

王名、朱晓红:《社会企业论纲》,《中国非营利评论》2010 年第 2 期。

郑功成:《中国的贫困问题与 NGO 扶贫的发展》,《软科学》2002 年第 7 期。

张高陵:《社会组织在社会扶贫中的作用》,《社团管理研究》2011 年第 1 期。

张高陵:《社会组织参与社会管理和公共服务亟待破题》,《中国政府采购》2011 年第 4 期。

蔡科云:《政府与社会组织合作扶贫的权力模式与推进方式》,《中国行政管理》

2014年第9期。

黄春蕾、呼延钦：《非政府组织的扶贫机制及其政策启示》，《经济与管理研究》2009年第10期。

李涛：《中印非政府组织（NGOs）及其在扶贫开发中的作用研究》，《亚太经济》2007年第1期。

许源源、邹丽：《非政府组织农村扶贫：制度优势与运行逻辑》，《经济与管理研究》2009年第1期。

杜旻：《扶贫项目中的管理问题对实施效果的影响——对宁夏径源项目的调查》，《开发研究》2006年第6期。

曲天军：《非政府组织对中国扶贫成果的贡献分析及其发展建议》，《农业经济问题》2002年第9期。

陈东利：《论中国慈善组织的公信力危机与路径选择》，《河北师范大学学报》（哲学社会科学版）2012年第1期。

陈为雷：《从关系研究到行动策略研究——近年来我国非营利组织研究述评》，《社会学研究》2013年第1期。

韩俊魁：《透过政府与非营利组织共治而减贫：大扶贫视野下云南多案例比较研究》，《经济社会体制比较》2016年第2期。

李迎生：《慈善公益事业的公信力建设论析》，《中共中央党校学报》2015年第6期。

石国亮：《慈善组织公信力重塑过程中第三方评估机制研究》，《中国行政管理》2012年第9期。

热点八

社会企业参与精准扶贫研究

李 健[*]

摘　要：随着社会企业在全球范围的崛起，社会企业在解决社会问题及贫困人口减贫方面的作用日益凸显，已成为反贫困的重要力量之一。近年来，国内外业界和学术界一致致力于探索综合运用社会与市场在扶贫领域有效结合的途径，社会企业的兴起恰逢其时。然而，与政府、企业和社会组织参与扶贫的研究相比，社会企业参与扶贫的相关研究仍显不足，尤其是参与精准扶贫的研究在国内尚属空白。行动者的目光更多聚焦在政府层面，社会企业在我国扶贫攻坚中的作用被长期忽视了，导致精准扶贫出现许多无法回应的问题。在精准扶贫战略背景下，如何发挥社会企业的作用，实现"真扶贫"和"扶真贫"的目标，成为业界和学界亟待解决的关键问题。本文首先以涓滴理论和瞄准理论为支撑，总结出社会企业参与精准扶贫的特点与优势，并围绕精准扶贫的四个基本环节探讨了社会企业参与精准扶贫的机制；其次，梳理我国社会企业兴起的历程及参与扶贫的现状，阐述了社会企业参与精准扶贫面临的问题；再次，运用 Alter 的社会企业商业模式框架，分析了社会企业参与精准扶贫的基本模式，并辅之以案例说明；最后，结合菲律宾通过社会企业减贫的相关法案，运用利益相关者模型，提出我国支持社会企业参与精准扶贫的相关政策建议。

关键词：社会企业　精准扶贫　涓滴理论　瞄准机制

---

[*] 李健，中央民族大学管理学院副教授。课题组成员：杨芸、刘琪、王天骄、林芳彬、杨翠莹、奉依霖、黄文婷，中央民族大学管理学院学生。

一 绪论

（一）研究背景

贫困是世界范围内普遍存在的社会经济现象，同时也是世界各国发展所面临的严峻问题。据估计，全球人口的1/5，大概有12亿人口每日生活成本低于1美元。长期以来，中国共产党和政府始终将消除贫困、改善民生作为国家发展的重要目标和任务。自20世纪80年代开始，中共中央、国务院相继颁布《关于尽快改变贫困地区面貌的通知》《国家八七扶贫攻坚计划（1994~2000年）》《中国农村扶贫开发纲要（2001~2010年）》《中国农村扶贫开发纲要（2011~2020年）》等多份政策文件。在上述政策的指导下，我国的扶贫事业取得了巨大成就：贫困人口从1978年的2.5亿下降到2016年的5500多万[1]。农村贫困人口减少7.15亿，贫困人口年均减少2647万人，贫困发生率下降91.8个百分点[2]。总体上来看，扶贫事业在我国贫困问题较为严重的农村地区已经取得了"决定性"进展。根据国际经验，当贫困人口所占比例下降到10%以内，扶贫就进入了攻坚阶段，需要从宏观层面转换到微观层面[3]。目前我国的贫困人口已经不到3%，扶贫任务还剩下"最后一公里"，我国已经正式进入全面建设小康社会奋斗目标的决战时期。

纵观我国以往的扶贫政策，主要是在区域化扶贫战略的指导下进行的。但随着当前我国贫困现状已发生根本性转变——由过去的区域化贫困转变为个体性贫困，中国的贫困人口更是以"插花式"状态分布在广大农村地区，区域化脱贫政策的边际效益已趋近于零[4]。在这一情况下，由粗放式扶贫向精准式

---

[1] 数据来源：国家统计局，http://www.stats.gov.cn/，数据截至2015年12月30日。
[2] 搜狐网：《我国农村贫困现状：2015年贫困发生率为5.7%》，http://www.sohu.com/a/116442990_350221，最后访问日期：2016年10月18日。
[3] 陈元：《农村扶贫中非政府组织（NGO）的参与》，《农业经济》2007年第6期，第3~5页。
[4] 徐月宾、刘凤芹、张秀兰：《中国农村反贫困政策的反思——从社会救助向社会保护转变》，《中国社会科学》2007年第3期，第40~53页。

扶贫的转变成为必然选择。为此,2013年11月,习近平总书记在湖南湘西考察时首次创造性地提出了"扶贫要实事求是,因地制宜。要精准扶贫,切忌喊口号,也不要定好高骛远的目标"的重要指示。随之,中共中央办公厅印发《关于创新机制扎实推进农村扶贫开发工作的意见的通知》(中办发〔2013〕25号),国务院出台《建立精准扶贫工作机制实施方案》(国办发〔2014〕30号),对精准扶贫工作模式的制度安排、总体布局和工作机制等方面做了详尽规划。习近平总书记在2015减贫与发展论坛上提出,注重抓六个精准,即扶持对象精准、项目安排精准、资金使用精准、措施到户精准、因村派人精准、脱贫成效精准,确保各项政策好处落到扶贫对象身上。坚持分类施策,因人因地施策,因贫困原因施策,因贫困类型施策,通过扶持生产和就业发展一批,通过易地搬迁安置一批,通过生态保护脱贫一批,通过教育扶贫脱贫一批,通过低保政策兜底一批。精准扶贫是指针对不同贫困区域环境、不同贫困农户状况,对症下药、靶向治疗,运用科学有效的程序对扶贫对象实施精准识别、精准帮扶、精准管理和精准考核的治贫方式。精准扶贫能够将资源精准地投放到贫困地区、贫困群体中,它改变了以往漫灌式、输血式的扶贫方式,更加注重贫困个体的精确瞄准。精准扶贫是从国家战略层面对扶贫工作的重要战略部署和制度安排,它不仅很好地回应了我国当前贫困地区、人口的分布特点,而且能够弥补过往扶贫政策效率不断下降的缺陷,继而成为我国脱贫攻坚阶段取得胜利的重要保证。

长期以来,我国扶贫工作从顶层设计到扶贫实践,一直是以一种政府自上而下的主导方式呈现的。尽管政府主导式的扶贫工作已取得重大进展,但也存在诸如扶贫效率低、官僚作风、协调能力不足和针对性不强等问题。此外,许多扶贫项目滋长了贫困人口的依赖性,救助性资金的投入也给国家财政带来巨大压力。

在这一制度路径依赖的影响下,精准扶贫政策在落地实施过程中出现了诸多问题。首先,我国确定贫困人口数量是以国家统计局所公布的农民人均纯收入作为划分的依据,自上而下进行分解,从而推算出全国及各层级贫困人口的数量,因此所确定的扶贫对象有很大误差,影响扶贫的精准度[1],大量贫困人

---

[1] 莫元圆:《我国精准扶贫所面临挑战及对策研究》,《市场研究》2016年第1期,第28~29页。

口被排斥在精准识别之外①。其次，由于政府单方主导色彩过于浓厚，在精准帮扶政策的实施和绩效考核上，受贫困数据缺失以及扶贫资金考核机制、扶贫绩效考核机制等多种考核机制并存的影响，缺乏差异性与灵活性，无法真正实现因户制宜②。再次，政府科层的管理模式导致精准扶贫在实际工作中的精准帮扶往往流于形式化，缺乏有效的帮扶手段，依然产生了扶贫资源的浪费问题。最后，虽然精准扶贫的实施能够在一定程度上缓解扶贫资源的"精英俘获"现象，但由于非贫困户"利益均沾"的思想，新时期扶贫资源的俘获现象已转变为"大众俘获"，不利于贫困户的生活改善③。为确保2020年所有贫困地区和贫困人口一道迈入全面小康社会的目标顺利实现，精准扶贫在实施过程中迫切地需要引入新主体、新机制和新方法。

2014年《国务院办公厅关于进一步动员社会各方面力量参与扶贫开发的意见》（国办发〔2014〕58号）强调："要形成政府、市场、社会协同推进的大扶贫格局，支持社会团体、基金会、民办非企业单位等各类组织积极从事扶贫开发事业。"该意见从宏观层面肯定了政府、市场、社会多元主体合作的扶贫方式。其中，企业作为应对贫困的有效方式一直备受推崇，但其追逐自身利益最大化的本质，加上缺少相应的监管，导致了企业扶贫中的"负向涓滴"现象普遍。社会组织也被广泛认为有助于解决诸如贫困等社会问题。2017年国务院扶贫开发领导小组《关于广泛引导和动员社会组织参与扶贫攻坚的通知》（国开发〔2017〕12号）指出："参与脱贫攻坚是社会组织的重要责任。"尽管社会组织参与扶贫的尝试在许多发展中国家取得了成功，但是社会问题的严重性和复杂性意味着他们需要一个更全面的解决方案来调动更多的资源。随着政府、企业、社会组织这些单一主体在扶贫过程中均遭遇了责能困境，如何

---

① 邓维杰：《精准扶贫的难点、对策与路径选择》，《农村经济》2014年第6期，第78~81页。
② 葛志军、邢成举：《精准扶贫：内涵、实践困境及其原因阐释——基于宁夏银川两个村庄的调查》，《贵州社会科学》2015年第5期，第157~163页。
③ 杨浩、汪三贵：《"大众俘获"视角下贫困地区脱贫帮扶精准度研究》，《农村经济》2016年第7期，第79~83页。

建立大扶贫的工作格局是国家贫困治理体系成熟与完善的重要标志①。

在全球对抗贫困的过程中，近年来最激动的发展莫过于一种创新型组织的出现——社会企业。社会企业是以商业观念，运用企业运营方式向弱势群体提供就业机会的新兴组织。在很多国家，社会企业都被认为是一个新生事物，其在解决贫困问题方面却又是长期存在的。社会企业汲取了商业企业与非营利组织的双重优势，通过促进经济增长与就业援助等举措，在减贫、缓贫与脱贫方面发挥了重要作用②。相对于传统扶贫主体，社会企业通过提供给穷人有益的商品和服务，创造出可持续的社会影响并改进生活机会和质量，提供了一种系统和整合性的贫困解决方案。更为重要的是，社会企业可以同商业企业一样，借助风险投资实现规模化扩张，并同时获得财务和社会回报。正因为如此，大量西方国家政府发起的政策和方案中都鼓励将社会企业作为一种解决贫困和边缘化问题的创新方式。近年来，社会企业在我国发展渐成潮流，数量和规模不断壮大，已经广泛涉及经济各个领域，在合作社、小规模农业、公平贸易和再生资源等领域也已取得了值得总结的经验，并涌现出一批成功案例。成丽英总结了北京富平职业技能培训学校和富平家政服务中心在就业与扶贫方面的创新探索③；王蔚发现乐创益等公平贸易型社会企业在帮扶都江堰妇女就业方面的积极作用④；曹慧敏以中和农信为例说明小额贷款型社会企业在实现"可持续"的脱贫致富的作用效果⑤。这些研究成果对于我们形成社会企业有益于扶贫的认知提供了宝贵的经验证据，然而，目前国内研究鲜有涉及社会企业参与精准扶贫的相关内容。社会企业能否有效解决当前我国精准扶贫战略实施过程中遇到的种种问题？相比其他社会主体而言，社会企业有哪些优势？社会企业参与精准扶贫的模式和机制有哪些？对于上述问题始终缺少系统的研究。而对于这些问题的回答，不仅有助于正确认识和评价社会企业在我国发展的积极作用，而且对我国扶贫战略目标的顺利实现也具有重要的现实意义。

---

① 向德平、黄承伟：《中国反贫困发展报告（2015）——市场主体参与扶贫专题》，华中科技大学出版社，2015。
② 王萌萌：《社会企业参与扶贫的现实价值、实践困境与路径优化》，《兵团党校学报》2016年第3期，第56~59页。
③ 成丽英：《"富平模式"——就业与扶贫的创新探索》，《调研世界》2003年第10期。
④ 王蔚：《"公平贸易"：扶贫新概念》，《文汇报》2017年9月19日，第1版。
⑤ 曹慧敏：《"小额贷"式扶贫》，《中国投资》2014年4月9日。

（二）文献综述

尽管对贫困率、贫困经济学以及贫困的社会学结构已有不少研究，但是对如何利用社会企业减少贫困很少有学者研究。在社会企业扶贫方面，已有研究主要围绕社会企业扶贫作用、社会企业扶贫模式以及社会企业扶贫机理等方面展开。

1. 社会企业扶贫作用

很多学者都意识到社会企业在实现千禧年发展目标，特别是减少贫穷国家的贫困、疾病和死亡以及提高人的能力和人类生活质量方面的作用[1]。因为贫困问题与社会企业的目标相契合，可以通过创造可持续的方法来解决社会问题。基于减贫需要资源（尤其是金钱）的假设，最能做到以贫困为焦点的方法，将是有效的、可持续的和可扩展的。因此，适合社会企业的减贫方法大概会更有效、更稳定，收入也会更丰厚[2]。社会企业可以通过鼓励创新和创造、提供雇佣机会、提高对社会问题的意识、帮助个体帮助自己、带来长期的财富创造等方式帮助减少贫困。联合国发展计划署（UNDP）在《社会企业：减贫和创造就业的新模式》报告中指出，社会企业可以通过以下几种方式发挥扶贫作用：在其主营业务领域雇佣或训练大量的穷人而不是仅仅作为廉价劳动力使用；以可负担的价格为穷人生产/提供必要的产品或服务；以合理的利率为穷人提供信用（不超过银行为授信客户提供利率的2倍），并不涉及任何不公正或不道德的借贷行为；为穷人提供技术、材料或财务援助帮助他们参与到家庭商业作坊中，并从活动中生产产品返回给投资者[3]。Goldsmith 认为社会企业可以通过赚取收入起到扶贫作用，具体包括小额信贷、扶贫营销、公平供应链、适用技术、社会风险投资[4]。Seelosa 和 Mair 通过一

---

[1] Seelos, C., Mair, J., "Social Entrepreneurship: Creating New Business Models to Serve the Poor", *Business Horizons* 3 (2005): 241–246.
[2] Simpson, J. P., *Addressing Poverty Through Social Enterprise* (Ph. D. diss., Texas Christian University, 2013).
[3] UNDP, "Social Enterprise: A New Model For Poverty Reduction and Employment Generation", *Bratislava*, 2008.
[4] Goldsmith, A. A., "Profits and Alms: Cross-Sector Partnerships for Global Poverty Reduction", *Public Administration and Development* 31 (2011): 15–24.

个世界健康研究所、塞克姆食品和格莱珉银行三个社会企业案例,说明社会企业在扶贫领域创造出可持续的商业模式,同时还可以激励传统企业承担更多的社会责任[1]。Mair 和 Marti 总结了社会企业 BRAC 在孟加拉国减贫及赋权穷人的经验[2]。Quarter 等认为 Goodwill 工厂———家 1902 年在波士顿成立的非营利组织——即为关注减贫的工作整合型社会企业原型[3]。Heeks 和 Arun 分析了印度喀拉拉邦向女性社会企业信息技术外包的影响。通过对 133 位女性的访谈和案例研究,发现女性在财务、个体、身体、社会和政治资本五个方面都得到了改善,女性报告了收入的增加、技能的发展、社会和商业网络的改善,自信心和更高的家庭接纳[4]。Diochon 通过对加拿大第一国家社区的案例分析,发现社会企业在解决社区层面的贫困问题时具有更高的效率[5]。Mariam 分析了小额贷款机构 Oikocredit 投资加纳 KuapaKokoo 合作社的案例,认为社会企业能够使非洲和其他发展中国家通过长期的投资,创造经济效益与社会财富,并且提供给当地居民实质上的帮助[6]。Simpson 的研究表明,社会企业能够在改善低收入人群的生活、帮助他们从极度贫困到自给自足方面发挥重要作用。许多学者发现了社会企业对于实现千年发展目标(MDG),特别是减少贫困、疾病和死亡以及提高生命质量和贫困国家的人群能力等方面的重要作用[7]。Aina 和 Amnes 强调了社会企业在促进尼日利亚扶贫中的作用,并建议尼日利亚政府实施更有效的资助社会企业增长的政策,以产生雇佣机会促进经济增长,赋权穷

---

[1] Seelos, C., Mair, J., "Profitable Business Models and Market Creation in the Context of Deep Poverty: A Strategic View", *Academy of Management Perspectives* 4 (2007): 49–63.
[2] Mair, J., Marti, I., "Entrepreneurship in and around Institutional Voids: A Case Study from Bangladesh", *Journal of Business Venturing* 24 (5) (2009): 419–435.
[3] Quarter, J., Mook, L., Armstrong, A., *Understanding the Social Economy: A Canadian Perspective* (Toronto: University of Toronto Press, 2009).
[4] Heeks, R. Arun, S., "Social Outsourcing as A Development Tool: The Impact of Outsourcing IT Services to Women's Social Enterprises in Kerala", *Journal of International Development* 4 (2010): 441–454.
[5] Diochon, M., "Social Entrepreneurship and Effectiveness in Poverty Alleviation: A Case Study of a Canadian First Nations Community", *Journal of Social Entrepreneurship* 3 (2013): 302–330.
[6] Mariam, D. G., *Social Enterprise for Development: A New Tool for Global Poverty Reduction*, http://www.oikocredit.ca/, 最后访问日期: 2014 年 7 月 8 日.
[7] Seelos, C., Ganly, K., Mair, J., "Social Entrepreneurs Directly Contribute to Global Development Goals", In J. Mair, J. Robinson and K. Hockerts (eds.), *Social Entrepreneurship*, (Hampshire and New York: Palgrave Macmillan, 2006).

人和被剥夺者[①]。Sodhi 和 Tang 认为社会企业在扶贫过程中扮演了穷人供应链的重要角色，他们使穷人获得了更便利的金融信用、更便利的市场信息、更便利的市场进入和更便利的原材料供应以及通过良好的健康和设备带来的高生产率[②]。汪伟楠以格莱珉银行与友成普融公司在扶贫领域的社会创新探析为案例，发现社会企业在贫困地区的扶贫开发工作中发挥特有的包容性发展与可持续发展的优势，具备"造血"扶贫的内在潜力，是社会贫困治理实践中重要的社会力量之一[③]。Fotheringham 总结了社会企业通过发展社区经济帮扶加拿大低收入妇女对抗贫困的重要作用[④]。

2. 社会企业扶贫模式

Dacannay 总结出在发展中国家，包括菲律宾、泰国、印度尼西亚等，社会企业主要通过四种模式帮扶穷人或边缘人群：提供给穷人市场通路的中介策略、技术和金融服务，使穷人能够从拥有和控制社会企业中获得最大化收益的赋权策略，帮助弱势群体就业或接入基本社会服务的社会整合策略，以及非营利组织利用市场化手段赚取收入的资源流动策略[⑤]。赵晶和关鑫将面向低收入群体的商业模式分为三种：市场开发型 BOP 战略（Market-develop BOP Strategy，MDBOPS）、资源开发型 BOP 战略（Resource-develop BOP Strategy，RDBOPS）和市场—资源开发型 BOP 战略（Market & Resource-develop BOP Strategy，MRDBOPS）[⑥]。Kamath 等通过关于金字塔底端人群的收入创造进而发展了普拉哈拉德关于金字塔底端的基础研究。通过文献梳理，他们发展出一系

[①] Aina, Olayinka Chris Mnitp, RTP, Amnes, "The Role of SMEs in Poverty Alleviation in Nigeria", *Journal of Land Use and Development Studies* 3 (2007): 124 – 131.

[②] Sodhi, M. S., "Tang C. S. Social Enterprises as Supply-Chain Enablers for the Poor", *Socio-Economic Planning Sciences* 4 (2011): 1 – 8.

[③] 汪伟楠:《社会企业与扶贫领域的社会创新探析——以格莱珉银行与友成普融公司为例》，《新西部》2013 年第 29 期，第 168 ~ 170 页。

[④] Fotheringham, S., *Social Enterprise for Low-income Women: A Valuable Component of Anti-poverty Work in Canada* (Ph. D. diss., University of Calgary, 2016).

[⑤] Dacanay, M. L. M. (ed.), *Creating A Space in the Market: Social Enterprise Stories in Asia*, Makati City: Asian Institute of Management and Conference of Asian Foundations and Organizations, 2004; Dacanay, M. L. M, "Social Entrepreneurship: An Asian Perspective", in Robinson et al. (eds.), *International Perspectives on Social Entrepreneurship* (Palgrave Macmillan, 2009).

[⑥] 赵晶、关鑫、全允桓:《面向低收入群体的商业模式创新》，《中国工业经济》2007 年第 10 期，第 5 ~ 12 页。

列社会企业模式在创造商业生态和成功的 BOP 商业企业，建立起健康、机会、和平、教育、基础设施和微型金融（HOPEIM）的整个生态发展系统①。这一系统发展出七种 BOP 社会企业的原型模式，适合 BOP 价值创造：营利型 BOP 社会企业模式、BOP 合作社生计创造企业模式、BOP 网络社会企业模式、外部伙伴引领 BOP 社会企业模式、BOP 价值链创造模式、BOP 认证社会企业模式和 NGO 捐赠模式（见表1）。

表1　社会企业扶贫的商业模式

模式	提供	受益人	活动	案例
营利型 BOP 社会企业模式	以独特的成本或分化的利益生产产品或服务	大众受益人 利基受益人 细分受益人 分化受益人	生产 加工 包装和递送	Grameen Veolia Water Project Novella
BOP 合作社生计创造企业模式	通过交易杠杆为合作社成员创造共同生计	产品细分 服务细分	生产 加工 营销	Amul（India） KuapaKokoo（Ghana） UCCOCOA（Cameroon）
BOP 网络社会企业模式	为分化的社区和地方提供网络递送产品和服务	聚焦或拓宽本地细分 自助团体	提供初始资金 分享经验 联合协作	NNPC（印度） Heifer International（Canada）
外部伙伴引领 BOP 社会企业模式	为本地生计创造提供外部伙伴专家和资源	农村人口 城市人口 利基人口	伙伴形成 价值链管理 政府关系	Grameen Danone HUL Project Shakti
BOP 价值链创造模式	通过在 BOP，为 BOP 或 TOP 人群之间创造可持续的供应链	主要在城市或城市周边市场	生产 加工 供应链活动 分销	Reliance Fresh（印度） ITC e-Choupal（印度）

---

① Shyam J. Kamath, Yung-Jae Lee, Xiaotian Tina Zhang, "Social Enterprise Models: Creating the Fortune at the Base of the Pyramid", *International Journal of Social Entrepreneurship and Innovation* 3（2013）：269-292.

续表

模式	提供	受益人	活动	案例
BOP认证社会企业模式	通过认证过程实现价值创造	城市和城市周边市场 特别市场（有机产品市场）	质量控制和保证 质量评估 认证	Rwandan Coffee Starbucks Guarantia da Sabor (Brazil)
NGO捐赠模式	捐赠资金为BOP群体提供产品或服务	贫困社区	捐赠驱动 产品服务提供	Partners in Health Jaipur Foot

资料来源：Shyam J. Kamath, Yung-Jae Lee, Xiaotian Tina Zhang（2013）。

进一步地，他们通过伙伴关系和社会收益两个关键维度对BOP社会企业的原型模式进行了聚类和比较（见表2）。

表2 社会企业扶贫的商业模式比较

类别		伙伴关系	
		低	高
社会收益	低	NGO捐赠模式	BOP网络社会企业模式
	高	BOP合作社生计创造企业模式 BOP认证社会企业模式 营利型BOP社会企业模式	BOP价值链创造模式 外部伙伴引领BOP社会企业模式

资料来源：Shyam J. Kamath, Yung-Jae Lee, Xiaotian Tina Zhang（2013）。

我国学者郑瑞强、王芳总结出以传统企业运营发展的要素进行"社会性嵌入"分析为主线，初步形成四类社会企业反贫困模式：以社会企业家精神为基础，以经营利润的公益使用为核心特征的外挂型社会企业模式；以资本要素的流向改变为核心特征的投资型社会企业模式；以关注劳动力困境为典型诉求，以解决就业问题为核心特征的就业中心型社会企业模式；以循环经济和社区区位投资为导向，探索"新"资源或能源创新性开发和利用的资源中心型社会企业模式[1]。李健等从贫困成因出发，将社会企业扶贫模式划分为赋财模式、赋能模式、赋职模式和赋权模式，并对这四类模式进行了对比。他们认为社会企业这四类模式并不是相互排斥，而是相互补充和叠加的关系[2]。

3. 社会企业扶贫机理

Simpson 总结了社会企业自我可持续、推动力、稳定服务三种扶贫机理：其中，推动力是社会企业减贫最有效的方式。为此，他基于受访对象的访谈，构建了一个社会企业扶贫的推动力模型（见图1）。

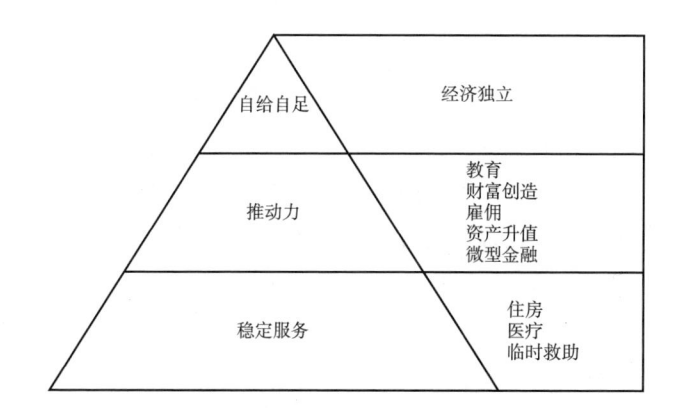

图 1　社会企业扶贫的推动力模型

资料来源：作者绘制。

根据这一模型，他提出了两个基本命题，一是稳定的服务和推动力量是实现自给自足、让个人摆脱贫困的必要条件。二是社会企业通过提供推动力能够最大限度地减少贫困。由于推动力模型并没有具体地解决许多贫困人口所经历的情感问题。例如，患有心理障碍或创伤性经历的人可能需要额外的帮助。在这种情况下，可能需要额外的稳定服务。他认为，社会企业作为一种推动力，

---

[1] 郑瑞强、王芳：《社会企业反贫困作用机制分析与发展策略探讨》，《经济体制改革》2013年第2期，第94~97页。

[2] 李健、张米安、顾拾金：《社会企业助力扶贫攻坚：机制设计与模式创新》，《中国行政管理》2017年第8期，第67~72页。

既是一个有意义的概念工具，又是一个强大的通信工具，因为它更简单地表明社会企业可以成为贫困与自给自足之间的桥梁。在一个重视机会平等和自力更生的国家里，社会企业传达了人们为自己的成功而工作的强大形象。由于在提供希望和服务的丰富故事中自然地融入他们的商业模式和运营方式，社会企业拥有了特殊的营销机会。推动力模型通过为社会企业运动提供一个更基本的信息来补充这些故事，一些企业可以建立这个信息。如果一个非营利企业展示"我们在做什么"，那么推动力模型就会显示"我们要去哪里"以及这个企业如何为减贫和社会改善这个更大的使命做出贡献。尽管推动力模型主要是以宽泛的概念方式展示减贫的必要步骤，但它的逻辑可以适用于广大公众或有兴趣的公民，以及虔诚的社会企业家。

我国学者兰小林等认为社会企业对贫困的减缓作用可以从直接作用机制与间接作用机制两方面进行分析。一方面，社会企业对减缓贫困的直接作用可通过捐赠、援助、产业发展、思想观念和政策减贫等路径实现。第一，社会企业以商业活动的形式筹集资金，为贫困地区捐赠物资，抑制贫困地区经济发展中物资缺乏瓶颈。第二，在社会企业发展过程中，对贫困地区的人力援助与技术援助能够弥补物资捐赠这一治标不治本的应急方案的缺陷。由于人力资本缺乏，技术水平落后，社会企业在贫困地区发展，往往需要向所在地区输送管理人才，并对雇佣的当地居民进行技能培训，能够以更有效率的方式解决当地社会问题。第三，社会企业家们在积极地参与扶贫的过程中改变着当地的生活方式、生产方式，同时还为政府制定方针政策提供指引和观念减贫的作用。另一方面，社会企业各种经营行为的正外部性能够起到减缓贫困的作用，主要通过就业、区域经济增长、纳税、环境建设等路径实现。第一，社会企业这一概念的诞生即奠定了其反贫困的潜在功能。社会企业在贫困地区发展，恰好能够既利用市场资源，又利用非市场资源以使低技术工人重返工作岗位，也就是将劣势群体重新整合进劳动力市场。第二，一地区居民整体上有稳定的工作，人均收入得到提高，这将使社区受益，使整个区域经济增长。社会企业在就业上的贡献最终能够推动区域经济的发展。第三，社会企业的发展将增加贫困地区政府税收，为政府公共服务支出、减缓贫困收入、转移性支付增加了税收来源，为减缓贫困提供保障。第四，社会企业将环保这一主题纳入其发展范围，有助于改善贫困地区脆弱的生态环境。因此，社会企业能够将经济效益、社会效益和环境效益有机统一①（见图2）。

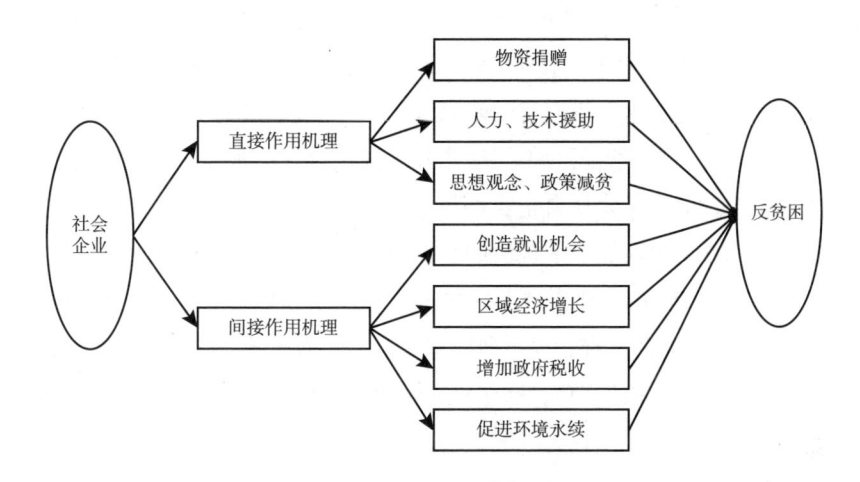

图 2　社会企业扶贫机理

资料来源：兰小林、刘人瑜、庄天慧：《贫困地区发展社会企业的路径研究》，《2012年中国社会学年会：社会企业与农村扶贫开发论文集》，银川，2012。

4. 文献评述

综上所述，社会企业在参与扶贫方面的巨大潜力已经被广泛认知和证实。但在具体研究议题方面依然存在很多可供探索的空间，具体体现在以下几个方面。

一是当前国外有关社会企业参与扶贫的研究相对集中，而国内有关社会企业扶贫的研究整体处于起步阶段，尚未引起理论界和实务界的充分重视。由于传统"社会企业"的框架是从发达经济体出现的，所以关注的"社会问题"并不是扶贫。但在发展中国家，贫穷和不平等是社会问题的根本所在。因此，发达经济体和发展中经济体中的"社会企业"可能会有不同的社会经济优先选择。而研究社会企业在发展中国家扶贫的规律和效果，对于发展中国家来说又有着特殊重要的意义。

---

① 兰小林、刘人瑜、庄天慧：《贫困地区发展社会企业的路径研究》，《2012年中国社会学年会：社会企业与农村扶贫开发论文集》，银川，2012。

二是现有研究主要以社会企业参与扶贫为分析对象，但精准扶贫是扶贫进入攻坚阶段的新型策略，其复杂性和挑战性都相对于以往的扶贫工作更为艰巨。而关于社会企业参与精准扶贫的研究，国内尚属空白。在当前全国上下开展精准扶贫的伟大实践中迫切需要分析社会企业的介入形式，并提供可操作的经验建议。

三是现有社会企业参与扶贫的研究普遍缺乏理论基础，更难以上升为一般性结论。事实上，扶贫实践的不同理论视角和扶贫主体都可以被社会企业很好地涵盖和整合，它不仅为社会企业参与精准扶贫提供了必要性支撑，更为社会企业参与扶贫的成功提供了系统性的解决方案。

四是现有研究识别出社会企业在扶贫中的作用和效果普遍是积极的，但这些研究缺少实证研究的支撑，少数研究基于个案的描述展开，更多是规范意义上的论述。但由于缺乏对比视角，这些研究仅能说明社会企业的积极作用，未能说明社会企业相对于政府、社会组织和企业更有效率。社会企业在扶贫中的作用究竟是互补还是替代？需要置于整体的社会治理视角中进行观察。

五是社会企业扶贫模式方面主要集中在 BOP 的商业模式创新，虽然 BOP 商业模式与社会企业有很大的重合性，但主要指的是为低收入群体服务的企业，显然社会企业还包括了非营利组织面向，无法被 BOP 组织所涵盖。在精准扶贫过程中需要总结出更为全面的社会企业参与模式。

六是社会企业扶贫机理方面现有研究缺乏一致性分析框架，不同研究的视角差异性较大，难以提炼和总结出"社会企业具体如何解决贫困问题的"？尤其是精准扶贫的四个环节，社会企业应该如何参与尚不清晰。

（三）理论基础

长期以来，在扶贫政策实践中存在两种取向：一种是涓滴理论（Trickle-down Theory）指导的产业扶贫和区域扶贫。该理论认为经济增长有助于解决贫困问题，即由优先发展起来的群体或地区通过消费、就业等方面惠及贫困阶层或地区，带动其发展和富裕，或政府财政津贴可经过大企业（富人）再陆续渗透到小企业和消费者（穷人）之手的扶贫方式[①]。这一理论认为经济增长

---

① Aghion, P., Bolton, P., "A theory of Trickle-down Growth and Development", *The Review of Economic Studies*, 64 (2) (1997): 151 – 172.

是减少贫困的有效方式，政府可以采取分配性政策加速涓滴过程，将扶贫补助金拨付给大企业（富人）再陆续向小企业和消费者（穷人）渗透。另一种是瞄准理论指导的精准扶贫。该理论认为应根据不同贫困区域环境、不同贫困农户状况，运用科学有效的程序对扶贫对象采取相应的帮扶策略。即通过制度设计的细化与合理化使扶贫开发由大水漫灌向精准化过渡，这一理论认为应将精细社会"精、准、细、严"的核心思想内化为扶贫开发的实践[①]。前者强调自由放任，反对政府参与，认为经济进步能够最终解决贫困问题。后者更加注重对贫困人口进行精细化、瞄准化的扶持，要求因地制宜、因时制宜、因人制宜可持续发展的扶贫。

1. 涓滴理论

涓滴理论源于"涓滴经济学"（Trickle Down Economics）。该术语起源于美国幽默作家威尔·罗杰斯（Will Rogers），在经济大萧条时，他曾说："把钱都给上层富人，希望它可以一滴一滴流到穷人手里。"（Money was all appropriated for the top in hopes that it would trickle down to the needy.）该词并非学术术语，且有讽刺意义。后来，"涓滴经济学"常用来形容里根经济学，因为里根政府执行的经济政策认为，政府救济不是救助穷人最好的方法，应该通过经济增长使总财富增加，最终使穷人受益。正如"涓滴理论"所言，经济增长是减少贫困的有效方式。一个经济体早期的经济增长，往往能够减少大量的贫困人口，许多学者的实证研究证实了这一论断[②]。尤其是发展经济学家发现大企业资本快速发展能够带来稳定的增长和可持续的发展。经济增长与贫困之间的关系的经验证据，与上述的概念理解一致。经济增长通常会减少贫困，而且发展中国家经济增长较快，在对抗贫困上有更大成效。如果经济停滞或萎缩，将使减贫变得更加困难，因为穷人的收入可能会受到影响，而且可用于再分配的资源不会增加或进一步减少。减少贫困的主要政策问题首先是如何在几十年的时间

---

① 王宇、李博、左停：《精准扶贫的理论导向与实践逻辑——基于精细社会理论的视角》，《贵州社会科学》2016 年第 5 期，第 156~161 页。

② Ahluwalia, M. S., Carter, N. G., Chenery, H. B., et al. *Growth and Poverty in Developing Countries* (World Bank, 1979); Fields, G. S., Mitchell, O. S., "The effects of social security reforms on retirement ages and retirement incomes", *Journal of Public Economics* 1 (1984): 143 - 159; Roemer, M., Gugerty, M. K., "Does Economic Growth Reduce Poverty?" Technical Paper, *Journal of Hospice & Palliative Nursing* 4 (1997): 206 - 207.

里保持长期的经济高增长。完善收入分配和确保穷人能够参与经济增长,应该是一个额外的目标,特别是在那些经济增长对贫困的影响较小的国家。如果成功的话,减少"底层"人口的不平等将反过来使经济增长更有效地推动减贫工作[1]。

然而随着经济增长过程的不断演进,越来越多的研究表明了外部制度安排可能会阻碍"涓滴效应",尤其是收入分配的不合理。Keynes 之后进行了一项政府用于创造就业产生赤字的案例研究[2]。Harrod 和 Domar 对经济更快增长提出了质疑,指出经济更快增长本身并没有模式化,这种收入分配产生短期和长期影响。尽管有一些好的想法,但全球贫困情况依然很糟糕[3]。例如在涓滴理论被广泛运用的里根执政时期,虽然在他执政期间,所有经济阶层的所得都提高了,包括最底层的贫穷人口也提升了6%。然而,最富有的1%美国人收入提升了1万亿元,社会生活差距进一步拉大。因此,美国在这种理论指导下的部分政策不仅没有使美国经济持续繁荣,反而影响了经济增长,最糟糕的是加剧了收入不平等。Adelman 和 Robinson 认为,发展更多在城市地区而不是乡村地区,因此穷人并没有从发展过程中受益。非熟练技能劳动力部门的增长可能对减少贫困缩小和收入平均分配有益。劳动力密集部门的增长将会给穷人带来更多的参与机会并更好地运用廉价劳动力输入。生产过程低工资劳动力的使用,如果低工资对于减贫来说是高的,而对于市场竞争对手来说又是足够的低的,使劳动力密集产业在国际上更有竞争力并且同时能够帮助减贫。世界银行的报告也显示,亚洲地区产生了大量的亿万富翁,但同时世界上 2/3 最穷的人口也聚集于此[4]。

在我国收入差距不断扩大的现实背景下,国内学者的研究得到了较为一致的结论,即经济增长大幅地降低了贫困人口,但收入差距的扩大抵消了部分减

---

[1] Lars Lvar Berger and Espen Viianger, "Business Development for Poverty Reduction", *Norwegian Church Aid*, 2015.

[2] Keynes, J. M., *The General Theory of Employment, Interest and Money* (London: Macmillan, 1936).

[3] Harrod, R. F., *Towards a Dynamic Encomics* (London: Macmillan, 1948); Domar, E., *Essays in the Theory of Economic Growth* (New York: Oxford University Press, 1957).

[4] World Bank, *Global Economic Prospects 2008*, Washington D. C., 2008.

贫效应，这使经济增长的减贫效应边际递减①。因此，部分学者指出政府应当制定合理的政策，并提出了亲贫式的经济增长，即通过合理的制度设计来保障贫困群体的受益。益贫式增长的目标是贫困人口相比非贫困人口增加了更多的收入水平，或者是经济增长与绝对贫困的减少②。

从中国的减贫历程来看，改革开放初期中国扶贫模式很大程度上存在"涓滴理论"的影子。当时的扶贫具有明显的区域性特点，这是因为对贫困区域的识别远远比贫困户的识别要简单，而且改革开放初期扶贫的重点是完善贫困地区的基础设施建设，进一步提高地区的整体生产技术，增强生产能力，从而使居民能够通过提高生产力来增加收入，并以此来减小政府承受的财政压力。而当时效果极为显著，这不仅降低了政策实施的成本，也使经济在快速增长的同时，农村贫困人口大幅下降。按世界银行1天1美元的贫困标准估计，中国30年间减少了6亿多贫困人口。1981~2008年全球的贫困人口从15亿减少到8.05亿，中国贡献了全球减贫的90%③。中国的大规模减贫对联合国千年发展目标的实现具有决定性的作用。

但是，随着宏观经济形势的变化，尤其是收入分配不平等格局的不断加剧，"涓滴理论"影响下的区域开发式扶贫制度安排的局限性也逐渐显露。这使不同收入群体所享受到的经济增长减贫效果不对等，尤其是处于收入分配底端的极端贫困人群，越来越难以享受到整体区域经济发展的好处，现代中国产业结构的改革也使产出在国民生产总值中的比重越来越低，而大多数贫困地区人民仍然是以农业为支柱性产业，使区域发展的减贫效果越来越低。此外，中国经济逐渐走出加速发展时期，意味着未来通过经济迅速增长带来大规模减贫的机会越来越少，贫困人口也越来越难以享受到经济增长带

---

① 林伯强：《中国的经济增长、贫困减少与政策选择》，《经济研究》2003年第12期，第15~25页；万广华、张藕香、伏润民：《1985~2002年中国农村地区收入不平等：趋势、起因和政策涵义》，《中国农村经济》2008年第3期，第4~15页。

② Ravallion, M. and Chen, S., "Measuring Pro-poor Growth", *Economics Letters* 78 (2003): 93-99; DFID, *What is Pro-poor Growth and Why do We Need to Know? Pro-poor Growth Briefing Note*, London: DFID, 2004.

③ 汪三贵、郭子豪：《论中国的精准扶贫》，《贵州社会科学》2015年第5期，第147~150页。

来的涓滴效应[1]。

诚然,涓滴理论有其科学性,但是中国开始面临的贫困人口在地理上更加分散和经济增长对扶贫效应开始下降的问题使涓滴理论的局限性日益显著,单靠经济增长难以对贫困人口和贫困区域进行精准扶贫,甚至会带来贫富差距的进一步加剧等问题。因此,我国当前迫切需要将扶贫开发的重点转向贫困村、贫困人口,实施精准扶贫、精准脱贫的战略。

2. 瞄准理论

瞄准（Targeting）问题是全世界各种扶贫与援助项目都会面临的重要问题之一。因为扶贫与援助项目拥有的资源是有限的,所以这些项目的受益对象一般是具备某种特点的部分人群,而不是普惠式的覆盖所有人群,即扶贫与援助项目往往具有瞄准性的特征,需要设定一些规则来筛选受益对象。瞄准理论实质是精细社会理论指导的精准扶贫,这一理论认为应将精细社会"精、准、细、严"的核心思想内化为扶贫开发的实践,通过制度设计的细化与合理化使扶贫开发由大水漫灌向精准化过渡[2]。

瞄准分为广义瞄准和狭义瞄准,广义的瞄准是通过公共投入来实现扶贫效果,狭义的瞄准是针对贫困人口的物质或资金直接转移支付。瞄准研究涉及扶贫与援助的对象（who）、时机（when）、内容（what）及方式（how）[3]。一般来说,国际上扶贫与援助项目主要采用指标瞄准、社区瞄准两种方式来筛选受惠者。其中指标瞄准最为常见,它是指采用某种个人或家庭特征（性别、年龄、生理特征等）来确定受惠者[4]。例如,"母亲水窖""春蕾计划""农村妇女小额贴息贷款"等项目都旨在为女性提供便利；微笑列车唇腭裂修复项目用于帮助不能支付唇腭裂修复手术费用的贫困患者。由于这种瞄准的方式是外显的,容易识别且难以被申请者操纵,在信息不对称的场合得到了广泛应用。

---

[1] 汪三贵、郭子豪:《论中国的精准扶贫》,《贵州社会科学》2015年第5期,第147~150页。

[2] 王宇、李博、左停:《精准扶贫的理论导向与实践逻辑——基于精细社会理论的视角》,《贵州社会科学》2016年第5期,第156~161页。

[3] Barrett, C. B., "Food Aid Effectiveness: It's the Targeting, Stupid!" New York: Cornell University Working Paper, 2002.

[4] Besley, T., Coate, S., "The Design of Income Maintenance Programmes", Review of Economic Studies 2 (1995): 187–221.

另一种常见的瞄准方式是社区瞄准,即由社区内组织来决定谁是具备资格的受惠者。社区瞄准最常见的模式是在资源提供者的推动下,通过社区选举产生一个委员会,由委员会决定扶贫的受益对象和监测资源的流向。以某些慈善企业参与的创业用工扶贫为例,需要社区利用其掌握的信息筛选出具备资格的受惠者参与培训,通过培训考核后再向爱心企业推荐录用。社区瞄准机制的优势在于,首先,本地社区拥有关于家庭特征、需求信息,在瞄准上更不易犯错;其次,在某种程度上减少了识别的行政成本,因为社区瞄准实际是将对于受惠者的识别成本转移给了社区;最后,社区瞄准可以调动更多社会资源;社区代理人处于广泛而密集的当地社会网络中,地方社会资本和问责制会产生监督作用[1]。

在中国当前精准扶贫的政策背景下,瞄准也被称为"精确识别",是精准扶贫的前提。即通过有效、合规的程序,把谁是贫困户识别出来。总的原则是"县为单位、规模控制、分级负责、精准识别、动态管理";地方政府通过到村到户的贫困状况调查和建档立卡工作,包括群众评议、入户调查、公示公告、抽查检验、信息录入等内容来确定贫困户与贫困人口。可以说,中国目前精准扶贫中的识别过程,基本上体现了指标瞄准与社区瞄准方式的结合,尤其是地方政府在其中起到了至关重要的作用。扶贫与援助项目中的瞄准效果,对于项目最终目标的实现影响极大,不仅决定资源使用的有效性和合法性,也决定了项目的可持续性。在精准扶贫的大背景下,"瞄准理论"的应用有其科学性和必然性。瞄准作为在预算约束下提高项目实施效果的一种方式,具有非常重要的意义,研究发现,瞄准项目相对于普惠项目而言,平均要多分配给穷人25%的福利[2];提高瞄准的有效性,还有利于增加项目的合法性,从而增加公众对于这些项目的长期支持与预算。

总之,涓滴理论和瞄准理论各有优长,分别代表了传统产业扶贫和精准扶贫两种政策取向,在我国不同时期被付诸实践。但从实施效果来看,这两种理论或机制都是不完美的,无法实现公平与效率的兼顾。前者导致的收入差距扩

---

[1] Putnam, R., Leonardi, R., Nanetti, R. *Making Democracy Work* (New Jersey: Princeton University Press, 1993).

[2] Coady, D., Grosh, M. and Hoddinott J., "Targeting Outcomes Redux", *The World Bank Research Observer*1 (2004): 61-85.

495

大使得经济增长的减贫效应边际递减,大量的扶贫资源被精英群体所俘获。而且随着中国开始面临贫困人口在地理上更加分散的问题,单靠经济增长难以实现对贫困人口和贫困区域的精准扶贫,甚至会由于经济增长带来贫富差距的进一步加剧等问题。后者尽管在理论上是个完美的扶贫工具,由于信息不对称和寻租行为的存在,容易造成"应扶贫的没有被扶贫(F-Error,漏瞄)"和"不应该扶贫的被过度扶贫(E-Error,溢出)"两大偏误,而且还可能加剧贫困群体的分化、污名化与负向激励。另外,即使在实践中可能实现的精确瞄准,会由于过高的行政成本和监督成本而放弃精准的瞄准机制。

二 社会企业:扶贫攻坚的新力量

(一)传统扶贫主体的角色与限制

一直以来,政府、企业和社会组织都被认为是扶贫的主体,结合各自优势在推动减贫方面发挥了重要作用。但我们可以看到,尽管扶贫取得了巨大的成就和进步,但贫困作为一个世界性难题,只是在一定程度上缓解,并没有完全解决,这一方面体现出扶贫任务的艰巨性和复杂性,另一方面也反映了传统主体在扶贫过程中存在的不足。

1. 政府参与扶贫

从根本上讲,扶贫是政府不可推卸的责任。大多数情况下,地方政府在精准扶贫中扮演着至关重要的角色,处于领导地位和首要位置。最近的一些研究使用了跨国数据来估计政府公共支出,包括公共投资支出对贫困的影响。比如Gomanee等估计了政府在不同部门支出对收入低于一美元人群的效果,假定每单位资本的GDP水平为常数,他们发现政府支出在教育、农业、住房和便利设施(水、卫生和社会安全)越高对贫困越有负面影响,并且具有统计上显著的效果[1]。Fan等人估计了各国公共支出对农村贫困的影响,他们发现农业

---

[1] Gomanee, K., Morrissey, O., Mosley, P., Verschoor, A., "Aid, Pro-poor Government Spending and Welfare", *Credit Reseach Paper 3*, Nottingham: University of Notтngham, CREDIT, 2003.

研发、农业道路、农业教育和农业发展导向的支出都对农村贫困有负面且显著的影响。当然，花在农业研发和农村道路上的经费对贫困的影响最明显①。然后，Fan 等人又利用中国各省的数据做了类似的研究，他们发现花在农村教育上的支出对贫困产生较大的影响，其次是农业研发和农村道路②。之后他又使用印度、乌干达和泰国的数据进行了检验③。Datt 和 Ravallion 发现政府支出的增加对贫困减少产生了明显的统计影响，即使是在农业和非农业生产率不变的情况下④。

我国是社会主义国家，党和政府具有强大的政治优势和资源动员能力，这是我国扶贫取得成功的关键。大量针对我国的实证研究也表明，政府投入具有显著的减贫效应。Montalvo 和 Ravallion 利用我国省级面板数据，研究了 1980 年以来我国财政投入的减贫效果，充分肯定了政府支出在减少贫困中的重要作用⑤。

不少研究者也指出了政府主导的扶贫模式的弊端和不足。一些研究发现政府扶贫资金的使用效率在下降。Richard 和 Adams 利用来自 60 个发展中国家的 126 个时期的数据发现贫困率对政府投入的弹性下降⑥；张全红利用向量自回归模型发现农村扶贫资金投入对农村减贫的效果不显著⑦；李盛基等运用脉冲响应函数发现部分扶贫资金未能产生减贫效果，而且几乎各项扶贫资金对降低

---

① Fan, S. Hazell, P. Thorat, S., "Linkages between Government Spending, Growth and Poverty in Rural India", *Research Report 110*, Washington, DC: IFPRI, 1999.
② Fan, S., Zhang, L., Zhang, X. Growth, "Inequality and Poverty in Rural China: The Role of Public Investments", *Research Report125*, Washington, DC: IFPRI, 2002.
③ Fans, Jitsuchon, S. and Methakunnavut, N., "The Importance of Public Investment for Reducing Rural Poverty in Middle-Income Countries: The Case of Thailand", *DSGD Discussion Paper 7*, Washington, DC: IFPRI, 2004; Fan, S., Zhang X. and Rao, N., "Public Expenditure, Growth and Poverty Reduction in Rural Uganda", *DSGD Discussion Paper 4*, Washington, DC: IFPRI, 2004.
④ Datt, G. and Ravallion, M., "Is India's Economic Growth Leaving the Poor Behind?" *Journal of Economic Perspectives*3 (2002): 89 - 108.
⑤ Ravallion, M., "The Pattern of Growth and Poverty Reduction in China Original Research", *Journal of Comparative Economics* 1 (2010): 2 - 16.
⑥ Richard, H., Adams, Jr. "Economic Growth, Inequality and Poverty: Estimating the Growth Elasticity of Poverty", *World Development* 12 (2004): 1989 - 2014.
⑦ 张全红：《中国农村扶贫资金投入与贫困减少的经验分析》，《经济评论》2010 年第 2 期，第 42 ~ 51 页。

贫困强度效果不显著①。在寻求政府扶贫效率下降的原因时，除了传统的政府功能不足、资金管理不严、官员贪污挪用等解释以外，还需深入到政府扶贫模式自身来查找。综合现有文献，政府扶贫模式的弊端或不足主要表现为以下几个方面：一是造成贫困的原因多元化，运动式扶贫精确性差；二是行政偏好与市场需求不符，造成资源浪费或增产不增收；三是扶贫资源集中在政府官员手中，导致"寻租"或出于理性人抉择导致"扶贫目标偏离与转换"；四是政府扶贫既是运动员又是裁判员，难以建立起科学严格的考评体系②。当地政府变得越来越有责任为贫困家庭提供公共服务，贫困城市就面临较高的财务压力。实际上，贫困城市很难对抗贫困并且很难为本地居民提供其他公共服务。这种情况会因为得不到联邦或者国家补贴而变得更加恶化。这会导致贫困的再生产和区域之间的不平衡。

2. 企业参与扶贫

在过去十年，企业有理由关注或能够为减少贫困做出贡献的观点既得到支持也有批评。企业通过六个主要方面直接影响贫困人口：它们提供产品和服务，产生收入和投资；创造就业；通过训练和经验发展技能；技术开发和转移；建设物理和制度基础设施。企业同时也通过间接影响，比如通过它们对环境的影响，通过税收，或者通过游说政府政策③。

起初学者们普遍强调大企业作为发展中国家解决就业的主要出口。在19和20世纪，大企业都被认为是经济和技术增长的引擎。这一方式被非洲的后殖民地政府采纳，通过成立巨型的国有企业来替代外企的国有化。尽管中小企业也被倡导，但主要是为了吸收富余劳动力，大多集中于农业部门和不断扩张的公共部门。由于全球化引起的外商直接投资和跨国企业在国内的收入上升的国内生产总值（GDP）的优势在许多新兴国家的跨国企业经营。再加上政府向跨国公司转移权力，这支持了跨国公司在减贫方面应发挥更大作

---

① 李盛基、吕康银、孙哗：《中国扶贫资金支出结构的动态减贫效果研究》，《技术经济与管理研究》2014年第8期，第117~120页。
② 汪三贵：《中国新时期农村扶贫与村级贫困瞄准》，《管理世界》2007年第1期，第56~64页；姚迈新：《对扶贫目标偏离与转换的分析与思考——政府主导型扶贫模式中的制度及行为调整》，《云南行政学院学报》2010年第3期，第122~126页。
③ Duncan Green, *From Poverty to Power: How Active Citizens and Effective States Can Change the World* (Rugby: Practical Action Publishing, 2008).

用的论断①。Meyer认为跨国公司有在不同国家运营的多年经验，并且能够将财富经济体与穷人连接起来，实现资本、知识、四项和价值体系的跨境转移②。Lodge和Wilson争论跨国公司可以在贫困中发挥基础性作用，原因有二：第一，消除贫困要求本地小公司兴起，依赖于资本、市场和技术的接入，所有这些都可以由跨国公司提供；第二，与跨国公司能够创造可持续改变的能力有关③。印度的雀巢和联合利华、阿尔巴尼亚的奥兰湖国际、哥斯达黎加的英特尔以及委内瑞拉的可口可乐都是跨国公司为低收入人群提供就业机会，提高收入，提高教育质量等的一些例子。

一直以来，受跨国公司和大企业欢迎的方法之一是以市场为基础的减贫方法。在这种方法中，公司通过为低收入人群开发和销售产品和服务来解决社会问题④。但随着实践的深入，Karnani指出贫困群体由于缺乏深度的和可持续的购买力，质疑"金字塔底端市场是一个海市蜃楼"⑤。London指出由于BOP策略与外部的跨国公司和其他外部组织之间存在冲突，实际上BOP群体受到的关注并不够。这些外部公司的确通过转移更多的资源和能力，比如更好的运输、分销和沟通设施来减少贫困。他们也在富有和贫困的国家和群体之间转移知识和技能，建设商业基础设施和伙伴关系，提供新的产品和服务给那些BOP人群比较多的国家。但它们并没有建立可持续的本地能力和内生的、自我可持续且创造收入的商业企业⑥。

---

① Millar, C. C. J. M., Ju, C., Chen, S., "Global Strategic Partnerships Between MNEs and NGOs: Drivers of Change andEthical Issues", *Business and Society Review* 109 (2004): 395–414; Jamali, D., Keshishian, T., "Uneasy Alliances: Lessons Learned from Partnerships Between Businesses and NGOs in the Context of CSR", *Journal of Business Ethics* 2 (2009): 277–295.
② Meyer, K. E., "Perspectives on Multinational Enterprises in Emerging Economies", *Journal of International Business* 4 (2004): 259–277.
③ Lodge, G. C., Wilson, C., "Multinational Corporations and Global Poverty Reduction", *Challenge* 3 (2006): 17–25.
④ Prahalad, C. K., *The Fortune at the Bottom of the Pyramid: Eradicating Poverty Through Profits* (New Jersey: Wharton School Publishing, 2009).
⑤ Karnani, "A Failure of the Libertarian Approach to Reducing Poverty", *Asian Business & Management* 1 (2010): 5–21.
⑥ London, T., "Improving the Lives of the Poor? Assessing the Impacts of a Base-of-the Pyramid Perspective", *Working Paper*, William Davidson Institute, 2007; London, T., "The Base-of-the-pyramid Perspective: A New Approach to Poverty Alleviation", In Solomon, G. T. (ed.), *Academy of Management Best Paper Proceedings*, 2008.

随着各种类型的商业企业在减贫方面的作用受到质疑，很多学者基于经验证据断言企业在减贫方面的作用其实并不是特别强。比如 Blowfield 和 Dolan 研究了肯尼亚茶农的公平贸易，发现具有善意的公平贸易政策和实际上的受益人之间存在着巨大的鸿沟①。Simanis 和 Hart 甚至认为，向穷人出售的策略已经失败，第二代扶贫策略要求嵌入式的过程，公司需要密切联系并与贫困社群合作进行共同发明和共同创造②。

从我国扶贫实践来看，传统产业扶贫将大量财政等公共资源投向"大户"和"龙头企业"。这一做法基于农业龙头企业具有资本、技术、人才等优势，是提高农业组织化程度、推动农业升级转型和带动农民就业增收的中坚，在农村贫困人口就业增收方面具有强大的辐射带动能力，也是市场经济条件下建立物质资本、人力资本和社会资本三维资本立体式协同反贫困机制，是促进农村贫困人口脱贫解困的理想载体③。张琦认为企业扶贫的动机是其履行企业社会责任的天然过程与经济过程的融合，企业家精神是民营企业帮扶农民的力量源泉。从企业的社会责任和精神层面来看，企业参与扶贫是社会扶贫的道德要求，是企业获得社会认可的精神需要④。白丽和赵邦宏认为产业化扶贫可以极大地调动农户参与产业化经营的积极性，促进贫困地区增产增收，是一种行之有效的扶贫方式，并指出要确立龙头企业带动型产业扶贫模式，企业要通过组建园区加强对基地的控制，主动吸纳广大贫困农户参与产业化经营⑤。据统计，截至 2015 年底，全国农业产业化组织总数达 38.6 万个，其中各类龙头企业 12.9 万个，销售收入 9.2 万亿元，净利润 5500 亿元，辐射带动农户 1.26 亿，农民从事产业

---

① Blowfield, M. E., Dolan, C. "Fair Trade Facts and Fancies: What Kenyan Fair Trade Tea Tells Us About Business' Role as Development Agent", *Journal of Business Ethics* 2 (2010): 143 – 162.
② Simanis, E., Hart, S., *The Base of the Pyramid Protocol: Toward Next Generation BoP Strategy*, http://www.bopprotocol.org/docs/BoPProtocol2ndEdition2008.pdf, 最后访问日期：2008 年 7 月 15 日。
③ 王兴国、王新志：《农业龙头企业扶贫的理论阐释与案例剖析》，《东岳论丛》2017 年第 1 期，第 82~88 页。
④ 张琦：《企业参与扶贫开发的激励与动力机制研究——以陕西省"府谷现象"为例》，《中国流通经济》2011 年第 4 期，第 58~63 页。
⑤ 白丽、赵邦宏：《产业化扶贫模式选择与利益联结机制研究》，《河北学刊》2015 年第 4 期，第 158~162 页。

化经营户均增收达 3380 元①。中国行政管理学会联合调研组在对甘肃庆阳精准扶贫调查中发现庆阳市委、市政府引入的农牧龙头企业——中盛农牧发展有限公司用产业进行精准扶贫，取得了良好的扶贫效果②。但也有学者研究发现这些龙头企业存在政企不分的弊端，容易产生权钱交易和政府腐败；政府对企业的投入，包括财政无偿投入、财政有偿无息、扶贫贴息贷款、省直挂扶单位投入、科研单位投入、免税等。有人认为这些企业基本都是私营企业，政府给私营企业投入不值得，即所谓"富了公司和个人，穷了国家和人民"③，贫困农户被产业扶贫项目边缘化，贫困人口未能直接受益的主要原因是扶贫项目停留在村层面，未能精确到户。

由于社会问题作为可以通过产品和服务的发展抓住的潜在机会，从而创造社会价值，这也在社会创业的新领域有了研究④。在发展中国家，小企业部门是政策制定者加速增长的主要关注点。它们也是低收入经济体潜在雇佣的主要来源。小企业相对跨国公司创造了更多的就业和更多的本地链接，他们雇用了那些很难在大公司中找到工作的贫困和边缘人群，并且在经济危机来临时起到劳动力安全网的作用。他们是企业家技能和社会流动性的孵化器。这就是为什么这些企业被认为是发展中国家"增长的引擎"⑤。在低收入国家，大多数企业都是小微规模的，它们与少量的大规模企业并存。随着国家的发展，小规模企业作用降低，但中国例外，小微企业是绝大多数人的主要生计来源。中小企业的提倡者认为中小企业的企业家精神和创新性帮助改进经济的增长和减少发

---

① 农业部农村经济体制与经营管理司：《全国农业产业化组织总数达 38.6 万个》，http：//jiuban.moa.gov.cn/zwllm/zwdt/201607/t20160720_5213051.htm，最后访问日期：2016 年 7月 20 日。
② 中国行政管理学会联合调研组：《引入扶持龙头产业，通过产业引导农民尽快脱贫——对甘肃庆阳精准扶贫的调查》，《中国行政管理》2017 年第 8 期，第 6~8 页。
③ 史金善：《关于发展扶贫农业龙头企业的调查——以广东省为例》，《农业经济问题》2005年第 5 期，第 57~61 页。
④ Zahra, S. A., E., Gedajlovicb, D. O., Neubaumc and J. M., Shulman, "A Typology of Social Entrepreneurs: Motives, Search Processes and Ethical Challenges", *Journal of Business Venturing* 5 (2008): 519–532.
⑤ Advani, A., "Industrial Clusters: A Support System for Small and Medium-Sized Enterprises, Private Sector Development", *World Bank Occasional Paper*, No. 32, World Bank, Washington, DC, 1997.

展经济体的贫困水平[1]。Quershi 和 Ghani 指出大企业通常位于城市，小企业通常位于小城市或农村地区。它们对于贫困的乡村工人就业意义重大[2]。Mullineux 认为相比大的跨国公司，中小企业雇用了更多劳动力[3]。由于小企业动态和进化的特点，他们成为变革的代表。Cook 和 Nixon 指出，发展中小企业有利于实现更宽泛的经济和社会经济目标，比如减贫[4]。中小企业创造就业的成本较低，并且这些企业相比大公司而言往往更是劳动力密集型的。Mukras 建议通过强化中小企业来推动减贫，发展中小企业产生雇佣和经济增长机会[5]。Gebremarian 等分析了西加利福尼亚州小企业发展、增长与贫困概率之间的关系，发现两者之间存在很强的负相关性[6]。Polak 指出最直接和最有效的扶贫方式就是帮助穷人增加收入。提供贷款作为种子资金创立小微企业将是摆脱贫困陷阱的长期机会[7]。Agyapong 讨论了微型、小型和中型企业（MSMES）在加纳扶贫中的角色。他认为城市和乡村的 MSMES 创造了就业机会并增加了人们收入。增加的收入帮助人民获得更好的教育、健康设施和赋权他们摆脱贫困循环。进一步地，中小企业的增长也通过工作训练贡献了人力资本[8]。

---

[1] Beck, T., Demiruc-Kunt, A. and Maksimovic, V., "SMEs, Growth and Poverty-Do Pro-SME Policies Work?" *World Bank Policy Research*, *Working Paper*, No. 268, 2004.

[2] Qureshi, S. K., Ghani, E, "Employment Generation in Rural Pakistan with a Special Focus on Rural Industrialization: A Preliminary Analysis", *The Pakistan Development Review* 4 (1989): 587 – 402.

[3] *Mullineus*, A. W., "The Funding of Non-financial Corporations (NFCs) in the EU (1971 – 1993): Evidence of Convergene", Mimeo, Department of Economics, University of Birmingham, 1997.

[4] Cook, P. and F. Nixon, "Finance and Small and Medium-sized Enterprise Development", *DPM*, *University of Manchester*, *Finance and Development Research Programme*, *Working Paper Series*, *Paper*, No. 14, 2000.

[5] Mukras, M. S, "Poverty Reduction Through Strengthening Small and Medium Enterprises", *Botswana Journal of African Studies* 2 (2003): 58 – 69.

[6] Gebremarian, G. H., Gebremedhin, T. G., and Jackson, R. W., The Role of Small Business in Economic Growth and Poverty Alleviation in West Verginia: An Empirical Analysis, Thepaper at the American Agricultural Economics Association Annual Meeting, Denver, Colorado, 2004.

[7] Polak, P., " Out of Poverty-what Works When Traditional Approaches Fail", Berret Kochler Publishers, Inc., San Francisco, 2003.

[8] Agyapong, Daniel, "Micro, Small and Medium Enterprises' Activities? Income Level and Poverty Reduction in Ghana—A Synthesis of Related Literature", *International Journal of Business and Management* 12 (2010): 196 – 205.

Sharagat 等利用 1972~2007 年的巴基斯坦的时间序列数据检验了 SMEs 对扶贫的影响，结果发现小微企业的产出与贫困水平强负相关[①]。Sirajo Abubakar Lbrahim 和 Zayyanu Ladan 发现尼日利亚的乡村居民可以自我依赖，通过利用本地可利用资源成立新的小微企业对抗贫困并且控制高流动率[②]。

于长存和刘帅认为企业在扶贫过程中扮演着双重角色。一方面企业的主要目标是追求自身利益，扶贫意愿不强，这容易与精准扶贫目标发生冲突；另一方面企业在实现经济价值的同时，通过向贫困地区提供资金、技术，带动了贫困地区的发展。企业在扶贫过程中存在的问题如下：企业是以营利为目的、追求自身利益的组织，其对于扶贫的意识和责任感不强。解决贫困对象的贫困问题只是企业在搞好自身发展的基础上附带的效用，而非其主要目标，因此传统企业的扶贫效果往往并不见佳。从总体上来看，我国目前企业参与扶贫的主要是国有企业。国有企业参与扶贫，其出发点出于政治责任，在经济上与贫困地区的融合度还不够，较少根据自身产业发展来制订扶贫规划，捐赠式、救济式扶贫较为普遍，大部分采取结对帮扶，解决因学致贫、因病致贫等问题，很少开展与贫困地区建立利益联结的产业扶贫，对贫困地区的内生力关注不够，表现出明显的被动扶贫特征。部分民营企业参与扶贫的动机是追求经济利益和企业社会价值，以实现利益最大化为目标。有些企业参与扶贫是为了获取政府潜在的政策支持，事实上表现为一种"以小换大"的利益交换关系。有些则是为了企业公关宣传甚至商业促销的需要，还有一些则完全属于跟风作秀式的从众心理。相比民营和国有大企业，我国农民合作社在精准扶贫中的积极作用也受到了关注。合作社在促进减贫中的作用包括：赋权、性别平等、益贫式增长、从全球竞争中获益、为益贫政策和市场提供环境及国际支持等[③]。赵

[①] Sharagat Ali. Humayun Rashid, Muhammad Aamir Khan, "The Role of Small and Medium Enterprises and Poverty in Pakistan: An Empirical Analysis", *Theoretical and Applied Economics* 593 (2014): 67–80.

[②] Sirajo Abubakar Lbrahim, Zayyanu Ladan, "The Role of Small Scale Enterprises in Poverty Reduction in Rural Areas of Sokoto State", *International Letters of Social and Humanistic Sciences* 32 (2014): 197–203.

[③] I. Christopher Imoisili, *The Role of Cooperatives in Poverty Alleviation* (Paper Presented at the 44th Annual International Convention/30th Annual General Meeting of the Caribbean Confederation of Credit Unions, CCCU, at the Maho Beach Resort, St. Maarten, Netherlands Antilles, West Indires, on Wednesday, 2001); Borzaga, C., Spear, R. (eds.), *Trends and Challenges for Co-operatives and Social Enterprises in Developed and Transition Countries*, Trento, Italy, 2004.

晓峰和邢成举认为农民合作社的制度安排具有益贫性的显著特征，使其能够成为精准扶贫与精准脱贫的理想载体[①]。柏振忠和李亮以恩施土家族苗族自治州为例，论述了农民合作社在精准扶贫中的作用在于：做大特色产业，增强益贫功能发挥；推进技术进步，提高科技扶贫贡献度；扩大赋权机会，增强农户扶贫拥有感；激发内原动力，提升自我发展能力；促进内外协同，实现持续增收等[②]。

3. 社会组织参与扶贫

基于市场失灵和政府失灵理论，人们会希望由非营利部门填补公共资源和社会需要之间的鸿沟。尽管非营利组织有悠久的参与社会福利和发展工作的历史，但关于其对于减贫贡献的知识始终不充分并且相互冲突。在光谱的一端是20世纪80年代和90年代初关于社会组织在扶贫中的贡献是有限的观点[③]。相比之下，另外一些研究者指出社会组织参与减贫改变了发展中国家穷人的生活[④]。

在过去15~20年里，NGO在发展中的角色和方法在不断变化之中，以扶贫为例，NGOs在20世纪80年代主要体现在供给侧提供基本公共服务方面，他们现在发展出各种关注需求侧的项目或方案。Korten认为NGO能够提升人和政府的能力进而缩小贫困的差距。Poter认为即便如此，NGO也扮演了捐赠者投资的主要渠道，以及贫困和减贫信息、专家的主要来源[⑤]。NGO可以帮助穷人和弱势者通过与目标团体直接签订合约。由于NGO具有草根属性、富有弹性的项目、执行上的成本效率、可管理的规模，他们很容易执行诸如减贫、女性赋权和社区发展等社会发展项目。NGO使用两种

[①] 赵晓峰、邢成举：《农民合作社与精准扶贫协同发展机制构建：理论逻辑与实践路径》，《农业经济问题》2016年第4期，第23~29页。

[②] 柏振忠、李亮：《武陵山片区农民合作社助力精准扶贫研究——以恩施土家族苗族自治州为例》，《中南民族大学学报》（人文社会科学版）2017年第5期，第160~164页。

[③] Edwards, M., Hulme, D, "NGOs Performance—What Breeds Success? New Evidence from South Asia", *World Development* 2 (1999): 361-374; Riddel, R. C., Robinson, M., *Non-Governmental Organizationsand Rural Poverty Alleviation* (Oxford, Clarendon Press, 1995).

[④] Suharko, "The Roles of NGOs in Rural Poverty Reduction: The Case of Indonesia and India" (Ph. D. NAGOYA University, 2007).

[⑤] Porter G., "NGOs and Poverty Reduction in a Globalizing World: Perspectives from Ghana", *Progress in Development Studies* 2 (2003): 131-145.

方式，即供给侧（Supply-sides）和需求侧（Demand-side）发挥作用[1]。Flower 称之为 NGO 的两种任务即微观任务和宏观任务[2]。从供给侧或微观任务视角，NGO 为穷人提供各种基本公共服务。目前为止，大多数学者认为对于政府缺少公共服务提供能力而言，NGO 扮演了重要角色。不像供给侧中 NGO 直接提供公共服务，NGO 的宏观任务扮演了一个间接角色，它更像是受助对象的嘴。它们向政府和市场阐述服务需求，以至于人们可以实现其发展目标。Shurhako 坚信 NGO 的角色在于服务递送，从而改善人们对国家提供服务的通路。非政府组织的另一个角色是政策倡导，从而影响公共政策关注穷人。NGO 这两种方式并不是相互排斥的，最近的趋势是 NGO 部门更多地结合这两种方法提升服务的效果[3]。在实证研究方面，Mohanan 指出 NGO 在过去 25 年中成为减贫和发展领域一个十分重要的工具。尤其是在小额信贷领域的发展使其减贫效果和角色不断得到提升[4]。Torado 和 Smith 指出 NGO 的能力使它们处于一个更好的位置去履行诸如发展和减贫等问题的唯一责任[5]。Lombard 和 Van Wyk 也承认 NGO 的组织形式更加贴近当地社区，具有社会行动的类型流动性和解决诸如贫困和不平等义务方面的敏感性[6]。Zhang 认为 NGO 的一个重要角色是它不仅仅满足了穷人的需要，而且帮助他们表达出这些需要。他认为 NGO 作为一个外部行动者的基本任务就是"激活"或"驱动"，即把生命的气息带进社区的灵活并且推动采取合适的行动[7]。

---

[1] Clark, J., "The State, Popular Participation, and the Voluntary Sector", *World Development* 4 (1995): 593–601.

[2] Fowler, Alan, *Striking a Balance: A Guide to Enhance the Effectiveness of Non-governmental Organizations in International Development* (London: Earthscan Publication, 1997).

[3] Suharko, *The Roles of NGOs in Rural Poverty Reduction: The Case of Indonesia and India* (Ph. D. NAGOYA University, 2007).

[4] Mohanan, S., *Micro-credit and Empowerment of Women-Role of NGOs*, Yojana, 2000.

[5] Seabe, D., *The Scoio-economic Roles of NGOs in South Arica: Specific Focus of Funder Conditions and Voluntary Failure* (Ph. D. University of the Western Cape: Department of Economics, 2011).

[6] Lombard, W., VanWyk, R., "The Housing Development NGOs Offering Housing Education and TrainingProgrammes in South Africa", *Journal of Family Ecology and Consumer Science* 29 (2001): 28–36.

[7] Zhang, J., "A Comparative Study of NGOs in China and South Africa" (Ph. D. University of Western Cape, 2005.).

我国学者朱俊立发现扶贫专业组织（比如慈善组织）相对于政府在扶贫方面更专业也更细致，更符合精准扶贫的要求，具体表现在以下几个方面。首先，针对扶贫项目偏离贫困群体的难题，慈善组织扶贫的做法是以"需求为本"设计村级扶贫项目。它们在当地政府推荐的基础上，参照统计资料，并辅之以"实地调研"，按照"最贫困"、"最脆弱"和"少关注"的原则来选择参与项目的贫困村。在项目村内部，慈善组织一般首先对农户进行抽样调查或者普查，建立农户档案，然后应用"参与式扶贫分级"等方法和工具，进一步识别贫困人口，优先选择最贫困、最需要帮助的人群参与项目。其次，在项目的具体目标和内容的制订环节，慈善组织能实现进行长期而深入的需求评估，通过入户调查、村社关键人物访谈、小组访谈、社区会议等多种方式收集信息，与贫困人口共同分析和讨论他们所面临的问题和困难，寻求相应的解决策略。在此基础上，综合考虑贫困村自身的资源动员能力、慈善组织的专业领域以及能够提供的具体资源和支持等因素优先回应和满足最迫切的需求，确定扶贫项目的具体目标和内容。通过上述安排，慈善组织能够有效解决扶贫资源偏离贫困群体的问题。实践中，慈善组织投资的扶贫项目直接将扶贫资源投放到贫困农户的成功率和资金回收率均在90%以上[1]。彭小霞指出社会组织参与精准扶贫拓展了贫困群体的社会关系网络，促进多元主体的信任、合作与互助，强化了精准扶贫中多元主体行为的制度性和规范性[2]。

19世纪中叶，Mill争辩道，以政府干预替代所有其他主体是必要的，因为"慈善组织几乎无所不做，但什么都做不成，它们在一个地方表现慷慨大方，但却让另外一个地方饿殍遍地"[3]。NGO宣称它们想倾听穷人并从穷人那里学习，但怎么找得出时间？他们忙于写申请书，填写表格，筹钱，跟踪监测而不是实现改变。在薄弱的资金和能力限制下，扶贫（的任务）对NGOs来说太过艰巨，无论它们有多专业的雇员、采取什么参与方式和伙伴安排。Flower认为，NGO最多能触及20%的穷人，建议可以通过规模化创新的方式，与问责

---

[1] 朱俊立：《政府向慈善组织购买村级扶贫服务研究》，《广东商学院学报》2013年第1期，第88~96页。

[2] 彭小霞：《社会组织参与精准扶贫考察》，《开放导报》2017年第6期，第93~97页。

[3] Mill, J. S. *Principles of Political Economy* (Fairfield, NJ: Augustus M. Kelley, 1848), p. 969.

性倡导链接，这是唯一的创造区别的现实路径[1]。NGO 和它们的捐赠者发展出的伙伴关系，正在形成一种有害的侍从主义，将 NGO 的努力重新定位为满足上位捐赠者的需求而不是下位的穷人。Shivjii 争辩 NGO 的合法性来源于其捐赠方。他的观点是尽管 NGO 可以被人们接受它们的旨趣是为了服务弱势群体，但 NGO 实际上不仅仅从捐赠方获取资源，也从它们那里获得合法性。他认为即使国家的精英或政党通过所谓的"发展伙伴"获取合法性也与 NGO 所服务的人群相反[2]。Clotfelter 认为"有证据显示相当少部分非营利组织把穷人作为主要服务对象"[3]。Salkever 和 Frank 发现在非营利健康部门，只有非营利组织的收入大部分来自政府的时候，他们才会以穷人为服务对象[4]。Bielefeld 等人用国内税务署 501（C）（3）S 的数据（IRS）研究了达拉斯社会、健康和教育服务的地理和距离分布。他们发现，非营利组织更倾向于位于高收入的地区、具有更多的资源、更老的人口，以及更大比例的少数族群[5]。Riddel 和 Robinson 发现 NGO 项目在改善穷人的社会地位上是成功且有效的，但并不是所有的项目都能到达穷人[6]。Lee 等人发现无家可归者的收容所和服务项目通常面向工人阶级和较为贫困的地区。然而，考虑到非营利部门的工作量，换句话说，穷人居住者的数量——无家可归者的服务分布揭示出尽管贫困社区有更多的项目，但极端贫困人群得到的服务远远低于周边更为富裕的社区[7]。Josssart-Marcelli 和 Wolch 研究了南加利福尼亚州的非营利社会服务机构的地理分布，

---

[1] Fowler, A., "NGO Futures: Beyond Aid: NGDO Values and the Fourth Position", *Third World Quarterly* 4 (2000): 589–605.

[2] Shivijii, I. G., *Silences in NGO Discourse: The Role and Future of NGOS in Africa*, Nairobi: Fahamu-Networks for Social Justice, 2007.

[3] Coltfelter, C. T. (ed.) *Who Benefits from the Nonprofit Sector?* (Chicago: University of Chicago Press, 1992).

[4] Salkever, D. S., Frank, R. G., "Health Services", in C. T. Clotfelter (ed.), *Who Benefits from the Nonprofit Sector?* (Chicago: University of Chicago Press, 1992), pp. 24–54.

[5] Beilefeld, W. Murdoch, J. C. Waddell P., "The Influence of Demographics and Distance on Profit Location", *Nonprofit and Voluntary Sector Quarterly* 2 (1997): 207–225.

[6] Riddel, R. C., Robinson, M., *Non-governmental Organizations and Rural Poverty Alleviation* (Oxford, Clarendon Press, 1995).

[7] Lee, M., Wolch, J. R., Walsh, J., "Homeless Health and Service Needs: An Urban Political Economy and Service Distribution", in R. Kearns, W. Gesler (eds.), *Putting Health into Place: Landspace, Identity, and Well-being*, New York: Syracuse University Press (1999): 120–142.

目的是观察它们是否触及了贫困人群。使用1996年的国家慈善统计中心的内部收入服务数据，结合1990年的调研数据，他们发现，反贫困的非营利组织数量和它们的支出随着城市贫困程度增加而增加。然而，给定贫困关注模式的话，这些活动都是不充分的，相对于更富有的城市，最贫困地区的贫困人口得到了不平等的服务。回归分析显示更高水平的非营利反贫困活动更可能发生在更老旧和中心具有较高的社会经济地位和显著政府支持社会服务提供的城市。这些发现建议非营利组织和政府在反贫困中应该被视为一种互补而不是相互替代[1]。

　　Brown认为尽管与公共和营利组织存在一些共同点，但NGO有四个的特征，这些特征既使其具有特别的力量也导致其固有缺陷。积极的特征比如关注社会变化的使命，共享价值和意识，松散的、非正式结构允许创新的弹性和本地适应性，能够与分化的利益相关者共处。他也总结出NGO的问题，比如"领导力困境"、"组织凝聚力"、分化的外部需要以及经常需要解释"价值和理念"等[2]。Brown和Korten争论NGO的相对优势在于他们的创新能力，适应本地社区并触及与穷人共事。这些积极特征基于它们的基本价值观、特殊技能、小规模、有限资源、弹性和不受政治约束的自由度，当然缺点也是它们的价值承诺、小规模、缺乏独立行和行政弹性[3]。Nickson争论NGO对于乡村发展的角色，特别是赋权穷人及减贫，需要满足组织独立性和项目弹性的条件。但因为对发展"非常负面"的影响，以及公共部门与NGO的不合作态度，导致NGO的作用发挥需要更好的协作环境[4]。Acharya认为NGO的弹性使其在交流、干预时间和运营模式上具有优势，但缺少资源、缺少承诺、透明度低、问

---

[1] Pascale Josssart-Marcelli, Jennifer R. Wolch, "The Intrametropolitan Geography of Poverty and the Nonprofit Sector in Southern California", *Nonprofit and Voluntary Sector Quarterly* 1 (2003): 70 – 96.

[2] Brown, I. David, "Organizational Barriers to NGO Strategic Action", in *Proceedings of the ANGOC Regional Seminar on NGO Strategic Management in Asia* (Manila: ANGOC, 1988), pp. 25 – 27.

[3] Brown, L., David and Korten, David C., "Working More Effectively with Nongovernmental Organizations", in Samuel Paul and Arturo Israel (eds.), *Nongovernmental Organizations and the World Bank Co-operation for Development* (Washington D. C.: World Bank, 1991), pp. 44 – 93.

[4] Nickson, Andrew, "The INGO Perception of Public Administration in Nepal", *Administration and Management Review* 6 (1992): 41 – 64.

责和腐败经常使他们在到达穷人和赋权给他们时是无效的①。Aminuzzaman 提出了 NGO 的三个主要角色，"创造民主多元的公民社会"、"减贫者和可持续发展者"以及"效率提升者"，但 NGO 的短期导向和屈从于政府，使其在发挥积极角色方面面临困难②。Dhakal 强调了 NGO 规模和数量的增长、范围的扩大有利于减贫，但 NGO 只将自己局限在城市地区的话，就无法实现期望的结果，也不能满足社区的真正需求，当政府无法监管和评估能力的情况下，就更加严重③。Ghimire 认为尽管 NGO 对意识创造、收入产生和健康服务递送都会带来贡献，但也存在一些负面作用，比如志愿服务滥用在非道德活动上，为金钱打工，代表外国利益集团和政党④。

Panday 认为 NGO 应该作为社会变化的催化剂，但它们常常成为社会的负担。原因是过度的政治化，NGO 通常像私人公司一样"赚快钱"，或者 NGO 向其关联的 NGO 转移资金⑤。在其另外一篇文章中，他再度评论道，"NGO 部门不能在发展中发挥作用，检查反民主、反人类政策，趋向和行为"，由于 NGOs 缺少问责、透明度和自主性⑥。黄建认为社会组织参与精准扶贫是这一战略有效落地的关键支撑，也是政府和市场在扶贫减贫中治理失灵的重要弥补。然而，现实中社会组织参与精准扶贫的法律政策环境有待于进一步优化，社会组织自身的治理能力不足等问题突出⑦。

---

① Acharya, Meena, "Non-governmental Organization (NGO) -Led Development Strategy in Nepald, in Bhatachan, Krishana B. and Chaitanya, Mishra (eds.), *Developmental Practices in Nepal* (Kathmandu: Central Department of Sociology and Anthropology, 1997), pp. 69 – 99.

② Aminuzzaman, Salahuddin, "NGOs and the Grassroot Base Local Government in Bangladesh: A Study of Their Institutional Interaction", in Farhad, Hossain, Susanna, Mylllyla (eds.), *NGOs Under Challenge Dynamics and Drawbacks in Development* (Helsinki: Ministry of Foreign Affairs, Finland, 1998), pp. 84 – 104.

③ Dhakal, T. N., "Dynamics and Drawbacks of SWC'S Promotional Support to NGOs in Nepal", *PAAN Journal* 9 (1999): 304 – 313.

④ Ghimire, Jagadish, "NGO Development in Nepal", in Community Development Service Association, *Social Development and INGOs Activies in Nepal* (Kathmandu: Community Development Service Association, 1999), pp. 7 – 8.

⑤ Pandey, Shushil Raj D., "Exploring Civil Society in Nepali Context: Are We Casually Donning Another Hat?" *Kathmandu: The Telegraph* (2000).

⑥ Pandey, N. P., "NGO/INGO le kun rupma sahayog gariraheka chhan bhanekurako sahi Aakalan huna sakekeo chhaina", *Khulla Bazzar* 4 (1999): 8 – 9.

⑦ 黄建：《论精准扶贫中的社会组织参与》，《学术界》2017 年第 8 期，第 179 ~ 190 页。

（二）社会企业扶贫的特点与优势

无论是被视为第三部门的组成部分，还是政府、私人和公民社会部门交叉点，或者在企业和公民社会中创造新的商业模式，社会企业都是贫困国家服务穷人和对抗贫困的重要参与者[1]。London 指出社会企业作为一种新相互价值创造的减贫方式，具有以下基本特征[2]。①社会企业可以通过两种相互交叉的理念产出进行区分：首先是对减贫新方式不断增长的兴趣；其次是应用市场导向的思维和市场基础的企业去满足穷人的需要。②社会企业基于相互价值创造范式，在为贫困人群创造更多价值的同时也为企业自身带来更大的价值。在这一视角下，社会企业是一个组织，通过让贫困群体就业、合资生产或者出售商品等形式改进其生存条件[3]。③相比其他的方式，比如资助、捐赠和国外援助等，社会企业强调了财务自我可持续的重要性[4]。同时社会企业扶贫也遵循以下六项基本原则。①外部参与原则。作为外部的或者外生的组织参与本地伙伴创造社会企业。②共同创造原则。本地 BOP 行动者的声音和输入在共同发明和自下而上的草根发展中是至关重要的。③用非本地连接本地原则、非本地和本地行动共同工作提供那些 BOP 群体无法获取的商品和服务[5]。④耐心创新原则。BOP 的创新过程被认为是一个长期的过程，发明者和执行

---

[1] Seelos, C., Ganly, K., Mair, J., "Social Entrepreneurs Directly Contribute to Global Development Goals", in Mair, J. Robinson, Hockerts, K. (eds.), *Social Entrepreneurship* (Hampshire and New York: Palgrave Macmillan, 2006).

[2] London, T., "Improving the Lives of the Poor? Assessing the Impacts of a Base-of-the Pyramid Perspective", *Working Paper*, William Davidson Institute, 2007; London, T., "The Base-of-the-Pyramid Perspective: a New Approach to Poverty Alleviation", in Solomon, G. T. (ed.), *Academy of Management Best Paper Proceedings* 2008.

[3] Prahalad, C. K. Hammond, "A. Serving the World's Poor, Profitably", *Harvard Business Review* 9 (2002): 48 – 57; Prahalad, C. K., Hart, S. L., "The Fortune at the Bottom of the Pyramid", *Strategy&Business* 1 (2002): 2 – 14.

[4] London, T., Hart, S. L., "Reinventing Strategies for Emerging Markets: Beyond the Transnational Model", *Journal of International Business Studies* 5 (2004): 350 – 370; Prahalad, C. K., *The Fortune at the Bottom of the Pyramid* (New Jersey: Wharton School Publishing, 2004); Prahalad, C. K., Hart, S. L., "The Fortune at the Bottom of the Pyramid," *Strategy&Business* 1 (2002): 2 – 14.

[5] London, T., Rondinelli, D. A., "Partnerships for Learning: Managing Tensions in Non-profit Organizations' Alliances with Corporations", *Stanford Social Innovation Review* 3 (2003): 28 – 35.

者需要克服迅速成功的偏见①。⑤自我可持续增长原则,每个 BOP 企业都应该是盈利的,作为增长和规模化的关键②。⑥关注什么是"正确"的原则。社会企业应该通过学习和适应特定时间和地点下的扶贫模式,从而追求更加适合的路径。Cooney 和 Shanks 在关于扶贫新方法效果的经验研究中发现扶贫的重点在于组织持续性和任务风险性③。表 3 从主体愿景、扶贫特征、扶贫路径、可持续性以及任务风险性五个方面来就政府、企业、社会组织和社会企业不同主体参与精准扶贫进行了详细比较。

表3 不同扶贫主体比较

类别	政府	企业	NGO	社会企业
主体愿景	消除贫困,改善民生,到2020年全面建成小康社会	企业以追求商业利益为第一发展目标,扶贫的社会意义不强	以帮扶贫困人群为根本愿景,营利性较弱	追求社会使命和经济回报的双重目标
扶贫特征	制度扶贫	"利益导向式"扶贫	"输血式"扶贫	"造血式"扶贫
扶贫路径	实行社会最低生活保障制度,并在教育、医疗、住房服务等领域提供保障	以贫困人群为需求市场提供产品与服务来追求经济利益,弱化扶贫效果	通过公益慈善活动为穷人提供物质及资金帮扶	根据贫困人群特点创新商业模式,促使利益流向穷人
可持续性	不同发展阶段需要相应的符合国情的制度保障,大量资金投入给政府带来巨大财政压力,难以维持可持续性发展	市场不确定性影响因素较大;企业随着贫困人口的减少而衰落	对贫困人群的帮扶需要长期有效的公益输入,资金来源不稳定,可持续性较差	注重贫困人群的能力开发及自我实现,从贫困的根源出发解决贫困问题,能够实现可持续性发展
任务风险性	较低	较高	中等	较低

资料来源:作者自制。

---

① Prahalad, C. K., "The Innovation Sandbox", *Strategy&Business*1 (2006): 62 – 71.
② London, T., Hart, S. L., "Reinventing Strategies for Emerging Markets: Beyond the Transnational Model", *Journal of International Business Studies* 5 (2004): 350 – 370; Prahalad, C. K., Hart, S. L., "The Fortune at the Bottom of the Pyramid", *Strategy&Business*1 (2002): 2 – 14.
③ Cooney, K., T. Shanks, "New Approaches to Old Problems: Market-based Strategies for Poverty Alleviation", *Social Service Review* 1 (2010): 29 – 55.

相比政府、传统企业和社会组织,社会企业参与扶贫具有独特优势。

1. 扶贫目标高度一致

收入和财富的低效分配导致了社会的不平等和贫困。在自由市场经济中,市场自由地决定资源配置,而在纯粹的资本主义社会中,市场失灵、社会问题、不平等导致贫困增加。在混合经济中,市场失灵和政府失灵、收入分配和财富分配不平等,造成贫困,增加收入不平等。自二战结束以来,欧洲和北美政府试图与社区层面的贫困和边缘化抗争,但大量的政策和方案实施多年的效果是,经济和社会差异在持续增长,导致了政策无效性的一致性结论。因此,在20世纪90年代,出现了不同的机构通过商业尝试了几个社会福利活动,"社会企业(SE)"就是其中之一[①]。图3简要说明了社会企业的产生,即源于贫困和不平等,反过来,社会企业也被认为是对抗贫困和不平等的社会创新[②]。

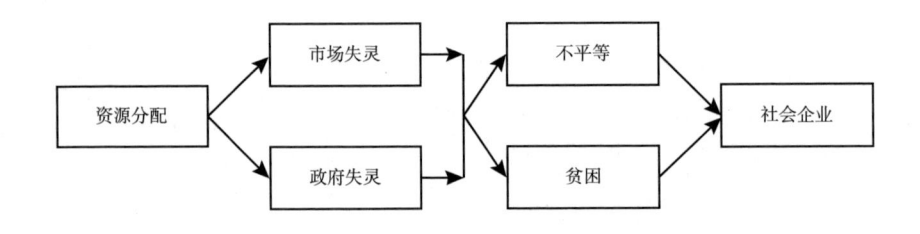

图3 社会企业的起源

资料来源:Aziz, Mohamad (2016)。

社会企业定义的复杂性有一部分是由其多维性和互相交集的多个特征造成的。几乎所有被广泛接受的社会企业定义都与其固有的社会方面的倡议有着重要的相关性。也就是说,社会目的或目的驱动导向社会企业的工作或社会企业家,他们的目标是通过增加社会价值"为特定社区的福祉或更好发展做出贡献"。一般来说,"社会企业被视为具有社会目标和/或环境目标以及经济可持

[①] Aziz, M. N., Mohamad, O. B., "Islamic Social Business to Alleviate Poverty and Social Inequality", *International Journal of Social Economics* 6 (2016): 573 – 592.

[②] Seelos, C., Mair, J., "Social Entrepreneurship: Creating New Business Models to Serve the Poor", *Business Horizons* 48 (2005): 241 – 246.

续发展战略的社会驱动型组织"[①]。这一社会维度沿袭了第三部门或公民社会组织的传统。尽管从事的具体领域可能存在差异,但社会企业的最终战略目标是实现企业和贫困人群的可持续共同发展,这与扶贫的核心目标高度一致。贫困人群不仅仅作为社会企业的工作者、顾客或供应方,更重要的是作为自身脱贫的伙伴。Margolis 和 Walsh 指出,扶贫面临的核心挑战是将人类苦难与不可否认的创造力二者结合[②]。相对于其他的解决办法,社会企业提供了一个系统和整合性的解决方案。贫困人群可以作为社会企业的交易伙伴(transactional partners)和转换伙伴(transformational partners)。作为交易伙伴,贫困人群参与到社会企业的价值管理中,作为转换伙伴,他们积极参与到社会企业的内部治理之中。作为扶贫强有力的竞争者,社会企业有能力回应多种类型的贫困,特别是社会排斥。除了通过政府及社会给予的资金或者其他资源的支持来实施扶贫项目,社会企业还充分利用扶贫项目带来的经济效益来维持项目资金的循环运转。很多学者断言,社会企业是对不断增加的贫困现象的直接回应[③]。

2. 充分运用市场机制

纯粹的慈善模式尽管社会使命明确,但不能满足经济需要,例如工作整合、雇佣和收入;纯粹的商业模式也存在问题,因为关键的社会维度不能解决。政府通过直接的公共投资、资助或其他捐赠方式尽管能够满足一些基本的需求,但事实上扶贫效果并不成功,相反使这一庞大群体的依赖性日益增强,使投入其中的经济资源也无从发挥效率,救助性资金的投入也给国家财政带来巨大压力[④]。与上述扶贫策略不同,社会企业混合了经济与社会双重目标,通过质疑先前解决复杂和持续的社会问题的方法,社会

[①] Ridley-Diff, Rory, and Mike Bull, *Understanding Social Enterprise*: *Theory& Practice* (London: Sage, 2011).

[②] Margolis, J. D., Walsh, J. P., "Misery Loves Companies: Whither Social Initiatives by Business?" *Administrative Science Quarterly* 2 (2003): 268 – 306.

[③] Cooney, K., T. Shanks, "New Approaches to Old Problems: Market-based Strategies for Poverty Alleviation", *Social Service Review* 1 (2010): 29 – 55; Heeks, R., Arun, S., "Social Outsourcing as a Development Tool: the Impact of Outsourcing IT Services to Women's Social Enterprises in Kerala", *Journal of International Development* 4 (2010): 441 – 454.

[④] 梁小民:《金字塔底层:企业未来竞争焦点》,《It 时代周刊》2005 年第 11 期,第 80 页。

企业采用了商业或私人企业的手段，区别于传统的非营利组织依赖于资助或捐赠，社会企业通过产品生产和服务提供采取新的解决方案，为社区和社会做出重大而多样化的贡献，从而更好地解决贫困问题[1]。相对于大企业和跨国公司，社会企业主要以小微企业为主，更能够贴近贫困群体，在加强贫困群体能力建设的同时实现了自身可持续性发展，能够为扶贫开发注入新的活力。

毫不奇怪，"社会企业代表了一种截然不同的提高社会福利的方式。通过将资本主义的内在激励与我们对改善社会问题和环境问题的日益增长的需求相结合，它有可能产生巨大的积极影响"[2]。它不仅是一个扶贫的工具，而且还是一门"好生意"。事实上，"寻求基于市场解决社会问题的办法已经越来越受欢迎"[3]。Dart 从制度角度解释了社会企业，他提出："鉴于当代社会对基于市场的解决方法和机制的迷恋，社会企业有可能保留和扩大其道德合法性。"[4]市场导向的方法承认穷人并不必然被商品和市场交易排除在外，将穷人作为消费者或生产者，寻求更加有效的模式为穷人创造价值。社会企业通过小额信贷、扶贫营销、公平供应链、适用技术、社会风险投资等创新方式建立起一个"包容性市场"，提高扶贫资金的使用效率，可持续地满足贫困群体的生活需求[5]。更为重要的是，社会企业可能拥有比传统企业更多的投资者。尽管社会企业在实现自我可持续方面具有优势，但其创造财富部分或全部地用于运营以及投资于社会使命的活动，也就是说社会企业财务底线是作为社会底线的支持角色而存在的，目的是为了减少贫困或改进特定贫困人群的生活质量。徐志明提出"提高扶贫投资效率的关键是在反贫困中引入市场机制，包括在贫困地区培育市场主体、培育市场经济发生与成长的条件、转变政府在反贫困过程中的

---

[1] Neck, H., C. Brush and E. Allen, "The Landscape of Social Entrepreneurship", *Business Horizons* 1 (2009): 13–19.

[2] Massetti, B., "The Duality of Social Enterprise: A Framework for Social Action", *Review of Business* 1 (2012): 50–64.

[3] Dees, J. G., "The Social Enterprise Spectrum: Philanthropy to Commerce", *Harvard Business Review* 4 (1996): 1–15.

[4] Dart, R., "The Legitimacy of Social Enterprise", *Nonprofit Management & Leadership* 4 (2004): 411–424.

[5] Goldsmith, A. A., "Profits and Alms: Cross-sector Partnerships for Global Poverty Reduction", *Public Administration & Development* 1 (2011): 15–24.

职能等"[1]。赵慧峰等分析了"扶贫+科技+市场"的"岗底模式"的成功经验[2]。我国学者宫留记提出了政府主导下市场化扶贫机制的几种创新模式,包括政府与社会资本合作模式(PPP)、政府购买服务、资产收益扶贫和电商扶贫等[3]。

3. 链接多元社会主体

扶贫是一项系统性工程,是国家治理现代化理念在贫困治理中的一次尝试。尽管政府掌握着扶贫政策大局,为贫困人口提供着最低生活保障制度以及医疗、教育等基本权益保障,但宏观层面的政策是普适性的,扶贫不只是要求"硬件"指标阶段性地"提上来",更要求贫困人口内在发展能力等"软件"指标可持续地"跟上去"。这样一个系统性、全局性的战略任务,不可能只依靠单一的政府权力主体、自上而下的垂直权力体系和通过权力来完成。扶贫离不开企业 CSR 的注入,以及企业 CSR、政府和非政府组织之间明确共同使命建立合作[4]。孙文中基于新发展主义主张建构一种"政府主导、市场运作、主体参与"的扶贫机制,政府以强制性为行为制定依据、规划方向,通过市场运作提高效率,社会组织和个人依靠互助与合作发挥其服务、筹资、监督等功能,在发展经济的同时消除贫困[5]。社会企业着眼于社会问题的解决,通过商业机制弥合政府、市场和社会三个部门的明显界限,同时注重发展营利和非营利的融合模式,是创新社会治理的有力抓手[6]。社会治理的角色是政府、企业、非营利组织等社会主体产生互动与合作的关系,这些参与社会治理的行动者,也都具有创新能力、创业能力和影响社会的能力,对社会环境产生超乎预

---

[1] 徐志明:《扶贫投资低效率与市场化反贫困机制的建立》,《乡镇经济》2008 年第 9 期,第 83~87 页。
[2] 赵慧峰、李彤、高峰:《科技扶贫的"岗地模式"研究》,《中国科技论坛》2012 年第 2 期,第 138~142 页。
[3] 宫留记:《政府主导下市场化扶贫机制的构建与创新模式研究——基于精准扶贫视角》,《中国软科学》2016 年第 5 期,第 154~162 页。
[4] Singer, A. E., "Business Strategy and Poverty Alleviation", *Journal of Business Ethics* 66 (2006): 225–231.
[5] 孙文中:《创新中国农村扶贫模式的路径选择——基于新发展主义的视角》,《广东社会科学》2013 年第 6 期,第 207~213 页。
[6] 李健、王名:《社会企业与社会治理创新:模式与路径》,《北京航空航天大学学报》(社会科学版)2015 年第 3 期,第 9~15 页。

期的作用。社会治理意味着包括社会企业在内的各扶贫主体,不仅为监督者的角色,也是治理架构与过程中的行动者,不仅相互之间密切合作,而且和政府有密切的关系,在政府无力或者是成效不高的扶贫环节进行介入。我国社会企业的一个毋庸置疑的突出特点是"体制内生成",这一特殊性也使中国社会企业具有了链接政府、社会和市场三大部门的独特属性[1]。在社会治理视阈下,政府不再是扶贫过程中独大的公共权威体,企业和非营利组织纷纷积极参与扶贫开发,与政府分享权力和资源,协力管理各类公共事务,实现优势互补,形成跨部门的网络协同治理机制。从这个意义上讲,社会企业的出现既是对治理失灵的响应,也是对新型治理的探索[2]。如果从多元目标价值特质加以考察,社会企业并非消极地将其视为市场、政府或志愿失灵下的残补性部门,其目标应在于积极整合市场、第三部门及政府成为一个混合体,从而化解深层次、复杂性的贫困难题,这与攻坚阶段的扶贫工作现状不谋而合。社会企业镶嵌于社会中,通过志愿性的集体行动,使社会目标得以具体实现,社会企业在市场中进行交易行为,接受风险投资者的投资,但其目的不在于追求其利益极大化,而是将利润回报于社会目标的利益相关者。当然,社会企业也可以接受政府补助,发挥公共政策实践的功能。因此,社会企业是国家、市场、社会三元互动的交汇点,具有中介空间的性质。更为重要的是,社会企业对于扶贫中的政府、社会组织和企业参与是一种互补而不是替代[3]。

(三)社会企业参与精准扶贫机制

"涓滴理论"以经济性增长为出发点,能够广泛满足社会各界的需求,但是因为缺乏对贫困人口的针对性扶持政策,所以难以缩小贫富差距;"瞄准理论"则以减少贫困为出发点,精确细致地进行专门帮扶,有利于改善贫困人口处境,但因为识不清、瞄不准等问题,难以在实践中发挥应有的作用。相对

---

[1] 李健、王名:《社会企业与社会治理创新:模式与路径》,《北京航空航天大学学报》(社会科学版) 2015 年第 3 期,第 9~15 页。
[2] Spear, R., "A Wide Range of Social Enterprise", in Carol, B., Defourny, J., *The Emergence of Social Enterprise* (London: Routledge, 2001), pp. 201 – 224.
[3] Fotheringham, S., Saunders, C., "Social Enterprise as Poverty Reducing Strategy for Women", *Social Enterprise Journal* 3 (2014): 176 – 199.

来说,"涓滴理论"强调有多元化作用的措施,"瞄准理论"则更加注重精准化的帮扶。两者各有优长,虽视角不同但内涵相通。"涓滴"是"精准"的基础,脱离了"涓滴","精准"便无从谈起;"精准"是"涓滴"的进一步延伸,能够更好地发挥出"涓滴"的作用。两者的有机结合既能够保证扶贫资源投入的准确性,又可以实现扶贫资源投入的有效性,是真正实现贫困人口摆脱贫困的关键所在。这也就要求我们把"瞄准理论"强调的精准和"涓滴理论"带来的多元化紧密结合起来,使其互相补充、互相促进,推动扶贫攻坚任务的完成。社会企业作为一种创新的扶贫力量,不仅能够克服传统扶贫主体的不足,还可以有效整合"涓滴理论"和"瞄准理论"的优势,为精准扶贫的推进提供了一种新的实施方案。简单来讲,社会企业可以发展"产业扶贫"的同时"涓滴"使真正的穷人受惠,在"瞄准穷人"的同时运用市场导向的方法实现其可持续发展。

1. 贫困对象识别的筛选机制

精准识别是精准扶贫的基础,是通过一定的方式将低于贫困线的家庭和人口识别出来,同时找准这些家庭或贫困人口的关键性因素。贫困是多维的,不仅受收入水平影响,还同住房、健康、教育、社区环境等多种因素相关①。因此如果脱离实践与现实因素的考虑,标准化的工具很难将贫困人口精准识别出来。精准扶贫对扶贫信息要求"数字在地化、数字系统化、数字逻辑化",也即关于扶贫对象的描述性数据要周延而丰富、扶贫信息需要形成档案系统等②。社会企业具有强烈的社会价值导向,它利用商业手段为穷人服务、关注穷人的经济增长。社会企业通常是为最贫困、缺乏能力、缺少话语权的一类人群所"量身定制"的,更加适应贫困人口的变动性特点。面对"瞄准理论"实践过程中瞄不准的问题,社会企业重视贫困人口的主体性,主张发挥他们自身的创造性及能动性,使他们摆脱依赖心理,从而有效避免因贫困人口识别不充分而带来的困扰。与此同时,社会企业还通过巧妙地设计自动筛选机制将非贫困对象排除在外,不仅能够解决精

---

① 陆汉文:《落实精准扶贫战略的可行途径》,《国家治理》2015 年第 38 期,第 28~31 页。
② 王雨磊:《数字下乡:农村精准扶贫中的技术治理》,《社会学研究》2016 年第 6 期,第 119~142 页。

准识别环节中的"瞄不准"问题,还可以降低贫困人口识别过程中产生的行政成本①。这种自动瞄准机制还能够针对贫困的动态变化,进一步看到除了收入之外的多维贫困,从多个角度瞄准穷人,采取更有针对性、更有效的措施,进行精准帮扶,这弥补了以往漫灌式、输血式扶贫方式的缺陷,创新了以往的扶贫方式。以小额贷款为例,社会企业通常设定如下筛选机制:一是贷款对象要接受为期两周的培训,如果不是确实需要贷款的人就不会参加;二是贷款对象须定期参加机构组织的娱乐、培训活动②;三是小组连保,如果有一人偿还不上,小组内其他成员负有偿还贷款的连带责任。尽管上述机制并非为"贫困瞄准"而设计,但这种基本性、内核性的制度安排客观上起到了过滤掉非贫困对象的效果,提高贫困人口获得贷款的概率③。

2. 贫困对象帮扶的发展机制

精准帮扶的内涵要义与"撒胡椒面"和"一刀切"的帮扶方式是有根本区别的,它要求对通过精准识别出来的贫困户和贫困人口考虑其贫困的具体原因,在此基础上采取因地制宜的帮扶措施。精准帮扶要充分尊重被帮扶客体的实际情况,重视个性化差异的贫困原因④,但目前完全由政府主导的精准扶贫,要么定位在区域层面,要么定位在产业层面,始终无法跳出科层制的窠臼,显然也无法满足贫困对象个体的差异性需求。Shackleton认为扶贫应该优先支持居民而不是发展企业,除非后者有真正的潜力。证据显示,只有在特定案例中当地资源交易活动能够转化为可持续的、全职的、高收入的工作⑤。通常情况下真正的穷人对于政府提供的帮扶受益较少或者被剥夺了权利,而帮助穷人建立资本、知识(通过教育和技能培训)或资产,是扶贫的关键。社会企业直接瞄准贫困对象,不仅是

---

① 李健、张米安、顾拾金:《社会企业助力扶贫攻坚:机制设计与模式创新》,《中国行政管理》2017年第7期,第67~71页。
② 张瑜、李东林:《民族地区社会组织公共服务"参与式"供给的效果评价——以宁夏扶贫与环境改造中心为例》,《中国集体经济》2012年第15期,第187~188页。
③ 李金亚、李秉龙:《贫困村互助资金瞄准贫困户了吗——来自全国互助资金试点的农户抽样调查证据》,《农业技术经济》2013年第6期,第96~105页。
④ 田景娟:《精准扶贫的内涵、实践困境及其原因分析——基于务川仡佬族苗族自治县的调查》,《当代经济》2015年第33期,第94~95页。
⑤ Shackleton, S., Policy Brief. Ameliorating Poverty in South Africa through the Natural Resource Commercialisation: How Can NGOs Make a Difference? (Ph. D. diss., Rhodes University, 2009).

识别人口,更是识别贫困对象的需求。不同的贫困群体定义了未被满足的需求,社会企业能够可持续性满足贫困群体的社会需求,并在此方面积累了很多有益经验①。社会企业通过提供技术技能培训、就业岗位与金融资本使穷人处于主体地位,让"发展"攥在他们自己手中,实现真正的精准帮扶,保证了脱贫的可持续性。社会企业扶贫的积极意义在于:①社会企业可以把扶贫资金增值后的收益,按所享受优惠政策的一定比例返还给贫困地区,作为地方财政的扶贫资金来源,即把作为市场主体的扶贫开发企业的部分利润转化为政府扶贫的公共资源;②社会企业可以通过资源开发、加工、销售等一系列活动,把贫困地区潜在资源优势转化为商品优势和市场优势;③社会企业可以定向招募贫困地区的劳动力就业;④社会企业可以通过自己的市场行为和市场活动,把纷繁复杂的市场信息反馈到信息闭塞的贫困地区,引起人们观念和思维方式的改变②。

3. 扶贫资金管理的分配机制

精准扶贫政策下,政府财务支持很大部分依旧是救助开发性支持,在地方政府存在自利动机以及贫困户套利预期的现实情况下,资金使用不当等行为难以避免,精准管理渗透在精准扶贫的各个细节之中却又难以全局监控。为了避免资金走跑漏,地方政府又倾向于采用新的"漫灌方式"来分配资金,精准扶贫演变成新的一轮"大众俘获",如此一来,不仅造成了有限扶贫资源的巨大浪费,也难以实现精准扶贫的目标。相比之下,社会企业具有自身关于分配的企业哲学(Distributive Enterprise Philosophy),由于受资产锁定(Asset Lock)和限制利润分配的约束,可以很好地解决扶贫资金的分配问题。其中,资产锁定是指社会企业家投资给社会企业的资产往往意味着放弃对资产的所有权,在投入的同时就意味着不再享受这一权力,一旦社会企业进行破产清算,社会企业的资产要交给同类机构代为管理,而不是交给投资者,这样就保证了扶贫资产的固化。限制利润分配是指社会企业利用市场机制可以获得一定的收入,但这种收益并不能全部用于投

---

① Seelos, C., Mair, J., "Social Entrepreneurship Creating New Business Models to Serve the Poor", *Business Horizons* 3 (2005): 241-246.
② 赵昌文、郭晓鸣:《贫困地区扶贫模式:比较与选择》,《中国农村观察》2000年第6期,第65~71页。

资者的分配。世界上不同国家对社会企业设置了不同的收益分配限制，这样的做法可以保证社会企业的收入可以返还到自身，继续用于为受益对象服务，或者用于复制成型的商业模式。由此可见，在扶贫资金管理方面，社会企业的分配机制既能够有效保障投资者的利益，又可以避免扶贫资金被俘获的风险，确保资源真正"涓滴"给穷人，充分发挥有限资金的涟漪效应，使穷人获得持续性的经济回报[1]。政府把扶贫资源投资于社会企业，不仅可以避免资金"跑冒滴漏"的现象，节约政府扶贫开支，使扶贫资金间接流入贫困对象，发挥有限资金的涟漪效应。比如，宁夏盐池小额贷款的社会企业模式很好地实现了资金的精准管理。一方面通过为贫困群体提供贷款使他们增加收入以摆脱贫困；另一方面，贷款的利润盈余为社会企业组织的可持续发展提供了支持，而不必依赖于外界的援助，为公益事业的持续发展奠定了基础[2]。

4. 扶贫工作考核的参与机制

农村贫困问题涉及很多方面，农民的组织化问题是其中一个基本面[3]。在常态下，贫困农民的组织化是农民走向市场，推进农业产业化并延伸利润链条的重要条件，是贫困农民改善公共服务和自我服务机制的基础[4]。社会企业以组织内部治理取代外部考核，通过吸引贫困帮扶对象和其他利益相关者的广泛参与，对扶贫对象、扶贫资金乃至扶贫主体进行全方位、全过程的考核。当穷人被赋予更多的权利，贫困才有可能消除，最大化分配而不是利润，实现"股东价值最大化"向"利益相关者最大化"的转变[5]。该参与机制消除考核工作所需的高支出，降低扶贫工作的成本，将扶贫对象和外部利益相关者有效整合到扶贫工作中。社会企业通过经营和投资使穷人成为员工、供应

---

[1] 李健、张米安、顾拾金：《社会企业助力扶贫攻坚：机制设计与模式创新》，《中国行政管理》2017年第7期，第67~71页。

[2] 彭婧、李东林：《宁夏盐池小额贷款的实践：社会企业视角》，《中国非营利评论》2010年第2期，第223~231页。

[3] 陈锡文、赵阳、罗丹：《中国农村改革30年回顾与展望》，人民出版社，2008，第483~493页。

[4] 陆汉文、史翠翠.：《社会企业与贫困村庄产业发展——四川省民乐村灾后生计重建案例研究》，载陆汉文、蔡志海主编《社会企业评论》，社会科学文献出版社，2013.

[5] Diochon, M., "Social Entrepreneurship and Effectiveness in Poverty Alleviation: A CaseStudy of a Canadian First Nations Community", *Journal of Social Entrepreneurship* 3 (2013): 302 – 330.

商、客户或所有者,也利用其盈余或利润和其他资源来帮助穷人成为价值链管理、社区治理上的合作伙伴以及成为社区、行业和社会转型上的合作伙伴,激发穷人的主人翁责任感,培育了穷人的自我监督和自我发展能力,确保了扶贫项目的可持续性[1]。其他外部利益相关者积极参与扶贫工作的考核,壮大了扶贫工作的中坚力量。由于各主体与扶贫工作高度相关,利益相关者在扶贫工作考核过程中,能对扶贫程序的实施和扶贫项目的落实进行有效的监督,保障扶贫投入产出比例的合理性,减少政府在扶贫过程中的过度干预,促进扶贫攻坚进程。典型案例是农民合作社。作为一种经济现象和组织行为,农民合作社通过嵌入村落社会而拓展发展的自主空间。一方面,它与农民有着密切的联系,原本就是弱势农户联合成立的自主自治组织;另一方面,它又构成政府与贫困农户之外的第三方,能够成为政府与农民之间的中介组织。如果由政府领导下的村委会来承担识别贫困户的任务、解决"扶持谁"的问题,由农民合作社来承担扶持主体的角色、化解"谁来扶"的难题,通过合作社的产业项目、技术培训、金融合作等解决"怎么扶"的问题[2],就能构建起分工明确、责任到位的扶贫新格局,有利于提升精准考核的效率。社会企业通常采取民主治理方式,成员在组织中的权力并不是以资本所有权为主,这有效地避免了因个人利益带来的瞄准失误问题。而完善的内部制衡机制在很大程度上发挥自我管理的作用,也降低了外部监督和管理的成本。

作为一种重要的社会创新,在精准扶贫的各个环节中吸引社会企业参与,是破解现阶段扶贫问题可供选择的路径(见图4)。相对于传统扶贫主体,社会企业通过提供给穷人有益的商品和服务,创造出了可持续的社会影响并改进生活机会和质量,提供了一种系统和整合性的贫困解决方案。更为重要的是,社会企业可以和商业企业一样,通过风险投资实现规模化扩张,并同时获得财务和社会回报。

---

[1] Uphoff, N., *Rural Development: Putting the Last First, by Robert Chambers*(London: Longman, 1984).
[2] 赵晓峰、邢成举:《农民合作社与精准扶贫协同发展机制构建:理论逻辑与实践路径》,《农业经济问题》2016年第4期,第23~29页。

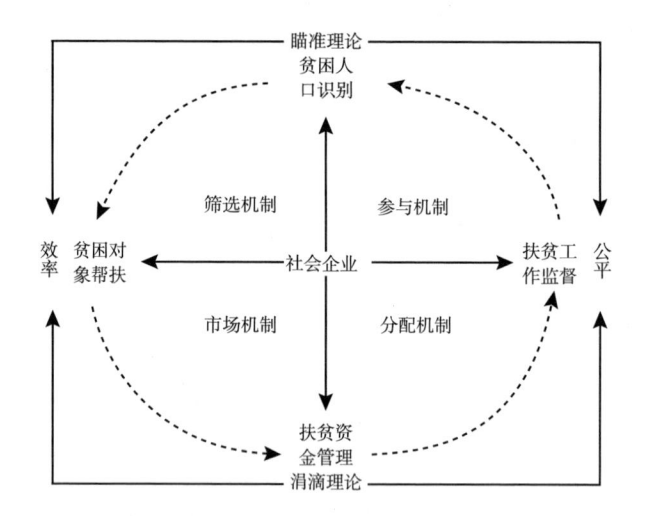

图 4　社会企业参与精准扶贫机制

资料来源：李健、张米安、顾拾金：《社会企业助力扶贫攻坚：机制设计与模式创新》，《中国行政管理》2017年第7期，第67~71页。

三　社会企业助力精准扶贫模式

扶贫攻坚任务的复杂性不仅需要完善扶贫工作流程与机制，还要求不断创新出多样化的扶贫模式，从而更好地满足各种贫困人群的差异性需求。这里的社会企业运营模式不拘泥于组织或法律结构层面的描述，相反，而是用于创造社会价值和经济价值的配置，可以同时应用在机构、项目或服务递送层面。运营模式被用于保持与社会企业财务和社会目标、使命、市场动态、受益对象需求或能力以及法律环境等方面取得一致。

Alter通过使命导向（Mission Orientation）和项目整合（Business/program Integration）两个维度对社会企业模式进行了类型学划分：第一个维度将社会企业划分为使命中心型社会企业（Mission-centric Social Enterprise）、使命相关型社会企业（Mission-related Social Enterprise）和使命不相关型社会企业（Social Enterprise Unrelated to Mission）；第二个维度将社会企业划分为嵌入式社会企业（Embedded Social Enterprise）、整合式社会企业（Integrated Social Enterprise）和外部式社会企业（External Social Enterprise），在这两个维度基础上，他将社会企业划分为基本模式、结合模式和增长模式三类[①]。为了说明社会企业助力精准扶贫的模式，我们结合精准扶贫的领域和受益对象进行了调整，总结出四种社会企业助力精准扶贫的模式：基本模式、复合模式、增长模式和公私合作模式。本文中的社会企业参与精准扶贫模式分类与Alter的模式分类有以下几点区别：首先，Alter的模式分类是关于社会企业商业模式的分类，而不是社会企业参与扶贫的商业模式的分类，也就是说其中有一些商业模式并不适合社会企业扶贫；其次，Alter的分类中不包括与政府合作的部分，而实际上社会企业作为链接政府、市场和公众的混合组织，在助力精准扶贫中往往离不开与政府通力合作，我们专门建立了公私合作模式进行探讨。为了更直观地反映出上述模式之间的具体区别，我们用图5列出相关图例，同时每一种模式我们搭配了一个国内社会企业的案例，以支撑这种模式的现实可行性。

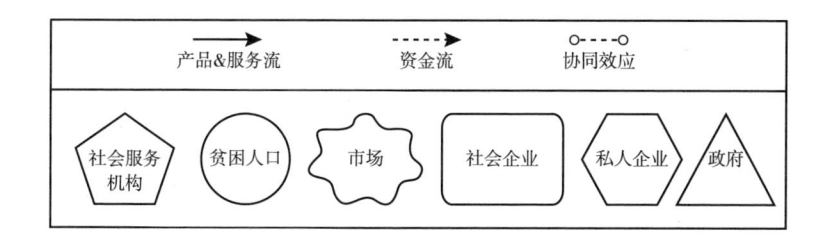

图5　相关图例

资料来源：根据 Alter 修改。Alter, K., "Social Enterprise Typology", *Virtue Ventures LLC*（2007）。

（一）基本模式（Fundamental Model）

基本模式既可以是复合的，也可以是增长的，目的都是为了最大化价值创造。基本模式又具体包括以下八种模式。

[①] Alter, K., "Social Enterprise Typology", *Virtue Ventures LLC*（2007）.

1. 企业支持模式（Entrepreneur Support Model）

企业支持模式是指社会企业面向贫困人群出售商业支持和财务服务，然后贫困人群再向市场出售他们的产品或服务（见图6）。企业支持模式经常是嵌入式的，社会方案就是商业活动，其核心宗旨是通过向贫困人群提供销售服务便利他们的自我财务可持续性。同时，社会企业通过这种产品销售实现自身的财务可持续，并利用收入来覆盖自身运营成本。经济发展组织，包括小额信贷、小微企业（SME）或商业发展服务（BDS）都用到这一模式。商业服务的一般类型包括：财务、管理咨询、专业服务（会计、法律、市场信息）、企业支持的科技和产品。

图6 企业支持模式

资料来源：根据 Alter 修改。Alter, K., "Social Enterprise Typology", *Virtue Ventures LLC*（2007）。

2. 市场中介模式（Market Intermediary Model）

市场中介模式面向贫困人群提供服务，帮助他们进入市场（见图7）。社会企业的服务增加了贫困人群的产品价值，尤其是这些服务包括了产品发展、产品和市场援助以及信用等。社会企业作为市场中介全部购买消费者生产的产品，或者帮助其运送到高度边缘的市场进行溢价销售。市场中介模式通常是嵌入式的，社会方案本身就是商业活动，核心使命是强有力的市场并且通过帮助贫困人群发展和销售他们的产品从而便利贫困人群的财务安全性。社会企业一般通过销售贫困人群的产品实现财务可持续，收入用来支付商业运营的开销及覆盖其他运营成本。市场供给合作社、公平贸易、有机农业和手工艺品等领域经常使用市场中介模式。

3. 雇佣模式（Employment Model）

雇佣模式提供雇佣机会和就业训练给贫困人群，尤其是他们因残疾、无家可归、犯罪前科、怀孕等问题面临就业障碍时。社会企业雇佣贫困群体在公开市场出售社会企业生产的商品和服务（见图8）。这一商业模式为贫困人群提

图 7　市场中介模式

资料来源：根据 Alter 修改。Alter K，"Social Enterprise Typology"，*Virtue Ventures LLC*，(2007)．

供体面的工作，并充分考虑贫困人群技能发展及其能力、限制的一致性，其商业可行性也得以体现。雇佣模式也通常是嵌入式的，社会方案本身就是商业活动，核心是为贫困人群创造就业机会。给贫困人群提供的社会支持服务比如工作教练、柔性技能训练、物理疗法、精神健康咨询或室内训练，为贫困人群创造能动的工作环境。社会企业通过销售产品和服务在财务上实现自我可持续，收入用于支付标准的运营开支以及雇佣贫困人群所产生的额外社会成本。雇佣模式通常被一些残疾人或者青年组织采用，比如服务低收入妇女、药物成瘾康复者和无家可归的人等。这类社会企业往往集中于景区企业、咖啡馆、书店、二手商店、信息服务、面包房、木工或机器修理等。

图 8　雇佣模式

资料来源：根据 Alter 修改。Alter, K., "Social Enterprise Typology"，*Virtue Ventures LLC*（2007）。

4. 低收入服务对象业务模式（Low-income Client as Market Model）

低收入服务对象业务模式强调社会企业以接入型的价格、渠道、产品特征等给贫困群体提供商品或服务（见图 9）。这些商品或服务包括：健康、医疗和卫生服务、设施服务等其他必需服务等。社会方案是嵌入性的，嵌入在提供贫困人群健康、教育，有质量的生活和机会等产品和服务上。收入来源于商品和服务销售，并被用于覆盖机构的成本，然而，因为贫困人群的收入不可持续,这一模式下社会企业实现财务自由很难,必须依赖于发展创造性的分销系统,降低产品和市场成本,实现较高的运营效率,对需要补贴的细分市场进行交叉补贴。

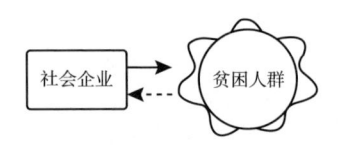

图9 低收入对象业务服务模式

资料来源:根据 Alter 修改。Alter, K., "Social Enterprise Typology", Virtue Ventures LLC (2007)。

5. 合作社模式 (Co-operative Model)

合作社模式提供了直接的利润给目标群体或服务对象,合作社成员包括:市场信息、技术援助、延伸服务、讨价还价权力、规模购买的经济性、产品或服务的接入、成本产品或服务的外部市场接入(见图10)。合作社成本是合作社的主要利益相关者,获得利润、就业、服务,也将自身的资源、金钱、产品和劳动力投资给合作社。合作社模式是嵌入式的,社会项目是商业本身。合作社的核心任务是提供会员服务,财务自我可持续性会员的产品和服务销售实现的。合作社的收入用于用于支持会员服务。合作社社会企业包括农业市场合作社等,与公平贸易企业有很多合作,诸如咖啡、可可、酒、茶叶等企业,还有一些非农业产品企业,比如手工艺品企业等。

6. 市场链接模式 (Market Linkage Model)

市场链接模式社会企业为贫困人群和外部市场之间的合作提供便利。社会企业扮演一个经纪人的角色,链接买者和生产者,并且通过这些服务来收费(见图11)。出售市场信息和研究服务是市场链接模式的第二种类型。与市场中介服务模式不同,这一类型的社会企业并不销售贫困人群的产品,而是链接贫困人群与市场。市场链接模式既可以是嵌入的,也可以是整合的。对于后一种模式,社会方案与商业活动是重叠的。许多行业协会、合作社、私人部门伙伴和商业发展项目使用这一模式,主要领域包括进出口、市场研究或经纪人服务等。

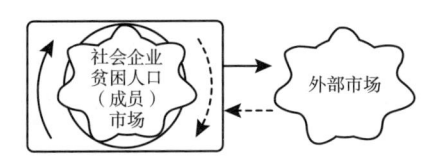

图 10　合作社模式

资料来源：根据 Alter 修改。Alter, K.,"Social Enterprise Typology", *Virtue Ventures LLC*（2007）。

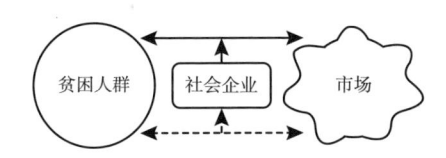

图 11　市场链接模式

资料来源：根据 Alter 修改。Alter, K.,"Social Enterprise Typology", *Virtue Ventures LLC*（2007）。

7. 服务资助模式（Service Subsidization Model）

服务资助模式向外部市场销售产品和服务，并利用所产生的收入资助社会方案。服务资助模式经常是整合式的，商业活动和社会方案重叠在一起，共同分担成本、资产、运营、收入，并且经常是方案导向的（见图12）。尽管服务资助模式经常作为一种财务机制而存在——其商业部分与社会使命通常是相互独立的——商业活动可以扩大或增加组织的使命。采取服务资助模式的社会企业通常经营很多类型的业务，包括有形资产业务（建筑物、土地、设备）和无形资产业务（方法、知识、关系或品牌）。固定资产业务很难与组织社会项目相关，无形资产所联系的核心社会服务的商业化部门很容易与组织的社会项目相关。我们通常称这种为"杠杆"，利用这种杠杆的收入来发展社会企业是不受限制的。这种模式是社会企业最普遍的模式，实际上可以应用于任何项目。如果可以产生足够的收入用于回报母体组织，这一模式可以转化为组织支持模式。

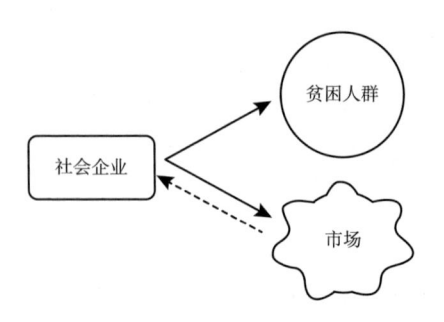

图 12　服务资助模式

资料来源：根据 Alter 修改。Alter, K., "Social Enterprise Typology", *Virtue Ventures LLC* (2007)。

8. 组织支持模式（Organizational Support Model）

组织支持模式主要面向外部市场或社会公众销售产品和服务。在某种情况下，贫困人群就是消费者（见图13）。组织支持模式经常是外部型的。商业活动与社会方案相分离。社会企业的净收入提供了社会方案成本的资金流以及母体组织的运营开支。尽管组织支持模式能够产生社会贡献，利润而非社会影响是这一模式的前提。这种社会企业被创造作为一种资金机制，并且通常作为一种附属企业而存在，由母体组织所有或控制，成功的社会企业会覆盖大部分母体的开支或所有预算。类似于服务支持模式，组织支持模式几乎可以应用于任何一种商业类型。这一模式在西方国家跨部门非营利组织中十分常见。

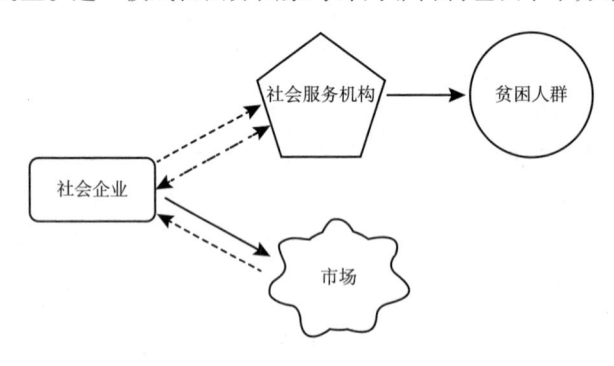

图 13　组织支持模式

资料来源：根据 Alter 修改。Alter, K., "Social Enterprise Typology", *Virtue Ventures LLC* (2007)。

（二）结合模式（Combining Model）

1. 复合模式（Complex Model）

复合模式的社会企业结合了两个或更多的运营模式。复合模式是弹性化的，事实上任何数量或类型的运营模式都可以结合在一个社会企业之中（见图14）。复合被结合用于实现期望的影响或者收入目标。例如，运营模式落入整合或外部模式的社会企业类型可能希望产生更多的财务回报，然而嵌入模式的社会企业提供更多的社会产出，复合模式可以产生双重目标。如果对于贫困人群适合，雇佣模式经常与其中另外的模式结合在一起可以增加社会价值，比如雇佣和组织支持模式。运营模式经常组合在一起作为一种自然分化或者社会企业成熟时期的增长战略。

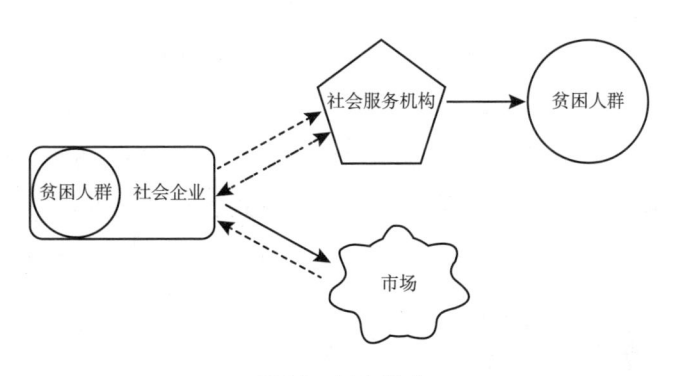

图 14　复合模式

资料来源：根据 Alter 修改。Alter, K., "Social Enterprise Typology", *Virtue Ventures LLC*（2007）。

2. 混合模式（Mixed Model）

许多非营利组织运营很多个不同的社会项目，不同项目的服务对象、社会部门、市场、使命或核心能力可能不同（见图15）。混合模式是一种传统，而非例外。

（三）增长模式（Enhancing Model）

1. 特许模式（Franchise Model）

社会企业可以将"被证实的社会企业模式"特许给其他社会企业运营作为自己的商业部分。特许增加了具有可行性却未实现规模化的社会企业，通过

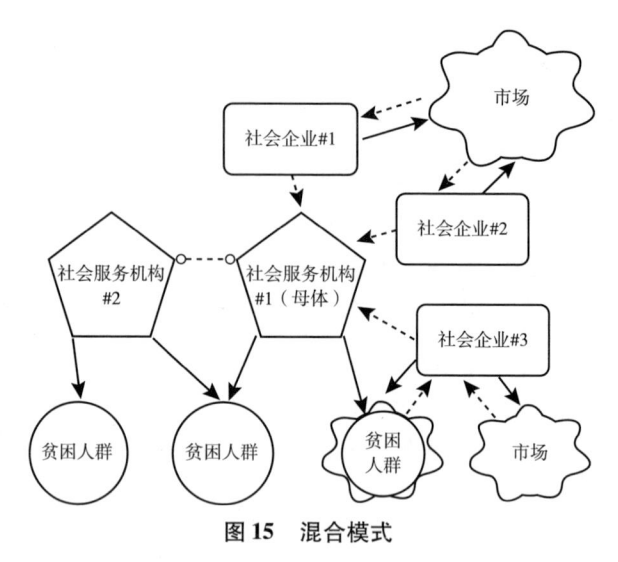

图 15　混合模式

资料来源：根据 Alter 修改。Alter, K., "Social Enterprise Typology", *Virtue Ventures LLC*（2007）。

复制。例如，一家雇佣残疾人的咖啡馆，当其雇佣 12 个或更少的残疾人时，可以是有利润的。然而，如果特许的话，连锁加盟的咖啡馆可能创造数百个残疾人就业机会。因此，特许模式通过经营复制增加了规模化和社会价值创造。使用者使用社会企业模式或方法等支付特许费，并且提供技术支持。购买特许权可以使社会企业专注于运营被证实有效的模式，而不是担心哪一种类型的模式开始着手，卖哪种产品，进入哪一个市场。特许本身可以是非常成功的并且可以复制的模式。社会企业模式可以是上述任何列表中的，依赖于商业的领域和目标（见图 16）。

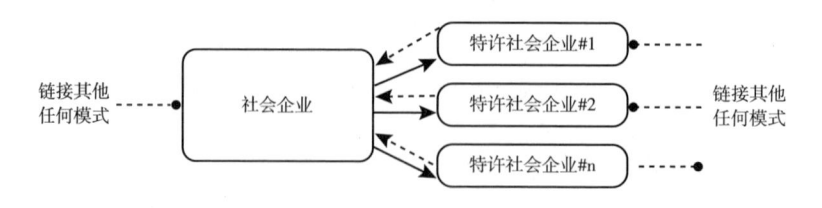

图 16　特许模式

资料来源：根据 Alter 修改。Alter, K., "Social Enterprise Typology", *Virtue Ventures LLC*（2007）。

2. 私人—非营利组织合作伙伴关系模式（Private-Non-profit Partnership Model）

私人—非营利伙伴模式是一种企业和非营利组织之间建立的互益型商业伙伴或者联合创业形式。伙伴关系可能发生在一个既存的社会企业，或者导致新的实体或利润中心的产生。社会企业可能是也可能不是使命导向的，以及杠杆利用非营利组织的资产，比如与其贫困人群、社区、商标或专业技术的关系。对于营利组织来说，伙伴关系希望一个或更多的利益，比如较低的成本；减少的限制，改进社区关系或公共形象，促进新的产品发展，渗透新的市场，或者增加销售。合作伙伴关系对于非营利组织的好处是财务回报、市场或商标权，如果活动与使命相关，则会产生社会影响。市场经常是外部的，面向公众，但也存在支付者和服务对象同一的情况。私人—非营利组织合作伙伴关系也可以联合创业、许可协议或正式的伙伴关系（见图17）。

图17　私人—非营利组织合作伙伴关系模式

资料来源：根据 Alter 修改。Alter, K., "Social Enterprise Typology", *Virtue Ventures LLC*（2007）。

值得注意的是，非营利组织使用"伙伴关系"不严谨地等同于公司慈善或善因营销。私人—非营利组织合作伙伴关系是参与一个社会企业中积极运营模式的伙伴关系，并不是简单的商业关系，可以是其他社会企业模式中的资助者、消费者或供应者。

（四）公私合作模式（PPP Model）

1. 政府与社会资本合作模式（Public-Private-Partnership Model）

政府与社会资本合作又称为PPP（public-privatre-partnership）模式，即公私合作模式，指的是在基础设施、公共工程与公共服务领域由政府与非政府主体合作共赢的供给机制[①]。在PPP模式中，政府会成立一个投融资平台用于资

---

① 宫留记：《政府主导下市场化扶贫机制的构建与创新模式研究——基于精准扶贫视角》，《中国软科学》2016年第5期，第154~162页。

金的整合和投放，这一平台和以社会资本为代表的私人强企业共同投资一个项目（也有可能是政府投融资平台单独出资，项目建成后，社会资本租赁经营）。政府投融资平台的资金来源于中央和地方各级财政专项扶贫资金、整合后的涉农资金以及来自政策性银行的贷款或其他方式组成的项目间接融资部分。社会资本来源于企业自有资金和商业或政策性贷款部分。以社会资本为代表的公司对该PPP项目具有经营权，经营产生的经济效益构成分为两大部分，分别是扶贫受益和需要缴纳的租金，租金部分作为政府平台的收益用于返还政策性银行的贷款本金及利息，扶贫效益溢出用于返还入股该扶贫项目的贫困户，实现贫困户的精准脱贫。另一部分产生的产业性经营收益作为企业的收益回到企业的日常经营当中，用于项目的扩大再生产和企业的留存收益[1]。在PPP模式下，各参与主体之间是平等协商的关系，政府、社会资本之间的关系得以重塑，传统的全能政府贫困治理模式逐渐被打破，新的精准协同合作治理模式形成，这种"利益共享、风险共担、合作共赢"的共同体关系，有利于实现扶贫救助主体间的良性互动和功能互补[2]（见图18）。

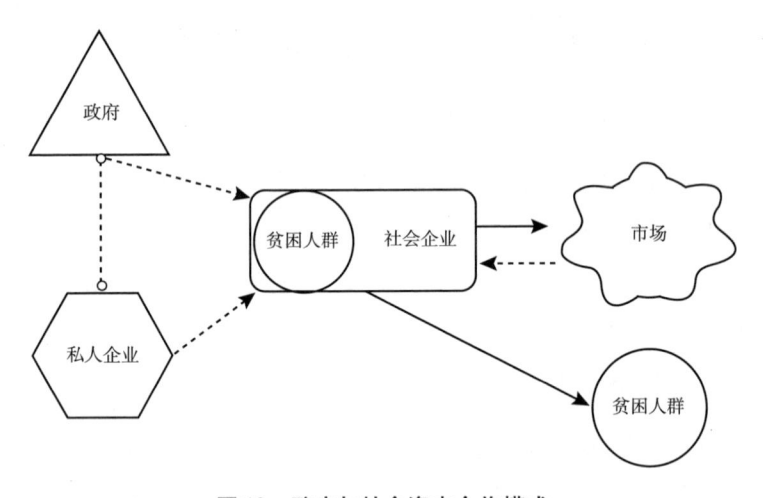

图18 政府与社会资本合作模式

资料来源：作者绘制。

---

[1] 魏加威等：《产业扶贫引入社会资本的PPP融资模式研究》，《财会通讯》2017年第32期，第8~10页。

[2] 顾耕耘：《公私合作的法律调整与制度保障》，北京大学出版社，2016。

2. 政府支持模式（Government Support Model）

政府支持模式是指政府通过非资产性投入的形式支持社会企业参与精准扶贫，具体包括政府补助和政府购买服务。政府支持模式与PPP模式的根本区别是，政府支持不作为社会企业资本投入，也不从中获得任何受益。其中，政府补助是指社会企业在参与精准扶贫过程中从政府无偿取得货币性资产或非货币性资产，但不包括政府作为所有者投入的资本（见图19）。我国目前主要的政府补助包括：财政贴息、研究开发补贴、政策性补贴。政府补助的特征是无偿性、直接取得资产。政府部门既有货币性的政府补助，如财政拨款、财政贴息和税收返还，也有非货币性资产形式的政府补助，如向社会企业无偿划拨的土地等。因为根据市场经济条件下政府补助的原则和理念，政府补助主要是对企业特定产品由于非市场因素导致的价格低于成本的一种补偿。政府购买社会服务是指政府将原来直接提供的公共服务，通过直接拨款或公开招标等方式，交给有资质的社会企业来完成，最后根据择定者或中标者所提供的公共服务数量和质量来支付相应服务费用，也就是通常而言的，"百姓点菜、政府买单、社会力量干活"。对于贫困地区的医疗、养老、教育、科技等服务完全可以通过政府购买服务的形式予以解决，甚至可以直接购买扶贫服务[①]。合作的双方往往致力于长期的合作关系，政府部门会主动邀请或以公开招标的形式选择有一定服务能力的社会企业，根据项目申请书选择合适的对象进行协商谈判，共同确定服务方案。

图19 政府支持模式

资料来源：作者绘制。

3. 社会影响力债券模式（Social Impact Bond Model）

社会影响力债券（SIB）是基于结果付费（Payment Based Results，PBR）

[①] 宫留记：《政府主导下市场化扶贫机制的构建与创新模式研究——基于精准扶贫视角》，《中国软科学》2016年第5期。

的一种形式①，起源于2007年的英国，当时乔治·布朗首相要求社会行动委员会（The Council of Social Action，CoSA）"生成政府和其他关键利益相关者能够参与社会行动的方案"②。具体而言，SIB是一项社会融资创新和合同安排，政府利用它来实施公共/私人伙伴关系（public/private partnership，简称PPP）。如果一个项目成功且有利可图，政府会偿还投资者。但如果项目没有达到既定的目标，政府就不承担风险，而由投资者承担损失③。作为多利益相关者的创新机制，社会影响债券旨在通过政府和私营部门之间的伙伴关系为社会问题提供资金，目标是在节省政府资金的同时提供更有效的社会服务。

SIB的基本操作流程为：政府与私人企业（社会影响债券发行组织）签订合同获得社会服务。政府完全或几乎完全依赖于社会影响债券发行组织能否达到绩效目标。社会影响债券发行组织通过向市场（私人投资者）发行债券来筹集运营资金，这些投资者既可以是私人慈善家，也可以是慈善信托，他们提供前期资金，以换取政府支付的部分，如果绩效目标实现的话，这些支付将会被兑现。社会影响债券发行组织使用运营资金与服务提供商（社会企业）签订合同，提供满足绩效目标所需的服务。首先，债券发行机构从私人投资者那里筹集资金，并将这些资金捐赠/支付给社会企业以补偿运营成本。如果达到业绩目标，政府就会向私人企业（社会影响债券发行组织）支付款项。最后，私人企业使用这些支付来偿还市场（私人投资者），并为投资者提供他们最初投资的回报，SIB的具体运行机制如图20所示④。

社会影响力债券又可以进一步细分为中介模式、服务模式、慈善伙伴模式和央地合作模式等⑤，但无论哪种模式，在实施SIB之前，政府都应该考虑许多

---

① 这里使用债券一词并不完全精确，因为支付并不是确定的。
② Strickland, P., *Social Impact Bonds—The Pilot at Peterborough Prison*, http://parliament.uk/briefing-papers/SN05758.
③ Foroogh Nazari Chamaki, *What is Social Impact Bond? How to Implement it? How to Evaluate and Monitor it?* (Ph. D. diss., Easetern Mediterranean University, 2015).
④ Liebman, J. B., "Social Impact Bonds: A Promising New Financing Model to Accelerate Social Innovation and Improve Government Performance", *Center for American Progress* (2011).
⑤ Foroogh Nazari Chamaki, *What is Social Impact Bond? How to Implement it? How to Evaluate and Monitor it?* (Ph. D. diss, Easetern Mediterranean University, 2015).

重要的概念。第一，应确定 SIB 是否适用于当地扶贫的实际情况，然后找到正确的政策干预措施。第二，找到最好的分析工具，设计一个符合扶贫项目规范的模型，并对合同结构进行模糊化，力图使所有各方都能够积极地参与到精准扶贫中来，从取得的成果中获益是至关重要的。第三，所有阶段都需要进行监控，并最终确定项目是否达到了预期的结果，并最终按照 SIB 的合同完成支付来完成项目。

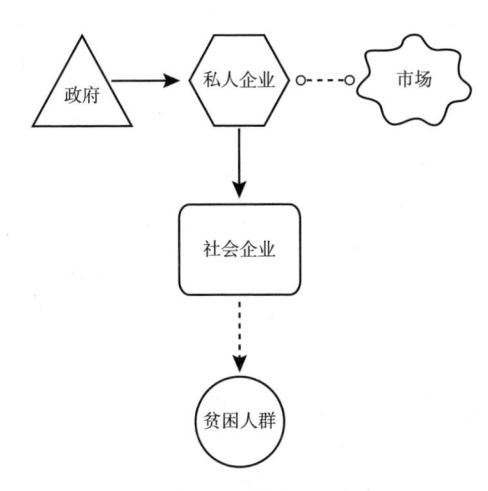

图 20　社会影响力债券模式

资料来源：根据 Foroogh Nazari Chamaki 修改。Foroogh Nazari Chamaki, *What is Social Impact Bond? How to Implement it? How to Evaluate and Monitor it?* (Ph. D. diss., Easetern Mediterranean University, 2015)。

四　支持社会企业参与精准扶贫的政策建议

作为一个兼具社会性、文化性、可持续性、公益型等多种目标的社会企业，是农村扶贫开发过程中最具活力、最能代表农村扶贫开发目标与精神的组织，社会企业能够在带动经济增长、解决就业困难、满足社会和环境需求、改进和完善公共服务、建立道德和公平交易市场、促进社会公平与包容等方面产生重要的作用。社会企业的发展和完善也能够起到缓解政府公共产品、公共服务供给压力，增强企业社会责任感，缓解社会弱势群体的矛盾，改善企业社会形象的作用。从现实情况来看，支持社会企业的发展，形成扶贫攻坚的长效机制，应是今后扶贫政策调整的重要方向之一。

（一）支持社会企业参与精准扶贫：一个利益相关者模型

在精准扶贫作为国家战略的背景下阐明社会企业的作用是十分有效的，有利于社会企业为所在社区做出更多建设性的贡献。毋庸置疑，推动社会企业参与扶贫需要企业、政府、社会组织和社会企业共同努力，为穷人实现可衡量的进步，但跨部门合作的可能性在现实中往往于各方利益差别太大，难以开展有意义的合作，尤其是为了解决像扶贫这样的复杂性问题。

Simpson 曾发展出一个利益相关者模型，为促进社会企业参与精准扶贫提供了一个多方合作的视角（见图21）。这个综合模型展示了主要利益相关者是如何与社会企业互动的，体现了社会的主要利益相关者如何在不改变其基本角色的情况下可以为社会企业做出贡献[1]。这一模型既是一个概念工具，也是一个交流工具，目的是让他们愿意直接参与社会企业。在实践中，非营利企业和营利企业都要对产品质量和价格等市场需求负责，但是，它们与政府的关系却扮演了相反的角色。例如，公众和政府都可以担任意见领袖的重要角色。事实上，这个角色是最重要的，因为公众对社会企业的态度，特别是在社会意识增强的时代，可以显著影响整体采购和资金模式。正如社会企业理念通过模糊非营利和营利、社会福利和创收的界限来跨越传统思维的门槛，社会企业利益相关者模型赖于存在多个激励机制的不同群体，利用社会企业的强烈动机，既是为了广泛的社会福利，也是为了减贫。

这一模型中的主要利益相关者及其角色如下。

执法者——政府可以执行新的或现有的法律，特别是税收和结构法律，以帮助社会企业取得成功。

激励机构——政府可以鼓励利益相关者通过减税和监管来利用社会企业。

意见领袖——公众和政府可能会通过各种公共行为来引起社会企业的关注。最终，政府和公众的态度，加上他们对商业行为的期望，可能会对社会企

---

[1] Simpson, J. P., *Addressing Poverty Through Social Enterprise* (Ph. D. diss, Texas Christian University, 2013).

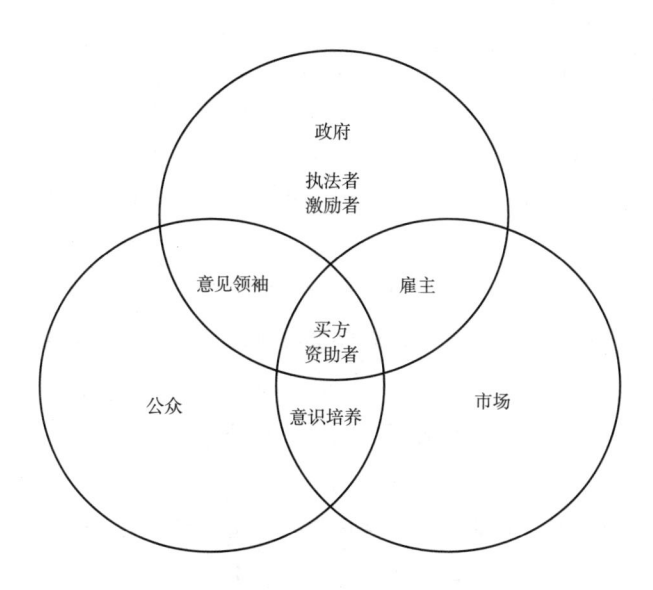

图 21　社会企业利益相关者的角色

资料来源：根据 Simpson 修改。Simpson, J. P., *Addressing Poverty Through Social Enterprise* (Ph. D. diss., Texas Christian University, 2013).

业的认知和使用意愿产生巨大的影响。

买方——在质量和价格与其他选择等同时，政府、公众和企业可以选择购买社会企业的产品和服务。营利企业一般不会从社会企业购买，尤其是社会企业的产品或服务成本高于市场价格时。相反，公众可能特别愿意购买社会企业的商品或服务。

资助者——政府、公众和企业都可以通过拨款、捐赠和慈善捐赠资助社会企业运作，或支持与社会企业的培训和发展计划。

雇主——政府和企业可以雇佣从社会企业离职去寻找另一份工作的贫困人口。

意识培养者——公众和企业通过采购或其他形式的支持培养社会企业的意识。公众可以通过购买它们的品牌产品，与朋友谈论这些组织，以及通过社交媒体推广社会企业，来提高社会企业的意识。当企业从社会企业购买产品时，可能会将企业的使命意识传达给自己的员工、其他行业的企业和消费者。

（二）支持社会企业参与精准扶贫的具体策略

根据利益相关者模型，我们可以识别出不同利益相关者在支持社会企业参与精准扶贫中的角色和作用，进一步地，我们提出以下具体措施。

1. 政府角色

在扶贫问题上，政府是社会企业最重要的利益相关者，也是坚定的合作伙伴。从政府公共权威的地位来看，政府拥有排他性的立法和执法职能，可以扮演执法者和激励者的双重角色。社会企业参与精准扶贫面临的合法性挑战，需要政府做出支持的决策，以保证适当的系统、结构、资源的落实，从而产生积极效果。

我国社会企业缺乏认定标准和法律身份是阻碍社会企业参与精准扶贫的重要障碍。一方面，很多个人或单位在开办社会企业的时候，并不清楚什么是社会企业，不知道社会企业在组织目标、收入来源、利润分配、资产处置和治理结构等方面的特点。另一方面，很多机构对外声称自己是社会企业，但又缺乏权威的依据，造成了社会企业认知的失调与紊乱。一个典型案例就是2017年摩拜单车入围首届中国社会企业大奖引发公众热议。相应地，由于缺乏法律身份，社会企业无法享受政府出台的各项优惠政策。因此，通过一个合法的法律结构确保对社会企业的保护、可持续和问责性，这无疑对社会企业获得认知、公众支持和信任是非常关键的。发达国家的经验表明，相对于慈善法的"过时"，高效且有弹性的公司法、合作社法乃至社会企业法都是社会企业立法的良好实践。另一方面，社会企业同时并举社会使命和财务回报的双重目标使其在发展中也离不开政府公共政策的支持。在很多国家，政府公共政策都是社会企业发展的基石[1]。我们应结合我国社会企业发展的实际情况，尽快制定并出台支持社会企业发展的相关政策，为社会企业提供相关配套支持，尤其注意的是将社会企业纳入国家现有的精准扶贫、区域扶贫和产业扶贫等政策支持范畴，充分释放社会企业参与扶贫攻坚的潜力。

政府除了可以运用政策和法律支持社会企业参与精准扶贫外，还可以与公

---

[1] 郑胜分、刘育欣：《社会企业政策支持系统之初探》，《社区发展季刊》2013年第143期，第28~38页。

众和市场建立合作，共同为社会企业提供多项支持。桑切斯（Sanchez）考察了世界各国支持社会企业发展的措施，提出了10种政府促进社会企业发展的公共政策工具：法律形式、财务刺激、公共采购系统、资助、公共创投基金、担保基金、社会影响债券、宣传活动、孵化器和加速器、教育培训和能力建设[1]。根据前文的利益相关者模型，我们提炼出以下几个方面的举措建议：首先，要在全社会宣传、推广社会企业这一新生事物，让全社会普遍认识到社会企业对于增强社会福利的作用与价值，尤其是加强党政机关、其他社会机构等对社会企业的认知，促进各界与社会企业广泛合作[2]。其次，在竞争条件下，政府加大对部分社会企业产品和服务的公共采购力度，能够增进政府与社会企业的合作，扩大社会企业的成果影响力，使社会企业家得到成就满足，加强其开展社会企业参与精准扶贫的动力。在具体做法上，相对于有些国家在公共支出中划出一定金额或者比例专门采购社会企业的产品或服务，我们建议在同等条件下优先购买社会企业。再次，政府可以为扶贫类社会企业提供初期最需要的基础设施等营运费用，使社会企业的经费支出更加具有弹性，并因应社会企业类型、发展环境与经营市场不同选择进行资助；这些资助应建立起阶段性退场机制，阶段性资助社会企业1~2年创业计划，让社会企业逐渐脱离政府辅助独立营运，减少对公共资源的依赖[3]。最后，由于社会企业对贫困人群进行了工作培训和训练，贫困人群不再是缺乏工作能力的、单纯依赖于慈善救助的对象，政府可以建立贫困人群就业信息的供需平台，鼓励和支持企业雇佣从社会企业离职的贫困人群，避免使贫困人口再度返贫。根据实际情况也可以给予相应的补贴，比如枣阳市为鼓励各类市场经营主体参与精准扶贫工作，规定凡在枣阳市境内注册的各类市场经营主体，每带动一个建档立卡贫困人口就业，两年内每年给予20万元额度的贷款贴息。各类专业合作社、种植养殖大户、家庭农场、农业大户每年贴息贷款额度不超过100万元；其他涉农项目、龙头

---

[1] Sanchez, B., *10 Policy Tools that Governments are Implementing to Spur Social Enterprise*, http://blogs.worldbank.org/dmblog/10-policy-tools-governments-are-implementing-spur-social-enterprise，最后访问日期：2016年10月14日。

[2] 黄江松、于晓静：《扶持社会企业发展要突破四大障碍》，《前线》2012年第9期，第41~42页。

[3] 李健：《政府如何促进社会企业发展——来自新加坡的经验》，《经济体制改革》2016年第5期，第9~24页。

企业每年贴息贷款额度不超过500万元[①]。

2. 公众角色

首先,社会企业需要有来自社会公众的意见领袖。社会企业植根于一国的政治经济文化制度之中,不同国家因造成贫困的根源和问题表现不同,相应地,社会企业在参与扶贫过程中也有着不同的侧重和面向。加强对社会企业的理论研究,建立起社会企业的本土化知识体系,对损害社会企业的行为予以控制和纠正,从政府、企业、非政府组织、公民各方面提高对社会企业的全面认识,就显得十分有必要。从社会公众角度来说,首先要有一批社会企业家或政策企业家发挥理念传播、政策倡导的角色,尤其是在当前政府各部门,尤其是在扶贫相关部门对社会企业所知甚少的情况下,需要面向全社会宣传、推广社会企业这一新生事物,让社会公众普遍认识到社会企业对于增强社会福利的作用与价值,同时加强相关党政机关、事业单位等对社会企业的认知,促进各界与社会企业广泛合作[②];其次,结合我国扶贫工作所处的发展阶段和所面临的主要问题,从工具理性的角度出发明确社会企业的概念范畴;最后,学界要加强我国社会企业助力精准扶贫的实证研究,不断总结社会企业助力扶贫攻坚的典型案例和所取得的实际效果,并设立社会企业奖项、社会企业日或社会企业周,宣传和报道知名社会企业或社会企业家的故事或经验。

其次,社会公众可以通过捐赠或购买产品或服务等多种形式支持扶贫类社会企业的发展。一方面,社会企业通常被形容为"三条腿"的凳子,可以灵活吸收政府补助、商品交易和社会捐赠三方面的资源。社会公众可以通过捐赠时间(志愿服务)、捐赠金钱和物资的形式支持扶贫类社会企业发展,减少扶贫类社会企业发展的成本。目前我国社会企业无论采用企业还是社会组织形式在吸收社会公众捐赠方面还存在一些障碍,这种情况会随着《慈善法》的出台有所好转,但未来依然需要政府有专门针对社会企业的政策出台。另一方面,在西方国家,"道德消费"(ethical consumption)已经成为社会企业的一个重要收入来源。而我国社会公众对于道德消费文化准备不足,正如南都基金

[①] 杨洋:《企业聘用贫困人口 政府给予贴息贷款》,《襄阳日报》2016年12月1日,第6版。

[②] 黄江松、于晓静:《扶持社会企业发展要突破四大障碍》,《前线》2012年第9期,第41~42页。

会理事长徐永光先生所言："什么叫道德消费，国外的消费者，他愿意给这些慈善类的机构拿出更高的价格来购买慈善类机构的产品。中国的消费者他说你不是慈善机构嘛，你还收我这么高的价格，你应该便宜一点，甚至免费给我，比如说你要搞培训，商业机构按照一个价格收费，慈善机构、NPO搞培训，他就不愿意付费。这实际上在国外是道德消费，反过来成为道德绑架，这些非常不利于中国企业在社会的发展①。未来政府、公众、企业以及媒体要增强对"道德消费"的关注和倡导，使人们不仅关注产品价格、质量、分销等问题，而且日益开始关注市场交易的道德层面，要求对他们所购买产品的生产、加工、原材料采购过程和工人的稳定收入进行监督。

最后，加强各类弱势群体和特殊人群对社会企业运作理念与运营方式的了解认识，提升贫困群体的主动参与意识，并促进贫困群体自助互助精神的生成。与此同时，积极引导事业单位、工商企业和社会组织在内的社会力量向社会企业转型创造有利条件，并积极地鼓励不同社会主体开展竞争，这意味着会有更多的社会力量来试图解决扶贫问题。当前启动社会企业立法条件还不成熟，短期内一个行之有效的策略是在不改变原有社会力量法律身份的情况下推行社会企业认证。

3. 市场角色

首先，社会企业不仅是一个扶贫的工具，而且是一门"好生意"，投资给社会企业在未来将会是一个通过社会财富建设经济繁荣的关键工具②。然而，当下我国社会企业遭遇了普遍的资金困境，无论是传统的银行贷款还是新兴的风险投资都难以进入，不仅影响了社会企业的组织规模壮大和商业模式的复制，还严重限制了其扶贫作用的发挥。为此，一方面政府要打开政策窗口，为社会企业提供融资便利，支持社会企业通过发行股票、债券、上市、银行贷款等方式吸引社会投资；另一方面，社会风险投资家可以尝试通过公益创投、SPPP、影响力债券等形式投资给社会企业，包括政府也可以考虑创新扶贫资金的使用方式，以发挥有限扶贫资金的涟漪效应。

---

① 徐永光：《公众对道德消费的文化准备不足》，http://finance.sina.com.cn/hy/20101203/11089050855.shtml，最后访问日期：2010年12月3日。

② Mariam, D. G., *Social Enterprise for Development: A New Tool for Global Poverty Reduction*, http://www.oikocredit.ca/，最后访问日期：2014年7月18日。

其次,商业企业既是社会企业的合作伙伴,也可以是社会企业的重要客户,双方进行合作寻求共赢。企业可以通过采购扶贫类社会企业的商品和服务等形式支持其发展,进而帮扶贫困人口。相比社会公众的零散消费,企业采购不仅采购数量多,采购市场范围宽,还能够有效拓宽社会企业渠道。比如,前锋集团就与壹基金羌绣帮扶计划签订了为期三年的战略合作伙伴协议,通过长期购买帮扶中心的羌绣产品来帮助阿坝州羌族家庭灾后重建。在这之后,蒙牛、联想、中国移动等知名大企业先后向羌绣下了大额订单,得以使后来的成都文锦公司、汶川文锦公司等以绣品为中心的商业化运作走上正轨。到2009年末,四川羌寨绣庄的产值就超过百万元,旗下已有绣娘1000多人。又如,按2009年末统计,汶川文锦公司已在汶川、理县、茂县培训、帮扶农村及城镇低收入妇女8000多人,发放工资600多万元,生产绣品70多万件,实现产值1800多万元①。

再次,商业企业可以通过雇佣社会企业离职的员工来支持贫困人群。就业是解决贫困的关键手段,目前政府号召很多商业企业直接聘用贫困人群到企业工作,然而,这些贫困人群缺乏必要的工作能力,与企业的岗位又缺乏匹配,这种"拉郎配"给企业造成了不小的经济负担。社会企业自身由于存在经营不善等问题导致员工无法继续在社会企业工作,这些离职的员工经过了相关业务培训具备工作技能,企业通过聘用同行业或者业务相关的贫困人群,一方面可以节省企业自身开支,招募到合适的工作人员,另一方面也可以履行企业社会责任,梳理企业良好的社会形象。此外,本身很多社会企业就是劳务输出型的,他们为贫困人口提供必要的工作训练和技能培训,通过与这一类社会企业建立合作关系,雇佣其培训对象,既是对社会企业发展的支持,也同时帮助到了贫困人群。

最后,商业企业也可以与社会公众合作培养社会企业家精神。一些有社会责任感的商界精英可以通过公益的形式参与到社会企业培育体系,充分发挥他们的经验和才能,为社会企业提供经营管理和市场策略等方面的培训。另外,还应重视培养年轻一代的社会责任感和社会创业精神,在大中学校开设社会企

---

① 陈煦:《震后羌绣文化保护与发展模式考察》,http://www.scge.gov.cn/Item/12491.aspx.,最后访问日期:2010年12月17日。

业方面的课程以及开展相关宣传活动,增进青少年对于社会企业的了解和认同,培育具备公益理念和创新精神的未来社会企业家。

参考文献

白丽、赵邦宏:《产业化扶贫模式选择与利益联结机制研究》,《河北学刊》2015年第4期。

曹慧敏:《"小额贷"式扶贫》,《中国投资》2014年4月9日。

陈煦:《震后羌绣文化保护与发展模式考察》,http://www.scge.gov.cn/Item/12491.aspx.,最后访问日期:2010年12月17日。

陈元:《农村扶贫中非政府组织(NGO)的参与》,《农业经济》2007年第6期。

成丽英:《"富平模式"——就业与扶贫的创新探索》,《调研世界》2003年第10期。

邓维杰:《精准扶贫的难点、对策与路径选择》,《农村经济》2014年第6期。

葛志军、邢成举:《精准扶贫:内涵、实践困境及其原因阐释——基于宁夏银川两个村庄的调查》,《贵州社会科学》2015年第5期。

宫留记:《政府主导下市场化扶贫机制的构建与创新模式研究——基于精准扶贫视角》,《中国软科学》2016年第5期。

黄江松、于晓静:《扶持社会企业发展要突破四大障碍》,《前线》2012年第9期。

兰小林、刘人瑜、庄天慧:《贫困地区发展社会企业的路径研究》,《2012年中国社会学年会:社会企业与农村扶贫开发论文集》,银川,2012年。

李健:《政府如何促进社会企业发展——来自新加坡的经验》,《经济体制改革》2016年第5期。

李健、王名:《社会企业与社会治理创新:模式与路径》,《北京航空航天大学学报》(社会科学版)2015年第3期。

李健、张米安、顾拾金:《社会企业助力扶贫攻坚:机制设计与模式创新》,《中国行政管理》2017年第8期。

李金亚、李秉龙:《贫困村互助资金瞄准贫困户了吗——来自全国互助资金试点的农户抽样调查证据》,《农业技术经济》2013年第6期。

李盛基、吕康银、孙哗:《中国扶贫资金支出结构的动态减贫效果研究》,《技术经济与管理研究》2014年第8期。

梁小民:《金字塔底层:企业未来竞争焦点》,《It时代周刊》2005年第11期。

陆汉文:《落实精准扶贫战略的可行途径》,《国家治理》2015年第38期。

莫元圆:《我国精准扶贫所面临挑战及对策研究》,《市场研究》2016年第1期。

农业部农村经济体制与经营管理司：《全国农业产业化组织总数达 38.6 万个》，http：//jiuban. moa. gov. cn/zwllm/zwdt/201607/t20160720_ 5213051. htm，最后访问日期：2016 年 7 月 20 日。

搜狐网：《我国农村贫困现状：2015 年贫困发生率为 5.7%》，http：//www. sohu. com/a/116442990350221，最后访问日期：2016 年 10 月 18 日。

孙文中：《创新中国农村扶贫模式的路径选择——基于新发展主义的视角》，《广东社会科学》2013 年第 6 期。

田景娟：《精准扶贫的内涵、实践困境及其原因分析——基于务川仡佬族苗族自治县的调查》，《当代经济》2015 年第 33 期。

王兴国、王新志：《农业龙头企业扶贫的理论阐释与案例剖析》，《东岳论丛》2017 年第 1 期。

王蔚：《"公平贸易"：扶贫新概念》，《文汇报》2017 年 9 月 19 日，第 1 版。

王宇、李博、左停：《精准扶贫的理论导向与实践逻辑——基于精细社会理论的视角》，《贵州社会科学》2016 年第 5 期。

向德平、黄承伟：《中国反贫困发展报告（2015）——市场主体参与扶贫专题》，华中科技大学出版社，2015。

徐志明：《扶贫投资低效率与市场化反贫困机制的建立》，《乡镇经济》2008 年第 9 期。

徐永光：《公众对道德消费的文化准备不足》，http：//finance. sina. com. cn/hy/20101203/11089050855. shtml，最后访问日期：2010 年 12 月 3 日。

徐月宾、刘凤芹、张秀兰：《中国农村反贫困政策的反思——从社会救助向社会保护转变》，《中国社会科学》2007 年第 3 期。

姚迈新：《对扶贫目标偏离与转换的分析与思考——政府主导型扶贫模式中的制度及行动调整》，《云南行政学院学报》2010 年第 3 期。

杨浩、汪三贵：《"大众俘获"视角下贫困地区脱贫帮扶精准度研究》，《农村经济》2016 年第 7 期。

杨洋：《企业聘用贫困人口政府给予贴息贷款》，《襄阳日报》2016 年 12 月 1 日，第 6 版。

万广华、张藕香、伏润民：《1985～2002 年中国农村地区收入不平等：趋势、起因和政策涵义》，《中国农村经济》2008 年第 3 期。

王萌萌：《社会企业参与扶贫的现实价值、实践困境与路径优化》，《兵团党校学报》2016 年第 3 期。

王雨磊：《数字下乡：农村精准扶贫中的技术治理》，《社会学研究》2016 年第 6 期。

汪三贵：《中国新时期农村扶贫与村级贫困瞄准》，《管理世界》2007 年第 1 期。

汪伟楠：《社会企业与扶贫领域的社会创新探析——以格莱珉银行与友成普融公司

为例》,《新西部》2013 年第 29 期。

赵晶、关鑫、仝允恒:《面向低收入群体的商业模式创新》,《中国工业经济》2007 年第 10 期。

赵长吻、郭晓鸣:《贫困地区扶贫模式:比较与选择》,《中国农村观察》2000 年第 6 期。

赵慧峰、李彤、高峰:《科技扶贫的"岗地模式"研究》,《中国科技论坛》2012 年第 2 期。

赵晓峰、邢成举:《农民合作社与精准扶贫协同发展机制构建:理论逻辑与实践路径》,《农业经济问题》2016 年第 4 期。

张全红:《中国农村扶贫资金投入与贫困减少的经验分析》,《经济评论》2010 年第 2 期。

张琦:《企业参与扶贫开发的激励与动力机制研究——以陕西省"府谷现象"为例》,《中国流通经济》2011 年第 4 期。

张瑜、李东林:《民族地区社会组织公共服务"参与式"供给的效果评价——以宁夏扶贫与环境改造中心为例》,《中国集体经济》2012 年第 15 期。

郑瑞强、王芳:《社会企业反贫困作用机制分析与发展策略探讨》,《经济体制改革》2013 年第 2 期。

中国行政管理学会联合调研组:《引入扶持龙头产业,通过产业引导农民尽快脱贫——对甘肃庆阳精准扶贫的调查》,《中国行政管理》2017 年第 8 期。

Acharya, Meena, "Non-governmental Organization (NGO) -Led Development Strategy in Nepal", in Bhatachan, Krishana B. and Chaitanya? Mishra (eds.), *Developmental Practices in Nepal* (Kathmandu: Central Department of Sociology and Anthropology, 1997), pp. 69 – 99.

Advani, A., "Industrial Clusters: A Support System for Small and Medium-sized Enterprises, Private Sector Development", *World Bank Occasional Paper*, No. 32, World Bank, Washington, DC, 1997.

Aghion, P., Bolton, P., "A Theory of Trickle-down Growth and Development", *The Review of Economic Studies* 64 (2) (1997): 151 – 172.

Agyapong, Daniel, "Micro, Small and Medium Enterprises' Activities, Income Level and Poverty Reduction in Ghana—A Synthesis of Related Literature", *International Journal of Business and Management* 12 (2010): 196 – 205.

Ahluwalia, M. S., Carter, N. G., Chenery. H. B., et al., *Growth and Poverty in Developing Countries* (World Bank, 1979).

Aina, Olayinka Chris Mnitp, RTP, Amnes, "The Role of SMEs in Poverty Alleviation in Nigeria", *Journal of Land Use and Development Studies* 3 (2007): 124 – 131.

Aminuzzaman, Salahuddin, "NGOs and the Grassroot Base Local Government in

Bangladesh: A Study of Their Institutional Interaction", in Farhad, Hossain. , Susanna, Mylllyla (eds.), *NGOs Under Challenge Dynamics and Drawbacks in Development* (Helsinki: Ministry of Foreign Affairs, Finland, 1998), pp. 84 – 104.

Barrett, C. B. , "Food Aid Effectiveness: It's the Targeting, Stupid!" New York: Cornell University, *Working Paper*, 2002.

Beck, T. , Demiruc-Kunt, A. and Maksimovic, V. "SMEs? Growth and *Poverty-Do Pro-SME* Policies Work?" World Bank Policy Research, *Working Paper*, No. 268, 2004.

Beilefeld, W. , Murdoch, J. C. , Waddell P. , "The Influence of Demographics and Distance on Profit Location", *Nonprofit and Voluntary Sector Quarterly* 2 (1997): 207 – 225.

Besley. T. , Coate, S. , "The Design of Income Maintenance Programmes", *Review of Economic Studies* 2 (1995): 187 – 221.

Blowfield, M. E. , Dolan, C. "Fairtrade Facts and Fancies: What Kenyan Fairtrade Tea Tells Us About Business' Role as Development Agent", *Journal of Business Ethics* 2 (2010): 143 – 162.

Brown, I. David, *Organizational Barriers to NGO Strategic Action*, In Proceedings of the ANGOC Regional Seminar on NGO Strategic Management in Asia (Manila: ANGOC, 1988), pp. 25 – 27.

Brown, L. David. and Korten, David C. , "Working More Effectively with Non-governmental Organizations", in Samuel? Paul and Arturo? Israel (eds.), *Nongovernmental Organizations and the World Bank Co-operation for Development* (Washington D. C. : World Bank, 1991), pp. 44 – 93.

Borzaga, C. , Spear, R. , (eds.), *Trends and Challenges for Co-operatives and Social Enterprises in Developed and Transition Countries*, Trento, Italy, 2004.

Bourguignon, F. , "The Poverty Growth Inequality Triangle", Indian Council for Research on International Economic Relations New Dehli Working Papers, 2009.

Clark, J. "The State, Popular Participation, and the Voluntary Sector", *World Development* 4 (1995): 593 – 601.

Coady, D. , Grosh, M. and Hoddinott, J. , "Targeting Outcomes Redux", *The World Bank Research Observer* 1 (2004): 61 – 85.

Coltfelter, C. T. (ed.), *Who Benefits from the Nonprofit Sector?* (Chicago: University of Chicago Press, 1992).

Cook, P. and F. Nixon, "Finance and Small and Medium-sized Enterprise Development", DPM, University of Manchester, Finance and Development Research Programme Working paper Series, Paper No. 14, 2000.

Dacanay, M. L. M. (ed.), *Creating A Space in the Market: Social Enterprise Stories in Asia*, Makati City: Asian Institute of Management and Conference of Asian Foundations and

Organizations, 2004.

Dacanay, M. L. M. , "Social Entrepreneurship: An Asian Perspective", in Robinson et al. (eds), *International Perspectives on Social Entrepreneurship* (Palgrave Macmillan, 2009)

Dart, R. , "The Legitimacy of Social Enterprise", *Nonprofit Management & Leadership 4* (2004): 411 – 424.

Datt, G. and Ravallion, M. , "Is India's Economic Growth Leaving the Poor Behind?" *Journal of Economic Perspectives3* (2002): 89 – 108.

Dees, J. G. , "The Social Enterprise Spectrum: Philanthropy to Commerce", *Harvard Business Review 4* (1996): 1 – 15.

Dey, P. , C. Steyaert, "The Politics of Narrating Social Entrepreneurship", *Journal of Enterprising Communities 1* (2010): 85 – 108.

DFID, *What is Pro-poor Growth and Why do We Need to Know? Pro-poor Growth Briefing Note*, London: DFID (2004).

Dhakal, T. N. , "Dynamics and Drawbacks of SWC'S Promotional Support to NGOs in Nepal", *PAAN Journal9* (1999): 304 – 313.

Diochon, M. , "Social Entrepreneurship and Effectiveness in Poverty Alleviation: A Case Study of a Canadian First Nations Community", *Journal of Social Entrepreneurship3* (2013): 302 – 330.

Edwards, M. , Hulme, D. , "NGOs Performance-What Breeds Success? New Evidence from South Asia", *World Development 2* (1999): 361 – 374.

Fan, S. , Hazell, P. and Thorat, S. , "Linkages between Government Spending, Growth and Poverty in Rural India", Research Report 110, Washington, DC: IFPRI, 1999.

Fan, S. , Zhang, L. , Zhang, X. , Growth, "Inequality and Poverty in Rural China: The Role of Public Investments", Research Report125, Washington, DC: IFPRI, 2002.

Fans, Jitsuchon, S. and Methakunnavut, N. , "The Importance of Public Investment for Reducing Rural Poverty in Middle-income Countries: The Case of Thailand", DSGD Discussion Paper 7, Washington, DC: IFPRI, 2004.

Fan, S. , Zhang, X. and Rao, N. , "Public Expenditure, Growth and Poverty Reduction in Rural Uganda", DSGD Discussion Paper 4, Washington, DC: IFPRI, 2004.

Fields, G. S. , Mitchell, O. S. , "The Effects of Social Security Reforms on Retirement Ages and Retirement Incomes", *Journal of Public Economics 1* (1984): 143 – 159.

Fotheringham, S. , Saunders, C. , "Social Enterprise as Poverty Reducing Strategy for Women", *Social Enterprise Journal 3* (2014): 176 – 199.

Fotheringham, S. , *Social Enterprise for Low-income Women: A Valuable Component of Anti-poverty Work in Canada* (Ph. D. diss. , University of Calgary, 2016).

Foroogh Nazari Chamaki, *What is Social Impact Bond? How to Implement it? How to Evaluate and Monitor it?* (Ph. D. diss, Easetern Mediterranean University, 2015).

Fowler, A., *Striking a Balance: A Guide to Enhance the Effectiveness of Non-governmental Organizations in International Development* (London: Earthscan Publication, 1997).

Fowler, A., "NGO Futures: Beyond Aid: NGDO Values and the Fourth Position", *Third World Quarterly* 4 (2000): 589 – 605.

Gebremarian, G. H., Gebremedhin, T. G., and Jackson, R. W., *The Role of Small Business in Economic Growth and Poverty Alleviation in West Verginia: An Empirical Analysis*, The paper at the American Agricultural Economics Association Annual Meeting, Denver, Colorado, 2004.

Ghimire Jagadish, *NGO Development in Nepal*, In Community Development Service Association, Social Development and INGOs Activies in Nepal (Kathmandu: Community Development Service Association, 1999), pp. 7 – 8.

Goldsmith A. A., "Profits and Alms: Cross-sector Partnerships for Global Poverty Reduction", *Public Administration and Development* 31 (2011): 15 – 24.

Gomanee, K., Morrissey, O, Mosley, P., Verschoor, A., "Aid, Pro-poor Government Spending and Welfare", *Credit Reseach Paper 3* (Nottingham: University of Nottngham, CREDIT, 2003).

Harrod, R. F., *Towards a Dynamic Ecnomics* (London: Macmillan, 1948); Domar, E., *Essays in the Theory of Economic Growth* (New York: Oxford University Press, 1957).

Heeks, R., Arun, S., "Social Outsourcing as A Development Tool: The Impact of Outsourcing IT Services to Women's Social Enterprises in Kerala", *Journal of International Development* 4 (2010): 441 – 454.

I. Christopher Imoisili, *The Role of Cooperatives in Poverty Alleviation* (Paper Presented at the 44th Annual International Convention/30th Annual General Meeting of the Caribbean Confederation of Credit Unions, CCCU, at the Maho Beach Resort, St. Maarten, Netherlands Antilles, West Indires, on Wednesday, 2001).

Karnani, "A Failure of the Libertarian Approach to Reducing Poverty", *Asian Business&Management1* (2010): 5 – 21.

Keynes, J. M., *The General Theory of Employment, Interest and Money* (London: Macmillan, 1936).

Klasen, S.. "Economic Growth and Poverty Reduction: MeasurementIssues Using Income and Non-income Indicators", *World Development 3* (2008): 420 – 445.

Lars Lvar Berger and Espen Viianger, "Business Development for Poverty Reduction", Norwegian Church Aid, 2015.

Lee, M., Wolch, J. R., Walsh, J., "Homeless Health and Service Needs: An Urban

Political Economy and Service Distribution", in R. Kearns, W. Gesler (eds), *Putting Health into Place*: *Landspace, Identity, and Well-being* (New York: Syracuse University Press, 1999) pp. 120 – 142.

Liebman, J. B, *Social Impact Bonds*: *A Promising New Financing Model to Accelerate Social Innovation and Improve Government Performance* (Center for American Progress, 2011).

Lodge, G. C., Wilson, C., "Multinational Corporations and Global Poverty Reduction", *Challenge 3* (2006): 17 – 25.

Lombard, W., VanWyk, R., "The Housing Development NGOs Offering Housing Education and Training Programmes in South Africa", *Journal of Family Ecology and Consumer Science 29* (2001): 28 – 36.

London, T., "Improving the Lives of the Poor? Assessing the Impacts of a Base-of-the-Pyramid Perspective", *Working Paper* (William Davidson Institute, 2007).

London, T., "The Base-of-the-pyramid Perspective: A New Approach to Poverty Alleviation", in Solomon, G. T. (ed.), *Academy of Management Best Paper Proceedings* (2008).

London, T., Hart, S. L., "Reinventing Strategies for Emerging Markets: Beyond the Transnational Model", *Journal of International Business Studies 5* (2004): 350 – 370.

London, T., Rondinelli, D. A., "Partnerships for Learning: Managing Tensions in Nonprofit Organizations' Alliances with Corporations", *Stanford Social Innovation Review 3* (2003): 28 – 35.

Mariam, D. G., *Social Enterprise for Development*: *A New Tool for Global Poverty Reduction*, http://www.oikocredit.ca/, 最后访问日期: 2014 年 7 月 8 日.

Mair, J., Marti, I., "Entrepreneurship in and around Institutional Voids: A Case Study from Bangladesh", *Journal of Business Venturing*, 24 (5) (2009): 419 – 435.

Mair, J. Robinson and K. Hockerts (eds.), *Social Entrepreneurship* (Hampshire and New York: Palgrave Macmillan, 2006).

Margolis, J. D., Walsh, J. P., "Misery Loves Companies: Whither Social Initiatives by Business?", *Administrative Science Quarterly 2* (2003): 268 – 306.

Massetti, B., "The Duality of Social Enterprise: A Framework for Social Action", *Review of Business 1* (2012): 50 – 64.

Mason, C., Kirkbride, J., Bryde, D., "From Stakeholders to Institutions: The Changing Face of Social Enterprise Governance Theory", *Management Decision 2* (2007): 284 – 301.

Meyer, K. E., "Perspectives on Multinational Enterprises in Emerging Economies", *Journal of International Business4* (2004): 259 – 277.

Mill, J. S., *Principles of Political Economy* (Fairfield, NJ: Augustus M. Kelley, 1848),

p. 969.

Millar, C. C. J. M., Ju C., Chen, S., "Global Strategic Partnerships Between MNEs and NGOs: Drivers of Change and Ethical Issues", *Business and Society Review 109* (2004): 395 - 414.

Mohanan, S., "Micro-credit and Empowerment of Women-role of NGOs", Yojana, 2000.

Mukras, M. S., "Poverty Reduction Through Strengthening Small and Medium Enterprises", *Botswana Journal of African Studies 2* (2003): 58 - 69.

Mullineus, A. W., "The Funding of Non-financial Corporations (NFCs) in the EU (1971 - 1993): Evidence of Convergene", Mimeo, Department of Economics, University of Birmingham, 1997.

Neck, H., C. Brush and E. Allen, "The Landscape of Social Entrepreneurship", *Business Horizons 1* (2009): 13 - 19.

Nickson, Andrew, "The INGO Perception of Public Administration in Nepal", *Administration and Management Review6* (1992): 41 - 64.

Pandey, Shushil Raj D, "Exploring Civil Society in Nepali Context: Are We Casually Donning Another Hat?" kathmandu: The Telegraph (2000).

Pandey, N. P., "NGO/INGO le kun rupma sahayog gariraheka chhan bhanekurako sahi Aakalan huna sakekeo chhaina", *Khulla Bazzar 4* (1999): 8 - 9.

Pascale Josssart-Marcelli, Jennifer R. Wolch, "The Intra Metropolitan Geography of Poverty and the Nonprofit Sector in Southern California", *Nonprofit and Voluntary Sector Quarterly 1* (2003): 70 - 96.

Polak, P., "Out of Poverty-What Works When Traditional Approaches Fail", Berret Kochler Publishers. Inc. San Francisco, 2003.

Porter G., "NGOs and Poverty Reduction in a Globalizing World: Perspectives from Ghana", *Progress in Development Studies 2* (2003): 131 - 145.

Prahalad, C. K., "The Innovation Sandbox", Strategy&Business1 (2006): 62 - 71.

Prahalad, C. K., *The Fortune at the Bottom of the Pyramid: Eradicating Poverty Through Profits* (New Jersey: Wharton School Publishing, 2009).

Prahalad, C. K., Hammond, A., "Serving the World's Poor, Profitably", *Harvard BusinessReview9* (2002): 48 - 57.

Prahalad, C. K., Hart, S. L., "The Fortune at the Bottom of the Pyramid", *Strategy & Business1* (2002): 2 - 14.

Putnam, R., Leonardi, R. Nanetti, R., *Making Democracy Work* (New Jersey: Princeton University Press, 1993).

Qureshi, S. K., Ghani, E., "Employment Generation in Rural Pakistan with a Special

Focus on Rural Industrialization: A Preliminary Analysis", *The Pakistan Development Review* 4 (1989): 587 - 402.

Quarter, J., Mook, L., Armstrong, A., *Understanding the Social Economy: A Canadian Perspective* (Toronto: University of Toronto Press, 2009).

Ravallion, M., "The Pattern of Growth and Poverty Reduction in China Original Research", *Journal of Comparative Economics 1* (2010): 2 - 16.

Ravallion, M. and Chen, S., "Measuring Pro-poor Growth", Economics Letters 78 (2003): 93 - 99.

Richard H. Adams Jr. Economic Growth, "Inequality and Poverty: Estimating the Growth Elasticity of Poverty", World Development 12 (2004): 1989 - 2014.

Riddel, R. C., Robinson, M., *Non-Governmental Organizations and Rural Poverty Alleviation* (Oxford, Clarendon Press, 1995).

Ridley-Diff, Rory, and Mike Bull, *Understanding Social Enterprise: Theory& Practice*, (London: Sage, 2011).

Roemer, M., Gugerty, M. K., "Does Economic Growth Reduce Poverty? Technical Paper", *Journal of Hospice & Palliative Nursing 4* (1997: 206 - 207.

Salkever, D. S., Frank, R. G., "Health Services", in C. T. Clotfelter (ed.), *Who Benefits from the Nonprofit Sector?* (Chicago: University of Chicago Press, 1992), pp. 24 - 54.

Sanchez, B., *10 Policy Tools that Governments are Implementing to Spur Social Enterprise*, http://blogs.worldbank.org/dmblog/10 - policy - tools - governments - are - implementing - spur - social - enterprise, 最后访问日期: 2016 年 10 月 14 日。

Shackleton, S. Policy Brief. Ameliorating Poverty in South Africa through the Natural Resource Commercialisation: How Can NGOs Make a Difference? (Ph. D. diss., Rhodes University, 2009).

Seabe, D., The Scoio-Economic Roles of NGOs in South Arica: Specific Focus of Funder Conditions and Voluntary Failure, (Ph. D. University of the Western Cape: Department of Economics, 2011).

Seelos, C., Ganly, K., Mair, J., "Social Entrepreneurs Directly Contribute to Global Development Goals", in J. Seelos, C. Mair, J., "Social Entrepreneurship: Creating New Business Models to Serve the Poor", *Business Horizons3* (2005): 241 - 246.

Seelos, C., Mair, J., "Profitable Business Models and Market Creation in the Context of Deep Poverty: A Strategic View", *Academy of Management Perspectives 4* (2007): 49 - 63.

Sharagat Ali. Humayun Rashid, Muhammad Aamir Khan, "The Role of Small and Medium Enterprises and Poverty in Pakistan: An Empirical Analysis", *Theoretical and Applied Economics 593* (2014): 67 - 80.

Shivijii, I. G., "Silences in NGO Disclourse: The Role and Future of NGOS in Africa",

Nairobi: Fahamu-Networks for Social Justice, 2007.

Shyam J. Kamath, Yung-Jae Lee, Xiaotian Tina Zhang, "Social Enterprise Models: Creating the Fortune at the Base of the Pyramid", *International Journal of Social Entrepreneurship and Innovation 3* (2013): 269 – 292.

Simanis, E., Hart, S., *The Base of the Pyramid Protocol: Toward Next Generation BoPStrategy*, http://www.bopprotocol.org/docs/BoPProtocol2ndEdition2008.pdf, 最后访问日期: 2008 年 7 月 15 日.

Singer, A. E., "Business Strategy and Poverty Alleviation", *Journal of Business Ethics 66* (2006): 225 – 231.

Sirajo Abubakar Lbrahim, Zayyanu Ladan, "The Role of Small Scale Enterprises in Poverty Reduction in Rural Areas of Sokoto State", *International Letters of Social and Humanistic Sciences 32* (2014): 197 – 203.

Simpson, J. P., *Addressing Poverty Through Social Enterprise* (Ph. D. diss., Texas Christian University, 2013).

Sodhi, M. S., Tang, C. S., "Social Enterprises as Supply-Chain Enablers for the Poor", *Socio-Economic Planning Sciences 4* (2011): 1 – 8.

Spear, R., "A Wide Range of Social Enterprise", in Carol, B., Defourny, J., *The Emergence of Social Enterprise* (London: Routledge, 2001), pp. 201 – 224.

Strickland, P., *Social Impact Bonds-The Pilot at Peterborough Prison*, http://parliament.uk/briefing – papers/SN05758.

Suharko, *The Roles of NGOs in Rural Poverty Reduction: The Case of Indonesia and India*, (Ph. D. NAGOYA University, 2007).

UNDP, "Social Enterprise: A New Model For Poverty Reduction and Employment Generation", Bratislava, 2008.

Uphoff, N., *Rural Development: Putting the Last First, by Robert Chambers* (London: Longman, 1984).

Wheeler, D., McKague, K., Thomson, J., Davies, R., Medalye, J., Prada, M., "Creating Sustainable Local Enterprise Networks", *Sloan Management Review 1* (2005): 33 – 40.

World Bank, *Global Economic Prospects 2008* (Washington D. C., 2008).

Zahra, S. A., E. Gedajlovicb, D. O. Neubaumc and J. M. Shulman, "A Typology of Social Entrepreneurs: Motives, Search Processes and Ethical Challenges", *Journal of Business Venturing 5* (2008): 519 – 532.

Zhang, J., *A Comparative Study of NGOs in China and South Africa*, (Ph. D. University of Western Cape, 2005).

热点九

慈善事业对社会保障制度的重要作用研究

——基于国际比较的视角

于 环 郑秉文[*]

摘 要：随着慈善事业的发展，它对社会保障制度的重要作用也日益显现出来。国外慈善事业发展历史源远流长，它与社会保障制度的相互关系构成国外福利制度变迁过程中的重要内容，在不同福利模式下，慈善事业发挥作用的空间和机制亦是不同的。在以美国为代表的补救型福利模式下，慈善事业获得了极大的发展空间，形成对社会保障制度的重要补充。而在北欧福利模式下，高水平福利对慈善事业产生挤出效应。在贝弗里奇福利模式下的英国，政府主导下的慈善事业蓬勃发展，成为"大社会"执政理念的重要组成部分；在社会保险福利模式下的德国，慈善事业一直是社会服务的主要提供者，它与社会保险制度形成经济保障与服务保障之间的分工。他山之石可以攻玉，国外慈善事业的发展可为我国提供重要经验，如在救助职能的基础上提升慈善事业的综合保障能力，完善慈善事业的社会服务提供能力，借鉴慈善事业发展经验，为社保制度改革提供借鉴等。

关键词：慈善事业 社会保障 国际比较

---

[*] 课题负责人：郑秉文，中国社会科学院教授、博士生导师。课题组成员：于环，中国财政科学研究院博士后。

一 导论

20世纪90年代初,随着社会主义市场经济体制的建立,我国慈善事业和社会保障制度迎来新的发展契机,以1994年中华慈善总会成立为标志,新型慈善事业在我国轰轰烈烈开展起来,与此同时,我国也开始逐步探索适应市场经济发展的社会保障制度。经过二十几年的发展,我国慈善事业和社会保障制度的内涵和外延基本确定下来,官方文件也进一步肯定了二者之间的关系。2004年,十六届四中全会《中共中央关于加强党的执政能力建设的决定》中首次将慈善事业纳入社会保障制度框架中:健全社会保险、社会救助、社会福利和慈善事业相衔接的社会保障体系。此后,这一说法基本确立下来,党的十九大报告中提到加强社会保障体系建设……完善社会救助、社会福利、慈善事业、优抚安置等制度。也就是说,在我国,慈善事业是社会保障体系的重要组成部分。对此,有不少学者开始研究如何发挥慈善对社会保障体系的作用,如慈善是社会保障制度的有效补充,虽然我国社会保障建设取得了举世瞩目的成就,但在覆盖范围方面仍存在缺口,且部分项目保障水平较低,发展慈善事业可对社会保障覆盖之外的人口进行有效保障。同时,我国社会保障体系的项目类别较有限,不能有效应对某些风险,如自然灾害等,这时就需要慈善事业发挥作用。

在梳理了相关文献资料后发现,我国当前对慈善事业在社会保障体系中作用的研究处于相对初级阶段。首先,存在"两张皮"的现象,虽然一些文献的主题是研究二者的关系,但在实际研究中是把二者隔离开来,一方面独立研究社会保障的发展状况;另一方面单独阐述慈善的未来发展,缺少二者之间的互动。其次,注重理论阐释而缺少具体实践。当前研究多处于理论分析的阶段,主要从二者的定义出发,研究其内涵和外延,由此总结和归纳出二者的关系。至于慈善事业如何发挥对社会保障制度的作用,相关研究较少。有些文献对某个事件中社会保障和慈善的作用进行了研究,但仅限于案例研究,归纳分析较少。最后,缺乏对国外情况的研究,国外社会保障和慈善事业二者之间的关系相对完整,特别是在以福利发展为线索考察慈善事业的补充作用方面,形成了相对成熟和稳定的观点。当前,随着福利多元主义开始盛行,社会组织、第三方组织等成为各国福利的新选择,慈善事业发展也进入了"新慈善"阶段,慈善不仅仅局限于救助层次,而且在更广和更深的维度上构成对社会保障制度的补充,多层次保障特征更加明显,而我国在这方面对国外的研究相对较少。

从研究的理论价值看,本文将慈善事业对社会保障制度的重要作用作为研究对象,是对二者关系研究的补充,也是对它们更深入的研究。从研究的应用价值看,我国当前的慈善事业和社会保障制度基本处于分立状态,二者之间的互动较少,通过探索慈善事业对社会保障制度的重要作用,一方面可以在更大程度上发挥慈善事业的作用,使其成为政府举办的社保制度的有力补充;另一方面亦可以减轻社保制度的财务压力。"他山之石可以攻玉",国外慈善事业已存在百年之久,其运作体系较为完善,且进入新的发展阶段,形成对社会保障制度较为规律性的补充,如美国,补救型福利模式下政府福利支出有限,却刺激了慈善事业的繁荣发展,慈善事业对社会保障制度的巨大补充作用显而易见。在德国,慈善事业和社会保障制度的联系相对密切,并形成政府购买慈善服务的模式等。通过对上述国家进行研究,我们可以找出某些规律性的经验,从而形成对我国的借鉴意义。值得注意的是,建设包含慈善事业在内的社会保障体系符合我国国情:构建多层次的保障体系一直是我国社会保障制度追求的目标,从当前来看,政府构建的社会保障制度以及市场性质的商业保险制度基本到位,社会组织或第三部门提供的保障较为随意且未形成制度化机制。西方发达国家在上述领域已经有了一些探索,我们可以对其进行研究,以期找出可供我国借鉴的经验来。

通过国际比较发现,中外慈善事业的发展以及在发挥对社会保障的作用方面是截然不同的,我们可以通过历史的视角发现其中的原因,即中外慈善事业和社会保障事业发展的逻辑是不同的,甚至是相反的。一方面,欧美地区以宗教慈善为起点,基督教影响根深蒂固,其所倡导的"仁爱"思想极大地影响了慈善事业的产生和发展,教会慈善构成西方早期慈善的主要部分。宗教改革之后,世俗力量增强,政府也亟须通过保障国民生活来体现自己的合法地位,首先,政府对以往的慈善事业进行规范和整合,英国颁布《慈善用途法》(*The Statute of Charitable Uses*),通过该法,英国的慈善事业更加关注慈善本身，如慈善资金的使用效率等。其次，政府也开始直接救助弱势国民，《济贫法》是政府进入社会保障领域的重要标志，传统的以宗教慈善为主的保障模式发生改变，出现宗教慈善、政府救助和私人慈善并行的情况，此时，社会保障制度的诞生，并未对慈善制度产生挤压和排斥，相反，在政府的大力推动下，慈善事业轰轰烈烈地发展起来。第二次世界大战是慈善事业发展的转折点，各国福利提供主体更为集中在政府方面，因此对慈善事业的发展造成一定的冲击，政府主导的社会保障制度成为主角，慈善事业进入反思和转型期。然而从20世纪80年代起，福利国家面临财务不可持续的压力，各国纷纷改革其慷慨的福利制度，政府虽依然是提供福利的主角，但并非唯一角色，国家、市场、家庭和第三部门等都是提供福利的重要力量，即福利多元主义，在这种背景下，第三部门的力量开始发挥出来，慈善作为重要的第三部门，它对社会保障制度的补充作用不断被激发，慈善迎来了重要的转型和发展期。

中国慈善事业和社会保障的发展体现了另一种逻辑，即政府社会保障制度要早于慈善事业出现。中国早期诸子百家的"仁爱"思想主要体现为"爱民"，更确切地说，是为统治者施政提供了理论基础，这也就决定了我国政府建立社会保障制度的时间要早于慈善事业的出现，政府的社会救助构成我国古代社会保障制度的主体。此外，在宗教"仁爱"思想的影响下，中国出现宗教慈善，并且随着经济的发展，社会贫富差距不断拉大，构成民间慈善的社会基础。至此，中国形成政府救助、宗教慈善和私人慈善并行的结构。进入中国近代时期，长期的社会动荡和持续扩大的贫富差距使慈善事业蓬勃发展起来。新中国成立以后，慈善事业的发展进入低潮期，慈善事业被认为是将社会贫富差距固化下来，且当时的社会经济发展状况不利于慈善事业的发展。改革开放以来，随着市场经济体制的确立，社会保障和慈善事业被作为市场经济的配套机制发展起来，新时期在探索慈善事业和社会保障之间的关系中，慈善事业、社会救助、社会保险、社会福利和军人优抚等构成多层次社会保障体系。

总结中国和欧美地区慈善事业和社会保障制度的不同发展逻辑发现，欧美地区的慈善事业要先于政府社会保障制度而出现，中国则相反，政府社会保障制度的产生时间要早于慈善事业。不同的历史发展逻辑决定了慈善事业和社会保障制度在发挥作用以及二者关系方面存在中外差异，相对而言，欧美地区慈善事业对社会保障制度的作用更加具体化且呈现出某种规律，特别是在不同福利模式下,慈善事业对社会保障制度发挥的作用亦是不同的。本文试图寻找不同福利模式下慈善事业对社会保障制度的不同功能和作用,寻找出其中的经验和亮点,以期对我国慈善事业和社会保障制度的发展有所借鉴。

二 四种福利模式下慈善事业对社会保障制度的重要作用分析

福利模式是影响慈善事业发展的重要因素,如前所述,从纵向的福利发展轨迹看,不同福利发展阶段,慈善事业的发展程度和运行模式是不同的,从横向的福利模式看,不同福利模式下慈善事业发展的空间以及发挥的作用亦是不同的。本文选取了四种福利模式来论述不同福利模式下慈善事业对社会保障制度的重要作用,分别是补救型福利模式、贝弗里奇福利模式、社会保险福利模式和北欧福利模式,并具体分析不同福利模式的代表国家。

(一)补救型福利模式下慈善事业对社会保障制度的弥补作用——美国

毫无疑问,美国是补救型福利的代表,同时美国也是慈善大国,在《2017年世界慈善指数》中,美国慈善事业在全球排名第五(2016年是第二)[1]。美国慈善事业之所以如此蓬勃地发展起来,一方面是与美国传统的慈善精神和税收制度密切相关,另一方面也与该国的社会保障模式密切相关。学界通常认为,美国社会保障体系属于补救型模式,美国人主要通过市场机制来获得保障,获取福利的基础是工作,无论是企业年金还是商业医疗保险,基本上是以工作为前提,即使是在社会救助领域,美国依旧强调以工作换取福利,这意味着美国社会保障制度将部分没有工作的群体排除在外,从而为政府和市场之外的福利选择提供了机会,其中一个重要的选择是慈善。同时,美国也是一个"多灾多难"的国家,从大的范围看,灾难救助亦是社会安全网的重要组成部分,在此过程中,慈善事业通常也参与到灾难救助中来。本文主要从以下几个

---

[1] CAF, *World Giving Index 2017: A Global View of Giving Trends* (CAF, 2017), p.10.

方面认识慈善对美国社会保障制度的弥补作用。

1. 从根本上缓解贫困

贫困一直是美国市场经济发展中不可回避的问题，自20世纪90年代以来，美国贫困率一直维持在11%以上，在整个90年代，贫困率一度从1993年的15.1%降至2000年的11.3%，但进入21世纪以后，贫困率水平持续上升，在2010年重新回归到15.1%，近年来，贫困率水平有所降低，2016年为12.7%[①]。面对贫困，美国政府实施了一系列的救助制度和个人减税政策。前者包括医疗救助制度、补充社会保障收入、临时性家庭救助和食品券制度等，后者包括劳动收入税收抵免和儿童税收抵免项目。值得注意的是，美国对贫困者的救助形式主要体现为现金或实物救助，体现为"授人以鱼"，但没有从根本上解决导致贫困的最深层次的原因。从表面上看，贫困者面临的问题是物质匮乏，但从深层次看，他们面临的问题通常更为严重，如种族歧视、犯罪、教育水平低下，如果不解决这些深层次的问题，那么贫困将会依然存在，因此，我们需要"授人以渔"的济贫政策，慈善事业在这些领域则会发挥更大的效用，主要体现在以下几个方面。第一，配合实施政府社会救助政策，扩大公共政策的影响范围。如前所述，美国多数社会救助政策是以工作为前提，一些慈善组织同样将工作视为缓贫的主要手段，并采取了一系列措施，包括为失业者提供过渡性工作（transitional jobs），将最低工资提高到每小时10.1美元（美国最低工资为每小时7.25美元，见2015年7月数据），提高劳动收入税收抵免额，为享受残疾津贴的贫困残疾人提供税收减免，提高儿童照料津贴，减轻父母的养育负担等。据估计，如果将这些措施推广至全国，2013年美国贫困率降低7.4个百分点，从原来的14.8%降低到7.4%，特别是有色人群的贫困率下降得更快[②]。第二，"向贫困的根源开战"。不同于社会救助直接补助贫困者的做法，慈善组织通常挖掘造成贫困的原因，从原因入手解决贫困问题。例

[①] The Statistics Portal, Poverty rate in the United States from 1990 to 2016, https://www.statista.com/statistics/200463/us-poverty-rate-since-1990/. 最后访问日期：2018年5月20日 23：06。

[②] Public Policy Institute, *Working Our Way Out of Poverty*, http://ppi.communityadvocates.net/policy_projects/working_our_way_out_of_poverty/. 最后访问日期：2018年5月28日 23：03。

如维拉基金会创立了"曼哈顿保释计划",揭露被拘留的穷人因为无力缴纳保释金而延长拘留的问题,结果促成一项刑法改革,不但使得穷人享受保释待遇,而且为政府节约大量资金①。第三,鼓励发展社区或地区性的救助项目,一些慈善组织从社区济贫项目做起,强调社区内各项服务的整合,有些项目最终发展成综合性的减贫政策,如失业保险和工人赔偿制度起源于威斯康星州。

2. 推动医疗卫生事业发展

2016年,美国慈善事业在医疗卫生方面的支出为331.4亿美元,占整个慈善事业支出的8%。慈善事业与美国医疗卫生事业发展密不可分,特别是在美国商业医疗保险模式下,慈善事业的作用更加突出,主要体现在以下几个方面。第一,慈善运动推动医疗保险改革。在这一领域,我们不得不提的是"为了当代美国的医疗保险"组织(Health Care for America Now,下称HCAN)。HCAN成立于2008年,其目标是推动医疗保险改革。该组织关注商业保险歧视,为政府改革提供民众意见;将民众意见体现到改革者的决策之中;推动政府决策进入立法程序。第二,慈善捐赠协助解决公共卫生危机。2016年,寨卡病毒袭击美国,一些私人基金会在应对寨卡病毒方面起到了一定的作用,其中包括辉瑞基金会(Pfizer Foundation)通过向公共医疗卫生机构捐款的方式应对寨卡病毒,分别向疾病控制中心基金会、佛罗里达卫生局、田纳西卫生服务局等机构捐赠100万美元,用于监测和应对病毒的发展。第三,支持医疗研究机构运行。2016年,在医疗研究机构的投入占据了美国医疗慈善基金支出的较大部分,如韦尔家族基金会向加利福尼亚大学捐赠1.85亿美元用于支持建立韦尔神经科学研究所,该研究所专注于"高风险、高回报"的研究项目,力图实现神经科学的重大突破,并将加利福尼亚大学与该研究相关的部分整合起来。第四,2016年,根据国家健康研究所报告显示,医疗慈善基金中直接用于药品和疾病治疗的基金占比不到20%,但依然发挥了巨大的作用。

3. 慈善事业参与灾难救助

首先,经过多年的发展,美国形成相对完善的多层次灾难救助模式。在美国灾难救助过程中,我们可以发现市场的力量,保险公司形成灾难救助的主

---

① 资中筠:《财富的归宿:美国现代公益基金会述评》,上海人民出版社,2006,第304页。

体,比如在对"9·11"事件中遇难者的损失补偿中,商业保险公司补偿额占总补偿额的比重超过50%。其次,政府救助分为不同的层次,分别是地方政府救助、州政府救助和联邦政府救助。再次,以慈善组织为主的第三方组织,虽然所占比重较低(在"9·11"遇难者补偿中,慈善组织补偿占7%),但依然形成对政府救助的必要补充[1],总结美国多层次灾难救助模式可以发现,在灾难最初发生之时,地方政府是灾难救助的主导力量。地方政府需要直接依靠自己的力量救助,同时还要整合其他救灾力量,如市场的力量,慈善的力量等,也就是说在灾难最初发生之时,或发生较小规模灾难时,慈善事业发挥的作用是比较大的,随着灾难破坏程度的进一步加深,或者发展至大灾难,地方政府、市场和慈善事业的力量已经不足以抵抗灾难带来的损失,那么州政府和联邦政府将会参与其中,在这一过程中,慈善事业依旧发挥作用,但政府的主导性越来越强。

4. 政府对慈善事业的大力支持

自美国建国起,就将"小政府、大社会"的精神写入宪法,市场和非营利组织在社会经济生活中占据了重要位置,从整体来看,美国慈善事业发展的政策环境是较为宽松的,这也是推动美国成为世界慈善大国的主要原因。

(1) 宽松的慈善准入条件

在美国,注册一个慈善组织是很容易的,首先该组织要向所在州政府提出注册申请并提交相应的章程,特别值得注意的是,慈善组织要提供资料证明自己从事的活动是慈善性质的,这些活动包括宗教、慈善、科学、公共安全监测、图书馆、教育、促进国内或国际业余比赛、防止虐待儿童或动物等[2],慈善组织必须保证其资金用于上述八项活动中的至少一个。慈善组织的收入不得用于个人或股东受益,组织活动不得影响或参与立法,也不得干预政治选举或任何政治活动。注册成功之后,慈善组织还要在运行一年之后向美国国税局提交免税申请,证明自己组织的运行符合慈善活动的性质,税务部门对其资格审查合格后,慈善组织即可以享受免税待遇。

---

[1] 郑秉文:《社会保障体系的巨灾风险补偿功能分析——美国9·11五周年的启示》,《公共管理学报》2007年第1期,第8页。

[2] 见美国《国内税收法》(Internal Revenue Code),第501(c)(3)条款。

(2) 良好的税收优惠环境

相较而言，美国对慈善组织设置了相当优惠的税制环境，根据《国内税收法》第 501（c）(3) 条款，慈善组织享有以下免税资格。一方面免除各种营业税和所得税，当慈善组织的收入与慈善活动有联系时，这部分收入是免税的，但二者没有联系时，是不可以免税的。当慈善组织从事非慈善活动的收入超过一定比重时，将会取消其免税资格；免除财产税，美国对注册慈善组织的财产均给予了免征财产税的资格；免征失业保险税，慈善组织支付其雇员的薪酬都可以免交联邦失业保险税，以上是对慈善组织税优资格的规定。另一方面是对捐赠者的税收优惠，个人或企业向慈善组织捐赠时可享受捐赠税收扣除的优惠。从当前的政策规定看，个人慈善捐赠的现金不得超过调整后毛收入的 50%，企业慈善捐赠的比例不得超过企业利润的 10%[①]。在遗产捐赠方面，当个人捐献遗产时，该部分遗产可在应税遗产中税前扣除，并且没有规定扣除上限。

(3) 以税法为依据的政府监管

美国政府对慈善组织进行监管的依据主要是《国内税收法》。首先，政府需要对慈善组织的运营活动进行检验，确保慈善组织的经营活动至少要符合《国内税收法》第 501（c）(3) 条款中规定的 8 项活动之一。其次，政府需要对慈善组织的运营收入进行监管，慈善组织可以从事营利性的活动以获取收入，但这部分营利性的收入必须要保持在较小的范围内，以确保慈善组织的免税资格。再次，对非法活动的监管，1996 年美国议会颁布了 4958 号法令，根据该法令，那些通过慈善组织进行直接或间接交易而获取额外收入的组织人员，以及代表组织批准这种额外收入的人都要受到惩罚。此外，政府还对慈善组织的投资收益和实际运行情况进行监管。

(4) 以购买服务的形式支持慈善事业

在美国公共慈善组织的收入来源方面，服务收费和政府支持占到组织收入来源的绝大部分。2013 年，美国主要公共慈善组织收入中的私人服务收费占到 47.5%，政府合同购买服务占到 24.5%，私人捐赠占到 13.3%，政府资助

[①] 杨利华：《美国慈善捐赠税收扣除制度的考察与思考》，《北方法学》2016 年第 3 期，第 70 页。

占到 8%，投资收入和其他收入占到 6.7%①。一方面，政府通过与非营利组织签订合同（contracts）的方式购买慈善组织的服务；另一方面，如果慈善组织的服务符合政府在公共利益方面的需求，政府将会对其直接进行资助（grants），二者都是在不增加公共资源投入的前提下，向民众提供社会服务。2012 年，美国政府与 55702 个慈善组织建立了"合同"或"资助"的关系②，其中社会服务类慈善组织数量占到了 52.9%，其次是文化艺术类、健康类慈善组织等。政府支出总额为 1373.9 亿美元，社会服务类慈善组织接收的政府支持最多③。

5. 小结

对于补救型福利模式来说，政府承担的保障作用被降至最低，因此，在政府的社会保障安排上通常以救助型制度为主，并且在近年来社会救助改革中加入"工作福利"理念。在政府承担有限责任的基础上，国民获取保障的主要来源是市场，但由于市场失灵问题的存在，市场化保障亦面临覆盖面有限等问题，因此，在政府、市场和社会的互动中，社会化保障成为国民福利的重要选择，慈善保障是其中之一。

本文以美国为例，在补救型福利模式背景下，美国慈善事业获得了极大的发展空间，税法规制是美国慈善事业发展的重要特征，社会组织通过税法认可获得慈善组织资格，政府通过税法监管慈善组织行为，慈善组织依据税法从事相关活动。在与社会保障制度之间的关系方面，慈善事业和社会保障制度是互补并行的，针对社会保障制度运行中出现的问题，慈善事业起到弥补和促进作用，但慈善事业又具有独立性，在经过长时间的发展后已经形成相对完整的运行模式和保障机制，因此，在与社会保障的关系方面，慈善事业并非仅仅起到补充作用，它与政府保障以及市场化保障共同构成国民生活的大保障体系。

---

① Brice S. McKeever, "The Nonprofit Sector in Brief 2015: Public Charities, Giving, and Volunteering," *Urban Institute* 10（2105）：7.
② 不包括宗教、高等教育、医院等慈善组织，这类组织接受政府支持的方式通常不包括"合同"或"资助"形式。
③ Sarah L. Pettijohn et al., "Nonprofit-Government Contracts and Grants: Findings from the 2013 NationalSurvey," https：//www. urban. org/sites/default/files/publication/24231/412962 - Nonprofit - Government - C lSurvey," contracts - and - Grants - Findings - from - the - National - Survey. PDF, p. 9.

（二）贝弗里奇福利模式下慈善事业与社会保障制度的合作——英国

英国慈善事业的蓬勃发展一方面与其深厚的历史传统不可分割，另一方面也和该国的社会保障制度改革密切相关[①]。作为贝弗里奇福利模式的代表，英国政府提供的福利强调全民性、统一性和水平适度性，更高水平的福利待遇则需要通过市场获得。此后，市场化、私有化、福利多元主义成为英国社会保障制度改革的主旋律。在福利提供方面，自撒切尔政府起，英国开始逐步放弃政府主导福利的做法，强调福利提供主体多样化，建立起国家、企业、社会和个人责任共担的福利供给体系。1978年英国沃尔芬德委员会《志愿组织的未来报告》（*The Future of Voluntary Organizations*）主张将志愿组织也纳入福利的提供者行列中[②]。自20世纪80年代以来，英国重新将慈善组织纳入政府福利实施框架中，但这一时期的争论更多集中在政府和市场之间，以慈善组织为代表的志愿组织提供社会福利的职能并没有充分发挥出来。直到20世纪90年代后期，在志愿组织和政府的双重推动下，慈善被视为社会福利的重要来源之一，慈善组织和政府之间的"伙伴关系"成为福利多元主义的重要依据，慈善事业对社会保障制度的补充作用更加具体化和体系化。

1. 福利改革背景下慈善对社会保障制度的补充作用

不同于美国慈善事业的自由发展，英国慈善事业受法律的约束较多。自1601年起，英国就通过法律的形式将慈善活动的范围确定下来，此后，法定慈善活动的范围不断变动，到《2011年慈善法》时期，英国的慈善活动共分为13类：预防或救助贫困，促进教育事业发展，促进宗教事业发展，促进健康和救治生命，促进公民权实现或社区发展，促进艺术、文化、遗产或科学事业发展，促进业余体育运动事业发展，促进人权、缓解冲突或促进种族之间的平等和多样性发展，保护或改善环境；帮助老幼病残和因为经济贫困等原因陷入困境者；改善动物福利，提高皇家武装部队、警察、消防救援和救护车服务的效率，其他不包括在上述12项中但能体现公益或公共利益的活动。本文主

[①] 英国通常将慈善组织称为"志愿组织"，而美国通常称之为"非营利组织"。

[②] 通常来讲，英国将慈善组织称为志愿组织，而美国将慈善组织称为非营利性组织。

要从以下几方面分析英国慈善事业对社会保障制度的补充作用。

(1) 缓解贫困是英国慈善组织的重要职能之一

进入21世纪以来,英国持续削减其社会保障待遇水平,在这种背景下,慈善事业的济贫功能不断放大,根据英国最大的食品银行慈善运营组织——特罗索基金会的统计显示,在2013年3月到2014年3月,英国共有超过91.3万人通过食品银行领取紧急救济,几乎是上一年的3倍;有30%的食物领取者都受到福利推迟发放的影响,有83%的食品银行表示,福利削减是导致领取免费食物人数增加的重要原因[①]。这从另一个侧面显示了慈善事业在缓解贫困中的作用。除了以现金或实物的方式直接救助贫困人口外,慈善事业还试图从根源缓解贫困,主要包括以下几个方面:第一,教育慈善,其中包括为贫困学生提供奖学金或其他援助措施,帮助学生进入大学生活,为公立学校学生提供教育设施,如体育设施、音乐和艺术设施,建立慈善类型学校等;第二,医疗救助和健康促进,向贫困人口提供免费或低价的医疗服务,为他们提供保险或其他医疗待遇,向患者免费开放当地NHS医院无法提供的专业医疗设备,或者直接向贫困患者提供慈善医院床位;第三,护理服务,包括为贫困老年人在当地政府建立的护理院中购买一个床位,邀请有需要的老年人更多地参与到社区活动中,提供一些临时性的护理服务等。

(2) 医疗慈善构成当前医疗卫生体系的基础

《2011年慈善法》明确规定将促进健康和医疗救助列入慈善范围内,促进健康包括疾病与人类痛苦的防控,医疗救助包括救助处于危险之中的人以及保护生命安全,如向患者提供(传统或补充,替代或整体的)治疗和照顾,还包括健康中心提供的健康监测和康复照料等服务,向患者提供医疗或生活资料,为其提供医疗咨询,促进医疗研究,为医生和护士提供相关的培训服务,制定合适的医疗实施标准,为医院提供相关设施,以及其他被证明有助于促进健康和医疗救助的活动。此外,医疗卫生健康相关的慈善活动还包括提供救援服务、帮助警察及救援服务、援助自然灾害或战争受害者,提供生命救助,如

---

① 欧洲时报:《英国削减福利 致贫困家庭和领救济人数激增》,http://www.chinanews.com/gj/2014//06-05/6245683.shtml,最后访问时间2018年5月20日。

输血服务等①。此外,医院是英国慈善事业参与医疗卫生领域的重要标志,英国的第一家医院就是由慈善机构建立起来的②,慈善医院在英国医疗卫生体系发展过程中起到了关键作用。慈善医院的深厚根基为英国建立全民医疗保险提供了模板,大量的慈善医院被整合至公立医院体系内,构成英国现代综合性医院的基础。值得注意的是,虽然当前英国慈善医院的数量不断减少,但慈善组织在医疗卫生方面的作用依旧存在,如一些医疗慈善基金,他们主要关注医疗研究,致力于提高医疗和科研水平,构成对英国医疗卫生事业的重要补充。

(3) 慈善事业促进就业政策

自 20 世纪 90 年代,英国政府开始推行工作福利理念 (welfare to work),规定长期失业人员和部分伤残人员必须通过工作换取失业救济。在此过程中,各种促进就业的慈善组织发挥了较大的作用。我们在研究英国慈善事业的历史时也发现,英国慈善组织在实施救助的过程中特别强调帮助"值得帮助的人",一方面,慈善组织主要救助那些由于身体残疾或外部因素而真正贫困的人;另一方面,慈善组织更倾向于让穷人通过工作来获取救济,如济贫法时代的"院内救助",反映了历史上的慈善济贫理念和当前的济贫政策存在相同的特性。根据相关统计,在英国慈善委员注册并且以促进就业为目标的慈善组织有 67 家,这些组织通常针对特定人群,如孟加拉国妇女协会 (Bangladesh Womens Association)、盲人清晰就业组织 (Clarity-Employment for Blind People)、全国学生就业服务协会 (National Association of Student Employment Services)、难民和移民发展协会 (Refugee and Migrant Development Association) 等,多数慈善组织明确将促进就业作为组织目标,如健康、就业和技能中心,就业援助和再培训有限公司,等等。

2. "大社会"理念下慈善组织在提供公共服务方面的重要作用

在经历了第二次世界大战之后,欧洲福利国家公共服务的提供主体转移至政府,作为首个建立起"福利国家"的英国,其在战后建立起强大的公共部

---

① 李德健:《英国慈善法研究》,法律出版社,2016,第 54 页。
② Debra Morris, "Charities and the Big Society: a doomed coalition?" *Legal Studies* 1 (2012): 134.

门来提供相关公共服务。然而,经济危机使英国政府开始逐步退出福利领域,其中一个重要标志就是政府将大量公共服务外包,政府成为公共服务的购买者,而非直接提供者。我们也可以从历史的角度发现这种政府购买的踪迹。从历史上看,《济贫法》规定以教区为单位提供救助,将政府救助和宗教组织联系起来,可以说这是一种早期的政府向慈善组织购买服务的方式。特别是《慈善用途法》从法律的形式上确定慈善事业的范围后,该法成为政府监管慈善事业的重要依据。此后,政府资助一直是英国慈善组织的主要收入来源之一,特别是在"合同文化"出现后,政府对慈善组织的资助方式从原来的直接拨款转为购买服务。"合同"成为连接英国慈善事业和政府的重要纽带。1998年,在志愿组织和政府的双方需求推动下,布莱尔政府与全国志愿组织签订"政府和志愿及社区组织关系协定"(The Compact on Relations between Government and the Voluntary and Community Sector,下文简称"COMPACT"),该协议为福利多元主义下政府与慈善组织合作提供了框架和指导。2010年,卡梅伦政府又提出"大社会"(Big Society)的改革理念,倡导"在社会团结理念的指导下,整合市场、地方和志愿组织的力量,构建'小政府、大社会'的服务供给体系"。同年,英国出台"合同"的另一个版本,即《为了英国社区和公民的利益:联合政府与公民社会组织的有效合作》(*The Compact: the Coalition Government and civil society organizations working effectively in partnership for the benefit of communities and citizens in England*,以下称:合同),它是"大社会"改革理念下界定政府和慈善组织义务的重要依据。2010年合作对未来英国社会的发展目标,以及在每个目标下政府和志愿组织的义务进行了界定。

第一,建立强大的、多样化的和独立的公民社会。为了达到该目标,政府应当尊重和维护志愿组织的独立地位,当志愿组织在帮助政府实现施政目标时,政府要给予一定的支持。同时要确保组织的独立性,真正代表公众的利益。第二,高效、透明地设计和发展公共服务。在这一目标下,政府在设计、开发和执行相关政策、项目和服务时,一开始就要与志愿组织合作,并使志愿组织的观点反映到制度设计中,同时为慈善组织的运行扫除障碍。第三,提供高质量的公共服务。对此,政府首先应当通过开拓新市场和改善当前市场环境的方式,来确保志愿组织在公共服务供给方面发挥更大的作用,通过多种途径为志愿组织提供资金或资源,包括资助、合同、贷款等,努力消除可能会阻止志愿组织获取政府资助的障碍，从而使较小的志愿组织能够参与到提供服务的过程中来。第四，公共服务内容变更时的政府管理。如果某个项目或服务面临问题，政府在终止与志愿组织的资助关系之前要给予组织充分的时间来改善或处理问题，并且要考虑到终止资助可能对服务使用者和志愿者造成的影响。第五，建立公平与平等的社会。在追求这一目标过程中，政府应当选择与那些能够为弱势群体提供支持或服务的志愿组织进行合作，政府应当充分了解这部分群体的需求和观点，并将这些需求和观点反映到政策实施和服务提供过程中来。同时政府应当承认代表弱势群体的自愿组织在促进社会和社区整合方面的巨大作用，并为他们提供获得政府资助的平等机会。

"合同"确立了政府和志愿组织的合作框架，将政府与志愿组织紧密联合起来，形成政府购买志愿组织服务的发展模式。在具体的实践中，政府资助是慈善组织收入的重要来源之一，2006年《慈善法》第三部分第三章第70条和第71条规定了政府部门对慈善机构的财政资助，财政资助的形式包括贷款、财政补贴、直接扶助慈善受益人等。进入21世纪以来，政府资助占英国志愿组织的收入一直维持在30%以上（见图1）。2009~2010年，政府财政在志愿组织方面的支出达到157亿英镑，占组织总收入的比重为37.2%。2014~2015年，政府对志愿组织的资助占政府公共支出的比重超过2%。

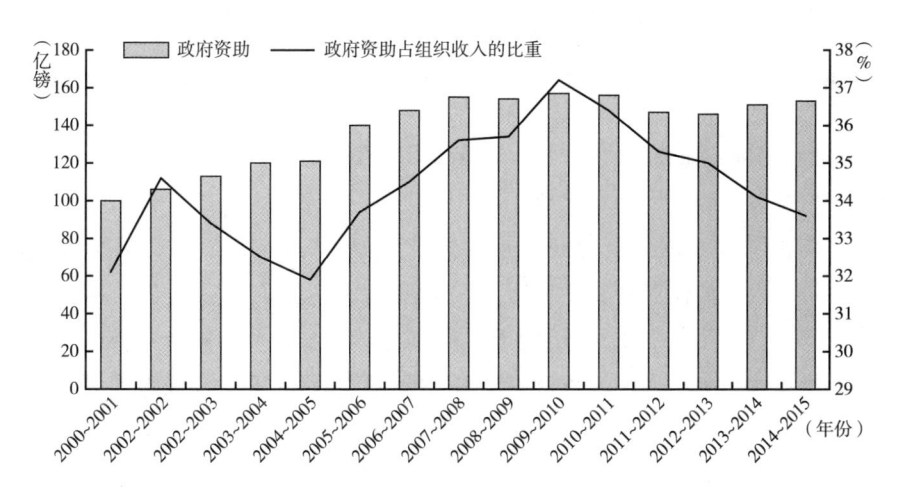

图1 2000~2015年英国政府对志愿组织的资助金额及占组织收入的比重

资料来源：NCVO, UK Civil Society Almanac 2017, https://data.ncvo.org.uk/almanac17/。

3. 小结

英国是贝弗里奇福利模式的代表且英国具有较为深厚的慈善传统。在贝弗里奇福利模式方面，该模式一方面强调全面性和统一性，但另一方面，待遇水平普遍较低是该模式的重要特征，市场化福利在这种模式中占据了重要的作用。在慈善事业发展方面，虽然英国和美国的慈善事业同样繁荣，但两国的慈善发展逻辑和发展模式并不相同，从一开始政府与教会的合作，到现在的慈善委员会，英国慈善事业发展中政府发挥了较大的作用，美国慈善事业发展则具有较强的自主性。具体到慈善事业与社会保障制度之间的关系，一方面，随着福利改革的推进，慈善事业在减少贫困和推动就业方面发挥了重要作用；另一方面，慈善事业也是英国公共服务的重要提供者。

从当前英国政府和慈善事业的关系看，二者之间呈现明显的合作关系。虽然政府广泛参与慈善事业的发展，但政府并不"干预"慈善事业，而是在最大限度上给予慈善组织各方面的支持，并尊重和维护慈善组织的独立地位，当慈善组织提供的服务包含在政府施政目标之内时，政府将给予资金、信息等方面的全面支持。此外，政府在慈善事业发展过程中，主要对慈善组织的公益性质进行监督，确保慈善组织真正代表公众利益。慈善委员会的设立使慈善组织有了政府协调机构，从而实现慈善机构与其他政府机构的沟通与合作，在这种关系下，慈善事业和社会保障制度的共同目标是提升国民福利。

（三）社会保险福利模式下慈善事业与社会保障的分工关系

社会保险模式的代表为德国，德国于19世纪末建立起社会保险制度，被视为现代社会保障制度的发源地。经过100多年的发展，德国社会保险制度为其公民提供了强大的经济保障，据相关资料显示，在2017年，德国大约有93%的劳动人口被覆盖在社会养老保险制度内，67岁退休后的全额养老金替代率为67%[1]，除此之外，德国还建立了职业养老金和个人养老金，这三类养老金制度使德国老年人能够维持一定水平的退休生活。在医疗保险方面，早在2012年的研究中就指出，其强制性社会医疗保险覆盖率已经达到90%以上，

---

[1] The German Retirement and Pension System-Basic Facts. https：//www.howtogermany.com/pages/german-retirement.html，最后访问日期2018年1月3日14：02。

再加上商业健康保险,其覆盖率能达到99%以上①。通常来讲,强大的社会保障制度会对慈善制度产生排斥作用,然而德国慈善事业却处于欧洲领先水平。德国慈善事业很突出的表现是其强大的基金会组织。德国基金会传统根深蒂固,早在13世纪,基金会事务正式成为教会法的组成部分,13世纪之后逐渐出现与教会基金会相区别的世俗基金会,1900年德国《民法典》对基金会做出明确规定,随着德国经济实力的增强,其基金会数量快速增加,基金会规模逐步扩大。从欧洲国家之间的比较来看,2012年德国基金会数量为19551家,处于欧洲最高水平,荷兰基金会数量为7500家,英国为12400家,法国为3677家②。从德国本土的情况看,基金会数量亦是呈现逐年上升的发展趋势。2001~2016年,德国基金会数量从10503家增加到21806家,特别是在德国东部地区,基金会增长趋势更为明显③。

1. 慈善事业在社会服务供给方面的关键作用

当我们在讨论德国慈善对社会保障制度的重要作用时,一方面,在经济保障领域,随着国家保障力度的增大,特别是社会保险制度的建立,慈善事业在经济保障方面的作用逐渐弱化;另一方面,在服务保障领域,慈善事业的作用从未消失或减弱。我们可以这样说,在德国,慈善事业和社会保障制度各司其职,相互配合,共同构成德国福利国家体系。德国慈善事业和社会保障制度的关系在很大程度上是服务保障和经济保障的分工。

(1) 慈善事业一直活跃在德国社会服务供给领域

第二次世界大战之后,多数欧洲国家建立起政府主导的福利模式,除了财政负担的经济保障制度外,多数国家的公共部门亦成为社会服务的主要提供者,但德国维持了原来的社会组织为主供给者的状态,积极发挥慈善组织等社会组织在提供社会服务方面的职能。本文将以老年长期护理服务为例展开说明慈善组织等在社会服务供给中的重要作用。

在1983年之前,毋庸置疑,德国老年长期护理服务主要由家庭提供,并

---

① 梁涛、付克华:《中国商业健康保险发展规律研究》,中国财政经济出版社,2012。
② An overview of philanthropy in Europe. http://www.fdnweb.org/ffdf/files/2014/09/philanthropy-in-europe-overview-2015-report.pdf, p31.
③ Association of German Foundations. https://www.stiftungen.org/fileadmin/stiftungen_org/en/Foundations-Germany/facts/foundation-growth-2016.pdf.

且德国社会保险制度也为女性居家照料提供了条件。但是在这种背景下,依然有些护理需求无法得到满足。如果家庭无法提供护理服务,那么地方政府将会承担相应的责任,但是,地方政府并不会直接提供服务,而是与慈善组织签订服务购买协议,只有当慈善组织无法完成任务时,地方政府才会建立自己的护理机构,或者购买私人组织的服务。随着人口老龄化程度不断加深,老年护理需求不断增加,无论是地方政府还是慈善组织,他们均面临较大的财政压力,亟须将老年护理的风险扩散到更大范围内,因此,1983年,地方政府、区域社会救助机构、慈善组织、德国红十字会和德国老年救助监督委员会联合发表了"共同倡议",建议将长期护理服务纳入社会保险框架[1]。

1994年,德国出台《护理保险法》,出于扩大护理服务供给的要求,德国废除了慈善团体在长期护理服务供给中的垄断地位,将市场向所有供应商开放,包括其他非营利性组织、营利性组织等服务提供者。从整体上来看,德国老年护理服务包括两大类:养老院服务和家庭护理服务。服务提供者包括公共部门、私营部门和非营利部门,其中非营利部门一直是老年护理服务的主要提供者,比如在1999年,非营利性养老院提供的护理服务占到所有服务的56.6%,家庭护理服务方面更是占到62.5%,之后随着私营部门提供服务的增加,非营利部门提供服务的占比有所降低,但依然占据绝对的主体地位;特别是在养老院护理服务方面,非营利部门长期发挥较大的作用,相对而言,德国公共部门在护理服务供给方面的作用相对有限,提供服务的占比呈现下降趋势,特别是在家庭护理服务方面,长期不足2%(见表1)。

表1 1999~2009年德国不同部门提供的护理服务占比

单位:%

护理服务类型	私营部门			非营利部门			公共部门		
	1999年	2005年	2009年	1999年	2005年	2009年	1999年	2005年	2009年
养老院	34.9	38.1	39.9	56.6	55.1	54.8	8.5	6.7	5.4
家庭护理	35.6	43.1	47.0	62.5	55.1	51.2	1.9	1.8	1.8

资料来源:史蒂芬·格罗斯:《德国的社会公共服务体制及改革》,《中国机构改革与管理》2014年第Z1期,第19页。

---

[1] 拉尔夫·格茨等:《德国长期护理保险制度变迁:财政和社会政策交互视角》,《江海学刊》2015年第5期,第42~47页。

（2）慈善事业提供社会服务的原则——辅助性原则

德国"辅助性原则"在社会服务领域体现为两个方面：第一，对于需要救助的个人，在申请公共救助之前，应当尽自己最大的努力或寻求其他可以帮助的资源来摆脱困境，当个人努力无效时，才能寻求国家和政府帮助；第二，在处理公共部门和社会组织之间的关系方面，社会组织愿意并且有能力来自主提供法律规定的社会服务，只有当社会组织无法满足上述要求时，公共部门才能介入。也就是说，根据"辅助性原则"，社会组织在提供社会服务方面具有优先权，国家和政府首先要保护社会组织的合法性以及他们提供服务的自主性和独立性。在有必要时国家应当帮助社会组织达成其服务目标，包括资金扶持、社会组织提供服务，其资金来源于国家或社会保险机构。

值得注意的是，德国从法律的角度对"辅助性原则"进行了界定。德国《社会法典》（*Social Code*）中提道：在与慈善组织等社会组织合作时，公共福利机构要确保自身的行为与上述组织的行动目标一致，从而保证服务接受者的利益。《社会救助法案》进一步细化了上述原则：在执行该法案的过程中，公共救助部门应当与拥有公法地位的宗教组织以及慈善等社会组织密切合作，并承认他们在提供社会服务和执行组织功能时的独立性和自主性；如果社会组织能够满足救助申请者的需求，那么公共救助部门应当限制自身的行动，但现金类救助不包括在该原则之内；公共救助部门的责任体现在保证社会服务的有效供给上，这并不包括政府部门直接建立社会救助机构，如果存在合适的社会组织或者能够延伸出这样的组织，政府应当首先帮助上述社会组织提供社会服务[①]。

3. 慈善组织提供社会服务的运行机制——政府购买服务

德国社会服务提供的过程也是政府购买服务的过程。通过发挥自身长期积累的经验优势，德国慈善组织一直是社会服务的主要提供者，但如前所述，由于一系列的限制，相对于其他欧美国家，德国的个人捐赠水平相对较低，国民捐赠率仅为33%，在一定程度上限制了慈善组织发挥社会作用的空间。在此

[①] Dirk Jarre, "Subsidiarity in Social Services Provision in Germany," *Social Policy & Administration* 3（1991）: pp. 211 – 217.

背景下，政府支出构成德国慈善事业的重要收入来源。据相关研究显示，在德国慈善组织的收入中，政府支出占比近2/3[①]，高于英国和美国（1/3左右）。经过多年发展，德国已经形成相对成型的政府购买社会服务模式，其中包括政府与慈善组织的谈判模式。

具体到慈善组织提供服务的过程，我们依然以老年护理服务为例来说明。如前所述，德国老年护理服务的主要提供者是非营利性组织和私营组织，2014年，柏林共有600个相关的护理服务提供组织，其中200个属于非营利组织，400个属于营利性组织；但是从服务提供量上，非营利组织提供的服务超过75%，营利性组织提供的服务不到25%。这些非营利组织主要是平等福利联合会柏林分会的会员，联合会并不干涉组织提供护理服务，而主要是代表这些组织与服务购买者进行谈判。根据《护理保险法》规定，法定护理保险主要提供四种类型服务：与身体活动相关的服务、日常生活护理服务、与运动健康相关的服务和医疗护理服务。但护理保险制度本身没有规定上述服务的价格和数量，这就给联合会与保险机构留下了较大的谈判空间。通常情况下，联合会将代表基层慈善组织与护理保险经办机构就服务的具体内容、价格和提供方式进行协商谈判。

4. 小结

总结当前德国慈善事业对社会保障制度的重要作用可以发现，经过100多年的发展，德国已经形成慈善事业和社会保障制度各司其职的运行模式，慈善事业在进行有限的慈善救助之外，成为社会服务的主要提供者，在其提供服务的过程中，出资方既可以是政府，也可以是社会保险经办机构。在这种运行模式后面我们不难发现德国"自治"的组织管理传统和"辅助性原则"，慈善组织和社会保险机构共同植根于德国"自治"传统中，从而形成并行的互动模式，二者并不存在从属关系，而是在合作中共同促进德国福利社会的发展。另外，"辅助性原则"决定了德国政府在提供社会服务中的次要地位，从历史上看，政府从来都不是社会服务的主要提供者，政府在更大程度上承

[①] Andreas Richter, Anna Katharina Gollan, Germany: P + P Pöllath + Partners, European Lawyer Reference Series, https://www.pplaw.com/sites/default/files/publications/2012/11/ari-akg-2012-overview-germany-charity-law.pdf. p. 82.

担了监督职能和供款职能。这有助于在更大程度上发挥慈善组织的积极性和灵活性。

德国慈善事业为我们展示了不同于欧美的发展模式,在与社会保障制度的关系方面,呈现出明显的分工特点:社会保障负责经济保障,慈善事业负责服务保障。慈善事业和社会保障并行发展,互为补充,虽然美国慈善事业和社会保障之间亦互为补充,但没有呈现出明显的服务和经济分工特色,这主要源于德国社会保险模式的强大经济保障力量。

(四)北欧福利模式下慈善事业的初始发展

相对于工业发展较早的英国等国家,北欧国家慈善事业发展的基础并不深厚。在北欧福利制度发展之初,虽然建立起各类保险和福利制度,但慈善事业依然有较大的发展空间,比如丹麦在19世纪末20世纪初完成了各项国家福利制度的基本立法,但在不少领域,由于政策实施过程面临各种限制,慈善事业大有可为,1905年《儿童法》意味着政府开始将儿童保护提上政治日程,但由于政府财政压力,真正用于儿童保护的资金极为有限,一些民间的儿童保护机构发展起来,如儿童抚养家庭协会(Foster Home Association),该协会属于宗教性质,其主要目标是为孤儿寻找抚养家庭。值得注意的是,面对国家福利的兴起,这一时期的慈善事业不断寻找慈善与政府之间的平衡点,一方面需要获取政府的认可,另一方面试图在国家福利体系中寻找发展空间。但在第二次世界大战以后,北欧福利模式正式朝着高水平和普惠性方向发展,收入分配差距不断缩小,"从摇篮到坟墓"的福利制度能够满足国民各类层次的需要,同时,高额累进税使高收入者没有动力进行额外捐赠。慈善事业的社会基础被削弱,慈善事业发展进入低潮期。

如果说二战后北欧福利国家的发展是慈善事业进入低潮期的重要转折点,那么20世纪八九十年代的经济危机则成为慈善事业重新繁荣的重要契机。以芬兰为例,20世纪90年代,经济危机席卷芬兰,也改变了芬兰福利发展的轨迹。在这次危机中,芬兰失业率大幅上升并引发其他社会问题,人们对福利国家开始有所抱怨,一方面是因为持续降低的公共开支;另一方面,单一的、僵化的公共服务不能满足新形势下产生的新需求,这使得政府、公民和其他组织开始考虑相应的改革,政府开始寄希望于社会组织来提供服务，特别是在改善就业方面。即使危机结束经济复苏，这些组织依然持续发挥强大的作用。也就是说，20世纪90年代经济危机重构了芬兰福利供给模式。经济危机结束后，一些地方政府开始意识到私人部门和第三方部门的重要性，并加强与他们的合作，慈善事业开始更多地参与到社会经济生活中。2011年，芬兰在世界慈善中的排名从2010年的第45位上升至第21位，从2012年开始，随着私营组织和非营利组织在福利提供方面作用的加强，人们更倾向将芬兰看成"福利社会"，而非"福利国家"。具体而言，我们可以从以下几个方面认识北欧国家慈善事业对社会保障制度的补充作用。

1. 综合性的社会保障制度降低对慈善事业的需求

在福利模式研究中，无论是"三分法""四分法"，甚至是"五分法"，北欧社会保障制度均以高水平、综合性、普惠性等特征闻名于世。在养老保障制度中，各北欧国家均建立起以居住权为特征的非缴费型养老金制度，即使是缴费型的社会保险制度。如丹麦的 ATP 养老金，其待遇和缴费之间的关系并不密切，在很大程度上是一种就业关联制度，只要有缴费和工作时间，参保人在退休后就能领到一笔养老金，并且养老金计发基础是工作期间的最高工资，所以这是相当慷慨的制度安排，即使是经历了20世纪90年代以来的改革，虽然养老金待遇和缴费之间的联系加强，个人缴费比重上升，但北欧养老金的慷慨性质并未发生根本改变。特别是在非缴费型养老金方面，虽然从原来的普惠型改为收入调查型，覆盖面缩小但待遇水平有了一定上升；在医疗保障领域，政府通过公共制度安排保障国民的基本就医；家庭津贴制度是北欧福利制度被称为"从摇篮到坟墓"福利制度的主要原因。家庭津贴包括儿童津贴，这种津贴由中央财政向所有儿童提供，其普享性和免税性自首次立法以来就未曾改变过，家庭津贴还包括父母有偿假期和儿童护理服务等，从而建立起对儿童群体的全面保障。

高水平的福利制度对慈善事业产生了抑制作用。一方面，北欧地区的人口贫困率水平和收入分配差距均处于较低的水平。根据 OECD 统计数据显示，在贫困率方面，2015年芬兰为 6.3%，挪威为 8.1%，瑞典为 9.2%，均处于 OECD 国家里的较低水平，而美国的贫困率水平则高达 16.8%。在社会收入分配方面，以基尼系数为例，北欧国家的基尼系数均不到 0.3。2015 年，芬兰为 0.26，挪威为 0.27，瑞典为 0.28，同年美国的基尼系数为 0.39①。社会保障制度产生的收入分配结果降低人们对慈善事业的需求。另一方面，从某种意义上来说，慈善事业产生和发展的社会基础是一定的收入分配差距，美国慈善事业繁荣的很重要的标志是一些大型私人基金会的存在，而这些大型私人基金会背后则是超级富豪的存在。根据 2017 年福布斯全球前 100 位富豪排行榜显示，上榜的美国富豪数占 1/3 多，而北欧地区只有 2 个瑞典人和 1 个丹麦人上榜，虽然经济发展状况良好，但财富并不集中，这在很大程度上归功于累进税制度。累进税制度削弱了富有阶层参与慈善的意愿和能力，也削弱了慈善事业的经济基础。

值得注意的是，北欧各国政府在推动慈善事业发展方面远不如英美国家，比如在美国，政府对慈善组织的税收优惠政策从一开始就存在，而在北欧，如瑞典，对慈善组织的税优政策是近年来才出台的。

2. 北欧慈善事业更多地关注国际援助、体育等领域

在综合的福利制度保障下，北欧慈善事业早已不再局限于传统的慈善救济领域，贫困不再是慈善关注的焦点。如表 2 所示，2014 年，挪威超过 1/3 的个人捐赠资金用于国际援助，27% 的资金用于宗教，用于健康和社会服务方面的资金仅占 28%，在慈善基金会的资金使用方面，将近 1/3 的资金用于研究领域，15% 的资金用于教育，文化、体育和宗教领域的资金支出占比为 20%，社会服务方面的资金支出占比仅为 13%。相对于其他国家，北欧地区慈善事业在社会服务方面的支出比重较低，主要原因在于北欧国家存在大规模的公共社会服务供给部门，地方政府是社会服务的主要提供者，中央政府是社会服务的主要资助者。在公共部门占主导的情况下，留给慈善组织等社会组织的空间相对有限。慈善组织更加关注国际援助、宗教、科学研究等领域，比如慈善组织对医疗和健康领域的关注，他们更加集中于医疗研究方面，在具体的治疗和住院服务方面，则关注的较少。

---

① OECD 数据库，https://data.oecd.org/inequality/income-inequality.htm#indicator-chart，最后访问日期：2018 年 5 月 20 日 23：13。

表2 挪威慈善基金的用途

单位：%

2014年个人捐赠的用途		2011年慈善基金会资金用途	
国际援助	38	研究	31
宗教	27	教育	15
健康	19	社会服务	13
社会服务	9	文化	12
其他	8	体育	6
		宗教	2
		其他	20
总计	100	总计	100

资料来源：Barry Hoolwerf, Theo Schuyt（eds.），Giving in Europe: the state of research on giving in 20 European countries: Research on Giving in Norway, https://www.dedikkeblauwe.nl/news/givingineurope。

3. 政府购买促进慈善组织发展

如前所述，面对经济危机以及福利国家在应对危机时的供给不足与僵化，非营利性的社会组织在北欧国家发展起来，丹麦、瑞典、挪威、芬兰等国政府都以签订合同的方式与社会组织签订协议，以扩大社会服务的供给和来源，社会组织在福利体系中承担越来越重要的职能。在这种背景下，北欧国家社会组织的角色也发生了巨大的转变。在转变之前，芬兰社会组织的主要职能是为特定群体或组织争取利益，或引起政府的关注，不具体提供服务或商品。但转变之后，社会组织开始提供特定商品或服务，同时也提供就业，比如在2012年，芬兰登记在册社会组织共提供7.7万个全职就业岗位[①]。在与政府的关系方面，之前二者并没有固定的联系，可能会在某种情况或项目中合作，从当前看，社会组织成为政府重要的合作对象，并构成了公共服务体系的重要组成部分。在组织活动的原则方面，之前社会组织以非营利性为组织原则，而现在则开始部分追求组织收益。在法律依据方面，社会组织一直是在政府部门登记注册的机构，当前由于开始提供社会服务和商品，被称为社会企业。在雇员组成

---

① Cheryl Lehman, *Accountability and Social Accounting for Social and Non-profit Organizations*, (Howard House, Wagon Lane, Bingley BD16 1WA, UK, 2014), p.47.

方面，志愿者一直是社会组织雇员的组成部分，转变之后，社会组织的有偿雇员开始增加，但志愿者依然是主要构成（见表3）。

表3 芬兰社会组织承担角色的转变

类别	传统角色	当前角色
组织活动目标	为特定群体和组织争取利益	生产或出售某种商品或服务，雇佣
与政府的关系	视情况而定	合作，政府公共服务供给体系的组成部分
经济活动的基本原则	非营利性	非营利性，部分追求利益
法律依据	注册组织	注册组织，社会企业
雇员组成	志愿者	志愿者，有偿雇员

资料来源：Cheryl Lehman, Accountability and Social Accounting for Social and Non-profit Organizations, Howard House, Wagon Lane, Bingley BD16 1WA, UK, 2014, p.49。

随着社会组织开始提供特定服务和商品，以及政府对社会化服务需求的增加，政府开始不断加大购买社会服务的力度。2008年，芬兰地方政府从社会组织购买的社会服务占全部社会服务的比重为16.4%，另外还从社会组织购买4%的医疗服务。政府购买也成为社会组织收入的重要来源，但并非所有社会组织都能在政府那里得到一样的支持，那些提供社会服务或健康服务的社会组织，得到的政府资助相对较多，而体育、文化等领域，得到的政府资助相对较少，这主要依赖于政府对社会组织服务的购买力度以及政府需求。

4. 小结

相对于其他三种福利模式，北欧福利模式下慈善事业的发展相对有限，且发展时间较晚。高水平综合性的社会保障作用对慈善事业的发展产生了抑制作用，慈善事业发展的社会基础并不深厚，导致慈善事业发展水平相对较低。但在经历了一系列经济危机后，政府在提供保障方面的能力受到严重影响，一方面高水平福利对政府造成较大的财政压力，政府急于通过其他途径替代当前保障措施；另一方面，社会对福利的要求越来越多样化，相对单一的、一致的政府福利无法满足社会需求。在这种背景下，北欧慈善事业开始发展，越来越多的地方政府开始寻求与慈善组织合作，不断加大购买慈善组织服务的力度，政府直接提供的社会服务越来越少，形成慈善事业对社会保障的部分替代。

（五）四种模式的对比和总结

通过研究上述四种国家在当前社会保障模式下慈善事业与慈善组织的发展，我们可以对四种模式进行以下对比，同时发现在不同社会保障模式下慈善事业不同的发展轨迹与现状，对比情况如表4所示。

表4　四种主要福利国家慈善和社会保障模式的对比

类别	美国	英国	德国	北欧国家
慈善事业主要涉及的领域	宗教、教育、社会服务	宗教、社会服务、医疗	社会服务、健康、教育	教育、健康、社会服务
慈善组织的收入来源	服务收费	政府资助	政府资助	服务收费
2006年个人捐赠占GDP的比重（%）	1.44	0.54	0.17	芬兰0.13、挪威0.11
2017年慈善世界排名	5	11	19	挪威20、丹麦21、瑞典34、芬兰37
慈善组织与政府的关系	松散	密切	合作	合作
政府购买力度	中等	强	强	弱
社会保障模式	补救型模式	贝弗里奇模式+补救型模式	工作关联型模式	综合、普惠型模式
慈善事业对社会保障的补充	经济保障和服务保障并重	经济保障和服务保障并重	重视服务保障	重视服务保障

注：个人捐赠的GDP占比来自：CAF, Gross domestic philanthropy: An international analysis of GDP, tax and giving, https://www.cafonline.org/docs/default-source/about-us-publications/caf-gdp-report-v89c47ac334cae616587efff3200698116.pdf?sfvrsn=2fe9cd40_2, p.7。

慈善世界排名来自：CAF, World Giving Index 2017: A Global View of Giving Trends, CAF, 2017, p.10。

资料来源：笔者通过整理相关资料得出。

1. 社会保障模式对比

本文选取了四种福利模式，基本遵循了艾斯平·安德森的三种福利模式划分，但又有所区别。德国属于工作关联型的福利模式，尤其体现在其社会保险制度中，社会保险制度将就业者覆盖在内，同时也将就业者的家属保障起来，从而形成巨大的社会保护网将绝大多数国民包含在内。从整体上讲，在经历了100多年的发展后，德国社会保障模式在覆盖面方面基本实现了应保尽保，如养老保险强制性地覆盖整个工作群体；在医疗保障方面，公共制度加上私人制度已经实现了100%的保障①，也就意味着政府的社会保障制度构成国民经济保障的主要来源。在英美社会保障模式方面，学界通常将二者统一划归补救型福利模式下，但本文认为两国的模式并不一致，英国有贝弗里奇模式传统，在这一传统下，英国保留了全民统一的国民保险制度。虽然保障水平较低，但的确构成了对国民的最低本保障，特别是在医疗保障领域，国民健康体系的存在依然昭示了英国作为福利国家的特征。而美国社会保障模式则缺乏上述特征，如商业医疗保险占主体，缺乏统一的国民养老金等。对于北欧国家而言，虽然经历了一系列的改革，但其社会保障制度的综合性、福利性等特征没有发生根本变化，无论是从覆盖面上还是从待遇上，北欧各国依然属于高水平的福利国家行列。

不同的社会保障模式决定了社会对慈善事业的不同需求，二者在水平对比上通常呈负相关关系。对比最强烈的是美国和北欧各国，在美国，由于政府在社会保障和社会服务方面的有限责任，慈善获得了较大的发展空间，同时政府对慈善的发展也表现出积极的促进作用，慈善事业发展水平较高。而在北欧各国，无论是经济保障还是服务保障领域，政府均显示出强大的力量，留给慈善的空间较为有限，慈善事业发展水平较低。更进一步，我们可以通过贫困率的数据说明不同社会保障模式下慈善事业的不同发展。2014年，芬兰65岁以上老年人口的贫困率为5.2%，德国为9.5%，英国为13.8%，美国为20.9%②，这与四个国家法定养老保障水平呈负相关关系，相应地，美国慈善事业的发展最为繁荣。

2. 慈善事业整体水平对比

英国慈善救助基金会（Charity Aid Foundation，CAF）每年通过三个指标对世界各国的慈善水平进行排名，这三个指标分别是帮助陌生人、向慈善事业捐款、从事志愿服务的时间。根据2017年的报告显示，美国慈善事业的世界排名是第5，英国排在第11位，德国排在第19位，北欧四国排在第20~40

---

① OECD, *Health at a Glance 2017: OECD indicators*, (OECD Publishing, Paris, 2017), p. 89.
② OECD, *Pensions at a Glance 2017: OECD and G20 Indicators*, (OECD Publishing, Paris, 2017), p. 135.

位。这种排名与上文对各国的分析是一致的。美国个人捐赠水平最高,这与补救型福利模式下政府保障缺位和宽松的慈善发展环境密切相关。英国慈善事业的发展一方面反映了美国慈善的发展逻辑,另一方面也反映了该国源远流长的慈善发展传统。德国个人捐赠受宗教税的影响,水平相对较低,并且受该国福利模式的影响,政府经济保障的水平较高,导致个人对慈善救助的需求不足。而在北欧各国,慈善发展的土壤不及英美等国家,慈善发展的历史不及德国,最主要的是,北欧福利模式对社会在慈善方面的需求以及个人从事慈善捐赠的动力均产生了抑制作用,其综合水平在4种类型中最低。我们亦能够在2006年各国个人捐赠占GDP的比重数据方面发现这种规律。

3. 慈善收入来源

从当前看,慈善事业和慈善组织的收入来源不再局限于传统的个人捐赠和企业捐赠。在英国和美国,由于良好的税收优惠政策,个人和企业通常选择慈善捐赠来减少纳税额,再加上两个国家根深蒂固的慈善传统,个人捐赠和企业捐赠水平高也就不难理解了。在德国,由于宗教税的存在,个人捐赠水平相对较低,事实上,如果把宗教税视为个人向教会的慈善捐赠,德国的个人捐赠水平将大幅上升。在北欧国家,高额累进税影响个人捐赠的意愿和能力,导致个人捐赠水平相对较低。值得注意的是,从当前来看,捐赠不再是慈善事业的主要收入来源,如2013年,美国公共慈善组织收入中的捐赠收入占比为13.3%。除了捐赠外,服务收费和政府资助成为现代慈善事业的主要收入来源。一方面,慈善组织利用自身优势,向民众提供相应服务,收取一定费用,从而形成固定收入来源,这也是在新形势下慈善组织转型和发展的重要契机。比如在2013年,美国主要公共慈善组织收入中的私人服务收费占到47.5%;在芬兰,早在1995年,服务收费已经占到慈善组织收入的58%,同年英国和德国的占比分别为32%和44%(但均低于政府资助的占比)。另一方面,政府资助是慈善事业的重要收入来源,在英国和德国较为明显。两国素来就有政府资助慈善事业的传统,前者在济贫传统的影响下,政府和慈善事业的关系一直较为密切,后者在自治传统和辅助性原则的影响下,政府购买慈善组织服务的比重一直较大,政府和慈善事业的合作从古至今。

4. 慈善组织与政府的关系

慈善组织与政府的关系是相互的,一方面,慈善组织需要政府认可,从而获得免税的非营利组织资格；另一方面，在福利多元主义背景下，政府需要慈善组织承担部分职能。随着经济社会的发展，通常较为僵化的政府部门不能有效地满足部分群体的需求，市场失灵的存在导致私人部门在提供某些服务时面临低效和供给不足的问题。最主要的是，在严峻的经济形势下，传统福利国家给政府带来较大的财政压力，政府不得不与以慈善组织为代表的非营利部门进行合作，由后者更多地提供一些公共产品与服务，以缓解政府压力。在不同的福利模式下，慈善组织与政府的关系也是不同的。在补救型福利模式中，"小政府，大市场"的社会运行方式本身决定了政府在社会经济发展中承担最少职能，对于慈善组织亦是如此，政府只负责基本的监管职能，二者关系相对松散。但英国政府和慈善组织的关系相对密切，一方面源于历史，另一方面与当前英国政府的执政理念密切相关。在"大社会"的背景下，社会经济的发展不是政府和市场非此即彼的关系，社会志愿组织成为政府和市场之间重要的第三部门，志愿组织由于代表了公共利益，因此成为政府在提供公共服务方面的重要合作对象。并且由于志愿组织更加灵活的特征，在服务提供方面更加具有优势，最终形成了英国政府购买志愿组织服务的模式。在德国社会保障模式下，政府与社会保险机构之间是合作关系，政府和慈善组织之间亦是合作关系，二者共同源自德国"自治"传统，政府对慈善组织执行监管职能。

政府参与慈善事业发展的一个重要途径是政府购买服务，这在西方国家已经形成较为成熟的经验。特别是在英国和德国，政府购买慈善组织的服务已经上升至国家战略的高度，因此，政府购买服务的力度较大，而在北欧国家，政府提供的服务对慈善事业形成挤出作用，政府购买服务的力度相对较弱。

5. 慈善事业对社会保障的重要作用

从表面上看，慈善事业和社会保障制度同为缩小收入差距和提高国民福利水平的有效手段。通常情况下，二者是此消彼长的关系：在政府的社会保障制度不足时，慈善事业相对发达，而在政府的社会保障制度相对充足时，慈善事业的发展将会受到抑制。多数福利国家的发展证明了上述观点。通过对发达国家慈善事业和社会保障的关系研究，我们可以发现，社会保障与慈善事业的关系在很大程度上体现为经济保障和社会服务的关系。一般来说，政府提供的保障主要集中在经济领域，而慈善组织提供的保障主要集中在社会服务领域。

在补救型福利模式下，社会保障制度更多体现为社会最低安全网，政府更倾向于通过市场的手段提供保障，即使是社会救助类项目，其受益条件较为复杂，将部分群体排除在外，这就为慈善事业的发展提供了较大的空间。美国慈善事业和社会保障制度的发展说明了上述情况。通过前文分析发现，美国慈善事业涉及的范围较为广泛，从贫困救助到健康促进，从宗教发展到灾难援助，从失业救助到社会服务供给，慈善组织都参与其中，相对于其他国家，慈善事业发挥的作用最大。英国亦是如此，慈善事业被列入政府保障体系内，是提供社会服务的主要力量，并且英国深厚的慈善传统也决定了慈善事业对社会保障制度的促进作用。在工作关联型福利模式下，德国慈善事业与社会保障制度的关系更多呈现为互补和分工关系，以社会保险为主体的社会保障制度负责经济保障，而以慈善组织为主体的非营利性组织负责提供服务保障，这种互补模式长期存在于德国社会经济发展过程中。在北欧福利模式下，政府是提供经济保障和服务保障的主体，慈善发展空间有限，但随着近年来经济低迷和福利财政危机的影响，包括慈善组织在内的非营利性组织开始提供社会服务，但相对于德国，其规模和水平都相对较低，慈善事业对社会保障制度来说更多是有限的补充作用。

三 我国慈善事业对社会保障制度的重要作用

我国现代慈善事业和社会保障制度的发展基本开始于20世纪90年代初期，正值我国开始探索建立社会主义市场经济之时，慈善事业和社会保障制度成为市场经济保驾护航的政策工具。面对市场经济发展过程中产生的种种问题，政府通过建立制度化的社会保险、社会救助和社会福利化解种种风险，属于政府在初次分配的基础上强制进行的二次分配，但此时的社会保障制度发展水平相对较低，制度覆盖面狭窄，无力应对经济转型中累积的各种问题。据统计，1994年，全国还有7000万人没有解决温饱问题，有60岁以上的老人1.17亿，其中819万人过着独居生活，全国有近20万流浪儿童，其中10万是孤儿，还有5000多万残疾人[①]。此时，部分慈善组织和团体的保障功能开始

---

① 何忠洲：《中华慈善总会的民间尝试》，《中国新闻周刊》2007年第30期，第34~37页。

凸显出来，比如中国青少年发展基金会所举办的"希望工程"，在救助困难学生和促进教育发展方面起到了积极的作用。在社会保障制度方面，1993年《中共中央关于建立社会主义市场经济体制若干问题的决定》明确了我国社会保障体系包括社会保险、社会救济、社会福利、优抚安置和社会互助、个人储蓄积累保障，商业性保险是社会保险的补充。经过20多年的发展，我国基本建立起包括社会保险、社会救助、社会福利和优抚安置在内的强制性社会保障制度。

（一）近年来我国慈善事业的发展

经过多年的发展，我国慈善事业有了长足的发展。2016年，《慈善法》的出台更是我国慈善事业发展的里程碑。《慈善法》将我国的慈善活动分为六大类：第一类是扶贫和济困；第二类是扶老、救孤、恤病、助残和优抚；第三类是救助自然灾害、事故灾难和公共卫生事件等突发事件造成的损害；第四类是促进教育、科学、文化、卫生、体育等事业的发展；第五类是防治污染和其他公害，保护和改善生态环境；第六类是符合本法规定的其他公益活动。从法定的慈善活动内容看，我国的慈善事业已经突破传统的扶贫济困，其关注领域更加广泛，"科、教、文、卫、环保"领域为慈善事业关注的焦点，这也反映了慈善事业的公益性质。本文将从慈善基金来源，慈善基金用途等方面分析我国近年来慈善事业的发展。

1. 我国慈善事业的规模日益扩大

我国慈善基金的来源主要包括国内外社会捐赠和彩票公益金，一些研究中将志愿服务折合成资金也列入慈善基金中，本文的慈善基金不包括志愿服务折合资金部分。2007年，我国慈善基金为665亿元，其中包括309亿元的社会捐赠和356亿元的彩票公益金。到了2008年，由于自然灾害频发，全国掀起慈善捐助的高潮，国内外社会捐赠比2007年骤增761亿元。但是在2009年，慈善捐助重新降至630亿元。2010年由于玉树地震的发生，慈善捐赠重新回到千亿水平，之后，进入相对稳定的捐赠上升期，到2015年，国内外社会捐赠达到1109亿元，这在一定程度上反映了我国慈善捐赠文化的发展以及国民慈善意识的增强。在彩票公益金方面，其发展趋势较为平缓，它随自然灾害变动的幅度不如慈善捐赠大。2015年彩票公益金为955亿元，全国慈善基金为2064亿元（见图2）。

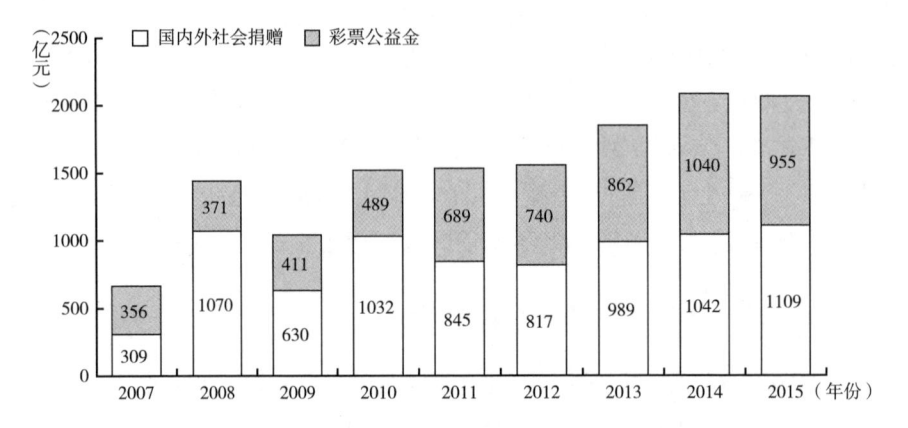

图 2　2007～2015 年我国慈善基金的来源和数量

资料来源：中民慈善信息中心，历年《中国慈善捐助报告》。

2. 慈善资金主要用于教育，医疗和减贫

从整体上看，排除自然灾害高发年，教育、医疗和扶贫是我国慈善资金主要流向的领域。在教育领域，从 2010 年到 2014 年，教育领域接受的慈善资金一直占 20% 以上，在 2011 年甚至占到 1/3，值得注意的是，这部分教育慈善基金并非全部用于教育救助，绝大部分教育慈善资金流向高等教育，用于基础设施建设和学科建设。在医疗领域，近年来该领域接受的慈善资金呈现大幅上升态势，从 2010 年的 6.86% 上升至 2014 年的 37.10%，其中药品和医疗设备捐赠占 90% 以上，关注的焦点是医疗救助，不同于发达国家医疗慈善基金关注研究领域的特征。在扶贫与发展领域，近年来该部分慈善捐赠并没有可循的规律，但是与减灾救灾资金呈现此消彼长的关系，但发生自然灾害时，扶贫基金占比降低，而减灾救灾资金占比上升。在保护生态环境方面，2010～2013 年，该领域的慈善资金占比从 5.40% 降至 0.96%，但在 2014 年升至 3.5%（见图 3）。

3. 慈善组织的民间性特征更为突出

民间性是慈善组织的重要特征之一。我国慈善组织在民间性特征方面经历了从弱到不断增强的变迁过程，我们以慈善基金会的发展为例。根据 2004 年《基金会管理条例》，我国的基金会可分为公募基金会和非公募基金会。其中，非公募基金类似于国外的家族基金会等，如盖茨基金会，其资金来源相对单

热点九 慈善事业对社会保障制度的重要作用研究

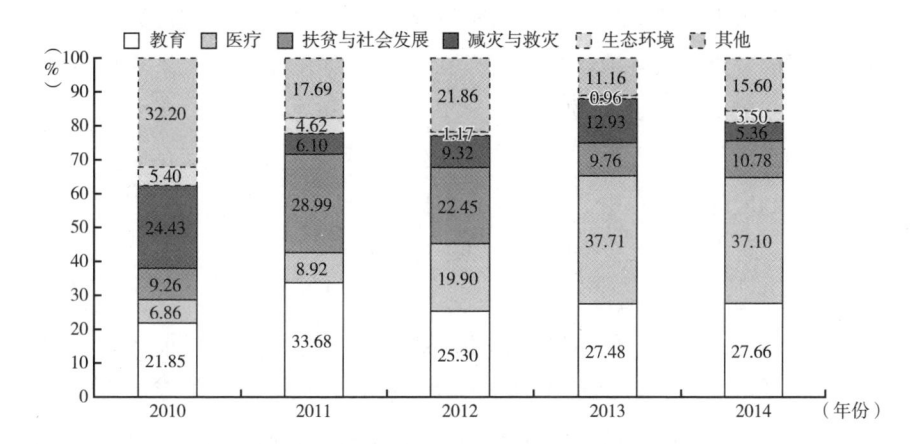

年份	教育	医疗	扶贫与社会发展	减灾与救灾	生态环境	其他
2010	21.85	6.86	9.26	24.43	5.40	32.20
2011	33.68	8.92	28.99	6.10	4.62	17.69
2012	25.30	19.90	22.45	9.32	1.17	21.86
2013	27.48	37.71	9.76	12.93	0.96	11.16
2014	27.66	37.10	10.78	5.36	3.50	15.60

图3 2010~2014年我国慈善捐赠的流向

资料来源：2010~2013年数据见彭建梅主编《2013年度中国慈善捐助报告》，企业管理出版社，2014，第28~29页；2014年数据见彭建梅主编《2014年度中国慈善捐助报告》，中国社会出版社，2015，第23~24页。

一，可能由某个人或企业直接出资建立。公募基金的资金来源是社会捐赠，由于公募基金运行过程相对复杂，政府对该类基金的监管较为严格，在2016年之前，公募基金会的发展受到严格限制，非公募基金会在2008年之后快速发展起来，2005~2016年，我国公募基金会数量从640个增加到1565个，而非公募基金会从243个增加到3980个，非公募基金会增长速度远超公募基金。2016年9月1日正式生效的《慈善法》对慈善组织的发展是一个重大转折点，《慈善法》第22条规定：慈善组织开展公开募捐，应当取得公开募捐资格。依法登记满两年的慈善组织，可以向其登记的民政部门申请公开募捐资格。这就意味着非公募基金会在满足一定的条件下可以进行公开募捐，公开募捐意味着非公募基金会可以有更多的收入来源，从而更好地实现组织的慈善目的。

（二）慈善事业对社会保障制度的重要作用

从历史上看，我国慈善事业对社会保障制度的补充更多地体现为补缺作用，针对社会保障覆盖面狭窄的问题，慈善可以提供补充保障作用，这也反映在我国的官方文件中。2014年《国务院关于促进慈善事业健康发展的指导意见》明确"鼓励和支持以扶贫济困为重点开展慈善活动",体现慈善事业对社会保障制度的补充,更多地体现为二者在社会救助领域的衔接。2016年《慈善法》大大扩展了慈善活动的范围,将慈善活动分为六大类,其中以扶贫济困为目标的活动包括两大类。这也就意味着,慈善事业将在更大的空间内发挥对社会保障制度的补充作用,而非传统的扶贫济困。本文主要通过以下几个方面分析我国慈善事业对社会保障制度的补充作用。

1. 慈善事业与教育发展

教育保障是我国社会保障制度的重要组成部分之一。2014年《社会救助暂行办法》明确将教育救助纳入其中,这是教育和社会保障制度最为紧密的连接。在其他社会保障领域,如社会保险和社会福利,虽然没有明确规定对教育的支持,但社会保险免除家庭的后顾之忧,使家庭能够将更多的资产用于教育,从而促进教育水平的提升。社会福利制度对儿童的保护,实际上是为儿童提供基本的生存需要,在此基础上才能实现接受教育的目标。本文在分析我国的教育保障制度时,主要从上述内容出发,但鉴于社会保险和社会福利与教育的间接关联,本文主要分析教育救助制度,进而分析慈善事业在教育救助中发挥的作用。除了弥补教育救助的不足外,我国慈善基金在促进教育发展方面亦承担了较大的责任。

(1) 弥补教育救助的空缺

我国的教育救助以教育阶段划分包括三类:针对义务教育阶段的"两减一免"、针对高中教育阶段的教育资助,以及针对高等教育的"奖、贷、助、免、减"的救助政策。但是在具体实施过程中,由于救助中资金不到位或教育资源失衡等其他原因,教育救助政策并不能覆盖每个需要接受救助的人,在这种情况下,慈善事业一直在我国教育救助中发挥了重要作用。我国的官方文件也提到了慈善事业对教育救助的补充作用,如2003年国务院《关于开展经常性助学活动的意见》中提到,动员全社会开展多种形式的经常性助学活动,充分发挥各类基金会和社会公益项目在经常性助学活动中的作用。其中最为著名的教育慈善救助项目是"希望工程"。从1989年实施至今,希望工程计划已经发展成综合性的教育救助计划。该计划通过"希望工程1+1"、"希望之星"、"希望工程圆梦行动"和建设希望小学来促进义务教育阶段学生、高中学段、大学新生等完成学业。从当前实施情况看,希望工程已经成为综合性的教育慈善救助计划,覆盖各学段教育救助对象,形成对政府教育救助的有力补充。中国青少年发展基金会是官方慈善组织的代表,除了官方慈善组织外,民间慈善组织亦是在教育救助方面发挥了巨大的作用。如新华爱心教育基金会,该基金会由台湾著名人士王建煊先生在2007年建立,基金会建立10年以来,实施了多个与教育相关的援助项目,著名项目如"捡回珍珠计划",该计划主要资助贫困学生完成高中学业。自2004年建立以来,截至2017年9月,新华爱心教育基金会在全国25个省区市174所高中开办了1112个珍珠班,有55160名贫困高中生受益[①]。

(2)促进高等教育发展

除了教育救助外,我国慈善还以独特的方式促进教育的发展,尤其在高等教育领域。根据抽样数据显示,2014年,全国大学及大学教育基金会接受社会各界捐款高达73.9亿元,占整个教育领域捐赠的75.3%。全国共有410家高校基金会,多数高校都建立了具有募捐功能的校友会、校董会等机构。但这些教育慈善基金的分布极为不均衡,社会声誉水平和科研水平高的学校吸引捐赠的能力更强。据统计,2014年,北京大学、清华大学和武汉大学都跻身捐赠"十亿俱乐部",并且高校捐赠资金更多地流向发达地区。在对这些捐赠的利用方面,通过对2009~2013年38所985高校基金支出情况分析发现,大约30%的资金用于基础设施建设,30%的资金用于学科建设,27%的资金用于支持学生完成学业,其他13%的资金用于教师支持和其他领域[②]。

2. 慈善事业与医疗卫生

近年来,随着慈善开始被纳入社会保障体系,国家越来越重视慈善在医疗卫生体系中的作用。2016年底,国务院颁布《"十三五"深化医药卫生体制改革规划》,其中在建立高效运行的全民医疗保障制度中提到,要建立起较为完善的基本医保、大病保险、医疗救助、疾病应急救助、商业健康保险和慈善救助衔接互动和相互联通机制。此外,在健全重特大疾病保障机制建设中,要积极引导社会慈善力量等多方参与。慈善事业越来越多地被考虑到医疗卫生体系

[①] 新华爱心教育基金会官方网站,http://www.xhef.org/Genera l/Page? tcode = AST20161220093200001013&catid = structureLMLB008&chid = structureLM003,最后访问日期:2018年5月20日。

[②] 彭建梅:《2014年度中国慈善捐助报告》,中国社会出版社,2015,第32~39页。

发展之中。慈善事业在医疗保障领域发挥的作用可体现为以下几个方面。

（1）提供补充医疗保障

2012年，在中华少年儿童慈善救助基金会与媒体和公益人士的共同倡导下，建立起中国乡村儿童大病医保公益基金，并取得合法公募资格，其目标是通过提供大病医疗保障服务，为更多乡村儿童争取医疗资金与公平医疗的机会，其具体做法是免费为试点地区适龄儿童提供一份商业补充大病医疗保险，每人每年最高保障额度为20万元，当重病患儿家庭完成社会保险报销后，且家庭自付医疗费用达到规定标准时，即会启动最高达20万元的保险理赔报销。自项目启动以来到2015年，受益人群不断扩大，大约有61万人次的受益儿童享有大病医疗保障，其中为4213名儿童进行赔付，累计赔付金额为1043万余元[1]。从实施效果来看，一方面，"大病医保"项目对农村儿童起到了实实在在的保障作用，特别是在防止患儿家庭因病致贫因病返贫方面起到了关键作用；另一方面，该项目为我们提供了社会保险与商业保险共同承担疾病风险的模式，对于构建多层次医疗保障体系具有促进意义，也为国家大病医疗改革提供积极的借鉴意义。

（2）慈善医疗救助

从我国当前情况看，慈善事业在医疗卫生领域的作用更多体现为医疗救助方面，在中华慈善总会主导的26项助医扶残项目中，绝大部分属于针对贫困人群的医疗救助项目，这些项目或者向患者家庭提供现金救援，或者是针对患有某种疾病的贫困人口提供专门医疗救援服务。2011年中华慈善总会发起"少数民族贫困家庭先心病儿童救助行动"，主要是为西部少数民族地区贫困家庭先心病儿童提供医疗救助服务。在具体实施过程中，首先由各地爱心医院组成医疗队赴少数民族地区进行儿童先心病筛查，为符合条件的3~16岁低保家庭的先心病患儿提供免费的治疗服务。截止到2015年底，救助行动的爱心医疗队行程30万公里，对25万名少数民族儿童进行了筛查，成功为2766名少数民族家庭的先心病儿童实施手术治疗，并已全部康复出院[2]。随着活动的

---

[1] 中华少年儿童慈善救助基金会：《中国乡村儿童大病医保公益基金2014~2015年度运营报告》，http://www.dbyb.org/informationdisclosure/reports/，最后访问日期：2018年5月20日。

[2] 《经济日报》：《贫困先心病儿童救助在行动》，http://paper.ce.cn/jjrb/html/2016-04/13/content__298344.htm，最后访问日期：2018年5月20日23:26。

开展,该项目已不限于少数民族地区,并逐步扩展至我国其他地区的贫困人口。除了中华慈善总会的项目外,其他类型的慈善项目也提供了一系列的医疗救助活动。如 2010 年的北京慈善协会"北汽·儿童大病救助爱心专项基金"专门针对因病造成生活困难的 18 岁以下少年儿童及其家庭。

(3) 促进公共卫生项目开展

公共卫生是我国医疗卫生体系的基础,慈善事业通过支持公共卫生项目来促进医疗卫生体系发展。2003 年 7 月,在全国妇联和国务院妇儿工委办的大力支持下,中国妇女发展基金会大型公益项目——"母亲健康快车"在北京正式启动。该项目通过筹集捐款,购置母亲健康快车(救护车),免费捐赠给当地县级妇幼保健院,并由当地基层妇联组织协同医院共同开展该项目。该项目以流动医疗车为载体,以"母亲健康快车"项目专家委员会为业务指导,使每辆车形成培训与宣导、筛查与体检、预防与救助功能兼备,增加服务半径,具有救治辐射效应的卫生健康服务平台,该项目主要关注以下 7 个方面内容:普及基本的卫生保健知识、开展健康咨询和义诊、免费对贫困妇女进行健康普查、免费发放募捐药品及各种宣传资料、免费接送孕产妇住院分娩、对基层医疗工作者进行培训、特殊病例一对一救助等。

(4) 改善贫困地区医疗条件,提高医疗水平

改善贫困地区医疗条件和提高贫困地区医疗水平是慈善事业支持医疗卫生事业的另一重要表现。据统计,在 2014 年,我国医疗设备捐赠为 2.8636 亿元,主要捐赠流向西部或边疆地区的医疗机构,用于改善当地的医疗水平。如北京四海华辰科技有限公司通过中国宋庆龄基金会捐赠 100 台个体营养检测分析仪,其总价值达 6000 万元,用于改善经济欠发达地区所在医院和妇幼保健院的医疗条件,提高经济欠发达地区孕产妇与婴幼儿的生命治疗水平和营养健康水平。中国初级卫生保健基金会捐给定西市安定区基层医疗机构 209 台医疗设备,总价值达 5240 万元等[①]。

3. 慈善事业与减贫赈灾

进入 21 世纪后,我国扶贫工作进入关键时期,基础贫困已经消灭,继续减贫的难度较大,政府在推动扶贫工作方面面临较多限制,吸引以慈善组织为

---

① 彭建梅:《2014 年度中国慈善捐助报告》,中国社会出版社,2015,第 30~31 页。

代表的社会组织参与到扶贫工作来是新时期推动减贫的重要选择。在中央文件的指引下，慈善事业在扶贫工作中发挥了越来越重要的作用。2017年，我国多个地方提出"慈善精准扶贫"的理念，"慈善精准扶贫"更多利用慈善的灵活性特征，使慈善扶贫更加具有针对性，并且"慈善精准扶贫"摆脱了以往慈善救助的传统做法，不再是"授人以鱼"，而是使贫困人口获得摆脱贫困的能力，类似于美国慈善事业"从根源上减贫"的做法，是一种更为有效的扶贫手段。2017年，浙江萧山慈善总会不断创新慈善救助模式，在全区范围内建立慈善"造血型"扶贫基地，帮助解决广大贫困户"等、靠、要"思想和就业无岗位、营销无渠道等问题，实现真正意义上的"授人以渔"。萧山区慈善总会联合杭州农垦蔬菜专业合作社为贫困家庭提供免费种植基地、培训等专业化服务，并由合作社负责销售，从而使贫困户依靠自救手段摆脱贫困。

浙江萧山"慈善精准扶贫"的办法并非我国慈善事业在扶贫领域的通常做法，通过研究我国主要慈善组织开展的相关项目发现，其中多数项目依然是通过现金补偿的方式实现，主要的做法是教育扶贫和医疗扶贫，如中国青少年发展基金会的希望工程项目通过教育救助的方式改善贫困家庭的生活状况。中国扶贫基金会的"爱心包裹"项目通过组织爱心包裹捐购的形式改善农村小学教学现状和学习生活条件，"爱加餐"项目旨在通过营养加餐，爱心厨房和营养宣教等方式，有效改善贫困地区儿童的营养状况等，"顶梁柱健康扶贫公益保险"项目对国家级贫困县建档立卡贫困户20~60岁的家庭主要劳动力进行投保，对基础医疗保障目录外的医疗费用进行理赔，防止因病致贫和因病返贫……从根本上说，慈善的教育扶贫和医疗扶贫做法也是"精准扶贫"的做法，通过提高教育水平和健康水平来改善贫困家庭的生活状况，从理论上讲是行得通的，但更重要的是，我们在扶贫过程中必须赋予贫困家庭自救和生存能力，这才是现代慈善事业参与扶贫工作的关键所在。

除了扶贫外，赈灾亦是中国慈善事业的主要关注领域，可以说赈灾成为我国慈善事业发展的主要推动力。比如1998年特大洪水的发生使慈善真正开始发挥作用，政府对慈善事业的认可度上升。在汶川大地震发生的2008年，国内外社会捐赠骤增761亿元，慈善再次产生了不可估量的社会影响，同样的情况发生在2010年（玉树地震）和2013年（芦山地震）。每当有重大灾害发生时，慈善资金中的赈灾资金占比通常会明显上升。

4. 慈善事业与公共服务

根据基金会中心网的相关统计，在我国当前 6383 家慈善基金会中，有 155 家基金会从事公共服务方面的活动，相对比教育、环境、医疗救助等领域的基金会数量，从事公共服务相关活动的基金会数量较少，具体到这些基金会提供的公共服务类型，有的基金会面向特定人群，还有的基金会面向特定领域。

我国慈善组织参与提供公共服务的方式包括三种：资助服务机构发展、直接提供服务和购买服务。在资助服务机构发展方面，2015 年，中国老龄事业发展基金会在"幸福世家养老服务"项目中共出资 210 万元，其中 14.1 万元用于支付泰山国际养老养生城建设，用于日间照料工人人工费用 155.85 万元，支付前期日间照料中心经营垫款 11.46 万元，日间照料中心装修及物品采购 4 万元，日间照料中心日常经营支出 10.87 万元，还有 13.67 万元用于其他老年服务支出等。在直接提供服务方面，以中社社会工作发展基金会为例，天津港"8·12"特别重大火灾爆炸事故后，中社基金会与中国社会工作教育协会及天津市社会工作协会合作开展了"天津港'8·12'特别重大火灾爆炸事故后社会工作服务介入"社区社工服务项目，在天津港建立了时尚广场社区社会工作站，以点带面、多方面、多角度为当地居民群众开展专业社会工作服务，探索灾后社会工作介入服务。截至 2016 年 7 月，该项目已经实施完成，在帮助居民提升自我调适和社会适应能力方面起到了重要作用。在购买服务方面，中社社会工作发展基金会于 2017 年 2 月启动"希望之光·脑瘫儿童救助中国行"项目，出资 900 万元委托河南省许昌市华济医院定点为来自全国各地的 100 名 1～12 岁的贫困脑瘫患儿开展无偿医疗救助，该项目在帮助脑瘫患儿家庭减轻经济负担，提升患儿救治率方面发挥了重要作用[1]。

（三）对中国慈善事业和社会保障制度关系的总结

通过梳理我国慈善事业对社会保障制度的作用，我们可以从取得的成效和

---

[1] 基金会中心网，http://data.foundationcenter.org.cn/content_214.html，最后访问日期：2018 年 1 月 23 日。

存在的问题两方面分析我国慈善事业和社会保障制度二者之间的关系。

1. 取得的成效

（1）慈善事业确实起到了对社会保障制度的补充和完善职能

经过20多年的发展，我国已经建立起相对完备的社会保障制度，其中社会救助制度提供社会安全网，社会保险制度免除后顾之忧，社会福利提高保障水平。但我们亦会面临一系列问题，如社会保障覆盖面漏洞，政府社会保障财政资金有限，社会保障供给模式单一，服务保障落后等。除此之外，如果我们以大社保的观点审视我国社会保障制度，其涉及范围更为广泛，如减灾救灾、生态环境保护、科学发展等，这些领域均是我国当前社会保障制度不能达到的区域。而慈善事业的发展在一定程度上弥补了社会保障制度存在的问题，如针对社会救助和政府扶贫之后依然存在的贫困问题，慈善事业选择更加具有针对性的救助模式，提倡"精准扶贫"，试图从根源上缓解贫困，真正实现了"授人以渔"。此外，针对我国社会保障制度中缺乏服务保障以及服务保障模式单一的问题，慈善事业提供了更加多样性和灵活性的服务，如一些慈善基金会针对老年日常娱乐和老年教育方面的支出，在一定程度上实现了对社会保障制度的服务补充。不仅如此，慈善事业还不断探索补充保障制度，如针对贫困儿童的大病保障计划，这些实践模式为我国建立补充社会保障制度提供了经验和借鉴。慈善事业在减灾救灾，生态保护和科学研究方面的支出与当前社会保障支出形成合力，共同构成我国的大社会保障体系。此外，慈善事业对社会保障制度的补充也在很大程度上缓解了政府财政压力。

（2）政府是慈善事业的重要推动力，从而形成慈善事业与社会保障制度的合力

毫无疑问，政府在我国社会保障制度发展中承担了管理者、执行者和监督者的角色，建立完善的社会保障体系离不开政府推动。在慈善领域，由于特殊的国情，政府亦是慈善事业的管理者和监督者，官办慈善特征较为明显。虽然与政府的密切关系不利于慈善事业的长远发展，但在扩大慈善规模和培育慈善文化方面，政府推动必不可少。由于有政府部门的推动，我国快速建立起一整套的慈善会系统，也是因为有政府部门的支持，我国公募基金会规模快速扩大。通过对当前慈善捐赠对象的分析发现，政府部门和官办慈善机构是国民捐赠的主要对象，也就意味着国民对官办慈善机构的认可。我们以社会救助和慈

善救助为例,一方面,政府是社会救助的出资者和直接管理者;另一方面,政府部门又间接管理大量的慈善救助资金,从而在实施社会项目时能够有效地统筹社会救助和慈善救助之间的关系,社会救助覆盖面大,但灵活性不足,慈善救助覆盖面有限,但灵活性较大,在形成社会救助的普遍保障后,再通过慈善救助实施"精准扶贫",从而实现社会救助与慈善救助的互补与共同发展。

(3) 弥补社会服务供给的不足,特别是在特定人群服务方面

社会服务供给不足是我国当前社会保障制度面临的重大问题,我们以老年护理服务为例。中国老龄工作委员会办公室 2016 年 10 月 9 日在北京发布的《第四次中国城乡老年人生活状况抽样调查》结果显示,截至 2015 年,中国 60 岁及以上老年人口已经超过 2.22 亿人,占总人口的比重为 16.1%,其中失能、半失能老年人已达 4063 万人,占老年人口的比重高达 18.3%[①]。此外,中国保险行业协会于 2017 年 7~9 月对老年人护理需求进行了专项问卷调查,在受访的 38055 位老年人中,接受护理的老年人占 17.28%,需要接受护理但未能接受服务的老年人占 8.81%,也就是说,33.8%的老年人的护理需求未能得到满足。其中原因是多样化的,如经济实力不足以请人照顾,占到 45.85%;找不到合适的护理人员或机构,这部分老年人占 31.34%;还有 22.36%的老年人没有家人或亲友可以照顾[②]。在老年护理服务供给方面,截止到 2016 年底,全国各类养老服务机构和设施 14.0 万个,其中注册登记的养老服务机构 2.9 万个,社区养老服务机构和设施 3.5 万个,社区互助型养老设施 7.6 万个,各类养老床位合计 730.2 万张,其中社区留宿和日间照料床位 322.9 万张[③],当前养老服务供给远不能跟上服务需求。这种情况反映了两个问题:其一,政府在提供社会服务方面的能力相对有限,在养老服务机构建设上,政府建立的养老院通常面向贫困老年人,对于大多数老年人的护理需求,政府不能一一满足;其二,政府在社会服务供给方面的缺口为慈善事业

[①] 民政部:《三部门发布第四次中国城乡老年人生活状况抽样调查成果》,http://www.mca.gov.cn/article/zwgk/mzyw/201610/20161000001974.shtml。最后访问日期:2018 年 5 月 20 日。

[②] 郑秉文:《中国养老金发展报告 2017——长期护理保险试点探索与制度选择》,经济管理出版社,2017,第 80 页。

[③] 民政部:《2016 年社会服务发展统计公报》,http://www.mca.gov.cn/article/sj/tjgb/201708/20170800005382.shtml,最后访问日期:2018 年 5 月 20 日 23:31。

发展提供了空间，慈善组织或者直接提供服务，或者购买服务，或者资助当前服务机构发展，这些措施无疑都有助于促进社会服务体系的完善。不仅仅是老年人，儿童和妇女通常也是慈善组织提供服务的对象。

2. 存在的问题

（1）过于关注救助领域，还未形成综合性的慈善保障体系

通过对我国慈善事业的研究发现，当前大部分慈善资金的流向是救助领域，其中包括教育救助、医疗救助和扶贫赈灾，这三部分支出占慈善总支出的比重占到50%以上，也就是说我国慈善事业在更大程度上还是属于慈善救助的范畴，即"charity"，还未达到"philanthropy"的阶段。虽然在教育慈善领域，用于高校建设和科学研究的资金占比高，但主要是由于一些高校基金会的存在，高校基金会通常包括校友会性质的捐赠，从根本意义上讲，这些校友会捐赠并非传统意义上的社会捐赠，而是特定人群基于特定情感对学校的回馈或回报，该类慈善基金的受众范围较小，并且更多地集中在名校和科研水平高的学校，这在一定程度上拉大了高校之间的差距，从而不利于整个高等教育的发展。在医疗领域，我国当前的慈善事业发展主要集中于慈善救助，如防止贫困家庭因病致贫、因病返贫，对贫困儿童的慈善医疗救助，针对某种疾病患者的救助，对贫困地区的援助等，追根究底，是对贫困的救助，较为缺乏医疗研究方面的慈善活动，而通过对美国慈善事业在医疗卫生领域的作用研究发现，慈善对医疗卫生事业的促进作用包括医疗救助、医疗研究等方面，甚至医疗研究占据更大的比重，这也能在一定程度上解释为何美国医疗水平远高于世界其他国家。此外，我国慈善资金的使用方向还包括生态环境、文化、体育、艺术等领域，但这部分占比相对较低，不到10%，人群服务和公共事业方面的慈善资金占比为6%[①]，相对于美国、英国、德国等国家，慈善事业在非救助领域的支出较为有限，未能形成综合性的慈善保障体系。

（2）税优政策空间还有待拓展

当前我国税法在慈善事业领域的税收优惠政策主要体现为三个方面。第一，针对慈善组织本身运营的税收优惠，比如《契税暂行条例》规定，从事慈善事业的事业单位、社会团体承受土地、房屋用于办公、教学、医疗、科研

---

① 彭建梅：《2014年度中国慈善捐助报告》，中国社会出版社，2015，第24页。

和军事设施的,免征契税,《房产税暂行条例》和《城镇土地使用税暂行条例》规定,从事慈善事业的人民团体自用的房产、土地,免征房产税和城镇土地使用税等,类似上述规定的法规条例还有很多,属于政府对慈善组织的直接税收优惠。第二,捐赠收入扣除政策,企业和个人向享有捐赠前扣除资格的社会团体捐赠时,可在一定比例内享受免税政策。自2008年1月1日起,《中华人民共和国企业所得税法》第9条规定,企业捐赠免税额度由原来的3%提高到12%,企业发生的公益性捐赠支出,在年度利润总额12%以内的部分,准予在计算应纳税所得额时扣除。2017年对《企业所得税法》修改中提到,企业发生的公益性捐赠支出超过年度总额12%的部分,准予转接以后三年内在计算应纳税所得额时扣除;在个人捐赠方面,《中华人民共和国个人所得税法》规定,个人捐赠额未超过纳税义务人申报的应纳税所得额30%的部分,可以从其应纳税所得额中扣除。第三,赋予慈善团体捐赠税前扣除资格,财政部、国家税务总局和民政部每年都要对申请捐赠税前扣除资格的慈善组织进行审查,然后向社会公布获取该资格的组织名单。如图4所示,2008年,享有捐赠税前扣除资格的慈善组织数量为66个,此后逐年递增,到2014年达到186个。

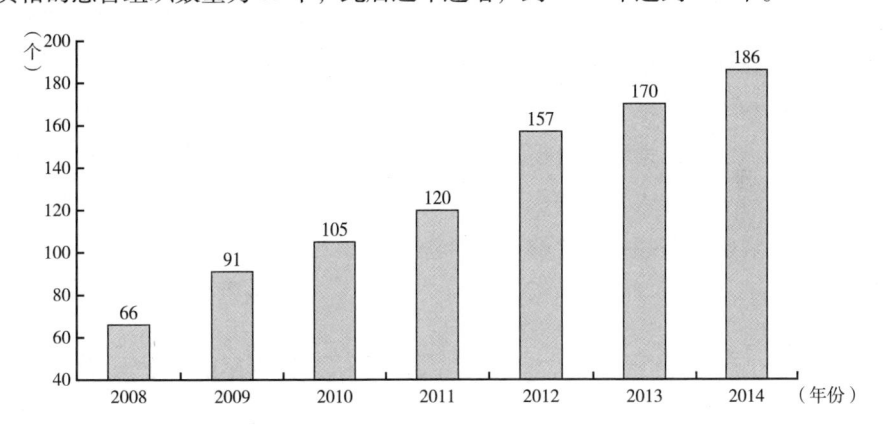

图4 2008~2014年享有捐赠税前扣除资格的社会团体数量

资料来源:国家税务局网站。

通过梳理我国在慈善组织方面的税收优惠政策可以发现:第一,不同于美国慈善组织自动获得免税资格,我国慈善组织获得免税资格的程序较为复杂,在经过财政、税务和民政部门的联合审批后才会获得捐赠免税资格,其中将要耗费大量的人力和物力；第二，企业和个人捐赠时，捐赠对象必须具有捐赠免税资格，否则企业和个人将不能享受免税优惠，举个例子，在某一年，假如 A 基金会未能获得捐赠免税资格，那么企业和个人向 A 基金会捐款时将不能享有免税优惠，可能会选择向其他慈善组织捐款或放弃捐款；第三，我国享有捐赠税前扣除资格的慈善组织数量过少，相对于当前的 6383 家慈善基金会，可谓杯水车薪，起不到真正的激励作用。

3. 政府支持慈善事业的力度有待提高

从当前来看，我国政府支持慈善事业的主要方式是政策支持和一定的资金支持，在政策支持方面包括改革税收优惠政策，完善捐赠政策等。在资金支持方面，2014 年政府补助占基金会收入的比重为 8.40%，政府捐赠占慈善捐赠资金的比重为 2.55%[①]。从这一数据看，相对于发达国家来说，政府对慈善事业的支持力度是较小的。无论是慈善事业特别繁荣的美国和英国，还是社会保障力量特别强大的德国，甚至是高福利模式的北欧地区，政府支持一直是慈善组织收入的重要来源之一，德国慈善组织收入中的政府支持可达到 60% 以上，英国和美国也占到 1/3 以上。因此，在我国未来慈善事业发展中，政府支持依然有较大的发展空间。在支持方式上，不同于发达国家形成的政府购买慈善服务的格局，我国政府对慈善组织的一部分支持是直接财政补贴，政府购买的范围较小，这种直接补贴的方式存在一定问题，实际上是把慈善组织视为政府职能部门的组成部分，这种运行模式并不利于慈善事业的长远发展。因此，在政府支持慈善事业的方式上，我们可以借鉴发达国家经验，大力推行政府购买模式，从而实现政府和慈善事业的有效合作。

四 对未来慈善事业与社会保障制度发展的思考与建议

（一）政府和慈善组织的合作是大势所趋

慈善组织，在英国被称为志愿组织，在美国被称为非营利性组织，笼统来

---

① 政府捐赠数据见彭建梅《2014 年度中国慈善捐助报告》，中国社会出版社，2015，第 51 页；政府补助数据见杨团《2017 年中国慈善发展报告》，社会科学文献出版社，2017，第 54 页。

热点九　慈善事业对社会保障制度的重要作用研究

讲，慈善组织是介于政府和市场之间的第三方组织，是社会组织的一种。我们在分析慈善组织的作用时，可以从社会组织理论的框架出发，探寻慈善组织在整个社会运行过程中承担的角色和作用。此外，发达国家的实践也为我们证明了慈善组织在整个社会中的作用，政府与慈善组织之间的关系越来越密切，以慈善组织为代表的第三部门逐步成长为不可替代的强大力量。

　　从理论上看，以慈善组织为代表的社会组织在社会经济生活中承担越来越重要的作用，主要是基于以下理论。第一，市场失灵和政府失灵理论。公共产品的非竞争性和非排他性意味着它无法通过市场体系来提供，因此出现市场失灵，政府是提供公共产品的主要力量。但随着社会经济的发展，人们对公共物品的选择和偏好出现不一致，政府提供的公共产品只能满足大部分人的需要，对于一部分人来说，他们对公共产品的"过度需求"（excess demand）和"特殊需求"（differential demand）得不到满足，由此导致政府失灵。在此种情况下，社会组织应运而生，他们可以为过度需求者提供额外的公共产品，也可以为特殊需求者提供专门的公共产品，实际上是承担了为政府职能查缺补漏的职能，解释了人们为何要通过社会组织来获取公共物品。第二，合约失灵理论。合约失灵理论产生于市场交易中的信息不对称，当信息不对称发生时，消费者在交易过程中处于相对劣势的地位，生产者可能收取较高费用或提供劣质商品，使消费者的利益蒙受损失，从而出现"合约失灵"。这时，由于社会组织面临的"非分配约束"，他们在提供商品和服务时不太可能利用信息优势来欺骗消费者，合约失灵发生的可能性降低。所谓的"非分配约束"是指社会组织不能把获得的利润用于组织成员利益，而应当用于组织的进一步发展。在"非分配约束"下，社会组织没有动机提高商品服务价格或降低质量，从而可以维护消费者利益，和市场失灵、政府失灵理论不同，"合约失灵理论"解释的是人们为何要通过社会组织来获取私人物品。第三，第三方管理理论。该理论认为社会组织的产生源于人们对公共产品和服务的渴望，但同时惧怕政府权力的扩大，因此只能通过社会组织来提供服务，政府可作为出资者和管理者，但是在具体的服务提供方面则应当依赖于社会组织，该理论在很大程度上解释了美国福利模式。上述三种理论解释了社会对社会组织的需求，也说明了社会组织为何会在社会经济运行中发挥越来越重要的作用。

　　从发达国家的实践看亦是如此。在不同的福利模式下，福利供给千差万别，但存在一个共性,即越来越重视社会组织在福利供给中的作用。美国自不必讲,"小政府,大社会"的宪法精神决定了社会组织的作用从未削弱,无论是建立社会保障制度之前,还是建立社会保障制度以后,美国慈善组织一直在社会经济生活中发挥重要作用,并且慈善事业规模越来越庞大。在英国,虽然和美国同属补救型福利模式,但历史上的贝弗里奇模式一直影响至今,福利的普惠型特征较为明显,面对福利危机,英国政府选择与慈善组织建立起合作伙伴关系,并持续推动慈善事业发展壮大。在德国,慈善事业从未退出过历史舞台,这与德国遵循的"辅助性原则"密切相关,慈善组织构成社会服务的主要提供者,并且与社会保险制度形成恰如其分的合作关系,前者提供服务保障,后者构成经济保障。在北欧国家,由于二战后建立的福利国家,慈善事业的发展出现中断,但从当前看,以慈善组织为代表的社会组织重新成为政府合作的对象,社会组织在提供社会服务方面的作用越来越明显,"国家福利"不断向"社会福利"发展。

正如有些学者认为的那样,慈善组织能够代替政府或者通过与政府合作来发挥作用的主要原因在以下几点:第一,政府并不能总是恰到好处地满足一些特殊群体的社会需求;第二,政府行动往往过于复杂、僵化,往往不能成为一个称职的服务提供者;第三,来自社会的需求是多种多样的,而政府与市场并不能总是为少数群体提供有效服务;第四,政府往往不堪福利国家制度的重负,面对严峻的经济形势与财政压力,政府不得不选择与以慈善组织为代表的第三部门进行合作,由后者更多地提供一些公共产品与服务,从而缓解政府压力[1]。

(二)慈善组织参与社会保障体系建设是福利改革的未来方向

福利多元主义理论的出现为我们展现了西方国家传统的福利变迁过程:当国家福利遭遇危机时,其他福利供给方开始加入,志愿组织和非营利性组织开始在整个福利体系中发挥作用。这个福利变迁过程以政府为主导,市场、家庭、志愿组织是对政府福利的补充。如果我们跳出这个传统福利变迁过程,将慈善事业考虑到福利范畴中,并将福利的历史延长,慈善事业可被视为最初

---

[1] Gino Evan Dal Pont, *Charity Law in Australia and New Zealand* (Oxford University Press, 2000), p. 3; Peter Luxton, *Charity fund-raising and the public interest: an Anglo-American legal perspective* (Avebury, 1990), pp. 3 – 4; Ontario Law Reform Commission (Report on the Law of Charities, 1996), pp. 238 – 245.

的、社会化的福利体系,当民间慈善事业无力解决越来越多的社会问题时,政府福利开始出现,市场福利亦会繁荣起来,这也是一种对福利多元主义的解释。也就是,当我们用另一种福利多元主义的观点解释福利变迁时,慈善事业和慈善组织展现福利保障作用的时间要长得多。从当前的观点看,福利多元主义更倾向于解释20世纪70年代以来的福利变迁过程。我们以英国为例,自福利危机后,英国不断寻找国家福利的替代品,如市场化福利,但市场化福利并不像预期的那样有效,福利供给也并非政府和市场之间的选择,于是英国提出"大社会"理论。在这一背景下,社会志愿组织成为政府和市场之间重要的第三部门,志愿组织由于代表了公共利益,因此成为政府在提供公共服务方面的重要合作对象。并且由于志愿组织更加灵活的特征,在服务提供方面更加具有优势,最终形成了英国政府购买志愿组织服务的模式,慈善事业构成英国社会保障体系的重要组成部分。

从当前看,我国社会保障制度面临种种问题,人口老龄化加上社会保障待遇刚性发展的特征决定了我国必将会遇到发达国家当前面临的福利问题,单纯依靠政府提供福利,势必会对财政造成较大压力。福利多元主义为我们提供了更多的选择。首先,我们不能忽视市场的力量,依靠市场提供补充保障制度也是我们当前正在做的。如在社会保险领域,企业年金、个人储蓄性养老金、补充医疗保险等都是借助市场的力量来提高社会保障待遇。在服务保障领域,个人可以选择更高端、更昂贵的社会服务等,但市场化的福利供给也存在一定限制,比如在社会救助领域,市场不可能为贫困人口提供保障,政府要在社会救助中承担绝对责任。但政府承担救助责任也面临一些问题,比如财政预算压力,更重要的是,政府救助通常是满足绝大多数人的一般需求,对于少数人的特殊需求,政府救助是满足不了的,比如在缓解贫困的项目中,政府通常以现金待遇的方式补贴贫困人口,这种方式通常能够"治标"但不能"治本",于是产生持续贫困。在这种情况下,政府救助方式需要改革和变通,并做出针对不同需求的保障方案,这个成本是巨大的,政府通常不会选择这种不经济的做法。面对这种情况,我们可以选择慈善事业作为社会保障制度的补充,由于慈善事业更加具备多样性和灵活性特征,在提供福利时针对性更强,能够根据问题的变化调整自身战略。并且慈善事业的资金来源通常是民间捐赠,不会给政府财政造成压力,因此,慈善事业可作为当前社会保障制度的重要补充。

（三）对我国慈善事业与社会保障制度未来发展的建议

虽然我国慈善事业在古代社会早已有之，但经过新中国成立之后的中断与停滞，现代慈善事业的起步时间较晚，在制度内部规范和外部发展环境方面还有许多领域亟待改善。在正确处理慈善事业与社会保障制度二者之间的关系前，首先要对慈善事业本身有一个正确的定位，只有将慈善事业推回原有的轨道后，才能在此基础上发挥对社会保障制度的补充作用。如前所述，慈善事业与社会保障制度的关系，在一定程度上反映了慈善事业与政府的关系，我们在处理慈善事业和社会保障制度的关系之前，首先要厘清慈善事业与政府之间应当维系何种关系。因此，本文首先要重新定位未来慈善事业的发展方向，理顺慈善事业与政府之间的关系，之后再针对慈善事业与社会保障的关系提出相关建议。

1. 正确定位政府和慈善组织的合作伙伴关系

在政府、市场和慈善三者之间的关系中，从理论上讲，三者是相互独立的关系。相对于市场与慈善事业的关系，政府与慈善事业之间的关系要敏感的多，政府的税收政策和监管政策是慈善事业发展的关键，同时政府还赋予慈善事业以非营利组织的地位，这种地位是慈善组织运行的前提。此外，政府提供的公共产品和服务与慈善组织提供的公益性产品和服务，在某种程度上具有相通性，二者在有些情况下可以相互替代，甚至会重合。因此，在这些产品和服务的供给中，政府和慈善组织要明确分工与合作关系，从而实现资源的优化配置。

（1）为慈善事业发展提供良好环境

我们可以从以下几个方面认识政府对慈善事业的促进作用。

第一，完善慈善事业的法制环境。2016年《慈善法》出台对于我国慈善事业来说有极大的推动作用，如放开公募权，所有基金会公平竞争取得公募资格，也就意味着长期以来政府支持的公募基金的垄断地位不复存在，政府也试图从慈善组织中抽离。同时，《慈善法》还对慈善捐赠、慈善信托、慈善服务、监督管理以及慈善事业促进措施等方面进行了规定，在《慈善法》的约束下，我国慈善事业得以在相对规范的框架中发展运行。

第二，继续完善慈善事业的税优环境。《慈善法》规定了慈善事业的税优框架，如慈善组织及其取得的收入依法享受税收优惠，受益人接受慈善捐赠，享受税收优惠、自然人、法人和其他组织捐赠财产用于慈善活动的，依法享受税收优惠……但《慈善法》并未对具体的税优政策做出详细规定，具体税优政策亟待出台。同时政府在税优政策方面的限制还比较多，2015年《关于公益性捐赠税前扣除资格确认审批有关调整事项的通知》对社会组织报送捐赠税前扣除资格申请报告和相关材料的环节予以取消，只要财政部、国家税务总局和民政部认可社会组织的公益性，那么该社会组织将获得捐赠税前扣除资格。同时相关政府部门要加强对社会组织取得捐赠税前扣除资格后的后续管理。相对于之前社会组织每年都要申请该资格的情况有了很大的进步，但相对于庞大的社会组织数量，每年取得该资格的组织过少。也就是说，政府依然没有放开社会组织的税优资格，从而影响社会捐赠的流向，阻碍慈善事业的整体发展。

第三，加大对慈善组织的行为监督力度。政府对慈善组织的行为监督标准应当是公益性的，这也是政府赋予慈善组织免税资格的重要依据。慈善组织应当定期向税务机关提供组织收入支出信息和年度财务报告等，从而有利于税务机关对慈善组织的活动和行为进行公益性判断，进而决定是否赋予组织免税资格。

第四，营造有利于慈善组织发展的文化环境。英美发达的慈善事业离不开慈善文化的繁荣以及民众对慈善的认可，在这一领域，政府大有可为，政府应当积极传播慈善文化，宣传扶危济困、互帮互助和奉献社会的良好风尚，发挥典型示范作用，广泛宣传为慈善事业做出贡献的个人和组织，培养公众的慈善意识，提高公民道德素质，强化企业的社会责任感，等等。

（2）改革政府对慈善组织的支持标准和方式，推行政府购买服务

无论是西方发达国家还是我国，政府资助都是慈善组织的主要收入来源之一，但不同的是，在西方发达国家，政府资助表现为政府购买服务，在我国，政府支持表现为直接财政补贴。二者是有本质区别的：前者体现为政府和慈善组织之间的合作关系，后者意味着慈善事业是政府职能的延伸；前者有助于慈善组织的独立发展并进一步壮大力量，后者不断削弱慈善组织的民间性质和第三方性质，从而不利于慈善组织的进一步发展。并且我国政府在资助慈善组织时的很重要的标准是组织的官办/民间性质，通常政府资助更倾向于官办性质的慈善组织。对此，我们必须从政府资助慈善组织的标准和方式入手，并对其

进行改革。

首先，政府对慈善组织的扶持应该从社会需求的角度出发，而非慈善组织的官办/民间性质。我们以当前的老年护理服务为例，随着人口老龄化程度的加深，社会对老年服务的需求持续扩大，但当前政府提供的护理服务无论是从数量上还是从质量上均不能满足民众需求，政府可以通过扶持社会组织的方式提供护理服务，除了提供政策支持外，政府可以以直接资助的方式帮助社会组织提供服务，这一过程并不区分组织的官办/民间性质。

其次，改革政府资助慈善组织的方式，由直接补贴改为政府购买服务。2016年《关于通过政府购买服务支持社会组织培育发展的指导意见》中指出，鼓励各级政府部门同等条件下优先向社会组织购买民生保障、社会治理、行业管理、公益慈善等领域的公共服务，政府在公共服务供给方面由直接提供转为政府购买。一方面是转变政府职能和创新社会治理体制的要求；另一方面也能有效减少公共服务支出，降低福利刚性特征。慈善组织的公益性特征使其在提供公共服务方面具备专业化能力，并且政府通过招标过程可以在最大限度上缩减服务成本，同时加强对服务提供的监督管理，明确优胜劣汰机制，使公共服务供给更为高效。同时，由于福利刚性的存在，政府提供的公共服务只会不断膨胀，即使在经济低迷期和财政紧缩期，公共服务支出依然继续上升，与此相随的是不断扩大的公共服务提供部门，从而对财政造成更大影响。而政府通过购买服务的方式提供公共服务，能够在一定程度上降低福利刚性带来的影响。

2. 继续强化慈善事业对社会保障制度的补充促进作用

毋庸置疑，当前我国慈善事业对社会保障制度的补充促进作用越来越明显，官方文件明确把慈善事业作为社会保障体系的重要组成部分。我们应以此为契机，继续强化慈善事业对社会保障制度的补充促进作用，本文将从以下几个方面提出相关建议。

（1）继续发挥当前慈善事业在缓解贫困、医疗卫生和教育等领域的关键作用

一方面，从当前我国狭义社会保障制度的运行情况看，特别是社会救助制度，其待遇通常是现金形式，但社会上存在的贫困、疾病等问题远远不是发放现金待遇就能够解决的，单纯依靠现金救助可能会造成"贫困陷阱"，从而陷

入一种"治标不治本"的保障模式中；另一方面，由于财力限制和资源配置等方面的问题，我国社会保障在教育和医疗卫生领域发挥的作用较为有限，如教育救助主要以义务教育为主，医疗救助主要面向低保人员和特困人员，因此形成社会保障制度覆盖面漏洞。此外，我国社会保障制度仍处于初级发展阶段，"保基本"是当前发展阶段的重要特点，以医疗保险为例，当前制度主要是对基本疾病的保障，当遇到大病时，家庭极有可能因此而陷入贫困。针对社会保障制度以上的两个特征，利用慈善事业灵活性、创新性和针对性较强的优势，有效弥补社会保障制度的不足。一方面，在保障内容方面，慈善救助弥补社会保障制度缺口，为贫困人口提供维持基本生活之外的教育和医疗保障，从而提升整个社会的保障水平；另一方面，在保障方式方面，慈善事业通过精准扶贫、教育救助、医疗救助等方式改善贫困家庭的生活状况，属于"从根源减少贫困"，慈善事业的保障方式相对灵活且不限于现金形式。在扶贫领域，慈善事业更注重赋予贫困人口获取财富的能力；在教育领域，慈善教育救助改善贫困人口的教育水平，提升人力资本，为减少当前贫困和未来贫困奠定基础，"大眼睛女孩"苏明娟的成长经历正是反映了我国慈善事业在教育救助领域的关键作用。在医疗卫生领域，慈善医疗救助提升个人健康水平，改善地区医疗条件，进而缓解贫困和促进区域发展。

根据上述分析，我们要继续发挥当前慈善事业在缓解贫困、医疗卫生和教育等领域的关键作用。作为对政府社会保障制度的必要补充，政府需要继续加大对相关慈善组织的扶持，为组织提供税收优惠等政策环境，为慈善活动开展提供便利条件，发展慈善捐赠文化，鼓励社会民众在慈善教育救助和慈善医疗救助领域的捐赠，扩大慈善事业资金来源，加大政府购买慈善服务的力度，从而对社会形成引导性作用，将更多的社会资源配置到上述领域中来。同时还要加强对教育和医疗慈善组织的监督，确保这些组织将有限的资金真正用到救助贫困人口上来，"中国母亲"胡曼莉被起诉正是带给我们这方面的教训。继续发挥当前慈善事业在缓解贫困、医疗卫生和教育等领域的关键作用并不意味着官方社会救助制度的退出，社会救助制度依然要发挥保障最低生活水平的作用，在此基础上发挥慈善事业的补充救助职能。

（2）在救助职能的基础上提升慈善事业的综合保障功能

通过上文的分析可以发现，我国慈善事业发挥作用的范围主要集中在社会救助领域，这部分慈善资金支出占总支出的占比超过50%，生态环境、文化、体育、艺术等方面的慈善指出占比不足10%，人群服务和公共事业方面的慈善支出占比不到10%。在官方认定的慈善活动范围里，美国有10项、英国有13项、我国有6项，对比来看，我国的慈善事业规模相对较小，慈善资金占GDP的比重较低。这主要是由于我国现代慈善事业仍然处于初级发展阶段，且缺乏根深蒂固的慈善传统，人们的慈善意识正在形成过程中，慈善组织发展仍不完善，慈善事业定位仍在探索过程中。

未来，我国慈善事业发展可以借鉴发达国家在慈善领域的经验，并发展出适合我国的慈善模式。首先，继续推进慈善事业在济贫扶困领域的作用，发挥慈善事业的最初职能。其次，领会贯彻官方文件在慈善事业和社会保障之间关系的定位：慈善事业是我国社会保障体系的重要组成部分。因此要发挥慈善事业对当前社会保障制度的补充作用，对社会保障制度的补充作用一方面体现为查缺补漏，另一方面体现为提升社会保障水平，发挥补充社会保障的功能。再次，从大社会保障的角度出发，社会保障不仅仅包括对特定群体的保障，还包括其他领域，如生态保护、科技发展、科教文卫进步等，这些领域都为慈善事业发挥作用提供了空间，未来我国慈善事业发展要从以上领域发挥综合保障作用。值得注意的是，由于我国当前慈善事业规模较小，限制了其发挥作用的能力和空间，我们在维持慈善事业救助职能的基础上，应该努力发展壮大慈善事业规模，进而提升慈善事业的综合保障能力。

（3）合理划分慈善事业和社会保障制度之间的界限，完善经济和服务分工机制

慈善事业和社会保障制度是截然不同的两个领域，无论是从组织者、管理者、资金运行还是制度模式方面，二者差异均比较大。我国官方对二者的定位：慈善事业是整个社会保障体系的重要组成部分，是对当前社会保障制度的重要补充。鉴于此，我们在二者运行和发展过程中必须要划清界限：社会保障保基本，慈善事业查缺补漏和补充保障。对此，上文已经有了一些论述，该部分主要从经济保障和服务保障两个领域说明二者的关系。

通过对比国际经验发现，社会保障与慈善事业的关系，在很多国家体现为经济保障和服务保障的关系：政府提供的保障主要集中在经济领域，而慈善组织提供的保障主要集中在服务领域。当然，如果我们考虑北欧福利模式时，上述特

征并不那么明显,政府同时是经济保障和服务保障的提供者,中央政府负责经济保障,地方政府负责服务保障。除此之外,其他多数国家社会保障和慈善事业体现为经济和服务方面的合作。比如在美国,一直以来,市场和慈善组织都是社会服务的主要供给者;在英国,20世纪80年代以来,随着政府服务部门的缩小,各类志愿组织成为公共服务的主要提供者,并被纳入政府合作伙伴的范畴,政府通过协议的方式购买各类志愿组织的服务,社会保障和慈善组织在经济保障和服务保障方面的界限日益明显;在德国,慈善组织一直是社会服务的主要提供者,特别是在长期护理服务领域,慈善组织提供的服务一直占据半壁江山;在北欧国家,慈善组织已经开始进入社会服务的供给者行列,慈善组织在服务保障中的作用越来越明显,也促使北欧国家从"福利国家"向"福利社会"转变。

慈善事业在提供服务保障方面的经验为我国社会保障制度发展提供了借鉴。随着人口老龄化程度的加深,我国开始考虑构建长期护理保险制度,当前我国对于长期护理保险制度关注的焦点在如何提供经济保障,即长期护理保险制度的融资模式。但在此过程中我们不能忽视护理服务的供给问题,如韩国、日本,他们在建立护理保险制度之前都采取了相关措施来保障护理服务的供给,如两个国家均以国家战略的方式扩大服务供给①。如果忽视服务供给问题,那么在长护保险制度运行中可能会出现"有保险无服务"的问题。对此,我们可以发挥慈善组织在提供护理服务方面的优势,强化慈善组织在提供护理服务方面的能力,加大政府对慈善护理服务的购买力度,从而为长期护理保险制度的顺利出台保驾护航。

(4)借鉴慈善事业发展经验,为社会保障制度改革提供借鉴

大病保险是慈善事业对社会保障制度重要补充,通过各地的实践探索,形成相对稳定和成熟的慈善大病保障模式,也为建立大病医疗保险制度提供借鉴。我们以常州市慈善总会的大病医疗补充保险为例来说明:第一,慈善大病保险的保障对象是贫困人口,包括贫困儿童和成年人等,通常是低保和低保边缘人口,参与此项保险的前提是已经参加基本医疗保险制度;第二,投保资金

---

① 如日本在1989年制定十年"环境计划",又在1994年出台五年"新黄金计划",其目标是扩大护理服务供给规模,2000年日本长期护理保险制度出台。在韩国,2001年着手建立长护保险,2002年发布《扩充老年护理机构十年计划》,2005年出台《老年护理机构综合投资计划》,其目标是以最快的速度扩大服务空寂,2008年,韩国开始实施长护保险。

来源是慈善基金，2018年，常州市慈善总会出资267.3万元为22272名贫困人口购买大病医疗补充保险；第三，承保机构通常是商业保险公司；第四，大病医疗补充保险的责任是当被保险人患上名单内病种，并因该病发生的门诊放疗、门诊化疗的费用及手术，放疗和化疗等住院医疗费用，经基本医疗保险补偿和困难群众医疗救助补偿后，对个人承担的符合基本医疗保险规定的剩余医疗费用以及基本医疗保险不承担的乙类药品部分自付以及完全个人自付部分的医疗费用（不超过1000元）进行补偿；第五，设置最高赔付金额，如常州慈善大病医疗补充保险设置的最高赔偿金额为低保人员8000元，低保边缘人员6000元；第六，理赔过程为申请人需要将身份证明、医疗证明、费用清单、基本医疗保险报销情况等资料提交至街道民政部门，由保险公司服务人员前往街道民政部门收集申请理赔资料，经审核后，于10个工作日内支付保险补偿金；第七，病种设置，慈善总会将特定疾病纳入补充医疗保险内，病种数量由少至多，2018年，慈善大病补充医疗保险保障的病种从原来的4个增加到30个[①]。

常州在慈善大病补充医疗保险方面的实践为建立政府大病补充医疗保险提供了以下经验：在覆盖人口方面，大病补充医疗保险可以把全部参保人口覆盖在内；在资金来源方面，实行企业、个人和医保共同出资的保障模式，以提高资金来源的可持续性；在承保机构的选择上，医疗保险经办机构可以选择与商业保险公司合作；在保险业务办理上，医保经办机构可以作为中间机构存在来连接保险公司和被保险人，从而降低交易成本；在保障待遇上，由医疗保险经办机构与商业保险公司谈判，确定基本医疗保险待遇和大病补充医疗保险待遇的衔接和比例问题等。

参考文献

奥利维尔·聪茨：《美国慈善史》，杨敏译，上海财经大学出版社，2016。
耿云：《国外慈善事业简论》，中国社会出版社，2014。

---

① 常州市慈善总会：《2018常州慈善大病保险：从原4个病种增加至30个病种》，http://cszh.changzhou.gov.cn/html/cszh/2018/EDAQHLFM_0124/766.html，最后访问日期：2018年5月20日。

劳伦斯·福利德曼、马克·麦加维：《美国历史上的慈善组织、公益事业和公民性》，徐家良、卢永彬等译，上海财经大学出版社，2016.6。

彭建梅：《2013年度中国慈善捐助报告》，企业管理出版社，2014。

彭建梅：《2014年度中国慈善捐助报告》，中国社会出版社，2015。

王名、李勇、黄浩明：《英国非营利组织》，社会科学文献出版社，2009。

王卫平等：《中国慈善史纲》，中国劳动社会保障出版社，2011年。

王卫平、黄鸿山：《中国古代传统社会保障与慈善事业——以明清时期为重点的考察》，群言出版社，2004。

杨昌栋：《基督教在中古欧洲的贡献》，社会科学文献出版社，2000。

郑秉文：《中国养老金发展报告2017——长期护理保险试点探索与制度选择》，经济管理出版社，2017。

郑功成等：《当代中国慈善事业》，人民出版社，2010。

资中筠：《财富的归宿：美国现代公益基金会述评》，上海人民出版社，2006。

曹刚、李顺求：《社会保障和慈善救助》，《广西民族大学学报》（哲学社会科学版）2008年第4期。

陈斌、陶冶：《美国家族慈善基金会：嬗变，条件与启示》，《探索》2015年第3期。

丁建定：《1870~1914年英国的慈善事业》，《南都学坛》（人文社会科学学报）2005年第4期。

何忠洲：《中华慈善总会的民间尝试》，《中国新闻周刊》2007年第30期。

黄承伟、覃志敏：《我国农村贫困治理体系演进与精准扶贫》，《开发研究》2015年第2期。

拉尔夫·格茨等：《德国长期护理保险制度变迁：财政和社会政策交互视角》，苏健译，《江海学刊》2015年第5期。

李韬：《慈善基金会缘何兴盛于美国》，《美国研究》2005年第3期。

李德健：《英国慈善法研究》，法律出版社，2016。

林卡、吴昊：《官办慈善与民间慈善：中国慈善事业发展的关键问题》，《浙江大学学报》（人文社会科学版）2012年第4期。

石国亮：《国外政府与非营利组织合作的新形式——基于英国，加拿大，澳大利亚三国实践创新的分析与展望》，《四川师范大学学报》（社会科学版）2012年第3期。

史蒂芬·格罗斯：《德国的社会公共服务体制及改革》，《中国机构改革与管理》2014年第Z1期。

田凯：《组织外形化：非协调约束下的组织运作——一个研究中国慈善组织与政府关系的理论框架》，《社会学研究》2004年第4期。

汪三贵：《在发展中战胜贫困——对中国30年大规模减贫经验的总结与评价》，《管理世界》2008年第11期。

王震：《德国社会保障体系中的社会组织》，《国际经济评论》2016年第1期。

郑秉文：《社会保障体系的巨灾风险补偿功能分析——美国9·11五周年的启示》，《公共管理学报》2007年第1期。

杨利华：《美国慈善捐赠税收扣除制度的考察与思考》，《北方法学》2016年第3期。

杨团：《2017年中国慈善发展报告》，社会科学文献出版社，2017。

赵晓芳：《德国的利益集团与社会保险制度的起源》，《兰州学刊》2012年第8期。

Alfred H. Y. Lin, "Warlord, Social Welfare and Philanthropy: The Case of Guangzhou under Chen Jitang, 1929–1936", *Modern China* 2 (2004).

Carole Holohan, "Conceptualizing and responding to poverty in the Republic of Ireland in the 1960s: a case study of Dublin", *Social History* 1 (2016).

Cheryl Lehman, *Accountability and Social Accounting for Social and Non-profit Organizations*, (Howard House, Wagon Lane, Bingley BD16 1WA, UK, 2014).

Cristian Pérez Muñoz, Joshua D Potter, "Street-level charity: Beggars, donors, and welfare policies," *Journal of Theoretical Politics* 1 (2014).

Barry Hoolwerf et al., Giving in Europe: the state of research on giving in 20 European countries: Research on Giving in Norway, https://www.dedikkeblauwe.nl/news/givingineurope.

David Owen, *English Philanthropy 1660–1960*, (Cambridge, Belknap Press, 1964).

Debra Morris, "Charities and the Big Society: a doomed coalition?", *Legal Studies* 1 (2012).

Dirk Jarre, "Subsidiarity in Social Services Provision in Germany", *Social Policy & Administration* 3 (1991). Frank G. Dickinson, The Changing Position of Philanthropy in the American Economy, http://www.nber.org/books/dick70-1.

Gino Evan Dal Pont, *Charity Law in Australia and New Zealand*, (Oxford University Press, 2000).

Hardwick, David F., Leslie Marsh, Philanthropic Institutional Design and the Welfare State. Conversations on Philanthropy, 2012.

Jennifer E. Mosley, Joseph Galaskiewicz, "The Relationship Between Philanthropic Foundation Funding and State-Level Policy in the Era of Welfare", *Reform Nonprofit and Voluntary Sector Quarterly* 6 (2015).

Jenny Harrow, Tobias Jung, "Philanthropy is Dead; Long Live Philanthropy?", *Public Management Review* 8 (2011).

Johan Vamstad, Johan von Essen, "Charitable Giving in a Universal Welfare State—Charity and Social Rights in Sweden", *Nonprofit and Voluntary Sector Quarterly* 2 (2012).

Jørn Henrik Petersen, Klaus Petersen, SørenKolstrup, "Autonomy, Cooperation or Colonization? Christian Philanthropy and StateWelfare in Denmark", *Journal of Church and State* 1 (2014).

Kaspar Villadsen, "The Emergence of 'Neo-Philanthropy' A New Discursive Space in Welfare Policy?", *Acta Sociologica* 3 (2007).

Kaspar Villadsen, "Modern Welfare And 'Good Old' Philanthropy", *Public Management Review* 8 (2011).

Keir Waddington, Grasping Gratitude: Charity and Hospital Finance in Late-Victorian London, in Martin J. Daunton (ed.), Charity, Self-Interest and Welfare in the English Past, London, 1996.

Kramer Ralph, *Voluntary agencies in the welfare state*, Berkeley (University of California Press, 1981).

Kirsten A. Grønbjerg, "Private Welfare in the Welfare State: Recent U. S. Patterns", *Social Service Review* 1 (1982).

Leslie Leighninger, The History of Social Work and Social Welfare, Published Online: 15 July, 2008.

Lester M. Salamon, Helmut K. Anheier (eds.), Global Civil Society: Dimensions of the Nonprofit Sector, Baltimore, MD: The Johns Hopkins Centre for Civil Society, 1999.

Natan Meir, "From communal charity to national welfare: Jewish orphanages in Eastern Europe before and after World War I ", *East European Jewish Affairs*, 2009.

Ontario Law Reform Commission, Report on the Law of Charities, 1996.

Pamala Wiepking, *Femida Handy*, *The Palgrave Handbook of Global Philanthropy*, Palgrave Macmillan (a division of Nature America Inc., 2015).

Peter Dobkin Hall, Philanthropy, the welfare state and the transformation of American public and private institutions, 1945 - 2000, https://sites.hks.harvard.edu/fs/phall/GHI_PAPER_8 - 08.pdf.

Peter Luxton, *Charity fund-raising and the public interest: an Anglo-American legal perspective* (Avebury, 1990).

Pippa Coutts, Sheila Riddell, Employers' Views of Supported Employment for Disabled People in Scotland, SUSE, http://www.docs.hss.ed.ac.uk/education/creid/Reports/29_EHRC_SupportedEmployt_FinalRpt.pdf.

Pound John, *Poverty and Vagrancy in Tudor England* (Essex: Longman, 1982).

Rowan Gaither, "Private Philanthropy and Human Welfare," *Pakistan Horizon* 2 (1955).

Sarah Flew, "Unveiling the Anonymous Philanthropist: Charity in the Nineteenth Century", *Journal of Victorian Culture* 1 (2015).

Sarah L. Pettijohn et al., Nonprofit-Government Contracts and Grants: Findings from the 2013 National Survey, https://www.urban.org/sites/default/files/publication/24231/412962 - Nonprofit - Government - Contracts - and - Grants - Findings - from - the - National - Survey.PDF.

Shepard B. Clough, "Philanthropy and the Welfare State in Europe", *Political Science Quarterly* 1 (1960).

StaffanFörhammar, "Scientific Philanthropy and Welfare Politics of Solidarity: A discussion of the roots of the Swedish welfare state", *Scandinavian Journal of History* 1 (2016).

Sue Kirvan, Alan Tuckman, "The reluctant philanthropists: Thatcherism, the butter mountain and the welfare state", *Critical Social Policy* 21 (1987).

Tanya Evans, "Working towards the 'welfare of the world': Britishimperial networks of philanthropy in the nineteenth century", *History Australia* 1 (2016).

Theo N. M. Schuyt, "Philanthropy in European welfare states: a challenging promise?", *International Review of Administrative Sciences* 4 (2010).

Tommy Bengtsson, *Population, Economy and Welfare State* (Berlin, 1994).

TNM Schuyt, "Philanthropy and the diversification of the western European 'welfare state' model", *European Journal of Social Work* 1 (2001).

Waldemar A. Nielson, *The Big Foundations*, (Columbia University Press, 1972).

热点十

上海市社区基金会的发展状况与治理结构研究

唐有财　王小彦　权淑娟[*]

摘　要：社区基金会是推动公益慈善和社会治理创新的重要形式，对推动社区治理具有重要的意义。社区基金会的本土化进程刚刚起步，其发展路径和治理方式具有鲜明的本土特点。本文主要基于对上海新成立的50多家社区基金会的全面研究，深入梳理了社区基金会的发展状况、运作模式和治理结构。研究发现，上海社区基金会的成立路径具有很强的行政驱动特点，这使得上海在很短的时间里形成了适合社区基金会发展的行业生态，并且在推动公益慈善方面发挥了重要的作用。另外，上海社区基金会在形式上已经形成了较为规范的治理结构，特别是在制度建设和项目运作等方面，但是在治理机制上，行政干预色彩还是非常浓厚的，这对社区基金会未来的发展具有潜在的威胁。本文从形成对社区基金会的正确认知和定位、完善社区基金会的治理结构、促进社区基金会的专业能力建设和社区基金会的支持系统建设等四个方面对社区基金会的健康发展提出了对策建议。

关键词：社区基金会　发展状况　运作模式　治理结构

---

[*] 课题负责人：唐有财，华东理工大学社会与公共管理学院副教授、人文社科处副处长、上海公共经济与社会治理研究中心秘书长。课题组成员：王小彦，华东理工大学社会与公共管理学院硕士生；权淑娟，华东理工大学上海高校智库社会工作与社会政策研究院助理研究员。

一 社区基金会的含义及其特征

（一）背景和意义

中国深刻且快速的社会转型要求创新社会治理体制。自21世纪以来，党中央高度重视社会建设，积极进行社会治理的理论和实践创新。2004年，党的十六届四中全会提出创新社会管理体制；党的十六届第六次会议上提出了健全党委领导、政府负责、社会协同、公众参与的社会管理格局；十七大报告提出加快推进以改善民生为重点的社会建设；十八大报告提出"在改善民生和创新管理中加强社会建设"的重要论点。十八届三中全会指出，全面深化改革的总目标是完善和发展中国特色社会主义制度，推进国家治理体系和治理能力现代化。中国共产党十八届五中全会将"社会治理格局"的目标和内涵概括为"全民共建共享"，即要完善党委领导、政府负责、社会协同、公众参与、法治保障的社会治理体制，推进社会治理精细化，构建全民共建共享的社会治理格局。党的十九大报告要求加强社会治理制度建设，完善党委领导、政府负责、社会协同、公众参与的社会治理体制，提高社会治理社会化、法治化、智能化、专业化水平，特别是加强社区治理体系建设，推动社会治理重心向基层下移，发挥社会组织作用，实现政府治理和社会调节、居民自治良性互动。社区基金会的中国本土实践是深入贯彻中央关于社会建设和社会治理相关精神的重要举措。

"社区基金会"发源于1914年的美国，在全球发展已有整整一百年的历程，积累了一整套较为成熟的运作方式。它主要以破解社区问题为目标，通过筹集本地资金，以资助项目的形式，提供社区公共服务和推动公益慈善事业发展，是推动社会治理和公益慈善创新的重要形式。这一新生事物虽然成立时间短，发展也很不成熟，但是已经得到了政府、社会和学界的高度关注和认可。2017年6月，中共中央、国务院《关于加强和完善城乡社区治理的意见》要求不断拓宽城乡社区治理资金筹集渠道，鼓励通过慈善捐赠、设立社区基金会等方式，引导社会资金投向城乡社区治理领域。创新城乡社区治理资金使用机制，有序引导居民群众参与确定资金使用方向和服务项目，全过程监督服务项目实施和资金使用。

在这一政策倡导下，中国本土的社区基金会呈现快速和蓬勃发展之势。相对而言，中国的社区基金会处于起步阶段，并且在成立及其运作的逻辑上与西方的社区基金会有很大的不同。社区基金会的快速成立和发展不是偶然的，而是有其内在必要性。

1. 社会问题倒逼社区基金会成立

随着快速的社会转型，社会分化日益严重，由此产生了各类社会问题和社会矛盾。正如十九大报告所指出的，进入新时代后，我国社会主要矛盾已经转化为人民日益增长的美好生活需要和不平衡不充分的发展之间的矛盾。就城市治理而言，比较突出的问题包括社区治理难题、社会排斥问题、弱势群体保护问题、老龄化问题、社区环境提升等。这些社会问题的产生既有结构性的原因，也有一些体制性和治理技术的问题。其产生的原因，首先是政府单一的公共服务供给无法满足居民日益增长和多样化的诉求；其次，传统的社会自治组织整合和动员能力不足，特别是面临资源不足、专业性不足、行政化困境等一系列问题，导致其在推动社区治理中无法承担更大的责任；最后，在解决上述问题的过程中，居民缺乏参与平台和有效的参与机制，这导致他们在面对社会问题时经常处于被动抱怨的境地，缺乏积极主动的应对行为。

根据西方经验，社区基金会是20世纪初为了应对快速工业化而产生的各类社会矛盾，特别是许多新兴工业城市的贫民窟社区问题而产生的。社区基金会是应对和解决社会问题的一种重要的社会治理创新形式，特别是在整合在地资源、提供社区服务和激发社区参与等方面具有优势，其最重要的功能就是"利用本土资源，通过本土途径，去解决本土社会问题"，因此，当前城市社区治理中面临的较多难题是驱动社区基金会成立的重要原因。由于社区基金会植根于社区，具有官僚化程度低、贴近基层和较高的工作效率等特点，在组织体制、结构框架、活动方式上比政府机构有更大的灵活性和弹性，可以更多地与服务对象交流和接近那些权利易受损害的弱势群体，了解他们的愿望和意愿，迅速反映基层民众的现实需要，并能够对多元化的保障服务需求做出及时的回应，满足不同群体的特殊需求。

2. 公益慈善的创新发展需要

正如老子说："上善若水，水善利万物而不争。"扶危济困、乐善好施一直以来是中华民族的传统美德，这些传统公益慈善方式为救助弱者、增进社会公平发挥了重要的作用。然而，长期以来，中国慈善基金会的资助方向大多偏好于教育以及传统的救灾济贫、扶弱助残等救济领域，而致力于健康医疗卫生、艺术文化、环境保护、公共服务、社区发展、政策倡导以及公益支持等更为广阔的社会公共领域内的资助则较弱。特别体现在，这些公益慈善模式主要停留在关注弱势群体、扶危救困的阶段，而没有将公益慈善纳入社会治理的结构中来。

社区基金会是慈善公益的重要创新形式，作为一个新的公益慈善募捐、传播的平台，社区基金会为公益慈善赋予了新的内容。一是社区基金会作为社区的微公益平台，将慈善植入居民的日常生活中去，通过培育一种"人人可公益，时时可慈善"的理念，为社区慈善事业的捐赠人提供了参与慈善事业的途径；二是社区基金会为公益慈善赋予了新的内涵，使慈善从传统的扶危帮困向推动社会治理创新、专业社工服务等内容转化。

3. 三社联动的实践困境

三社联动是当前社区治理的重要创新，即通过社区、专业社工和社会组织的合作和联动来推进社区治理。然而，三社联动如何落地却是一个实践问题。社会组织如何介入到社区中产生积极的效果，需要不断的探索和优化。当前各个街道普遍通过政府购买服务的方式引入社会组织进入社区，然而社会组织如何构建与社区的恰当关系则是一个难题。主要表现在：一是政府和社会组织的价值诉求、思维方式、话语系统、工作机制方法等差别太大，缺少一些必要的协调机制和主体，导致双方在合作中很容易对立。二是政府对于社区的需求把握不准导致政府购买的社会组织服务有效性不足；三是政府购买社会服务的资源渠道非常单一，并且受制于财政开支的刚性约束，灵活性不够。社区基金会则可以较好地弥补上述不足。一方面，社区基金会本身就是资助型的社会组织，培育和发展社会组织是其重要的使命，因此在性质和功能上决定了他们与其他社会组织更具有亲和性；其次，与其他外来社会组织不同，社区基金会是在地的社会组织，对居民的需求相对更加了解，因此在衔接外来社会组织与社区居民需求方面独有优势，特别是在需求研究、产品原型设计、供应商管理、招投标、项目监理评估、沟通协调等居间工作中可以发挥较大的功能；最后，社区基金会在资金的使用方面更加多元和灵活，可以通过多种渠道整合资源，从而在资助项目和社会组织中弥补政府功能的不足。

4. 有效破解社区参与不足

居民参与是社区治理的前提和基础，也是当前社区治理的困境所在。居民参与不足很大程度上是因为没有建立居民投入与回报的衔接机制。社区基金会"是用大家的钱更好地解决大家的事情，由于事关每一个人的物质利益和享受的公共福利，每一个社区居民和组织都有足够的理由和动力影响每一笔开支的使用方向"[①]。当居民们通过社区基金会平台做出捐赠和提供资源的时候，他们也应对资源的使用方向和效果有充分的知情和话语权。社区基金会通过资助社区内公共服务组织为社区提供各项服务，能够增加社区内居民参与社区活动的积极性，促进社区内居民的相互交流，培育社区居民参与精神和互助意识，增强社区居民的归属感和认同意识。

（二）社区基金会的含义

1. 基金会与社区的含义

社区基金会包含了"社区"和"基金会"两个属性。因此要理解社区基金会的意涵，首先得理解"社区"和"基金会"的含义。

基金会的含义相对明确，是指利用自然人、法人或者其他组织捐赠的财产，以从事公益事业为目的，按照本条例的规定成立的非营利性法人。基金会分为面向公众募捐的基金会和不得面向公众募捐的基金会。公募基金会按照募捐的地域范围，分为全国性公募基金会和地方性公募基金会。根据《基金会管理条例》规定，基金会必须在民政部门登记方能合法运作，就其性质而言是一种民间非营利组织。

社区的含义则相对要复杂得多，不仅学术界的定义很多，而且在实践中也存在很多差异。1955年美国学者G. A.希莱里对已有的94个关于社区定义的表述做了比较研究。他发现，其中69个有关定义的表述都包括地域、共同的

---

① 刘建文：《社区基金会：促进社区自治发展的新思路——产生、特征、本土化建设策略及其意义》，《云南行政学院学报》2008年第3期。

纽带以及社会交往三方面的含义，认为这三者是构成社区必不可少的共同要素。因此，人们至少可以从地理要素（区域）、经济要素（经济生活）、社会要素（社会交往）以及社会心理要素（共同纽带中的认同意识和相同价值观念）的结合上来把握社区这一概念，即把社区视为生活在同一地理区域内、具有共同意识和共同利益的社会群体。

尽管社会学家对社区下的定义各不相同，在构成社区的基本要素上认识还是基本一致的，普遍认为一个社区应该包括一定数量的人口、一定范围的地域、一定规模的设施、一定特征的文化、一定类型的组织。社区就是这样一个"聚居在一定地域范围内的人们所组成的社会生活共同体"。社区的特点：有一定的地理区域；有一定数量的人口；居民之间有共同的意识和利益；有着较密切的社会交往。

按照国际惯例，社区基金会中的"社区"并不是一般意义上理解的居住社区的意思，也不是通常所说的社区居委会或工作站的地域范畴，而更多的是"区域"或"地区"的概念。在美国，一个社区基金会，可能辐射一个郡、一个州甚至几个州、一个片区等。因此，社区基金会的核心不在于区域的大小，而是强调"本地"的概念，利用本地资源，依靠本地利益相关者，提出本地解决方案[1]。因此，社区基金会之"社区"意指居住在特定地理区域的一群人，但随着人们越来越因"利益"而非"空间"聚集在一起，其意义愈发引起争议[2]。

2. 社区基金会的含义

我国学者最早提出社区基金会概念的是资中筠[3]，她认为社区基金会是由一个地区的居民为解决本地区的问题而成立的非营利公益组织。

中山大学王巍认为，社区基金会就是一个社区的居民为更有效地解决本地区的公共事务而设立的带有基金会性质的非政府公共组织[4]。

基金会中心网主编的《美国社区基金会》一书将社区基金会定义为"资助特定社区社会发展、教育、宗教等公益活动的大众支持的基金会"，并指出

---

[1] 徐宇珊、苏群敏：《社区基金会的形与神》，《中国社会报》2015年5月13日。
[2] Taylor, M., *Public Policy in the Community* (Basingstoke: Palgrave Macmillan, 2003).
[3] 资中筠：《财富的责任与资本主义的演变》，三联书店，2015。
[4] 王巍：《社区基金会：社区自治发展的新思路》，《宁夏党校学报》2006年第1期。

资金来源一般从社区内多渠道筹集而来，主要来源有个人捐赠或遗赠、家庭捐赠、公司及其他机构捐赠。

按照世界银行和全球资助者支持倡议（Worldwide Initiative for Grantmaker Support，简称 WINGS)[①] 的说法，社区基金会可定义为满足下列条件的公益组织：致力于提高特定地理区域居民的生活质量；不受其他组织、政府以及捐赠人制约与控制的独立机构；由具有代表性的社区居民组成的理事会负责治理；通过资助非营利组织，解决当下和未来的各类社区问题；社区基金会所回应的社区问题不局限于特定领域或社区中的特定人群；为社区积累永久性资源，通常的方式是筹集和运作永久性捐赠基金；寻求多元的捐赠渠道，捐赠者包括本地居民、企业和非营利组织，不局限于单一捐赠者；服务和尊重捐赠者意愿，协助他们实现公益目标；发挥社区领导力、促成跨界合作以解决社区问题；运营过程保持透明，有义务定期向公众公开任务目标、活动情况以及财务状况（Sacks，2000)[②]。

由于社区基金会在我国还是一个新事物，实践基础较为薄弱。为此有学者提出"类社区基金"，主要原因是在社区发展的现实中，存在的主要是各种为社区居民服务的基金组织而不是基金会，它们并不具有法律上的合法性，也没有正式的、明晰的、合法的外部身份，是一种准正式的基金会[③]。类社区基金会是一种激活并建构社区社会资本，整合社区资源，满足一些弱势群体通过官方正式救助渠道不能被及时接纳或者福利需求不能被充分满足的基金会[④]。

饶锦兴认为，本地资源、本地利益相关者、本地解决方案是社区基金会从事公益事业的三个根本特点。社区基金会在全球快速发展的原因是其核心价值观能够适应不同社会的文化背景，其最大的优势是能通过广泛募集资金来开展当地公益活动，并保证其持续有效性。目前，虽然社区基金会在公益组织中所

[①] 该机构是全球资助者协会（grantmaker association）和慈善支持机构（philanthropy support organization）的行业联盟。
[②] 饶锦兴、王筱昀：《社区基金会的全球视野与中国价值》，《开放导报》2014 年第 5 期。
[③] 李莉：《社会保障改革中的类社区基金会的成长》，《华中师范大学学报》（人文社会科学版）2007 年第 4 期。
[④] 徐家良、刘春帅：《资源依赖理论视域下我国社区基金会运行模式研究——基于上海和深圳个案》，《浙江学刊》2016 年第 1 期。

占比例不大，但作为公益事业发展的催化剂，意义非常重大。

本文认为，社区基金会（上海社区一般定义为街镇）是指利用自然人、法人或者其他组织爱心捐赠的财产，以从事社区公益事业、参与社区治理、推动社区和谐为目的，按规定成立的非营利性法人。简单讲，社区基金会就是立足社区，以从事社区公益事业为目的，其爱心资源，来自社区，并用于社区，是社区最接地气的爱心平台，是社会组织参与社会治理"组合拳"中的重要一环，这也是其区别于其他公益基金会的显著特征。

（三）社区基金会的特征

根据"全球捐赠者支持倡议"提出的社区基金会区别于其他非营利组织的特征，社区基金会被定义为满足下列条件的公益组织：提高社区居民生活质量；不受其他组织、政府以及捐赠人制约与控制的独立机构；由社区居民代表组成的理事会负责治理；通过第三方非营利组织开展项目，解决社区面临的问题；向本地居民、企业、政府、非营利机构与其他基金会筹集资金，完成自身的使命，实现可持续发展；服务捐赠者，协助他们实现公益目标；担任社区领导和项目合作方，参与解决社区问题；运营过程保持透明，有义务定期向公众公开任务目标、活动情况以及财务状况。这些特征将社区基金会与其他基金会和非营利组织区分开来。有的社区基金会不一定具有所有这些特征。不同国家和地区的社会与文化背景差异巨大，但上述定义所包含的特征可以适应各地不同情况，使得社区基金会得以在世界各地快速发展并发挥作用[1]。因此，社区基金会的特征要从不同的维度来理解。

1. 资金来源层面

与私人基金会单一的资源不同，社区基金会的资金来源于多样化的捐赠者。但其主要资金来源不外乎两种：本地区有声望的企业家和社区内的普通居民。一般发起人多为当地的社会名流，他们出面创办，制定宗旨，有的还提供相当可观的启动资金。普通居民或做各种捐款或立遗嘱捐遗产，数目可大可小，重在参与。有的地方由一家大的基金会为种子，带动许多小的社区基金会。有时大公司与若干社区基金会联手促进当地的福利事业。

---

[1] 参阅 *Local Mission-Global Vision—Community Foundations in the 21st Century*, Foundation Center。

2. 目标范围层面

理论上说，社区基金会没有特定的目标范围，其所关注的问题多为普遍的社会问题，如弱势群体的保护、社区生态环境的提升甚至一般性的社区公共议题等。如居民集资维修本地区的下水道，为本地区的学校捐助，帮助社区内有困难的人，改善社区的居住环境等。20世纪70年代、默特基金会（Charies Stewart Mott Foundation）提出四大宗旨，成为社区基金会普遍的工作内容：经常性的、不加限制的捐款；及时回应随时出现的、经常变化的社区需求；为兴趣不同的捐赠者提供多样的捐赠渠道和服务；在社区中起资源提供者、经纪人和触媒的作用。

3. 社区基金会的资金管理

社区基金会有了资金来源，还需有人负责管理。一般社区基金会负责人的条件是：大学毕业、本地区人士、热心于改善本地区的状况，并且还要对福利工作有理解力和判断力。简而言之，就是本社区内威望较高，并对社区事业有献身精神的人。一般的社区基金会内除少部分正式员工外，大部分是志愿参与者，或称为义工。居民不仅捐献财物，还贡献自己的时间，大家共同努力，致力于改善社区的福利状况，使自身受益的同时也造福于社会[①]。

二 中国社区基金会的发展状况

（一）社区基金会的发展状况

社区基金会（community foundation）起源于1914年美国的克利夫兰，银行家弗雷德里克·高夫（Frederick H. Goff）将银行闲置的信托资金和社区内的慈善捐赠汇集成永久性捐赠资金（endowment，不动本金只将投资收益用于资助），并组建资助委员会决定资金流向。这种新兴的慈善组织形式被称为"社区信托"（community trust），也是最早的社区基金会。

1990年全球社区基金会的数量不到440个，到2000年发展到835个，到

[①] 孙倩：《美国的社区基金会介绍》，《社区》2003年第7期。

2003年发展到1120个，到2005年发展到1233个，到2008年发展到1441个，到2010年为1680个[①]。截至2016年9月底，全世界共有1848家社区基金会，其中北美有1031家，欧洲有658家，亚洲有61家，大洋洲有56家，非洲有31家，南美有11家（见图1）。

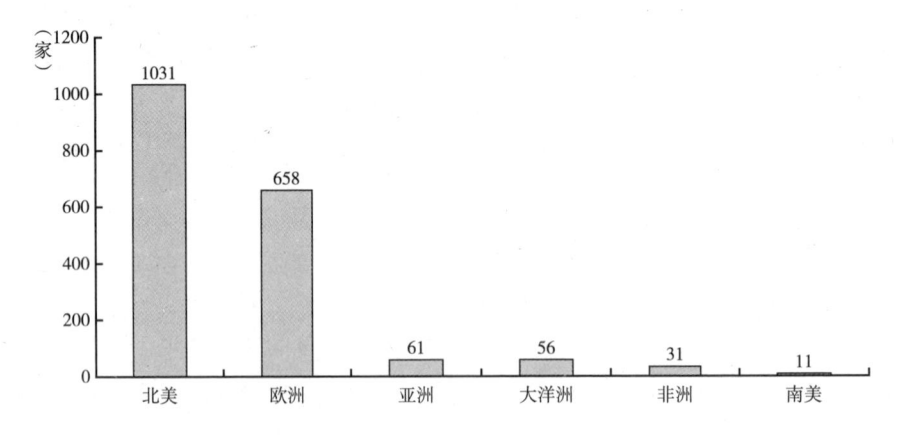

图1 全球社区基金会数量区域分布

资料来源：课题组收集整理。

从全球社区基金会的发展趋势来看，美国社区基金会依然处于全世界的领先地位，尤其是社区基金会规模大，以2012～2013年度为例，超过10亿美元的12大社区基金会的资产总额就达到了242.8亿美元。在2012～2013年度，美国年捐赠超过1亿美元的社区基金会已经达到8家，而这8家社区基金会的捐赠总额达到了14.4亿美元，占美国社区基金会捐赠总额的32.7%左右，说明社区基金会的地位在不断提升。

（二）中国社区基金会的发展状况

2008年7月16日中国第一家社区基金会桃源居公益事业发展基金会在深圳市成立，这种由社区基金会管理社区的公益资本，公益中心管理社区的公益资产，社会企业管理社区公益经营的分工架构被誉为社区服务型基金会的

[①] Lili Wang, Elizabeth Graddy & Donald Morgan, "The development of community-based foundations in East Asia *Public Management Review* 8（2011）：1157.

"中国样本"①。随后广东省千禾社区公益基金会和成都公和社区发展基金会分别于2009年9月和12月成立。总体而言2008年至2013年全国社区基金会发展比较缓慢,2010年新成立一个社区基金会,2012年和2013年新成立3个社区基金会。

2014年至今社区基金会的发展呈现井喷之势,新成立社区基金会的数量快速增长,2014年新成立社区基金会13个,2015年28个,2016年25个。截至2017年5月17日,根据"基金会中心网"——"数据中心"相关统计的数据,我国的社区基金会数总共103个。其中,广东省总共29个(广东的29个又主要集中在深圳市,总共26个),上海市54个,江苏省3个,浙江省4个,重庆市2个,北京市4个。此外,天津、宁夏、四川、河北、内蒙古、湖北和山西各有1个,另有很多社区基金会正在筹备中。从图2我们也不难看出,全国社区基金会的分布很不平衡,主要集中在上海和广东两地,占全国社区基金会的80.58%,其他地区的社区基金会只有极少的分布。

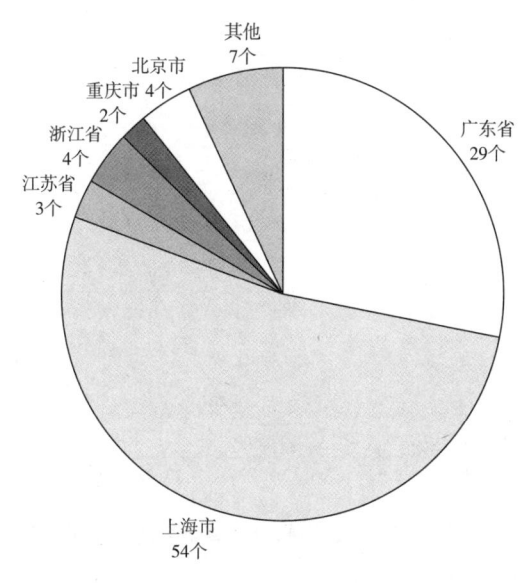

图2 全国社区基金会各省市数量分布

资料来源:课题组收集整理。

---

① 杨伯权:《社区基金会的春天还有多远》,《壹心壹意》2016年11月2日。

此外，从发展趋势来看，2014年以前，深圳市的社区基金会数量领跑全国，2014年之后，上海市社区基金会发展势头良好，其社区基金会数量逐步超越深圳而处于全国第一位（见图3和图4）。

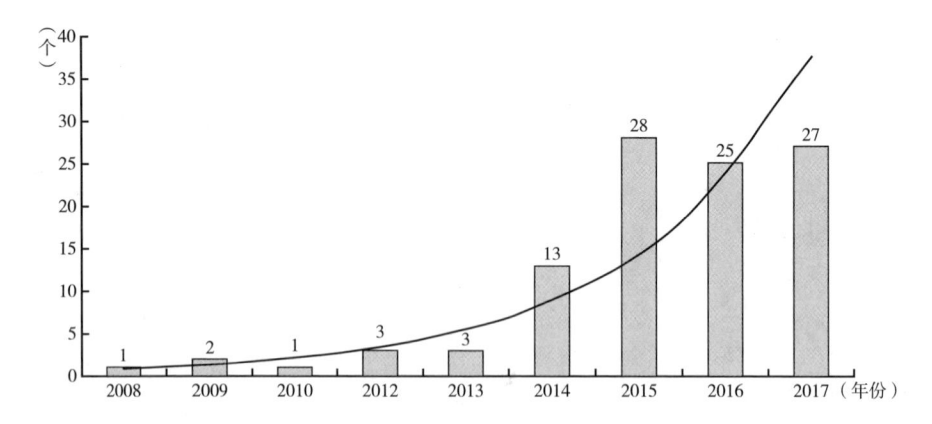

图3 全国社区基金会历年新增数量

资料来源：课题组收集整理。

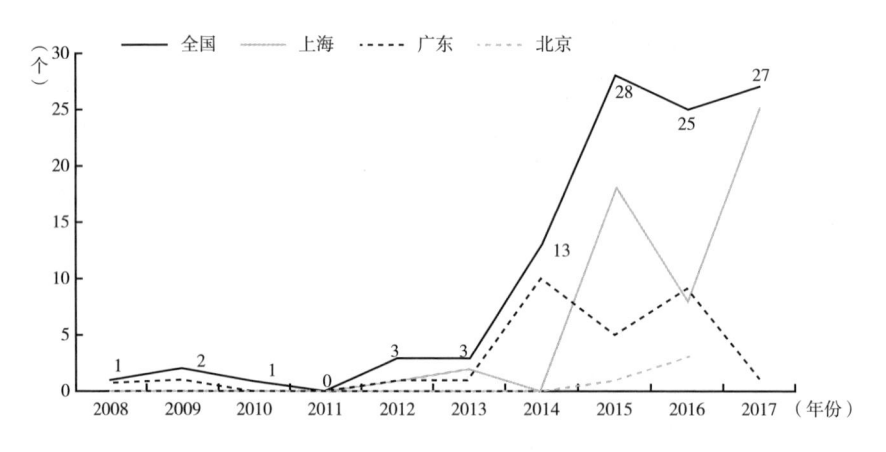

图4 北京、上海、广州社区基金会历年发展数量

资料来源：课题组收集整理。

从北京、上海、广东三省市历年社区基金会的发展轨迹来看，广东省社区基金会的起步最早，于2008年成立首家社区基金会，2014年社区基金会迅猛发展，新成立10家社区基金会，2015年、2016年广东社区基金会的数量也在

平稳地增加，2015年5个，2016年9个，2017年1个。北京市社区基金会的发展速度相对上海和广东的进度要更慢一点，北京市在2015年成立"北京市思诚朝阳门社区基金会"，随后于2016年成立了3个社区基金会。

2012年上海首家以社区命名的基金会"上海美丽心灵社区公益基金会"成立；2013年成立"上海洋泾社区公益基金会"和"上海心手相牵社区公益基金会"；2014年市委"1+6"改革提出要创新社区治理方式，上海市社会治理"十三五"规划中明确提出要推进街镇社区发展基金会建设，多个区政府工作报告中也将社区基金会建设列入其重点工作内容。在政策和各级政府的强力推动下，上海市社区基金会出现一个井喷式的发展趋势：2015年新成立基金会18个，2016年8个，2017年25个。

（三）中国社区基金会的驱动因素

1. 有利的宏观政策

中国社区基金会的成立典型特点是政策与行政驱动，其中有利的宏观政策为社区基金会的成立提供了制度支撑，这些政策主要包括《慈善法》的修订、中央对于基层社会治理的相关精神以及具体的实施意见等。

（1）《慈善法》的修订

长期以来，我国只有公募基金会、红十字会、慈善会以及少量经批准的组织可以公开募捐。《慈善法》最令人关注的变革，是建立公开募捐资格许可制度。除此以外，《慈善法》明确鼓励："通过互联网开展公开募捐的，应当在国务院民政部门统一或者指定的慈善信息平台发布募捐信息，并可以同时在其网站发布募捐信息。"这一创新，打破了原有公募资格的限制，将公募权平等地赋予了各类慈善组织。公募权的放开将促使一大批新的基金会成立，更多基金会将参与争取公募资格。申请公开募捐资格的其他慈善组织也将增加，吸引公众小额捐赠的方式更为多元化和创新，公开募捐竞争逐渐激烈。作为促进慈善事业发展的重要激励手段，税收优惠对于激发公益慈善的捐赠也具有重要的激励意义。

（2）关于基层社会治理的精神

自十六届四中全会中央提出社会建设的相关精神以来，从社会建设到社会管理，再到社会治理的表述日益清晰，特别是对于基层社会治理的强调。如十九大报告明确指出，打造共建共治共享的社会治理格局。加强社会治理制度建设，完善党委领导、政府负责、社会协同、公众参与、法治保障的社会治理体制，提高社会治理社会化、法治化、智能化、专业化水平。加强预防和化解社会矛盾机制建设，正确处理人民内部矛盾。健全公共安全体系，完善安全生产责任制，坚决遏制重特大安全事故，提升防灾减灾救灾能力。加快社会治安防控体系建设，依法打击和惩治黄赌毒黑拐骗等违法犯罪活动，保护人民人身权、财产权、人格权。加强社会心理服务体系建设，培育自尊自信、理性平和、积极向上的社会心态。加强社区治理体系建设，推动社会治理重心向基层下移，发挥社会组织作用，实现政府治理和社会调节、居民自治良性互动。在2017年6月《中共中央国务院关于加强和完善城乡社区治理的意见》中，更是对加强和完善城乡社区治理做出了全面部署，特别是明确提出"鼓励通过慈善捐赠、设立社区基金会等方式，引导社会资金投向城乡社区治理领域"[①]，社区基金会被写进中央文件。

2016年8月，中共中央办公厅、国务院办公厅印发《关于改革社会组织管理制度促进社会组织健康有序发展的意见》，提出要大力培育发展社区社会组织，通过降低准入门槛，建立综合服务平台，提供组织运作、活动场地、活动经费、人才队伍等方面支持，重点培育支持社区社会组织发展。社区基金会作为社区社会组织的一种类型，顺应《关于改革社会组织管理制度促进社会组织健康有序发展的意见》的中央精神。

2. 地方政府的强力推动

地方政府的强力推动是社区基金会得以快速发展的直接驱动因素，特别是在上海、深圳等社区基金会快速成长的地区更是如此。为了促进社区治理创新，推动社区基金会发展，各地纷纷出台了各种相关的政策和办法。

2014年12月上海市委的"一号课题"《关于进一步创新社会治理加强基层建设的意见》明确指出"在街道、乡镇层面探索设立社区发展基金（会），为社会资金支持社会力量参与社区治理创造条件"。为了贯彻落实市委《关于进一步创新社会治理加强基层建设的意见》，进一步"激发社会活力、形成社

---

① 《中共中央国务院关于加强和完善城乡社区治理的意见》，http：//www.gov.cn/zhengce/2017－06/12/content_ 5201910.htm，最后访问日期：2017年10月8日。

区治理体系",引导社会组织参与社会治理,2015年6月,上海市民政局、社团局联合有关部门出台了关于社会组织的"1+2+1"系列政策文件,即《关于加快培育发展本市社区社会组织的若干意见(试行)》、《关于加强本市社会组织服务中心建设的指导意见(试行)》、《上海社区基金会建设指引(试行)》(沪民社基〔2015〕1号)和《建立上海市承接政府购买服务社会组织推荐目录(试行)》,其中《上海社区基金会建设指引(试行)》重点解决参与社区治理的资源问题,推动在有条件的街道(乡镇)成立社区基金会,优化社区治理结构,创新项目对接方式,引导社区多元主体共同推进社区建设。同时上海市各区根据《基金会管理条例》和《上海社区基金会建设指引(试行)》相关规定,结合本区实际制定相应的政策条例,如2016年5月1日其施行《普陀区社区基金会管理办法(试行)》。

此外,深圳、南京和北京等地也都出台了促进社区基金会发展的政策或管理办法,如《深圳市民政局社区基金会培育发展工作暂行办法》《关于推动南京市社区型基金(会)发展的实施方案(试行)》等,对社区基金会的设立、治理结构、管理和运营、支持保障、资金保障、组织保障、政策扶持、监督管理等做了详细的规定。

3. 社会创新模式的扩散

社区基金会作为社会创新的重要模式,其扩散、复制和竞争的逻辑对于各地快速成立社区基金会亦起了非常重要的作用。在中央强调社会治理的精神指导下,各地根据自身的特点纷纷进行社会治理模式的创新和实践,某种程度上这种创新和实践成了衡量地方政府工作成绩的重要依据,因此地方政府的探索动力非常强大。而一些理念先进、可操作性强的社会创新项目,自然成了扩散推广的主要目标对象。社区基金会就是这一典型。社区基金会最开始在深圳自发产生,后来被政府认可和大力推动,这一方面得益于当地发达的经济实力,以及民众的慈善捐赠文化;另一方面也得益于开放的社会环境。作为改革开放的先行区,深圳的经验具有借鉴价值。上海的社区基金会发展也大致在这一时期,上海市民政局的领导一直对社会治理创新的经验非常看重,在自觉推动社区基金会成长的过程中,他们赴深圳学习,借鉴经验,并且依托强大的行政力量,快速地推动成立一批社区基金会,其发展势头比深圳更强,很快形成了一个社区基金会的行业。

4. 学界和公益界的助力推动

在社会模式扩散的过程中，媒体的宣传和学者的倡导作用不可忽视。如深圳市在推进过程中，积极整合媒体资源，建立社区基金会媒体宣传库，《南方都市报》、《晶报》、《深圳特区报》、《21世纪经济报道》、《深圳商报》、广电集团、网易、腾讯等媒体及网络平台建立良好的互动关系，积极开展深圳社区基金会的宣传报道工作。上海的媒体宣传能量也非常强大，很快在全国范围内形成宣传上海社区基金会浪潮。在这一过程中，一些理论与实践领域的专家学者也积极倡导成立，特别是积极组织开展各种形式的研讨交流会，大力营造良好的舆论发展氛围。

三 上海社区基金会的运作情况

（一）上海社区基金会的总体发展情况

1. 总体分布

截至2017年5月17日，上海市共有54家在民政局登记注册的社区基金会。除宝山区外，其他15个区均已成立社区基金会。其中，普陀区、虹口已经率先实现了街镇社区基金会全覆盖，杨浦、徐汇、浦东等区也在加快实现全覆盖。据2015年度检查统计，当时22家社区基金会的净资产为6300余万元。截至目前，54家社区基金会的原始基金总量已经达到1.2亿余元。

这54家社区基金会即为我们此次问卷的主要调查对象，就其在上海各区县的分布状况来看：黄浦区3个，浦东新区12个，嘉定区2个，杨浦区3个，青浦区1个，普陀区10个，静安区1个，崇明区1个，闵行区1个，徐汇区9个，奉贤区2个，虹口区7个，松江区1个，长宁区1个（见图5）。

从统计结果来看，上海市各区政府对社区基金会的推动力度差异较大：如浦东新区的社区基金会数量领跑全市，普陀区更是基本上实现了全覆盖，徐汇区社区基金会的发展速度也在区民政局的支持下再创新高；但另一些区对社区基金会的推动力度则较弱，如静安区、松江区、长宁区等则只有零星的几个社区基金会存在；甚至有的区还未成立社区基金会。

热点十　上海市社区基金会的发展状况与治理结构研究

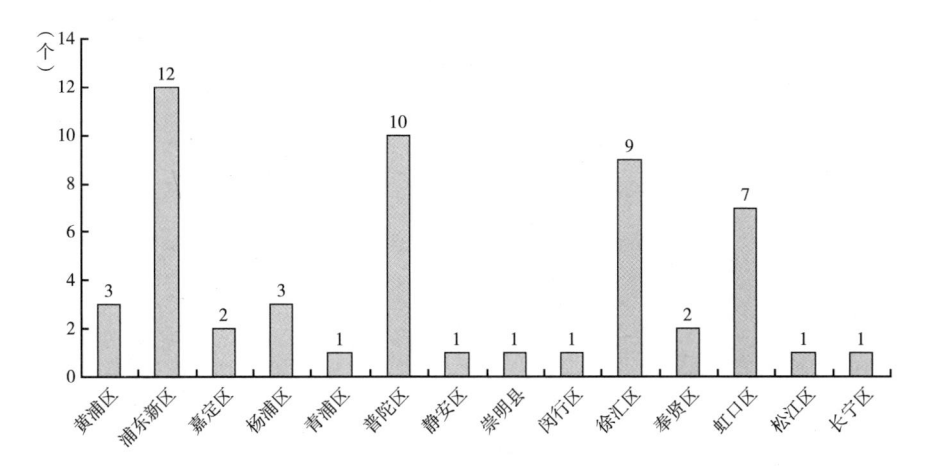

图5　上海市各区社区基金会数量分布

资料来源：课题组收集整理。

总的来看，社区基金会在上海市各区县的发展很不平衡。究其原因，则是各区民政部门领导的重视程度不同，再加上各区相关部门领导对社区基金会的认知程度也有差异，进而造成了各区推动力度的不同。如普陀区领导高度重视社区基金会的发展，并出台了《普陀区社区基金会管理办法》，有的街道甚至推行了社区基金会、社会组织联合会、社会组织服务中心三者合一的架构；而另外一些区的推进力度则比较弱，因此，各区社区基金会的发展状况差异较大。

同样，上海市社区基金会的发展近年来呈现爆发式增长：2013年，上海市全市仅增加了1家社区基金会；2014年增加了2家；2015年，上海市新增13家；2016年新增11家；截至调查之日，上海市2017年新增社区基金会21家，实现了飞速增长（见图6）。

上海市社区基金会飞速发展的背后，其驱动力不外如下：行政力量的推动及各地之间竞争的加大。2014年12月，上海市委"一号课题"《关于进一步创新社会治理加强基层建设的意见》和2015年2月"一号课题"配套"1+6"文件出台后，上海市各区县接连成立社区基金会。我们从调研中发现，在中央政策的推动下，河南、江西等地纷纷表示正在筹备社区基金会。因此，我们预计，未来社区基金会的发展将呈现井喷状态。

627

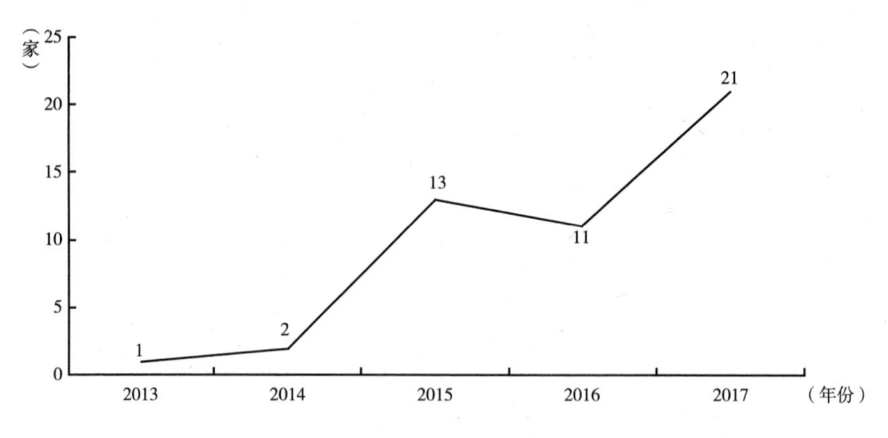

图 6　上海社区基金会发展趋势

资料来源：课题组收集整理。

2. 上海社区基金会的分类

2004年3月，国务院颁布了《基金会管理条例》，实行对基金会分类管理的原则。根据基金的不同来源方式，把基金会分为公募基金会和非公募基金会两种类型。其中可以面向公众募捐的基金会称为公募基金会，不得面向公众募捐的基金会称为非公募基金会。

作为非公募基金会的社区基金会，又可根据其发起主体的不同分为政府主导运行模式、企业主导运行模式和个人主导运行模式三种。

上海社区基金会的发起则呈现鲜明的政府主导的特色（占比67.39%）。从分析结果来看，虽然上海市的社区基金会也是由政府和企业共同发起，但占比仅为21.74%，而且在其发展过程中，也有很深的政府烙印：如企业投入多以区域化党建、政府动员等途径为主，在这种情况下，企业多为被动一方，而不是企业主动出资成立社区基金会（见图7）。

在上海，政府行为直接推动了"有条件的街道"纷纷成立社区基金会，但其主要发力点多在街道一级。以陆家嘴社区公益基金会为例，其由陆家嘴街道发起，并由区域内热心企业、媒体和公益人士共同组建。因上海市各街道经济实力比较强，因此政府有实力出资成立社区基金会，这也是上海市社区基金会多以政府为主导的原因所在。而这种出资模式，也为社区基金会打下了深深的行政化烙印。

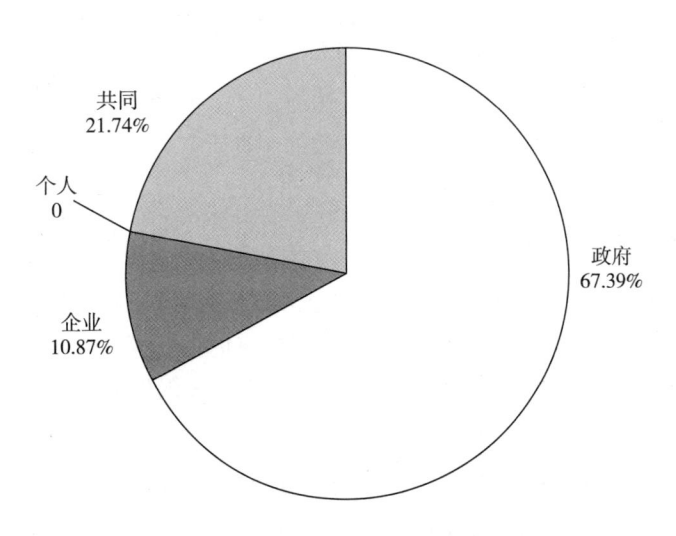

图 7　上海社区基金会的发起方

资料来源：课题组收集整理。

（二）上海社区基金会的培育发展路径

根据上海市委和市政府有关创新社会治理、加强基层建设工作要求，上海市民政局将"推进街镇社区发展基金（会）建设，引导多元主体参与社区治理"作为一项重要工作贯彻落实。经过近两年的着力推进，由点到面，社区基金会建设取得了初步成效。

社区基金会立足社区，爱心资源源于社区、用于社区，是社区最接地气的爱心平台，是社会组织参与社会治理"组合拳"中的重要一环，这也是其区别于其他公益基金会的显著特征。上海市培育发展总的指导思想是因地制宜、积极推进，实现"多元治理结构＋多重基金渠道＋多样公益项目"的基本目标。推进四项原则：坚持立足社区，整合社会资源；坚持以人为本，服务社区民生；坚持广泛参与，推动多元共治；坚持公开透明，实现规范运作。

1. 注重调研，探索社区基金会本土化路径

社区基金会是个舶来品，如何让上海的社区基金会具有本市特色、社区特点，又兼具基金会建立和发展的基本要素，需要有明确的制度来规范和引导。为此，上海通过在最早成立的2家社区基金会召开现场会，赴深圳等兄弟省市调研社区基金会的运作情况，到本市相关街镇调研需求情况，邀请上海市研究社会组织的专家学者、区县民政局和社团局领导、部分社会组织的负责人听取意见和建议等多种方式，进行了较为细致的调查研究。

2. 制度先行，建立社区基金会各项政策扶持

上海市民政局先后制定下发了《上海社区基金会建设指引（试行）》《上海市社会组织（含基金会）评估指标》（新版）、《关于加快培育发展本市社区社会组织的若干意见（试行）》、《建立上海市承接政府购买服务社会组织推荐目录（试行）》等文件，为上海社区基金会的健康发展提供了制度保证。同时上海还建立各项鼓励扶持政策，促进参与建设社区基金会的积极性。一是放宽登记准入条件。畅通成立登记渠道、放宽办公场地要求、探索下延审批权限（将非公募社区基金会审批权限下延至有条件的区县登记管理机关）等。二是完善服务支持体系。发挥服务平台作用，同等条件下，可优先申请入驻社会组织孵化基地，优先接受政策咨询和指导服务，优先享受减免场所租金等优惠扶持政策。三是推动政府购买服务。将社区服务内容纳入政府购买服务范围，将符合条件的组织纳入承接推荐目录，合理确定社会组织人力资源的成本比例，对符合条件的项目可以签订履行期限为1至3年的政府采购合同，鼓励和引导通过项目合作、品牌输出等方式，跨区域承接政府购买服务项目。四是扶持发展。加强项目支持、能力建设和人才培训，并对社会贡献大、成绩突出的社区社会组织及优秀人才给予适当奖励；对符合条件的，及时认定非营利组织免税资格、公益性捐赠税前扣除资格，落实相关税收优惠政策。

3. 跟进培训，提升社区基金会的专业能力

上海市民政局充分考虑到社区基金会成立后所面临的各种困难和挑战，主动深入一线、靠前一步，做好各项服务工作。对所有新成立的社区基金会进行了跟踪走访，与基金会负责人进行了面对面的交流，详细了解社区基金会的最新情况。针对社区基金会成立最多的普陀区，专题举办社区基金会培训交流会，就有关"捐赠票据、项目预算、制度建设、增值保值、人才培养、内部治理"等问题上门授业解惑、交流探讨。此外，还利用基金会年检总结会、新成立基金会培训会，为社区基金会从业人员进行管理和财务知识的培训，提高基金会工作能力。

4. 搭建平台，建立社区基金会互助学习纽带

借助基金会"公益下午茶"活动、建立上海社区基金会微信群、第六届"公益伙伴日"等契机和平台，为上海已成立社区基金会搭建了一个交流学习互助的平台。通过这些平台不但使社区基金会能够充分交流学习、比学赶帮，而且使社区基金会能够进一步整合资源、加强公益项目的合作互动，为社区基金会的长远发展创造了一个良好的氛围和环境。2017年开始，上海市民政局还建立了每季度一次交流分享会的机制，由社区基金会轮流发起和组织，推动自我培训和行业资源共享。

5. 区县重视，大力推动社区基金会参与社区治理

上海社区基金会的蓬勃发展，得到了各区县党委、政府及民政局、社团局领导的重视和支持。不仅在人、财、物等方面给予了很大的倾斜，而且在发动社区参与、联络企业捐赠等方面也提供了较大帮助。除了在登记数量上完成预定目标，各级政府部门还有意识地将社区一些主要工作与社区基金会的公益项目有机结合，让社区基金会主导部分社区创建活动，参与社区治理，确保社区公益项目更接地气、更多参与。

（三）上海市社区基金会的运作状况

1. 社区基金会是否被认定或登记为慈善组织

根据《中华人民共和国慈善法》，"慈善活动是指自然人、法人和其他组织以捐赠财产或者提供服务等方式，自愿开展的下列公益活动：扶贫、济困；扶老、救孤、恤病、助残、优抚；救助自然灾害、事故灾难和公共卫生事件等突发事件造成的损害；促进教育、科学、文化、卫生、体育等事业的发展；防治污染和其他公害，保护和改善生态环境；符合本法规定的其他公益活动"。而社区基金会主要是利用自然人、法人和其他组织捐赠的财产，以从事社区公益事业和互益事业为目的而成立的非营利法人。因此，作为一个天然的慈善组织，作为推动社区治理和社区建设的一类社会组织，社区基金会是社区公益价值链的关键部位，其在有效动员社区各方资源、推动形成"善治的社区"、健全社区公共服务体系、改善社区民生和公共福利、提升社区自治和社会治理水平方面发挥着巨大作用。

社区基金会被认定为慈善组织的方式有两种。第一种是在社区基金会注册

之初直接被登记为慈善组织，适用于此种方式的社区基金会须在注册时填写上海市社会团体管理局于 2016 年 10 月拟定的《基金会章程示范文本（慈善组织）》，并满足对业务范围、组织机构和负责人、财产的管理和使用、重大事项报告及信息公开、终止和剩余财产处理等方面的要求。第二种方式即申请认定为慈善组织，此种方式适用于业已成立但尚未被认定为慈善组织的社区基金会。该类型的社区基金会须依照《申请慈善组织认定办事指南》，准备好《慈善组织认定申请书》、《慈善组织认定符合有关规定的承诺书》、"决策机构会议决议"、"章程"、"关于申请理由、慈善宗旨、开展慈善活动等情况的说明"、"注册会计师出具的上一年度财产审计报告"、"业务主管单位批准文件"等材料，向其登记的民政部门申请认定为慈善组织，民政部门会在受理申请之日起二十日内做出决定，符合慈善组织条件的，民政部门会予以认定并向社会公告；不符合慈善组织条件的，民政部门将不予认定并书面说明理由。

不管是在成立之初就登记注册为慈善组织的社区基金会，还是在成立后向民政部门申请认定为慈善组织的社区基金会，调查对象所在社区基金会已经被登记或认定为慈善组织的为 32 人次，占有效填写人次的 69.57%；所在社区基金会没有被登记或认定为慈善组织的为 14 人次，占有效填写人次的 30.43%。由此可见，截至统计之日，上海社区基金会被认定为慈善组织的已接近七成，但是仍然有三成左右的社区基金会没有被登记或认定为慈善组织，因此，登记或慈善认定的工作仍然需要继续。

2. 社区基金会有无公开募捐资格

根据第二部分"社区基金会的分类"所阐述的，基金会可分为公募基金会和非公募基金会两种类型。而非公募基金会具有以下四个特点：①在非公募基金会设立之初，必须明确主要捐赠人，在非公募基金会设立之后，每年所接受的捐赠中，主要捐赠人的捐赠不能低于 2/3 或者 3/4；②非公募基金会不能向公众募集资金，开展义赛、义演、义卖等形式募集，在公开媒体上发布募集广告或募集消息，通过一定的组织形式发出倡议，在公共场所设立募捐箱等都属于面向社会公众进行募捐；③不得向社会募集资金，但并不限制非公募基金会进行私人性质的募集，在工作伙伴、亲友、朋友、同学等熟人圈子内，这些劝捐是允许的；④非公募基金会可以接受来自社会不特定群体的捐赠。如果一个非公募基金会在从事社会公益方面有非常高的社会知名度和美誉度,从而引起了社会的广泛关注和支持,尽管该基金会没有面向社会组织募捐活动,但同样也可以获得来自社会各方面的捐助和资助。

根据非公募基金会的四个特点和"地方性公募基金会的原始基金不低于400万元人民币"的硬性条件,再加上对"社区基金会有无公募资格"调研结果看,所在社区基金会有公开募捐资格的为4.35%,如浦东新区的洋泾社区基金会;所在社区基金会没有公开募捐资格的为95.65%,由此可见,上海的社区基金会大部分没有公开募捐资格。

3. 社区基金会的办公场地状况

一个社会组织需要专门的办公场地进行运转,同样,社区基金会也需要专门的办公场地开展其日常工作。从本次调研结果来看,有71.74%的社区基金会表示其有专门的办公场地,有28.26%的社区基金会没有专门的办公场地。由此可见,有七成以上的社区基金会能保证其正常的场地配置,另有近三成的社区基金会甚至没有专门的办公场地,此种情况下,更难论其能否正式运作、开展工作了。

社区基金会办公场地的获得方式多样,主要有政府无偿提供、政府优惠提供、企业提供、基金会租赁等。从图8可以看出,政府无偿提供办公场地的占比为84.78%,政府优惠提供的占比为2.17%,企业提供的占比为6.52%,基金会租赁的占比为2.17%,其他方式的占比为4.35%,由此可见,上海社区基金会的办公场地大多为政府无偿提供。

4. 社区基金会的项目运作方式

当前,我国的基金会主要有"运作型基金会"、"资助型基金会"和"混合型基金会"三大运作模式。"运作型基金会"是指组织依靠自身的力量来开展活动;"资助型基金会"是指通过提供资金支持,供其他社会组织开展活动,基金会只负责对资金使用的监督,不直接开展具体的公益活动;"混合型基金会"是指既为其他机构提供资金支持,同时基金会自己也会开展活动或参与项目实施。

一般而言,一些注册基金较少、活动范围不大、活动内容单一且项目较少的基金会,采用运作型的运作方式其效果相对较好。对注册资金较多、活动范围大、服务内容多样的基金会,采取资助的方式开展活动较为适当。采用哪种

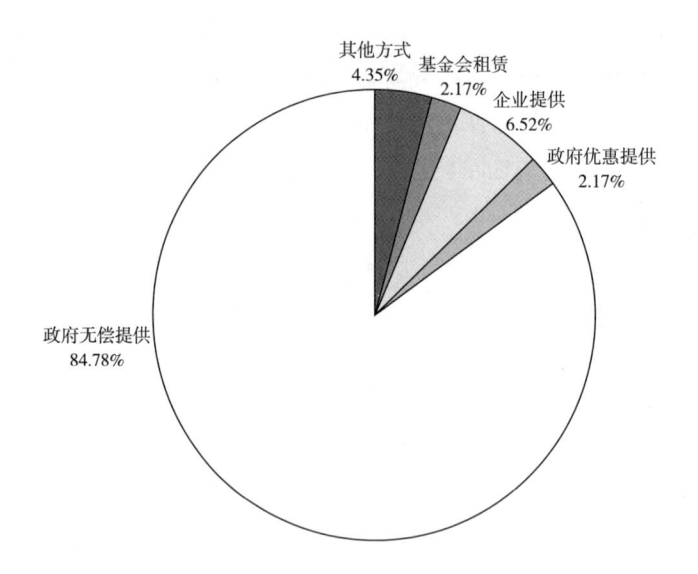

图 8　上海市社区基金会办公场地的获得方式

资料来源：课题组收集整理。

类型的运作方式通常由基金会的资金规模、活动范围和活动内容的性质来决定。而从理论上来说，社区基金会应以资助型为主，因为社区基金会的定位即在社区内孵化社会组织、资助自治团队，所以资助型的运作方式应是社区基金会的主要形式。

从本次调查结果来看，社区基金会项目运作方式主要是资助其他组织的为22%，主要是自己运作的占28%，混合型运作的为30%，因为社区基金会大多刚成立不久，还有20%的社区基金会不清楚自己的运作类型（见图9）。

社区基金会的定位，很大程度上与社区存在的社会组织的发展状况有关。如社区组织发达的，社区基金会可资助社会组织朝更好方向发展；但通过调研发现，有些社区基金会尝试走资助型的运作方式，但街道的社会组织非常弱小，导致社区基金会的资助对象较少，难以走资助型之路。

运作方式为资助型的社区基金会也面临一些问题。上海的非公募社区基金会的原始出资金额大多为两百万，根据基金会最小公益支出的规定，导致其用来资助社会组织的钱只有十多万，所以一年可能只有十几万可以用来资助社会

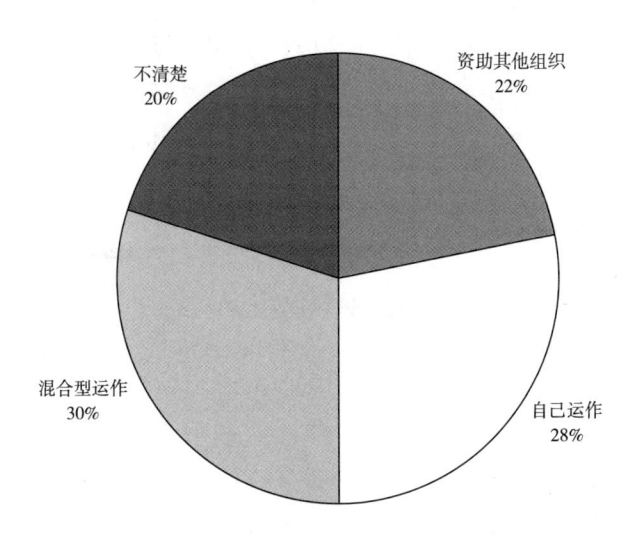

图9 上海市社区基金会的项目运作方式

资料来源：课题组收集整理。

组织，由此社区基金会只能去资助小微项目；对于一些运作能力强、发展较好的社会组织，社区基金会的这部分资助就显得可有可无，没什么吸引力了。这导致定位为资助社会组织的社区基金会很难发挥其资助作用。在这种模式下，社区基金会为了打响品牌，通常也会自己去运作项目，这也是混合型运作方式占比最多的原因所在。

5. 社区基金会是否已开始运作

社区基金会的成立相对容易，主要需要资金、场地、人员等，而这些资源都可以通过行政动员的方式快速获得。但社区基金会的运作则需要更多的资源，如专业知识、运作动力、外部环境支持等。从这个角度来说，由于上海的社区基金会的成立大多由政府主导，所以无论是社区基金会的从业人员，还是街道相关部门的领导，其对社区基金会的认识并不充分，大多比较模糊。在这种情况下，在运行社区基金会时就存在很多犹豫、怀疑，甚至进入困惑的境地。因此，在认知问题、外部专业力量、环境支持没有解决的情况下，社区基金会的运作很容易就陷入了僵局——成立而没有运作，或只是形式运作而没有真正运作。这也成为上海市社区基金会的典型特点。

根据调查结果来看，有73.91%的社区基金会已开始运作，有26.09%的社区基金会还没有开始运作。此外，在调研中我们发现，有相当一部分的社区基金会处于一种"僵尸基金会"的状态，只成立而没有运作；或者虽然已经运行了，但实际上是街道在运作，社区基金会并没有按照基金会的运作模式来规范开展，只是为了运作而运作，为了完成任务而完成任务。这也是当前上海市社区基金会发展所面临的困境。

（四）上海市社区基金会的财务状况

1. 社区基金会的原始资金数及各出资主体所占比例

根据《基金会管理条例》规定，全国性公募基金会的原始资金不低于800万元人民币，地方性公募基金会的原始资金不低于400万元人民币，非公募基金会的原始资金不低于200万人民币。原始资金必须是到账的货币资金（股票、债券、固定资产、债权等都不能算作原始基金），同时规定非公募基金会如果到国务院民政部门设立，原始资金不能低于2000万元人民币。

从调研结果看，上海市社区基金会原始资金数最少的为100万元，为上海市浦东新区陆家嘴社区公益基金会；原始资金在101万～200万元的社区基金会所占比例最大，为67.44%，其中注册资金为200万元的社区基金会数量最多；社区基金会原始注册资金最多的为601万元，是上海金山卫镇社区发展公益基金会（见图10）。

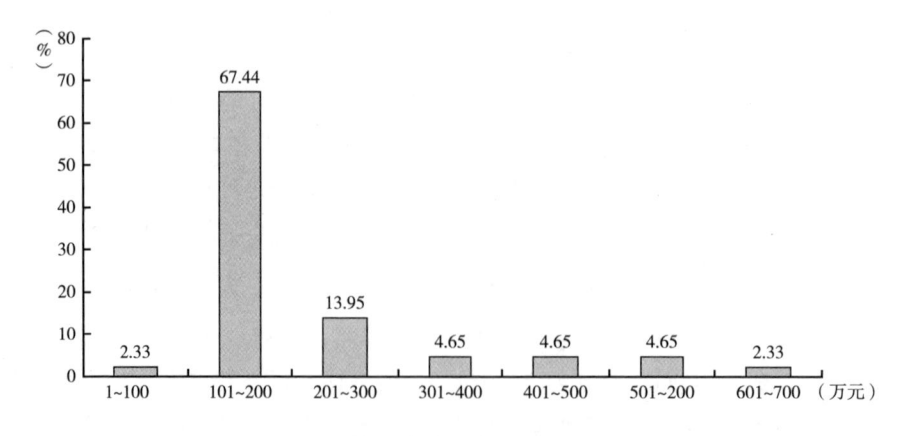

图10 社区基金会原始资金数

资料来源：课题组收集整理。

热点十　上海市社区基金会的发展状况与治理结构研究

由此可以看出，上海市社区基金会的原始资金数存在不平衡状况，且有近七成的社区基金会的原始资金在100万~200万元，有些社区基金会并不满足《基金会管理条例》中"非公募基金会的原始资金不低于200万人民币"的规定。但为了鼓励和扶持社区基金会的发展，不同地方的管理部门对注册资金数额的要求与政策规定可能有所不同，如上海浦东新区陆家嘴社区公益基金会和深圳蛇口社区基金会的原始注册资金均为100万元。再如上海金山卫镇社区发展公益基金会原始注册资金601万元，远远高于200万元的规定。

此外，由于上海市的社区基金会大多属于政府主导模式（社区基金会由政府作为主要发起方的占比为67.39%），而这主要表现在"社区基金会原始资金"的筹备上，社区基金会原始资金中政府没有出资的占调研社区基金会的10.81%；社区基金会原始资金中政府出资在101万~200万元的占比为75.68%，比例最大；原始资金中政府出资最高的为上海美好临汾社区发展基金会，政府出资500万元（见图11）。

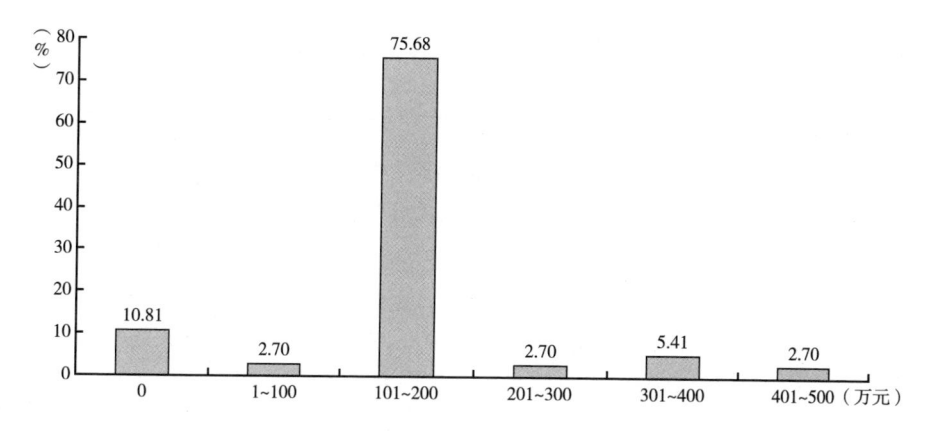

图11　社区基金会原始资金中的政府出资

资料来源：课题组收集整理。

在政府作为社区基金会成立原始基金的主要资助方后，相应地，企业和个人在基金会原始资金中所占的比例就比较小，社区基金会原始资金中企业没有出资占调研基金会的23%；企业出资在1万~100万元的占比为45%，所占比例最大；原始资金中企业出资最多的为601万元（企业全部出资），是上海金山卫镇社区发展公益基金会（见图12）。除此之外，在社区基金会原始资金个

637

人出资的统计中，个人出资10万元以下的占89.47%；个人出资10万元的为上海市虹口区四川北社区基金会；个人出资20万元的为上海浦东新区浦兴社区基金会。由以上分析可知，企业和政府在社区基金会成立时注入的资金力量较大，个人的资金力量还未得到体现。

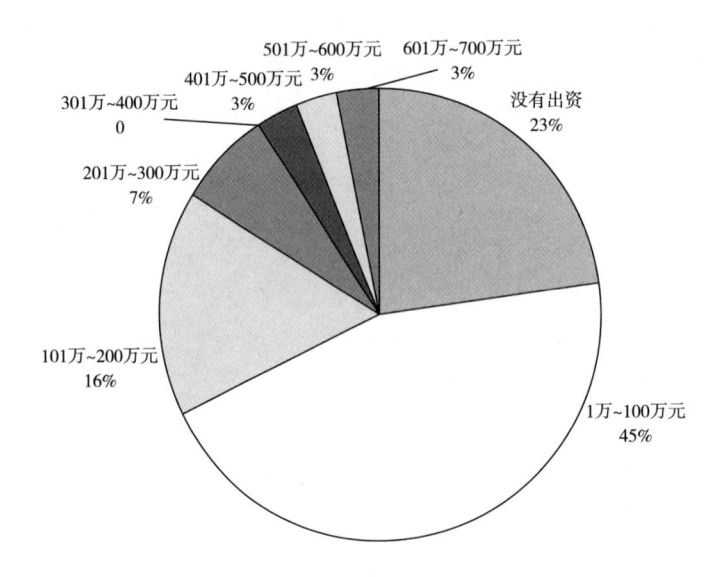

图12　社区基金会原始资金中企业出资

资料来源：课题组收集整理。

2. 社区基金会上一年度的年末净资产

财务管理是基金会在营运过程中客观存在的财务活动和财务关系。财务管理包括筹资管理、投资管理、营运资金管理。基金会财务管理的核心是资金管理；资金是基金会运作的源泉，没有足够的资金，基金会就不可能维持正常运转，基金会的公益支持也就无从谈起。统计社区基金会上一年度的年末净资产，可有效了解社区基金会上一年度的资金状况，进而从侧面了解社区基金会的运作情况。

从调研结果看，上海市虹口区四川北社区基金会、上海美好临汾社区发展基金会、上海市提篮桥社区基金会年末净资产出现零增长；上海万里社区基金会、上海市嘉定工业社区公益基金会、上海市浦东新区凝心聚力社区发展公益基金会、上海市心手相牵社区公益基金会、上海金山卫镇社区发展公益基金会资金增长在1万~100万元；上海市洋泾社区公益基金会、上海市甘泉社区基金会资金增长在101万~200万元；上海长风社区基金会、上海宜川路街道社区基金会、上海长兴社区发展基金会资金增长在200万元以上；上海市桃浦镇社区基金会年末净资产最多，年末资金增长406万元（见图13）。

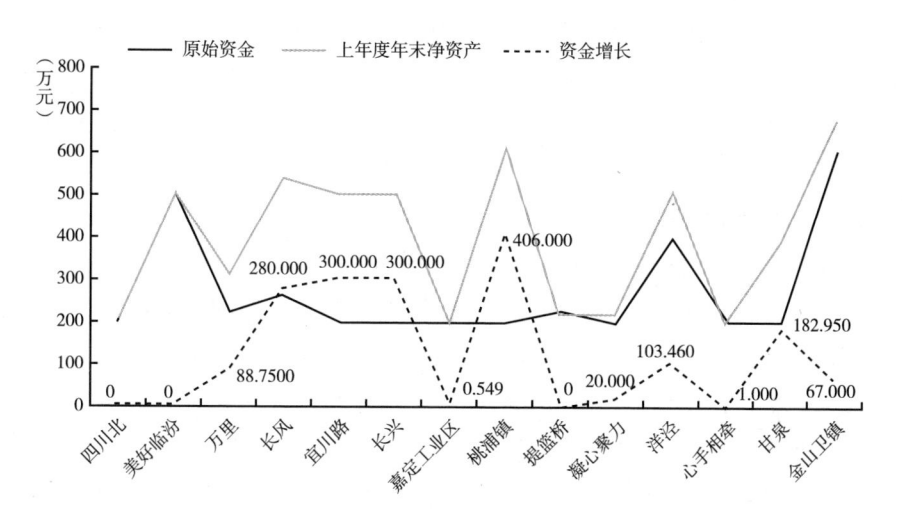

图13 社区基金会上年度年末净资产情况

资料来源：课题组收集整理。

3. 社区基金会上一年度公益性支出与行政性支出

社区基金会的成立性质决定其以公益服务为主，所以必须保证一定金额的公益支出，才能实现其承载的使命。根据民政部、财政部和国家税务总局于2016年10月11日联合发布的《关于慈善组织开展慈善活动年度支出和管理费用的规定》，慈善组织中不具有公开募捐资格的基金会，年度慈善活动支出和年度管理费用按照以下标准执行：①上年末净资产高于6000万元（含本数）人民币的，年度慈善活动支出不得低于上年末净资产的60%，年度管理费用不得高于当年总支出的20%；②上年末净资产低于6000万元高于800万元（含本数）人民币的，年度慈善活动支出不得低于上年末净资产的6%，年度管理费用不得高于当年总支出的13%；③上年末净资产低于800万元高于400万元（含本数）人民币的，年度慈善活动支出不得低于上年末净资产的7%，年度管理费用不得高于当年总支出的15%；④上年末净资产低于400万元人民币的，年度慈善活动支出不得低于上年末净资产的8%，年度管理费用不得高于当年总支出的20%。

公益性支持即慈善活动支出。根据《中华人民共和国慈善法》的有关要求，慈善活动支出是指慈善组织基于慈善宗旨，在章程规定的业务范围内开展慈善活动，向受益人捐赠财产或提供无偿服务时发生的下列费用：①直接或委托其他组织资助给受益人的款物；②为提供慈善服务和实施慈善项目发生的人员报酬、志愿者补贴和保险，以及使用房屋、设备、物资发生的相关费用；③为管理慈善项目发生的差旅、物流、交通、会议、培训、审计、评估等费用。慈善活动支出在"业务活动成本"项目下核算和归集。慈善组织的业务活动成本包括慈善活动支出和其他业务活动成本。

根据上一题的统计，可以看出，只有一家社区基金会的上年末净资产高于400万元人民币，因此，我们根据上述规定的第四条进行阐述。也就是说，上年末净资产低于400万元人民币的社区基金会，其年度慈善活动支出不得低于上年末净资产的8%，即不得低于32万元。

而根据统计，上海市社区基金会上一年度无公益性支出为45.45%；社区基金会上一年度公益性支出为0.1万~50万元的占比为27.27%；社区基金会上一年度公益性支出为50.1万~100万元的占比为9.09%；社区基金会公益性支出为100.1万~150万元的占比为9.09%；社区基金会上一年度公益性支出为150.1万~200万元的占比为9.09%（见图14）。此外，上海长兴社区发展基金会的公益性支出最多，为200万元。

慈善组织的管理费用是指慈善组织按照《民间非营利组织会计制度》规定，为保证本组织正常运转所发生的下列费用：①理事会等决策机构的工作经费；②行政管理人员的工资、奖金、住房公积金、住房补贴、社会保障费；③办公费、水电费、邮电费、物业管理费、差旅费、折旧费、修理费、租赁费、无形资产摊销费、资产盘亏损失、资产减值损失、因预计负债所产生的损失、聘请中介机构费等。

根据统计，社区基金会其年度管理费用支出中，没有人员工资支出的占比为62.5%，人员工资支出为0.1万~1万元的占比为18.75%，人员工资支出5.1万~9万元的占比为12.5%；年度管理费用支出中，办公经费支出在0.1万~1万元占比为23.53%，在1.1万~5万元的占比17.65%，在5万元以上的占比为11.77%，无办公经费支出的占比为47.05%。

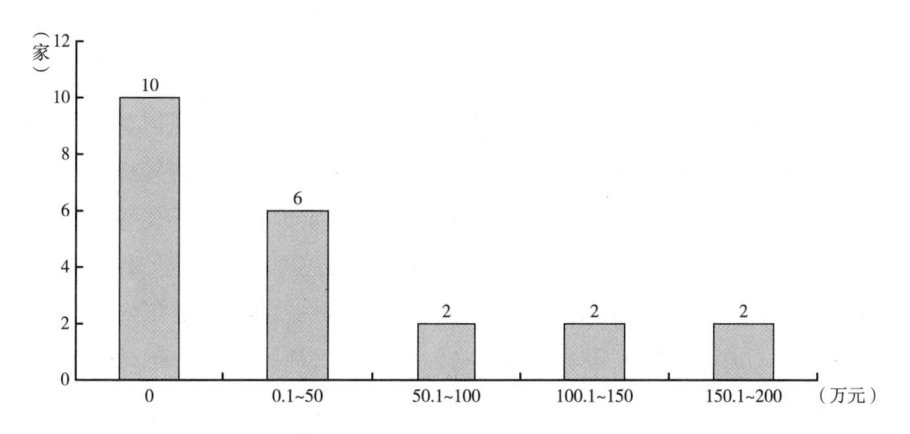

图14 社区基金会上一年度公益性支出

资料来源：课题组收集整理。

社区基金会的上年末净资产低于400万元人民币的，其年度管理费用支出不得高于上年末净资产的20%。如果严格按照条例，管理费则必须从总支出中划出，这就意味着一个非公募基金会一年的管理费也就1.6万元（以200万元为例），而在这种情况下，社区基金会完全按条例运作是不可能的。从上海的社区基金会来看，其人员工资和办公经费都不是从基金会来列支的，而是由街道提供。因为只有以不规范的方式运作，社区基金会才能维持其基本生存，这也是民间基金会难以完全按照规范运作的原因所在。

以2017年成立的原始注册资金200万元的凌云社区基金会为例，该基金会有2名专职人员，按照2017年上海平均工资6504元/月计算，凌云社区基金会每年工作人员工资大约为156096元，办公经费每年至少2万元，远远高于《基金会管理条例》第二十九条规定的非公募基金会每年基金会工作人员工资福利和行政办公支出不得超过当年总支出的10%，即1.6万元的规定。所以，这部分费用从基金会列出根本不现实，只能从街道列出。

有的街道为了扶持和鼓励社区基金会的发展，其人员工资和办公经费是通过基金会的理事成员来额外支持的，即通过变通的方式来解决这个困境，如深圳的蛇口基金会，其人员工资由其中一家理事垫支；上海陆家嘴基金会以街道招聘、街道担负工资的方式来解决这个问题。

4. 社区基金会上一年度的筹款总额

一个组织，乃至一个行业的健康发展，不仅要看增长的速度，也要关注增长的质量。"提升筹款能力"不仅是社会组织的刚需，也是行业发展的助推器。社区基金会作为社区发展的资金"蓄水池"，其核心功能在于资源整合，如果一个基金会很难筹款，则意味着很难发挥其作用和价值。所以其筹款能力是衡量社区基金会价值的关键所在，而这也是社区基金会的普遍短板所在。

社区基金会目前在国内是按照非公募的性质来定位的，它的资源主要分为注册资金以及日常经费。目前基金会的资金来源通过两种方式，一种是主动劝募（筹款），一种是捐款人主动捐助（捐赠）。多数主动捐赠是在接受基金会的劝募之后才主动捐出善款的一种行动，而当下的社区基金会还属于新生事物，公众的了解不多，主动捐赠的情形相对较少，因此社区基金会很大一个任务就是加强自身的筹款能力。

目前上海筹款的渠道和方式主要有以下几种：①辖区内企业单位捐赠，此种方式一般以区域化党建的途径展开，这也是目前各社区主要的募款方式，据调查，目前上海社区基金会受企业捐助的占到77%，而此类方式需要所在地企业多，并以实现共赢为驱力完成募款或是捐赠行为；②网络募捐，主要借助各类网络公募平台展开，也是目前比较流行的一种方式；③与公益慈善平台合作；④与区慈善分会建立合作；⑤向社区居民募捐，此种方式在进入社区、与居民建立信任上存在困难。

通过调研发现，目前社区基金会的筹款以政府资助购买为主，大多数社区基金会在筹款方面缺乏能力。为何社区基金会筹款如此艰难被动？究其原因，可能有以下两个方面：一是社会大众尚未建立起对社区基金会的认知和信任，对其角色定位、功能、能力、透明度、公信力等存在质疑；二是社区基金会的工作人员兼职化程度比较高，其慈善运作、项目设计、项目管理的能力较弱，难以设计具有吸引力的公益慈善项目。

此外，在慈善理念没建立起来之前，在蛋糕没变、总额没有增加的情况下，社区基金会的存在也对其他公募方式产生了压力，如上海市慈善会及各区的慈善分会。在社区基金会没成立以前，社会大众的捐赠所得直接进入慈善分会；社区基金会的成立增加了捐赠渠道，与慈善分会等公益慈善平台形成了无形的竞争关系。如何处理与相关慈善组织的关系，也是社区基金会接下来需要思考和破解的难题。以凌云社区基金会为例，一个可行的方式是加强社区基金会与区慈善分会的合作，首先将街道的捐赠所得划入区慈善会，然后再通过项目对接的方式转入社区基金会。

5. 社区基金会资金的保值增值措施

作为公益机构,社区基金会应以社会效益为价值取向,但为了长期发展,为了获得更多的资金用于公益事业,为了降低通货膨胀带来的损失,社区基金会需对其原始基金和暂时用不出去的资金进行保值增值。对社区基金会的基金进行保值和增值,有助于社区基金会获得相对稳定的收入,减少对捐赠者的依赖,也有助于社区基金会的良性发展。

根据刘扬(2017)的研究,基金会对基金的保值增值措施主要有以下四种:一是银行存款、购买国债等基本的保值行为,二是委托金融机构进行的股票、企业债券、基金等方式的投资,三是企业向基金会捐赠的股权、房产等形成的被动投资,四是基金会利用自有资源直接开展的一些经营行为,如提供有偿服务等。同样,社区基金会也可以参考相关做法对基金进行保值增值。

对所在社区基金会资金保值增值措施的调查中,银行定期存款的占比为39.13%;专业理财托管的占比为23.91%;不清楚社区基金会资金增值保值措施的为36.96%(见图15)。可见,上海市社区基金会的保值增值措施中占比最大的是银行定期存款,且大部分社区基金会普遍缺乏对资金的有效管理,增值保值的方式比较单一、保守。这与社区基金会工作人员兼职化程度高的状况密不可分。因为很多社区基金会的工作人员对社区基金会的运作缺少认知,其缺乏保值增值的理念,也缺乏专业的方法;此外,在行政主导的大前提下,"不出事"是社区基金会资金管理方面的首要原则,且不少社区基金会的运作仍需听从街道领导的安排,使社区基金会无法完全按照市场化的方式来运作。

6. 社区基金会是否主动向捐赠方公开资金用途

基金会公信力是基金会发展的坚固基石,加强基金会的公信力建设,对实现基金会的长足发展,推动社会的和谐稳定具有举足轻重的作用。提高其公信力是基金会赢得组织声誉,吸引志愿者、获取社会资助和财政支持以及实现组织终极目标的必要前提。而保证社区基金会的信息透明是提高其公信力的重中之重。研究发现,较高的信息透明度和较高的运作效率对社区基金会的总捐赠收入具有显著的促进作用。因此,社区基金会在发展时应维持其"生命线意识",即首先要诚信,时刻注意公开透明;其次要提高透明度,加强网站建设,做好信息披露,接受捐赠人、媒体和社会大众的监督。

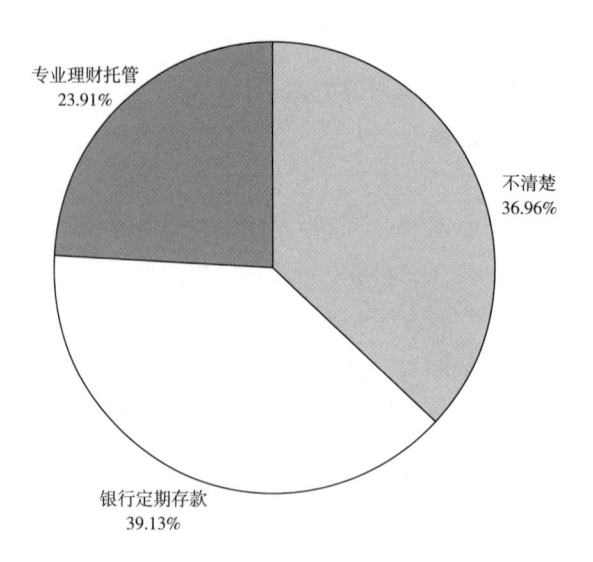

专业理财托管 23.91%
不清楚 36.96%
银行定期存款 39.13%

图 15　社区基金会的保值增值措施

资料来源：课题组收集整理。

从调研中可以看到，所在社区基金会"主动向捐赠方公开资金用途"的为63.04%；所在社区基金会"没有主动向捐赠方公开资金用途"的占比为13.04%；"不清楚"是否向捐赠方公开资金用途的为23.91%（见图16）。由此可见，上海市社区基金会在信息公开透明这一点上做得还不错，大部分社区基金会都有向捐赠方公开资金用途的行为和方法，但是仍然有接近40%的社区基金会没有或者不清楚是否向捐赠方公开资金用途。为了增加其透明度、扩大其公信力，社区基金会在日常运作中应完善内部财务管理制度；加强信息披露制度建设，促进其运作的透明化；完善社区基金会法人治理；建立内部评估制度等来改善社区基金会的内部管理。在外部监督方面，应健全问责体系，并充分发挥多元化主体的作用。

四　上海社区基金会的治理结构及其绩效

（一）社区基金会的外部治理

治理是指提供策略性领导的过程，包含设定基金会发展与运作的方

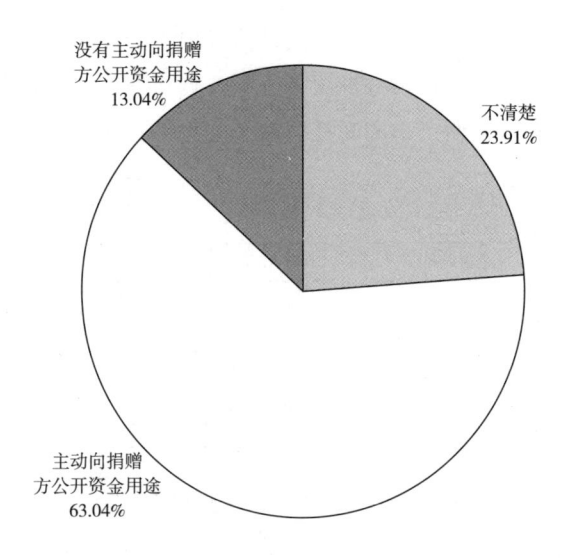

图 16　社区基金会是否主动向捐赠方公开资金用途

资料来源：课题组收集整理。

向，做出决策与策略决定，监督与审视基金会的绩效表现，以及确保基金会的责任。治理结构是基金会实现其预期功能的制度配置，治理结构完善与否关系到基金会发展中各相关方捐赠人、社区民众等的利益实现程度，也关系到组织能否更为有效地整合资源、筹集资金。新制度主义认为，组织的内部权力结构对组织领导者制定和执行组织目标有着深刻的影响，只有当组织目标被认为符合组织中有权力的任务的利益取向时，组织的目标才有可能被通过并执行①。基金会的治理包括外部治理和内部治理，外部治理相当于一般意义上的"外部关系"，内部治理相当于一般意义上的"理事会治理"。

社区基金会的外部治理是衡量其能否有效地整合资源、筹集资金的重要指标，作为一个在地化的公益慈善组织，理想状态下社区基金会接受政府部门的培育和扶持，接收辖区内的企事业单位和基金会等慈善团体的捐赠，与社区居

---

① 尼尔·弗雷格斯坦：《美国产业结构转型：1919~1979 年大公司多部门化的制度解释》，载沃特尔·W. 鲍威尔、保罗·J. 迪马吉奥：《组织分析的新制度主义》，姚伟译，上海人民出版社，2008，第 334~359 页。

委会和社区枢纽组织是合作关系;资助社区自组织为社区居民提供服务,投资社企型组织为社区居民提供营利性服务,服务购买、委托或资助慈善服务组织为社区居民提供非营利服务;同时社区基金会也可直接捐赠、救助或帮扶社区居民(见图17)。

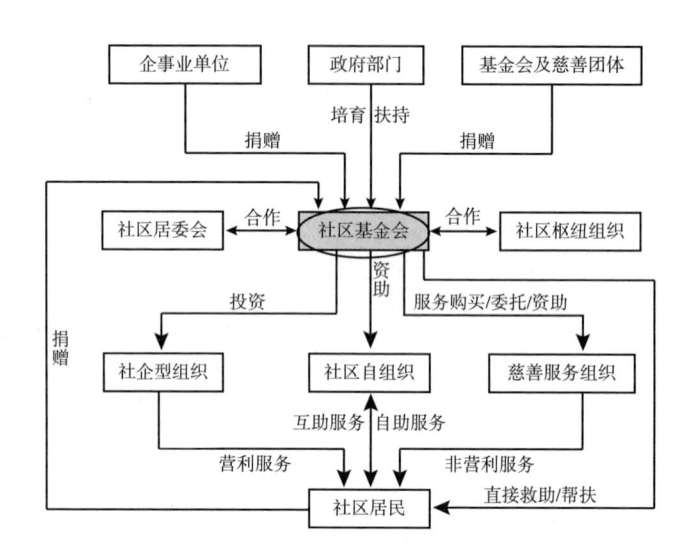

图17 社区基金会关系

资料来源:广东省千禾社区公益基金会理事胡小军供图。

1. 本街道辖区企事业单位对社区基金会的支持情况

作为在地化的公益组织,本街道辖区的企事业单位对社区基金会的支持情况对社区基金会来说意义重大,由于各个街道经济水平不一样,企事业单位的数量不一样,其对社区基金会的支持程度存在差异,如徐家汇街道和陆家嘴街道企业发达,社区基金会就有更多的机会接受捐赠,但是有的街道是纯居民住宅区,在街道的空间范围内企事业单位数量少,进而对社区基金会的支持较少。本次调研发现,辖区企事业单位对社区基金会"目前没有支持"的为26.09%;"支持较大"的为47.83%;"不清楚"支持情况的所占比例为26.09%,可见辖区内企事业单位对社区基金会的支持力度还比较弱,需要进一步提升(见图18)。

2. 社区基金会与其他相关社会组织的关系

扶持、资助其他社会组织,营造与其他社会组织的良性互动关系,是社

不清楚
26.09%

目前没有支持
26.09%

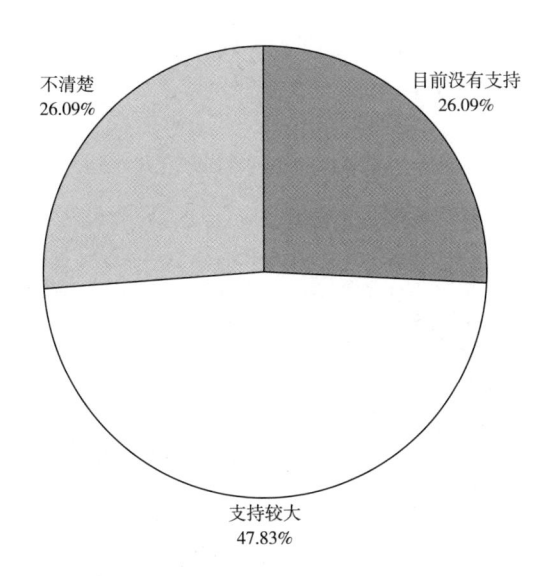

支持较大
47.83%

图 18　本街道辖区企事业单位对社区基金会的支持情况

资料来源：课题组收集整理。

区基金会发展中的重要任务。一般来讲，上海社区基金会的秘书长是社会组织服务中心的主任，秘书长身份的双重特性，从行政脉络上看，社区基金会天然具有可衔接社区组织的优势。例如，宜川路街道社区基金会与社区组织服务中心在一个地方办公，社区基金会负责筹款链接资源，社会组织服务中心负责服务的管理，形成一个良性的合作关系。但是，社区基金会与社会组织能否形成真正意义上的有机联系，关键要看双方是否实现功能的互补，即社区基金会注入资源、协调资源，社会组织承接服务、做好服务。从本次调研来看，社区基金会与其他相关社会组织"几乎没有联系"的占比为26.09%；"与少数社会组织有合作关系"的占比为43.48%；"有广泛联系"的占比为30.43%，可见社区基金会与社会组织初步形成一种合作的生态，但是浅性的合作，还未形成深层次的合作（见图19）。一方面是社区基金会筹集资源的能力还不够。比如社区基金会在征集社区需求的过程中没有与社会组织进行良好的沟通，资源和服务不匹配；另一方面，社会组织本身的力量很弱，有的也处于僵尸状态。未来构建社区基金会与相关社会组织的生态链，从行政角度来讲，社区基金会和社会组织要明确自己的角色和定位；从资源角度来讲，社区基金会要发挥资源平台的作用，社会组织要做好社会服务；从情感角度来讲，要增强双方的相互认同，搭建平台、创造机会进行情感链接和合作。

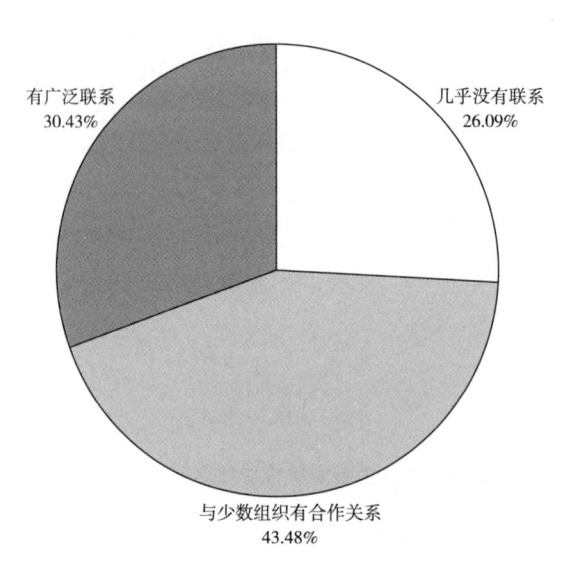

图19 所在社区基金会与其他相关社会组织的关系

有广泛联系 30.43%
几乎没有联系 26.09%
与少数组织有合作关系 43.48%

资料来源：课题组收集整理。

3. 社区基金会是否委托第三方社会组织托管

成立初期的社区基金会不知道如何运作，害怕成为"僵尸"基金会，于是委托成熟的第三方社会组织进行托管，如长桥社区基金会委托映绿对其实行陪伴计划，田林社区基金会委托给外部的社会组织对其发包的项目进行管理；社区基金会作为一个新生事物，外部专业力量的介入可指导其快速成长，走上专业轨道。但是目前很多社会组织并不十分了解社区基金会，如果只对发包项目进行管理，这并非社区基金会的真正需求，另外，有一些社区基金会在内部结构没有确定好的情况下，委托社会组织进行托管，这样就相当于社区基金会把自己人员责任放掉。为了社区基金会的长远发展要警惕在内部结构没有确定好的情况下委托给社会组织进行陪伴和指导。

（二）社区基金会的内部治理

社区基金会的内部治理相当于一般意义上的"理事会治理"，在这里特指社区基金会的"理事会—监事会"二元结构治理模式，具体包括理事的构成及其权利和义务、理事会会议及议事规则、监事及监事会、秘书处和秘书长、理事会与秘书处的权责关系等。原则上，一个理想的社区基金会需要建立下述全部职能部门（见图20），但要具备这些职能则需要更多的工作人员，而结合目前的现实发展情况来看，我国的社区基金会还很难全部具备。

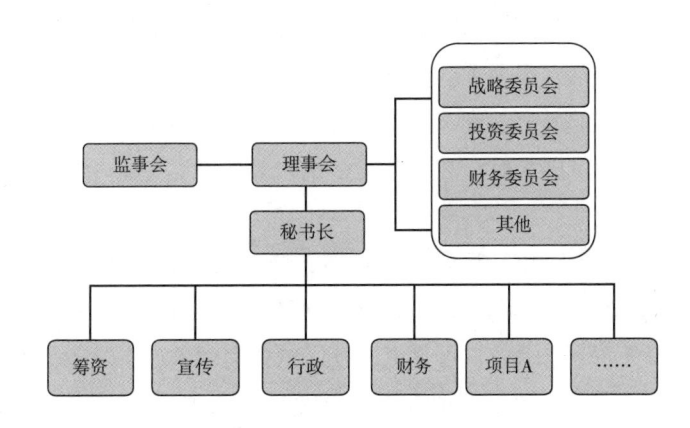

图20　社区基金会治理结构

资料来源：课题组收集整理。

1. 社区基金会理事会成员人数

理事会是基金会的决策机构，理事会对内实施治理和监管，对外拓展资源和社会倡导。《基金会管理条例》第二十条规定，基金会设理事会，理事为5人至25人，理事会设理事长、副理事长和秘书长，从理事中选举产生，理事长是基金会的法定代表人。从调研来看，社区基金会理事会一般由5~9人组成，最少的理事会成员有5人，最多的理事会成员有21人。

社区基金会的理事会主要成员产生方式。根据《基金会管理条例》，理事会成员构成通常包括：受益人代表、出资人、工作领域内的专家、执行团队代表（通常为执行主任或秘书长），拥有广泛代表性的理事会能大力提升基金会的公信力和治理能力，同时理事会成员应该具备充分的时间、能够带来资源（包括经济与社会方面的）、对社区公益感兴趣、了解社区情况等条件。从调研来看，上海社区基金会理事会成员构成一定程度上呈现多元化状态，如企事业单位负责人、专家、社区干部等，但是普遍来讲上海社区基金会理事会成员资源链接能力比较弱，理事会成员并非以真正的公益慈善目的进入基金会，街道领导基于信任推荐理事会成员的做法很大程度上抑制了理事会成员的主动性和积极性。

一般来讲，社区基金会理事会成员的产生方式有"街道推荐"和"选举产生"两种。例如深圳S社区基金会，第一届理事会的7位理事和1位监事由89位筹款人直接选举产生。随后基金会制定了《捐赠人公约》，规定捐赠人代表大会是基金会最高权力机构，承担理事和监事选举、章程通过和修改等重要职责。另外基金会第二届理事会成员与第一届相比，包括理事长在内，新当选的理事占57.1%，选举产生的理事会成员对基金会的事务参与有很强的积极性和主动性，如理事周为民、刘雪莹等多次代表S社区基金会参与国内论坛，介绍蛇口经验。

据调查显示，上海市社区基金会理事会成员由"街道推荐"产生的占比为65.22%；基金会"选举产生"的为30.43%；"不清楚"理事会成员产生方式的为4.35%（见图21）。可见上海社区基金会理事产生基于街道安全、信任因素居多，此种方式产生的理事直接影响其后期主动介入社区基金会的决策、监督和支持。

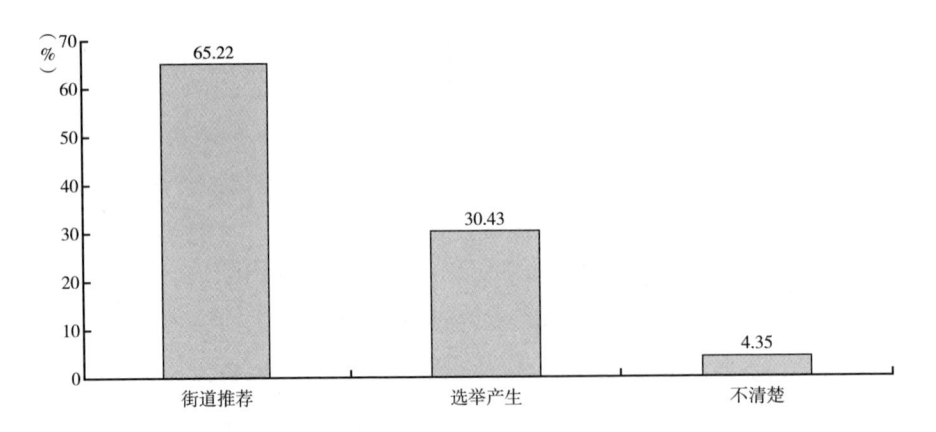

图21　社区基金会理事会成员的产生方式

资料来源：课题组收集整理。

社区基金会每年定期召开理事会次数。《基金会管理条例》第二十一条规定，理事会是基金会的决策机构，依法行使章程规定的职权。理事会每年至少召开2次会议。理事会会议须有三分之二以上理事出席方能召开；理事会决议须经出席理事过半数通过方为有效。调研发现，有84.78%的社区基金会能够按照《基金会管理条例》的规定每年至少召开2次理事会议；也有8.7%的社区基金会每年只有1次理事会议，理事会成为一种形式上的存在，是一个虚设的架构（见图22）。

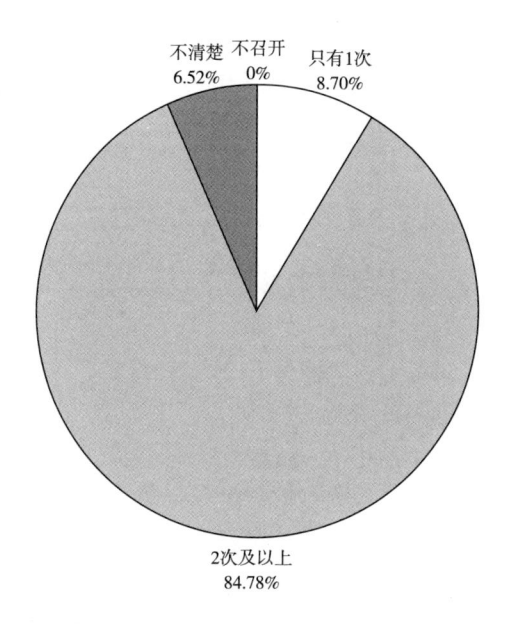

图22　所在社区基金会每年定期召开的理事会次数

资料来源：课题组收集整理。

2. 社区基金会重大决策主体

社区基金会重要事项的决议主要是指章程的修改，选举或者罢免理事长、副理事长、秘书长，章程规定的重大募捐、投资活动，基金会的分立、合并。理事会是基金会的决策机构，依法行使章程规定的职权，依法对社区基金会享有重要事项的重大决策权，但社区基金会因其发起主体的复杂（政府发起，企业发起，居民发起，共同发起）各种外部力量介入对社区基金会重大事务的决策发挥重要影响。上海社区基金会大部分作为行政主导型的基金会，它的决策打上了街道领导的烙印，受街道的影响很深。本次调查发现社区基金会的重大决策主要是由"街道领导"做出的占比为19.57%，由"理事会"做出的占比为69.57%，"说不清"社区基金会重大决策是谁做出的占比为10.87%（见

图23），可见社区基金会的理事会已经获得了一定的权限，但是仍有社区基金会的重大决策由街道领导说了算。

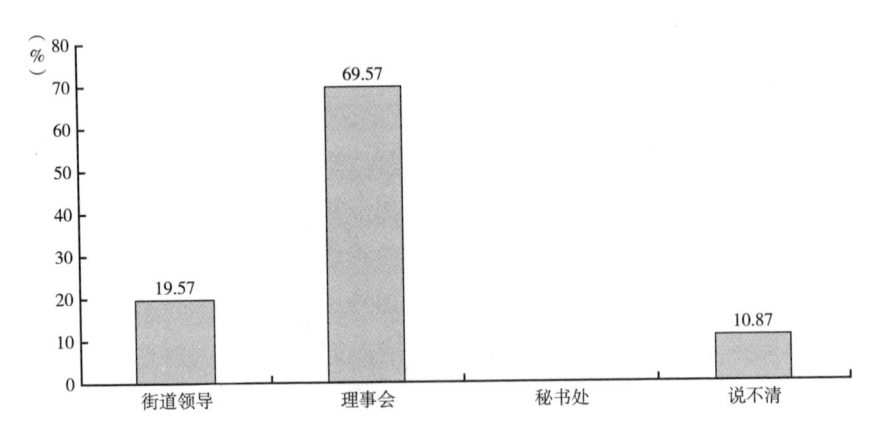

图23　社区基金会的重大决策主体

资料来源：课题组收集整理。

3. 社区基金会各项工作向街道分管领导汇报情况

作为一个独立的法人，社区基金会除了重大决策受街道的影响，社区基金会的日常运作，如项目的征集、发布、监管、评估、票据的报销，街道的介入也非常严重。据调查发现，社区基金会的各项工作大部分都会向街道分管领导汇报的占比为73.91%，"少部分汇报"的占比为21.74%，"不用汇报"的占比为4.35%（见图24），可见上海社区基金会外部治理代替内部治理倾向比较突出，外部治理就是由街道的领导做出决策，街道领导的意志影响社区基金会的运作，导致社区基金会独立性严重不足。例如，凌云社区基金会举办双周沙龙"YOU讲坛"，"YOU讲坛"旨在邀请公益行业内的大咖交流心得，共促发展。在一次沙龙上凌云理事长问某社区基金会秘书长"你们跟我们凌云的一样也是刚成立，都需要成熟的经验分享，为什么不多来参加沙龙讨论呢"，秘书长回答"老师啊，我们出来一次不容易，都是需要街道领导同意批假我们才能来的"。

社区基金会是街道出资成立，但是一个独立的法人，不是街道的分管部门。然而实际上自治办的领导对社区基金会的运作发挥了很大的作用，也就是说社区基金会去做什么由其分管部门决定。上海街道自治办是社区基金会的分管部门，上海社区基金会主要是做自治办的工作，如果是服务办来分管社区基

不用汇报
4.35%

少部分汇报
21.74%

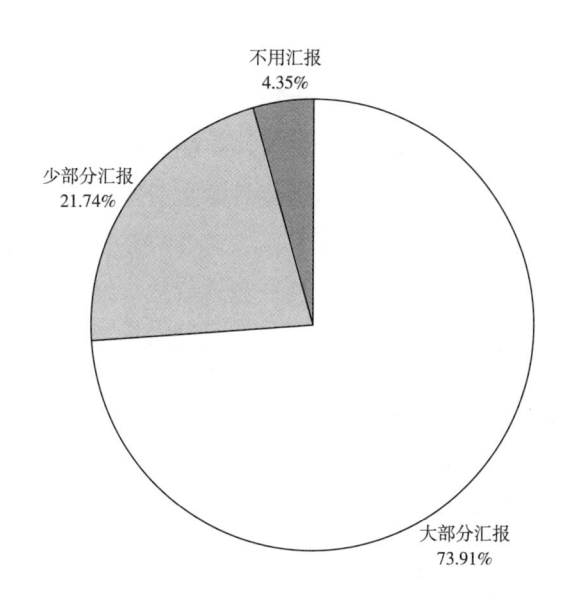

大部分汇报
73.91%

图 24 社区基金会各项工作向街道分管领导汇报情况

资料来源：课题组收集整理。

金会，那么社区基金会的主要工作就是做服务办的工作，社区基金会很大程度上成为街道的下属机构，甚至是两块牌子，一个班子。

4. 上海社区基金会制度建设情况

制度建设是保证社区基金会健康有序发展的重要保障和措施，在对"上海市社区基金会已经建立的制度"调查中发现，上海市社区基金会大部分已经建立了比较完善的制度，如理（监）事会制度、财务管理制度、人事管理制度、项目管理制度、资产管理制度等，其中建立"理（监）事会制度"的占比为89.13%，建立财务制度的占比为78.26%（见图25）。社区基金会为了规范运行，76.09%的社区基金会严格执行了预决算管理，76.09%建立了重大事项报告制度，并严格按照社区基金会重大事项报告的程序来执行，71.74%的社区基金会对重大投资、捐赠等事项建立了决策监督机制。

（三）社区基金会的负责人情况

1. 社区基金会专职、兼职人员情况

社区基金会设秘书处，由理事会聘用固定的专职、兼职或义务工作人员组

653

[图表：所在社区基金会制度建设情况。理（监）事会制度 89.13%；财务管理制度 78.26%；人事管理制度 54.35%；项目管理制度 58.70%]

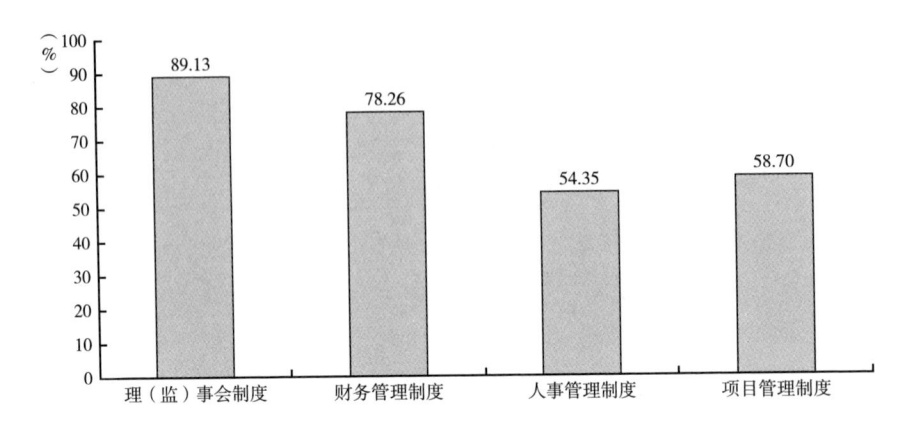

图 25　所在社区基金会制度建设情况

资料来源：课题组收集整理。

成，执行理事会决策和开展日常业务，并向理事会报告工作。社区基金会的良好运行需要一个专业化的运作团队（秘书处），但是据调研发现社区基金会的工作人员的兼职化程度高，通常是街道委派社工或者社会组织服务中心工作人员去社区基金会兼职工作人员或基金会秘书长，这些来自街道的兼职社工，对公益慈善方面的了解不足，同时工资低，对工作投入的内驱力也相对不足。社区基金会"兼职人员为1~2人"的占比63.04%，"兼职人员3~4人"的为8.69%，"兼职人员5~6人"的为8.69%，"兼职人员7~8人"的为4.35%，"兼职人员9人及以上"的为2.17%，其中社区基金会有60.87%的负责人并非专职从事秘书长/理事长工作。兼职化程度高从另一角度讲即为专职化程度低。所在社区基金会"没有专职人员"的占比37%，"只有一个专职人员"的为35%，"有两个专职人员"的为22%，"有3个专职人员"的为6%（见图26）。

社区基金会秘书长、理事长性别、年龄构成。据调研发现，担任社区基金会秘书长和理事长的人员中，女性偏多，为76.09%，男性偏少，为23.91%；在年龄构成上，"30岁及以下"的占比为34.78%，"31~40岁"的占比为52.17%，"41~50岁"的占比10.87%，"50岁以上"占比2.17%。

2. 社区基金会从业者在从事社区基金会工作前对社区基金会的了解情况

社区基金会在国内尚属新兴社会组织，社会对新生事物都有一个观察、理

图中数据：
- 没有专职人员 37%
- 只有一个专职人员 35%
- 有两个专职人员 22%
- 有3个专职人员 6%

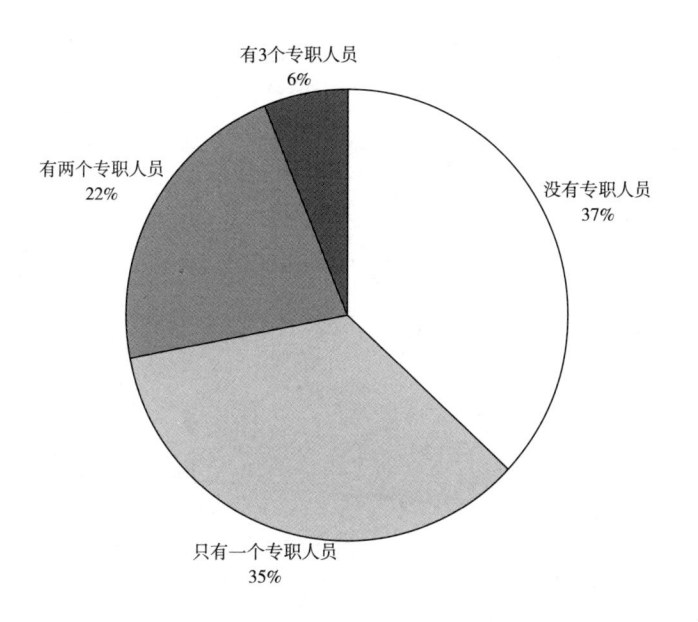

图 26　社区基金会专职人员情况

资料来源：课题组收集整理。

解、接受的过程，社区基金会从业人员都是忽然间被动指派到位置上来的，调研发现只有 19.57% 的社区基金会从业者在从事社区基金会工作前"了解"社区基金会，而占比为 80.43% 的社区基金会从业者在从事社区基金会工作前"不了解"社区基金会。

3. 社区基金会从业人员在从业前对社区工作和公益慈善行业的了解程度

社区基金会是社区经济管理的重要补充和载体，是动员社区资源、破解社区治理难题的重要资源平台。社区基金会兼具社区和基金会两个要素，社区指社区基金会的在地化属性，社区性是它与其他基金会不一样的特性。同时社区基金会又是基金会，其作为公益慈善行业的新类别，作为一个慈善组织社区基金会要发挥筹款、资助等功能。理念上来说，一个理想的社区基金会工作人员应该同时兼具以上两个层面的素质和能力，既要了解社区的情况，又要熟知公益慈善的运行理念，国外的社区基金会大都是聘请专业的职业经理人来运营社区基金会。

20 世纪 90 年代中期，中国企业制度改革以及政府职能转变，全能"单位制"弱化，"单位人"开始向"社会人"转变，人们的利益关系也由以单位为重心逐渐向社区转移，社区作为社会整合载体和公共利益运作平台的作用日益突出，社区建设在中国被高度重视，并作为城市现代化发展的重要战略纳入国家的发展规划和计划之中，特别是上海对社区治理的投入非常大，其中对社区治理队伍的建设尤其重视。但是，我国公益慈善的发展不是很成熟，社区层面的微公益发展更弱，因此社区基金会的从业人员是单向度的，即有社区性但公益慈善的属性就比较弱。从调研来看，上海社区基金会从业人员对"社区工作"的了解程度要远远高于对公益慈善行业的了解程度，"非常了解社区工作"的占比为21.74%，"非常了解公益慈善"的占比为6.52%；"比较了解社区工作"的占比为65.22%，"比较了解公益慈善"的占比为43.48%（见图27），因此在未来社区基金会从业人员能力建设方面要更强调公益慈善领域的能力建设和培训。

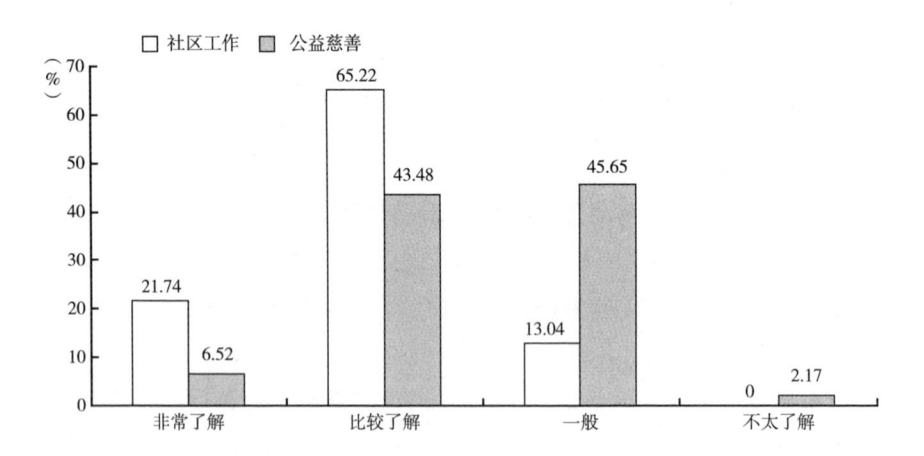

图27 对社区工作和公益慈善行业的了解程度

资料来源：课题组收集整理。

4. 社区基金会从业人员薪资待遇和对目前薪酬的满意情况

《基金会管理条例》第二十九条规定，非公募基金会每年用于从事章程规定的公益事业支出不得低于上一年基金余额的8%；基金会工作人员工资福利和行政办公支出不得超过当年总支出的10%。例如，一个2017年1月注册的原始基金为200万元的社区基金会，那么它本年度用于从事章程规定的公益事业支出，不得低于注册资金的8%，即16万元（200×8%）；基金会工作人员工资福利和行政办公支出不得超过 16 万元的 10%，即 1.6 万元（16×10%）。如果社区基金会工作人员严格按照《基金会管理条例》领取报酬是很难自负的，所以基金会工作人员大部分从街道领取报酬，其工资通常是 6 万~8 万元，工资的高低参照上海市社区工作者的待遇，通常不低于上海市平均工资。但是也有少部分街道领导比较重视社区基金会的发展，专门提高社区基金会工作人员的待遇。如陆家嘴社区公益基金会，据街道党工委倪倩介绍，陆家嘴街道制定《政府购买社会组织服务指导意见》和《社会组织发展扶持办法》，明确扶持依据和扶持方式，包括注册资金、办公场所、人员经费、能力建设、公益宣传等，设立人才引进扶持资金，秘书长年薪和奖金达到 15 万元，执行团队主管年薪 8 万~10 万元[1]。

然而像陆家嘴社区基金一样的薪资水平是非常少的，较低的报酬很难对工作人员产生吸引力，难以吸引优秀的人员来从事这一行业，本次调研也发现对目前薪酬较满意的占比为 26.09%，认为目前薪酬一般的占比为 56.52%，认为目前薪酬较少的占比为 17.39%（见图 28）。

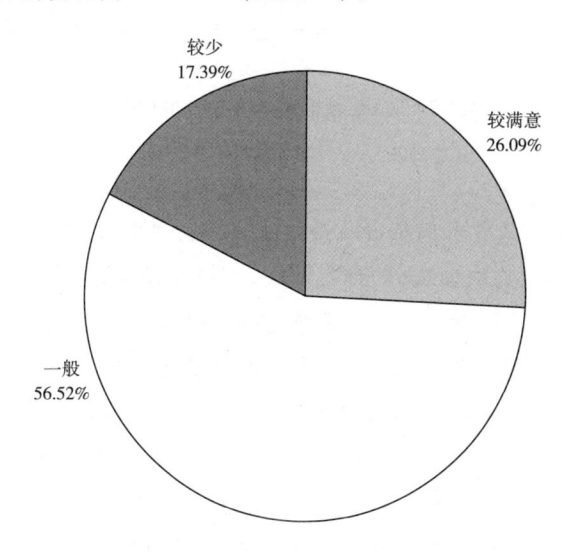

图 28　对目前薪酬满意情况

资料来源：课题组收集整理。

---

[1] 赵晓明：《社区基金会如何畅通居民参与的"源头活水"》，《中国社会组织》2017 年第 19 期。

5. 社区基金会从业人员从事社区基金会的时间

专业的追求需要全身心的投入，社区基金会工作人员兼职化程度高，工作时间的分配受街道领导的影响，导致工作人员没有时间全身心地投到社区基金会的工作当中，这是社区基金会很难真正运作的重要原因，本次调研也发现，认为从事社区基金会工作时间一般的占比为41.30%，时间较少的占比为21.74%（见图29）。

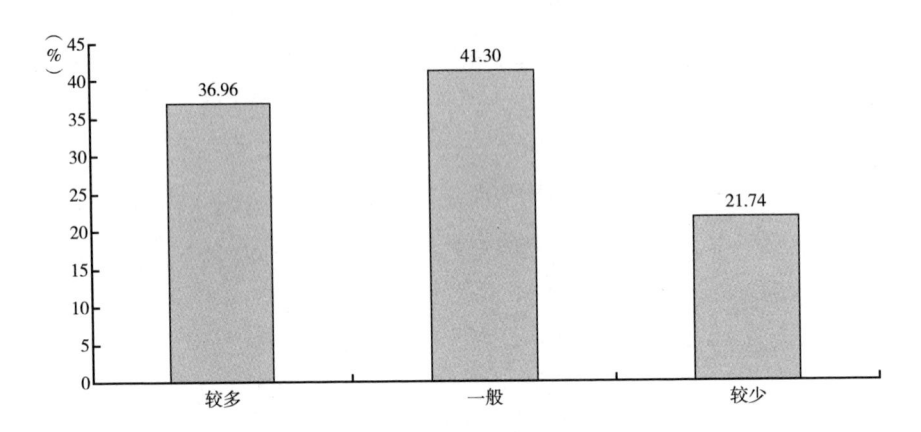

图29 从事社区基金会工作的时间

资料来源：课题组收集整理。

6. 社区基金会从业人员是否准备把社区基金会作为长期事业

社区基金会作为社会创新的重要形式，需要积极的行动者，社区基金会从业人员的意愿、个人的能力素养、工作的投入程度与动力直接决定社会创新能否可持续，目前社区基金会工作人员大都被动接受任务安排，并不是社会创新积极的行动者。调研发现"准备把社区基金会作为长期事业来做"的占比为39.13%，"不准备把社区基金会作为长期事业来做"的为10.87%，"没想过是否把社区基金会作为长期事业来做"的为50%（见图30）。

社区基金会在国内是新生的，社会对新生事物都有一个观察、理解、接受的过程。社区基金会应该深耕社区，慢慢调试自己的发展模式，加强能力建设，不断磨合人（理事会、执行团队）的稳定性。获得社区各方的支持、认同，需要自身努力以立身，也需要政府以开放和宽容的胸襟，以足够的耐心培育、陪伴其成长，切忌求全求快，急于求成。

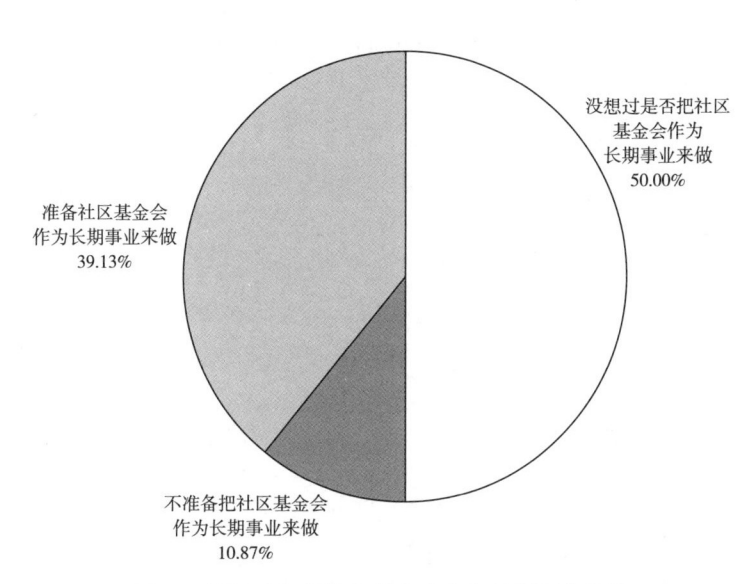

图30　是否准备把社区基金会作为长期事业情况

资料来源：课题组收集整理。

（四）上海社区基金会的项目管理

1. 上年度所在社区基金会总共资助的项目数、总金额

资助和运作项目是社区基金会的重要功能，从已经运作的社区基金会来看，一般一年会资助 4~5 个项目，资助额在 1 万~2 万元，资助总额控制在最低公益资助额以内。以 2017 年 5 月新成立的上海市徐汇凌云社区基金会为例，2017 年凌云社区基金会共资助 5 个项目（"河"你相约绿色环保项目、绿水行——护河治水行动项目、智慧妈妈动起来亲子项目、"凌云展翅"——凌云社区困境青少年成长计划、健康棒棒"糖"——闵朱梅九健康邻里圈项目），五个项目的资助金额分别为 9800 元、18831 元、26800 元、29540 元、12800 元，资助总金额 97771 元，除此以外，为了提升社区基金会工作人员的业务能力和水平，凌云社区基金会自己运作了"YOU 讲坛"项目。"YOU"即"你"——未来社区基金会成员；Y——Youth，年轻基金会；O——Opportunity，社区新机遇；U——Use，提升能级。

2. 社区基金会资助对象

社区基金会资助对象与街道自治金项目既有重叠又有差异，从目前各个街道运作的自治金情况来看，以资助居委或资助居委中的自组织团队为主。社区基金会的资助对象有人、社会组织、自组织团队，其核心功能是在街道的社区里孵化、培育、发展社区社会组织，特别是将一些社区自组织团队培育成为成熟的社会组织。从调研所在社区基金会资助对象的情况来看，资助居委的占比为34.78%，资助社会组织的占比为67.39%，资助居民区自组织的占比为41.30%，资助个人的为28.26%（见图31）。

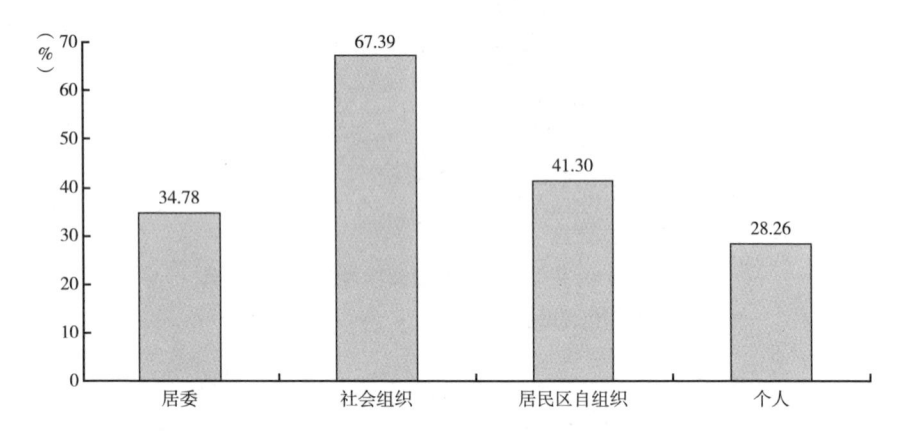

图31 所在社区基金会资助对象

资料来源：课题组收集整理。

3. 社区基金会资助项目发布情况

项目管理是基金会运作的核心内容，项目管理围绕着项目周期（调研、设计、启动、实施、检测与评估）进行专业化的管理。基金会在项目管理过程中要注意项目开发的可行性、项目实施的规范性，以及项目检测与评估的科学性。社区基金会的项目资助也要经过发布—征集—评审—运作—评估等一系列完整的流程，项目的充分发布能够吸引更多的社会组织介入进来。从目前来看，所在社区基金会"资助项目有充分的宣传发布"的为56.52%，"资助的项目没有充分的宣传发布"的为21.74%，"不清楚资助项目是否有充分宣传发布"的为21.74%；其中资助项目主要通过"网络公开发布"的为50%；"定向发布"的为21.74%；"不清楚项目发布形式"的为28.26%（见图32、图33）。

660

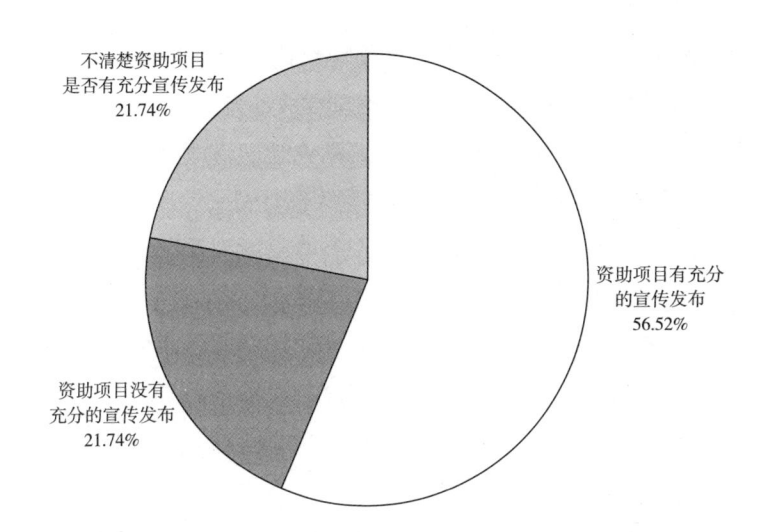

图 32　所在社区基金会资助项目是否有充分的宣传发布

资料来源：课题组收集整理。

（饼图数据：资助项目有充分的宣传发布 56.52%；不清楚资助项目是否有充分宣传发布 21.74%；资助项目没有充分的宣传发布 21.74%）

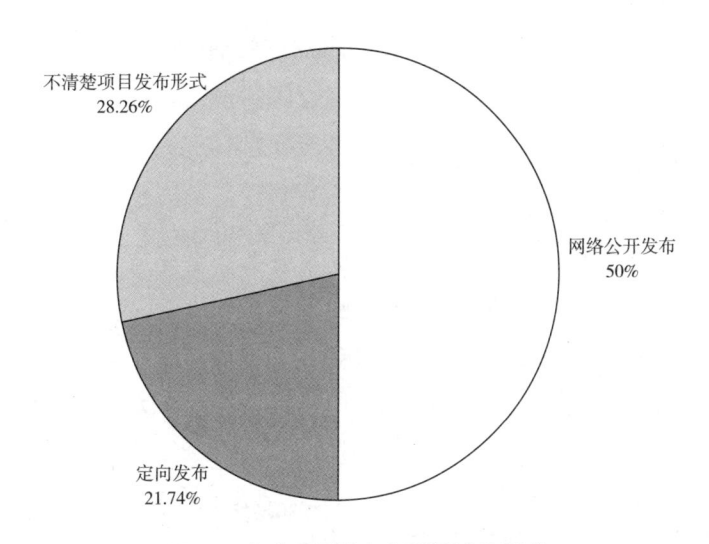

图 33　资助项目发布主要通过的形式

资料来源：课题组收集整理。

（饼图数据：网络公开发布 50%；不清楚项目发布形式 28.26%；定向发布 21.74%）

4. 社区基金会资助项目筛选是否有完整的评审流程

社区基金会项目资助大多数经过完整的项目流程（发布—征集—评审—运作—评估），还有一部分没有经过完整的流程，没有按照规范的项目来操作，甚至是暗箱操作，街道领导说了算等现象比较突出，调研发现"项目筛选有完整评审流程"的为52.17%，"没有完整评审流程"的为19.57%，"不清楚项目筛选是否有完整评审流程"的为28.26%（见图34），因此社区基金会项目资助如何建设规范化的流程在未来要引起注意。

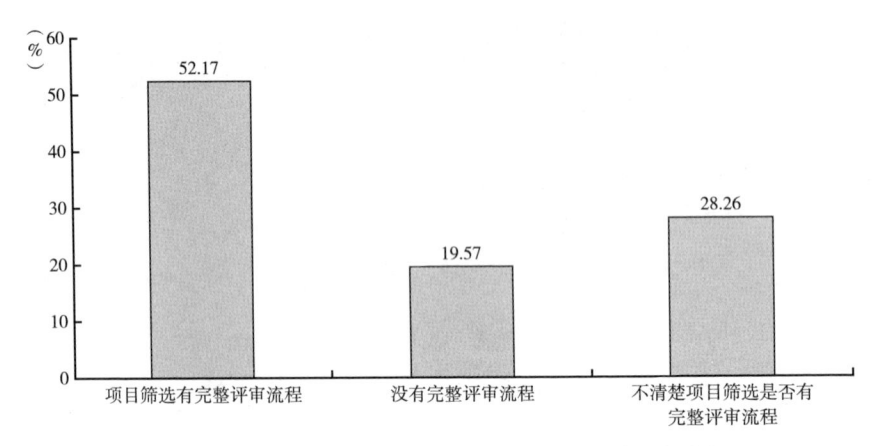

图34 社区基金会资助项目筛选是否有完整的评审流程

资料来源：课题组收集整理。

5. 资助项目遴选主要通过的形式

上海社区基金会资助项目的遴选主要是通过理事会成员、外部专家/领导、社区居民评审等方式，从调研来看，资助项目遴选主要通过"理事会成员"的为84.78%，通过"外部专家/领导"的为63.04%，通过"社区居民评审"的为32.61%（见图35）。从调研结果来看，一方面，理事会主要功能和作用就是评选项目；另一方面，社区基金会项目遴选社区性缺乏，特别是社区居民的参与性不够。动员社区居民参与项目评审，实际上是建立居民对社区认同的重要渠道，因此建议未来社区基金会应该更多地吸纳居民参与项目的遴选。

6. 社区基金会能否及时跟踪项目进展

从调研情况来看，上海市社区基金会"及时跟踪项目进展的"为73.91%，"没有及时跟踪项目进展"的为8.7%，"不清楚是否及时跟踪项目进展"的为17.39%，可见大部分社区基金会能够跟踪监督项目的进展。

7. 所在社区基金会是否引入了第三方评估

项目评估是基金会评估工作中的重要内容，项目评估是机构或者第三方机

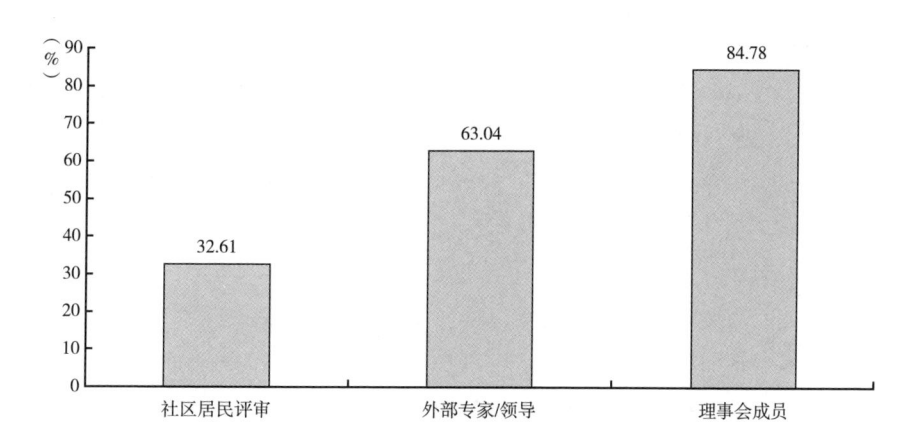

热点十 上海市社区基金会的发展状况与治理结构研究

图35 资助项目筛选主要通过的形式

资料来源：课题组收集整理。

构对项目的实施过程、活动、结果以及影响进行系统分析与判断，以便对项目的未来进行决策的过程。项目的评估能够使项目的运作更加规范，但是由社区基金会资助的普遍为小微项目和初创期的社会组织，力量弱小，再加上评估成本高，资助对象很难负担。据调研发现，社区基金会"引入第三方评估"的为34.78%，"没有引入第三方评估"的为50%，"不清楚社区基金会是否引入第三方评估"的为15.22%（见图36）。

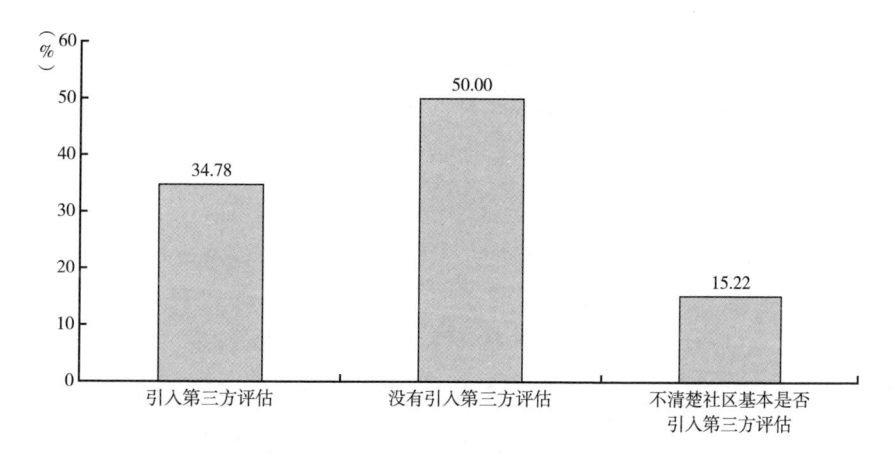

图36 所在社区基金会是否引入第三方评估

资料来源：课题组收集整理。

663

8. 所在社区基金会是否建立微信公众号

公众微信号、网站是社区基金会项目宣传的重要窗口，是社区基金会信息发布的重要渠道，从调研来看，社区基金会"建立自己的微信公众号"的占比为45.65%，"没有建立自己微信公众号"的为54.35%，可见大部分社区基金会的宣传公关意识非常弱，对外的渠道未建立起来。

9. 所在社区基金会向外披露信息的方式

基金会信息披露是指基金会在机构设立、治理、管理、筹款、项目开展和对外交流等一系列运作环节中，依照自身的价值观和对社会的责任，同时参照国家现有法律、法规和民政部门等相关政府主管部门的有关规定，以特定的格式、形式、内容、渠道向社会公众、捐赠人、媒体、行业组织等利益相关方发布或提交与基金会业务相关信息的行为。基金会的信息披露既是社会和监管者对基金会的要求，更是基金会自身使命和责任的体现，通过信息披露可以让公众了解基金会，提升基金会的公信力，也可以推动基金会的价值观和理念的传播。

从对上海市社区基金会调研情况来看，社区基金会向外披露信息的方式呈现多样化的特点，选择"自营网站"的为19.57%、"自营公众号"的为45.65%、"出版专刊信息"的为4.35%、"自营微博"的为2.17%、"通过基金会中心网"的为8.7%、"借助政府网站"的为41.3%、"通过其他方式"的为34.78%，可见社区基金会向外披露信息的途径主要为自营公众号和借助政府网站（见图37）。

10. 所在社区基金会当前运作存在的主要困难

在宏观社会政策、政府的推动下社区基金会的成立出现井喷状态，但在社区基金会数量快速增长的同时，社区基金会的运作也出现重重困难，这些困难既有内部的，也有外部的。本次调研主要从社区基金会负责人的角度来看社区基金会运作中存在的困难，从调研结果看，"没有专人来运作"的为50%，"资金筹集困难"的为63.04%、"街道领导支持不够"的为17.39%、"缺少项目经验"的为71.47%、"治理结构不合理"的为21.74%、"工作经费太少"的为21.74%，"缺少专业知识"的为65.22%、"其他"困难的为17.39%，可见社区基金会运作中"缺少项目经验""缺少专业知识""资金筹集困难"是当前社区基金会运作中的主要困难，在未来要加强对这三个方面的培训（见图38）。

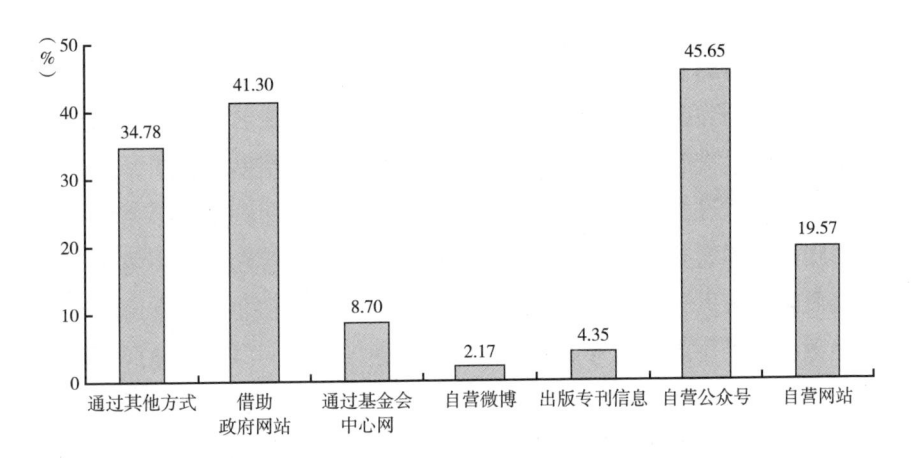

热点十 上海市社区基金会的发展状况与治理结构研究

图37 所在社区基金会向外披露信息的途径

通过其他方式 34.78；借助政府网站 41.30；通过基金会中心网 8.70；自营微博 2.17；出版专刊信息 4.35；自营公众号 45.65；自营网站 19.57

资料来源：课题组收集整理。

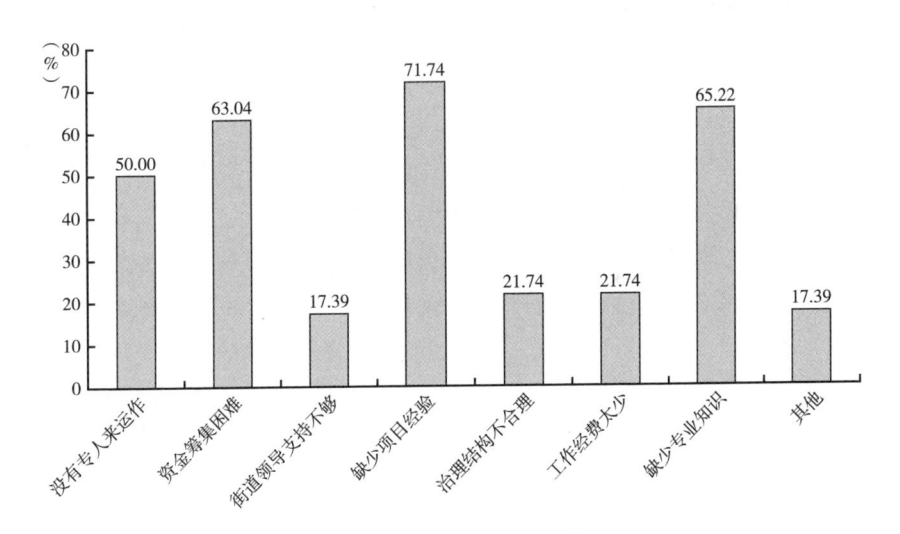

图38 所在社区基金会当前运作存在的主要困难

没有专人来运作 50.00；资金筹集困难 63.04；街道领导支持不够 17.39；缺少项目经验 71.74；治理结构不合理 21.74；工作经费太少 21.74；缺少专业知识 65.22；其他 17.39

资料来源：课题组收集整理。

（五）社区基金会的治理绩效

1. 社区服务为本，居民社区获得感得到提升

社区基金会具有良好的资源动员力与服务理念，在开展服务活动时，受到

665

社区居民的广泛认可，并以此带动了社区居民对社区事业的参与，有效提升了社区居民的归属感、获得感。如上海洋泾社区公益基金会仅利用"一日捐"服务资金资助的社区项目已经扩展到63个，直接受益人群达到了16100人次，在社区内取得了良好的服务效果。万里社区基金会结合区委布置与街道规划，按照同心家园建设要求，实施了10多个优质公益项目，受益居民达11000余人，其中社区养老服务与第三方管理运作已经成为该基金会的品牌项目。社区基金会扎根社区，利用本土资源，通过本土途径，解决本土社会问题，在很大程度上改变了以往富人慈善的理念，培育一种"人人可公益，时时可慈善"的理念，将慈善和社区居民的日常生活相结合，让慈善成为社区民众的生活方式之一，提高了居民社区获得感，为解决社区问题发挥着重要作用。

2. 激发居民参与，完善社区自治体系机制

社区基金会通过自身发展促进社区自治体系机制的逐步成熟。例如普陀区在每个街镇成立社区基金会，其成立之初依赖社区居民自治金，即每个居委10万元的居民自治金。通过社区基金会的运作，普陀区的社区基金会将社区居民自治以项目化服务形式打包，集结社区居民集体讨论设计项目，并向相关社区基金会提交项目申请。社区基金会经过理事会决议，对社区居民申请的项目进行决议，在一定范围内促进社区居民自治理念的形成。浦东凝心聚力社区基金会在资助的项目范围内，允许社区居民自发设计项目并向该基金会进行项目申请，得到核实并通过的设计项目，给予5000元左右的项目资助津贴，培养社区居民自我服务的意识生成，该形式受到了社区居民的广泛支持，并在社区居民当中得到较高的肯定性评价。社区基金会通过参与社区治理，一方面，促进政府职能的转变，推动公共政策制定的科学化与民主化；另一方面，提升民众（尤其是弱势群体）的自我管理意识和政治参与意识。

3. 加强资源整合，促进社区共治格局形成

在社区治理主体层面，社区基金会链接了政府、社区企业、社区社会组织、社区居委、社区居民等多元主体，解决了社区共治人员无法协商共治的格局。如多元合作模式中的延吉社区基金会，积极链接社区共治主体，将社区中的政府、企业、社会组织、居委会及居民均纳入理事单位之中，通过社区基金会这个平台为多元主体创造了协商合作的空间，促进多元主体之家的谈判与合作，增加了主体之间彼此的交流与信息共享，为社区共治奠定了主体合作基

础。在资源链接层面，由于社区基金会自身属性定位，其作为整合社区资源的补充主体，意义非常重要。如嘉定工业园区社区公益基金会的办公室由政府无偿提供，并在成立之初就与大部分辖区内企业建立较好的合作关系，利用这个天然优势，社区基金会得到了大量企业的扶持帮助。金山卫镇社区发展公益基金会在开展已有五大项目的同时，积极对接服务资源，将企业与社区需求结合起来，实现了"社企对接"，提升了服务的针对性，也实现了公益资源的合理配置。杨浦区延吉社区公益基金会通过引导企业履行社会责任，由12家企业和单位共同出资500多万元，形成了社区公益基金会的基本构架，并通过居民议事会、听证会、专家论证会等协商民主机制，完善了公益项目的民主决策程序，基金会向社会发布了首批七大公益项目。

4. 提供资金补充，推进社会组织扎根发展

社区基金会带动社区社会组织发展的主要形式有两种。其一，资助社区社会组织服务活动项目。社区社会组织由于其自身发展的约束，存在规模小、资源少等天然的弊端，但是又由于其能够准确把握社区居民的服务需求，其存在及发展必不可少，社区基金会在这个时候就较好地充当了互补性差异的角色。例如，万里街道社区基金会就通过项目的形式从一百多个项目中筛选契合社区社会组织发展的项目，根据不同社区社会组织的发展定位及服务特色，为社区社会组织提供项目支持。其二，培育扶持社区活动团队。大量在街镇层面备案注册的群众活动团队为社区建设、稳定提供了坚实的基础。社区基金会在其发展过程，也极大地推动了这部分群体的壮大发展。如在普陀区长征镇社区基金会，备案性的活动团队也是其重点扶持的一个方面，社区居民活动团队也可以通过项目形式申报资金开展活动。社区基金会作为政府保障的补充，为政府以外的社区事务提供支持。政府购买服务可满足社区多样性和公共性需求，但无法满足社区临时性、紧急性需求，社区基金会则更为灵活、接地气地通过培育社区社会组织，弥补满足社区该类需求。

5. 提升社区意识，营造社区关怀和谐生态

上海社区基金会的发展，在社区范围内取得了巨大的反响，从最早美丽心灵社区基金会开始，到现在拥有五十多家社区基金会，上海社区基金会在社区范围内的作用也不断开始显现，通过项目化理念传输、大型活动等提升社区意识，营造社区关怀和谐生态环境。如上海美丽心灵社区公益基金会自成立以来

先后在静安区、普陀区、浦东新区、黄浦区先后设置了五个工作驿站或服务中心，并开展了"艺术进社区""公益演出"等大型活动，在促进社会公益理念传播的同时也增强了相关服务组织参与社区共治的服务意识。2016年10月底的"公益伙伴日"系列活动中，上海洋泾社区公益基金会、上海陆家嘴社区公益基金会、上海凝心聚力社区发展基金会与其他执行机构一起积极参与到"社区基金会与社区多元共治"的活动筹办中，与广大公益伙伴分享自身的公益实践活动，极大地推动了社区发展意识的形成。

6. 调动各方力量，推动公益文化的传播

在社区基金会参与社区治理的服务过程中，不管是社区基金会的成立还是在运作的过程中都受到了社会媒体、相关服务机构以及社区居民的广泛关注。部分社区基金会以自己的公益项目不仅为社区居民提供公益服务，而且也充分调动各方面社区公益资源为辖区的弱势群体服务，如上海长寿社区公益基金会通过与餐饮企业联系创造性地在老年活动中心里开设了"食物银行"的公益活动，公益冰箱里装满了附件酒店、超市等热心企业提供的点心、罐头等富余食物，并且每个保鲜盒上都注明了食用期限，不仅确保了公益食物的安全性，也有其他企业、居民等参与公益服务提供方式，这种参与式的公益服务有助于各个服务主体更好地传播公益理念，营造良好的公益文化。

（六）上海社区基金会运作的主要问题

目前，社区基金会发展前景看好，呈现蓬勃向上的发展趋势，但从全市范围来看此项工作仍然处于起步阶段，依然属新生事物，还存在推进行政色彩浓、资金规模相对较小、专业人才严重匮乏、运行模式较为单一、整合资源能力较弱等诸多问题。对社区基金会的未来发展我们有以下几点考虑。一是保持独立性。必须承认，社区基金会的成立离不开街镇党工委的支持和推动，离不开各区县民政部门的大力指导和帮助，因此它从一开始"出生"就不可避免地打上政府部门的痕迹；但是基金会一旦成立以后就是独立的法人组织，不是街镇部门的一个下属机构，它是政府部门的合作伙伴，是基层共治合力中的一股重要力量。基金会的管理和运作受理事会决策领导，政府部门包括居委会等其他组织都不能越俎代庖。二是运作规范性。成立只是万里长征第一步，运作管理中遇到的困难和问题很多，因此基金会在信息公开、资金募集、资金运作、内部管理、项目管理、财务管理等方面都需要建章立制，规范化开展和运作。三是项目特色性。社区基金会的公益项目相比其他基金会，在地域范围内有一定的限制，这就需要社区基金会要针对各自社区的特点开展活动。为此，我们要求社区基金会充分了解本社区最基本的社情，充分了解本社区最迫切的需求，因地制宜、因人制宜开展公益活动，在此基础上形成各自公益项目的特色，逐渐呈现公益项目百花齐放的格局。四是起到示范性。根据近2年的实践，我们认为社区基金会是今后推进基层治理模式改革的一个重要突破口。培育发展社区基金会，有助于创新公益慈善的模式，对于构建社会治理的多元共治具有非常重要的现实意义。为此，我们将加强管理运作案例总结，引领推动全市基金会发展壮大，促进公益事业发展。

五 对策建议

社区基金会作为社会治理的重要创新形式，对推动社区公益慈善事业以及社区治理，特别是解决当前日益突出的各类社会问题都具有积极的影响。但同时也应该看到，作为一个初生的事物，特别是中国本土基于行政力量驱动的发展模式，我国的社区基金会仍然存在较多的问题。在宏观制度层面，相关法律体系不健全，准入门槛较高，存在多头管理的现象；在社会环境层面，对于社区基金会的总体认知不足，公益慈善文化还处于起步阶段；在社区基金会的治理层面，自我发展能力严重不足，内部管理运作效率低下，专业化服务能力不强，社会公信力亟待提高等。因此，社区基金会的健康发展是一个系统工程，需要内外全面发力。

（一）形成对社区基金会的正确认知和定位

社区基金会作为一个新生事物，民政部门在积极推进，但是街镇、社区特别是居民对此事物并没有形成一个正确的认知。对于很多街道而言，成立社区基金会只是一个条线部门布置的任务，自身并没有做好充分的准备。由于社区基金会尚没有深入社区，因此居民也并不太了解，这就阻碍了社区基金会的健康发展。为此，本文认为，对社区基金会的正确认知是未来社区基金会可持续发展的重要前提。社会各界必须充分认识到，社区基金会由于兼具"社区性"和"基金会"的双重属性，因此它是破解当前社区治理难题和公益慈善事业发展的重要创新形式，而不是一种政府单向度的行政行为。

首先，在党委政府的层面。政府支持社会组织健康发展的方式必须建立在对社会组织的科学认识基础之上，把社会组织发展纳入城市经济和社会发展总体规划以及社区建设发展规划之中，特别是将社区基金会的发展与推动政府部门职能转移、慈善组织改革等联系起来。一是将相关的管理职能转移给社区基金会，鼓励社区基金会参与到社区发展项目的购买中来，通过购买服务、实施政府委托项目等方式，建立政府对社区基金会的资助机制。二是完善社区规划，政府通过制定政策鼓励和引导商业企业承担社会责任，以捐赠资金创办社区型基金会等方式提供社区公益服务，参与社区建设。

其次，在社区形成"我们感"。社区基金会是提供社区公共产品的重要载体，因此"公共性"是社区基金会的重要属性。由于当前社区居民对社区基金会的认知普遍不足，因此就无法充分地参与进来。为此，社区基金会必须形成一个基本的意识，即无论是政府出资成立的，还是社会资本出资成立的，它都应该归属社区居民。社区基金会是提供和生产公益资产的平台，因此社区基金会是社区居民的基金会，是大家共同的基金会，而不仅仅是秘书处、理事会等少部分人的基金会。这就要求一方面要充分利用各种宣传渠道进行广泛的宣传、案例展示，营造对社区基金会发展的正面的舆论和社会氛围；另一方面社区基金会必须沉到社区去，形成社区基金会与社区辖区单位、居民的直接对接，通过与居民的广泛接触形成他们对社区基金会的认知和了解。

当前，对社区基金会运作过程中存在的一些问题，政府以及社会各界也应有一个更加宽容的心态。须知，社区基金会是一个新生的行业生态，在短期各种条件还不充分的情况下，社区基金会的发展还面临着诸多困难，这是一个新生事物发展过程中必然存在的问题。对此，我们应给予充分的理解和支持，不能因为过程中存在的问题和不足而轻易地否定这一创新事物。

（二）完善社区基金会的治理结构

治理结构不完善是当前社区基金会运作存在的普遍问题，这种治理结构不完善主要的表现包括社区基金会与政府的角色不清、政府过度干预；社区基金会的理事会虚化，理事们没有发挥应有的作用；秘书处的权力太小、能力不足等。因此，社区基金会的未来健康发展需要完善社区基金会的治理结构。

首先，理顺政府与社区基金会的关系。虽然街道是大部分社区基金会的出资方，但是社区基金会并不是街道的派出机构和所属部门，街道的相关部门，如自治办、服务办并不是社区基金会的业务主管部门，因此在具体的运作层面上，政府必须给予社区基金会充分的放权，在衔接各类资源方面给予充分的支持。社区基金会只要在运作规范、所资助项目有利于社区发展的前提下都应该给予最大限度的支持。

其次，做实社区基金会理事会。理事会是基金会的决策机构，应当依照《章程》独立行使职权。一是理事会的产生应广泛动员、民主选举，充分吸引有社会声望、有资源能力且有志于公益慈善事业的人士来参与，而不能仅仅通过政府部门指派或者建议的方式。二是明确理事会的权力和职责，特别是动员社区基金会理事会成员能够主动为社区基金会衔接资源，或者协助宣传介绍社区基金会。三是要规范理事会会议制度，必须要保证一年有若干场理事会会议，特别是在项目的提出、筛选过程中，可以吸收居民议事会的意见甚至是地方政府的意见，但项目资助的决策权需要通过理事会会议审议通过。

最后，理顺理事会与秘书处的关系。秘书处作为社区基金会的执行部门，应给予充分授权，这种授权首先应有一定的财务支配权力，在一定的额度内如5000元，秘书处可以直接决定。此外，秘书处应积极与理事会保持沟通，定期汇报基金会的工作情况，以协助理事会做出正确决策。

（三）促进社区基金会的专业能力建设

专业性和规范性是社区基金会的基本要求，社区基金会只有依托其组织属性的优势，充分地利用和动员各类社会资源，才能有效地去破解各类社会问题。当前社区基金会处于培育发展阶段，普遍而言，社区基金会的从业者主要是各类社区工作者，他们对于公益慈善行业缺乏专业知识，对于社区基金会的运作也缺乏足够的准备。因此对社区基金会进行能力建设是非常迫切的。

首先是规划层面的能力建设。社区基金会首先必须明确自身的角色定位才能有清晰的发展目标。如到底是资助型社区基金会还是运作型社区基金会；在具体的发展定位方面，是以资助弱势群体的传统公益慈善为主，还是致力于社区发展的新型公益慈善为主。只有理事会成员对于社区基金会的发展方向有着清晰的认知且达成共识，能使社区基金会在未来发展中不至于摇摆不定。

其次，提升项目的设计和运作能力。专业的项目是社区基金会的基础，好的项目能够动员社会资源，也能够有效满足社区需求，作为以资助型为主的社会组织，社区基金会的重要任务就是培育、挖掘和支持各类项目。处于起步阶段的社区基金会对专业项目设计的需求尤为迫切。专业项目设计一方面需要充分了解社区的需求，形成需求和社区问题的数据库，从而使项目设计有针对性；然后广泛邀请和引入各类社会组织，依托专业的社会组织开发设计项目，形成社区基金会的项目库，在这一过程中建立社区需求和社会组织的匹配对接。除了依托第三方社会组织来设计项目外，也应该通过培训学习强化自身的项目设计能力。总之，只有形成本社区基金会的品牌项目，才有可能有效地整合社会资源。

再次，强化执行团队的能力建设。当前社区基金会工作人员普遍是兼职的，他们不仅对从事社区基金会工作的动力不足，而且也缺乏专业的能力。虽然他们能够满足常规性的工作需要，但是对于创新性的工作明显难以应付，这也会影响社区基金会的未来发展。对于执行团队的能力建设主要有两条路径：一是引入外部专业的工作人员，这就要求社区基金会需要提高待遇，以相对优厚的报酬吸引专业人员；二是内部培训，加强工作人员的在职培训，主要通过加强与社区内外其他公益组织的合作，来解决目前基金会专业人才不足的问题。

最后，加强对社区基金会发展的规范性指导。规范性永远是社区基金会的第一原则。从各地的经验不难发现，基金会的不规范运作不仅影响个体的基金会发展，更危害整个公益慈善行业的发展。社区基金会虽然只是起步阶段，但是这并不能成为不规范发展的理由，相反作为一个新生事物更应该强化监管和规范化的能力建设。这种规范性建设主要是两个方面，一是加强内部建设，即社区基金会自身要提升意识，在财务管理、项目运作、公开公示等方面严格要求自己，建立健全相关的制度管理体系。二是强化外部监管，加强对社区基金会的监督；包括社区基金会的筹资管理、项目运作、社区信息透明管理、社区成员的监督等问责。

（四）社区基金会的支持系统建设

社区基金会建设是一个系统工程，因此需要一个有利的社会生态环境来支持才能实现良性运营和可持续发展，对于初创时期的社区基金会，这一支持系统建设尤为必要。

1. 资金支持

筹资是社区基金会的首要功能。一个无法筹到资金的社区基金会就无法资助其他社会组织开展活动。而筹资功能又是目前上海社区基金会最为薄弱的一点。上海的社区基金会大部分由政府出资成立，一些社区基金会虽然也有企业和其他社会力量的资助，但是这种资助仍然采用区域化党建的方式来进行，而不是真正以公益慈善的方式来撬动社会资源。因此，社区基金会首要的支持系统是资金支持。这就要求完善社区公益资产管理制度，推动慈善金融创新，实现基金的保值增值和基金会的可持续发展。由于社区基金会大多是非公募的，因此可以采用联合劝募机制为社区基金会提供资金支持。"联合劝募"的理念在于通过一个专责募款的机构，有效地集结社会资源，并合理统筹分配给需要的社会组织。如可以与上海市慈善会各区分会合作，通过项目设计，定向用于实施社区基金会的支持。社区基金会的资金支持还包括保值增值功能支持，总体而言，目前社区基金会的保值增值功能非常单一，大部分社区基金会在规避风险的前提下，以简单的定期存款等方式进行保值，增值无从谈起。这一方面是因为现在保值增值的渠道比较少，另外政府部门对于保值增值的意识还很不够，因此需要专业的支撑。

2. 技术支持

社区基金会在初创阶段，无论是发展规划、项目管理、财务管理、内部管理等方面都非常不足，因此需要专业团队提供管理和技术支持。一是为社区基金会从业者编写专门的培训材料和指导手册，目前本研究团队正在做这方面的工作；二是提供专业的培训和咨询服务，通过集中授课和单独授课等多种方式，为社区基金会培养专业人才，特别是加强社区基金会工作人员的实操培训；三是提供财务管理支持，当前上海的社区基金会的财务大部分由街道代管，只是最简单的记账功能，一些社区基金会在代管财务方面还存在一些困难，因此可以通过委托相关专业机构进行财务代管。此外，技术支持还包括对社区基金会的宣传、公关、战略规划、志愿者管理等方面提供专业支持。一些发展成熟的社区基金会还可以委托第三方机构,对社区基金会的运行效果进行评估,特别是对资助项目的成效进行评估。专业支持还包括委托专业的社会组织提供陪伴成长,通过组织专业团队进行社区调查,分析社区建设总体情况、社区治理和服务面临的问题、社区公益慈善事业的发展情况、社区社会组织培育发展情况、社会组织参与社区治理情况、社区公益资产管理状况和社区居民及社会组织的需求情况等,制定符合社区实际的社区基金会发展规划。

3. 平台支持

作为一个新成立的社会组织,社区基金会需要广泛的社会资源支持。特别是社区基金会本身是一个平台组织,发挥汇聚资源功能。然而,社区基金会在起步阶段并不天然具有整合性,特别是在社区中的影响还不够,这样获得其他单位的支持就非常难。因此,这一过程中,政府部门应该积极地搭建支持平台,主动为社区基金会衔接辖区的相关企事业单位和政府部门。此外,重点引导社区基金会逐步成为其他公益类组织发展的支持性组织,因此为社区基金会、各类社会组织、自组织团队和社区搭建支持平台,从而使社区基金会的资源与社区的需求、社会组织的项目供给建立有效的对接。

4. 政策支持

社区基金会的发展需要一个有利的制度和政策环境,因此要研究促进社区基金会发展的税收优惠政策,为社区基金会的可持续发展提供税务方面的政策支持;当前,非营利组织免税制度和公益捐赠税前抵扣制度在某种程度上被认为是将原本由政府支配的用于公共服务的部分税收资源交由民间非营利组织来支配使用,也就意味着政府隐性的转移支付。在国家税法已经明确非营利组织免税资格和公益捐赠税前抵扣制度的情形下,如何贯彻和落实这些规则,使社区基金会得以现实地享受这些权利,并因此实现鼓励社区公益事业健康发展的立法宗旨和目标,同时建构起科学合理的监管体系,避免免税政策成为不当避税的管道,是当务之急。针对社区基金会筹资难的问题,赋予社区基金会公开募集善款的资格既是社区基金会的生存和发展之需,也是未来政策设计重点需要破解的问题。

参考文献

尼尔·弗雷格斯坦：《美国产业结构转型：1919~1979 年大公司多部门化的制度解释》，载沃特尔·W. 鲍威尔、保罗·J. 迪马吉奥：《组织分析的新制度主义》，姚伟译，上海人民出版社，2008。

高攻敬：《中国非公募基金会发展现状、困境及政策思路》，《济南大学学报》（社会科学版）2012 年第 3 期。

李莉：《社会保障改革中的类社区基金会的成长》，《华中师范大学学报》（人文社会科学版）2007 年第 4 期。

刘建文：《社区基金会：促进社区自治发展的新思路——产生、特征、本土化建设策略及其意义》，《云南行政学院学报》2008 年第 3 期。

饶锦兴、王筱昀：《社区基金会的全球视野与中国价值》，《开放导报》2014 年第 5 期。

孙倩：《美国的社区基金会介绍》，《社区》2003 年第 7 期。

王巍：《社区基金会：社区自治发展的新思路》，《宁夏党校学报》2006 年第 1 期。

徐宇珊、苏群敏：《社区基金会的形与神》，《中国社会报》2015 年 5 月 13 日。

徐家良、刘春帅：《资源依赖理论视域下我国社区基金会运行模式研究——基于上海和深圳个案》，《浙江学刊》2016 年第 1 期。

资中筠：《财富的责任与资本主义的演变》，三联书店，2015。

赵晓明：《社区基金会如何畅通居民参与的"源头活水"》，《中国社会组织》2017 年第 19 期。

Lili Wang, Elizabeth Graddy & Donald Morgan, "The development of community-based foundations in East Asia", *Public Management Review* 8（2011）：1157.

Taylor, M., *Public policy in the community*（Basingstoke：Palgrave Macmillan, 2003）.

后　记

当今世界变化很快，新思维、新理念、新技术、新矛盾往往在我们没有准备好之前就已经到来，并深刻地改变既存的价值观念、政治格局、社会结构、生活方式等。与全球其他国家相比，中国是发展最快、变化最大的国家之一，当前中国步入了一个发展的新时代，其发展变化体现在方方面面，影响政治、经济、社会、文化等各个领域。在我国众多变化的领域中，慈善领域的变化无疑是积极和重要的，其重要性不仅在于传承中华民族"乐善好施、扶危济困"的传统美德，更是与建设人类命运共同体的理念相通，成为实现这一伟大目标的有效抓手。因此，理解和把握好新时代中国慈善事业的变化意义重大。与此相适应的一个问题是，变化这么快，应该怎么办？新时代中国慈善事业十分需要新思路、新概念、新语言、新方式、新渠道、新重点、新抓手、新谋略，迫切需要新的智力支持。

在这种背景下，中国社会科学院－上海市人民政府上海研究院现代慈善研究中心（以下简称慈善中心）于在2017年5月3日正式成立。

一年多来，慈善中心秉承"致力于中国特色社会主义慈善理论研究和学科体系建设"的宗旨，以更加透明、更加规范、更加专业、更加高效为准则，在全国政协常委、民族和宗教委员会主任、原中国社会科学院院长、党组书记王伟光，上海市慈善基金会理事长、全国政协原常委、上海市政协十一届委员会主席冯国勤，上海市政协主席、党组书记董云虎，中国社会科学院副院长、上海研究院院长李培林，上海大学校长、党委书记金东寒，上海研究院第一副院长、中国社会学会会长、上海市决策咨询委员会委员李友梅，上海研究院常务副院长、中国社会科学院社会学研究所副所长赵克斌等各级领导的关心支持下，在专家委员会和全体工作人员的共同努力下，依靠社会力量深入开展现代慈善理论研究和实践探索，取得了较好的工作成效。

2017年9月5日中华慈善日之际，慈善中心联合上海市民政局、上海市慈善基金会、上海社会科学院、文汇报社，在中国金融信息中心共同举办了"现代慈善与社会转型——2017年上海慈善论坛"。来自中国社会科学院、中国福利彩票发行管理中心、上海市人民政府、上海市慈善基金会、上海研究院等单位的领导出席会议并讲话，论坛受到了社会各界专家、学者、慈善人士的广泛关注，约300余人参加了会议。论坛的开幕式环节，《现代慈善与社会转型》主旨报告的发布引人深省；"前沿探索"环节，来自北、上、广的知名学者，从各自角度与参会人员分享了自己的真知灼见；"理论与实践"环节，发布了全国首个地域性互联网慈善发展报告，体现了互联网慈善在当代慈善发展中的重要作用。

十九大之后，国家对慈善事业提出了新要求，慈善中心在2017年10月底召开了十九大学习专题的秘书处会议，提出了慈善专版的工作建议。会后，慈善中心秘书处分别向北京、上海两地专家约稿，畅谈新时代慈善事业发展新局面。最终约稿四篇，分别来自北京师范大学中国公益研究院王振耀院长、中国社会科学院房连泉研究员、中央民族大学李健副教授及上海市城乡建设和交通发展研究院施蔷生高级经济师。稿件编辑后由慈善中心熊厚常务副秘书长撰写编者按，在12月分别以慈善中心专版形式发表于《解放日报》、专栏形式发表于《至爱》杂志，希望能够通过思想碰撞，迸发出慈善理论与实践创新的火花。

为进一步落实十九大精准扶贫精神，2017年10月、11月，慈善中心精准扶贫调研小组分赴四川省和云南省，开展精准扶贫实地调研。调研组深入村、寨、各示范点，与当地政府、民政部门、公益慈善组织、驻村干部及援滇干部等进行座谈。通过调研，慈善中心了解了目前上海在对口支援和精准扶贫方面的现状，撰写了题为《关于进一步提升上海对口扶贫工作独特效能的思考与建议》的调研报告，为上海进一步做好对口扶贫工作提出了建议，如高度重视技能教育和护理培训，与上海当前和未来在物流、信息技术、养老等领域的劳动力需求精准对接；以社会组织为抓手和网络平台，充分发挥上海社会组织与当地社会组织协同配合做好对口扶贫工作等。

此外，慈善中心还开展了现代慈善研究中心-上海青年家园科研实践基地

677

建设、2017《至爱》杂志发行年会暨基层慈善组织理论实践研讨会等工作。慈善中心的工作紧张忙碌，充实快乐。

2017年度慈善课题发布实施及成果暨本书的出版是慈善中心的一项重要特色工作。2017年6月，经慈善中心专家委员会研究提议，并提交主任办公会审定，慈善中心在《中国社会科学报》、《解放日报》、《文汇报》、《腾讯网》、21CN、《新民晚报》等多家主流媒体围绕"现代慈善与社会转型"公开发布2017年度研究课题指南，就现代慈善业发展的前沿理论研究和应用研究进行公开招标，受到了社会各界的广泛关注。慈善中心共收到有效申请49份，最终10个课题经过评审获得资助。

2018年3月，以10个课题研究内容为研讨重点的"新时代中国特色慈善理论与实践"研讨会在上海研究院召开，来自中国社会科学院、北京师范大学中国公益研究院、中国慈善联合会慈善信托委员会、中央民族大学、湖南大学、上海市慈善基金会、上海市社会科学院、上海交通大学、同济大学、华东理工大学、华东政法大学、上海大学等高校科研机构、政府部门、企业和慈善业界的70多位专家学者、高校学生和新闻媒体人员参加了会议。与会人员对10个课题报告提出了许多好的意见建议。

2018年6月，在广泛吸收各位专家意见的基础上，慈善中心与写作组的各位学者反复沟通，认真修改调整书稿内容，将10个课题的成果汇编成《新时代慈善十大热点》。

本书是慈善中心成立以来的首本公开出版物，也是上海研究院现代慈善研究中心"现代慈善前沿丛书"系列的第一本。写作组中不仅有中国慈善联合会慈善信托委员会蔡概还主任委员、上海社会科学院杨雄研究员等公益名家，还有北京师范大学王振耀教授、上海交通大学徐家良教授、上海对外经贸大学倪受彬教授等知名教授，以及中国财政科学研究院于环、中央民族大学李健、华东理工大学唐有财、湖南大学汪忠、郑州大学丁辉侠等青年学者。他们从经济社会、法律环境、制度文化和财税政策等角度对当前我国慈善事业的发展提出了真知灼见，视角开阔、观点鲜明、论据有力、数据扎实，基本反映了国内慈善研究领域老中青三代学者的最新观点。

正如冯国勤同志指出，慈善中心要充分发挥现代慈善研究中心的平台和桥梁作用。以本书为起点的"现代慈善前沿丛书"是慈善中心向国内慈善研究

后 记

者发出的一个知识交流载体，也是向国内慈善业界分享的精神食粮，更是呼吁国内公众更多地关注和参与慈善事业发展的倡议书。慈善中心期待"现代慈善前沿丛书"的出版，推动中国特色社会主义慈善理论体系的发展，以理论创新推动实践发展，真真正正地促进我国慈善事业的转型发展。

创新联合显优势，本书的出版得到了来自各方的大力支持。感谢王伟光、冯国勤、董云虎的指导，他们为我们的工作指明了方向；感谢李培林、金东寒、李友梅、赵克斌及上海市慈善基金会相关领导，他们为我们的工作提供了有力支撑；感谢慈善中心郑秉文主任、施德容常务副主任、文学国常务副主任及慈善中心专家委员会杨团、钟宏武、房连泉、杨雄、徐家良、郑乐平、吴惠涓、毕伟各位专家，他们为慈善中心工作的开展付出了很多心血；感谢本书写作组的各位专家学者，他们为我们提供了宝贵的理论财富；感谢华东理工大学徐永祥教授、复旦大学顾东辉教授、华东政法大学张明军教授、同济大学孙荣教授以及上海财经大学何精华教授，他们为本书的成果整理提出了专业建议；感谢上海交通大学徐家良教授以及社会科学文献出版社的编辑，他们为书稿的编辑做了大量工作；感谢上海各区慈善分会及基层慈善组织、上海盛太投资管理有限公司，他们为慈善中心工作的顺利开展提供了大力支持；感谢对慈善中心工作持续提供报道的各大媒体平台，如《中国社科报》《解放日报》等；最后不得不提的是秘书处的各位，你们是我最亲密的战友和最信任的同事，你们为慈善中心工作辛勤的付出，在此一并表示感谢！

展望未来，慈善中心将在各级领导和社会各界的关心和支持下，围绕慈善中心宗旨和要求，继续秉持稳中求进的工作作风，以推动慈善理论创新为重点，有序开展理论研究、调研实践、平台搭建等各项工作，积极推动我国慈善事业实现高质量发展。

上海市慈善基金会副理事长
上海研究院现代慈善研究中心副主任兼秘书长
谢玲丽
2018 年 7 月 10 日

图书在版编目（CIP）数据

新时代慈善十大热点 / 郑秉文，施德容主编．－－北京：社会科学文献出版社，2018.9
（上海研究院现代慈善研究中心现代慈善前沿丛书）
ISBN 978－7－5201－3099－8

Ⅰ.①新… Ⅱ.①郑… ②施… Ⅲ.①慈善事业－研究－中国 Ⅳ.①D632.1

中国版本图书馆 CIP 数据核字（2018）第 161654 号

·上海研究院现代慈善研究中心现代慈善前沿丛书·
新时代慈善十大热点

主　　编 / 郑秉文　施德容

出　版　人 / 谢寿光
项目统筹 / 任文武
责任编辑 / 杨　雪

出　　版 / 社会科学文献出版社·区域发展出版中心（010）59367143
　　　　　　地址：北京市北三环中路甲29号院华龙大厦　邮编：100029
　　　　　　网址：www.ssap.com.cn
发　　行 / 市场营销中心（010）59367081　59367018
印　　装 / 三河市东方印刷有限公司

规　　格 / 开　本：787mm × 1092mm　1/16
　　　　　　印　张：43　字　数：721千字
版　　次 / 2018年9月第1版　2018年9月第1次印刷
书　　号 / ISBN 978－7－5201－3099－8
定　　价 / 98.00元

本书如有印装质量问题，请与读者服务中心（010－59367028）联系

▲ 版权所有 翻印必究